Anne-Marie Schlösser und Kurt Höhfeld (Hg.)
Trauma und Konflikt

I0028052

Die Herausgeber: Anne-Marie Schlösser, geboren 1945, Diplompsycho-login, Psychoanalytikerin in eigener Praxis. Dozentin und Lehranalytike-rin am Lou-Andreas-Salomé-Institut Göttingen sowie am Institut für Psychoanalyse und Psychotherapie (DPG) Kassel, dort auch stellvertre-tende Vorsitzende. 1995-97 Stellvertretende Vorsitzende, seit 1997 Vorsit-zende der DGPT.

Dr. med. Kurt Höhfeld, geboren 1938, Nervenarzt und Arzt für Psycho-therapeutische Medizin, Psychoanalytiker in eigener Praxis, Dozent und Lehranalytiker am Institut für Psychotherapie Berlin, von 1987 bis 1992 Vorsitzender des C. G. Jung-Instituts Berlin; Vorsitzender des Berufsver-bandes Berliner Ärztlicher Psychoanalytiker und Psychotherapeuten, 1995-97 Vorsitzender, seit 1997 Stellvertretender Vorsitzender der DGPT.

In der gleichen Reihe sind im Psychosozial-Verlag erschienen:

Karin Bell & Kurt Höhfeld (Hg.): *Psychoanalyse im Wandel*
Karin Bell & Kurt Höhfeld (Hg.): *Aggression und seelische Krankheit*
Kurt Höhfeld & Anne-Marie Schlösser (Hg.): *Psychoanalyse der Liebe*
Anne-Marie Schlösser & Kurt Höhfeld (Hg.): *Trennungen*
Anne-Marie Schlösser & Kurt Höhfeld (Hg.): *Psychoanalyse als Beruf*

BIBLIOTHEK DER PSYCHOANALYSE
HERAUSGEGEBEN VON HANS-JÜRGEN WIRTH

Anne-Marie Schlösser und Kurt Höhfeld
(Herausgeber)

Trauma
und Konflikt

Psychosozial-Verlag

Bibliografische Information der Deutschen Nationalbibliothek
Die Deutsche Nationalbibliothek verzeichnet diese Publikation
in der Deutschen Nationalbibliografie;
detaillierte bibliografische Daten sind im Internet über
<http://dnb.d-nb.de> abrufbar.

2. Auflage 2000
© 1998 Psychosozial-Verlag
E-Mail: info@psychosozial-verlag.de
www.psychosozial-verlag.de
Umschlaggestaltung: Atelier Warminski, Büdingen
Umschlagabbildung: Wassily Kandinsky: Jüngstes Gericht, 1912
© VG Bild-Kunst, Bonn 1998
Alle Rechte, insbesondere das des auszugsweisen Abdrucks
und das der photomechanischen Wiedergabe, vorbehalten.
Printed in Germany
ISBN 978-3-89806-077-6

Inhaltsverzeichnis

Zur Psychodynamik von Tätern und Opfern

Trauma und Konflikt auf der Couch: Aus psychoanalytischen Behandlungen

Realtraumatische Katastrophen und ihre Bewältigung

Die Weitergabe des Traumas in der Familie

Mißhandlung und Mißbrauch im Kindesalter

Die Spaltung der psychoanalytischen Gemeinschaft: Ein Trauma mit Langzeitwirkung (Kandidatenforum)

Vorwort

Der Titel „Trauma und Konflikt" markiert die „Geburt der Psychoanalyse" vor hundert Jahren, als Freud die Traumatheorie in Frage stellte und die Bedeutung des unbewußten Konfliktes erkannte. Nun war es nicht mehr das real erlittene und der Verdrängung anheimgefallene Trauma, das die neurotischen Symptome hervorrief. Im Mythos von Ödipus verdichtete sich für Freud die konflikthafte Dynamik unbewußter Wünsche und Phantasien. Damit vollzog er den Schritt vom individuellen Trauma zum ubiquitären Konflikt.

Die Dichotomie von Trauma und Konflikt ist auch heute noch Gegenstand kontroverser Diskussion. Die beiden Begriffe stehen für jeweils unterschiedliche Antworten auf die Frage nach der Ursache seelischer Krankheit.

Die Vertreter der Traumatheorie fordern, das Konfliktmodell ganz aufzugeben: Jede Neurose entstehe wenn nicht durch ein einziges Trauma, so doch durch kumulativ wirksame Mikrotraumatisierungen. Tatsächlich lasssen sich in den Krankheitsgeschichten unserer Patienten Erfahrungen lokalisieren, die deshalb traumatisch wirken, weil sie das noch schwach entwickelte Ich des Kindes überfordert und beschädigt haben, und das wiederholt. Aber so plausibel diese Vorstellung auch ist, birgt sie doch auch Gefahren in sich: Denn wenn die Ursache für spätere seelische Erkrankung in frühen Traumatisierungen gesehen wird, kann daraus folgen, daß man zum Kämpfer gegen die Traumatisierenden werden muß, zum "mother hunter", also zum Verfolger des- oder derjenigen, der einem Menschen Leid zugefügt hat. Eine solche Entwicklung sehen wir in der öffentlichen Rezeption der Debatte um den sexuellen Mißbrauch, die sich teilweise zur Täterhatz entwickelt hat. In dieser Position gibt es keinen differenzierenden Gedanken an Versöhnung und Ausgleich, sondern Schuldzuschreibungen auf der einen und illusionäre Glücksversprechen auf der anderen Seite.

Die andere Position, die klassische Psychoanalyse, betont den Konflikt. Nicht das Trauma, sondern der innerseelische unbewußte Konflikt sei es, der krank macht. Ein Konflikt zwischen dem Bedürfnis nach Autonomie und dem Wunsch nach liebevoller Nähe kann für ein Kind im Trotzalter von lebensprägender Bedeutung sein und u.U. dazu führen, daß das Kind, um die Liebe der Mutter nicht zu verlieren, auf die Äußerung kontroverser Bedürfnisse zu verzichten lernt. Dieses Modell sieht den Konflikt als anthropologische Grundvariante: Es gibt kein Leben ohne Konflikt. Das Problem bei einer solchen Extremposition besteht in der möglichen Entwicklung eines komfortablen Pessimismus.

Bereits bei Freud hatte es Integrationsansätze gegeben – darauf weist Ilse Grubrich-Simitis in ihrem Beitrag hin –, indem er traumatische Momente in seine ätiologische Theorie einzuarbeiten suchte. Er fürchtete jedoch, „das dem Common sense nähere und deshalb vergleichsweise eingängige und gefällige Trauma-Modell könne das radikal neue, dauerhaft unliebsame, schwierigere und unwahrscheinlichere Trieb- bzw. Konflikt-Modell gefährden" (Grubrich-Simitis, S. 109).

Die in diesem Band zusammengefaßten Vorträge der Jahrestagung der Deutschen Gesellschaft für Psychoanalyse, Psychotherapie, Psychosomatik und Tiefenpsychologie spiegeln den Stand der aktuellen Debatte wider. Verbindungen von Trauma- und Konflikttheorie zu verwandten Konzepten werden diskutiert, wissenschaftshistorische Entwicklungslinien werden nachgezogen. Martin Bergmann, wie seine Frau Maria ein Pionier auf dem auch von deutschen Psychoanalytikern lange verleugneten Gebiet der seelischen Auswirkungen des Extremtraumas Holocaust, beschreibt und bewertet dessen Einfluß auf die Trauma-Forschung. Mehrere Beiträge haben die Verstrickung von Tätern und Opfer zum Thema, eine Beziehungskonstellation, in der traumatische wie konflikthafte Kräfte das Geschehen bestimmen. Einen breiten Raum nehmen Schilderungen von psychoanalytischen Behandlungen ein, in denen die theoretische Standortbestimmung der Vortragenden an Beispielen aus der eigenen klinischen Arbeit verdeutlicht wird.

Gewalt, Entführung, Vertreibung und Bedrohung durch tödliche Krankheit stellen realtraumatische Katastrophen dar. Wie wirken sich solche Erfahrungen aus, und welche Bewältigungsmöglichkeiten hat der Einzelne? Für Jan Philipp Reemtsma liegt die Chance der Adaption an die traumatische Situation wie auch der Re-Adaption an die normale Welt in der Möglichkeit, die existentiell bedrohlichen Erfahrungen in die Kommunikation zu integrieren. Dies mißlingt dann, wenn sich der Traumatisierte einer ungläubigen oder gleichgültigen Umwelt gegenübersieht: „Die Ausnahme wird als Regel bestätigt, das Trauma wird nicht zum Lebensbruchstück, sondern zum Beginn eines neuen Lebensabschnitts, der nach anderen Wahrnehmungsregeln verläuft" (Reemtsma, S. 293).

Weitere Themenkomplexe sind die transgenerationelle Vermittlung traumatischer Erfahrungen in der Familie sowie die Spätfolgen für die Persönlichkeitsentwicklung bei Kindern, die Mißhandlungen und Mißbrauchserfahrungen ausgesetzt waren.

Im Kandidatenforum, das als öffentliche Diskussion zwischen Weiterbildungsteilnehmern und psychoanalytischen Lehrern inzwischen seit mehreren Jahren als fester Bestandteil der DGPT-Tagungen etabliert ist, wird die Plenumsdiskussion zum Thema „Die Spaltung der psychoanalytischen Gemeinschaft: Ein Trauma mit Langzeitwirkung" dokumentiert. Hier geht es um die Auseinandersetzung mit den traumatischen Folgen, die die Spaltung in unserer eigenen Nachkriegsgeschichte der Gruppe der Psychoanalytiker zugefügt hat.

Anne-Marie Schlösser   *Kurt Höhfeld*

Trauma, Konflikt, Angst: Psychoanalytische Beiträge zu einer Theorie der Verletzung

Trauma, Konflikt, Repräsentation

Trauma und Konflikt – ein Gegensatz?

Joachim Küchenhoff

Immer wenn Trauma und Konflikt einander entgegengesetzt werden, polarisiert sich die Diskussion rasch, und ebenso schnell erscheint das Gespenst des Paradigmenwechsels in der Psychoanalyse. Zunächst gilt es also zu fragen, unter welchen Voraussetzungen Trauma- und Konfliktpsychologie als Gegensätze verstanden werden:

1. Trauma wird als eine von außen hereinbrechende Katastrophe aufgefaßt, während Konflikt den Kampf widerstreitender Gebote, Verbote, Triebwünsche in foro interno meint.

2. Diese Kontrastierung von Trauma und Konflikt geht von genetischen Postulaten aus, die zugleich mit Schuldzuweisungen verknüpft werden. Traumatheoretiker werfen den Konflikttheoretikern vor, die äußere Realität und insbesondere Gewalt und Destruktivität in menschlichen Beziehungen und ihre Bedeutung für die Genese psychischer Krankheiten zu ignorieren und alle Schuld ins Individuum zu verlagern; umgekehrt werfen die Konflikttheoretiker den Traumatheoretikern vor, daß sie die äußeren Streßfaktoren überbetonen und damit das Wesensmerkmal psychoanalytischer Metapsychologie, die Wirksamkeit unbewußter Phantasien und damit letztlich die Triebtheorie, aufgeben und durch eine Streßpsychologie ersetzen.

3. Seit Ferenczi wird die Diskussion um Trauma und Konflikt auch anhand der therapeutischen Konsequenzen geführt, die beide Konzeptionen haben; Traumata sollen eher durch eine „mütterliche" Haltung des Versorgens und Schützens oder durch sogenannte korrigierende emotionale Erfahrungen überwunden werden, während Konflikte eher mit Hilfe einer gleichsam „väterlichen" Aufklärung, Deutung, Bewußtmachung aufgelöst werden sollen.

Zunächst wird es mir darum gehen zu zeigen, daß die Gegenüberstellung in dieser Form nicht berechtigt ist. Sicher, traumatische Einflüsse kommen i. d. R. im weitesten Sinn von außen. Dennoch beschreiben die genannten Punkte Scheinantithesen, wie sich meines Erachtens mit den Ansätzen der Objektbeziehungstheorie gut begründen läßt. Konflikte entstehen nicht allein in der Folge von Reifungsprozessen v. a. der Triebnatur. Sie entstehen auch durch die Verinnerlichung von Beziehungserfahrungen; z. B. wird erfahrene Destruktivität zu einem destruktiven inneren Objekt, das in Widerstreit zu liebevollen Erfahrungen gerät. Gerade in den frühesten Lebensjahren gilt diese Umwandlung der äußeren in innere Realität. Zudem ist es höchst schwierig zu bestimmen, was wir mit der äußeren Realität eigentlich meinen; zur Beziehungsrealität des Kindes gehören ja auch, neben den harten Fakten, die weichen Einflüsse, z. B. die Delegationen (Stierlin 1978) oder Phantasien der Eltern. In jeder Kindheitsentwicklung spielt das Begehren der Eltern eine Rolle, das sich von den ersten Lebensstunden an und sogar noch früher formuliert und in die Seele des Kindes einschreibt; ich denke an die Phantasien der Eltern um das zu erzeugende Kind, an die Bedeutung der Namensgebung, die dem Kind einen bestimmten Auftrag mitgibt. Am weitgehendsten ausformuliert hat diese Theorie wohl Jean Laplanche in seiner Konzeption der generalisierten Verführung, die im Deutschen schlecht als „allgemeine Verführungstheorie" (1988) übersetzt worden ist, und die gerade zum Ausdruck bringt, daß das Begehren des Erwachsenen sich immer und unausweichlich auf das Kind richtet. Konflikte sind nicht einfach intrapsychisch, die sog. äußere Realität ist hart oder weich, die Grenzen verschwimmen.

Außerdem wird sie verinnerlicht; deshalb muß die therapeutische Haltung auch bei der Bearbeitung von Traumata deutend, keineswegs nur versorgend-empathisch sein, wie Kernberg (1997) jüngst sehr deutlich gemacht hat: denn wenn die äußere Gewalt verinnerlicht worden ist, ist sie innen, und u. U. wird sie als ich-synton – selbst-synton müßte man eigentlich sagen – erlebt. Eine allein empathische Haltung würde dieser Destruktivität nicht gerecht werden können.

Verschwimmen die Konturen? Wird der Unterschied von Trauma und Konflikt unklar? Wenn der klinische Sprachgebrauch sinnvoll bleiben soll, der beide voneinander unterscheidet, dann muß die Differenz neu bestimmt werden. Dies soll anhand von drei Unterscheidungskriterien geschehen:

1. der ökonomischen Perspektive, die eine klassische metapsychologische Perspektive ist;
2. der Frage nach der Art und Weise, wie Erfahrungen psychisch repräsentiert werden (diese Frage wird im Zentrum stehen);
3. der Frage nach der Qualität äußerer Ereignisse, die sie zu Traumata disponieren.

Die Differenzierung von Trauma und Konflikt – eine ökonomische Perspektive

Die Traumadefinition, die in der psychoanalytischen Diskussion seit 1920, dem Erscheinungsjahr von Freuds „Jenseits des Lustprinzips", wahrscheinlich am geläufigsten ist, stützt sich auf energetische oder ökonomische Modelle; Trauma heißt eine Erregung, eine Arbeitsanforderung an den „psychischen Apparat", welche – gleichgültig, ob sie von innen oder außen kommt – dessen Arbeitsfähigkeit überfordert. Der Konflikt hingegen ist eine Arbeitsform der Psyche, Konflikte binden psychische Erregung, sie vermitteln zwischen den widerstreitenden Impulsen und Einflüssen und schaffen Kompromisse, wie krankmachend oder defizitär auch immer diese Kompromisse ausfallen mögen; Konflikte binden Energie, sie verhindern eine Überlastung des psychischen Apparates. Solange wir über Mechanismen der Verdrängung und des Unbewußtmachens verfügen, können wir versuchen, eine traumatogene Überflutung zu verhindern; Konfliktfähigkeit arbeitet der Traumatisierung entgegen.

Nun hat der ökonomische Gesichtspunkt heute noch darin seinen guten Sinn, daß er Psychodynamik an die Stärke des Affekts und auch an die somatischen, letztlich biologischen Ursprünge des Triebgeschehens zurückzubinden erlaubt. Damit betont er einen quantitativen Faktor. Im übrigen relativiert er die Gegenüberstellung von Innen und Außen: die das Ich überwältigenden Anforderungen an die Verarbeitungskapazität können vom Körper her, von überwältigenden inneren Bildern oder von äußeren Gefährdungen stammen. Dennoch ist klar, daß ökonomische Metaphern nicht ausreichen. Sie erlauben nicht, zu verstehen, wie dieser sogenannte psychische Apparat gebaut ist, worin und wobei er überfordert ist. Deshalb müssen wir uns dem zweiten Gesichtspunkt zuwenden, um hier eine Aufklärung zu erlangen.

Die Differenzierung von Trauma und Konflikt – eine repräsentationstheoretische Perspektive

Ich gehe davon aus, daß die Möglichkeit zur Verarbeitung innerer oder äußerer Belastungen mit zwei Größen zu tun hat, nämlich mit der Stärke der Belastung einerseits und der Kapazität der Verarbeitung andererseits. Zu diesem zweiten Gesichtspunkt trägt die zeitgenössische psychodynamische Diagnostik durch die Begriffe Struktur, strukturelle Integration, Persönlichkeits-Organisationsniveau etc. bei. Ein Aspekt dieser Funktionsniveaus ist die Möglichkeit, Erfahrungen, vor allem affektive Erfahrungen, psychisch zu repräsentieren, Verfügung über einen intrapsychischen Raum zu haben, innerseelisch verarbeiten zu können, wie immer man sagen will.

Zur psychoanalytischen Theorie der Repräsentation

Die Voraussetzung dafür, daß Trauma und Konflikt angemessen voneinander differenziert werden können, ist eine ausgearbeitete Theorie der psychischen Repräsentation, die meines Erachtens nur in Ansätzen existiert. Hier können nur einige Umrisse einer solchen Theorie der Repräsentation oder – wie W. R. Bion (1962/1990), auf den ich mich im folgenden immer wieder beziehe, sagen würde – des Denkens gegeben werden:

a) Repräsentation als dynamischer Prozeß:

Repräsentation ist kein statischer, sondern ein dynamischer Prozeß der Aktivierung, Verbindung und Neukonstellierung von Erfahrung; z. B. ist Erinnerung nicht denkbar als ein Prozeß, der die Tür zu Erfahrungen, die im Gedächtnis niedergelegt worden sind, öffnet, Erinnerung ist vielmehr ein dynamisches Geschehen der Aktualisierung und Neubewertung vergangener Erfahrungen in der Gegenwart. In dieser Erkenntnis der Dynamik des Repräsentationsprozesses berühren sich die Psychoanalyse und die kognitiven Neurowissenschaften, v. a. durch die Modelle von den neuronalen Netzwerken.

b) Genese der Repräsentationssysteme in der intersubjektiven Erfahrung:

Repräsentation ist kein einsamer, sondern ein intersubjektiver Prozeß. Nach Bion kann sich die Fähigkeit zu denken nur dann entwickeln, wenn die ursprünglichen interpersonellen Erfahrungen genügend gut gewesen sind. Wenn es die ausreichend guten ersten Bezugspersonen nicht gibt, die das Kind von früh an in seiner Erfahrungsverarbeitung unterstützen, werden Denk- und Repräsentationsfähigkeit behindert. Der Prozeß läuft dann gut, wenn auch unlustbetonte, bedrohende, mit Vernichtungsangst einhergehende Erfahrungen erst von den Eltern vermittelt werden (vgl. Kinston und Cohen 1986) und diese „Containing-Funktion" schließlich vom Kind selbst übernommen werden kann. Bion spricht dann von der „Alpha-Funktion".

c) Integration der Versagung:

Bions Theorie des Denkens ist allerdings komplexer, als daß sie in der Container-Contained-Konzeption aufginge. Denken wird erst dadurch angestoßen, daß – in seinen Worten – eine Präkonzeption, eine noch nicht formulierbare Erwartung, ein Bedürfnis oder Anspruch (in den Worten Lacans) nicht auf Erfüllung, sondern auf Versagung trifft, und die Frustrationstoleranz genügend groß ist, um nun – mit Kleist könnte man sagen – den Umweg um die Welt anzutreten, um von dort aus die Erfüllung anzustreben; bei Bion heißt dieser Prozeß des Denkens auch schlicht „Lernen aus Erfahrung", zu dem eben die Erfahrung des Mangels gehört. Bions Stärke ist diese Dialektik von Anwesenheit und Mangel. Ohne die Reverie des anderen gibt es keine Gedanken, aber auch nicht ohne die Erkenntnis, daß die Präkonzepte nicht durch die Realerfahrung befriedigt werden. Es geht um die Ambivalenz der geschützten Mangelerfahrung, die die Entwicklung der Psyche anstößt. Strukturen bilden sich, um Anforderungen zu begegnen; die Denkfähigkeit bildet sich in Reaktion auf die nichtintegrierten Präkonzepte. Wenn sich kein Denkapparat bildet, wird Erfahrung nicht verarbeitet, sondern Erlebnisse werden ausgestoßen, die Seele versucht, sich ihrer zu entledigen.

d) Netzwerk der Repräsentationen:

Denken heißt verbinden. Unbewußte wie bewußte Repräsentationen sind miteinander verkoppelt, das ist der Mechanismus, den die Psychoanalyse von Anfang an im Prozeß der freien Assoziation nutzt. Repräsentation meint immer auch eine Eingliederung in Repräsentationsstrukturen. Dies ist im übrigen nicht die unwichtigste unter den wissenschaftstheoretisch weit vorausgreifenden Entdeckungen Freuds, daß die assoziativen Verbindungen etwas mit neuronaler Bahnung und neuronalen Netzwerken zu tun haben.

Diese Vernetzung ist nicht nur neurophysiologisch, sondern vor allem repräsentationstheoretisch zu verstehen. Repräsentationen werden angeeignet, aber nicht neu geschaffen, denn sie liegen in Repräsentationssystemen, deren markantestes natürlich die Sprache ist, vor. Diese Verbindungen können verlorengehen, Erfahrungen können zwar Engramme bilden, aber unverbunden, ohne Kontext bleiben. Dies sind die „Beta-Elemente", wie Bion sie nennt. Die Durcharbeitung von Erfahrungen aber setzt Verbindungen, die Integration in eine Repräsentationsstruktur voraus.

e) Symbolisierung:

Wir können unsere Erfahrungen nur dann durcharbeiten, wenn wir mit unseren Gedanken spielen, Phantasien freien Lauf lassen, mit Worten umgehen können. All diese Fähigkeiten sind mit der Fähigkeit zur Symbolisierung verbunden, die meines Erachtens in der Psychoanalyse heute so verstanden wird, daß zwischen dem

Signifikanten und Signifikat, zwischen dem Wort und den Dingen, zwischen den Repräsentationen und dem Repräsentierten unterschieden werden kann. Hier kommt die Semiotik einer psychoanalytischen Repräsentationstheorie zur Hilfe. Was wir hier Symbol nennen, ist in der Zeichentheorie von Peirce die trianguläre Struktur des Zeichens (Raguse 1994). Es gibt einen Repräsentanten, z. B. ein Sprachzeichen, der sich auf ein Objekt bezieht, also Signifikanten und Signifikat, aber deren Beziehung ist vermittelt durch einen Interpretanten, der bei Pierce – die aktivische Formulierung legt es nahe – kein Mensch ist, sondern eine vorgefaßte Interpretation, ein Code oder Schema. Was der Interpretant sein kann, ließe sich ausdifferenzieren; wichtig ist hier, daß der Code gewählt werden kann, er ist nicht beliebig, aber auch nicht festgelegt. Der Interpretant ist seinerseits ein Zeichensystem, das durch andere Zeichen wieder interpretiert werden kann. Dadurch ergibt sich die unendliche Semiose, die Möglichkeit zur offenen Neuinterpretation von Erfahrungen.

Das trianguläre Modell ist für die Psychoanalyse aus leicht ersichtlichen Gründen attraktiv; sowohl bei Peirce wie auch in der Psychoanalyse sind Denken und Erfahrung an Triangulierung gebunden. Es gibt einen weiteren Grund; um ihn zu erläutern, will ich die semiotische Theorie mit der Bionschen Theorie des Denkens verbinden. Dabei werde ich aber etwas tun, was ausdrücklich verboten ist: ich repersonifiziere für einen Moment den abstrakt gemeinten Interpretanten und sage, daß man die Funktion des Codes, der Einbettung in eine symbolische Ordnung, aus psychoanalytischer Perspektive als Funktion der Matrix, der mütterlichen (im Wort Matrix klingt Mutter, mater, an) Vermittlung der symbolischen Ordnung, sehen muß. Es muß zunächst in der frühen lebensgeschichtlichen Erfahrung – und später immer wieder in Lebenskrisen – einen personifizierten Interpretanten, einen Reveur/eine Reveuse geben, der die Repräsentationsstruktur aufbaut. Dieser wird dann in die eigene Struktur (als Alpha-Funktion) übernommen und somit wieder entpersonalisiert.

f) Interpersonelle Verarbeitung psychischer Erfahrungen:

Wenn Erfahrungen nicht gedacht, also nicht mit anderen verbunden und nicht symbolisiert werden können, werden sie dennoch repräsentiert, aber in einer isolierten Weise, es entstehen Repräsentanzen, die entweder nicht als zum Ich gehörig oder als bedrohlich und gefährlich erlebt werden. Sie sind schwer erträglich und müssen dann „ausgestoßen" werden, die Projektion dieser Erfahrung auf andere dient der Kommunikation, dient vor allem dazu, die nicht verdaubaren psychischen Erfahrungen von anderen „entgiften" zu lassen.

Zum Verständnis des Traumas
mit Hilfe des repräsentationstheoretischen Ansatzes

Diese Gesichtspunkte zur psychischen Repräsentation von Erfahrungen sollen nun in aller Kürze auf die Ausgangsfrage einer Differenzierung von Trauma und Konflikt bezogen werden. Dabei sei die These der folgenden Überlegungen vorweggenommen: Durch ein Trauma wird die Repräsentationsmöglichkeit selbst, die Matrix, in Frage gestellt. Es werden durch das Trauma nicht nur einzelne unassimilierbare Erfahrungen gemacht, vielmehr wird die Struktur der Repräsentation, oder sagen wir es so, daß wir weniger Mißverständnissen ausgesetzt sind, die Repräsentationsfunktion selbst angegriffen (Kumin 1996). Sie ist in Frage gestellt und/oder mehr oder weniger zerstört. Psychoanalytisch gesprochen wird der Container oder die Alpha-Funktion als Verinnerlichung der Containing-Funktion zerbrochen. Ebenso ließe sich von der Zerstörung des transformationellen Objektes (Bollas 1987) sprechen; die Konvergenz ansonsten disparater Theorien ist beträchtlich. Semiotisch gesprochen geht der Interpretant, die Verortung von Erfahrungen in einer Zeichenstruktur, in der Codes, also Vorerfahrungen, genutzt werden können, verloren. Versuche der Traumaverarbeitung haben alle zum Ziel, die Repräsentationsfunktion zurückzugewinnen. – Dieser Prozeß hat verschiedene Auswirkungen, die nun anhand der eben eingeführten Repräsentationskriterien beschrieben werden.

Wenn die Repräsentationsfunktion unterbrochen ist, werden traumatische Erfahrungen auch nicht unbewußt. Denn das Unbewußtwerden von Vorstellungen zerstört normalerweise ihre Repräsentation nicht, sondern verändert sie bloß, und zwar v. a. auch die Repräsentationsregeln, die nun nach den Gesetzen des Primärprozesses ablaufen. Dennoch – es scheint mir nicht banal, dies zu betonen – wird im Unbewußten repräsentiert. Traumata verhindern die Entstehung von Unbewußtheit. Traumatische Erlebnisse werden also nicht verdrängt. Die Alpha-Funktion (als Verinnerlichung der Containing-Funktion) liegt brach. Sie ist diejenige Funktion der psychischen Repräsentation, die es erlaubt, Erfahrungen einzuordnen, also z. B. auch in Träumen wiederzubeleben und zu behandeln (wir wissen alle aus der Psychotherapie von Patienten mit schweren Persönlichkeitsstörungen oder aus der Psychotherapie von traumatisierten Patienten, daß es einen großen Fortschritt markiert, wenn die Patienten erstmals träumen können).

Wenn die Repräsentationsfunktion unterbrochen oder gestört ist, werden keine Symbole gebildet. Das heißt, die Struktur traumatischer Erfahrungen wird nicht in die geschilderte trianguläre Zeichenbeziehung aufgenommen. An die Stelle der

Symbolstruktur konflikthafter Erfahrungen tritt eine andere Struktur, die sich durch eine binäre oder gar keine Logik mehr auszeichnet. Es sind unterschiedliche psychoanalytische Ansätze, die sich hier zitieren lassen. Traumatische Erlebnisse bleiben – nach Bion – Beta-Elemente: unverdaute, nicht unbewußte „Dinge an sich". Grubrich-Simitis spricht von der Konkretisierung in der Repräsentation traumatischer Erfahrungen, d. h. vom Verlust der Metaphernfunktion, also der Möglichkeit, etwas als etwas anderes zu sehen, in einen Zusammenhang einzurücken. Konkretismus heißt, eine Erfahrung nicht auf ein anderes Gebiet übertragen zu können, nicht mit den Repräsentanzen spielen zu können.

Es ist das, was H. Segal (1957/1990) – in ihrer klassischen Arbeit über die Symbolfunktion – als symbolische Gleichsetzung beschrieben hat. Alle Konzepte zielen auf das gleiche: Dadurch, daß traumatische Erfahrungen keinen Symbolcharakter haben, werden sie nicht als Signifikanten eines Signifikats verstanden, sondern erhalten einen bedrängenden Wirklichkeitscharakter, sie drängen sich auf, sind abstandslose, scheinbar nackte Tatsachen, die mit immer neuen Worten nicht zu bekleiden oder zu ummänteln sind.

Wenn die Repräsentationsfunktion angegriffen ist, ist die Dynamik der Repräsentation unterbrochen, die Aktivierung und Neubewertung, das Umschreiben von Erfahrungen. Wir wissen, daß Freud traumatische Erfahrung „jenseits des Lustprinzips" (Freud 1920) angesiedelt hat, letztendlich als Ausdruck eines Todestriebes, der die Wiederherstellung einer ursprünglichen Konstanz anstrebt. Wiederholung ist ein Charakteristikum von Traumata. Allerdings ist Wiederholung als Wiederholungszwang auch kennzeichnend für den Konflikt. Wenn wir daran denken, daß Repräsentation ein dynamischer Prozeß ist, lassen sich beide Arten der Wiederholung unterscheiden. Der Wiederholungszwang im neurotischen Konflikt ist meines Erachtens eine Wiederholung der Form bei wechselndem Inhalt, ein durchgehaltenes Muster von Erfahrungen in sich wandelnden Erzählformen, ich möchte von *variierender Wiederholung* sprechen, da neurotische Grundthemen ähnlich wie musikalische Themen in Variationen immer wieder auftreten. Die Wiederholung traumatischer Konflikte ist eigentlich keine *Wiederholung*, sondern eine *Wiederkehr*, ein repetitives Muster hereinbrechender Repräsentation, das die beschriebene Dynamik der Neubearbeitung von Repräsentationen gerade stillegt. Gleichwohl *hat* sie das Ziel, daß die Repräsentationen verarbeitet werden. Zu Recht weist Kumin (1996) darauf hin, daß die Wiederholung des Traumas Signalcharakter hat, ein kommunikatives Signal ist, Ausdruck der Suche nach einem Ort, an dem die grenzüberschreitende, hereinbrechende Erfahrung doch noch bearbeitet werden könnte. Diese Wiederholung gehört also schon zum Prozeß der Verarbeitung.

Durch das Trauma wird der Interpretant angegriffen, d. h. – formulieren wir es unpersönlich –, daß das Subjekt nicht mehr über einen Code verfügt, der es gestatten würde, die Erfahrungen zu vernetzen. Das Herstellen psychischer Verbindungen ist damit unterbrochen. Die Entsprechung zu diesem Verlust psychischer Verbindungen ist die Isolierung der Traumaerfahrung, ihre Abspaltung oder Dissoziation.

An dieser Stelle verbindet sich unser repräsentationstheoretischer Ansatz mit den an der Grenze von Psychoanalyse und kognitiven Neurowissenschaften momentan vieldiskutierten Schematheorien: Es sind dies Kognitionstheorien oder Theorien zur Informationsverarbeitung, die die Aufnahme, Speicherung und den Abruf von Informationen beschreiben. Sie weisen darauf hin, daß Informationen nicht einzeln gespeichert werden, sondern in einem integrierten Zusammenhang. Die Aufnahme neuer Informationen geht über den Weg von *Assimilation*, also der Einarbeitung der Informationen in ein existierendes Schema, oder über den Weg der *Akkommodation*, der Umarbeitung der Schemata gemäß der neuen Erfahrung, vor sich. In der Sprache der Schematheorien gesprochen überfordern Traumata beide Fähigkeiten; die Assimilationsfähigkeit ist behindert, weil es kein Schema gibt, das geeignet wäre, die völlig ungewohnten Informationen aufzunehmen. Die Akkommodation als Anpassung des Schemas ans traumatische Ereignis ist aber mit der Gefahr des Selbstverlusts verbunden. Die Folge dieses Dilemmas ist die Dissoziation, also die Abspaltung der Erinnerung in ein eigenes „Reservat", in dem die Erinnerung lebendig ist, das aber vom übrigen Erleben abgeschnitten ist (Reviere 1996), eine Krypta (vgl. Küchenhoff 1991).

In den Schematheorien ist der Status der Dissoziation ungeklärt; zwei Modelle werden diskutiert: Schemata liegen – nach dem ersten – in einem dissoziierten Zustand vor, diese Subsysteme funktionieren nicht im Sinne einer Einheit, sondern auf der gleichen Ebene wie Parallelprozessoren eines Computers; nur das Bewußtsein als zusammenfassendes Schema erzeugt den Eindruck von Einheit. Klinische Phänomene von Dissoziation entsprächen dann der Entkoppelung von Subsystemen. Dissoziation kann aber auch – das wäre die Alternative – als Neuschöpfung angesehen werden; kognitive Prozesse würden demnach kontinuierlich integrativ verlaufen.

Schematheorien haben einen begrenzten Stellenwert; ertragreich sind sie für die Psychoanalyse, weil in dem Modell der Dissoziation Kognitionswissenschaften, Neurowissenschaften und Psychoanalyse konvergieren und die Schematheorien eine Verbindung zwischen Psychoanalyse und neurobiologischen Modellen der Traumaverarbeitung darstellen könnten (vgl. Bucci 1997, Reviere 1996). Ihre Grenze liegt v. a. in der monadischen Rekonstruktion der Seele. Die von der Psychoanalyse erkannte Dialektik von intra- und interpersonaler Verarbeitung bleibt hierbei unberücksichtigt.

Ob Dissoziation dem Auseinanderfallen integrativer oder synthetisierender Funktionen entspricht oder bereits eine Eigenleistung des angegriffenen psychischen Apparats ist, also eine erste Verarbeitungsform, diese Frage wurde schon frühzeitig aufgeworfen. Janet hat die erste anspruchsvolle Theorie der psychischen Dissoziation vorgelegt, nicht ohne Grund beziehen sich zeitgenössische Traumaforscher (z. B. van der Kolk u. a. 1996) auf ihn. Janet sieht in der Dissoziation einen Zerfallsvorgang; Freud findet ungewohnt böse Worte für bzw. gegen Janet und geißelt dessen Konzept etwa so:

„Janets Hysterische erinnert an eine schwache Frau, die ausgegangen ist, um Einkäufe zu machen, und nun mit einer Menge von Schachteln und Paketen beladen zurückkommt. Sie kann den ganzen Haufen mit ihren zwei Armen nicht bewältigen, und so entfällt ihr zuerst ein Stück. Bückt sie sich, um dieses aufzuheben, so macht sich dafür ein anderes los." Dagegen setzt Freud die psychoanalytische Einsicht, daß „diese Phänomene aber Erfolg dynamischer Faktoren, des seelischen Konfliktes und der vollzogenen Verdrängung" seien. (zit. n. Lorenzer 1984, S. 110).

Erst sehr spät, im Fragment „Die Ich-Spaltung im Abwehrvorgang" (Freud 1938/1940), wird Freud, ohne den Begriff der Dissoziation zu benutzen, Dissoziation selbst als einen dynamischen Faktor begreifen und der Verdrängung an die Seite stellen. Auch die Dissoziation leitet, ebenso wie die Wiederholung, schon zur Traumaverarbeitung über. Das, was das Trauma bewirkt, nämlich daß isolierte und unverdauliche Schreckensbilder und Erfahrungen entstehen, die nicht verbunden werden, diese Dissoziation als Traumaeffekt wird durch eine Dissoziation als Abwehr gleichsam verdoppelt; ich benutze ein Bild und sage, daß eine zweite Mauer eingezogen wird, um die eingesprengten Erfahrungen gleich ganz zu isolieren.

Schließlich sei nochmals an die *intersubjektiven Entstehungsbedingungen von Repräsentation* erinnert. Repräsentation entsteht, so hatten wir gesagt, aus vorgängigen intersubjektiven Erfahrungen. Die Unfähigkeit der intrapsychischen Verarbeitung des Traumas – und dies ist ein wesentlicher Unterschied zum herkömmlichen Konfliktverständnis – führt zu einer Reaktivierung intersubjektiver Verarbeitungsformen. Mit anderen Worten und bildhaft gesprochen, wenn der intrapsychische Raum symbolischer Repräsentation gleichsam zu klein wird, wird der interpersonale Raum zur interpersonalen Abwehr (Mentzos 1976), zum Containing, zur „psychischen Verdauung" etc. benutzt. Aus dem Übergangsraum wird ein transsubjektiver Raum (Kaes 1988). Dieser Gesichtspunkt ist meines Erachtens für die Verarbeitung traumatischer Erfahrungen zentral.

Die Differenzierung von Trauma und Konflikt – eine ereignisevaluative Perspektive

Die dritte Dimension, das dritte Tertium comporationis, das Konflikt und Trauma differenzieren soll, ist die *Qualität der äußeren Einflüsse,* die traumatisch wirken können und in der Lage sind, die Verarbeitungsmöglichkeit des seelischen Apparates zu überschreiten. Was disponiert äußere Erfahrungen dazu, traumatisch wirksam werden zu können? Nur einige Faktoren seien genannt:

– Die mangelnde Antizipation, d. h. die Schutzlosigkeit des Ichs, das sich nicht auf eine Gefahr oder Überforderung einstellen kann, sondern von ihr überrumpelt wird; zu dieser Schutzlosigkeit gehört auch, was Ferenczi in seiner berühmten Arbeit als eine „Sprachverwirrung" bezeichnet hat: Das Kind spricht die Sprache der Zärtlichkeit mit den Eltern und ist unfähig, selbst einzuschätzen, wann die Eltern nicht mehr in der gleichen Sprache antworten, sondern in der Sprache des Triebes oder der Triebwünsche.

– Zum Trauma gehört das Moment der Gewalt und Destruktivität, das die Erfahrungshorizonte gleichsam aufsprengt.

– Eng damit in Zusammenhang steht das Moment der Dehumanisierung: Der andere wird als anderer nicht wahrgenommen, sondern in seinem Selbstwert erniedrigt, zugleich wird ein Handlungsspielraum nicht zugestanden, sondern überfahren, das Ich gleichsam außer Funktion gesetzt.

Diese Merkmale haben einen gemeinsamen Nenner, der sich wie folgt beschreiben läßt: verarbeitbare Außeneinflüsse sind Angebote, und d. h., daß sie selbst in einer verarbeiteten oder symbolisierten Form überhaupt angeboten werden. Wir können dies auch so formulieren, daß die Containing-Funktion auch schon im Angebot selber enthalten ist; das, was mir angeboten wird, wird mir so angeboten, daß meine Eigenständigkeit, meine Wahlmöglichkeit etc. erhalten bleiben, daß ich als anderer akzeptiert und überhaupt gesehen werde bzw. daß ich das Angebot als eine Gabe so erhalte, daß ich mich zu ihr stellen kann. Umgekehrt kann der externe Einfluß zum Trauma werden, wenn er – neben der ohnmächtig machenden Überraschung und der Grausamkeit – durch Rohheit geprägt ist. „Rohheit" ist hier in einem doppelten Sinne zu verstehen, als „brutal" ebenso wie als „vorauslaufend nicht bearbeitet". Im Verhältnis von Täter und Opfer z. B. läge die besondere Rohheit darin, daß der Täter sich weigert, vorauslaufend zum Container zu werden.

Ein Beispiel kann dazu dienen, diese etwas abstrakt klingenden Formulierungen zu erläutern. Wir können uns eine Grausamkeit vorstellen, die gleichwohl – bei aller psychischen Belastung – kein Trauma darstellt, und diese mit traumatogener physischer Gewalt vergleichen. Das sadomasochistische Ritual kann zu Exzessen von Qual bis hin zur Lebensgefährdung führen, dennoch ist es ein Ritual, das in einem Einverständnis geschieht, auch wenn es kollusiv (Willi 1975) und wie immer pathologisch ist. Ein äußerlich gleiches Leid, das von einem ansonsten geliebten Menschen zugefügt wird, der sich plötzlich als ganz anderer entpuppt, die faktisch gleiche Mißhandlung kann dann ein Trauma sein, weil sie die Eigenständigkeit des anderen schlicht überfährt.

Der bisherige Gedankengang soll an dieser Stelle kurz zusammengefaßt werden. Traumatogene Erfahrungen sind extrem, gewalttätig, roh, und sie erzeugen nicht nur schreckliche Engramme, sondern gefährden oder zerstören die Repräsentationsfunktion. Wenn Denken bei Bion an die Dialektik von Containing und Versagung gebunden ist, so läßt sich traumatische Erfahrung dadurch charakterisieren, daß die Versagung zu stark ist und das intrapsychische Containing, die Alpha-Funktion, aber auch das interpersonale Containing, das Vertrauen, zerbricht. Wenn wir von Konflikt sprechen, setzen wir hingegen voraus, daß eine Einbindung in die bewußte oder unbewußte intrapsychische Verarbeitung möglich ist, daß eine – wie pathologisch auch immer geartete – intrapsychische Lösung gelingt, deren Hauptkennzeichen die Verdrängung wäre.

Dieser Traumabegriff hat Konsequenzen, von denen nur zwei angedeutet seien. Das Konzept des frühen Traumas, der Traumatisierung in der frühen Kindheit vor der Entwicklung des Repräsentationsvermögens, müßte präziser gefaßt werden. Meines Erachtens macht es keinen Sinn, zu einer Zeit, wo das Kind eigenständig noch kaum mit internen oder externen Reizen umgehen kann, nur aufgrund der Reizüberflutung von Traumatisierung zu sprechen. Versagung ist in den ersten Lebensjahren an der Tagesordnung. Um von Trauma zu sprechen, muß der noch externale, nicht verinnerlichte Containing-Prozeß mit berücksichtigt werden; frühe Traumata sind immer interpersonale traumatische Situationen; daher scheint mir der Begriff des Geburtstraumas problematisch. (Die intensiven Bemühungen um sanfte Geburten sind doch Ausdruck davon, daß nach einem Containment auch dieser massiven Reizüberflutung gesucht wird.)

Eine weitere Konsequenz wäre, daß Trauma nicht gleich Trauma ist; je persönlicher die Beziehung zum Ereignis oder Täter, um so einschneidender wirkt es sich aus, weil das Vertrauen in die Rückgewinnung der Containing-Funktion nachhaltiger zerstört wird.

Trauma und Metapsychologie

Denken ist Verbinden, und Traumatisierung zerstört die psychischen Verbindungen bzw. die Fähigkeit zum Denken. Einleitend wurde vom Gespenst des Paradigmenwechsels gesprochen, das auftaucht, wenn Trauma und Konflikt einander gegenübergestellt werden. Vielleicht wird bereits deutlich, daß es diesen Paradigmenwechsel nicht gibt oder daß er längst vollzogen ist, wenn es ihn einmal gegeben hat. Der Konflikt ist nicht mehr oder nicht mehr ausschließlich das Leitmodell der Metapsychologie. Nicht nur aufgrund der deutlichen empirischen Befunde hat die Traumapsychologie Berührungspunkte zur Borderline-Störung, Somatisierungsstörung oder Psychose, sondern auch weil in allen Fällen nicht die Verdrängung, sondern die Dissoziation, die Unfähigkeit der intrapsychischen Bearbeitung und die Intersubjektivität des Verarbeitungsprozesses zentral sind. Vielleicht haben wir nach wie vor eine Scheu, diese Erweiterung in der Wahl des Referenzmodelles für die Metapsychologie bis in alle Konsequenzen durchzudenken, weil der wichtigste „common ground" in der Psychoanalyse, die Anerkennung des Unbewußten, in Mitleidenschaft gezogen werden könnte. Wenn die Verdrängung als Leitmechanismus der Entstehung des Unbewußten nach dem Konfliktmodell nicht mehr im Zentrum steht, sondern statt ihrer die Spaltung oder die Dissoziation, wie bereits bei Janet, könnte die Konzeption des Unbewußten, zumindest aber die Begrifflichkeit „unbewußt" gefährdet sein.[1]

Offenbar gibt es andere seelische Verarbeitungsformen, die Unverfügbarkeiten produzieren, ohne daß Bewußtheit das entscheidende Kriterium darstellt. Ich sehe die Gefahr nicht; vielmehr sehe ich eine Erweiterung der Aufgabe der Psychoanalyse. Sie liegt dann nicht mehr ausschließlich darin, die komplexen und faszinierenden Wege unbewußter Repräsentationen nachzuvollziehen, sondern vielmehr die Entstehung von Unbewußtheit zu untersuchen. So werden wir einmal mehr darauf aufmerksam, daß das, was wir konfliktdynamisch als intervenierende, störende, verwirrende Einbrüche in die Kontinuität des Lebens unserer Patienten

---

[1] Traumatische Erinnerungen können vom Lebensvollzug abgeschnitten, vollkommen isoliert, aber dennoch – oft durch kleine Auslöser motiviert – erzählbar sein, oder, weit davon entfernt, verdrängt zu werden, durch die banalsten Auslöser sich aufdrängen und ohne jede Deutung in der Therapie wiederkehren. Möglicherweise bedarf es gar keiner Mühen auf seiten des Therapeuten, traumatische Erinnerungen zu fördern, aber jeder erdenklichen Mühe, sie durchzuarbeiten, d. h. im gewählten Kontext, sie zu verbinden mit den Gefühlen, mit dem chronologischen Gang der Lebensgeschichte, mit den Objektbeziehungen etc.

ansehen, eine Leistung darstellt, die alles andere als und vielleicht immer weniger selbstverständlich ist.[2]

Zur Verarbeitung des Traumas in der Psychoanalyse

Welche Konsequenzen hat der vorgestellte repräsentationstheoretische Ansatz für die Frage nach der Verarbeitung des Traumas? Noch einmal sei daran erinnert, daß die Herstellung „psychischer Verbindungen" (Bion 1959) zentral für die Dynamik der Repräsentation ist.[3]

Jede Form der Traumaverarbeitung hat demzufolge das Ziel, den Strukturzusammenhang psychischer Repräsentation wieder zu schließen; dies kann als der gemeinsame Nenner der Traumaverarbeitung angesehen werden. Dabei geht es um zweierlei: erstens um die Wiederherstellung der Repräsentationsfunktion, und dies u. U. durch ein zwischenmenschliches Containing, und zweitens um die Überwindung der Dissoziation, v. a. dadurch, daß die nicht repräsentierbaren Affekte in die Objektbeziehungen reintegriert werden und so die Dissoziation überwunden

---

[2] Wenn wir Psychoanalyse auf den Bereich des Präsymbolischen, der präobjektalen Bezogenheit (Kumin 1996), des Semiotischen (Kristeva 1975) etc. beziehen, so sind wir über einen klassischen konfliktpsychologischen Ansatz, wie er durch das Strukturmodell repräsentiert wird, hinaus. Ich meine, daß die Psychoanalyse die Aufgabe noch vor sich hat, die spannenden theoretischen Konzeptionen, die sich entwickelt haben – Triebpsychologie, Objektbeziehungstheorie, Ich-Psychologie und Selbstpsychologie –, konzeptionell mit-einander zu verbinden. Wissen wir wirklich, ob wir mit diesen Modellen die gleichen Phänomene aus jeweils nur verschiedenen Blickwinkeln erfassen? Oder gehen wir davon aus, daß die Modelle voneinander abzugrenzende Phänomenbereiche, also unterschiedliche Patientengruppen, beschreiben? Oder haben wir den Eindruck, sie stehen in einem Fundierungsverhältnis zueinander? Alle diese Fragen, die grundsätzlicher Natur sind, führen aber nicht vom Thema weg, sondern sind mit dem Thema Trauma und Konflikt eng verbunden. Trauma steht in gewisser Weise tatsächlich quer zum Konfliktbegriff des neurosenpsychologischen Modells, fällt aber nicht aus dem Rahmen einer psychodynamischen Theoriebildung, die frühe Erfahrungen vor der Bildung eines integrierten unbewußten Begehrens konzeptualisiert.

[3] Dies steht im Einklang mit strukturalistisch psychoanalytischen Ansätzen, die davon ausgehen, daß der Zusammenhang des Psychischen eine geschlossene Struktur darstellt; dynamisch betrachtet heißt dies, daß der Horizont der eigenen Erfahrungen zwar inhaltlich unbegrenzt, aber formal geschlossen ist, besser gesagt, daß er ein Horizont ist, der sich immer wieder abschließen muß. Wenn wir Menschen behandeln, die traumatisch bedingte Amnesien z. B. durch Verkehrsunfälle beklagen, erkennen wir, wie beunruhigend es ist, mit Erinnerungslücken leben zu müssen, die nicht überbrückt werden können; es ist ein merkwürdiger Kontrast zum täglichen Vergessen, das uns begleitet und vielleicht auch stört, aber nicht grundsätzlich beunruhigt, da wir es nicht so erleben, daß es auf eine Leerstelle in der psychischen Repräsentation verweist, und daran leidet gerade der Patient mit einer Amnesie.

wird. Ziel der Verarbeitung ist es also, Affekte mit der Selbst- und mit der Objektrepräsentanz zu verbinden und somit zu psychischen Erfahrungen werden zu
lassen.

Am Anfang der Verarbeitung allerdings steht die Dissoziation, die „Dekontex-
tualisierung", das Abschließen der traumatischen Erfahrung von anderen Erleb-
nisbereichen; auf die Doppelnatur der Dissoziation wurde schon hingewiesen. Sie
führt zur Entlastung vieler Lebensbereiche, die zunächst einmal so ablaufen sollen,
als bliebe in ihnen der Prozeß des Lernens durch Erfahrung, des Denkens, durch
das Trauma ungestört.

Eine andere Form der Entlastung, die freilich mit multiplen Symptombildungen verbunden sein kann, ist die Somatisierung. Die neuere empirische Forschungs-
literatur verbindet das Vorliegen von Traumatisierungen mit dem Auftreten von
psychosomatischen oder somatoformen Störungen (z. B. van der Kolk u. a. 1996).
Wenn die Überwältigung durch den Affekt nur so gelöst werden kann, daß die
affektbeladene Vorstellung verworfen wird, dann können nur vorsymbolische,
sensomotorisch wirksame Repräsentationssysteme aktiviert werden, also Erregungszustände, die körperhaft ablaufen und zu Somatisierungen führen. Hier
besteht auf seiten des Traumatisierten gleichsam *keine Hoffnung, mit diesen Erfahrungen selbst umzugehen, aber auch keine Hoffnung, in irgendeiner Weise Trauma
und Beziehungserfahrung zu verknüpfen.*

Die aus repräsentationstheoretischer Sicht nächsthöhere Stufe im Versuch einer
Einbindung des Traumas ist das *Agieren oder Inszenieren des Traumas;* als Beispiel
kann das in meiner klinischen Erfahrung immer häufiger werdende Selbstverlet-
zungsagieren dienen. Das Agieren kann *als ein Signal gegenüber dem anderen*
verstanden werden. Das Signal, wie bereits bei der Darstellung des traumatischen
Wiederholens geschildert, dient dazu, einen Appell an andere zu richten, um die
nicht anders zu beherrschenden Beta-Elemente (Bion 1962) zu kommunizieren,
damit sie vom anderen verdaut werden. Hier wird der Versuch gemacht, im anderen, wie in der frühen Kindheit, einen Platzhalter für die Repräsentation des Traumas zu finden; eine andere Umschreibung des gleichen Phänomens in den – vielleicht allzu – nüchternen Begriffen der Ich-Psychologie wäre: Es findet eine Ich-
Regression auf jene Stufe der Verarbeitung statt, die interpersonal ist. Es ist die
Wiederholung einer Entwicklung, die Bion an den Anfang der psychischen
Entwicklung gestellt hat: Es gibt dann Präkonzepte, Vorstufen von Gedanken, also
isolierte Elemente psychischer Repräsentation, die einen Container, ein Gefäß,
suchen. Es geht um die Möglichkeit, ein „verdauendes Objekt" zu finden, es ist also
kein bestimmtes, in ein bestimmtes Bild gefaßtes, sondern ein Objekt, das der

Vorstellung von Winnicotts Umweltmutter entspricht: eine Möglichkeit zur Aufbewahrung der unerträglichen Affekte durch ein ansonsten nicht zu spezifizierendes Objekt, das in der Lage ist, die unerträglichen Affekte aufzunehmen und in gewandelter Form zurückzugeben.

Es ist kein Wunder, daß in der Traumatheorie seit Ferenczi konstant der Begriff der *Introjektion* (manchmal fälschlicherweise als Identifikation bezeichnet) eine große Rolle spielt. Ziel der Traumaverarbeitung ist es, den Affekt mit einer Beziehungserfahrung zu verbinden, und so entsteht das traumatische Objekt oder wird der Versuch gemacht, ein traumatisches Subjekt aufzubauen. Das Trauma also wird wie eine Beziehungserfahrung behandelt oder wird in ein *neues Beziehungsmuster* eingewoben. Man könnte auch sagen: Auf der Suche nach einem Container, der als Alpha-Funktion verinnerlicht werden könnte, wird die Beziehung zum Objekt, auch zum traumatisierenden, verinnerlicht. Ehlert und Lorke (1988) haben überzeugend dargestellt, wie Täter-Opfer-Traumatisierungen unmittelbar verarbeitet werden, und zwar so, daß das Opfer in einer regressiven Bewegung um jeden Preis und in einer archaisch-ausschließlichen Weise eine Objektbeziehung aufrechterhalten *muß*, um nicht aus jeder Beziehungserfahrung herauszufallen. Auf diesem Wege entsteht die fatale emotionale Nähe zum Täter, der den Opfern den gesellschaftlich immer wieder und immer noch gemachten (natürlich absurden) Vorwurf einbringt, sich selbst beteiligt zu haben oder gar an der Traumatisierung schuld zu sein. Fatal ist die Suche nach dem Täter als einem primären Objekt deshalb, weil sie sich zwar an den einzig erreichbaren Menschen richtet, dieser aber zugleich der Täter ist, der natürlich das, was er gerade genommen und zerstört hat, nicht selber geben will und kann, nämlich Vertrauen in den anderen.

Auch mittel- oder langfristig wird an der Wiederherstellung der Beziehungsrepräsentanzen gearbeitet. Auch hier spielt die Introjektion eine entscheidende Rolle. An diesem Introjektionsvorgang muß eine konservative Qualität betont werden. Schon Freud hatte in der 1923 publizierten Schrift „Das Ich und das Es" den entscheidend wichtigen Gedanken, daß Identifizierungen der Objektbeziehung vorausgehen oder eine primitive Vorstufe derselben darstellen. Die *Introjektion des Objekts* rettet das Objekt und zugleich das Selbst, das vor Haß oder Selbsthaß sonst zu zerspringen drohte. Aber Introjektion ist nur eine Metapher, die mechanistisch klingt und die vielleicht den dynamischen Hintergrund dessen nicht vollends veranschaulichen kann, was wir klinisch leidvoll erleben: die psychische Demütigung und Selbstanklage des in Depression erstarrten Opfers, die Selbstverletzungshandlung des Traumatisierten, die einer Perpetuierung des Traumas entspricht, nur daß jetzt der Täter durch einen Selbstanteil vertreten wird. Es ist kein Wunder, daß *diese*

Reinszenierung des Traumas, z. B. im Verhältnis zwischen einem Selbstanteil und dem eigenen Körper, der zum Objekt wird, um so wichtiger ist, je früher im Leben die Traumatisierung erfolgte. Oben wurde von einer konservativen Qualität gesprochen, weil es darum geht, eine Objektvorstellung um jeden Preis zu bewahren. Aus dieser Perspektive scheint es mir wichtig, eine der Wurzeln des Masochismus neu zu verstehen, nämlich als Erotisierung der Position des Opfers. Masochistische Beziehungen können freiwilligen Reinszenierungen der Täter-Opfer-Beziehung entsprechen, diesmal allerdings nicht in einer Beziehung zwischen Selbst und Körper, sondern in einer interpersonalen Beziehung. Die Lusterfahrung hängt u. a. damit zusammen, daß das Trauma nicht passiv erlitten, sondern aktiv wiederholt wird und daß die Affekte umgewandelt werden: der Terror wird zur Erregung. Außerdem geht die masochistische Unterwerfung nicht so weit, daß die Vernichtungsdrohung, wie sie sich im Trauma zeigte, wiederholt wird. Manche masochistischen Inszenierungen sind deshalb durch den Versuch gekennzeichnet, eine Übergangserfahrung in Beziehungen zu erproben und Beziehungsrepräsentanzen für das bislang unrepräsentierte Trauma zu finden.

Die nächste Stufe der Integration ist die *Einbindung in ein Lebensthema* (Laub und Auerhahn 1993). Hier kann das Trauma gleichsam neurotisiert werden. Als Therapeuten haben wir damit, obwohl eine gleichsam höhere Stufe der Traumaintegration vorliegt, paradoxerweise oft mehr Schwierigkeiten. Das Ereignis des Traumas wird zu einer zentralen Repräsentation, die neben sich keine andere mehr duldet oder alle anderen anzieht. Zu denken wäre u. a. an Patienten, die früher despektierlich als „Rentenneurotiker" bezeichnet wurden und heute als Gutachten-Probanden den Gutachter immer wieder zur Verzweiflung bringen können, da er oft das Gefühl hat, das Trauma wird mit einem sekundären Krankheitsgewinn verbunden. Streifen wir aber diesen normativen Überzug ab, so können wir darunter leichter erkennen, daß es sehr oft nicht einfach Trick oder unbewußter Gewinn ist, sondern ein verzweifelter Versuch, die eigene Subjektivität wiederherzustellen, indem zu ihrem Zentrum gerade das, was sie am meisten gefährdet oder zerstört hatte, werden soll, das Trauma, das alles weitere Leben prägt.

Die reifste Stufe könnte die sein, in der *das Trauma sich sprachlich bearbeiten*, mitteilen und kommunizieren läßt. Aber auch hier ist Vorsicht geboten. Oft genug wird das Trauma auch durch diese Einbindung in eine Geschichte, in eine Erzählung und ein Selbstbild nicht aufgehoben oder unwirksam. Die große Literaturwissenschaftlerin und Philosophin Sarah Kofman soll als Beispiel dienen; sie schrieb äußerst lesenswerte Bücher, wie eine psychoanalytische Interpretation des „Kater Murr" von E. T. A. Hoffmann auf den Spuren Lacans oder ein Buch über die

Lachenden Dritten, also den Humor und den Witz, bis sie schließlich mit dem Text „Rue Ordonner, Rue Labat" die traumatischen Kindheitserfahrungen eines kleinen französischen Mädchens, also ihre eigenen, unter dem Naziterror in Paris schilderte. Im Vorwort dazu meinte sie, daß alle ihre früheren literaturwissenschaftlichen und anderen Texte Umwege zu diesem Buch gewesen seien. Nach Publikation dieses Textes suizidierte sie sich. Traumata lassen sich vielleicht nie und nie ganz einbinden, es ist das Übermaß an Destruktivität, das dem Schaffen psychischer Verbindungen entgegensteht und das dazu tendiert, immer wieder alle geschaffenen Kontexte zu vernichten. Genau dies verbindet das Trauma mit dem sogenannten Todestrieb, es ist, als ob mit jedem Versuch der Einbindung des Traumas eine Gegenbewegung einsetzt, die die Repräsentation wieder aufzuheben trachtet. Und doch bleibt gerade dieses Versagen der Repräsentation der letzte Hinweis auf die Qualität des Traumas als solches, in ihr kommt die Überschreitung aller Repräsentanz, der Schnitt, der Schlag, den das Trauma bildet, zum Ausdruck, die Nicht-Repräsentierbarkeit ist eine Repräsentation des Unrepräsentierbaren. Traumata lösen sich nicht restlos in einen psychischen Konflikt auf, die Wunden können vernarben, aber möglicherweise kaum oder nur schlecht heilen. Die Einbindung in eine Objektbeziehung also ist der Versuch, das Trauma zu repräsentieren, es greifbar und in personifizierter Form auch angreifbar zu machen. Die antike Mythologie ist voll von diesen Versuchen, destruktive Elemente zu personifizieren; aber auch dort gibt es einen Rest, der sich nicht auflösen läßt, sowohl in der römischen wie in der griechischen Mythologie bleibt das Schicksal selbst, das „Fatum" oder die „Moira" unpersonifiziert, eine Kraft, die nicht in die Gestalt einer Gottheit gekleidet worden ist und die auch die Götter beherrscht. Die Einbindung des Traumas, die Suche nach seiner Repräsentation, in all den Formen, die ich zu erwähnen versucht habe, also der Weg vom Trauma zum Konflikt, ist nach wie vor das Ziel psychoanalytischer Arbeit, auch wenn ein Rest bleibt und – um mit Hölderlin zu enden – „wie auf Schultern eine Last von Scheitern" angesichts der Gewalt des Traumas zu tragen ist.

Literatur

Bion, W. R. (1959): Angriff auf Verbindungen. In: Bott Spillius, E. (1990), (Hg.): Melanie Klein heute, Bd. 1. München, Wien (Verlag Internationale Psychoanalyse), S. 110-129.

Bion, W. R. (1962): A Theory of Thinking. In: Second Thoughts. New York. (Aronson), S. 110-119. Dt.: Eine Theorie des Denkens. In: Bott Spillius, E. (1990), (Hg.): Melanie Klein heute, Bd. 1. München, Wien (Verlag Internationale Psychoanalyse), S. 225-235.

Blum, H. (1991): The Confusion of Tongues and Psychic Trauma. Int. J. Psychoanal. 71, S. 871-883.

Bollas, C. (1987): The Shadow of the Object. London (Free associations book).

Bucci, W. (1997): Psychoanalysis and Cognitive Science. A multiple code theory. New York London (Guilford).

Ehlert, M., Lorke, B. (1988): Zur Psychodynamik der traumatischen Reaktion. Psyche 42, S. 502-532.

Ferenczi, S. (1933/1964): Sprachverwirrung zwischen dem Erwachsenen und dem Kind. In: Bausteine der Psychoanalyse, Bd. 3, Bern, Stuttgart (Huber).

Freud, S. (1920): Jenseits des Lustprinzips. GW, Bd. 13, S. 1-69.

Freud, S. (1923): Das Ich und das Es. GW, Bd. 13, S. 237-289.

Freud, S. (1938/1940): Die Ichspaltung im Abwehrvorgang. GW, Bd. 17, S. 57-62.

Grubrich-Simitis, I. (1987): Das Verhältnis von Trauma und Trieb. Psyche 41, S. 992-1023.

Holderegger, H. (1993): Der Umgang mit dem Trauma. Stuttgart (Klett Cotta).

Kaes, R. (1988): Destins du négatif. Une metapsychologie transsubjective. In: Bonnefoy u. a. (Hg.) Pouvoirs du négatif. L'or d'atalante Champ Vellon, S. 40.

Kernberg, O. (1997): Persönlichkeitsentwicklung und Trauma. Vortrag vom 22. April 1997 anläßlich der 47. Lindauer Psychotherapiewochen (unveröffentlicht).

Khan, M. (1963): The Concept of Cumulative Trauma. Psychoanal. Study Child. 18, S. 286-306.

Kinston, W., Cohen, J. (1986): Primal Repression: Clinical and Theoretical Aspects. Int. J. Psychoanal. 67, S. 337-355.

Kirshner, L. (1994): Trauma: The good Object and the Symbolic: a Theoretical Integration. Int. J. Psychoanal. 75, S. 235-242.

Kofman, S. (1985): Schreiben wie eine Katze ... Zu E. T. A. Hoffmanns „Lebens-Ansichten des Katers Murr". Graz, Wien (Edition Passagen).

Kofman, S. (1995): Rue Ordonner, Rue Labat. Tübingen (edition diskord).

Kristeva, J. (1996): Interviews. In: Guberman, Ross, Mitchell (Hg.), (Columbia University Press).

Küchenhoff, J. (1990): Die Repräsentation früher Traumata in der Übertragung. Forum Psychoanal. 6, S. 15-31.

Küchenhoff, J. (1991): Eine Krypta im Ich – Zur Identifikation mit früh verstorbenen Angehörigen. Forum Psychoanal. 7, S. 31-46

Kumin, I. (1996): Preobject Relatedness. London New York (Guilford).

Laplanche, J. (1988): Die allgemeine Verführungstheorie. Tübringen (edition diskord).

Laub, D., Auerhahn, N. (1993): Knowing and not Knowing massive Psychic Trauma: forms of Traumatic Memory. Int. J. Psychoanal. 73, S. 287-302.

Lorenzer, A. (1984): Intimität und soziales Leid. Archäologie der Psychoanalyse. Frankfurt/M. (Fischer).

Mentzos, S. (1976): Interpersonale und institutionalisierte Abwehr. Frankfurt/M. (Suhrkamp).

O'Shaughnessy, E. (1991): Bions Theorie des Denkens. In: Bott Spillius, E. (1991), (Hg.): Melanie Klein heute, Bd. 2. München, Wien (Verlag Internationale Psychoanalyse), S. 237-256.

Person, E. S., Klar, H. (1997): Diagnose Trauma: Die Schwierigkeit der Unterscheidung zwischen Erinnerung und Phantasie. PPmP 47, S. 97-107.

Raguse, H. (1994): Der Raum des Textes. Stuttgart (Kohlhammer).

Reviere, S. (1996): Memory of childhood trauma. London, New York (Guilford).

Segal, H. (1957): Bemerkungen zur Symbolbildung. In: Bott Spillius, E. (1990), (Hg.): Melanie Klein heute, Bd. 1. München Wien (Verlag Internationale Psychoanalyse), S. 2202-224.

Stierlin, H. (1978): Delegation und Familie. Frankfurt/M. (Suhrkamp).

van der Kolk, B. A. u. a. (1996): Dissociation, Somatization and Affect Dysregulation: The Complexity of Adaptation to Trauma. Am. J. Psychiat. 153, S. 83-93.

Willi, J. (1975): Die Zweierbeziehung. Reinbek (Rowohlt).

Die Angst vor Retraumatisierung und die Abwehrfunktion der negativen therapeutischen Reaktion

Maria V. Bergmann

Dieser Vortrag behandelt zwei Formen der Retraumatisierungsabwehr. Die negative therapeutische Reaktion wird als Versagen der Abwehr, als eine Notfallreaktion gegen die Angst vor Retraumatisierung gesehen. Nachträglichkeit, die ein unbewußtes Versagen ist, das in verhüllter Form aus der Verdrängung auftauchende Trauma der Vergangenheit zu assimilieren, wird als ein Retraumatisierungsphänomen verstanden.

Eine der selten diskutierten Folgen des Traumas ist die Angst vor Retraumatisierung. Wahrscheinlich gilt, daß ein Trauma, das wissentlich in der Vergangenheit stattgefunden hat, psychologisch gesprochen nicht mehr als Trauma erlebt wird. Jedoch gehört die Angst vor Retraumatisierung zum Kern eines Traumas. Selbst wenn es potentiell die Möglichkeit der Heilung vergangener Traumata gibt, kann auf Grund der Angst, das Trauma erneut durchleben zu müssen, die negative therapeutische Reaktion hervorgerufen werden.

Ich schlage deshalb vor, daß die negative therapeutische Reaktion als ein mögliches Signal für Gefahr erscheint, wenn die Abwehr gegen Retraumatisierung zu versagen beginnt. Der Analytiker wird dann nicht mehr als präsenter Schutz gegen die Gefahr der Retraumatisierung im Erleben betrachtet.

Das Unvermögen, Traumata zu meistern, schafft verschiedene Abwehrkanäle. Es kann zur phobischen Vermeidung von Situationen kommen, die mit dem Trauma verknüpft worden sind; es kann sich die Tendenz entwickeln, traumatische Themen affektiv wieder zu erleben; es kann zu einer Fixierung an das Trauma kommen, das ständig auf die psychische Struktur eine organisierende Wirkung ausübt. Traumata verändern die intrapsychischen Repräsentanzen von Selbst und Objekt, die unbewußten Phantasien und zukünftige phasenspezifische Entwicklungen.

Freud nahm an, daß Erinnnerung kein Äquivalent für Retraumatisierung ist, weil das erwachsene Ich des Analysanden ohne Verdrängung Vorstellungen und Affekte handhaben kann, die für das kindliche Ich überwältigend gewesen waren. Jedoch fürchten Patienten Retraumatisierung am meisten, wenn Kindheitstraumata zu einem Entwicklungsstillstand geführt hatten. In der Regel fürchtet so ein Mensch, daß sein Selbst im gleichen Maße wie im ursprünglichen Trauma bedroht ist.

Um Retraumatisierung zu vermeiden, werden Patienten häufig allen Erfahrungen ausweichen, die der Situation analog sind, die sie traumatisiert hat. Freud schrieb: „Ein Mädchen, das in ihrer frühen Kindheit Objekt einer sexuellen Verführung wurde, kann ihr späteres Sexualleben darauf einrichten, immer wieder solche Angriffe zu provozieren" (Freud 1939, S. 180 f.). Das Trauma verwandelt sich in charakterologische Handlungsmuster, die dem Wiederholungszwang unterworfen sind (Fenichel 1945, Blum 1986).

Vermeidung und Wiederholung beeinflussen die Charakterstruktur und ihre Abwehrmechanismen. Wurde ein Trauma der Vergangenheit verdrängt, so kann es rückwirkend wieder heraufgeholt werden, zum Beispiel in einer unbewußten Phantasie, in einer Deckerinnerung oder durch äußere Reize, und wird dadurch ein Beispiel von Nachträglichkeit. Jedes dieser Grundelemente von Abwehr entsteht zur Vermeidung der Retraumatisierung.

Die Angst, retraumatisiert zu werden und den invasiven Zusammenbruch des Schutzschildes von Abwehrmechanismen zu erleben, der zum Zeitpunkt des ursprünglichen Traumas stattgefunden hatte, ist möglicherweise besonders stark, wenn das Trauma nicht erinnert wird oder verdeckt ist. Der innere Druck, durch Handlung Ableger des ursprünglichen Traumas wiederzuerleben, durchschneidet die Grenze von Vergangenheit und Gegenwart und enthält Phantasien über die Zukunft. Da die Bedeutung der Wiederholung traumatischer Themen unbewußt bleibt oder nur teilweise bewußt wird, fühlt sich der Mensch hilflos und muß psychische Spannung durch Handlung abführen. Zuweilen wird die Angst vor Retraumatisierung unbewußt mit dem erneuten Auftauchen des traumatischen Gefühlszustandes selbst als solchem gleichgesetzt.

Oft kündigen unbewußt motivierte Inszenierungen außerhalb der analytischen Situation das Auftauchen traumatischer Ängste an. Wenn traumatische Erfahrungen in der Vergangenheit schwerwiegender Natur waren, können sich wiederholende Inszenierungen des Traumas oder Aspekte davon im aktuellen Leben auf Grund des Wiederholungszwanges aufrechterhalten bleiben. Die Angst vor Retraumatisierung erscheint zusammen mit dem unbewußten Bedürfnis, das Trauma wiederzuerleben. Sie ist die motivierende Kraft, die diese Inszenierungen aufrechterhält.

Freud war sich seit den frühesten Anfängen der Psychoanalyse der Gefahr der Retraumatisierung bewußt, auch wenn er sie nicht als solche bezeichnete. In der Abwehr der Neuropsychose behauptete Freud, daß „die Reaktion auf traumatische Reize ... durch ‚Abreagieren' erledigt und geheilt werden kann" (189, S. 61). „Bei den von mir analysierten Patienten hatte nämlich psychische Gesundheit bis zu dem Moment bestanden, in dem ein *Fall von Unverträglichkeit in ihren Vorstellungsleben vorfiel,* ... welcher einen so peinlichen Affekt erweckte, daß die Person beschloß, daran zu vergessen, weil sie nicht die Kraft hatte, den Widerspruch dieser unverträglichen Vorstellung mit ihrem Ich durch Denkarbeit zu lösen" (S. 61 f.) Mit dieser Äußerung beschreibt Freud eine Situation, wo der Patient nach Abwehrmöglichkeiten sucht, erneut mit einem traumatischen Ereignis umgehen zu müssen.

1926 unternahm Freud den entscheidenden Schritt, seine Angsttheorie und das Phänomen des wiederauftauchenden Traumas zu integrieren, das er bereits 1880 beobachtet hatte. In „Hemmung, Symptom und Angst" (1926) stellt er fest, daß das Ich sowohl innere wie äußere Gefahren abwehrt. Angst entsteht als ein Gefühlszustand in Übereinstimmung mit einem bereits bestehenden Gedächtnisbild. Solche Gefühlszustände waren als Vorläufer der ursprünglichen traumatischen Erfahrungen seelisch verinnerlicht worden. Wenn es zu einer ähnlichen Situation kommt, werden sie als Erinnerungssymbole im Gedächtnis wiederbelebt (S. 120). Droht eine Gefahr, dann entsteht Signalangst. Hat die Psyche die Fähigkeit erworben, Gefahr zu antizipieren, dann, sagt Freud, verhält sie sich „nichtsdestotrotz *als ob alle Gefahrensituationen weiterhin bestünden und hält an den früheren Bedingungen der Angst fest"* (S. 187). Frühere Formen der Angst werden als psychische Repräsentanzen aufrechterhalten, lange nachdem die Gefahr aufgehört hat zu bestehen. Es findet eine Verschiebung statt von der Gefahr auf die *Bedingungen* der Gefahr. Freud schrieb: „... das Angstsignal ... will besagen: Ich erwarte, daß sich eine Situation von Hilflosigkeit ergeben wird, oder die gegenwärtige Situation erinnert mich an eines der früher erfahrenen traumatischen Erlebnisse. Daher antizipiere ich dieses Trauma, will mich benehmen, als ob es schon da wäre, solange noch Zeit ist, es abzuwenden. Die Angst ist also einerseits Erwartung des Traumas, andererseits eine gemilderte Wiederholung desselben. Die beiden Charaktere, die uns an der Angst aufgefallen sind, haben also verschiedenen Ursprung. Ihre Beziehung zur Erwartung gehört zur Gefahrensituation, ihrer Unbestimmtheit und Objektlosigkeit zur traumatischen Situation der Hilflosigkeit, die in der Gefahrensituation antizipiert wird" (S. 199).

Freud erklärte, *daß Angst eine Erwartung des Traumas und zugleich eine gemilderte Wiederholung des Traumas ist.*

Insofern Angst Traumatisierung erwartet, schafft sie möglicherweise eine Retraumatisierung, die einhergeht mit der Furcht, hilflos ausgeliefert zu sein.

Die Furcht, retraumatisiert zu werden, kann einen Patienten unfähig machen, analytisch zu arbeiten. Ein „nein" richtet sich auf den therapeutischen Prozeß (Olinick 1964, Loewald 1972) und wird zur negativen therapeutischen Reaktion. Häufig findet eine *plötzliche* Wendung gegen die Behandlung gleichzeitig mit einem plötzlichen Bruch in der Übertragungsbeziehung statt. Sobald sich ein Patient manifest oppositionell verhält, *ist offensichtlich keine Angst mehr vorhanden.* Dabei kann eine Veränderung im Verhalten mit oder ohne sprachliche Mitteilung oder ohne kommunizierbare emotionale Entsprechung stattfinden. Der Mangel an Kommunikation kann durch die Hilflosigkeit entstehen, emotionale Erfahrungen in Worte zu fassen. Verschiedene Formen negativen Verhaltens haben gemeinsam, daß Signalangst mit ihrer antizipierenden Funktion nicht entstanden war. Deshalb wird die Furcht, retraumatisiert zu werden, als Gefahr erlebt, für die es keine Vorbereitung gab – genauso wie es der Fall war, als sich das ursprüngliche Trauma ereignete. Als Konsequenz führt die Angst vor Retraumatisierung zur negativen therapeutischen Reaktion.

Ich glaube, daß die negative therapeutische Reaktion von Patienten als eine Form notfallmäßiger Selbsthilfe eingesetzt wird, die den Ort der Signalangst einnimmt. Es ist möglicherweise ein sprachloses Handeln. *Es scheint, daß die Signalangst, insofern sie beim ursprünglichen Trauma nicht funktionsfähig war, nun erneut in jenen Bereichen fehlt, die sich auf die ursprüngliche traumatische Situation beziehen. Da die Signalangst fehlte, als sich das ursprüngliche Trauma ereignete, wird die negative therapeutische Reaktion ein* Äquivalent *für die Signalangst.* Wenn zu einem bestimmten Zeitpunkt der Behandlung die Furcht, retraumatisiert zu werden, übergroß wird, kann die negative therapeutische Reaktion als schiefgelaufene Signalangst verstanden werden.

Dies ist oft für die Schwierigkeiten verantwortlich, die Analytiker erleben, wenn die antizipierende Signalangst oder Abwehrhaltung, die als Signalangst verstanden werden kann, fehlt. Möglicherweise wissen weder Analytiker noch Patient, daß Material aufzutauchen droht, das mit Trauma verbunden ist; weder Patient noch Analytiker sind sich der Gefahren bewußt, die der Patient mit erwachender Retraumatisierung erlebt. Deshalb kann es rätselhaft bleiben, was diese globale antitherapeutische Einstellung motiviert hat. Als notfallmäßige Selbsthilfemaßnahme kann der Patient seine Angst entweder auf die analytische Situation oder auf die Person des Analytikers verschieben. Angesichts solcher Projektion sucht der Analytiker nach Fehlern, die er auf Grund von Gegenübertragungsgefühlen oder -entsprechungen gemacht haben könnte. Der Beginn dieser Situation mag verborgen bleiben und die Gründe dafür beiden unbewußt sein.

In der analytischen Situation fordern wir den Patienten implizit dazu auf, schmerzvolle Gefühle zu ertragen, indem wir die Notwendigkeit betonen, das Trauma nach Möglichkeit mit einem Höchstmaß an Verbalisierung und einem Mindestmaß an Ausagieren emotional wiederzuerleben. Jedoch erzeugt die analytische Situation im Hinblick darauf Druck. Nur wenn der Affekt erlebt und das Trauma anerkannt wird, kann es mit Heilungschancen durchgearbeitet werden. Gleichzeitig hoffen wir, daß Patienten sich bewußt sind, daß das Wiedererleben in der Übertragungsneurose trotz aller damit einhergehenden Affekte *nicht das ursprüngliche Trauma selbst ist!* Den Unterschied zwischen dem Wiedererleben des ursprünglichen Traumas einerseits und dem Umgehen mit seinen traumatischen Affekten sowie deren Bedeutung in der Übertragung andererseits zu erkennen, ist eigentlich eine „große Zumutung" und wird vom Patienten als ein unaufhebbarer Widerspruch erlebt. Während im Alltagsleben Signalangst weiterhin wirkt, möchten wir, daß der Patient sie in der Behandlung beiseite läßt und seine Angstgefühle in Worte faßt. Unterschiedslos und verständlicherweise haben jedoch die meisten Patienten, insbesondere diejenigen, die in der Vergangenheit traumatisiert worden waren, Angst, dies zu tun. Verbalisierung, Deutung und Erklärung durch den Analytiker können vom Patienten als Bewegung in Richtung auf Trennung erlebt werden, die Abstand vom Analytiker als schützendem, haltendem Objekt herstellt, das Retraumatisierungsgeschehen verhindert.

Emotionale Erfahrungen, die aus der Verdrängung auftauchen, schaffen affektive Erinnerung. In der Analyse vergangene traumatische Situationen erneut zu erleben, läßt traumatische Affekte, wie sie ursprünglich im Trauma erfahren wurden, *wiederfinden*. Die Beziehung zum Analytiker muß hinreichend vertrauensvoll sein, um solch ein erneutes Erleben ohne übermäßige Retraumatisierungsfurcht zu ermöglichen; aber paradoxerweise wird die Gefahr retraumatisiert zu werden, gerade von den Patienten um so heftiger erlebt, in deren Vergangenheit die Objektbeziehungen weniger haltend waren und dies zu Entwicklungsdefiziten geführt hat. Es ist nicht untypisch, daß traumatische Affekte nicht in Worte gefaßt werden können, sondern statt dessen in konkreten Handlungen, die traumatische Themen symbolisieren, ausagiert werden. Dann ist es Aufgabe des Analytikers, diese Handlungen zu entziffern und ihre Verbalisierung zu erleichtern. Es liegt beim Analytiker, etwas *wahrzunehmen*, das nicht in Worte gefaßt werden kann.

Sobald eine Analyse fortgeschritten ist, stellt sich die Gefahr ein, in der analytischen Situation retraumatisiert zu werden. Die folgende Vignette soll zeigen, wie die Retraumatisierung in der analytischen Situation erfahren und innerhalb des analytischen Rahmens reinszeniert wurde bei gleichzeitiger Unterbrechung des analytischen Prozesses, als sich die negative therapeutische Situation einstellte. Ableger des Traumas führten zur Bildung eines passageren Symptoms. Die Übertragungsneurose wurde zur Bühne, auf der in der analytischen Situation die Kindheitstraumata wiedererlebt wurden:

Herr M. war ein Geschäftsmann mittleren Alters, der schon mehrere Male in Behandlung war, bevor ich ihn kennenlernte. Er klagte über die Diskrepanz zwischen seiner Intelligenz und seinen Fähigkeiten einerseits und seinem viel niedrigeren Leistungsniveau andererseits. Er schuf stets Situationen, in denen die Dinge schiefliefen, nachdem er und ich daran gearbeitet hatten, sein Leben zu verbessern. Er kam aus einer großen, armen Familie, die hohen Wert auf Erziehung legte. Er lernte gerne, aber er konnte sein Lernen nicht integrieren, weil er seine beruflichen Aktivitäten erotisierte. Er hatte gewisse Perversionen, hauptsächlich eine Art von Pädophilie, und er war bulimisch. Die Perversionen und die Bulimie zwangen ihn, seine Arbeit zu unterbrechen und dann unter dem Terror zu leben, entdeckt zu werden.

Dieses Verhalten wurzelte in seiner frühsten Geschichte. Herr M. wurde von seiner Mutter als ihr jüngstes Kind in der Menopause geboren. Als noch sehr kleiner Junge waren seine Geschwister schon erwachsen und zumeist außer Haus. In seiner frühen Kindheit wurde er zweifach traumatisiert. Sein Vater starb unter gewaltsamen Umständen, so daß er alleine mit seiner Mutter zurück blieb. Außerdem, so hieß es, wäre er beinahe nach seiner Geburt an einer Milchallergie gestorben. In einer bezeichnenden Deckerinnerung war er zweieinhalb oder drei Jahre alt. Seine Mutter stellte ihn auf die Kommode im Schlafzimmer. Er war dick, mit runden Wangen, und sie lachten einander an. Sie fütterte ihn. Beide waren fröhlich und glücklich.

In Wirklichkeit hatte die Mutter Herrn M., so lange er denken konnte, zwangsgefüttert. Er hatte ein Gewichtsproblem und fand die Zwangsfütterung durch die Mutter zunehmend eindringend, aber er teilte ihre Phantasie, er könnte sterben, wenn er nicht alles äße, was sie ihm anbot. Wegen seiner lebenslänglichen Angst zu sterben, konnte er sich ihrer nicht erwehren. Die Spaltung seiner Mutterrepräsentanzen einerseits in eine liebende und nährende und andererseits in eine bedrohliche und zwingende führte zu einem immerwährenden inneren Konflikt. Die Pädophilie entwickelte sich aus einem anderen sexualisierten Aspekt der Beziehung von

Herrn M. zu seiner Mutter, deren Füttern von ihm auch als verführerische Vereinigung erlebt wurde. In seinem sexuellen Interesse an kleinen Mädchen war er mit seiner Mutter identifiziert, während sie ihn fütterte. In seinen Verschmelzungsphantasien fühlte er, unbewußt, zugleich das kleine Mädchen und er selbst zu sein in der Rolle der aggressiven, zwingenden Mutter, die mit dem Löffel das Kind penetriert. Obwohl er aus Angst bei seinen pädophilen Aktivitäten kurz vor der Penetration halt machte, sehnte er sich in seinen Phantasien danach, mit einem kleinen Mädchen zu verschmelzen und sich selbst seiner Mutter als bisexuelles kleines Kind zu präsentieren. Der Vater war aus diesen Phantasien ausgeschlossen. Der Patient spielte aus, was er am meisten fürchtete und was in seiner frühesten Entwicklung, wahrscheinlich seit seiner frühesten Kleinkindzeit, sexualisiert worden war. Es war insbesondere diese präödipale Beziehung, in der die Abwesenheit seines Vater während seines Heranwachsens verleugnet wurde.

Erst in seiner Analyse bekamen für Herrn M. seine Erinnerungen an den Vater zentrale Bedeutung. Letztendlich wurde es für Herrn M. möglich, seine präödipale Identifikation mit der Mutter durch eine männliche Identifikation mit dem Vater zu ersetzen, einhergehend mit Erfahrungen von ödipaler Angst und späterem Triumph.

Nach mehreren Jahren der Zusammenarbeit, in denen er mir vorwarf, ihm nicht zu helfen und nur Dinge zu deuten, die er bereits wisse, entwickelte er wortlose Alpträume. Als Herr M. Assoziationen über seinen abwesenden Vater bildete, litt er an Schlaflosigkeit. Nächtlich plünderte er den Kühlschrank, legte über Nacht mehrere Pfunde zu und versuchte, sich ihrer innerhalb der nächsten 24 Stunden wieder durch Joggen zu entledigen.

Eines Tages hatte er plötzlich Angst, sich auf die Couch zu legen. Es war klar, daß Herr M. die Art unserer analytischen Arbeit durchbrechen mußte und daß er panische Angst hatte, weiterzumachen. Er setzte sich auf. Er war unfähig, mich anzuschauen. Er beklagte sich über das Licht im Zimmer. Ich mußte die Jalousien dicht schließen. Mir wurde klar, daß er eine Lichtphobie entwickelt hatte. Wir saßen zusammen, stundenlang, gänzlich schweigend. Herr M. kam und ging immer pünktlich, konnte aber nicht sprechen und trug Sonnenbrillen, um sich gegen das Licht zu schützen. Ich hatte das Gefühl, daß sich Herr M. gegen Überstimulierung in der analytischen Arbeit schützte und daß er in der Übertragungsneurose halluzinatorisch sein Trauma erneut erlebte. Ich vermutete, daß er die sitzende Position einnehmen mußte, weil er nicht in Worte fassen konnte, was ihn in panische Angst versetzt hatte. Ich fürchtete, daß jedes Wort von meiner Seite einer Überstimulierung gleichkäme. Meinem Empfinden nach enthielt sein nichtsprachliches Verhalten eine kommunizierbare Mitteilung. Er und ich saßen stets in der gleichen Art, nie bewegte er seinen Stuhl. Er saß an meinem Schreibtisch mit gebeugtem, auf beide Arme und Hände gestütztem Kopf. Er schien zu wissen, wann unsere Zeit um war. Zur nächsten Stunde betrat er wortlos mein Zimmer. Ich begrüßte ihn mit einem ernsten Kopfnicken. Am Ende des Monats zahlte er den richtigen Betrag. Er verpaßte keine Sitzung und kam vier Mal die Woche. Dies ging zwei Monate lang, vielleicht etwas länger. Ich spürte sein Leiden und sein Bedürfnis, daß ich die Rolle übernähme, die er mir zuschrieb: die schweigende Zeugin seines gequälten Schweigens zu sein.

Eines Tages begann Herr M. selbst, plötzlich zu sprechen. Er sagte, er könne Berührungen nicht ertragen. Ich antwortete, daß ich glaube, er reagiere wie eine Person, die anfängt zu erinnern, daß sie in einem solchem Maße überstimuliert wurde, daß – wenn dieses Eindringen in die Person weiterginge – sie umkommen würde. Die Arbeit an diesem Thema half ihm, seine Angst vor dem Licht im Zimmer mit seiner Angst, von seiner eindringenden Mutter zwangsgefüttert zu werden, zu verknüpfen und mit seiner Angst zu sterben, wenn er nicht ißt. Unbewußt bedeutete sterben, wie sein Vater ermordet zu werden; und die Phantasie tauchte auf, daß seine Mutter seinen Vater ermordet hatte und er als Nächster an der Reihe wäre.

Die Lichtphobie hatte in Verschiebung seinen Wunsch repräsentiert, die eindringende Mutter auszuschließen, die durch das hereinströmende Licht repräsentiert wurde. So lange die „Gefahr" bestand, daß ich sprechen würde, hätte ich mich in den Sitzungen in seine bedrohliche Mutter verwandelt. Sein Wunsch, optische Wahrnehmung weitestgehend auszuschalten, hing mit dem Terror der Kindheit zusammen, „sehen" zu müssen, daß sein Vater eines gewaltsamen Todes gestorben war. Er assoziierte nun, daß ihn in seinen Alpträumen Monster aus dem Dunkel heraus angriffen. Dies konnte mit dem gewaltsamen Tod des Vaters verknüpft werden. In dem Maße, wie Erinnerungen an die Kindheit zurückkamen, wurden die Alpträume seltener, und der Patient bekam allmählich sein Eßverhalten in den Griff und gewann Kontrolle über seine perversen Impulse. In seinem Ringen um Autonomie gegenüber seiner Mutter und Ablösung von ihr tauchten seine phallischen und ödipalen Bedürfnisse auf. Seine präödipalen Fixierungen lösten sich zugunsten eines phallisch-ödipalen Selbstbildes auf. Die Konflikte verlagerten sich allmählich in den Bereich intrapsychischer Konflikte, und die analytische Arbeit wurde produktiv.

Herr M. war ein mißbrauchtes Kind; er wurde zu einem mißbrauchenden Erwachsenen, der durch die Übertragungssprache symbolische Verknüpfung zu seinem Trauma herstellte, die er in seinen perversen Symptomen wiederholte. Er schuf ein Symptom in der Übertragung, die Lichtphobie, die das ursprüngliche Trauma verstehbar und deshalb analysierbar machte. In seiner Kindheit hatte Herr M. sich pseudophallisch angepaßt, seine Mutter als die phallische erlebt und sich „kastriert" gefühlt. In der Analyse erlebte er Gefühlszustände wieder, die wahrscheinlich dem ursprünglichen Trauma sehr nahe kamen.

Retraumatisierungen werden durch Ereignisse in der Außenwelt oder in der psychischen Realität erzeugt, wenn verdrängte Erinnerungen, insbesondere Erinnerungen an ein Trauma, das nicht gänzlich assimiliert worden war, wachgerufen werden. Freud stellte fest, daß die Bedrohung, Traumatisches wiederzuerleben, sich vom ursprünglichen Ereignis unterscheidet. Reaktivierte Traumata können, viele Jahre nachdem das tatsächliche Trauma stattgefunden hatte, traumatisch werden. Traumatische Rückerinnerungen gehören zu der Kategorie, die Freud als *Nachträglichkeit* bezeichnet hat. Der ursprüngliche Vorfall muß nicht mit einem bestimmten Affekt oder einer bestimmten Vorstellung verbunden sein; beides erscheint erst zu einem späteren Zeitpunkt, wenn aktuelle Ereignisse die unbewußt damit verknüpfte Erinnerungen auslösen und diese aus der Verdrängung aufsteigen. So kann die plötzliche Wahrnehmung einer bestimmten gegenwärtigen Situation Phantasien oder ehemalige Erinnerungen wachrufen, die traumatischer Natur gewesen sein mögen.

Im Entwurf K (1887-1904) stellt Freud fest:

„Der Drang zur Abwehr wird entscheidend, insbesondere, wenn er gegen Vorstellungen gerichtet ist, die ... fähig sind, in Form von Erinnerungen, neue Unlust freizusetzen – wie dies bei sexuellen Vorstellungen der Fall ist. Hier ist tatsächlich die eine Möglichkeit realisiert, *daß die Erinnerung mehr Kraft freisetzen kann als in der entsprechenden Erfahrung erzeugt worden ist*" (S. 221).

Im Projekt (1895) und in seinem Briefwechsel mit Fließ stellt Freud fest, daß gänzlich unbewußte Erinnerungsspuren in Verbindung mit späteren Ereignissen von ursächlicher Relevanz sein können. Er wirft die Frage auf, ob es weiterer traumatischer Erfahrungen bedurfte, damit die Erinnerungen des Wolfsmannes reaktiviert wurden, und Freud nahm an, daß nur eine *Kombination* ursächlicher Faktoren hinreicht, damit ein neurotisches Symptom entsteht.

Thomä und Cheshire schlagen ein informationsverarbeitendes System vor, in dem die gegenwärtigen Auswirkungen früherer Eingaben im System gespeichert sind. Die Verfasser postulieren, daß gewisse aktuelle Eingaben überarbeitete Erinnerungsspuren aktivieren und daß diese Spuren im Hier und Jetzt eine traumatische Reaktion hervorrufen können. Der Begriff Nachträglichkeit wird manchmal in enger Nachbarschaft mit der Vorstellung von „Phantasieren nach Rückwärts" gebraucht. „... dies impliziert, daß Menschen die Fähigkeit haben, ... frühere Ereignisse, wie beispielsweise ein Trauma, zu einem späteren Zeitpunkt mit bedeutsamer (selbst kausaler) Relevanz zu besetzen" (Thomä und Cheshire 1991, S. 421).

Das Konzept der Nachträglichkeit bezeichnet das Wiedererleben eines traumatischen Inhalts, der unbewußt war und zur Phantasie- oder Symptombildung auf der Grundlage des Traumas führte. Die folgende Vignette illustriert solch ein Phänomen eines somatisch ausgedrückten traumatischen Ereignisses.

Naomi war selber Holocaust-Überlebende und zugleich Kind von Überlebenden. Sie hatte sich mehrere Jahre einer psychoanalytisch orientierten Psychotherapie unterzogen und war daraus – in ihren eigenen Worten – „als ein neuer Mensch" hervorgegangen. Eines Tages rief sie mich in einem hochagitierten Zustand an und verlangte, mich so schnell wie möglich zu sehen. Sie kam in gänzlich desorganisierter Verfassung, voller panischer Angst. So hatte ich sie bisher nie gesehen. Sie erzählte, daß ein junger Mann, der sich scheiden lassen wollte und den sie juristisch beraten hatte, sie verklagen wolle. Vor einigen Tagen hatte ein Verwandter telefonisch um ein sofortiges Gespräch gebeten, weil der jungen Mann sich wegen seines zusammengebrochenen Liebeslebens umbringen wollte. Da es am Abend eines Feiertags war, vereinbarte sie für die kommende Woche einen Termin. Ganz untypisch hatte sich Naomi, die sonst eine besonders fürsorgliche Person war, am Telefon entschlossen, den jungen Mann nicht umgehend zu sehen, obwohl er selbstmordgefährdet war. Daraufhin bemühte der Verwandte eine andere, der Familie nahestehende Person, die Naomis Klienten das Gewehr entriß, dabei die Treppe herunterfiel und sich ihren Knöchel brach. Die ganze Familie war voller Zorn und konzentrierte ihre Wut auf Naomi, die man angerufen hatte, um den potentiellen Selbstmörder zu retten, und die nicht sofort gekommen war.

Naomi sagte, sie sei unfähig zu denken. Sie könne die Konzession für ihre Praxis verlieren. Alles, was sie aufgebaut hatte, könne ruiniert werden. Man würde sie vor die Ethik-Kommission laden, aber sie könne ihre Gedanken nicht zusammenhalten. Sie fühle sich wie gelähmt und könne sich nicht wehren, obwohl sie unschuldig sei. Ich sagte, ich könne verstehen, daß es schwierig sei, einen Mann zu retten, der ein Gewehr trägt. Aber warum sie wohl so gelähmt sei? Sie wußte es nicht. Naomi hatte dabei solch akute Bauchschmerzen, daß ich mich fragte, ob sie nicht besser ins Krankenhaus ginge. Ich fühlte mich hilflos und erkundigte mich nach ihren Schmerzen. Ich sagte, was immer sie fühle, was immer auch ihre unbewußten Konflikte seien, es scheine, als seien ihre Schwierigkeiten „in der Magengegend zu finden", da sie ihre Hände auf ihrem Magen liegen habe und über schlimme Schmerzen klage.

Bei unserem dritten Treffen erinnerte Naomi etwas, was in der Behandlung früher nie erinnert worden war. Sie war fünf oder sechs Jahre alt, als ihre Mutter aus dem Ghetto ins Konzentrationslager abtransportiert wurde. Naomi blieb mit ihren zwei älteren Geschwistern zurück. Als alle im Hof zur Erschießung zusammengetrieben wurden, nahmen die Geschwister sie zwischen sich, weil sie die jüngste war. Auf der anderen Seite des Hofes stand ein SA-Mann auf dem Balkon mit einem schußbereiten Gewehr. Man befahl ihnen, ihre Hände hoch zu halten, und sie erinnerte, daß sie glaubte, man würde sie alle in den Bauch schießen. Als der SA-Mann das Gewehr anhob, um auf die Gruppe zu zielen, ertönte ein Luftangriffalarm und ließ den SA-Mann im gleichen Moment fliehen.

Ich sagte ihr, der junge Mann, der sie verklagen wolle und ein Gewehr mit sich trage, sei nun ihr Henker. Zum ersten Mal lächelte Naomi. In ihrer vierten und letzten Sitzung berichtete sie, sie habe ihre Verteidigungsschrift eingesandt. Die Ethik-Kommission habe die Sitzung abgesagt. Sie hätte Kontakt zu ihrem jungen Klienten aufgenommen, und seine Familie habe die Klage gegen sie zurückgezogen. Sie hatte sich herausgearbeitet aus der *doppelten Realität*: der des Holocaust einerseits und der Realität ihrer gegenwärtigen somatischen Symptome und verschobenen Phantasien andererseits.

Obwohl es sich nicht überprüfen läßt, wie genau Naomis Erinnerungen sind, läßt sich nicht bezweifeln, daß ihre Vorstellung, alle Bewohner des Ghettos würden in den Bauch geschossen und müßten sterben, glaubwürdig war. Wir wußten aus der vorangegangenen Behandlung, daß ihre Beziehung zu ihrer nächstälteren Schwester immer problematisch war, weil die Schwester ab Naomis Geburt nach Aussagen der Mutter „zu einem Problem" geworden war und Naomi ihr Lieblingskind, sobald die Mutter mit ihr schwanger geworden war. Die Vorstellung, in den Bauch geschossen zu werden, wurde zu einer organisierenden Phantasie, die mit Schuldgefühlen gegenüber ihrer älteren Schwester und mit Überlebensschuld belastet war.

Beim aktuellen Vorfall fühlte Naomi unbewußt, daß sie in Lebensgefahr war. Als sie erfuhr, daß der junge Mann ein Gewehr trug, fürchtete sie – gleichfalls unbewußt –, hingerichtet zu werden. Deshalb suchte sie ihren Klienten nicht sofort auf. Anfänglich gab es keine Erinnerung an das traumatische Ereignis der Kindheit. Es bedurfte einer äußeren Krise und meiner Feststellung, daß ihre Probleme in der Magengegend lokalisiert seien, um die traumatische Erinnerung ins Bewußtsein zu heben und ihre somatische Konkretisierung zu erklären.

Zweimal hatte „ein Mann mit einem Gewehr" Naomis Leben tatsächlich oder potentiell bedroht. Der Unterschied zwischen Vergangenheit und Gegenwart war verwischt worden in dem Maße, wie der „Mann mit dem Gewehr" aus der Vergangenheit mit dem aus der Gegenwart in eins fiel. Ihr psychosomatisches Symptom und ihr gelähmtes Handeln beinhalteten diese Drohung als konkretisiertes Thema, das sich sowohl auf ihre frühe Kindheit wie auf ihre gegenwärtige, traumatisierende Situation bezog.

Diskussion

Psychisches Trauma repräsentiert sowohl eine tatsächliche Lebenserfahrung als auch eine Gestalt intrapsychischer Repräsentanzen und Phantasien. Unter optimalen Bedingungen ist das Ich stark genug, um seine Schutzfunktion auszuüben. Häufig jedoch funktioniert die Signalangst nicht angemessen, wenn sich ein Trauma ereignet. Deshalb kann das erinnerte Trauma von gleicher Intensität sein wie das ursprüngliche Ereignis. Ist die Analyse erfolgreich, kann die negative therapeutische Reaktion in ein antizipierendes Signal transformiert werden, das die Angst vor Retraumatisierung anzeigt.

Ich habe die negative therapeutische Reaktion als Abwehräquivalent für Signalangst beschrieben, was ein besseres Verständnis der Furcht des Patienten vor Retraumatisierung erleichtert. Es ist zu erwarten, daß eine Person mit einer traumatischen Vorgeschichte Abwehrformen gegen Retraumatisierung einsetzen wird, sobald traumatisches Material aufzutauchen droht. Zuweilen besteht dann die Gefahr, daß sich der Patient aus der Behandlung zurückzieht, es sei denn, die Abwehrmaßnahmen gegen Retraumatisierung können gedeutet werden, ohne daß dadurch die Angst unerträglich ansteigt, und unter die Kontrolle des Ich gebracht werden kann.

In der psychoanalytischen Theorie wurden als Ursachen für die negative therapeutische Reaktion besonders die Schicksale des aggressiven Triebs hervorgehoben, der sich in Feindseligkeit verwandelt, die oft für Analytiker und Patient gleichermaßen überwältigend ist.

In „Erinnern, Wiederholen und Durcharbeiten" (1914) erklärt Freud, daß es unter der Auswirkung der Wiederkehr des Verdrängten während der Behandlung zu einer Verschlechterung kommen kann, weil der Patient dem Analytiker beweisen möchte, wie gefährlich die Behandlung ist. Weiterhin bemerkt Freud: „Die Übertragung schafft so ein Zwischenreich zwischen der Krankheit und dem Leben, durch welches sich der Übergang von der ersteren zum letzteren vollzieht" (S. 135). Daraus folgt, daß schon die Erfahrung von Übertragung an und für sich die Furcht erzeugt, jene Aspekte der Vergangenheit erneut erleben zu müssen, die traumatisch waren.

Einige psychoanalytische Beobachtungen der negativen therapeutischen Reaktion haben den Schwerpunkt auf die Probleme in Objektbeziehungen gelegt, insbesondere auf die Gefahr, daß ein Aspekt einer internalisierten Repräsentanz eines feindseligen Objekts auf den Analytiker projiziert wird (Olinick 1964; Asch 1976; Maguire 1990). Man stellte fest, daß die negative therapeutische Reaktion in Verbindung mit dem Bedürfnis des Patienten auftrat, an einem primären inneren Objekt festzuhalten, selbst wenn der Patient an dieses Objekt sadomasochistisch gebunden ist (Kernberg 1991; Jacobson 1964). Wenn ein Patient seine sadomasochistischen und selbstzerstörerischen Beziehungen aufrechterhält, werden diese höchstwahrscheinlich sexualisiert und führen zu einer negativen therapeutischen Reaktion in der Analyse.

Die Unfähigkeit der Person, mit dem Ungleichgewicht zwischen Feindseligkeit und libidinösen Kräften umzugehen, kann schon an und für sich traumaerzeugend sein und einen inneren Zustand der Disharmonie verursachen, der die Abwehrfunktionen gegen Retraumatisierung stört.

Das langfristige Ziel der Analyse ist es, ein neues seelisches Gleichgewicht zu schaffen, das zum Selbstschutz ein Abwehrsystem enthält. Allmählich können dann die Themen aus der Vergangenheit vom Selbst des Patienten mit mehr Abstand betrachtet werden, möglicherweise analog zum Trauerprozeß am Ende der Analyse.

Der Fall des Herrn M. handelt von einem sprachlosen Wiedererleben früher Traumatisierungen und von der Neuerschaffung eines traumatischen Gefühlszustandes in seinen Alpträumen, der innerhalb der analytischen Übertragung zu einer Retraumatisierung führte. Das Eindringen in den Körper eines jungen Menschen, der sich dann überfüttert fühlt, sollte auch den Tod aufhalten. Mit seinen destruktiven Impulsen, die er in seiner Bulimie und in der Pädophilie auslebte, war ein Übermaß an Schuld verbunden. Diese Impulse hielten ihn magisch am Leben. Die suchtartigen Aspekte der Bulimie und der Perversion repräsentierten eine Phantasie, die er mit der traumaverursachenden Mutter kompromißartig teilte. Daher fügte er sich ihr.

Es scheint, daß Herr M. in der frühen Phase der negativen therapeutischen Reaktion Retraumatisierung fürchtete, aber später erneut seine Traumata erlebte, indem er mich unbewußt in einen oder in beide seiner bedrohlichen inneren elterlichen Repräsentanzen verwandelte. Herr M. mußte symbolisch das bedrohliche Objekt zerstören, um die bevorstehende Vernichtung zu überleben. Als Herr M. das formelle analytische Setting durchbrechen mußte, konnte er in Behandlung bleiben, weil er unsere dann folgenden Stunden als „sprachlosen Dialog" mit mir strukturieren konnte. Er schrieb mir die Rolle der stillen, präsenten Zuhörerin zu. Dies wurde zum Selbstschutz vor Überstimulierung. Sein halluzinatorisches Wiedererleben der Überstimulierung hatte seine Symbolisierungsfähigkeit außer Kraft gesetzt, aber durch seine Inszenierung gewann er die Fähigkeit zu sprechen zurück. Weil ich gegen seinen Willen nicht sprach – nicht fütterte –, erwarb er sich eine neue Fähigkeit zur Symbolisierung. Später wurde klar, daß das, was sprachlich nicht geleistet werden konnte, von uns beiden mittels symbolischer, konkretisierender Reinszenierung des Traumas erreicht wurde. Als Folge davon konnten wir seine Traumata analysieren. Zeigt eine Person eine Affinität für schmerzvollen Affekt, der durch Rekonstruktion auf einen Entwicklungsdefekt aus der frühesten vorsprachlichen Beziehung zur Mutter bezogen werden kann, dann wird dieser Schmerz womöglich in der Form der negativen therapeutischen Reaktion neu erlebt (Valenstein 1973). Ich glaube, daß Herr M. in seinem gequälten, sprachlosen Schweigen möglicherweise eine Bindung ähnlich der frühen zu seiner schmerzverursachenden Mutter wiedererlebte.

Es ist anzunehmen, daß Signalangst vom Ich nicht entwickelt werden kann oder wieder verlorengeht, wenn ein Elternteil dem Kind Todesangst einflößt. Eine perverse Organisation, die möglicherweise an deren Stelle tritt, hebt vorhersehbar Todesangst auf. Solange der Patient seine pädophilen Aktivitäten verfolgte, blieb er für immer ein Kind, mehr Mädchen als Junge, und der Tod konnte ihn nicht erreichen. Die Analyse seiner Todesangst und seiner Abwehr dagegen ließ deshalb rückblickend in der Übertragung seine Angst, traumatisiert zu werden, wieder auftauchen. Seit seinen frühesten psychoanalytischen Studien zur Hysterie um 1880 nahm Freud an, daß frühe Überstimulierung lebensgeschichtlich traumatisierend wirkt.

Naomi wurde durch ein äußeres Ereignis retraumatisiert, während die Erinnerung an ihre Ghetto-Erfahrung noch unbewußt war. Als Erwachsene erlebte sie nachträglich Todesangst und Gelähmtsein, die sie als Kind nicht wahrgenommen hatte. Das erneute emotionale Erleben ging der Bewußtwerdung in der Behandlung voraus. Somatisierung ersetzte die Handlung. Der konkretisierte körperliche Ort ihres Symptoms repräsentierte ihre Schuld gegenüber der abgelehnten Schwester sowie ihre Überlebenschuld. Die Verknüpfung der Vorstellung von In-den-Bauch-geschossen-Werden mit der der schwangeren Mutter, die sie ausgetragen und damit ihre Schwester so eifersüchtig gemacht hatte, blieb verdrängt. Ein massiver Konflikt im Zusammenhang mit Überlebens- und Todesangst verursachte die Ableger des erneut wachgerufenen Traumas. Nachdem dies in der Behandlung verstanden worden war, gewann Naomi ihr freies Verhalten wieder zurück. Ohne das krisenhafte äußere Ereignis wäre diese unbewußte Verknüpfung offensichtlich für die

Behandlung unzugänglich geblieben. Auf Grund der Nachträglichkeit regredierte Naomi kognitiv und affektiv, was zur Retraumatisierung führte. Naomi hatte Ableger ihres Kindheitstraumas wieder in Szene gesetzt, so daß sie mit Hilfe der Behandlung bewußt werden konnten. Diese Vignette soll zeigen, wie *Nachträglichkeit als rückwirkende Retraumatisierung* verstanden werden kann.

Herr M. schuf ein Ereignis und symbolisierte es. Naomi schuf ein Symptom, das ein neues Ereignis in ihrem Leben und ein traumatisches Ereignis von größerem Ausmaß in der Vergangenheit verstehbar machte. Dies sind zwei verschiedene Wege, Traumatisierungen in der Vergangenheit zu vergegenwärtigen und zu konkretisieren. Bemerkenswerterweise wurde keiner der beiden Patienten durch die Entdeckung des *Inhalts* des Traumas selbst traumatisiert, keiner der beiden Patienten erlebte in einer normalen Weise das Trauma der Vergangenheit erneut, und keiner verbalisierte seine Angst vor Retraumatisierung. In beiden Fällen blieb ein wichtiger Anteil des Verdrängten aktiv, bis die analytische Arbeit zum Verständnis der Krise führte. Herr M. wehrte sich gegen die Wiederkehr des Traumas durch die negative therapeutische Reaktion. Naomi hingegen bat um Hilfe, nachdem sie in ihrem selbständigen Handeln ohne Signalangst und Selbstschutz geblieben war.

Diese zwei Beispiele von Retraumatisierung während der Behandlung zeigen, daß jeder Mensch in einzigartiger Weise innerlich sein Trauma repräsentiert. Das Trauma der Vergangenheit mag in der Übertragungsneurose seine Vorläufer haben, aber es kann auch in Erinnerungsspuren präsent sein. Ein Patient kann versuchen, sein Trauma zu meistern, erlebt es möglicherweise in einer bestimmten Form wieder und versucht sich gleichzeitig vor Retraumatisierung zu schützen.

Die negative therapeutische Reaktion ist vielfach motiviert. In den Fällen, die ich diskutiert habe, war sie eine Abwehr der Angst vor Retraumatisierung. Sobald diese Angst analysiert und ihre Externalisierung verstanden werden konnte, erwies sich die negative therapeutische Reaktion als vorübergehender Natur.

Nachträglichkeit ist ein aufgeschobener Versuch, das Trauma zu assimilieren, das in der Retraumatisierung eine Rolle spielt. Naturgemäß wird ein Trauma ohne Analyse nie gänzlich assimiliert und trägt selten erfolgreich zur Anpassung bei. Nachträglichkeit bezieht sich auf verschiedene Themen in der Vergangenheit. Diese tragen zusätzlich zum Verstehen bei, welche Abwehrstrategien gegen Retraumatisierung mobilisiert werden. Strukturell bewirkt das Phänomen der Nachträglichkeit die Versuche, das Trauma durchzuarbeiten und zum Ausdruck zu bringen. Weil es nicht direkt assimiliert werden kann, vermag es die Fähigkeit der Person zu behindern, sich von der Auswirkung der Retraumatisierung zu befreien.

Die Angst vor Retraumatisierung wird stets in der analytischen Situation präsent bleiben. Trotz der Gefahr, in der Analyse retraumatisiert zu werden, haben viele Autoren festgestellt, daß die analytische Arbeit eine positive Wendung nehmen kann, wenn die traumatische Angst des Patienten verstanden und ein therapeutisches Bündnis aufrechterhalten werden kann mittels der Sprache, oder, wie ich zu zeigen versucht habe, wenn notwendig sogar in einer nichtsprachlichen Weise.

Literatur

Asch, S . (1976): Varieties of Negative Therapeutic Reaction and Problems of Technique. J Amer. Psychoanal. Assn, 24:383-407.

Bergmann, M.V. (1992): An infantile trauma, a trauma during analysis, and their psychic connexion. Intl.J. Psycho-Anal., 73:447-454.

Blum, H. (1986): The concept of reconstruction of trauma. In The Reconstruction of Trauma, A. Rothstein (ed.). Madison, CT: IUP, pp. 7-27.

Blum, H. (1996): Seduction trauma: representation, deferred action, and pathogenic development. JAPA 44/4, pp. 1147- 1164.

Fenichel, O. (1997): Psychoanalytische Neurosenlehre, Gießen: Psychosozial-Verlag.

Freud, S. (1894): Die Abwehr-Neuropsychosen, GW, Bd. I, S. 57-74, Frankfurt (1981),: S. Fischer.

Freud, S. (1895): Entwurf einer Psychologie. GW, Nachtragsband, S. 375-488, Frankfurt (1981): S. Fischer.

Freud, S. (1896): Weitere Bemerkungen über die Abwehr-Neuropsychosen. GW, Bd. I, S. 377-403, Frankfurt (1981): S. Fischer.

Freud, S. (1914): Erinnern, Wiederholen, Durcharbeiten. GW, Bd. X, S. 125-136 Frankfurt (1981): S. Fischer.

Freud, S. (1918): Aus der Geschichte einer infantilen Neurose. GW, XII, S. 27-157, Frankfurt (1981): S. Fischer.

Freud, S. (1920): Jenseits des Lustprinzips GW, Bd. XIII, S. 1-69, Frankfurt (1981): S. Fischer..

Freud, S. (1926): Hemmung, Symptom und Angst. GW, Bd. XIV, S. 111-206, Frankfurt (1981): S. Fischer.

Freud, S. (1939 [1934-38]): Der Mann Moses und die monotheistische Religion. GW, Bd. XVI, S. 101-247, Frankfurt (1981): S. Fischer.

Jacobson, E. (1964): The Self and the Object World. New York: IUP.

Kernberg, O. (1971): Prognostic Considerations regarding borderline personality organization. JAPA 19:595-635.

Kris, E. (1956): The recovery of childhood memories in psychoanalysis. Psychoanal. Study Child, 11, 54-88.

La Planche, J. and Pontalis, J.-B. (1973): The Language of Psycho-Analysis. New York: W.W. Norton & Co.

Limentani, A. (1981): On some positive aspects of the negative therapeutic reaction. Intl. J. Psycho-Anal. 62:379-390.

Loewald, H.W. (1972): Freud's conception of the negative therapeutic reaction. J Amer. Psychoan. Assn., 20:235-242.

Maguire, J.G. (1990): Notes on Stalemate: A particular negative reaction affecting therapeutic outcome. The Annual of Psychoanalysis 18:63-83.

Maldonado, J.L. (1983): Analyst involvement in the psychoanalytic impasse. Int. J PsychoAnal. 65:263-271.

Masson, J.M. (ed.) (1985): The Complete Letters of Sigmund Freud to Wilhelm Fliess, 1887-1904. London: The Belnap Press.

Olinick, S.L. (1964): The negative therapeutic reaction. Intl. J: of Psycho-Anal., 45:540-48.

Renik, O. (1991): One kind of negative therapeutic reaction. J. Amer. Psychoanal. Assn., 39: 87106.

Renik, O. (1997): Analysis of a negative therapeutic reaction: the transmission of a malignant guilt accross generations. In The Perverse Transference and Other Matters, Ahuma, J.L., Olagaray, J., A.K. Richards, and A.D. Richards (eds.). Northvale, NJ: Jason Aronson Press.

Sandler, J. (1987): From Safety to Superego. New York: The Guilford Press.

Thomae, H. and Cheshire, N. (1991). Freud's Nachträglichkeit and Strachey's ‚Deferred Action': trauma, constructions and the direction of causality. Int. Rev. Psycho-Anal. (1991) 18: 407-427.

Valenstein, A. (1973): On attachment to painful feelings and the negative therapeutic reaction. Psychoanalytic Study of the Child 28:365-392.

Schuld und Schuldgefühl
im Kontext von Trauma und Konflikt

Mathias Hirsch

Man kann sagen, daß wir in der geschichtlichen Entwicklung der Psychoanalyse in einer Phase sind, in der das reale Trauma, dessen Bedeutung für die Entstehung psychischer Störungen nach dem Aufgeben der Verführungstheorie zurückgetreten war, wieder einen gebührenden Platz bekommen hat. Ich denke, daß damit implizit auch eine Rehabilitation Ferenczis geschieht, der sich seit Ende der zwanziger Jahre um eine Integration von Triebkonflikt und traumatischer Beziehungswirklichkeit bemüht hat. Auch in dem komplexen Feld von Schuld und Schuldgefühl können Freud und Ferenczi als sich allerdings ergänzende Gegenspieler aufgefaßt werden. Freud (1930) hat bereits diesseits von Pathologie dem Schuldgefühl in dem Konflikt zwischen der Triebnatur des Menschen und den Erfordernissen sozialen Zusammenlebens eine zentrale Bedeutung gegeben; ihm lag daran, „das Schuldgefühl als das wichtigste Problem der Kulturentwicklung hinzustellen ..." (S. 493 f.). Die Regulation sozialen Verhaltens („Kultur") liegt in den Händen des Über-Ich (des Gewissens); dieses bedient sich des Mittels des Schuldgefühls. Starke Schuldgefühle sind darüber hinaus in jeder psychischen Störung enthalten, denn Aggression und Destruktion können sich nicht entfalten, da sie sich gegen ein Liebesobjekt richten und die hieraus resultierende Ambivalenz nicht gelöst werden kann. Nur die Liebe zum gleichzeitig gehaßten Objekt läßt Reue und Wiedergutmachungswunsch entstehen.

Ferenczi (1933) dagegen hat das Fundament für ein Verständnis der Internalisierungsvorgänge traumatischer Gewalt gelegt. Gewalt-, aber auch Verlusterfahrungen schlagen sich als Introjekte im Selbst nieder und wirken selbstzerstörerisch weiter. Ferenczi beschreibt eine Form der Identifikation mit dem Aggressor, die eine billigende Übernahme der Gewalt durch Unterwerfung bedeutet. Opfer verschiedenster familiärer und außerfamiliärer Gewalt entwickeln immer eine schwere Schuldgefühlsymptomatik. Hier ergibt sich nun ein direkter Zusammenhang zwischen Schuld und Schuldgefühl: *Die reale Schuld des Täters* (die jener nicht anerkennt) *wird zum Schuldgefühl des Opfers* (das unschuldig ist), weil das Introjekt wie ein feindlich verfolgendes Über-Ich Schuldgefühle macht. Und es sind keineswegs nur massive Traumatisierungen, die eine oft lebenslange Schuldgefühlsproblematik verursachen, sondern gerade auch subtile Beziehungstraumata innerhalb der Familie des sich entwickelnden Kindes.

Da sich aber der Gegenstand der Psychoanalyse von den ausschließlich inneren Prozessen hin zu den realen Objektbeziehungen und ihren intrapsychischen Niederschlägen verlagert hat, kann sie nicht bei der Beschäftigung mit den aufgrund von innerpsychischen Konflikten entstandenen Schuldgefühlen stehenbleiben, sondern muß sich auch der durch konkretes Handeln anderer oder sich selbst gegenüber entstandenen *realen Schuld* annehmen; auch schuldhafte reale Grenzverletzungen werden von unbewußten Motiven und Triebschicksalen mitbestimmt. Wenn sich auch Schuld im äußeren, zwischenmenschlichen Bereich, Schuldgefühl hingegen im intrapsychischen Bereich ereignet, sind sie doch miteinander verwoben, wie es Haynal (1989, S. 326) ausdrückt: „Die Verbindung zwischen äußerer und innerer Wirklichkeit, dem Ereignis und seinem Einfluß auf die innere Welt des Menschen (ist) ein schwieriges und komplexes Problem."

Vor dem Aufgeben der Verführungstheorie ging es um die schuldhafte Tat an einem primär unschuldigen Kind, das *damit* intrapsychisch fertig werden mußte, nun trat die Bedeutung des Traumas zurück zugunsten des Primats der triebbedingten Konflikte und Phantasien des Kindes (des Patienten), für die niemand anderes als dieses selbst verantwortlich sein konnte. So entwickelte sich eine Haltung, von der Oliner (1995, S. 299) meint: „Die Psychoanalyse mißt der Reaktion des Ichs auf das, was ihm zustößt, zentrale Bedeutung bei." Es blieb in der Psychoanalyse lange ein Paradox unaufgelöst: Schuld ist zwar nicht ihr Gegenstand, aber dadurch, daß das Individuum (das Kind, der Patient) an seinen ureigenen, letztlich triebbedingten Konflikten mit einer durchschnittlichen und deshalb „unschuldigen" sozialen Umwelt leidet, wird es selbst zum „schuldigen Menschen", wie es Kohut (1977) ausdrückt. Grotstein (1990) würdigt dagegen Winnicotts Berücksichtigung der Umwelt, wodurch dieser aus der Begrenztheit der Freudschen und Kleinianischen Psychoanalyse herausgetreten sei. Denn sie enthalte ein „Postulat des inhärenten Schuldgefühls, das der Mensch von Geburt an aufgrund jener unvermeidlichen und unerbittlichen Phantasien erwirbt" (S. 20), und verlange vom Patienten anzuerkennen, daß „in der Psychoanalyse einzig die eigenen *Reaktionen* auf Vernachlässigung oder Übergriffe von signifikanter Bedeutung sind, gleichgültig, wie schlecht er als Säugling oder Kind tatsächlich behandelt worden ist" (ebd.). Weiss und Mitarbeiter (Weiss u. Sampson 1986; vgl. Eagle 1984, S. 126) stellen der Forderung der traditionellen Psychoanalyse – der Patient soll tun, was er *nicht* will, nämlich auf die infantile Triebbefriedigung im Symptom *verzichten* – eine andere Therapieauffasung gegenüber: Der Patient soll (zu tun) lernen, was er *will* und bisher nicht konnte, weil er von unbewußter Angst und Schuldgefühl daran gehindert war.

Schuldgefühle beruhen nicht nur auf triebbedingten intrapsychischen Konflikten oder auf der Introjektion traumatischer Gewalt, sondern sind immer aus einem Zusammenspiel innerer Bestrebungen und äußerer Beziehungseinflüsse entstanden. Lange hat die Psychoanalyse Schuldgefühl ausschließlich auf die ödipalen Regungen zurückgeführt (die Kleinianer auf den Todestrieb), bis Modell (1965, 1971) sozusagen in einem Quantensprung die Möglichkeit eines Schuldgefühlkonflikts aufgrund *nicht triebbedingter* Bestrebungen wie Erfolgsstreben, Autonomie, also ein „eigenes Leben" führen wollen, beschrieb. Modell konzipierte so ein Trennungsschuldgefühl sowie ein Schuldgefühl aufgrund expansiver Bedürfnisse. Es war ihm aber damals nicht möglich, die Faktoren aus der realen Familieninteraktion zur Schuldgefühlentwicklung mit heranzuziehen. Denn es sind nicht allein die vitalen und Autonomiebedürfnisse, die mit einer durchschnittlichen Umwelt in Konflikt geraten, vielmehr trägt deren Reaktion entscheidend zur Schuldgefühl- und damit Pathologieentwicklung bei, wenn sie sie aus eigenen Bedürfnissen repressiv und nicht entwicklungsfördernd beantwortet. Insofern kann man sagen, daß aus einem konstruktiv regulierenden Schuldgefühl aufgrund eines inneren Konflikts erst ein pathologisches wird, wenn der Konflikt übermäßig verschärft wird durch die Reaktion der Bezugspersonen, die darüber hinaus durch eigene Widersprüche eine Lösung verhindern. Legt man dem Traumabegriff eine weite Definition zugrunde, kann man jedem Schuldgefühl ein Beziehungstrauma zuordnen.

Eine differenzierte, psychoanalytisch fundierte Systematisierung des Schuldgefühls gab es bisher nicht. Lediglich Weiss und Sampson (1986; vgl. auch Friedman 1985) hatten die erwähnten Arbeiten von Modell und die Niederlands (1961, 1966, 1981) zum Überlebenden-Syndrom ihrem Konzept eines Trennungs- und eines Überlebensschuldgefühls zugrunde gelegt. Ich möchte folgende Einteilung des Schuldgefühls vorschlagen:

1. *Basisschuldgefühl* aufgrund der bloßen Existenz, die schuldhaft erlebt wird. Das Nicht-willkommen-Sein stellt das Trauma dar.

2. *Schuldgefühl aus Vitalität*, d. h. expansive Bestrebungen, Begehren, Haben-Wollen, Erfolg-haben-Wollen, Andere-übertreffen-Wollen, werden schuldhaft erlebt, da sie von der familiären Umgebung nicht willkommen geheißen werden können, was traumatisch wirken kann.

3. *Trennungsschuldgefühl*. Autonomiebestrebungen des Kindes sind mit Schuldgefühl verbunden, da Trennung für die elterlichen Objekte eine Bedrohung darstellt; das ist das Beziehungstrauma.

4. *Traumatisches Schuldgefühl*: Schwere Gewalt- und Verlusterfahrungen hinterlassen einen Fremdkörper im Selbst, ein Introjekt, das Schuldgefühle verursacht. Hier ist das Trauma offensichtlich, es entstehen aber auch extreme Konflikte in der Beziehung zum Täter sowie zu Leidensgenossen.

Basisschuldgefühl

Als Basisschuldgefühl möchte ich eines bezeichnen, das die bloße eigene Existenz als schuldhaft erleben läßt. Hier finden sich Aussagen über den betreffenden Menschen wie: „Sie war schuldig durch ihre bloße Existenz, da ihre Geburt die Verschlechterung des labilen Gesundheitszustandes der Mutter verursacht hatte" (Kogan 1990, S. 76). Eine Patientin sprach von der „Grundschuld, überhaupt geboren worden zu sein, und von der Pflicht der Wiedergutmachung: pflegeleicht sein, sich anpassen" (Hirsch 1987, 3. Aufl., S. 102). Eine andere: „Wahrscheinlich bin ich schuld, weil ich überhaupt geboren wurde!"

In einer anderen Gruppe von Patienten, die an einem Basisschuldgefühl leiden, wird die Unerwünschtheit nicht so offen sichtbar, sondern manifestiert sich darin, daß das Kind die Bedürfnisse der Eltern erfüllen muß und dementsprechend Schuldgefühle wegen des Bedürfnisses einer Existenz im eigenen Recht entwickelt. In solchen Fällen ist auch die Nähe zum Trennungsschuldgefühl deutlich, und sicher gibt es hier gleitende Übergänge. Aber im Prinzip liegt die Unterscheidung darin, daß ein Trennungsschuldgefühl durch die Verweigerung der Loslösung hervorgerufen wird; ein Basisschuldgefühl dagegen ist in der primären Unerwünschtheit begründet, die allerdings oft auch eine Instrumentalisierung des Kindes und, wie wir sehen werden, die Entstehung der Rollenumkehr zur Folge hat. Ferenczi (1929) bezieht sich auf solche Patienten, die „sozusagen als *unwillkommene Gäste der Familie* zur Welt (kamen) ..." (S. 252 f.). In solchen Fällen müsse „das Kind durch ungeheuren Aufwand von Liebe, Zärtlichkeit und Fürsorge dazu gebracht werden, es den Eltern zu verzeihen, daß sie es ohne seine Absicht zur Welt brachten ..." (S. 254). So stellt Ferenczi die Grundannahme der Psychoanalyse, daß das Kind infolge seiner ödipalen Triebkräfte primär schuldig auf die Welt kommt, auf den Kopf.

Entweder sind die Eltern überhaupt gegen ein Kind: Sie „mußten" heiraten, ein Abtreibungsversuch war erfolglos, oder das Kind wurde unehelich oder nach einer Vergewaltigung geboren. Oder sie wollen zwar ein Kind, aber es ist nicht das „richtige", meist wegen seines Geschlechts; noch immer soll es häufiger eher ein Junge sein. Hier liegt sicher eine Wurzel eines spezifisch weiblichen Schuldgefühls. Oder es handelt sich um ein „Ersatzkind", das in den Augen der Eltern ein verstorbenes Geschwister ersetzen soll, so daß es angesichts dieser nie zu erfüllenden Aufgabe ein Gefühl der Schuld entwickelt. Das Phänomen des Ersatzkindes ist der Beweis, daß im Kind psychische Gebilde entstehen können, an denen es selbst und seine Triebe nicht mitgewirkt haben können, da ein Trauma, das die *Eltern* vor der Existenz des Kindes getroffen hatte, in dieses implantiert wurde und so ein Schuldgefühl erzeugendes Introjekt entstand. Green (1983) hat das Bild der „toten Mutter" entworfen, die aus tiefer Depression über einen Verlust nicht genügend mütterliche Präsenz aufbringen kann, was das Kind als eigenes basales Falsch-Sein erlebt.

Schuldgefühl aus Vitalität

Außerhalb der Kleinianischen Psychoanalyse hat wohl als erster Modell (1971) Formen präödipaler Schuldgefühle aufgrund vitaler Bestrebungen unabhängig vom Ödipus-Komplex beschrieben; Schuldgefühle, mehr zu haben oder mehr haben zu wollen als der andere, verbunden mit dem Glauben, dem anderen dadurch zu schaden. Natürlich sind auch ödipale Wünsche Ausdruck von Vitalität. Aber heute würde man meines Erachtens nach den tatsächlichen Beziehungen fragen, innerhalb derer das Kind sie erlebt: Wie ist die (besonders auch sexuelle!) Beziehung der Eltern, wie wohlwollend oder feindlich stehen sie nicht nur den sexuellen, sondern allen Bestrebungen des Kindes, seiner Vitalität eben, gegenüber, wie werden *ihre* latenten (vgl. Hirsch 1993) oder gar offenen inzestuösen Wünsche an das Kind herangetragen? Devereux (1953, S. 139) läßt den Ödipus-Komplex in der Elterngeneration beginnen: „Der Ödipus-Komplex scheint eine Konsequenz der Sensitivität des Kindes für die sexuellen und aggressiven Impulse seiner Eltern zu sein" (Übersetzung M. H.). Das heißt, wenigstens der pathologische Ödipus-Komplex wäre pseudoödipal, von den inzestuösen Wünschen *der Eltern* hervorgerufen. Im Zusammenhang mit Schuldgefühl würde dies bedeuten, daß die Abwehr der inzestuösen Wünsche der Eltern im Kind überhaupt erst ein „ödipales" Schuldgefühl erzeugt. Ebenso der Umgang mit dem Ausdruck der *kindlichen* inzestuösen Tendenzen: Man muß doch fragen, was bestimmte Eltern eigentlich bewegt, harmlose kindliche Sexualität und ödipales Spiel derart streng, Schuldgefühle machend, zu ahnden.

Schuldgefühle aus vitalen Bedürfnissen finden sich beim „Scheitern am Erfolg", wenn man glaubt, daß Erfolg einen anderen zurücksetzt oder behindert. So entstehen Arbeitsstörungen und Prüfungsängste aus dem Schuldgefühl, den anderen zu übertreffen, aber auch, wie bei der Sexualität, aus Trennungsschuldgefühl. Das Irrationale leitet sich her aus der Verknüpfung der *Bedeutung* des Erfolgs mit anderen – verbotenen – Bereichen, z. B. oraler Gier, Aggression oder sexuellen Bedürfnissen. Besser (erfolgreicher) leben bedeutet, *auf Kosten* anderer zu leben, von denen man abhängig ist und deren Liebe man sich erhalten möchte. Der Ambivalenzkonflikt, der oft genug von den Eltern ausgeht, die einerseits wollen, daß die Kinder den Erfolg haben, den sie andererseits zu verhindern suchen, führt bei der Arbeitsstörung zu einem furchtbaren Kampf verschiedener gegensätzlicher Über-Ich-Anteile.

Ein Kind muß seine Lebendigkeit unterdrücken, wenn es ständig auf einen chronisch kranken Elternteil Rücksicht nehmen muß, einem „Terrorismus des Leidens", wie Ferenczi (1933) das genannt hat, ausgesetzt ist, auch in Form von hypochondrischen Ängsten oder ständigen Suiziddrohungen. Die verständliche Wut auszudrücken, würde Vater oder Mutter noch kränker machen, und so bleiben nur entweder Identifikation – es wird ebenfalls krank oder hypochondrisch – oder Anpassung – es entwickelt sich zur „lebenslänglichen Pflegerin" (Ferenczi 1933, S. 312). *Das Überlebenden-Schuldgefühl* ist eines sowohl aus Vitalitätsbestrebungen als auch ein traumatisches Schuldgefühl, durch Introjektion der Gewalt verursacht. Die Überlebenden von Katastrophen und politischem Terror klagen sich an für ihr „Versagen", andere nicht gerettet zu haben, als ob ihr eigener Wunsch zu überleben Schuld bedeute.

Trennungsschuldgefühl

Schuldgefühle können auch durch Autonomiebestrebungen hervorgerufen werden, die doch in der Regel positiv bewertet werden, wie Selbständigkeit und Erfolg. Dem Trennungsschuldgefühl liegt der Glaube zugrunde, kein Recht auf ein selbstbestimmtes, getrenntes Leben zu haben, da Trennung die Schädigung oder Zerstörung des „Liebesobjekts" bedeute. Modell (1965, S. 328) nimmt ein *Ausbleiben der Selbst-Objekt-Differenzierung* an, gibt aber keinen Hinweis, wie es denn zu einer derartigen Phantasiebildung kommt. Heute wird man die Objekterfahrungen berücksichtigen, die zu Autonomie verbietenden Über-Ich-Introjekten führen; Autonomiebestrebungen rufen Schuldgefühle hervor, wenn die elterliche Autorität sie nicht genügend fördert, vielmehr dagegen arbeitet. Konflikte mit derartig übertriebenen Loyalitätsforderungen betreffen Kontakte des Kindes mit Menschen außerhalb der Familie, Erfolg und berufliche Fortschritte, natürlich Sexualität, deren eine charakteristische Eigenschaft ist, daß ihre Objekte außerhalb der Familie liegen müssen, räumliche Trennung, natürlich Heirat und Schwangerschaft. Die Hauptwurzel von Arbeitsstörung und Prüfungsangst liegt in einem unbewußten Trennungsschuldgefühl – Erfolg und besonders Prüfungen sind Fortschritte, Trennungsschritte. Aber eine Mutter, die sich gegen die Loslösung sträubt, will andererseits auch den Fortschritt ihrer Kinder. Und ebenso sind die korrespondierenden Über-Ich-Anteile widersprüchlich, sie wollen sowohl den Erfolg als sie ihn auch sabotieren; aus einem solchen double-bind-artigen Widerspruch entsteht Arbeitsstörung.

Traumatisches Schuldgefühl

Das Paradox, daß das primär unschuldige Opfer – ein Kind oder ein bloß wegen seiner politischen oder religiösen Überzeugung oder ethnischen Herkunft Gefangener – unter schweren Schuldgefühlen leidet, während der Täter weder Schuldgefühle hat noch irgendeine Schuld anerkennt, kann eigentlich nur damit aufgelöst werden, daß das Opfer den Täter lebensnotwendig braucht – das Kind seine Eltern, auch wenn sie es mißhandeln und mißbrauchen – und sogar – in einer archaischen Regression (Eissler 1968, S. 457) – das politische Opfer den Folterer, die erwachsene Frau den Vergewaltiger. Das Opfer nimmt die Schuld auf sich, um sich den Täter als *Liebesobjekt* zu erhalten. Auch Verluste von Liebesobjekten können Introjekte verursachen, die Schuldgefühl erzeugen; sie müssen genügend betrauert werden, damit sie nicht als „untote" Introjekte, „tot-lebendig" bleiben müssen.

Schwere Traumatisierung bedeutet massive Grenzüberschreitung, ein Einreißen der Grenze zwischen Subjekt und Objekt, Täter und Opfer. Die Implantation des Bösen durch den Folterer – Amati (1990) nennt es „Durchtränkung" –, gefolgt von der Introjektion, dem Errichten einer entsprechenden inneren Instanz, beschreiben Amigorena und Vignar (1977, S. 610) folgendermaßen: „Das totalitäre Regime ... etabliert sich als inneres System, ... als Struktur des Subjekts." So wird die äußere Gewalt zur „tyrannischen Instanz" im Opfer selbst, das von dieser nun weiter entwertet und schuldig gesprochen wird – das Introjekt macht Schuldgefühle.

Schuldgefühle, die durch den Druck eines Introjekts entstehen, werden durch die Identifizierung mit ihm gemildert. Die Verminderung von Schuldgefühl geht allerdings einher mit dem Anwachsen von Schuld, da die identifikatorische Billigung bzw. Nachahmung des Unrechts des Täters mitschuldig macht. Es handelt sich um eine primäre oder globale Identifikation (Müller-Pozzi 1988), die einer Aufhebung von Grenzen und damit einer Ich-Destabilisierung gleichkommt, entsprechend Ferenczis Vorstellung der *Unterwerfung* durch Identifikation. Derartige tragische Verknüpfungen, die aus einem ursprünglich unschuldigen Opfer einen schuldigen Täter machen, beruhen auf komplizierten Internalisierungs- und Identifikationsprozessen. Es gibt also eine *Schuld des Opfers*, vielleicht „Mit-Schuld" oder „Mit-Verantwortung", das Opfer trägt einen Teil der Schuld oder Verantwortung, wenn es aufgrund von Identifikation sich oder andere schädigt. Es fällt nicht leicht, im Opfer schwerer familiärer Gewalt oder oft unvorstellbarer Gewalteinwirkungen wie Folter oder KZ-Haft, Vergewaltigung und Kriegshandlungen einen eigenen Anteil, eine Mitwirkung, also Mitschuld oder Mitverantwortung zu sehen. Grubrich-Simitis (1979, S. 1016) und Oliner (1995, S. 307) sprechen von „Kollaboration mit dem Täter". Es ist wie ein letztes Tabu, man wagt buchstäblich nicht, daran zu denken. Doch für die Opfer des Nazi-Terrors war oft die „Identifizierung mit der Nazi-Moral" (Bergmann 1995, S. 333) die einzige Möglichkeit zu überleben. Grubrich-Simitis (1979, S. 999) sieht die „Identifizierung mit dem als omnipotent erlebten Angreifer" als „ein Gegenmittel gegen die ... ständig drohende ‚narzißtische Entleerung'."

Die Schuld der Eltern wird zum Schuldgefühl ihrer Kinder

Die uneingestandene Schuld der Eltern bildet im Selbst des Kindes ein Introjekt, von dem Schuldgefühle ausgehen – wie die Opfer haben sie Schuldgefühle und empfinden die Scham, die die Täter nicht haben können oder wollen. Die Nachgeborenen schämen sich, Deutsche zu sein, können mit Juden nicht unbefangen umgehen, fühlen sich verantwortlich für etwas, was vor ihrer Geburt geschah. Und zwar gerade dann, wenn die Eltern eben diese Gefühle nicht haben konnten, sich mit ihrer Schuld nicht auseinandergesetzt hatten.

Wenn sich Schuld und Schuldgefühl überschneiden, bedarf es eines Dritten, einer äußeren Instanz – der Moral, des Gesetzes, Gottes – oder einer inneren – des Gewissens oder Über-Ichs. Innere und äußere Instanzen brauchen keineswegs übereinzustimmen – wie im KZ kann die Ordnung der Menschen pervertiert sein, die innere Instanz kann fehlen, wie bei der Delinquenz, oder unerbittlich als feindliches Introjekt wirken. In der Therapie schwer Traumatisierter kann die Abstinenz nicht so weit gehen, daß man sich einer Stellungnahme und Bewertung gänzlich enthält; manchmal muß der Therapeut eine solche Instanz sein.

Es scheint schwer zu sein, eine dialektische Doppelsicht sowohl des Traumas als auch der intrapsychischen Konflikte sowie ihrer jeweiligen Abwehr durchzuhalten und im Durcharbeiten ihrer gegenseitigen Bedingtheit ein realistisches Bild der historischen und aktuellen Realität eines Menschen zu gewinnen. Ich neige zu der Annahme, daß ein intrapsychischer Konflikt überhaupt erst dann pathogen werden kann, wenn ein gravierendes (Beziehungs-)Trauma ihn so verstärkt, daß eine Lösung nicht möglich ist, weil gerade das Liebesobjekt, das ihn überwinden helfen könnte, ihn hervorgerufen hat.

Literatur

Amati, S. (1990): Die Rückgewinnung des Schamgefühls. Psyche 44, S.724-740.

Amigorena, H., Vignar, M. (1977): Zwischen Außen und Innen: Die tyrannische Instanz. Psyche 33 (1979), S. 610-619.

Bergmann, M. V. (1995): Überlegungen zur Über-Ich-Pathologie Überlebender und ihrer Kinder. In: Bergmann, M. S., Jucovy, M. E., Kestenberg, J. S. (Hrsg.): Kinder der Opfer, Kinder der Täter. Psychoanalyse und Holocaust. Frankfurt/M. (Fischer), S. 322-356.

Devereux, G. (1953): Why Oedipus Killed Laios. A Note on the Complementary Oedipus Complex in Greek Drama. Int. J. Psychoanal. 34, S. 132-141.

Eagle, M. N. (1984): Neuere Entwicklungen in der Psychoanalyse. Eine kritische Würdigung. München, Wien (Verlag Internationale Psychoanalyse, 1988).

Eissler, K. R. (1968): Weitere Bemerkungen zum Problem der KZ-Psychologie. Psyche 22, S. 452-463.

Ferenczi, S. (1929): Das unwillkommene Kind und sein Todestrieb. Schriften zur Psychoanalyse, Bd. 2. Frankfurt/M. (Fischer, 1972) S. 251-256.

Ferenczi, S. (1933): Sprachverwirrung zwischen den Erwachsenen und dem Kind. Schriften zur Psychoanalyse, Bd. 2. Frankfurt/M. (Fische, 1972) S. 303-313.

Ferenczi, S. (1985): Ohne Sympathie keine Heilung. Das klinische Tagebuch von 1932. Frankfurt/M. (Fischer 1988).

Freud, S. (1930): Das Unbehagen in der Kultur. GW, Bd. 14, S. 419-506.

Friedman, M. (1985): Toward a Reconceptualization of Guilt. Contemp. Psychoanal. 21, S. 501-547.

Green, A. (1983): Die tote Mutter. Psyche 47, S. 205-240 (1993).

Grotstein, J. S. (1990): Einleitung. In: Little, M. I.: Die Analyse psychotischer Ängste. Zwei unorthodoxe Fallgeschichten. Stuttgart (Klett-Cotta 1994).

Grubrich-Simitis, I. (1979): Extrem-Traumatisierung als kumulatives Trauma. Psyche 33, S. 991-1023.

Haynal, A. (1989): Die Geschichte des Trauma-Begriffs und seine gegenwärtige Bedeutung. Zeitschr. Psychoanal. Theor. Praxis 4, S. 322-333.

Hirsch, M. (1987): Realer Inzest. Psychodynamik des sexuellen Mißbrauchs in der Familie. Berlin, Heidelberg (Springer 3. Aufl. 1994).

Hirsch, M. (1993): Latenter Inzest. Psychosozial 16, S. 25-40.

Kogan, I. (1990): A Journey to Pain. Int. J. Psychoanal. 71, S. 629-640. Dt.: Zeitschr. Psychoanal. Theor. Prax. 6, S. 62-78 (1991)

Kohut, H. (1977): Die Heilung des Selbst. Frankfurt/M. (Suhrkamp 1979).

Modell, A. H. (1965): On Having the Right to a Life: An Aspect of the Superego's Development. Int. J. Psychoanal. 46, S. 323-331.

Modell, A. H. (1971): The Origin of Certain Forms of Preoedipal Guilt and the Implications for a Psychoanalytic Theory of Affects. Int. J. Psychoanal. 52, S. 337-346.

Müller-Pozzi, H. (1988): Die depressive Reaktion – Ein Versuch über Individuation, Introjektion und Identifizierung. In: Stork, J. (Hg.): Das menschliche Schicksal zwischen Individuation und Identifizierung. Stuttgart, Bad Cannstatt (Frommann-Holzboog), S. 69-84.

Niederland, W. G. (1961): The Problem of the Survivor. J. Hillside Hosp. 10, S. 233-247 und in: Krystal, H. (Hg.), (1968): Massive Psychic Trauma, New York (Intern. Univers. Press) S. 8-22.

Niederland, W. G. (1966): Ein Blick in die Tiefen der „unbewältigten" Vergangenheit und Gegenwart. Psyche 20, S. 466-476.

Niederland, W. G. (1981): The Survivor Syndrome: Further Observations and Dimensions. J. Am. Psychoanal. Ass. 29, S. 413-425.

Oliner, M. M. (1995): Hysterische Persönlichkeitsmerkmale bei Kindern Überlebender. In: Bergmann, M. S., Jucovy, M. E., Kestenberg, J. S. (Hrsg.): Kinder der Opfer, Kinder der Täter. Psychoanalyse und Holocaust. Frankfurt/M. (Fischer), S. 292-321.

Weiss, J. (1986): Unconscious Guilt. In: Weiss, J., Sampson H. u. a.: The Psychoanalytic Process. New Haven, London (Guilford Press), S. 43-67.

Weiss, J., Sampson, H. u. a. (1986): The Psychoanalytic Process. Theory, Clinical Observation and Empirical Research. New York (Guilford Press).

Psychobiologische Voraussetzungen der menschlichen Verletzbarkeit

Ludwig Janus

Einleitung

Die Frage nach den Ursachen der besonderen menschlichen Verletzbarkeit ist seit den Anfängen der Psychoanalyse immer ein Thema in der Diskussion gewesen und hat immer neue, verschieden formulierte Antworten gefunden. Dabei hängen Verletzbarkeit, Aggressivität und Ängstlichkeit innerlich zusammen. Die Antwort Freuds zentrierte sich um die Schicksale von Urwünschen und Urphantasien in der ödipalen Zeit. Doch war deutlich, daß diese nicht das ganze Ausmaß menschlicher Ängstlichkeit und Verletzbarkeit erklären konnten. Die Fragen gingen weiter zurück, und zwar in die präverbale Zeit.

Die Entdeckung des präverbalen Traumas in der frühen Psychoanalyse

Im Rückblick ist deutlicher, daß ein wichtiger Diskussionsstrang in der frühen Psychoanalyse das Thema des präverbalen Traumas war. In der Traumdeutung über die Geburtsangst als Vorbild aller späteren Angstgefühle hatte Freud hier selbst einen Anfang gemacht (Freud 1909, S. 391). In der gleichen Zeit war Adler (1907, 1911) über seine Beschäftigung mit der „Minderwertigkeit von Organen" auf das Thema der frühen Beeinträchtigungen und ihrer Folgen gestoßen, das er unter den Stichwörtern „Irritierbarkeit des Ichs", „Minderwertigkeitsgefühle" und „männlicher Protest" behandelte. Schädigungen in der pränatalen Zeit und Erfahrungen von Ohnmacht und Hilflosigkeit in der postnatalen Zeit standen dabei für ihn im Mittelpunkt. Etwas später liegen die Ausführungen von Jung zur „bösen Mutter" und ihrem regressiven Sog in den „Symbolen der Wandlung" (1912).

Im Vergleich der drei Autoren fällt auf, daß die Formulierungen des präverbalen Traumas sehr spezifisch und persönlich sind. Sie waren auch nicht mehr wirklich diskutierbar, sondern drückten so etwas aus wie verschiedene Weltanschauungen. Meine Vermutung ist die, daß sich hierin die individuelle Charakteristik der jeweiligen vorsprachlichen Erfahrung ausdrückt und daß das Problembewußtsein für die Eigenart dieser Lebenszeit noch zu wenig entwickelt war, um eine klärende Diskussion zu erlauben.

Die Krise der Entdecker

Die besondere Natur vorsprachlicher Inhalte hängt damit zusammen, daß sie nicht nur unbewußt, sondern auch noch „vorsprachlich" sind. Die ganze persönliche vorsprachliche Erfahrung kann nur sehr bedingt im Diskurs der gemeinsamen Sprache behandelt werden. Zudem lag die Welt des vorsprachlichen Kindes für die Männer jener Zeit weit außerhalb ihrer konkreten Erfahrung. Die Aussagen hatten etwas von primärer Erfahrung, die eine Evidenz in sich trugen. Darum kam es in der Auseinandersetzung um die Inhalte aus der frühen Mutterbeziehung zu den bekannten Dissidenzen.

Der Vorgang wiederholte sich noch einmal in den Konflikten zwischen Freud, Rank und Ferenczi, wobei Rank und Ferenczi sich darauf beschränkten, ihre eigene Sichtweise zu formulieren, ohne diese, wie Adler und Jung es noch getan hatten, „patriarchalisch" absolut zu setzen und eine Schule zu begründen. Dabei mag auch ihre lebensgeschichtlich tiefer begründete Loyalität zu Freud eine Rolle gespielt haben. Es fällt wie bei den Dissidenzen von Adler und Jung auf, daß die Formulierungen der Schüler klinischer und beobachtungsnäher sind, während Freud mit seinen Vermutungen zu phylogenetischen Vorprägungen und seinen Annahmen zum Todestrieb und Urmasochismus spekulativer bleibt. Wieder ist wegen der Befangenheit in der persönlichen Sicht eine wirkliche Diskussion nicht möglich.

Ein Rückblick aus der Sicht der modernen Gedächtnisforschung

Ohne hier in Einzelheiten gehen zu wollen, gibt es auf verschiedenen Ebenen Beobachtungen und Belege dafür, daß vorsprachliche Erfahrungen gedächtnismäßig gespeichert sind. In der Zwischenzeit sind diese sogenannten vorsprachlichen Gedächnissysteme eingehend erforscht, deren verschiedene Aspekte zu unterschiedlichen Namensgebungen geführt haben: Episodisches Gedächtnis, nichtdeklaratives Gedächtnis, szenisches Gedächtnis, Körpergedächtnis, motorisches Gedächtnis, sensorisches Gedächtnis, Erlebnisgedächtnis usw. Diese vorsprachlichen Gedächtnissysteme sind differenziert, präzise, aber oft affektiv geprägt und zustandsabhängig (Hollweg 1993, 1995, Schacter und Tulving 1994, Terr 1995, Petry 1993, 1995, Cohen und Eichenbaum 1994, DeMause 1996, LeDoux 1996, van der Kolk 1996). Der entscheidende und systematische Unterschied zum sprachlichen, semantischen oder deklarativen Gedächtnis besteht darin, daß die Gedächtnisinhalte nicht aktiv abgerufen werden können, sondern sich auf bestimmte situative Reize hin aktualisieren. So kann etwa ein bestimmter Geruch eine frühe Situation insgesamt wieder lebendig machen. Eine äußere Drucksituation kann Geburtsgefühle aktualisieren, wie nicht selten in Examenssituationen, und ein Alleinsein kann frühkindliche Verlassenheitserfahrungen wieder anstoßen. Wegen des Schreckens einer frühen Arzterfahrung kann man später kein Blut sehen usw.

Ein weiteres Problem besteht darin, daß diese Aktualisierungen vergangener Ereignisse nicht als eine Erinnerung identifiziert werden, sondern die Vergangenheit wird gewissermaßen Gegenwart und gegenwärtig. Nach meinem Eindruck zwingt uns diese Gedächtnisforschung dazu, die Bedeutung vorsprachlicher Erfahrung neu einzuschätzen und ebenso, uns dieser besonderen Form von „Erinnerung" durch Aktualisierung mehr inne zu werden (ausführliche Diskussion bei Share 1997). In Ansätzen ist all dies in den Konzepten des Widerstandes, der Übertragung und anderen zwar schon Bestandteil psychoanalytischer Theorien, dennoch wird nach meiner Einschätzung die Bedeutung und Besonderheit vorsprachlicher Erfahrung durchweg unterschätzt. Darum will ich im nächsten Abschnitt skizzenhaft die Entdeckung und Abwehr des präverbalen Traumas in der Geschichte der Psychoanalyse nachzuzeichnen versuchen.

Entdeckung und Abwehr des präverbalen Traumas in der Psychoanalyse

Mehr intuitiv hatte Freud die Geburtsangst als Vorbild späterer Angstbildung benannt, was lediglich als Fußnote in der zweiten Auflage der Traumdeutung einen Niederschlag fand (Freud 1909, S. 391). Statt nun dieses Thema weiter zu verfolgen, gab er es indirekt an Rank weiter, indem er ihn dazu veranlaßte, die Geburtsthematik in der Mythologie der Helden zu untersuchen, was Rank in seiner Schrift „Der Mythos von der Geburt des Helden" (1909) auch tat. In dieser Schrift stehen die mythologischen Motive der traumatischen Geburten der Helden unverbunden neben klinischen Geburtsträumen. Die Widerspiegelung von Realien der Geburt in Geburtsträumen wurde zu diesem Zeitpunkt noch nicht erkannt. Die Zusammenarbeit zwischen Freud und Rank an diesem Buch und bei diesem Thema war so eng, daß Freud wahrscheinlich einige Partien des Buches unmittelbar beigesteuert hat, ohne seine Autorenschaft zu verdeutlichen (von Ungern-Sternberg, mündliche Mitteilung 1997). Ähnlich eng war die Forschungsbemühung zur Bedeutung der Rettungsträume (Freud 1910, S. 75, Rank 1911). Hier wird explizit die Not der Geburt als Hintergrunddynamik formuliert, aber letztlich doch mehr auf einer rationalen Ebene. Durch das Retten wird die Errettung durch die Mutter während der Geburt gewissermaßen wettgemacht. Was diese Not im einzelnen ist und wie sie sich auf der vorsprachlichen Ebene im Leben auswirken kann, bleibt unbesprochen.

Ähnlich ausschnitthaft und oszillierend sind die Einsichten Adlers (1907, 1911) in die lebensgeschichtliche Bedeutung vorsprachlicher Traumen. Zunächst hatte er die Organminderwertigkeit mehr somatisch formuliert. Dann tritt mehr die „Irritierbarkeit des Ich" in den Vordergrund. Als Ursache dieser „Irritierbarkeit des Ich" sieht er embryonale Schädigungen und die Ohnmachtserfahrungen des Säuglings. Der „männliche Protest" ist ein entschiedener Versuch des Ich, die Wiederholung dieser Beeinträchtigungen und Verletzungen zu vermeiden bzw. sie am anderen abzuhandeln.

Von Jung wird die Erlebnisseite der „bösen Mutter" auf der Ebene mythischer Bilder und dem psychotischen Erleben als Verschlingerin, Vernichterin usw. in vielfältiger Weise erfaßt: „Die Mutter wird angeklagt, als ob sie die Ursache wäre, daß man sich zu ihr flüchten muß, um von der Wunde, die sie einem selbst geschlagen hat, zu genesen" (Jung 1985, S. 82). Der Held bzw. das sich entwickelnde Ich befindet sich in einem unentwegten Abwehrkampf gegen die unterschiedlichen Ausformungen von Drachen, die der Inbegriff des „negativen Mutterbildes" (Jung 1985, S. 110) sind. Das Verschluckt-Werden vom Drachen oder Walfisch, einem positiveren Aspekt der frühen Mutter, ermöglicht den Zugang zu regenerierenden vorgeburtlichen Zuständen. All dies ist bei Jung vielfältig ausgedrückt, jedoch nicht konkret entwicklungsbiologisch verbunden. Er sagt von der „regredierenden Libido", daß sie „auf den intrauterinen, pränatalen Zustand zurückgreift", betont jedoch, daß „man dies nicht wörtlich nehmen soll!" (Jung 1985, S. 278).

Der Kreis der Diskussion und Abgrenzung schließt sich, indem Freud in „Totem und Tabu" (1913), das er parallel zu Jungs mythengeschichtlicher Arbeit schrieb, dem Vaterkonflikt den systematischen Stellenwert in der individuellen und kollektiven Entwicklung des Menschen zuweist. Determinierend für die persönliche Entwicklung und die Kulturentwicklung insgesamt sind Themen des Vater-Sohn-Konfliktes von Rivalität und Auflehnung. Die vorsprachliche Wirklichkeit der Beschneidungserfahrung und die entsprechenden mörderischen Vergeltungsimpulse bleiben im Raum einer phylogenetischen Spekulation verborgen.

Dies wurde zur Lehre und begründete die Ausbildung von Schulen, die diese ausschnitthaften Einsichten als „Wahrheiten" weitergaben. Deutlich scheint mir der Pioniercharakter der Einsichten und Formulierungen dieser Entdeckergeneration. Zeitbedingt scheint mir die Organisierung dieser Einsichten in „Schulen".

Darum ist es meines Erachtens sinnvoll, auf die Diskussion der Entdeckergeneration zurückzugehen, um hier neue und weiterführende Ansatzpunkte zu gewinnen.

Die Krise in der ersten Generation

Trotz der beginnenden Erstarrung des Wissens in Schulenbildungen, ging bei den Pionieren der Forschungsprozeß der inneren Erkundung vorsprachlicher Erfahrung weiter und führte zu einer neuerlichen Zerfallsbewegung in der Psychoanalyse, die aber nicht mehr durch Schulenbildung abgefangen, sondern in Verleugnungen und persönlicher Tragik ein Stück mehr verantwortet wurde. Ich meine hier die Konfliktdynamik um die unterschiedlichen Einsichten von Freud, Rank und Ferenczi Anfang der 20er Jahre.

Bei Freud bewegte sich die Erkenntnisdynamik vorsprachlicher Traumata in der Abgehobenheit abstrakter Prinzipien wie Todestrieb und Urmasochismus, womit die traumatische Tragik frühester Trennungserfahrung einerseits und frühester Leiderfahrung andererseits bezeichnet war. Die Wucht der Wiederholungstendenzen früher vorsprachlicher Erfahrungen fand ihren Ausdruck in ihrer Charakterisierung als allgemeine kosmische Prinzipien (Freud 1920, 1924).

Die lebensgeschichtliche Verankerung der Trennungserfahrung im „Trauma der Geburt" (1924) durch Rank bedeutete für Freud und die Gruppe der ihm verpflichteten Analytiker eine gezielte Aufhebung von Abwehr, weshalb die Wirkung des Buches als „Einschlagen einer Bombe" erlebt wurde. Die Rankschen Annahmen über die lebensgeschichtliche Bedeutung frühester Trennungserfahrungen entsprachen so wenig dem Common sense bzw. gingen so weit über die gesellschaftlichen Verdrängungsgrenzen hinaus, daß eine Einigung in der damaligen psychoanalytischen Gruppe oder mit Freud persönlich nicht möglich war. Die Abwehr inszenierte sich in der Trennung von Freud und dem Ausscheiden Ranks aus der psychoanalytischen Gruppe. Dies ist auch ein anschauliches Beispiel für die identitätsstabilisierende und eben auch abwehrstabilisierende Wirkung von Gruppen. Darum vollzieht sich der Erkenntnisprozeß in der Geschichte der Psychoanalyse in Ausgrenzungen und Reintegrationen (Janus 1992), wie wir sie seit einigen Jahren in der Ferenczi-Renaissance erleben und die sich auch in der neuerlichen Rezeption von Rank vollziehen, die zur Zeit noch mehr auf den angelsächsischen Raum beschränkt ist (Menaker 1982, 1996; Rudnytsky 1984, 1991), aber auch in Deutschland eingesetzt hat (Janus 1998 a).

Parallel zu Rank und in enger Kooperation mit ihm stieß Ferenczi zu seinen Formulierungen des vorsprachlichen Traumas als einem postnatalen Trauma vor, die er, seinem behandlungspraktischen Interesse entsprechend, in der Auseinandersetzung mit der therapeutischen Technik entwarf, zunächst in seinen Arbeiten zur aktiven Technik, dann expliziter im klinischen Tagebuch (Ferenczi 1932). War für Rank die Aktualisierung und Durcharbeitung des Geburtstraumas ein Ziel der Therapie, so für Ferenczi die aktualisierende Wiederholung und Reintegration des postnatalen Traumas. Auch Ferenczi ging über die Abwehrgrenzen der damaligen psychoanalytischen Gruppe hinaus, und sein Spätwerk geriet damit aus dem Blickfeld. Ein äußerlicher Grund für den Zerfall der Kerngruppe Freud, Rank und Ferenczi war weiter, daß sich die Psychoanalyse in dieser Zeit weltweit ausdehnte, und das von diesen dreien in der Mitte der 20er Jahre erreichte Niveau und die Tiefe an Einsicht nicht einfach ausbildungsmäßig vermittelbar war, sondern die Tradition entsprechend der Linie von Abraham und Jones erst einmal am Freudschen Grundwerk entlangging, ebenso wie in den Schulen Adlers und Jungs.

In einem größeren Rahmen gesehen, hängt die Krise im Erkenntnisprozeß der Psychoanalyse Ende der 20er Jahre und späterhin auch damit zusammen, daß die mitteleuropäischen Gesellschaften, insbesondere die deutschsprachigen, auf dem Boden ihrer autokratischen Traditionen imperialer Kaiserreiche als Gesamtgruppe mit der Neukonstituierung einer demokratischen und pluralistischen Gesellschaft überfordert waren und es über die Regression in die autokratischen weltlichen Regime der faschistischen Diktaturen zu einem kollektiven Ausagieren gerade der vorsprachlichen Erlebnisdynamik kam (DeMause 1996), die in Ansätzen von der modernen Kunst und der Psychoanalyse erschlossen wurde (Janus 1993 a). Im Wechselspiel zwischen progressiver Bewegungen im Eltern-Kind-Verhältnis und der Entwicklung neuer demokratischer Wertebildungen kam es zu einem krisenhaften Kollaps und einer Transformation der traditionsbezogenen autokratischen Systeme und der entsprechenden Persönlichkeitsorganisation. Aus den hier angedeuteten Gründen kann sich Psychoanalyse und hier insbesondere die Erforschung vorsprachlichen Erlebens gar nicht in einem autokratischen System entwickeln, insofern in einem solchen System gerade vorsprachliche Abhängigkeitserfahrung kollektiv externalisiert und institutionalisiert ist. Über diesen zeitgeschichtlichen Rahmen hinausgehend gibt es noch psychobiologische Besonderheiten des menschlichen In-die-Welt-Kommens, die eine bewußte innere Zugänglichkeit vorsprachlicher Erfahrung blockieren. Hiervon soll der nächste Abschnitt handeln.

Psychobiologische Besonderheiten der menschlichen Frühentwicklung

Eine wesentliche Änderung in der Frühentwicklung des Homo sapiens im Vergleich zu den Primaten besteht darin, daß die Primaten, um es holzschnittartig verkürzt zu sagen, als Kleinkinder geboren werden und die Menschen entwicklungsmäßig unreifer als Babys. Die Babyzeit ist also eine stammesgeschichtliche Neubildung im Zusammenhang mit der Entwicklung zum Homo sapiens. Die Interpretation, die der Biologe Portmann (1969) gab, daß es sich bei der Babyzeit eigentlich um eine extrauterine fötale Entwicklungszeit handelt, wird auch heute noch weithin akzeptiert (Gould 1992). Man kann den Zusammenhang auch ausdrücken, indem man sagt, daß die Tendenz zu einem progressiven Hirnwachstum und der vorgegebene Durchmesser des Geburtskanals dazu führen, daß ein Teil der eigentlich fötalen Entwicklung im ersten Lebensjahr außerhalb des Mutterleibes erfolgt. Diese „extrauterine Frühzeit" (Portmann) oder Babyzeit, verlängerte sich im Laufe der Menschheitsentwicklung kontinuierlich. Sie umfaßte beim Homo erectus einige Monate und beim Homo sapiens schließlich ein gutes Jahr.

Wir haben in der menschlichen Frühentwicklung ein Zusammenspiel von verletzungsträchtigen Faktoren. Da sind zum einen die evolutionsbedingten Kompromißbildungen der menschlichen Geburt (Drehung während der Geburt, offene Schädelnähte, fehlender Schutz durch eine stehende Fruchtblase), die so ausgeprägt sind, daß der Geburtsforscher Müller (1991) von einer „Evolutionspathologie der Geburt" spricht, und in etwa 10 % der Geburten medizinische Hilfe nötig ist. Die hieraus folgende Mütter- und Neugeborenensterblichkeit in den geschichtlichen Gesellschaften vor der Entwicklung der modernen Medizin war immer erschreckend hoch, unterschiedlich je nach wirtschaftlichen und sozialen Bedingungen. Die Babyzeit ist als stammesgeschichtliche Neubildung noch unzureichend gesichert und für Störungen aller Art sowie kulturelle Verformungen und Verzerrungen weit offen (Janus 1997 a, 1997 b).

In dieser evolutionsbiologischen Situation des Homo sapiens lagen Gefährdungsmöglichkeiten und ebenso Kompensationsmöglichkeiten. Zum einen fanden diese Gefährdungen ihren Ausgleich in liebevoller elterlicher Bemühung, wodurch der Entwicklungskeim eines Sich-Findens in Beziehung und Bezogenheit, wie er für Menschen spezifisch ist, gesetzt wurde. Zum anderen wurden, wie ich vermute, die Eltern für die Kinder als Folge der extremen Hilflosigkeit durch die Frühgeburtlichkeit zu mythenhaften Figuren, die „pränatale" Sicherheit durch ihre Fürsorge ermöglichten. Das Kind wiederum konnte im Bestehen der Gefahren der Geburt und der Babyzeit seine elementare Vitalität erleben, worin sich der Keim eines heldischen Ich-Gefühls begründet.

Durch die Sprache gewann der Mensch die Fähigkeit, in mythenhaften Bildern von diesen vorsprachlichen Erfahrungen von göttlichen, sichernden Figuren und heldenhaften Kämpfen zu erzählen. Die vorsprachliche Erfahrung bleibt wahrscheinlich in uns als Hintergrundfilm lebenslang lebendig, wie rituelle Aktualisierung vorsprachlicher Erfahrung aus Anlaß späterer Krisen und Veränderungen in den Übergangsriten belegen. Perinatalsymbolische Schamanenreisen und rituelle Opferinszenierungen sind ein Grundelement und möglicherweise sogar ein Wurzelgrund menschlicher Kultur. In der Entwicklung des Märchens greifen rituelle Wiederholung und Erzählung unmittelbar und noch historisch erfaßbar zusammen, wie der russische Märchenforscher Propp formelhaft zusammengefaßt hat: „Wenn man sich all das vorstellt, was mit dem Initianden geschah, und es der Reihe nach erzählt, so gelangt man zu der Komposition, auf der das Zaubermärchen aufbaut ... das, was jetzt erzählt wird, tat man einst und stellte es dar ..." (Propp 1987, S. 452). Und konkret zur Geburtsdynamik des Helden: „Vergessen wir nicht, daß beim Ritus das Herauskommen aus dem Leib der Schlange als eine zweite Geburt vorgestellt wurde, als die eigentliche Geburt des Helden. Wir sahen bereits, wie das dann später (im Märchen) dadurch ersetzt wird, daß man ihn in ein Kästchen legt und es zu Wasser läßt. So gehen auch diese Vorstellungen, die mit der Geburt aus dem Drachen zusammenhängen, auf dieselbe Sphäre zurück wie der gesamte Komplex des Drachenkampfes. Die Entwicklungsstufen lassen sich schematisch folgendermaßen ansetzen: Der aus dem Drachen Geborene (d. h. der, der durch ihn hindurchgegangen ist) ist der Held. In einer weiteren Etappe erschlägt der Held den Drachen. Die historische Verbindung beider Züge führt dann dazu, daß der vom Drachen Geborene den Drachen erschlägt" (Propp 1987, S. 284).

Die Gefährdungsbedingungen von Geburt und Babyzeit bilden die Keimzonen menschlicher Beziehungsfähigkeit und sind gleichzeitig über ihr Erhaltenbleiben im vorsprachlichen Gedächtnis ein Wurzelgrund von tranceartigen Regressionen und szenischen Aktualisierungen im späteren Leben, insbesondere in Krisensituationen. Die Durcharbeitung in der Sprache ermöglicht immer neue kreative Umformungen, Projektionen und Retrojektionen sowie Lernprozesse im Laufe des einzelnen Lebens und zwischen den Generationen. In dieser Gesamtsituation sehe ich die Voraussetzungen für den bewußtseinserweiternden Lernprozeß, wie er sich in der Kulturentwicklung vollzieht (Janus 1997 b). Anfänglich wurde er in der Psychoanalyse vor allem als Verdrängungsprozeß beschrieben (Rank 1907, Rank und Sachs 1911), während Rank ihn später in „Seelenglaube und Psychologie" (1930) als psychohistorischen Ich-Konstitutionsprozeß im Konzept der eigenen Seele herausarbeitete.

Wenn man noch die menschenspezifischen Großgruppenbildungen der frühen Hochkulturen im Gefolge der Erfindung von Ackerbau und Viehzucht im Rahmen der neolithischen Revolution hinzunimmt, ergibt sich ein weiterer psychohistorischer Raum für die kulturelle Ich-Bildung über Prozesse der Projektion und Retrojektion frühen Erlebens und Beziehungserlebens in manageladene Helden, Priester- und Königsfiguren. Im Laufe der Kulturentwicklung erleben wir eine Rücknahme dieser Projektionen von den Gottkönigen ins eigene Ich, speziell in Europa vom Mittelalter bis zur Französischen Revolution und dem damit gesetzten Beginn modernen Ich-Erlebens sowie einer höheren inneren Organisiertheit und Reflektiertheit. Die Einzelheiten hierzu habe ich an anderer Stelle ausgeführt (Janus 1994, 1995, 1997 b). Ich will jetzt zur Entdeckungsgeschichte der vorsprachlichen Verletzbarkeit in der Psychoanalyse zurückkehren.

Die Entdecker des pränatalen Erlebnisraumes

Aus den genannten Gründen der Abwehrlage in der psychoanalytischen Gruppe, in der Gesellschaft und den psychobiologisch bedingten Schwierigkeiten in der Erfassung vorsprachlichen Erlebens erfolgte die Erforschung des pränatalen Erlebnisraumes und dort gelegener Verletzungsmöglichkeiten überwiegend außerhalb der Mainstream-Psychoanalyse, aber doch in den Wurzeln mit ihr verbunden. Die wichtigen Forscherpersönlichkeiten waren von ihrer Ausbildung her in ihren Anfängen im engeren Sinne psychoanalytisch orientiert. Da ich diese Entdeckungsgeschichte frühesten vorsprachlichen Erlebens bereits an anderer Stelle (Janus 1993 b) geschildert habe, will ich hier nur kurze Hinweise geben.

Der Psychoanalytiker Graber (1966) machte die Dimension pränataler Regression in analytischen Therapien zugänglich. Er hatte zeitgleich zu Rank (Graber 1924) die menschliche Ambivalenz auf den unvermittelten Milieuwechsel bei der Geburt zurückgeführt. Der ungarische Analytiker Fodor ist der Entdecker des pränatalen Traumas und hat konkrete Reinszenierungen geburtlicher Bedingungen in Therapien in klinischer Vielfalt beschrieben (Fodor 1949). Als Grundlage dieser Reinszenierungstendenz nahm er ein „organismisches Gedächtnis" an, das dem genannten vorsprachlichen Gedächtnis entspricht. Auf dieser Basis konnte sein Schüler und Analysand Mott (1959, 1964) in einer sehr umfassenden Weise anhand subtiler Traumanalysen das Weiterwirken vorgeburtlicher Erfahrungen im einzelnen beschreiben. Man kann nur vermuten, daß aufgrund der katastrophischen Erfahrung des Zweiten Weltkrieges und der hierdurch verstärkten Abwehr gegenüber der Dimension vorsprachlicher Reinszenierungen sein Werk, wie auch die Arbeiten anderer genannter Autoren, einer noch weitgehenderen Verdrängung und Vergessenheit anheim fiel als das von Rank, der einfach deshalb mehr im Gedächtnis blieb, weil er in der frühen Psychoanalyse bis 1924 eine der zentralen Figuren war (Lieberman 1997). Ein weiterer Grund liegt darin, daß Mott methodisch im engsten Sinne psychoanalytisch und traumanalytisch verfuhr, wodurch er dem weiteren Publikum wenig zugänglich war, abgesehen von intellektuellen Avantgardisten wie Laurence Durrel (Bowker 1997, S. 200), der sich für Mott begeisterte.

Im Gegensatz hierzu war die Erfassung vorsprachlicher Erfahrung im körperlichen und affektiven Erleben, wie Janov (1984) sie vermittelte, viel leichter und direkter zugänglich. Es hatte sich in der Zwischenzeit eine Fülle von vorsprachlich orientierten psychotherapeutischen Settings entwickelt, die die Befunde Janovs unmittelbar aufnehmen konnten. Eine neue Dimension zur Erfassung frühen vorsprachlichen Erlebens ergab sich durch die psychoaktiven Substanzen, insbesondere LSD. Hier konnten mit einer ganz neuartigen Präzision durch den Vergleich vieler Probanden und Patienten frühe Erfahrungen vor und während der Geburt beschrieben werden (Grof 1983; Leuner 1981). Das Verdienst Grofs ist vor allem die Auseinandersetzung mit den Verletzungsaspekten der Geburt, während der griechische Psychiater und Psychotherapeut Kafkalides (1996 a, 1996 b) mit seinen Konzepten des „Accepting Womb" und des „Rejecting Womb" vorgeburtliche traumatische Erfahrungen klinisch erfaßte und einer therapeutischen Behandlung zugänglich machte (Galati 1996).

Abschließende Bemerkungen

Durch die Besinnung auf die psychobiologischen Wurzeln der menschlichen Verletzbarkeit in den traumatischen Aspekten der Geburt und der instinktiven Ungesichertheit der Babyzeit sowie auf die Entdeckungs- und Abwehrgeschichte der innerpsychischen Erforschung vorsprachlichen Erlebens im historischen Prozeß der Psychoanalyse ergibt sich eine breitere und besser begründete Übersicht über die individuellen und kollektiven Bedingungen menschlicher Entwicklung. Hierin scheint mir die Möglichkeit zu liegen, die historisch bedingten Aufsplitterungen im Prozeß der Erforschung der vorsprachlichen Entwicklungszeit konstruktiv zu überwinden. Hieraus ergeben sich ganz unmittelbare Konsequenzen für die Umsetzung psychoanalytischer Gesichtspunkte in der Prävention, insbesondere für die Unterstützung werdender Eltern und für einen bezogeneren Umgang mit Schwangerschaft und Geburt. Es gibt eine ganz merkwürdige Distanz in der Einstellung von traditioneller Psychoanalyse gegenüber den Praktiken der Geburtshilfe, der Perinatalmedizin, der Geburtsvorbereitung und den psychotherapeutischen Bedürfnissen von werdenden Eltern. Ein Wandel scheint mir nur möglich, wenn die Abwehr der Aspekte der „bösen Mutter" bei Freud und ihre Begründung in seinen Kindheitserfahrungen (Müssig 1997) in ihren Konsequenzen für seine Psychoanalyse schon in der Ausbildung explizit und reflektierbar gemacht werden. Für die Behandlungspraxis wäre die Auseinandersetzung mit den genannten Autoren hilfreich, wobei das behandlungstechnische Werk von Rank eine Schlüsselstellung einnimmt (Rank 1926, 1929, 1931), insofern bei ihm die Wechselwirkungen individualpsychologischer und kulturpsychologischer Einflußgrößen in der Unmittelbarkeit der analytischen Situation deutlich gemacht und erschlossen sind (Janus 1998 b). Eine besondere Bedeutung scheint mir hier der Kinderpsychotherapie zuzukommen, insofern in dem vielfältigeren Setting der Kinderpsychotherapie Reproduktionen aus der vorsprachlichen Zeit unmittelbar augenfällig und „beweisbar" sind (Emerson 1997, Friedrich 1997, Leyh 1997 u. a.).

Um noch einmal die Bedeutung einer Auseinandersetzung mit der frühesten vorsprachlichen Dimension zu unterstreichen, sei das Problem nun herausfordernder in dem Sinne formuliert, daß es durch die Schulenspaltungen der Entdeckergeneration und die Konfliktspaltungen der 20er Jahre zu einer Ausgrenzung der tieferen Schichten des vorsprachlichen Unbewußten aus dem Feld und der Tradition der Psychoanalyse kam, was in eklatantem Widerspruch zum genuinen Selbstverständnis dieser Diziplin steht. Noch heute bewegt sich die psychoanalytische Erforschung frühen Erlebens mit großer Selbstverständlichkeit und Unreflektiertheit diesseits der Grenze der Geburt und läßt die jenseits der Geburtsgrenze liegende reale vorsprachliche Erfahrung als Terra incognita außerhalb der Betrachtung. In gleicher Weise wird nach meinem Eindruck immer noch der erste Teil des Ödipus-Mythos mit den Traumata der Ungewolltheit, der Aussetzung und Verstümmelung ausgeblendet, genauso wie der Beschneidungshintergrund des Kastrationstheorems. Vatermord und Inzest sind eben Folge dieser frühen Traumatisierungen und des dadurch bedingten Zusammenbruchs der angeborenen Inzesthemmung (Bischoff 1985). Die Beeinträchtigungen und Begrenzungen psychoanalytischer Kompetenz und praktischer behandlungsmäßiger Verantwortungsübernahme sind offenkundig. Verhängnisvoll wirkt sich hier ein überholtes „Club-Denken" aus, das zur Identitätssicherung historisch verständlich, aber angesichts unseres nun breit gesicherten Wissens überwiegend schädlich ist.

Auch wird durch die Einbeziehung der Erlebniswirklichkeit frühester vorsprachlicher Erfahrung die innere Einheitlichkeit des Forschungsprozesses in der Psychoanalyse zugänglich. Die Bindungsentgleisungen in der ersten Lebenszeit nach der Geburt, wie Melanie Klein, Fairbairn und in anderer Weise Bion sie beschrieben haben, haben ihre Begründung oft in vorgeburtlichen und geburtlichen

Erfahrungen und erscheinen vor diesem Hintergrund in einem verständlicheren Licht. Die Annahmen Winnicotts zum Übergangsraum und Übergangsobjekt finden in der Frühgeburtlichkeit des Menschen eine biologische Begründung. Der Säugling befindet sich in einem instinktiv ungesicherten Übergangsraum zwischen Schwangerschaft und Frühkindheit, der die von Winnicott beschriebenen Eigentümlichkeiten aufweist, wobei insbesondere die bei Winnicott nicht explizit gemachte innere Verbindung der Übergangsobjekte zu den pränatalen Objekten deutlich wird. Dadurch würde auch der kreative Ansatz zu einer Kulturpsychologie bei Winnicott, in dem er den Übergangsraum als Wurzelgrund des kulturellen Raums sah, wieder Anschluß finden an eine breitere psychoanalytische Kulturpsychologie.

In gleicher Weise würde die ausgetrocknete psychoanalytische Kulturpsychologie durch die Einbeziehung der Tiefenschichten des Unbewußten wieder Zugang zu ihren Quellgründen finden, einfach weil die kulturellen Gestaltungen aus diesen Quellen gespeist werden. Im Rückblick ist deutlich, daß die grandiosen kulturpsychologischen Entwürfe von Freud und Jung zwar gerade die Wirksamkeit dieser Tiefenschichten formulierten, aber eben persönlichkeits- und zeitbedingt nur in einer abwehrbezogenen Seite der phylogenetischen oder mythenhaften Projektion oder bei Adler in einer auf das Pädagogische und die Wahrung des Gemeinschaftsgefühls reduzierten Dimension. Erst neuerdings hat Kummer (1987) in überzeugender Weise die Bezüge des „Gemeinschaftsgefühls" bei Adler zur pränatalen Urgemeinschaft aufgewiesen. Damit würden anthropologische Grundkategorien, wie das Opfer und der Held, in ihrer psychohistorischen Dynamik wieder ins Blickfeld analytischer Betrachtung rücken können. Es ist klar, daß die Erfassung des Opfers als Wiederholung eines phylogenetisch eingeprägten Urzeitdramas oder als eines Kampfes zwischen Eros und Thanatos unzureichend und zu abgehoben geschehen ist, ebenso wie die Fahrt des Helden als mythopoetisches Ereignis. Es sind Aktualisierungen leidvollster vorsprachlicher Erfahrungen und herausfordernster Bewährungen, die sich in diesen Grundgestaltungen menschlicher Kultur artikulieren. Kollektive und individuelle Prozesse stehen in einer zeitspezifischen, ständig sich erneuernden Wechselwirkung, die sich in der Wirklichkeit der psychoanalytischen Situation konkretisiert und Beziehungs- und Werdensherausforderung ist (Janus 1998 b).

Verständlich werden diese Zusammenhänge meines Erachtens nur, wenn auch die reale Geschichte der Kindheit in ihrem Alptraumcharakter (DeMause 1979, Nyssen und Janus 1997 b) und die Unglücksgeschichte der Frau (Shorter 1987), wie sie heute zugänglich sind, wahrgenommen werden. Die auch noch heute übliche

Idealisierung der Gesellschaft und der Mutter als heilbringende und sichernde Instanzen verdeckt den realen Hintergrund von Schrecken und Mißhandlung in der Geschichte von Kindern und Frauen. Wir können heute mit einiger Sicherheit sagen, daß beide in der historischen Entwicklung aus eindeutig erkennbaren Gründen überwiegend in einer Opferrolle waren, was sich in den Unglücksinszenierungen unserer Geschichte ausgewirkt hat. Nur ein unbefangenes Wahrnehmen dieser Unglücksseite der Geschichte von Kindern, Müttern und Frauen kann die kreativen Prozesse in der Menschheitsgeschichte zugänglich, erkennbar und erschließbar machen. Diese sind gerade der Wurzelgrund künftiger Entwicklungen. Es ist das von Rank (1907, 1932) erarbeitete anthropologische Radikal der menschlichen Kreativität, aus dem heraus sich ganz konkret in psychotherapeutischen Behandlungen, wie auch kollektivpsychologisch in gesellschaftlichen Prozessen, die Zukunft gestalten läßt. Man kann es auch so ausdrücken, daß wir Menschen nicht in grauer Vorzeit aus der Natur herausgefallen und im „Unbehagen in der Kultur" gelandet sind, sondern daß dieses Herausfallen aus der Natur sich über die Bedingungen unseres In-die-Welt-Kommens in jedem Leben in der vorsprachlichen Zeit neu ereignet und dann jeder einzelne in der persönlichen Selbst- und Lebensgestaltung seine verantwortete Lösung finden muß.

Literatur

Adler, A. (1907): Studie über Minderwertigkeit von Organen. Darmstadt (Wissenschaftliche. Buchgemeinschaft, 1965).

Adler, A. (1911): Zur Kritik der Freudschen Sexualtheorie des Seelenlebens. In: Heilen und Bilden. Frankfurt/M. (Fischer 1983).

Bischoff, N. (1985): Das Rätsel Ödipus. München, (Piper).

Bowker, G. (1997): Through the Dark Labyrinth – A Biography of Laurence Durrel. New York, (St. Martins Press).

Cohen, N., Eichenbaum, H. (1994): Memory, Amnesia and the Hippocampus System. Cambridge, Mass (MIT Press).

DeMause, L. (1979): Hört Ihr die Kinder weinen. Frankfurt (Suhrkamp).

DeMause, L. (1996): Restaging Fetal Traumas in War and Social Violence. Int. J. of Prenatal and Perinatal Psychology and Medicine 8, S. 171-212.

Emerson, W. R. (1997): Geburtstrauma: Psychische Auswirkungen geburtshilflicher Eingriffe. In: Janus, L., Haibach, S. (Hrsg.): Seelisches Erleben vor und während der Geburt. Neu-Isenburg, (LinguaMed).

Ferenczi, S. (1932): Das klinische Tagebuch. Frankfurt/M. (Fischer 1988).

Fodor, N. (1949): The Search for the Beloved. A Clinical Investigation of the Trauma of Birth and Prenatal Condition. New York (University Books).

Freud, S. (1909): Die Traumdeutung. In: Freud, S.: Studienausgabe, Bd. 2. Frankfurt/M. (Fischer, 1972).

Freud, S. (1910): Beiträge zur Psychologie des Liebeslebens. In: Freud, S.: GW, Bd. 8.

Freud, S. (1913): Totem und Tabu. In: Freud, S.: GW, Bd. 9.

Freud, S. (1920): Jenseits des Lustprinzips. In: Freud, S.: GW, Bd. 13.

Freud, S. (1924): Das ökonomische Problem des Masochismus. In: Freud, S.: GW, Bd. 13.

Friedrich, B. (1997): „Riß in der Beziehung" – Gedanken über die Therapie eines Sechsjährigen, der zu früh geboren wurde. In: Janus, L., Haibach, S. (Hrsg.) Seelisches Erleben vor und während der Geburt. Neu-Isenburg (LinguaMed).

Galati, A. (1996): „A Time to be Reborn" - A Case Report. Int. J. of Prenatal and Perinatal Psychology and Medicine 8, S. 15-20.

Gould, S. J. (1992): Human Babies as Embryos. In: Ever since Darwin. New York (Norton).

Graber, G. H. (1924): Die Ambivalenz des Kindes. Leipzig, Wien und Zürich (Internationaler Psychoanalytischer Verlag).

Graber, G. H. (1966): Die Not des Lebens und ihre Überwindung. Bern, Düsseldorf (Ardschuna).

Grof, S. (1983): Topographie des Unbewußten. Stuttgart (Klett-Cotta).

Hollweg, W. H., Rätz, B. (1993): Pränatale und perinatale Wahrnehmungen und ihre Folgen für gesunde und pathologische Entwicklungen des Kindes. Int. J. of Prenatal and Perinatal Psychology and Medicine 5, S. 527-551.

Hollweg, W. H. (1995): Von der Wahrheit, die frei macht. Heidelberg (Mattes).

Janov, A. (1984): Frühe Prägungen. Frankfurt (Fischer).

Janus, L. (1992): Ausgrenzung und Reintegration in der Forschungsgeschichte der Psychoanalyse. Psychoanalyse im Widerspruch 7, S. 181-112.

Janus, L. (1993 a): The Relationship of Pre- and Perinatal Psychology to 20th Century Art, Literature and Philosophy. Pre- and Peri-Natal Psychology Journal 8, S. 129-147.

Janus, L. (1993 b): Die Psychoanalyse der vorgeburtlichen Lebenszeit und der Geburt. Pfaffenweiler (Centaurus).

Janus, L. (1994): Die Pränatale Psychologie und die Entwicklung der menschlichen Kultur. In: Janus, L. (Hrsg.): Die psychohistorische Dynamik von Gewalt in Vergangenheit und Gegenwart. Brahmsstraße 1, 69118 Heidelberg (Textstudio Gross).

Janus, L. (1995): Wege des Generationentransfers in der Geschichte der Kindheit. In: Psychohistorie und Geschichte der Kindheit. Brahmsstraße 1, 69118 Heidelberg (Textstudio Gross).

Janus, L. (1997 a): Wie die Seele entsteht. Heidelberg (Mattes).

Janus, L. (1997 b): Die psychobiologischen Wurzeln der Geschichte der Kindheit. In: Nyssen, F., Janus, L. (Hrsg.): Die psychogenetische Geschichte der Kindheit. Gießen (Psychosozial-Verlag).

Janus, L. (Hrsg.), (1998 a): Die Wiederentdeckung Otto Ranks für die Psychoanalyse. Gießen, (Psychosozial-Verlag).

Janus, L. (1998 b): Die Kulturpsychologie Otto Ranks – Eine legitime psychoanalytische Kulturpsychologie. In: Janus, L. (Hrsg.): Die Wiederentdeckung Otto Ranks für die Psychoanalyse. Gießen, (Psychosozial-Verlag).

Jung, C. G. (1912): Symbole und Wandlungen der Libido. München (dtv 1995).

Jung, C. G. (1985): Heros und Mutterarchetyp. Bern (Walter).

Kafkalides, A. (1996 a): The Knowledge of the Womb. Heidelberg (Mattes).

Kafkalides, A. (1996 b): Intrauterine Security. Int. J. of Prenatal and Perinatal Psychology and Medicine 8, S. 427-432.

Kummer, J. E. (1987): Die Bedeutung von Schwangerschaft, Geburt und nachgeburtlicher Phase für die Entfaltung des Gemeinschaftsgefühls. Zeitschrift für Individualpsychologie 12, S. 106-118.

LeDoux, J. (1996): The Emotional Brain: The Mysterious Underpinnings of Emotional Life. New York (Simon and Schuster).

Leuner; H. (1981): Halluzinogene. Bern (Huber).

Leyh, C. (1997): Die Wiederentdeckungen prä- und perinataler Traumatisierungen in der analytischen Arbeit mit Kindern und Jugendlichen. In: Janus, L., Haibach, S. (Hg.): Seelisches Erleben vor und während der Geburt. Neu-Isenburg (LinguaMed).

Lieberman, E. J. (1997): Otto Rank – Leben und Werk. Gießen (Psychosozial-Verlag).

Menaker, E. (1982): Otto Rank. A Rediscovered Legacy. New York (Columbia Univ Press).

Menaker, E. (1996): Separation, Will and Creativity – The Wisdom of Otto Rank. Northvale, New Jersey (Aronson).

Mott, F. J. (1959): The Nature of the Self. London (Allen Wingate).

Mott, F. J. (1964): The Universal Design of Creation. Edenbridge (Mark Beech).

Müller, D. (1991): Die Zwangsläufigkeit des Geburtstraumas als Folge der Evolutionspathologie des Menschen. In: Janus, L. (Hg.): Die kulturelle Verarbeitung pränatalen und perinatalen Erlebens. Brahmsstraße 1, 69118 Heidelberg (Textstudio Gross).

Müssig, R. (1997): Freud, seine Mutter und das Inzesttabu. Int. J. of Prenatal and Perinatal Psychology and Medicine 9, S. 211-240.

Petry, S. (1993): Die Eidese als Grundlage pränataler, perinataler und frühkindlicher Erinnerung. Int. J. of Prenatal and Perinatal Psychology and Medicine 5, S. 511-526.

Petry, S. (1995): Erlebnisgedächtnis und posttraumatische Belastungsstörungen. München (Pfeiffer).

Portmann, A. (1969): Biologische Fragmente zu einer Lehre vom Menschen. Basel (Schwabe).

Propp, V. (1987): Die Wurzeln des Zaubermärchens. München (Hanser).

Rank, O. (1907): Der Künstler. Wien (Hugo Heller).

Rank, O. (1909): Der Mythos von der Geburt des Helden. Leipzig, Wien (Deuticke 1922).

Rank, O. (1911): Belege zur Rettungsphantasie. In: Der Künstler und andere Beiträge zur Psychoanalyse des dichterischen Schaffens. Leipzig, Wien, Zürich (Internationaler Psychoanalytischer Verlag 1925).

Rank, O. (1924): Das Trauma der Geburt. Gießen, (Psychosozial-Verlag 1998).

Rank, O. (1926): Die analytische Situation. Technik der Psychoanalyse, Band 1. Leipzig und Wien, (Deuticke).

Rank, O. (1929): Technik der Psychoanalyse, Bd. 2. Leipzig und Wien (Deuticke).

Rank, O. (1930): Seelenglaube und Psychologie. Leipzig und Wien (Deuticke).

Rank, O. (1931): Technik der Psychoanalyse, Bd. 3. Leipzig und Wien (Deuticke).

Rank, O. (1932): Art and Artist. New York, (Norton).

Rank, O., Sachs, H. (1911): Die Bedeutung der Psychoanalyse für die Geisteswissenschaften. Amsterdam (Bonset 1965).

Rudnytsky, P. (1984): Rank: Beyond Freud? American Imago 41, S. 325-342.

Rudnytsky, P. (1991): The Psychoanalytic Vocation: Rank, Winnicott and the Legacy of Freud. New Haven (Yale Univ. Press).

Schacter, D. L., Tulving, E. (1994): Memory Systems. Cambridge, Massachusetts (MIT Press).

Share, L. (1997): If Someone Speaks, it Gets Lighter. Hillsdale, New Jersey (Analytic Press).

Shorter, E. (1987): Die Geschichte des weiblichen Körpers. München (Piper).

Terr, L. (1995): Schreckliches Vergessen, heilsames Erinnern. München (Kindler).

van der Kolk, B. (1996): Trauma and Memory. In: van der Kolk, B. u. a. (Hg.): Traumatic Stress. New York (Guilford Press).

Der traumatisierte Ödipus

Zum Verhältnis von
Trauma und Trieb in Ödipuskomplex
und Ödipusmythos

Michael Wolf

Der Ödipuskomplex ist für Freud nach Laplanche/Pontalis ein Komplex von Wünschen, die „organisierte Gesamtheit von Liebes- und feindseligen Wünschen, die das Kind den Eltern gegenüber empfindet ... In seiner positiven Form stellt sich der Komplex dar, wie wir ihn aus der Ödipussage kennen: Todeswunsch gegenüber dem Rivalen als Person gleichen Geschlechts und sexueller Wunsch gegenüber der Person des entgegengesetzten Geschlechts" (Laplanche/Pontalis 1973, S. 351). Bei Freud erscheint das Ödipusmotiv erstmals im Ergebnis seiner Selbstanalyse; im Brief an Fließ vom 15. Oktober 1897: „Man versteht die packende Macht des Königs Ödipus ... die griechische Sage greift einen Zwang auf, den jeder anerkennt, weil er dessen Existenz in sich verspürt hat" (zit. n. Laplanche/Pontalis, S. 352). Von den diversen Fragen, die sich seitdem hierzu stellen (positiver und negativer Ödipuskomplex, Ödipuskomplex beim Mädchen bzw. der Frau, Alter des ersten Auftretens des Ödipuskomplexes, Identifizierung einer dyadischen Präödipalität vor der ödipalen Triangularität u. v. a. m.) greife ich hier die folgenden heraus:

1. Das Verhältnis von Triebwunsch und „Verführung" bzw. Trauma

2. Das Verhältnis von Mythos und Deutungsmuster

3. Der Gehalt des Ödipusmythos als Deutungsmuster für die Psychoanalyse

4. Die Vereinbarkeit der klassischen psychoanalytischen Fassung des Ödipuskomplexes mit neueren Forschungen und Konzepten der Psychoanalyse und angrenzenden Wissenschaftsgebieten

5. Die Allgemeingültigkeit des Ödipuskomplexes

6. Konsequenzen einer Sichtweise auf Ödipus als traumatisch pathologisiertes Subjekt für die Klinische und Metapsychologie der Psychoanalyse

1. Das Verhältnis von Triebwunsch und „Verführung" bzw. Trauma

Von einem „Aufgeben der Verführungstheorie" durch Freud im Sinne des Aufgebens einer traumatischen Verursachung psychischer Störungen, wie von Masson, Miller u. v. a. behauptet und vielfach rezipiert, kann inzwischen nicht mehr die Rede sein. Grubrich-Simitis (1987), Sandler u. a. (1987), Hirsch (1993) und andere haben gezeigt, daß es sich bei der Wendung der Ursache vom Außen zum Innen um eine Verschiebung der Gewichtung handelt, keine inhaltliche Abkehr, sondern eine theoriestrategische Wende, die erst den Zugang zur Innenwelt des Subjekts in der Perspektive der Intentionalisierung des Geschehenen, um sich sein Leben, seine Geschichte und Veränderung konsequent zu eigen zu machen, ermöglicht. Trauma bleibt für Freud stets eine gleichfalls neurosenbedingende Ursache, nicht nur die Trieb- oder später Ich-Entwicklung und deren Konflikte. Dennoch war primär die Triebtheorie für die Psychoanalyse lange klinisch und metapsychologisch konstitutiv, für Freud wie für viele seiner Schüler, expl. Abraham. Die Verursachung der neurotischen Entwicklung wird einseitig dem konflikthaften Triebwunsch des Kindes zugeschrieben, eine sozusagen infantozentrische und (s. u.) die Eltern und deren Einflüsse unangemessen vernachlässigende Vereinseitigung der realen Verhältnisse. Die klinisch, für den analytischen Prozeß, vor allem das Bearbeiten von Widerständen, zweckmäßige Unterstellung der Intentionalität von Phantasien und Affekten, die auch für die Theorie der Psychoanalyse die Bedingung der Etablierung eines genuinen Konzepts „innerer Realität" war, wie es die Psychoanalyse noch heute vor anderen Psychologien auszeichnet, wird überhöht. Ist es klinisch wichtig, die inneren Konflikte des erwachsenen Analysanden auch als innere zu deuten und anzuerkennen, um sie bearbeiten zu können, so ist es metapsychologisch unbegründet, die Ursache im postulierten triebhaften ödipalen Wunsch nach Inzest und Vatermord zu lokalisieren und diesen zu einem allgemeinpsychologischen Phänomen auf genetischer Grundlage zu universalisieren.

2. Das Verhältnis von Mythos und Deutungsmuster

Vogt (1986) hat verschiedene Modelle der Mythenkritik (Nietzsche, Horkheimer/Adorno, Kolakowski, Blumenberg) diskutiert und das Freudsche Modell der Mythenbearbeitung kritisiert (und zwar als im Sinne einer vorgeblich gesellschaftstheoretisch fundierten [Lorenzer 1974] psychoanalytischen Sozialpsychologie nicht hinreichend aufklärerisch). Meines Erachtens kann man aber jenseits anderer Mythenkritiken mit Freud aus der klinischen Perspektive ein durchaus suffizientes Mythenverständnis entwickeln, wenn man auch kleinianische und gruppenanalytisch-sozialpsychologische Erkenntnisse einbezieht.

Den Mythos im Sinne der Freudschen Analyse nach dem Modell des Traums zu analysieren, heißt, ihn als überarbeitete Wunscherfüllung (Freud 1900) und als Problembewältigung (Meltzer 1988) zu sehen. Indes ist der Mythos ein kollektives Phänomen, eine Bearbeitung von Erlebtem durch die Gruppe, wie groß auch immer sie ist. Der Mythos entsteht, tradiert sich und wirkt anders als der Traum. Eine Gruppe träumt nicht, sondern erzählt, überliefert und schreibt durch Autoren Geschichten, die fortwährend modifiziert werden. Die Funktion der Geschichten ist die Integration des Erlebten in die individuellen und kulturellen kognitiven und affektiven Modi der Konflikt- und Erlebnisverarbeitung, der Bildung von kultureller und individueller Identität. Dazu werden von der Psychoanalyse entdeckte Mechanismen genutzt, wie Verschiebung, Projektion, Verkehrung ins Gegenteil u. a. m.. Der Mythos wirft Identitätsfragen auf wie: Woher komme ich? Wer bin ich? Wohin gehe ich? – die Fragen der Sphinx an Ödipus. Seine Antworten sind Metaphorisierungen (Bergmann/Jucovy 1982) der Inhalte, die Anlaß zur mythischen Verarbeitung waren. Sie ist gelungen, wenn der Inhalt kognitiv konsonant (Festinger 1957) und der Affekt erträglich geworden ist. Mythen sind kollektive Phantasien, Gruppenphantasien, wie deMause (1989) sie genannt hat. Historische Gruppenphantasien nach deMause sind soziale Phantasien (in literarischen Formen realisiert), die der Abwehr und Bewältigung gemeinsam erlebter traumatisierender Ereignisse dienen. Ihre psychodynamische Funktion ist das Weiterleben der Gruppe unter metaphorisierter Anerkennung des Erlebten. Beispiele sind historische Mythen wie „Im Felde unbesiegt" und „Dolchstoß" in Deutschland nach dem 1. Weltkrieg oder die religiösen Mythen, die sich in den Leidensliedern der Weihnachtszeit widerspiegeln und die historisch auf die Zeit des 30jährigen Krieges zurückgehen. Kollektive Traumata sind für die ganze „Gruppe" (Stamm, Ethnie, Volk, Nation) stets und notwendig Anlaß zur Mythenbildung. Die „klassischen" Mythen, die „Heldensagen", sind allesamt bezogen auf Zeiten extremer sozialer Umbrüche mit den entsprechenden traumatisierenden Folgen wie die „Völkerwanderung", der der ganze germanische Sagenkreis entstammt, oder die verschiedenen griechischen Wanderungen, auf die die hellenischen Mythen zurückzuführen sind. „Wanderung" ist selbst schon eine abwehrende Beschönigung, de facto handelte es sich um Überwältigung durch fremde Ethnien, also Krieg, Eroberung und Unterwerfung. Gleiches gilt für Naturkatastrophen, wie sie von dem Naturforscher und Psychoanalytiker Velikovsky (1987) auf ihre Funktion für die Bildung von Mythen in klassischen Epen wie der Bibel oder dem Gilgamesch-Epos gedeutet wurden. Eine besondere Stellung haben hierbei die „Helden", die rettung- und heilbringenden Erlöser, die grandiosen Führergestalten. Ihre Funktion ist inzwischen eine gruppenpsychoanalytisch und narzißmustheoretische Trivialität: Auf die Führer werden die traumatisch desintegrierten „guten" Selbst-Anteile projiziert, was es ermöglicht, sich mit ihnen, ihrer Lehre (Religion, Sekte, politische Richtung) oder dem von ihnen geschaffenen sozialen System (Israel nach Moses, Hochkirche bzw. Religion, 3. Reich, Kommunismus) zu identifizieren.

Zusammenfassend zum Verhältnis Mythos und Psychoanalyse: Der Mythos ist kein angemessenes Deutungsmuster, um die Wahrheit des Geschehenen darzustellen, weil er eine funktionale Deformation des am Realen Erlebten ist, die gerade noch erträgliche Umdeutung. Die Wahrheit ist im Mythos verborgen, latent, überlagert, abgewehrt, und ihre Dechiffrierung erfordert die Umkehrung der ihn konstituierenden Umformungsmechanismen, so wie Freud sie (unvollständig, aber im Prinzip und im einzelnen richtig) in der Traumdeutung vorgestellt hat. Die Traumdeutung ist ja auch die Umkehrung der Traumarbeit, der abwehrend-verschiebenden Verarbeitung des Erlebten durch psychische Mechanismen.

Deshalb kann auch der Mythos des König Ödipus (oder der ihn ergänzende vom Urvater und der Urhorde) nicht unmittelbar als Deutungsmuster dienen, er ist selbst eine traumatisch bedingte Verfälschung der Realität in vielfältiger Verarbeitung (mündliche Überlieferung, literarische Bearbeitung). Erst in der Analyse der Deutungsmuster, die der Mythos enthält, wird seine latente Bedeutungsstruktur entschlüsselt, die ihrerseits auf vielschichtige Realitäten verweist. Arbeit am Mythos ist Aufklärung, aber nicht in dem Sinne, daß einfach die Wahrheit gesagt wird (Direktdeutung). Arbeit am Mythos ist Arbeit am „Widerstand", an den Mechanismen, mit denen das Unerträgliche in Latenz, in Unbewußtheit gedrängt wird.

3. Der Gehalt des Ödipusmythos als Deutungsmuster für die Psychoanalyse

In der klassischen Fassung (Freud nach Sophokles) ist Ödipus das Kind des griechischen Königspaares Laios und Jokaste von Theben. Laios befragt wegen seiner Kinderlosigkeit das delphische Orakel, das ihm verkündet, sein Sohn würde sein Mörder werden. Daraufhin verstößt er seine Frau. Die aber macht ihn betrunken, verführt ihn, wird schwanger und gebiert einen Sohn, Ödipus. Der wird von Laios in Erinnerung an das Orakel aus den Armen der Amme entführt, Laios läßt seine Füße mit einer goldenen Spange durchbohren und ihn von einem Hirten aussetzen. Der Hirte übergibt das Kind einem anderen Hirten, der es an den Königshof von

Korinth bringt. Das dortige kinderlose Königspaar erzieht Ödipus als eigenen Sohn. Ödipus, besorgt darüber, daß er seinen Eltern nicht ähnelt, befragt das delphische Orakel, was der Grund dafür sei. Ihm wird geweissagt, daß er der Mörder seines Vaters sein und seine Mutter heiraten werde. Daraufhin kehrt er nicht mehr zu seinen vermeintlichen Eltern zurück, sondern zieht in die Ferne. Unterwegs trifft er an einem Kreuzweg einen Wagen, der ihn bedrängt, er gerät mit dem Lenker wegen dessen anmaßender Art in Streit und erschlägt ihn. Das war sein Vater Laios. Auf dem weiteren Weg trifft er auf die Sphinx, die Theben in ihrer Macht hält und allen anbietet, zum König von Theben werden und die verwitwete Königin Jokaste heiraten zu dürfen, wenn sie eine Frage beantworten könnten. Die Frage lautet: Was ist das, das morgens auf vier, mittags auf zwei und abends auf drei Beinen geht. Ödipus weiß die Antwort: der Mensch. Die Sphinx stürzt sich in den Abgrund, ihre Macht über die Stadt ist gebrochen, Ödipus wird zum neuen König ausgerufen und heiratet Jokaste, seine Mutter. Nach zwanzig Jahren wird Theben von der Pest heimgesucht und das erneut befragte delphische Orakel sagt: Vertreibt den Mörder des Laios. Ödipus verurteilt den Mörder zur Verbannung. Der blinde Seher Teiresias, der um die Dinge weiß, offenbart Jokaste und Ödipus, welches wirklich ihre Beziehung zueinander ist. Darauf erhängt sich Jokaste, Ödipus blendet sich und geht in die Verbannung, wo er sich büßend verbirgt, in einem heiligen Hain oder in einer Erdspalte der Muttergöttinnen. Die weitere Geschichte lasse ich hier dahingestellt.

Freud hat den Mythos von Ödipus als Urmythos der familialen Beziehungen interpretiert, als Ausdruck des Wunsches des Knaben, die Mutter auch sexuell zu besitzen und den Vater aus dem Weg zu schaffen, ihn zu töten. Freud kam auf diese Konstruktion, nachdem er bei der Analyse seiner Patientinnen wie in seiner Eigenanalyse diese Motive entdeckt hatte. Die Überwindung des Ödipuskomplexes, sein „Untergang", ist für Freud die zentrale psychosexuelle Schwellensituation, die die Bildung der eigenen geschlechtlichen Identität in Identifizierung mit dem Vater und im Verzicht darauf, den sexuellen Wunsch zum gegengeschlechtlichen Elternteil zu verwirklichen, erst ermöglicht.

Freuds Fassung des Ödipusmythos ist aber als psychoanalytische Rekonstruktion unzulänglich, weil sie hoch selektiv ist und nur die Oberfläche des Mythos in der sophokleischen Fassung rezipiert (Borkenau 1957, Vogt 1986, Emde 1994). Diese Fassung impliziert wie jede Oberfläche kulturell oder idiosynkratisch bedingte Vereinseitigungen und Auslassungen. Auch die anderen bekannten psychoanalytischen Fassungen und Reinterpretationen des Mythos sind einseitig und selektiv. Das hat erhebliche Folgen für die Rezeption des Mythos als klinisches

Deutungsmuster der Psychoanalyse über einen zentralen Abschnitt der psychosexuellen Entwicklung ebenso wie als metapsychologisches Konstrukt.
Ich komme später darauf zurück. Hier möchte ich zunächst gewisse Strategien
zur Vereinseitigung des Mythos im Kontext einer bestimmten Grundkonzeption
des Geschlechterverhältnisses in der Psychoanalyse darstellen. Dieses Geschlech-
terverhältnis ist kulturell überdeterminiert. In allen Interpretationen des Mythos
wird der historische Hintergrund des Übergangs von oder Konflikts zwischen
matriarchalischer und patriarchalischer Kultur bzw. den diese tragenden Ethnien
benannt. Der Konflikt zwischen der matriarchalen Ordnung (Sphinx, Mutter-
Königin Jokaste, Erinnyen als Verfolgerinnen des Ödipus, Begräbnispflicht für den
Bruder für Antigone) und der patriarchalen (Vater-Sohn-Konflikt, Eroberung
Thebens, Haltung und Anordnungen des Kreon) durchzieht den Mythos in jeder
seiner Varianten. Welche Materialselektion im einzelnen vorgenommen wird und
welche Kombinationen erfolgen, ist konform mit der jeweiligen Interpretati-
onstendenz und differiert erheblich.

3.1 Eine intentionalistische (und patriarchalische, s. u.) Reduktion des Inhalts auf
seine Fassung in der dramatischen Aufarbeitung bei Sophokles und ihre Opera-
tionalisierung als klinisches Deutungsmuster für den analytischen Prozeß.

Hier (expl. Freud, Abraham) wird Ödipus die Verantwortung für den tragischen
Ablauf als Schuld für Vatermord und Inzest angelastet, das mangelnde Wissen
darum als Rationalisierung, der zwingende Gang der Tragödie als selbstverschul-
detes Schicksal. Auch wenn eine solche Intentionalisierung klinisch grundsätzlich
produktiv ist, fragt sich, ob die mit „Ödipus" angesprochenen Charaktere (s. u.) mit
der so verorteten Verantwortungs- und Schuldthematik umgehen können. So
spricht Groen-Prakken nicht zufällig von „Ödipus' Scham" (1991), und ob sich die
berichteten gewalttätigen Züge des Ödipus in der Bearbeitung von Schuldgefühlen
auflösen ließen, steht dahin. Insbesondere bei der Konzipierung des Ödipuskomplexes als metapsychologischem Modell ist diese Intentionalitätsunterstellung sehr
problematisch (s. u.).

3.2 Eine strukturalistische Rekonstruktion des Mythos, die alle bekannten
Lesarten des Mythos zusammenstellt

Die Leistung dieses Ansatzes (Vogt 1986) ist die Überwindung der selektiven
Rezeption nach dem Modell Sophokles/Freud. Der Gesamtkorpus aller Lesarten
des Mythos in verschiedenen Epochen und Kuluren wird sichtbar. Dabei bezieht
sich Vogt auf das Modell der Mytheninterpretation von Lévi-Strauss (1978). Aller-

dings operiert dieser lediglich mit den Einheiten der Elemente des Mythos und ihrer Kombination, während Vogt im hermeneutischen Sinne Lesarten zusammenstellt. Es gelingt ihm aber keine Rekonstruktion und Integration der verschiedenen Bedeutungsschichten des Mythos. Die Sammlung aller Lesarten des Mythos ist nur eine Bereicherung des Wissens um die Lebensgeschichte des Ödipus, die Herkunft der Sphinx, die Bedrohung Thebens und die Beziehung zwischen Ödipus und der Sphinx.

3.3 Eine patriarchalische Lesart des Mythos (expl. Freud, Grunberger)

Freud an Fließ (1897/1950, zitiert n. Vogt 1986, S. 106/7): „Ein einziger Gedanke von allgemeinem Wert ist mir aufgegangen. Ich habe die Verliebtheit in die Mutter und die Eifersucht gegen den Vater auch bei mir gefunden und halte sie jetzt für ein allgemeines Ereignis früher Kindheit, wenn auch nicht immer so früher wie bei den hysterisch gemachten Kindern (ähnlich wie dem Abkunftsroman der Paranoia – Heroen, Religionsstifter). Wenn das so ist, so versteht man die packende Macht des Königs Ödipus trotz aller Einwendungen, die der Verstand gegen die Fatumsvoraussetzung erhebt, und versteht, warum das spätere Schicksalsdrama so elend scheitern mußte. Gegen jeden willkürlichen Einzelzwang, wie er in der Ahnfrau etc. Voraussetzung ist, bäumt sich unsere Empfindung, aber die griechische Sage greift einen Zwang auf, den jeder anerkennt, weil er dessen Existenz in sich verspürt hat. Jeder Hörer war einmal im Keime und in der Phantasie ein solcher Ödipus, und vor der hier in die Realität gezogenen Traumerfüllung schaudert jeder zurück mit dem ganzen Betrag der Verdrängung, der seinen infantilen Zustand von seinem heutigen trennt."

Oder Freud in der Traumdeutung, im Kontext derselben Variante des Mythos: „Sein Schicksal ergreift uns nur darum, weil es auch das unsrige hätte werden können, weil das Orakel vor unserer Geburt denselben Fluch über uns verhängt hat wie über ihn. Uns allen vielleicht war es beschieden, die erste sexuelle Regung auf die Mutter, den ersten Haß und gewalttätigen Wunsch gegen den Vater zu richten ... König Ödipus, der seinen Vater Laios erschlagen und seine Mutter Jokaste geheiratet hat, ist nur die Wunscherfüllung unserer Kindheit" (Freud 1900, S. 269).

Auch Grunberger (1982, S. 515 ff.) versteht Ödipus als Repräsentanten des patriarchalen Prinzips: „Die Episode mit der Sphinx eignet sich zu der Deutung, daß dieser Kampf eine Kraftprobe zwischen dem ödipalen Ideal und der Fixierung an die Urmutter war, ... und es ist anzunehmen, daß er die Bedeutung des Aufeinanderprallens von zwei Zivilisationen voll und ganz erfaßt hatte: derjenigen von Mystik, Aberglauben und Abgötterei, wie sie in der sibyllinischen Sprache zum

Ausdruck kommt, einerseits, und der Zivilisation des Ödipus als Stimme von Klarheit und Vernunft, wie sie dieser Epoche der griechischen Philosophie entspricht, andererseits."

Borkenau (1957) hat die verschiedenen Schichten des Mythos von Ödipus einer differenzierten Analyse und Rekonstruktion ihrer jeweiligen latenten Bedeutungsstrukturen und historischen Ursprünge unterzogen. Er arbeitete heraus, daß Grundlage des Mythos die Wanderungen und Eroberungen in der griechischen Frühgeschichte sind, zentriert auf die Eroberung Thebens durch nordgriechische (patriarchal organisierte) Stämme und später durch einen Königssohn aus Korinth. Diese Ereignisse und der von ihnen ausgelöste Kulturbruch sind durch kulturtypische Mythenschichten überlagert.

In der minoischen Kultur verläuft die matriarchale Erbfolge von der Mutter auf die Tochter. Die Oberpriesterin symbolisiert die Muttergöttin (Isis, Ischtar, Kybele), ihr Gatte ist ein Jüngling/Sohn, der sich rituell mit der Priesterin vereinigt und dann getötet wird (Tammuz, Adonis, Attys). Ein politisches und ein religiöses Motiv für rituellen Inzest (der selbst wieder eine Verdichtung ist) jenseits von Wunsch und Trieb ebenso wie bei den Geschwisterinzesten im alten Ägypten. Dieser historischen Schicht entstammen die Sphinx und Jokaste als Repräsentanzen der Oberpriesterin/Muttergöttin, die Jünglingsopfer und die Ehelichung der Witwe des getöteten Königs als Erbin der Regentschaft mitsamt der Stadt.

Die nordgriechischen Stämme der späteren mykenischen Kultur waren patriarchal organisiert, mit der Erbfolge vom Vater entweder auf den Sohn oder einen männlichen Nachfolger, der den König besiegt und sich an dessen Stelle gesetzt hat.

Der historische Ödipus, von dem in der Ilias berichtet wird, er habe die Kadmäer (Herrscher und Herrscherinnen Thebens) besiegt und sei dann gestürzt worden, ist eine Figur im kulturellen Umbruch. Nach ihm trat Kreon, der Bruder der getöteten Königin, die Herrschaft an, der Mutterbruder in matriarchalen Gesellschaften als Stellvertreter: Die alte Kultur der zeitweise Besiegten hatte – vorübergehend – noch einmal gesiegt.

In der matriarchalen Kultur ist die Vergewaltigung der Oberpriesterin ebenso wie ihre Tötung (Sphinx, Jokaste) das Urverbrechen, nicht aber der Inzest, der ritualisiert ist und mit dem von ihr ausgewählten Jüngling vollzogen wird. In der patriarchalen Kultur ist die Tötung des Vaters das Urverbrechen ebenso wie die inzestuöse Inbesitznahme der Mutter (oder Schwester). Die religiösen Praktiken des Matriarchats (ritueller Inzest und Jüngslingsopfer) werden im Patriarchat verabscheut.

Borkenau 1957, S. 21: „ So erweist es sich, daß das Inzestmotiv durch eine in zwei deutlich geschiedene Phasen zerfallende Bewegung in die Ödipussage gelangt ist. Das Verbrechen des Ödipus bestand ursprünglich in der Nötigung der Königin, die deren Selbstmord herbeiführte, und es bestand überhaupt nur vom Standpunkt der alten, besiegten, helladischen Kultur. Viel später, frühestens in spätmykenischer Zeit, machten die patriarchalen nordwestgriechischen Eroberer aus diesem ihnen nicht mehr verständlichen Verbrechen gegen das Matriarchat ein typisch patriarchales Verbrechen, indem sie aus dem komplexen Tatbestand des verbrecherischen Verhaltens des Ödipus gegen Jokaste gerade dasjenige Stück hervorhoben, das ursprünglich überhaupt keine Rolle gespielt hatte: den Inzest (im Sinne der religiösen Identität von Priesterin und Muttergöttin). Da ihnen aber auch diese Identität nicht mehr verständlich war, deuteten sie den Vorgang nicht im religiösen, sondern im materiellen Sinne, nicht mehr als ‚Inzest' mit der Muttergöttin-Priesterin, sondern als Inzest mit einer leiblichen Mutter. Der psychoanalytische Beitrag zum Verständnis dieses Zusammenhanges besteht in der Einsicht, daß es sich hier nicht um ein bloßes rationales ‚Mißverständnis' handelt. Das neue Zeitalter unterlegte sein neues Haupttabu der auf ganz anderen Voraussetzungen aufgebauten Erzählung eben darum, weil der Inzest inzwischen zum tiefsten Tabu geworden war."

So kommt Borkenau (1957, S. 23) zu der folgenden Überlegung: „Freud hat seine gesamte Deutung der Religion und Mythologie, insbesondere aber dieses Mythos, auf die These vom Aufstand des Sohnes gegen den Vater gestellt. Die generelle, in fast jeder einzelnen hellenischen Sage vorfindliche Umkehrung des ursprünglichen Verhältnisses zwischen Göttin-Priesterin und Paredros beweist, daß diese These falsch ist; nicht absolut falsch, insofern sich ja in der sophokleischen Fassung der Sage der Sohnesaufstand im Mittelpunkt findet – falsch aber, insofern es sich um die Frage handelt, was hier das eigentlich archaische, das eigentliche Urmotiv ist. Als solches erweist sich nicht der Aufstand des Sohnes gegen den Vater, sondern der Aufstand des Sohnes gegen die Mutter. Das ist eine nicht nur mythologisch, sondern auch psychologisch relevante Einsicht, die sich aus einer alle Fassungen, alle Phasen der Ödipusmythe in Betracht ziehenden Deutung ergibt." Daraus schließt er (Borkenau 1957, S. 26): „Was aber Freuds Rückprojizierung dieser Dinge in die Urzeit betrifft, so hat sie ihre eigenen geschichtlichen Wurzeln, natürlich nicht in der hellenischen, wohl aber in der durchaus analogen jüdischen Entwicklung. Daß das Patriarchat zugleich mit der Schaffung des Menschen eingesetzt sei, daß es nie eine andere legitime Ordnung gegeben habe, ist Verhüllung seiner wirklichen Vorgeschichte im Dienste der Verabsolutierung seiner Geltung – im hellenischen wie im jüdischen Fall. Von dieser Verabsolutierung hat sich Freud eben nicht loszumachen vermocht – samt vielen zu dieser ‚Ideologie' gehörenden

Auffassungen über Wesen und Psychologie der Frau und manchem anderen. Ungeachtet der seelischen Tiefen, in die er drang, blieb er in seinem Bild von der realen Welt weitgehend zwei konvergenten Faktoren, dem viktorianischen Ethos und der jüdischen Tradition, verhaftet. Darum konnte er die Wurzeln der Ödipusmythe nicht aufdecken, wurde er in diesem Punkt zu einer methodologisch wie sachlich verfehlten ,Direktdeutung' getrieben. "

3.4 Eine patriarchalische Lesart, die aber Ödipus als Vertreter des matriarchalen Prinzips sieht (Fromm)

Fromms Perspektive ist die Rekonstruktion des Mythos als Abfolge von Sohn-Vater-Konflikten, bei denen das Inzestmotiv sekundär ist.

„Doch sind wir wenigstens in der Lage, eine Hypothese aufzustellen, daß nämlich der Mythos nicht als Symbol der inzestuösen Liebe zwischen Mutter und Sohn aufgefaßt werden kann, sondern als Symbol der Rebellion des Sohnes gegen die Autorität des Vaters in der patriarchalischen Familie; daß die Heirat von Ödipus und Jokaste nur ein sekundäres Element darstellt, nur eines der Symbole für den Sieg des Sohnes, der seines Vaters Platz mit allen seinen Privilegien einnimmt" (Fromm 1957, S. 189).

Ödipus erscheint als Repräsentant der matriarchalen Kultur: „Eine Analyse der gesamten Ödipustrilogie wird zeigen, daß der Kampf gegen die väterliche Autorität ihr Hauptthema ist, und daß dessen Anfänge bis zum uralten Kampf zwischen den patriarchalischen und matriarchalischen Gesellschaftssystemen zurückreichen. Sowohl Ödipus als auch Hämon und Antigone repräsentieren das matriarchale Prinzip; sie bekämpfen eine auf der Macht und den Privilegien des Vaters beruhende soziale und religiöse Ordnung, die durch Laios und Kreon verkörpert wird" (Fromm 1957, S. 192).

Fromm (1957, S. 202 ff.) deutet die Rückkehr des Ödipus zum Haus der Göttinnen im Hain von Kolonos als Ausdruck seiner Zugehörigkeit zur matriarchalen Ordnung und nicht als Regression zu den Göttinnen/Müttern infolge seines Scheiterns in der Überwindung matriarchaler Strukturen und ihrer Ersetzung durch eine patriarchale Ordnung. Hier bei den Erd-/Mutter-/Göttinnen komme er endlich zur Ruhe und finde seine „wirkliche" Heimat: „Ödipus ... gehört der Welt dieser matriarchalen Göttinnen an und seine Stärke (!/M.W.) liegt in seiner Verbundenheit mit ihnen. "

Für Fromm ist der Sohn-Vater-Konflikt bei Ödipus identisch mit dem zwischen matriarchaler Ordnung (der Sohn angehört) und dem Patriarchat, kein Sohn-Vater-Konflikt innerhalb des Patriarchats und auch kein Konflikt, bei dem der

Eroberer Ödipus als Repräsentant einer patriarchalen Ordnung und der getötete
Laios als Gatte der Priesterkönigin als Repräsentant des Matriarchats erscheint.

*3.5 Eine infantozentrische Lesart, den Mythos nur im Blick auf Ödipus als (wie
bei 3.1) schuldhaft-verantwortlichen Akteur zu deuten und den Zusammenhang seiner Taten mit seiner Kindheitsgeschichte und der seiner Eltern und
Kinder, also die Intergenerationsperspektive, außer acht zu lassen.*

Devereux (1953) reflektiert die Hintergründe des komplementären oder negativen
Ödipuskomplexes, insbesondere im Hinblick auf homosexuelle und sadistische
Strebungen. Er stellt eine Skotomisierung fest, die die Verantwortlichkeit für inze-
stuöses Handeln einseitig dem Kind anlastet und rekonstruiert den Mythos in der
Perspektive der Generationenfolge.

Laios selbst ist, dem Mythos zufolge, ein Kind, dessen Vater stirbt, als er ein Jahr
alt ist. Der Thron des Vaters wird usurpiert und Laios an den Hof des Königs Pelops
verbannt, wo er sich in dessen Sohn Chrysippos verliebt und ihn raubt bzw. vergewaltigt. Daraufhin, so diese Version der Geschichte, verflucht Pelops den Laios, der
werde von der Hand seines eigenen Sohnes sterben und dieser seine Mutter heiraten. Später erhält Laios den Thron Thebens zurück, bleibt aber seinem homosexuellen Gefährten Chrysippos verbunden und läßt sich nicht wirklich auf die Ehe mit
Jokaste ein. Eben deshalb muß sie ihn auch betrunken machen und verführen, um
ein Kind zu bekommen, nicht wegen der Drohung des Orakels. Vielleicht ist auch
der Kampf zwischen Ödipus und Laios ein homosexueller Kampf um Chrysippos
und der Kampf selbst die Verdichtung eines homosexuellen Konflikts.

Devereux (1953, S. 134): "Oedipus did more than kill his father and marry his
mother, in token of his heterosexual maturity. He also turned the tables on his
homosexual father, by castrating (sword) and feminizing (belt) as he himself had
once been castrated and feminized (pierced ankles) by Laius."

Die zentrale These von Devereux ist (1953, S. 135): "... that Oedipus' own
impulses were stimulated by the behaviour of his father. ... What we do find in
Greek accounts is an explanation of Oedipus' aggression against Laius in terms of
Laius' character-structure: his propensity for homosexual rape, and for unconsi-
dered, injudicious violence and overbearingness ('hybris'). Indeed, Laius is presented to us as a pederastic ogre – as a homosexual rapist, rather than as a seducer –
even before Oedipus was born. ... After the birth of Oedipus, Laius made himself
guilty first of attempted infanticide, and, later on, of attempt to kill his adult son in
the course of a quarrel which the overbearing old man had wantonly started with
the peaceful wayfarer Oedipus."

Devereux diskutiert die Verkleidung von Charakter als Schicksal im antiken Drama. Das vermeintliche Schicksal ist die Personifizierung der Charakterstruktur und der Notwendigkeit, ihre inneren Konflikte auszuleben, wovon der weitere Lebensweg bestimmt wird. Wenn die Götter als Elternfiguren gesehen werden, bestimmen diese de facto durch ihre vergangenen Taten und deren Wirkung auf die Kinder deren Schicksal, deren späteres Tun. Devereux schlägt folgende metapsychologische und klinische Konsequenzen vor (1953, S. 139):

"Metapsychology: An analysis of the Oedipus myth does not seem to support the thesis that biological and/or phylogenetic factors are primarily responsible for the oedipus complex. The notion that the child's psyche is a 'chamber of horrors' for biological reasons is also contradicted by Freud's thesis, further elaborated by the writer, that instincts become luxuriant and monstrous only as a result of repression.

Clinical Implications: It may be worth-while to investigate to what extent heterosexual impulses directed to the parent of the opposite sex include and/or disguise also homosexual impulses directed to the parent of the same sex."

4. Die Vereinbarkeit der klassischen psychoanalytischen Fassung des Ödipuskomplexes mit neueren Forschungen und Konzepten der Psychoanalyse und angrenzenden Wissenschaftsgebieten

Säuglingsforschung, Bindungs- und Affekttheorie haben Ergebnisse erbracht, die sich mit triebtheoretischen Annahmen und mit einer ihnen entsprechenden Deutung des Ödipusmythos nicht vertragen. Nur gestörtes Bindungserleben (durch Vernachlässigung, hohe Ambivalenz oder Übergriffe) disponiert zu einer unangemessenen Sexualisierung und Aggressivierung des Bindungsverhaltens, nicht aber der Normalfall einer stabilen und sicheren Bindung. Auch hier also der Befund, daß die triebtheoretisch angenommene Normalität und Allgemeingültigkeit bestimmter Phantasien und Wünsche Ausdruck und Folge einer Störung sind.

Davon abgesehen haben die Entwicklungen der psychoanalytischen Theorien (Objektbeziehungspsychologie, Kleinianisch-Bionionische Konzepte, Selbstpsychologie) korrespondierende Ergebnisse gezeigt, die mit dem klassischen Verständnis des Ödipuskomplexes als Inhalt (anders als universelle sozialisatorische Struktur) nur schwer vereinbar sind.

Emde schreibt in seiner Arbeit "Three Roads Intersecting: Changing Viewpoints in the Psychoanalytic Story of Oedipus" (1994, S. 106/107):

"Post-Freudian psychoanalysis has documented extensive variations on the oedipus complex. But more importantly, clinical experience with children and research have resulted in a number of modifications. First, a super-ego or conscience formation is not an outcome of the resolved oedipus complex as Freud thought, since clinical examples show that super-ego formation can occur without oedipal resolution (Sandler 1960). Moreover, there's considerable moral development prior to age three and prior to oedipal conflict (Emde, Johnson and Easterbrooks 1988). Second, research has shown that gender identity is not an outcome of the oedipus complex, since core gender identity is established earlier, usually in the child's second and third years. Third, variations in the family environment are strongly determinative of the course of the child's oedipal conflicts. Since Fenichel's 1945 review on this point, we have come to appreciate the widespread existence of child maltreatment by parents (Kempe 1980, Mrazek and Mrazek 1985) and the circumstances under which there are repetitions of maladaptive oedipal conflict across generations (Fraiberg 1980; Stoller 1980). Correspondingly, the British Object Relations School of Psychoanalysis and Kohut's Self Psychology School have influenced clinicians to be more outward-oriented rather than inward drive-oriented in their views of early childhood conflicts. Bowlby (1973) following Winnicott (1965) theorized about a splitting of self-experience during early childhood based on the harsh realities presented by many abusing families. We have also come to the view that Freud's portrayal of the child's experience during the family oedipal drama is oversimplified in other ways. Fathers do not appear later on the stage to interrupt an earlier affectionate relationship with mother when the child becomes three or four. Research has clearly shown that fathers under normative conditions have earlier and qualitatively separate affectionate relationships with both young boys and girls (Lamb, Hwang, Frodi, and Frodi 1982). Where does this leave our view of the child's oedipal story? There is clearly a need for a fresh look. Elsewhere I have described a relationship-motivational view of the child's early development (Emde 1988). A set of basic motives is strongly biologically prepared by our evolution and organized during early caregiving. These motives consist of activity, self-regulation, social fittedness, affective monitoring, and cognitive assimilation. With an emotionally available caregiver, the infant comes to develop an affective core of self and core sense of early morality. The latter includes a sense of reciprocity, rules, empathy, and the internalization of standards concerning how things should be."

5. Die Allgemeingültigkeit des Ödipuskomplexes

Aus den genannten mythen- und ideologiekritischen Gründen wie aus den eben genannten über die neuere Forschung zu Teilthemen des Ödipuskomplexes ist einleuchtend, daß er die früher beanspruchte Allgemeingültigkeit nicht vom Inhalt her beanspruchen kann. Die Frage seiner Universalität läßt sich nur strukturell beantworten. Dazu muß das Inzestverbot von seiner sozialen Funktion her interpretiert werden, als Exogamiegebot. Die ödipale Situation ist ein sozialisatorischer Entwicklungsimperativ zur Sicherung der Exogamie. Exogamie als Funktion des Inzestverbots ist die Verpflichtung zur Wahl des Sexualpartners außerhalb der Primärfamilie. Sie ist ein sozialer Imperativ der Gattenwahl in allen bekannten Gesellschaften. Ausnahmen sind streng geregelt und stellen Sonderfunktionen sicher (s. o.). In diesem Exogamie sichernden Sinne ist für Lévi-Strauss (1981) das Inzestverbot die Regel, die Kultur und Natur unterscheidet und menschliche Kultur konstituiert. Angesichts der Befunde über Inzestschranken auch bei Tieren (Bischof 1989) kann man den Teil der These von Lévi-Strauss bezweifeln, der sich auf den Unterschied von Natur und Kultur bezieht. Daß aber menschliche Kultur im Sinne einer arbeitsteilig differenzierten und kooperativ verknüpften sozialen Organisation als größerer sozialer Verband, als Gesellschaft, stets über Exogamieregeln (und Endogamie-, d. h. Inzestverbot) gebildet wird, zeigen alle anthropologischen Studien über Heiratsregeln in frühen Kulturen. Sozial gesehen sind diese Verbände komplexer, leistungs- und überlebensfähiger. In diesem strukturfunktionalen Sinne ist der Ödipuskomplex jenseits seiner kulturspezifischen Ausformungen universell.

6. Konsequenzen einer Sichtweise auf Ödipus als traumatisch pathologisiertes Subjekt für die Klinische und Metapsychologie der Psychoanalyse

Aussetzung, Verstümmelung, Kindesmord, homosexuelle Gewalttätigkeit – und natürlich auch Rettung, Annahme, Sozialisierung, Disposition zum Großen – sind die Ereignisse und Entwicklungen, die Ödipus' Schicksal bzw. Charakter geprägt haben. Daraus leiten sich die Facetten ab, die ihn kennzeichnen.

Emde (1994) sieht Ödipus in drei Funktionen: als Provokateur, als Opfer und als Suchenden. Den Positionen entsprechen unterschiedliche Perspektiven: die intrapsychische, die interpersonale bzw. intergenerationale und die intersystemische. Anders als in der Freudschen selektiven Rezeption sind die Rollen des Ödipus als Kind und Opfer in entwicklungspsychologischer Hinsicht und die des Ödipus als Sucher und Aufklärer des eigenen Schicksals, gewissermaßen Detektiv, in klinischer Perspektive hinzuzufügen.

Die psychodynamisch konflikthaften Zentralthemen des Ödipuskomplexes nach Freud, der Inzestwunsch und das Streben nach Vatermord, werden von Freud eingebettet in eine Lesart des Ödipusmythos, die ihn auf das Geschehen in einer normalneurotischen Familie reduziert. Die traumatisierende Vorgeschichte des Ödipus, die schon in der klassischen psychoanalytischen Variante des Mythos aufscheint (Aussetzung, Mißhandlung, frühkindliche Traumata) wird ignoriert. Ebenso ignoriert werden Teile des tradierten Mythos, die die familiale Vorgeschichte des Laios als traumatische Erfahrung und gewalttätig-homosexuelles, andere traumatisierendes Acting-out schildern, ebenso wie andere Varianten des Mythos, die in die Vorgeschichte des Ödipus und der Stadt Theben zurückgehen und auch hier vielfältige erlittene und agierte Traumata zeigen. Die Freudsche Interpretation des Mythos verzichtet auch auf die in ihm latent enthaltenen, kollektiv unbewußten kulturellen Bedeutungsschichten, die auf historische Ereignisse verweisen. Diese Ereignisse, gewalttätige Eroberungen von Städten und Herrscherinnen, rituelle Inzeste der Oberpriesterinnen mit Jünglingen und Söhnen, rituelle Opfer von Adoleszenten, Eltern-Kind- und Geschwisterinzeste, haben in den betreffenden Kulturen und Epochen wie heute auch traumatisierend gewirkt. Ihre Folgen können nur Charaktere gewesen sein, die ihrerseits dazu disponiert waren, ihre intrapsychischen Konflikte durch Acting-out an anderen zu reproduzieren, d. h. nach heutigen diagnostischen Kriterien dissoziale oder Borderline-Persönlichkeiten. Bei diesen und aus den sozialen Milieus, denen sie entstammen (Ghetto, Krieg und Bürgerkrieg, depravierte Unterschicht), sind regressiv-inzestuöse und vatermörderische Strebungen als Modi der Konfliktaustragung (und Pseudobewältigung) bekannt und verbreitet.

Freud hat, so meine These, in seiner selektiven Rezeption des Ödipusmythos die Triebdynamik von dissozialen und schweren Borderline-Störungen mit der Tendenz zum inzestuös-mörderischen Ausagieren ihrer Phantasien und Wünsche aus diesem Kontext gelöst, in die innere Welt der normalneurotischen Persönlichkeit transferiert und als allgemeingültig unterstellt. Diese Triebdynamik ist aber nicht Ausdruck und Folge neurotisierender „normal-psychologischer" intrapsychischer Konflikte, sondern schwerer Traumatisierungen und ihrer defizienten Verarbeitung.

Das Verhältnis von Trauma und Trieb, von Außen und Innen als Ursache überfordernder intrapsychischer Konflikte und ihrer möglichen Verschränkung oder Ergänzung (Grubrich-Simitis 1987; Hirsch 1988) ist in der Psychoanalyse noch ungeklärt. Läßt man der Innenwelt ihren eigenen Anteil an der Verursachung von Konflikt und Symptom, muß man die triebhaft agierende Form der Konfliktlösung entweder hereditären Faktoren (Triebe, Triebschicksale, letzten Endes biologischen Ursachen) zuschreiben oder Introjekten, psychischen Entitäten, die Erlebnisse im Außen innen repräsentieren.

So argumentiert Hirsch (1988, S. 216): „Ich selbst sehe in der psychoanalytischen Objektbeziehungstheorie, die u. a. auf Jacobson zurückgeht, eine Möglichkeit, im Konzept des verinnerlichten Objekts (dem Resultat der Internalisierung der Erfahrungen mit einem äußeren Objekt und der Beziehung zu ihm) eigene triebbedingte Phantasietätigkeit, reale traumatische Erfahrung sowie die entsprechenden Abwehroperationen zu integrieren." Danach würden die intrapsychischen Sedimente aus Eltern-Kind- oder anderen Interaktionen eine innere Retraumatisierungsbereitschaft bedingen, auch wenn diese lange unbewußt bleibt, gewissermaßen schlummert. Die bekannten Untersuchungen über die Folgen der Extremtraumatisierung bei der zweiten oder dritten Generation zeigen, daß und wie das möglich ist (Grubrich-Simitis 1979).

Eine solche meines Erachtens einleuchtende Konstruktion kommt aber um die Anerkennung des realen Traumas für die Genese der psychischen Störung nicht herum und muß Triebe und Triebschicksale letzten Endes zugunsten eines traumatisch bedingten Wiederholungszwangs mit bestimmten Affektqualitäten und -intensitäten aufgeben. Das heißt, die Argumentationsfigur aus „Jenseits des Lustprinzips" (Freud 1920), die Freud ausgehend von den posttraumatischen Symptomhandlungen zum Postulat eines Todestriebs geführt hatte, wäre zu revidieren zugunsten der Einsicht in die retraumatisierenden Effekte traumabedingt abgespaltener Selbstanteile von quasitriebhafter Kraft.

So gesehen müßte man pointiert sagen: Nicht Trieb oder Trauma, nicht Trieb und Trauma, sondern nur Trieb, wenn vorher Trauma.

Literatur

Bergmann, M. S., Juccovy, M. E. (Hrsg.), (1982): Generations of the Holocaust. New York (Basic Books).

Bischof, N. (1989): Das Rätsel Ödipus. München (Piper).

Borkenau, F. (1957): Zwei Abhandlungen zur Griechischen Mythologie. Psyche 11, S. 1-27.

deMause, L. (1989): Grundlagen der Psychohistorie. Frankfurt/M. (Suhrkamp).

Devereux, G. (1953): Why Oedipus killed Laius. A Note on the Complementary Oedipus Complex in Greek Drama. International Journal of Psychoanalysis 34, S. 132-141.

Emde, R. (1994): Three Roads Intersecting: Changing Viewpoints in the Psychoanalytic Story of Oedipus. In: Ammantini, M., Stern, D. N. (Hrsg.): Psychoanalysis and Development. New York und London (University Press), S. 97-110.

Erdheim, M. (1982): Die gesellschaftliche Produktion von Unbewußtheit. Frankfurt/M. (Suhrkamp).

Freud, S. (1900): Die Traumdeutung. GW, Bd. 2 und 3.

Freud, S. (1920): Jenseits des Lustprinzips. GW, Bd. 13.

Freud, S. (1939): Der Mann Moses und die monotheistische Religion. GW, Bd. 16.

Ferenczi, S. (1964): Sprachverwirrungen zwischen den Erwachsenen und dem Kind. In: Ders. Bausteine zur Psychoanalyse, Bd. 3, S. 511-525. Bern (Huber), (Vortrag von 1932).

Festinger, L. (1957): Theorie der kognitiven Dissonanz. Bern, Stuttgart und Wien (Huber).

Fromm, E. (1957): Märchen, Mythen und Träume. Konstanz und Stuttgart (Diana).

Groen-Prakken, H. (1991): Oedipus' Scham - über den Einfluß beschämender Ereignisse in den ersten Lebensjahren auf den späteren Lebenslauf. Zeitschrift für psychoanalytische Theorie und Praxis 6, 1, S. 35-45.

Grubrich-Simitis, I. (1979): Extremtraumatisierung als kumulatives Trauma. Psyche 33, S. 992-1023.

Grubrich-Simitis, I. (1984): Vom Konkretismus zur Metaphorik. Gedanken zur psychoanalytischen Arbeit mit Nachkommen der Holocaust-Generation. Psyche 38, S. 1-18.

Grubrich-Simitis, I. (1987): Zum Verhältnis von Trauma und Trieb. Psyche 41, S. 992-123.

Grunberger, B. (1982): Narziß und Ödipus und die Entwicklung der psychoanalytischen Theorie. Psyche 36, S. 515-540.

Hirsch, M. (1988): Inzest zwischen Phantasie und Realität. Über die Schwierigkeit, psychoanalytische Trauma- und Triebtheorie zu integrieren. Zeitschrift für Sexualforschung 1, S. 206-221.

Laplanche, J., Pontalis, J. B. (1973): Das Vokabular der Psychoanalyse. Frankfurt/M. (Suhrkamp).

Lévi-Strauss, C. (1981): Die elementaren Strukturen der Verwandtschaft. Frankfurt/M. (Suhrkamp).

Lorenzer, A. (1974): Die Wahrheit der psychoanalytischen Erkenntnis, Frankfurt/M. (Suhrkamp).

Meltzer, D. (1988): Traumleben. München und Wien (Verlag Internationale Psychoanalyse).

Quinodo, D. (1991): „Ich habe Angst, mein Kind zu töten" oder: ausgesetzter Ödipus, adoptierter Ödipus. Zeitschrift für psychoanalytische Theorie und Praxis 6, 1, S. 47-61.

Ramin, G. (Hrsg.) (1993): Inzest und sexueller Mißbrauch. Beratung und Therapie. Ein Handbuch. Paderborn (Junfermann).

Ranke-Graves, R. v. (1974): Griechische Mythologie. Quellen und Deutung. Hamburg (Reinbek).

Rohde-Dachser, Ch. (1991): Expedition in den dunklen Kontinent. Weiblichkeit im Diskurs der Psychoanalyse. Berlin und Heidelberg (Springer).

Sandler, J. u. a. (1987): Psychisches Trauma. Materialien aus dem Sigmund-Freud-Institut Nr. 5. Frankfurt/M.

Shengold, L. (1980): Some Reflections on a Case of Mother/Adolescent Son Incest. International Journal of Psychoanalysis 61, S. 461-476.

Sophokles (1995): König Ödipus. Stuttgart (Reclam).

Sophokles (1996): Antigone. Stuttgart (Reclam).

Sophokles (1996): Ödipus auf Kolonos. Stuttgart (Reclam).

Stork, J. (Hrsg.), (1988): Das Vaterbild in Kontinuität und Wandlung. 4. Symposion der Poliklinik für Kinder- und Jugendpsychotherapie der Technischen Universität München. Problemata 121.

van der Sterren, M. D. (1952): The „King Oedipus" of Sophocles. International Journal of Psycho-Analysis 33, S. 343-350.

Velikovsky, I. (1987): Das kollektive Vergessen. Verdrängte Katastrophen der Menschheit. Frankfurt und Berlin (Ullstein).

Vogt, R. (1986): Psychoanalyse zwischen Mythos und Aufklärung. Frankfurt/M. Oder: Das Rätsel der Sphinx. New York (Qumran).

BLICK AUF DIE GESCHICHTE: WISSENSCHAFTSHISTORISCHE ASPEKTE

Es war nicht der „Sturz aller Werte"

Gewichtungen in Freuds ätiologischer Theorie

Ilse Grubrich-Simitis

In der Einführung zum Programmheft dieses Kongresses haben Kurt Höhfeld und Anne-Marie Schlösser unsere Aufmerksamkeit auf Sigmund Freuds berühmten Brief an Wilhelm Fließ vom 21. September 1897 gelenkt, mit dem sie den Beginn der Psychoanalyse verknüpft sehen. Auch in der Einladung an mich legten sie nahe, dieses als „Widerrufsbrief" bezeichnete, fast genau hundertjährige Dokument als Auftakt des Kongresses zu wählen, eines Kongresses, der ja den Antagonismus bzw. die Wechselbeziehung von „Trauma und Konflikt" zum Thema hat. Diesen Vorschlag habe ich gerne aufgegriffen, benutze die Bezeichnung „Widerrufsbrief" im folgenden jedoch gewissermaßen in Anführungszeichen, denn sie ist, wie sich zeigen wird, nicht ganz zutreffend.

I.

Zuerst einige kurze Auszüge aus diesem langen und komplexen Brief: „Teurer Wilhelm! [...] nun will ich Dir sofort das große Geheimnis anvertrauen, das mir in den letzten Monaten langsam gedämmert hat. Ich glaube an meine Neurotica nicht mehr. [...] Ich will [...] historisch beginnen, woher die Motive zum Unglauben gekommen sind. Die fortgesetzten Enttäuschungen bei den Versuchen, eine Analyse zum wirklichen Abschluß zu bringen, das Davonlaufen der eine Zeitlang am besten gepackten Leute, das Ausbleiben der vollen Erfolge, auf die ich gerechnet hatte [...]: dies die erste Gruppe. Dann die Überraschung, daß in sämtlichen Fällen der *Vater* als pervers beschuldigt werden mußte, mein eigener nicht ausgeschlossen, die Einsicht in die nicht erwartete Häufigkeit der Hysterie [...], während doch solche Verbreitung der Perversion gegen Kinder wenig wahrscheinlich ist. [...] Dann drittens die sichere Einsicht, daß es im Unbewußten ein Realitätszeichen nicht gibt, so daß man die Wahrheit und die mit Affekt besetzte Fiktion nicht unterscheiden kann. (Demnach blieb die Lösung übrig, daß die sexuelle Phantasie sich regelmäßig des Themas der Eltern bemächtigt.) [...] Soweit beeinflußt wurde ich bereit, auf zweierlei zu verzichten, auf die völlige Lösung einer Neurose und auf die sichere Kenntnis ihrer Ätiologie in der Kindheit. Nun weiß ich überhaupt nicht, woran ich bin [...]. Merkwürdig ist [...], daß jedes Gefühl von Beschämung ausgeblieben ist [...]." Und später heißt es dann noch einmal: „[...] bei mir habe ich eigentlich mehr das Gefühl eines Sieges als einer Niederlage (was doch nicht recht ist). [...] Noch etwas muß ich anfügen. In diesem Sturz aller Werte ist allein das Psychologische unberührt geblieben. Der Traum steht ganz sicher da [...]. Herzlichst Dein Sigm." (Freud 1986, S. 283 ff.)

Die Rhetorik des Briefs vermittelt auch heute noch den Eindruck, Freud berichte von etwas jäh Geschehenem, etwas grundstürzend Neuem, was alles Vorherige radikal entwertet habe – obgleich er ja im Brief selbst hervorhebt, die Änderung in seiner ätiologischen Theorie habe ihm „langsam gedämmert" und der „Sturz aller Werte" habe „das Psychologische" nicht tangiert. Diese eigentümlich dramatisierende Rhetorik hat ein bestimmtes, ein vereinfachendes Verständnis des Briefs nahegelegt, nämlich: Freud widerrufe in ihm ein für allemal seine sogenannte Verführungstheorie, das heißt die Auffassung, die hysterische Erkrankung sei auf sexuelle Verführung während der Kindheit des Patienten zurückzuführen, also auf ein reales, dem Subjekt von der Außenwelt zugefügtes Trauma; mit dem Zweifel an dieser Theorie und dem im Brief angedeuteten Für-möglich-Halten, daß die sexuellen Phantasien des Betroffenen für die Neurosenentstehung kausale Bedeutung haben könnten, habe Freud den psychischen Konflikt und die unbewußte Innenwelt entdeckt, kurzum die Dimension des eigentlich psychoanalytischen Denkens eröffnet.

Ich will in meinem Vortrag zu skizzieren versuchen, inwiefern dieses Verständnis des Briefs hinkt. Aus dem Kontext der Fließ-Briefe, aber auch aus den seit Anfang der neunziger Jahre bis zum Herbst 1897 veröffentlichten klinischen Schriften geht einerseits hervor, daß Freuds Blick sich schon viel früher den intrapsychischen Mechanismen bei der Symptombildung, also der Dynamik des unbewußten Konfliktgeschehens zugewandt hatte, und andererseits, daß er auch nach 1897 die traumatischen Aspekte in der Ätiologie keineswegs aus den Augen verlor. Dies führt zu der Frage, warum er jenes Mißverständnis eines „Sturzes aller Werte" und einer gänzlichen Aufgabe des Trauma-Modells selbst nahegelegt hat. Ich werde zu zeigen versuchen, daß die Gewichtungen von Trauma-Modell und Trieb- bzw. Konflikt-Modell sich in Freuds ätiologischer Theorie auch nach 1897 sozusagen gleitend verändert haben, daß er Trauma und Konflikt aber zu keinem Zeitpunkt als einander ausschließende ätiologische Faktoren, sondern vielmehr im Sinne einer komplexen ursächlichen Ergänzungsreihe aufgefaßt hat. Dies ermöglicht am Schluß einen Brückenschlag zur nachfreudschen Psychoanalyse und damit zu den anderen Kongreßbeiträgen.

II.

Tatsächlich bezeugen die Fließ-Briefe selbst, daß Freud bereits Monate vor dem „Widerrufsbrief" über die Bedeutung der Phantasien nachdachte – eine Weile durchaus im Zusammenhang mit seiner Suche nach den Erinnerungen an die Verführungserlebnisse. So erscheinen ihm die Phantasien im Manuskript L vom Anfang Mai 1897 als „psychische Vorbauten, die aufgeführt werden, um den Zugang zu diesen Erinnerungen zu sperren" (S. 255). Aber bereits wenige Absätze später steht die Vermutung, daß „das Leiden als Schutzwehr gegen die eigene Libido betrachtet wird" und daß das „Erinnerungssymptom zum Abwehrsymptom" (S. 257) werden könne. Hier deuten sich Zweifel am Geltungsbereich der Verführungstheorie an. In einem Brief vom 31. Mai 1897 berichtet Freud, daß er unlängst von überzärtlichen Gefühlen seiner eigenen Tochter Mathilde gegenüber geträumt habe, und deutet diesen Traum selbstironisch im Sinne seines Widerstrebens gegen die sich ihm gleichsam aufzwingende Revision der Verführungstheorie: „Der Traum zeigt natürlich meinen Wunsch erfüllt, einen pater als Urheber der Neurose zu ertappen, und macht so meinen […] sich regenden Zweifeln ein Ende" (S. 266). Im Manuskript N, das diesem Brief beigefügt war, finden sich, gut vier Monate vor dem „Widerrufsbrief", erste Hinweise auf die ätiologische Bedeutung wenn auch noch nicht libidinöser, so doch feindseliger Impulse des Kranken gegen seine Eltern, also Vorahnungen des Ödipuskomplexes. Und dann steht fast unvermittelt da: „Das der Zeit nach erste Motiv der Symptombildung ist die Libido, das Symptom also eine *Wunscherfüllung* wie der Traum" (S. 268). Die Zweifel an der Verführungstheorie hatten sich also tatsächlich langsam entwickelt.

Daß der „Sturz aller Werte" auch hinsichtlich der Zukunft seiner ätiologischen Theorie kein so radikaler gewesen ist, wie der „Widerrufsbrief" uns glauben machen könnte, geht wiederum allein schon aus den späteren Briefen an Fließ hervor. Sie zeigen, daß die Verwerfung keine definitive gewesen ist, denn beispielsweise in einem Schreiben vom Jahresende 1897 teilt Freud mit, sein „Vertrauen in die Vaterätiologie" sei – offenbar erneut – „sehr gestiegen" (S. 312).

Zunächst müssen wir uns jedoch vergegenwärtigen, daß Freuds Verführungstheorie nicht etwas Isoliertes und in sich Abgeschlossenes gewesen ist. Vielmehr handelt es sich um ein bestimmtes Element und um eine bestimmte Phase in einem schon Jahre andauernden theoretisch klinischen Nachdenken. In einer Folge von

Frühschriften, der sich in jüngster Zeit das wissenschaftsgeschichtliche Interesse zuwendet, hatte Freud, auf den Spuren des bei Charcot Erlernten, sich immer differenzierter und innovativer mit „dem Psychologischen" zu befassen begonnen. Vorzeichen davon lassen sich bekanntlich schon in der Aphasien-Studie von 1891 erkennen oder zum Beispiel auch in „Quelques considérations pour une étude comparative des paralysies motrices organiques et hystériques" (1893 a), einem eigentlich noch neurologischen Beitrag, den Freud nur in Französisch veröffentlicht hatte. Versehen mit einem Kommentar wird ihn Mechthilde Kütemeyer demnächst im *Jahrbuch der Psychoanalyse* erstmals in deutscher Übersetzung veröffentlichen. Wir werden dann nachlesen können, wie Freud in diesem in Vergessenheit geratenen erstaunlichen Text darlegt, daß es sich bei den hysterischen Lähmungen, im Unterschied zu den organisch bedingten, um Symptome handelt, die nicht durch Schädigungen des Nervensystems verursacht werden, sondern mit unbewußten Vorstellungen bzw. Erinnerungen zusammenhängen. In dieser Beschäftigung mit unbewußten Vorstellungen deutet sich gewissermaßen bereits ein rudimentärer Umgang mit unbewußten Phantasien an. Und in der eindringlich beschriebenen Außerkraftsetzung der assoziativen Zugänglichkeit von Vorstellungen können wir eine Vorform der Verdrängungslehre erkennen, die Freud später immerhin als den „Grundpfeiler" bezeichnet hat, auf dem das Gebäude der Psychoanalyse ruhe (1914, S. 54).

Bereits diese frühe Arbeit exemplifiziert einen Trauma-Begriff, der intrapsychische Verarbeitungsprozesse des Traumatisierten einschließt: „Jedes Ereignis, jeder seelische Eindruck ist mit einem gewissen *Affektbetrag* ausgestattet, von dem sich das Ich selbst befreit, entweder auf dem Wege motorischer Reaktion oder mittels psychischer Assoziationsarbeit. Kann oder will sich das Individuum von diesem ‚Zuviel' nicht freimachen, erlangt die Erinnerung an diesen Eindruck die Bedeutung eines Traumas und wird zur Ursache für dauerhafte hysterische Symptome." Ganz am Schluß erwähnt Freud die „Vorläufige Mitteilung" „Über den psychischen Mechanismus hysterischer Phänomene" (1893 b), die er zusammen mit Josef Breuer im gleichen Jahr veröffentlicht hatte und die bekanntlich das erste Kapitel der zwei Jahre später erschienenen *Studien über Hysterie* bildet.

An diesem kompakten Buch, das erstmals große Krankengeschichten Freuds sowie sein bis dahin elaboriertestes Psychotherapie-Kapitel enthält, möchte ich nun in Stichworten zeigen, was an „Psychologischem", ja Psychoanalytischem bereits etabliert war, ehe er 1896 seine verführungstheoretischen Überlegungen publizierte, also jenes Zwischenstück seines Nachdenkens über die Neurosenentstehung, das ein Jahr darauf dem vermeintlichen „Sturz aller Werte" zum Opfer fiel. Dabei über-

springe ich andere bedeutsame Texte zur Ätiologie. Das scheint nicht nur aus Zeitgründen gerechtfertigt: Freud selbst hat die *Studien über Hysterie* retrospektiv als
das „erste Stadium" (1974, S. 176) seiner Lehre bezeichnet.

Richtet man den Blick auf die dargestellte Behandlungstechnik, so kann man feststellen, daß die beiden markantesten „analytischen" Formen, die uns die *Studien* vor
Augen führen, nämlich Breuers kathartische Methode und Freuds Konzentrations-
bzw. Drucktechnik, eingebettet sind in ein kurioses Gemisch der verschiedenartig-
sten therapeutischen Bemühungen von herkömmlichen hausärztlichen Verrichtun-
gen bis zu Eingriffen in die Alltagsgestaltung der Patientinnen. Und doch lassen sich
in diesem Wirrwarr von suggestiven und intrusiven Interventionen Keime der klassischen psychoanalytischen Technik ausmachen, und zwar desto häufiger und deutlicher, je mehr die Verwendung von Hypnose und Suggestion zurückgedrängt
wurde und die Haltung des geduldigen Zuhörens, im Sinne einer Vorform der
gleichschwebenden Aufmerksamkeit, sich konsolidierte. Die Produktivität des frei-
en Assoziierens wird, wenn auch noch nicht theoretisch erkannt, so doch von den
Patientinnen unmittelbar vorgeführt. Was die Nähe zur psychoanalytischen
Behandlungstechnik aber vor allem bewirkt, ist die genaue Beobachtung und weit
fortgeschrittene theoretische Reflexion des Phänomens Widerstand. Noch heute ist
es fesselnd nachzulesen, wie das Konzept der Übertragung, jenes zweiten Grund-
pfeilers des psychoanalytischen Verfahrens, Freud auf den allerletzten Seiten des
Buches zu dämmern beginnt.

Auf der Ebene der Theorie sind in den *Studien über Hysterie* die Gegenüberstellung von bewußten und unbewußten Vorstellungen sowie die Beschreibung des
dynamischen Kräftespiels zwischen beiden Bereichen fraglos Grundthemen des
Buches, entfaltet auf der Basis zumindest einer Theorieahnung vom psychischen
Konflikt. Unmittelbar damit verknüpft ist die nun noch weiter vorangetriebene
Untersuchung des Mechanismus der Verdrängung, überhaupt der Abwehr. Zwar
liegt in den ätiologischen Überlegungen das Schwergewicht noch auf den Traumen,
wobei wiederum psychische Verarbeitungsprozesse einen integralen Bestandteil
bilden; die Beteiligung von Triebmomenten schimmert aber an vielen Stellen bereits
durch. Angeregt durch ihr Nachdenken über den Zustand des Hypnotisiertseins,
lenken Freud und Breuer das Augenmerk immer wieder auf den Traum. Das heißt,
der für die spätere Psychoanalyse charakteristische Anspruch, eine Psychologie
sowohl des normalen als auch des pathologischen Seelenlebens zu sein, wird signalisiert.

Der in den *Studien über Hysterie* enthaltene Reichtum an „Psychologischem"
bzw. Psychoanalytischem bezieht sich jedoch nahezu ausschließlich auf das Seelen-

leben des *Erwachsenen*. Wie ihre Zeitgenossen, ahnten Breuer und Freud noch kaum etwas von der spontanen, eigenständigen Kraft, der archaischen Leidenschaftlichkeit, der so erschreckenden wie faszinierenden Fremd- und Andersartigkeit im Denken und Fühlen des Kindes. Die sogenannte „Verführungstheorie", die im Anschluß an die in den *Studien über Hysterie* dargelegte ätiologische Formel entstand, hatte, retrospektiv gesehen, eine Brückenfunktion. Als Freuds Patienten Mitte der neunziger Jahre gehäuft von sexuellen Verführungserlebnissen in der Kindheit zu erzählen begannen, glaubte er den Schlüssel zur Erklärung für die dominante Bedeutung des Sexuellen in den Krankengeschichten gefunden zu haben. Zugleich schärfte sich sein Wahrnehmungsvermögen für die Kindheit des Menschen und vor allem für Eigenart und Persistenz des Infantilen.

Da freilich auch die Verführungstheorie komplexer ist als in der Regel angenommen, sei sie kurz skizziert. Dies könnte anhand der offiziellen Texte, also der drei 1896 publizierten Aufsätze zur Verführungstheorie, geschehen (1896 a, 1896 b, 1896 c); da wir uns hier aber mit den Fließ-Briefen befassen, will ich diese schroffere Urschrift der damaligen Theoriebildung als Basis für meine Rekonstruktion nehmen. Wie dort Schritt für Schritt zu verfolgen, maß Freud nun eine Weile den in der Kindheit erlittenen sexuellen Erlebnissen in der Verursachung der Neurosen immer größere Bedeutung bei. Nach seiner damaligen, durchaus konventionellen Auffassung war das noch nicht geschlechtsreife Kind spezifisch sexueller Reizungen, Empfindungen und Vorstellungen unfähig, insofern „unschuldig". Wird es von einem Erwachsenen oder einem älteren Kind zum Opfer einer Sexualszene gemacht, so kann es dieses Erlebnis psychisch nicht verarbeiten. Es erschrickt. Wenn mit der Pubertät ein weiteres Erlebnis erfolgt, welches geeignet ist, durch assoziative Verknüpfung die Erinnerung an das erste Erlebnis zu wecken und diesem nun die Wucht der sexuellen Bedeutung zu verleihen, wird der Verdrängungsmechanismus – *nachträglich* – in Gang gesetzt. Das heißt, die diesmal durch die Erinnerung endopsychisch bewirkte Reizüberflutung erzwingt die Abwehr. So gesehen wirkt die nach der sexuellen Reifung auftauchende Erinnerung ungleich stärker erregend, insofern traumatischer als seinerzeit das vor der Pubertät erlebte Ereignis selbst. Solange die Abwehr aufrechterhalten werden kann, gleicht der Zustand freilich noch immer weitgehend dem der Gesundheit. Erst das Mißlingen der Abwehr im Falle späteren Konflikts eröffnet den Ausweg der psychoneurotischen Symptombildung.

Das heißt – und dies sei wiederum unterstrichen: Freud denkt sich auch in dieser neuen Version seiner ätiologischen Theorie die pathogene Wirkung nicht als über einen simplen Reiz-Reaktions-Mechanismus spontan zustande gekommen.

Vielmehr sieht er eine zweiphasige Pathogenese, in deren Zentrum – neben der sexuellen Verführung – die Verdrängung steht. Es handelt sich also noch deutlicher als zuvor um einen psychologisierten Trauma-Begriff und ein ätiologisches Modell, in welchem die innerseelische Verarbeitung eines realen sexuellen Erlebnisses von ausschlaggebender Bedeutung für das Entstehen oder eben auch Nichtentstehen von Symptomen ist. Diese Komplexität, aus der ein entsprechend komplexer psychoanalytischer Realitätsbegriff resultiert, ist übrigens von Jeffrey Masson (1984) und denen, die vor Jahren die Verführungstheorie gegen die Psychoanalyse auszuspielen suchten, schlichtweg unterschlagen worden – wohl im Vertrauen darauf, daß heutzutage kaum noch jemand nachzulesen bereit ist, was in Freuds Texten wirklich steht. Eine solche Lektüre hätte die lärmende Attacke, weil ersichtlich gegen ein selbst aufgestelltes Potemkinsches Dorf gerichtet, sogleich ad absurdum führen können.

Wie und warum Freud damals an seiner Verführungstheorie zu zweifeln begann, hat er in dem eingangs in Auszügen zitierten „Widerrufsbrief" ja im einzelnen begründet. Wenn er sich wundert, daß er angesichts des „Sturzes aller Werte" nicht ein Gefühl der Niederlage, sondern eher eines des Sieges empfinde, so können wir im Rückblick sagen, daß sich dies wohl auf die Fähigkeit bezog, in dieser kritischen Phase seiner Theoriebildung, die phantasierten Mitteilungen seiner Patienten nicht enttäuscht als Lügen beiseite zu schieben, sondern ihnen die gleiche Würde wie Berichten über materielle Realität zuzusprechen. Er nahm diese wiederkehrenden Phantasiekonfigurationen zum Anlaß einer abermaligen und in gewisser Weise tatsächlich grundstürzenden Metamorphose seiner ätiologischen Theorie.

Auf die Entdeckung des so andersartigen archaischen Infantil-Seelischen fühlte er sich vorbereitet, weil inzwischen zwei bisher relativ unabhängig verfolgte Forschungsaktivitäten in den Hauptstrom seines ätiologischen Nachdenkens eingemündet waren: seine Untersuchungen des Traums und seine zur rigorosen Selbstanalyse gesteigerten Selbstbeobachtungen. Vor dem Hintergrund eines sich erweiternden Begriffs von Sexualität erkannte er nun – und dies war tatsächlich etwas revolutionär Neues – das spontane Sexualleben des Kindes, die verschiedenen Phasen der Libidoentwicklung entsprechend der ihnen zugeordneten erogenen Körperzonen sowie die Struktur des Ödipuskomplexes. Weil die Psychoneurose – via Regression – von den Gesetzmäßigkeiten des unbewußten Seelenlebens und den bisher massiv abgewehrten Frühstadien der psychischen Ontogenese mehr verrät als die Normalverfassung des erwachsenen Menschen, erwies sie sich ihm als Einstiegsluke in eine neue allgemeine, also normale *und* pathologische seelische Phänomene umfassende Psychologie. Anders ausgedrückt: die ätiologische Formel der Psychoneurosen erweiterte sich zur anthropologischen Formel für ein neues Verständnis der Conditio humana.

III.

In den Fließ-Briefen ist nachzulesen, wie sehr Freud von dieser Ausdehnung seiner Funde selbst überrascht wurde. Worauf er gestoßen war, entsprach gewiß nicht seinem in vieler Hinsicht konventionell-bürgerlichen Geschmack. Spontan hätte er seinerzeit wahrscheinlich lieber am Klischee des „unschuldigen" Kindheitsparadieses, der harmonischen Eltern-Kind-Beziehung und vor allem an dem beruhigenden Vorhandensein einer klaren Grenze zwischen seelischer Gesundheit und Krankheit festgehalten.

Das Trauma-Modell hätte dies zugelassen: in Gestalt der Verführungstheorie handelt es von jenen Bedauernswerten, sozusagen jenen ganz anderen, deren Eltern, Geschwister oder sonstige Verwandte und Pflegepersonen sich an ihnen, als sie Kinder waren, vergangen und damit erst die Möglichkeit einer Entgleisung ihrer seelischen Entwicklung geschaffen hatten. Schließlich wußte man seit langem, daß es derartige Übergriffe gab. Freud hatte mit der Verführungstheorie lediglich einen Lichtkegel auf die krankmachenden Auswirkungen solcher Attacken gerichtet. Hingegen bestand das Skandolon der eigentlich psychoanalytischen ätiologischen Formel – nennen wir sie der Einfachheit halber „Trieb-Modell" – darin, daß sie von *jedermann*, also auch von uns selbst handelt: von der Tatsache unserer eigenen archaischen infantilen Eroberungs- und Todeswünsche, von der Unentrinnbarkeit unserer im Körper verankerten Triebnatur, von unser aller gefährdeten psychischen Struktur, welche aufgrund ihrer komplexen Entwicklungsgeschichte die Anknüpfungspunkte für Neurose, Psychose und Perversion untilgbar in sich trägt.

Freud gab sich über die abstoßende Wirkung der Funde, auf denen sein Trieb-Modell beruht, keinerlei Illusion hin. Im Kontext der Analität bezeichnete er seine Forschungen damals in den Fließ-Briefen rundweg als „Schweinereien", als „Dreckologie". Offensichtliches eigenes Angewidertsein witzelnd umschreibend, teilte er dem Freund Ende Dezember 1897 mit: „Ich kann Dir kaum ausführen, was sich mir alles (ein neuer Midas!) in – Dreck auflöst. Es stimmt ganz zur Lehre vom innerlichen Stinken." (S. 314.) Meines Erachtens schuf sich Freud gegen die zehrende Versuchung, zum Trauma-Modell zurückzukehren, ein intellektuelles Bollwerk, indem er den gewiß großen Unterschied zwischen den beiden sukzessiven Versionen seiner ätiologischen Formel, dem Trauma-Modell in Gestalt der Verführungstheorie und dem Trieb-Modell, tendenziell zum Antagonismus überzeichnete. Wer könnte es sich schon leisten, hinter einen „Sturz aller Werte" zurückzugehen! Indem er sich auf diese Weise durch massive Gegenbesetzung vom angeblich in toto irrigen Trauma-Modell wegkatapultierte, gewann er in seiner kreativen Ökonomie den Schwung, sich gegen eigenes Widerstreben auf das Trieb-Modell zuzubewegen.

Freud hat diese Überzeichnung übrigens nicht nur im „Widerrufsbrief" vorgenommen, also in einem privaten Dokument, dem man dramatisierende Rhetorik zubilligen mag, welche dann freilich nicht ohne weiteres wörtlich genommen werden dürfte. Auch in seinen veröffentlichten Schriften hat er jene Phase seines ätiologischen Denkens zuweilen ähnlich charakterisiert. Ich zitiere nur die bekannteste dieser irritierend vereinfachenden Retrospektiven, die 1925 in der *„Selbstdarstellung"* gegebene. Es heißt dort: „Ehe ich weiter in die Würdigung der infantilen Sexualität eingehe, muß ich eines Irrtums gedenken, dem ich eine Weile verfallen war und der bald für meine ganze Arbeit verhängnisvoll geworden wäre. Unter dem Drängen meines damaligen technischen Verfahrens reproduzierten die meisten meiner Patienten Szenen aus ihrer Kindheit, deren Inhalt die sexuelle Verführung durch einen Erwachsenen war. [...] Ich schenkte diesen Mitteilungen Glauben und nahm also an, daß ich in diesen Erlebnissen sexueller Verführung in der Kindheit die Quellen der späteren Neurose aufgefunden hatte. [...] Als ich dann doch erkennen mußte, diese Verführungsszenen seien niemals vorgefallen, seien nur Phantasien, die meine Patienten erdichtet, [...] war ich eine Zeitlang ratlos. [...] Als ich mich gefaßt hatte, zog ich aus meiner Erfahrung die richtigen Schlüsse, daß die neurotischen Symptome nicht direkt an wirkliche Erlebnisse anknüpften, sondern an Wunschphantasien, und daß für die Neurose die psychische Realität mehr bedeute als die materielle. [...] Nach der Aufhellung des Irrtums war der Weg zum Studium des infantilen Sexuallebens frei." (1925, S. 59 f.)

Was Freud im privaten Brief „Sturz aller Werte" nennt, heißt in den veröffentlichten Texten also „Irrtum". In Wirklichkeit bestand der Irrtum allenfalls in der Allgemeingültigkeit, die er der realen Verführung im Hinblick auf die Neurosenentstehung eine Zeitlang zugemessen hatte. Das war sozusagen der einzige Wert, der de facto zu stürzen war. Durch diesen Sturz allerdings entstand erst der Freiraum für die Erforschung des archaisch Infantilen und der konstitutiven Bedeutung der kindlichen Phantasien und Wünsche für die Gestaltung der inneren Welt wie der Neurosen. Oder anders gesagt: die *Drei Abhandlungen zur Sexualtheorie* von 1905 hätten ohne den Sturz dieses Wertes nicht geschrieben werden können. Und insofern war durchaus etwas ganz und gar Neues geschehen. Ansonsten blieb alles bis dahin erarbeitete „Psychologische" bzw. Psychoanalytische tatsächlich untangiert, darunter zumal die Konzepte des Unbewußten, der Verdrängung, des Widerstands, der Übertragung sowie das keimende Verständnis des Traums.

Als Freud eine seiner Hauptschriften zur Verführungstheorie, nämlich „Weitere Bemerkungen über die Abwehr-Neuropsychosen" von 1896, ein Menschenalter später, 1924, in seine *Gesammelten Schriften* aufnahm, fügte er eine korrigierende Fußnote hinzu, in der er zwar auch von „Irrtum" spricht, aber differenzierend ergänzt: „Doch ist nicht alles im obigen Text Enthaltene zu verwerfen; der Verführung bleibt eine gewisse Bedeutung für die Ätiologie gewahrt [...]" (1896 b, S. 385, Anm. 1). Schon in den *Vorlesungen zur Einführung in die Psychoanalyse* von 1916/17 hatte er zu verstehen gegeben, daß von einer eigentlichen Verwerfung der Verführungstheorie nicht die Rede sein könne; denn in schöner Lakonie stellt er fest: „Es gibt Fälle, in denen das ganze Schwergewicht der Verursachung auf die Sexualerlebnisse der Kindheit fällt, in denen diese Eindrücke eine sicher traumatische Wirkung äußern und keiner anderen Unterstützung dabei bedürfen, als ihnen die durchschnittliche Sexualkonstitution und deren Unfertigkeit bieten kann" (1916/17, S. 378 f.).

Aber Freud wußte nun, daß die von außen kommende Attacke keine notwendige determinierende Bedingung für eine Erkrankung ist, sondern daß diese ebenso vorwiegend durch innere Verursachungsketten zustande kommen kann. Wie dargelegt, hat Freud dieses Sicherergänzen der beiden ätiologischen Auffassungen schon in den neunziger Jahren praktiziert. Dabei erfolgte die Beschäftigung mit den traumatischen Aspekten der Pathogenese leise, im Hintergrund, fast im Verborgenen, wohingegen die Trieb- und Konfliktaspekte von nun an demonstrativ, im Vordergrund, erörtert werden. Es ist, als hätte Freud ständig darüber wachen müssen, daß letztere nicht erneut dem Nicht-Wahrgenommenwerden anheimfallen. Er schwor sich selbst und seine Schüler gleichsam darauf ein, die von ihm entdeckte düstere Innenwelt des Menschen und die sie beherrschenden fremdartigen Gesetzmäßigkeiten unbeirrt im Zentrum der Aufmerksamkeit zu halten.

IV.

Desungeachtet hat Freud zeit seines Lebens immer wieder versucht, das Trauma-Modell in seine ätiologischen Überlegungen einzubeziehen. Weil er dies aber, auch nach der Jahrhundertwende, eher unauffällig tat, erschließt sich dieser Strang seines Denkens tatsächlich nur der geduldigen Lektüre seiner Texte. Bezeichnenderweise intensivierte sich seine integrative theoretische Anstrengung immer dann, wenn er selbst unter dem Eindruck traumatischer historischer Ereignisse stand: beispielsweise 1915, angesichts der Schrecken des Ersten Weltkriegs, in der letzten seiner zwölf metapsychologischen Abhandlungen, der „Übersicht der Übertragungsneurosen" (1985). In der dort ausgearbeiteten sogenannten „phylogenetischen Konstruktion", einem bereits in *Totem und Tabu* erörterten Thema, versuchte Freud, sich die traumatischen Ereignisse in der Urhorde, also in der Prähistorie der Spezies Mensch auszudenken, die sich, auf neolamarckistischem Vererbungswege, in jenen stereotypen „Urphantasien" niedergeschlagen haben könnten, denen er, als einer „archaischen Erbschaft", in der aktuellen klinischen Arbeit mit seinen Patienten begegnete. Offenbar bemühte er sich in dieser umstrittenen, wissenschaftlich nicht haltbaren Konstruktion, sein Trieb-Modell mit Elementen des Trauma-Modells zu untermauern. Allerdings geht es bei den Erlebnissen, die der Urmensch laut Freuds Konstruktion durchgemacht haben soll, nicht mehr primär um sexuelle Verführung wie seinerzeit in der Verführungstheorie, sondern eher um mörderische Gewaltanwendung, um so etwas wie einen Mythos von der menschlichen Aggression. Der Trauma-Begriff ist jedenfalls weiter gefaßt. Vereinfachend ausgedrückt: die traumatische Realerfahrung der frühen Freudschen Auffassung von der Hysterie-Ätiologie erscheint in der voll entfalteten psychoanalytischen Theorie in die stammesgeschichtliche Vorzeit zurückverlegt.

Gleichfalls unter den Auswirkungen des Ersten Weltkriegs hat Freud auch in den *Vorlesungen zur Einführung in die Psychoanalyse* von 1916/17 Versuche einer Integration von Trauma-Modell und Trieb-Modell unternommen. Besonders die 22. und 23. Vorlesung über die Gewichtungen der ätiologischen Momente, also über die Ergänzungsreihen innerer und äußerer Faktoren, seien zur Lektüre empfohlen. Die erneut zwiespältig vorgetragene Erörterung des Traumas, diesmal innerhalb der Ontogenese zurückverfolgt bis in früheste prägenitale Stadien, etwa am Beispiel des Abstillens, nimmt einen herausragenden Platz ein. Zwar behandelt Freud hier die traumatischen Neurosen, in Gestalt der damals aktuellen Kriegsneurosen, noch auf einer von der Psychoanalyse getrennten Denklinie. Wer aber in der 23. Vorlesung das graphische Schema der ätiologischen Formel aufmerksam studiert, wird feststellen, daß der traumatische Gesichtspunkt sozusagen an allen Enden in das Verursachungsdiagramm eingearbeitet ist.

Unsere moderne, die Abgrenzung von traumatischen und Übertragungsneurosen relativierende Ansicht vorwegnehmend, schreibt Freud in seiner Einleitung zu dem 1919 erschienenen Sammelband *Zur Psychoanalyse der Kriegsneurosen*: „In den traumatischen und Kriegsneurosen wehrt sich das Ich des Menschen gegen eine Gefahr, die ihm von außen droht [...]; bei den friedlichen Übertragungsneurosen wertet das Ich seine Libido selbst als den Feind, dessen Ansprüche ihm bedrohlich scheinen. [...] Die theoretischen Schwierigkeiten, die einer [...] einigenden Auffassung im Wege stehen, scheinen nicht unüberwindlich; man kann doch die Verdrängung, die jeder Neurose zugrunde liegt, mit Fug und Recht als Reaktion auf ein Trauma, als elementare traumatische Neurose bezeichnen." (1919, S. 324.)

Ein ähnlicher Integrationsversuch findet sich in *Jenseits des Lustprinzips* von 1920. Noch immer unter dem Eindruck der Kriegsneurosen bemüht sich Freud hier, den für die Verarbeitung von traumatischen Erlebnissen typischen Rhythmus mit dem Begriff des „Wiederholungszwangs" zu erfassen. Die Notwendigkeit solcher Verarbeitung entstehe durch die vorhergehende traumatische Durchbrechung eines sonst wirksamen seelischen Reizschutzes. Reizüberflutung könne durch äußere Ereignisse am Wahrnehmungsende des Körpers zustande kommen, aber ebenso durch triebhafte Erregungen von innen ausgelöst werden. Das Mißlingen der psychischen Bindung solcher endogen erzeugten Reizüberflutung rufe eine der durch Überflutung von Außenreizen verursachten „traumatischen Neurose analoge Störung" (1920, S. 36) hervor. So gesehen können wir das Konzept des „Wiederholungszwangs" wie das der „Urphantasien" als Kopplungsbegriffe zwischen Trauma-Modell und Trieb- bzw. Konflikt-Modell auffassen.

Nach Hitlers Machtergreifung, in der traumatischen Erfahrung des Ausgeliefertseins an die Nazi-Verfolgung, im sich abzeichnenden Schatten des Zweiten Weltkriegs und des Genozids hat Freud in seinem Buch *Der Mann Moses und die monotheistische Religion* einen letzten entschlossenen Versuch unternommen, Trauma-Modell und Trieb-Modell zu verbinden. In der dritten Moses-Abhandlung rechnet er, wiederum im Unterschied zur einstigen Verführungstheorie, zu den ätiologischen Traumen nun aber nicht nur massive „Eindrücke sexueller und aggressiver Natur", also überwältigende Erlebnisse, sondern auch „frühzeitige Schädigungen des Ichs (narzißtische Kränkungen)" (1939, S. 179). Im Zentrum der Pathogenese könne sogar „nur eine frühere Affektbeziehung" (S. 180) stehen, deren beeinträchtigende Wirkungen, so können wir ergänzen, sich via identifikatorischer Prozesse in bleibenden Ichveränderungen niederschlügen. Dies sind Formulierungen, die sich ohne weiteres mit den neueren psychoanalytischen Theorien zur Genese der narzißtischen und der Borderline-Störungen infolge traumatisierender früher Objektbeziehungen vertragen.

Freud hat diese Versuche, die traumatischen Momente in seine ätiologische Theorie einzuarbeiten, übrigens nicht allein angesichts traumatischer historischer und politischer Lebensumstände unternommen, sondern auch im Hinblick auf die von ihm immer wieder betonte extreme Hilflosigkeit und mithin hochgradige Traumatisierbarkeit des sehr jungen Kindes. Insofern verstand sich das Traumatische für ihn immer von selbst. Trotzdem hat er aber offenbar lebenslang die Einstellung beibehalten, die sich in der Fließ-Periode, nicht zuletzt im Kampf gegen eigene Widerstände, gebildet hatte – die Befürchtung nämlich, das dem Common sense nähere und deshalb vergleichsweise eingängige und gefällige Trauma-Modell könne das radikal neue, dauerhaft unliebsame, schwierigere und unwahrscheinlichere Trieb- bzw. Konflikt-Modell gefährden. Jedenfalls vermochte er alle eigenen Versuche einer Integration beider Verursachungsketten nicht anders als konflikthaft zu unternehmen, behindert durch Ambivalenz. Wer in der Neurosenätiologie die Aufmerksamkeit auf die äußeren, die traumatischen Faktoren lenkt, öffnet, so ließe sich Freuds Sorge pointiert zusammenfassen, wissentlich oder unwissentlich eine Ausstiegsluke aus jener unwirtlichen, fremdartigen, unser Fühlen, Denken und Handeln in kränkender Weise beherrschenden Innenwelt, deren systematischer Entdecker er in den neunziger Jahren geworden war. Auf diesem Kongreß wird ja vielleicht deutlich werden, daß ein Teil der aktuellen Diskussion über die Folgen sexuellen Kindesmißbrauchs diese Freudsche Sorge bestätigt.

Jedenfalls hat Freud in Auseinandersetzungen mit Schülern und Mitarbeitern diese Sorge immer wieder vorgebracht, zumal gegenüber Sándor Ferenczi und Otto Rank. Als Otto Rank 1924 seine Theorie des Geburtstraumas bekanntmachte, hat Freud zunächst fasziniert reagiert, freilich in einem noch nicht publizierten Brief an Ferenczi vom 26. März 1924 alsbald sein Bedenken formuliert, „daß unser kunstvoller ätiologischer Bau durch das plumpe Trauma der Geburt abgelöst werden sollte". Offensichtlich übten Traumatheorien spontan noch immer große Anziehung auf ihn aus, so daß er sich im zweiten Schritt dann um so vehementer davon distanzieren mußte, wie einst in den neunziger Jahren beim angeblichen „Sturz aller Werte" von der eigenen Verführungstheorie.

V.

Auch in den späteren Psychoanalytiker-Generationen hat Freuds Ambivalenz gegenüber einer Integration der traumatischen Elemente in die ätiologische Theorie nachgewirkt. Noch in den siebziger Jahren konnte man hierzulande den Eindruck gewinnen, daß in Theorie wie Therapie einzig die Berücksichtigung der Triebmomente, der phasenspezifischen Phantasien und Wünsche, also der intrapsychischen Konflikte, als genuin „psychoanalytisch" angesehen wurde. Wer Außenwelteindrücke, das Ich des Patienten mutmaßlich überfordernde, also traumatisch wirkende Realerlebnisse oder kumulativ beeinträchtigende Objektbeziehungen zu bedenken gab, sah sich unversehens dem Vorwurf ausgesetzt, eine den

analytischen Einsichtsgewinn hemmende Abwehrbewegung des Patienten mitzu-
vollziehen. Meines Erachtens hat nicht zuletzt dieses Mißverstehen der Freudschen
Betonung der Phantasie-Momente es den deutschen Psychoanalytikern erleichtert,
die seelischen Auswirkungen des Extremtraumas Holocaust so total und so lange,
eigentlich bis zur Bamberger Arbeitstagung der Mitteleuropäischen Psychoanalytischen Vereinigungen von 1980, zu verleugnen, und zwar trotz der Tatsache, daß
Alexander und Margarete Mitscherlich schon in den sechziger Jahren ihr Buch über
Die Unfähigkeit zu trauern veröffentlicht hatten und daß auf internationaler Ebene
Psychoanalytiker bereits seit längerem klinische Erfahrungen mit diesen Nachwirkungen sammelten und publizierten.

So war es damals möglich, als junger Analytiker als einen der ersten Fälle einen
Analysanden aus der zweiten Generation von Auschwitz-Überlebenden mit der
Diagnose „Hysterie" überwiesen zu bekommen, jedoch ohne den geringsten
Hinweis auf die Denk-, Verstehens- und Sprachnot, in die man geraten würde,
sofern man bereit war, der Wucht der Holocaust-Nachwirkungen in der gemeinsamen Arbeit nicht auszuweichen, die Einfühlung bezüglich des transgenerationell
vermittelten Traumas also nicht zu verweigern. Mir selbst ist das so passiert. Und
ich fühlte mich in dieser Arbeit zunächst sehr alleine, bis einige Kollegen, die
gleichfalls mit jungen Erwachsenen arbeiteten, deren Eltern Überlebende von
Konzentrationslagern oder in anderer Weise durch das NS-Regime schwer Traumatisierte gewesen waren, eine Arbeitsgruppe bildeten. Die Supervision dieser
Gruppe übernahm seinerzeit Lutz Rosenkötter, der die Zentrierung der Aufmerksamkeit auf die Folgen des Extremtraumas nicht nur im Hinblick auf die Kinder
der Opfer förderte, sondern in Pionierarbeit – denn es ist daran zu erinnern, daß
wir die allerersten Schriften zu diesem Thema ihm verdanken – auch bezüglich der
Kinder der Täter. In unserem Bemühen, uns der Wahrnehmung des Extremtraumas zu stellen, nicht zuletzt hinsichtlich der historischen Fakten die Einzelheiten
genau wissen zu müssen, bewegten wir uns auch in unseren ätiologischen Überlegungen eine Weile sozusagen ganz und gar auf der Trauma-Seite.

Als 1977 auf dem Kongreß der Internationalen Psychoanalytischen Vereinigung
in Jerusalem Martin Bergmann, Judith Kestenberg und Milton Jucovy erstmals
einen Workshop über ihre Arbeit mit Analysanden aus der zweiten Generation der
Überlebenden veranstalteten, ging ich dorthin. Damit begann eine Zusammenarbeit, über die ich nun nicht im einzelnen berichten kann; vielleicht mag hier aber
von Interesse sein, daß man in der Bergmann-Gruppe hinsichtlich eines theoretischen Verständnisses der ätiologischen Bedeutung des Extremtraumas unter anderem die in meinem heutigen Vortrag beschriebenen frühen Hysterie-Konzepte

Freuds neu diskutierte. Jetzt nur noch ein Hinweis auf das, was mir aus den später in New York und Frankfurt fortgesetzten Falldiskussionen mit Martin und Maria Bergmann und den Mitarbeitern ihrer Gruppe am lebhaftesten in dankbarer Erinnerung geblieben ist: Einerseits bestand waches Bewußtsein für die exorbitante Spezifität des Extremtraumas Holocaust; man wußte, daß in den Konzentrationslagern ein psychotischer Kosmos buchstäblich und systematisch in Wirklichkeit umgesetzt worden war und daß dies auf Dauer und bis in die Tiefe der menschlichen Kommunikations- und Symbolisierungsfähigkeit zerrüttende Folgen gehabt hat, die nicht zuletzt in Übertragung und Gegenübertragung an spezifischen Phänomenen kenntlich wurden. Aber man konnte an das klinische Material zugleich die gewissermaßen „normalen" Fragen stellen. Wie hatte sich die Holocaust-Thematik mit der reifungsgesteuerten infantilen Thematik verhakt? Wo also waren die phasenspezifischen Phantasien und Triebkonflikte geblieben, wie war diese oder jene Entwicklungspassage, etwa die Separation in der Adoleszenz, gemeistert worden, bzw. wo war dies eine Aufgabe der gemeinsamen analytischen Arbeit geblieben? Das heißt: ich begegnete Kollegen, deren große Integrationsleistung vorbildhaft wirkte, die sogar angesichts des Extremtraumas Holocaust und in der Zusammenarbeit mit einer deutschen Kollegin in genuin psychoanalytischer Weise sowohl Trauma- als auch Trieb- bzw. Phantasie- und Konfliktaspekte in ihre ätiologischen Überlegungen einbeziehen konnten, und dies alles in einem heute so selten gewordenen und für das Fortbestehen der Psychoanalyse zugleich so unentbehrlichen Klima selbstverständlicher Humanität.

Zum Schluß: Ich habe nicht widerstehen können, meinen eigentlich wissenschaftsgeschichtlichen Vortrag, mit dem ich an die Differenziertheit des Freudschen Denkens erinnern wollte, mit einem Gegenwartsexkurs zu schließen. Damit sollte nicht nur angedeutet werden, wie Freuds Fragestellungen und Ambivalenzen uns noch in unserer aktuellen Arbeit begleiten, sondern ich wollte auch meiner Freude darüber Ausdruck geben, daß es gelungen ist, für einen Kongreß zum Thema „Trauma und Konflikt" zwei so außerordentliche, so erfahrene Psychoanalytiker wie Martin und Maria Bergmann als Redner zu gewinnen.

Literatur

Freud, S. (1891): Zur Auffassung der Aphasien. Eine kritische Studie. Leipzig und Wien (Deuticke). (Neuausgabe: Frankfurt/M., Fischer Taschenbuch Verlag 1992).

Freud, S. (1893 a): Quelques considérations pour une étude comparative des paralysies motrices organiques et hystériques. GW, Bd. 1, S. 39-55.

Freud, S. (1893 b) (zus. mit Breuer, J.): Über den psychischen Mechanismus hysterischer Phänomene. Vorläufige Mitteilung. GW, Bd. 1, S. 81-98.

Freud, S. (1895) (zus. mit Breuer, J.): Studien über Hysterie. GW, Bd. 1, S. 75-312; GW, Nachtragsband, S. 217-310.

Freud, S. (1896 a): L'hérédité et l'étiologie des névroses. GW, Bd. 1, S. 407-422.

Freud, S. (1896 b): Weitere Bemerkungen über die Abwehr-Neuropsychosen. GW, Bd. 1, S. 379-403.

Freud, S. (1896 c): Zur Ätiologie der Hysterie. GW, Bd. 1, S. 425-459.

Freud, S. (1905): Drei Abhandlungen zur Sexualtheorie. GW, Bd. 5, S. 29-145.

Freud, S. (1914): Zur Geschichte der psychoanalytischen Bewegung. GW, Bd. 10, S. 44-113.

Freud, S. (1916-17): Vorlesungen zur Einführung in die Psychoanalyse. GW, Bd. 11.

Freud, S. (1919): Einleitung zu: Zur Psychoanalyse der Kriegsneurosen. GW, Bd. 12, S. 321-324.

Freud, S. (1920): Jenseits des Lustprinzips. GW, Bd. 13, S. 3-69.

Freud, S. (1925): „Selbstdarstellung". GW, Bd. 14, S. 33-96.

Freud, S. (1939): Der Mann Moses und die monotheistische Religion. GW, Bd. 16, S. 103-246.

Freud, S. (1974 [1906-1913]) (zus. mit Jung, C. G.): Briefwechsel. Hrsg. W. McGuire, W. Sauerländer. Frankfurt/M.

Freud, S. (1985 [1915]): Übersicht der Übertragungsneurosen. GW, Nachtragsband, S. 634-651.

Freud, S. (1986 [1887-1904]): Briefe an Wilhelm Fließ 1887-1904. Hrsg. J. M. Masson, Bearb. dt. Fassung: M. Schröter, Transk. G. Fichtner. Frankfurt/M. (S. Fischer).

Masson, J. M. (1984): The Assault on Truth. Freud's Suppression of the Seduction Theory. New York (Farrar, Straus and Giroux).

Die Interaktion zwischen Trauma und intrapsychischem Konflikt in der Geschichte der Psychoanalyse[*]

Martin S. Bergmann

In den letzten Jahren kam ich zu der Überzeugung, daß eine umfassendere Kenntnis der Geschichte der Psychoanalyse zu einem besseren Verständnis der gegenwärtigen Unterschiede innerhalb der Psychoanalyse beitragen kann (Bergmann 1993, 1996a,1996b,1997). Abgesehen vom gesellschaftlichen Wert ist dieses Bemühen sehr anregend, und ich hoffe, daß ich Ihnen vermitteln kann, wie aufregend eine solche Sichtweise auf unsere Geschichte sein kann.

Wenn man die Thematik Trauma unter einer historischen Perspektive betrachtet, kann man neun Perioden unterscheiden. Ich will diese zuerst aufzählen und anschließend erläutern.

1. Periode

1895: Breuers und Freuds „Studien zur Hysterie", in denen Freud meinte, daß Neurosen bei Erwachsenen auf sexuelle Verführung in der Kindheit zurückzuführen seien. Für Breuer und Freud war sexuelle Traumatisierung während der Kindheit *die* Ursache der Hysterie schlechthin; sie beschrieben die Hysterikerinnen als Menschen, die an Erinnerungen litten, oder, wie sie später formulierten, als traumafixiert; im Gegensatz dazu hatte der Berufsstand der Psychiater große Schwierigkeiten, die Vorstellung zu akzeptieren, daß ein Ereignis in der Realität tiefgreifend und andauernd die menschliche Seele verändern kann (van der Kolk, Weisaeth, van der Hart 1996).

2. Periode

1900: Als Freud erkannte, daß Phantasien und Erinnerungen ineinander verwoben und oft schwer auseinanderzuhalten sind.

---

[*] (übersetzt aus dem Amerikanischen v. Juliane Bründl, München)

3. Periode

1914: Die Entdeckung der Übertragungsneurose und des Wiederholungszwangs, als Freud erkannte, daß alles, was nicht erinnert wird, entweder innerhalb oder außerhalb der psychoanalytischen Sitzung mittels Handlung wiederholt wird.

4. Periode

1918: Die Veröffentlichung des „Wolfsmannes" (Freud 1918a) und die Entdeckung der traumatischen Kriegsneurosen im Ersten Weltkrieg (Freud 1919).

5. Periode

Die Neuformulierung von 1920 bis 1926. Freuds Annahme (1920), daß der Wiederholungszwang jenseits des Lustprinzips als Ausdruck des Todestriebs wirkt. Die Formulierung im Jahr 1926, daß das Ich unter anderem die Funktion hat, den Menschen vor Traumata zu schützen.

6. Periode

Frühe 30iger Jahre: Die Rolle des Traumas in der Freud-Ferenczi-Kontroverse.

7. Periode

1939: Die Rolle des Traumas in „Der Mann Moses und der Monotheismus".

8. Periode

Nach 1945: Neudefinition von Trauma nach dem Zweiten Weltkrieg.

9. Periode

Nach 1945: Die Auswirkungen des Holocaust.

Weil die Geburtsstunde der Psychoanalyse zwischen den *Studien zur Hysterie* (1895) und der *Traumdeutung* (1900) liegt, wurde dieser Periode sehr große Aufmerksamkeit in der psychoanalytischen Literatur zuteil. Jonathan Lear (1996) erläutertete dazu:

„Die Verführungstheorie in ihrer weitesten Bedeutung handelt nicht von Verführung an sich: Sie beschäftigt sich damit, welche Rolle die ‚Realität' bei der psychologischen Erklärung spielt … Wenn man die Verführungstheorie aufgibt, dann gibt man im Grunde die Idee auf, daß das Benennen eines tatsächlichen Ereignisses am Ende unserer psychologisch erklärenden Aktivität stehen könnte. Wir müssen wissen, wie das Ereignis (oder Nichtereignis) von der Person in ihre innere Vorstellungswelt aufgenommen worden ist" (S. 677).

In seiner Rede vor der Vollversammlung der Amerikanischen Psychoanalytischen Vereinigung führte Lawrence Friedmann 1997 ein subjektives Moment in diese gut bekannte Periode von Freuds Leben ein. Friedmann legte dar, daß Freud während der „kathartischen Periode" auf die Gnade seiner Patienten angewiesen war. Wenn die Übertragung negativ wurde, weigerten die Patienten sich, die Erinnerungen, nach denen gesucht wurde, preiszugeben. Als dann die freie Assoziation eingeführt wurde, war Freuds Berufsehre nicht länger in Gefahr. Alles, was die freie Assoziation ans Tageslicht förderte, war nützlich für die Rekonstruktionen. Freuds Betonung des Widerstandes sah Friedmann im Zusammenhang mit der Ungeduld des Forschers, Entdeckungen zu machen. Die Patienten entwickelten einen Widerstand gegenüber seinen Anstrengungen, die hinter Symptomen oder einer Charakterneurose verborgene Wahrheit zu entdecken. Später sollten Loewald und Kohut eine andere Behandlungstechnik mit geringerer Betonung des Widerstandes entwickeln. Ich möchte in diesem Zusammenhang auch das Konzept des Arbeitsbündnisses (Greenson 1965) erwähnen, das für die Ich-Psychologen so wichtig ist und zugleich auch einen Versuch darstellt, die „gegnerische Natur" der psychoanalytischen Beziehung (wie Friedmann sie nennt) zu mildern.

Hier ist vielleicht der geeignete Moment, jüngere Leser darauf aufmerksam zu machen, welchen Einfluß Kuhns Buch „Die Struktur der wissenschaftlichen Revolutionen" (1962) auf das Denken der Psychoanalytiker meiner Generation ausgeübt hat. Obwohl Kuhn nur über Naturwissenschaften sprach, erkannten wir die Relevanz seiner Ergebnisse für die Psychoanalyse. Unter seinem Einfluß sahen wir den Abfall von Adler, Jung und Rank nicht mehr als „feigen Widerstand" gegen die eine und einzige Wahrheit, sondern eher als Versuch, konkurrierende Paradigmen aufzustellen.

Grubrich-Simitis (1988) spricht davon, daß Freud vom Traumamodell zum Triebmodell übergegangen ist.: „Das Traumamodell setzt die Akzente auf die offensichtlichen Faktoren der äußeren Realität ... das Triebmodell fokussiert auf jene unsichtbaren inneren Faktoren, die tendenziell immer wieder unsere Wahrnehmung verzerren" (S. 12).

Wir sprechen alle von Modellen und sind uns dabei gewöhnlich nicht im klaren, daß diese Metapher Freud und seinen frühen Anhängern nicht zur Verfügung stand.

Nur fünf Jahre liegen zwischen der Veröffentlichung der *Studien zur Hysterie* und der *Traumdeutung*, aber der Unterschied zwischen den beiden Büchern ist enorm. Das erste wurde von Spezialisten der Nervenheilkunde für Fachkollegen geschrieben. Das zweite eröffnete eine Epoche, die gleichzeitig das zwanzigste vom neunzehnten Jahrhundert schied. Die geistigen Ahnen der *Studien zur Hysterie* sind Charcot, Bernheim und andere Ärzte, die an Hysterie interessiert waren. Die Ahnenliste der Psychoanalyse ist länger. Sie umfaßt Sophokles, Plato, Shakespeare, Schopenhauer, Nietzsche, Ibsen und Dostojewski. Ihre Wurzeln sind in der humanistischen Tradition der westlichen Kultur zu suchen. Man ist sich einig, daß der Unterschied zwischen den beiden Büchern das Ergebnis von Freuds Selbstanalyse ist. Freud dämmerte es nur allmählich, wie groß der Unterschied war:

„... wir (wenden) unsere Aufmerksamkeit zuerst dem Stande der Traumlehre zu. ... Diese nimmt in der Geschichte der Psychoanalyse eine besondere Stellung ein, bezeichnet einen Wendepunkt; mit ihr hat die Analyse den Schritt von einem psychotherapeutischen Verfahren zu einer Tiefenpsychologie vollzogen" (Freud 1933, S. 6).

Dieser entscheidende Schritt war verbunden mit Freuds veränderter Einstellung zum Trauma. Es verlor die zentrale Bedeutung, die es während der Breuer-Freud-Periode hatte. Dabei muß betont werden, daß Freud niemals von der Befürchtung loskam, die früheren Theorien würden irgendwann einmal wieder zurückkehren. Diese Furcht erklärt auch Freuds Haltung gegenüber Ferenczi in der Kontroverse, die zwischen den beiden in den dreißiger Jahren ausgetragen wurde (Bergmann 1996 b).

Eine der großen Errungenschaften der Periode zwischen 1900 und 1918 war die Entdeckung, welche Rolle psychosexuelle Fixierungen in den prägenitalen Phasen der Libidoentwicklung spielen. In dieser Zeit klärten Abraham und Freud das Wesen der oralen und der analen Phase. Ihre Anstrengungen gipfelten in Abrahams berühmter Tabelle aus dem Jahr 1924, in der die psychosexuellen Stadien direkt verknüpft wurden mit verschiedenen Krankheitsbildern und Typen der Objektbeziehung. Diese Tabelle blieb eine der Säulen der Psychoanalyse und bildete immer noch das Rückgrat von Fenichels Klassiker aus dem Jahr 1945. Abrahams Tabelle verlor ihre zentrale Stellung erst, nachdem Anna Freud (1965) ihr Konzept der Entwicklungslinien einführte.

Freud analysierte den „Wolfsmann" zwischen 1900 und 1914, obwohl der Fall erst 1918 veröffentlicht wurde (1918 a). Freud schrieb die schwere Neurose des „Wolfsmannes" einem traumatischen Ereignis zu, nämlich daß dieser im Alter von eineinhalb Jahren Zeuge der Urszene war. Das Ereignis wurde jedoch erst zu einem späteren Zeitpunkt für ihn traumatisch. Freud übersah zahlreiche andere pathogene Faktoren im Leben des „Wolfsmannes" (Blum 1977). Ich habe oft über den Stellenwert nachgedacht, den dieser Fall in Freuds Entwicklung bekommen hat. Denn Freud kehrte zu einem Zeitpunkt zur Traumatheorie zurück, als sein Interesse sich bereits ganz auf die innere Realität gerichtet hatte. Die Bedeutung der Urszene ist in der Psychoanalyse doppelsinnig. Genauso wie die Geburt eines Geschwisters ist sie oft traumatisch. Andererseits erfahren die meisten Menschen beides, und die meisten bewältigen diese Ereignisse auch. Warum die Urszene oder die Geburt eines Geschwisters traumatisch wirken, kann nur auf dem Hintergrund der individuellen Lebensgeschichte verstanden werden.

Die Kriegsneurosen des Ersten Weltkrieges zwangen die Psychoanalyse, die Rolle des Traumas neu zu überdenken. In seiner *Einleitung zur Psychoanalyse und die Kriegsneurosen* (1918b) betonte Freud, daß in der Armee eine Regression des Ich-Ideals stattfinde. Diese Regression münde in einen „parasitischen Doppelgänger". Wenn dieser Prozeß mißlinge, beginne das „Friedens-Ich" (Freud 1919, S. 323) zu revoltieren. Dieser Konflikt wurde konzeptionell zwischen dem Selbsterhaltungstrieb und kulturellen Vorstellungen angesiedelt. Zu diesem Zeitpunkt war das Strukturmodell noch nicht entwickelt, und der Konflikt wurde unter topographischem Gesichtspunkt erklärt. Bei traumatischen Neurosen muß der Therapeut nach Freud versuchen, mit der prätraumatischen Persönlichkeit in Kontakt zu kommen. Wenn diesem früheren Ich geholfen werden kann, sich zu stärken, mildert sich die Auswirkung des Traumas. Dieser Umgang mit Traumata hielt sich uneingeschränkt, bis die Arbeit mit Überlebenden des Holocaust offensichtlich werden ließ, daß diese Technik der Aufgabe nicht immer angemessen ist (Bergmann, Jucovy, Kerstenberg 1982, deutsche Übersetzung 1995). Wenn wir heute die Kriegsneurosen studieren, sind für uns nicht so sehr die damaligen Erlebnisse von Interesse, als vielmehr die erstaunliche Tatsache, wie sehr die Pioniere der Psychoanalyse sich den Autoritäten unterwarfen. Der Erste Weltkrieg war ein sinnloser Krieg, der hätte vermieden werden können; und doch hinterfragte keiner der Psychiater, die sich mit Kriegsneurosen beschäftigten, die Position, daß es normal sei, sein Leben für das Vaterland zu opfern, aber ein Zeichen von Pathologie, wenn man sein eigenes Leben schützen will.

Eine neue Phase in Freuds Verständnis von Trauma begann 1920 mit der Neuformulierung der dualen Triebtheorie in *Jenseits des Lustprinzips*. Nun definierte Freud Trauma metapsychologisch: Durch Überstimulierung wird die Reizschranke durchbrochen; je besser das seelische System auf das Trauma vorbereitet ist, mit um so geringer Wahrscheinlichkeit wird das Trauma stattfinden. Träume, in denen das Trauma wiederkehrt, stehen nicht im Dienste des Lustprinzips, sondern zielen darauf, das Trauma rückwirkend zu bewältigen, durch die Entwicklung antizipierender Angst, die nicht vorhanden war, als sich das ursprüngliche Trauma ereignet hatte. So eindrucksvoll die Reizschranke als Begriff war, so wenig hilfreich war sie in der Behandlung.

In jener Arbeit formulierte Freud auch seine Einsicht in eine neue seelische Kraft: den „Wiederholungszwang". Der Wiederholungszwang zielt nicht darauf, dem Individuum Lust zu bereiten, sondern zwingt es dazu, das Trauma immer aufs neue zu wiederholen. Er wirkt jenseits des Lustprinzips. Der Wiederholungszwang wurde von einigen Analytikern (Waelder) als vierte psychische Struktur in Ergänzung zu Ich, Es und Über-Ich gesehen. Andere, insbesondere André Green, verstehen den Wiederholungszwang als Vehikel, mit dem sich das Es darstellt, das ansonsten nicht repräsentiert ist (persönliche Mitteilungen von Waelder und Green). Der Wiederholungszwang ist das Vehikel, mit dem sich das nicht verbalisierbare Trauma ausdrückt. Bei einer traumatischen Neurose kann der Wiederholungszwang zur stärksten antreibenden Kraft, aber auch zum größten Hindernis für die Behandlung werden.

In *Hemmung, Symptom und Angst* (1926) stellt Freud als Wesen der traumatischen Situation die Erfahrung von Hilflosigkeit angesichts unerträglicher Anhäufung von Erregung dar, die entweder aus der äußeren oder inneren Welt stammt. Nun konzeptualisierte er das Ich als seelische Struktur, die den Menschen vor dem Trauma schützt.

Meine Arbeit hat mir nur allzuoft gezeigt, daß Analysanden mit einem mächtigen Wiederholungszwang zumindest teilweise erfolgreich sind. Sie ermüden ihre Therapeuten und bringen die Behandlung zu einem Stillstand. Der Patient, dem es so gelingt, seinen Therapeuten zu schlagen, fühlt sich in der Regel wegen seiner erfolgreichen Aggression schuldig; und dieser „Erfolg" wiederum verschlimmert seine Erkrankung. Auch wenn die Behandlungen nicht mißlingen, so wird doch ein Gleichgewicht erreicht, in dem weder die Lebenskräfte noch die Todeswünsche obsiegen. Sackgassen in der Behandlung zeigen solch ein Gleichgewicht an.

Als Freud den Wiederholungszwang mit dem Todestrieb verknüpfte, stiftete er Verwirrung im Denken der Psychoanalyse über das Trauma. Ehemals konnten Psychoanalytiker die traumatischen Neurosen als Versuche sehen, die überwältigenden Reize wiederholend zu überwinden, indem sie sie „scheibchenweise" assimilierten. In Freuds Neuformulierung kann dies weiterhin die Absicht des Ichs sein, aber Freud konzeptualisierte nun das Ich nicht länger als den Betreiber dieses Prozesses. Die Reaktion des Ichs auf das Trauma ist die Traumaphobie, die Furcht vor der Rückkehr des Traumas. Die Anziehungskraft des Traumas, die Traumatophilie, ordnete Freud dem Wiederholungszwang zu, einer unabhängigen Kraft, die eng mit dem Todestrieb verknüpft ist.

Eine historische Abhandlung des Traumabegriffs wäre unvollständig ohne Bezugnahme auf die Kontroverse zwischen Freud und Ferenczi. Am 16. September 1930 schrieb Freud an Ferenczi:

„Die neuen Ansichten über die traumatischen Fragmentierungen im Seelenleben, auf die Sie anspielen, erscheinen mir höchst geistreich … allein mein Einwand ist, daß angesichts der außerordentlichen synthetischen Aktivität des Ichs es einfach unmöglich ist, vom Trauma zu sprechen, ohne gleichzeitig die reaktive Vernarbung des Patienten zu behandeln. Letztere läßt schließlich das entstehen, was wir sehen, während wir auf das Trauma selbst rückschließen müssen" (Grubrich-Simitis 1996, S. 79). Ferenczi fühlte sich durch den Begriff „geistreich" beleidigt.

Einige Jahre vor seinem Tod, als Ferenczis persönliche Beziehung zu Freud schwieriger wurde, schrieb Ferenczi zwei Arbeiten von historischer Bedeutung: *Das unwillkommene Kind und sein Todestrieb* (1929) und seine letzte Arbeit, *Sprachverwirrung zwischen dem Erwachsenen und dem Kind* (1933). In der ersten Arbeit legte Ferenczi den Grundstein für die Objektbeziehungstheorie, als er aufzeigte, daß „barsch und unliebenswürdig empfangene Kinder leicht und gerne sterben" (S. 254). Er betonte, daß das Kind ein großes Ausmaß an Liebe und Freundlichkeit brauche, damit es seinen Eltern vergeben könne, unfreiwillig auf die Welt gebracht worden zu sein. In seiner Arbeit von 1933 zeigte Ferenczi, daß Erwachsene sich dem Kind gegenüber verführend verhalten, wenn sie das kindliche Spiel für die Wünsche der sexuell reifen Person mißbrauchen.

Ferenczi meinte, daß die psychoanalytische Kur nur im Stadium der Regression stattfinden könne. Das Problem der Regression ist in der Tat immer noch ein für uns wichtiges Thema der psychoanalytischen Technik.

„Auf der Ebene der Theorie warf Ferenczi ein wichtiges Problem auf. Zielt die Psychoanalyse auf den Erwerb von Einsicht, in dem Sinne, daß der Analysand verstehen lernt, warum er die Person geworden ist, die er ist, und warum er eine bestimmte Neurose entwickelte? Oder gibt die Psychoanalyse mit der Person des Analytikers dem Analysanden eine zweite Chance, mit einer neuen und anderen liebevollen Elternfigur seine Kindheitsprobleme neu durchzuarbeiten?" (Bergmann 1996 b, S. 151-152).

Nach dem Tod von Ferenczi und möglicherweise als Reaktion auf dessen Tod näherte sich Freud mehr der Traumaposition von Ferenczi. In *Der Mann Moses und der Monotheismus* (1939) rückt das Trauma wieder ins Zentrum des Geschehens: „Die früh erlebten, später vergessenen Eindrücke, denen wir eine so große Bedeutung für die Ätiologie der Neurosen zuschreiben, heißen wir Traumen. Es mag dahingestellt bleiben, ob die Ätiologie der Neurosen allgemein als eine traumatische angesehen werden darf" (S. 177).

Der Sprachwandel erscheint von Bedeutung: Freud spricht nun von „traumatischen Eindrücken". Zuweilen waren ein oder mehrere dieser Eindrücke so stark, daß die Neurose nicht entstanden wäre, wenn diese Eindrücke nicht stattgefunden hätten. Quantitative Faktoren spielen eine Rolle. Was für die eine Konstitution traumatisch ist, muß es nicht für die andere sein. „Eindruck" ist ein Grenzbegriff; in der Außenwelt muß etwas stattfinden, damit der Eindruck ausgelöst wird. Es hängt vom seelischen Apparat ab, ob dieser Eindruck entscheidend wird oder nicht. Freud beschließt diese Überlegungen folgendermaßen: „Nach dieser Erwägung kann man die Unterscheidung von traumatischer und nichttraumatischer Ätiologie als für die von uns gesuchte Analogie unwesentlich beiseite lassen" (S. 178).

Fenichels (1945) Klassiker ist die beste Zusammenfassung der klinischen Psychoanalyse vor dem Zweiten Weltkrieg. Er enthält zwei Kapitel über Traumata. Kapitel 7 ist überschrieben: „Die Traumatischen Neurosen" und Kapitel 21: „Verbindungen von Traumatischen Neurosen und Psychoneurosen". Liest man ihn heute, merkt man, daß sich Fenichel mit der Klassifikation einer bestimmten Kategorie nicht ganz wohl fühlte, nämlich mit den traumatischen Neurosen.

„Ohne Zweifel handelt es sich bei einem gewissen Prozentsatz der Fälle, die als traumatische Neurosen beschrieben werden, tatsächlich um Psychoneurosen, die durch einen Unfall ausgelöst worden sind. Bestätigt wird dies dadurch, daß sich gelegentlich ein groteskes Mißverhältnis zwischen einem vergleichsweise unbedeutenden traumatischen Ereignis und der eher schweren Neurose findet, die es angeblich ausgelöst haben soll ... Jedes Individuum hat einen Punkt, bis zu dem es Belastung ertragen kann. Diese Belastungsfähigkeit jedoch ist bei verschiedenen Personen unterschiedlich groß" (S. 176).

Es ist sein Optimismus, der Fenichels Lektüre interessant macht. Fenichel war davon überzeugt, daß die Psychoanalyse kontinuierlich neue Gebiete erobert und aufklärt, die vordem im Dunkeln verborgen lagen. Die rationale Methode der Psychoanalyse erleuchtet immer größer werdende Bereiche des Irrationalen. Fenichels Abneigung gegen Freuds Todestrieb-Theorie ließ ihn in seinen Ausführungen zu den traumatischen Neurosen alle Hinweise auf diesen aussondern. Fenichel schloß, daß die Unterscheidung zwischen traumatischen Neurosen und Psychoneurosen eine künstliche sei. Typisch sei für traumatische Neurosen, daß das Ich hilflos sei und eine Regression zu dem Wunsch stattfinde , von einem omnipotenten Erwachsenen Hilfe zu bekommen.

Fenichel war der bedeutendste psychoanalytische Theoretiker der Ich-Psychologie vor dem Aufkommen der Hartmann-Ära in Amerika. Nach Freuds Tod veränderte sich das Gleichgewicht der Kräfte zwischen Trauma und intrapsychischem Konflikt erneut zugunsten des Traumas. Eine der wichtigsten Arbeiten in

Hinblick auf unser Thema war der Aufsatz von Kris (1956) „The Recovery of Childhood Memories". Der Unterschied zwischen der Hartmann-Ära und der klassischen Psychoanalyse zeigt sich im folgenden Zitat:
„Wir geben uns nicht mehr damit zufrieden, die Entwicklung eines Kindes nur in Begriffen der psychosexuellen Reifung zu fassen. Es zeigt sich uns, daß die Entwicklung des Ichs und der Objektbeziehungen, um gebräuchliche Oberbegriffe zu benutzen, von gleicher und wesentlicher Bedeutung sind. Die Geschichte der infantilen Neurose des „Wolfsmannes" würde in der Tat in einem ganz anderen Licht erscheinen, wenn diese heute untersucht würde" (S. 317). Kris führte den Begriff des „Strain-Traumas" (Belastungs-Trauma) im Unterschied zum „Schock-Trauma" ein. Diese Unterscheidung ging ihrerseits auf eine frühere Beobachtung von Anna Freud (1951, S. 15) zurück, daß in der Erinnerung von Kindern einmalige Ereignisse erinnert werden, als seien sie viele Male passiert; und andererseits wird ein dramatischer Schock wie Verführung nicht scharf umrissen erinnert, weil er durch Phantasien und deren Abwehr verändert worden ist. Auf ihre Weise formulierte Anna Freud die große Entdeckung von Freud (1897) neu, als Freud Fließ berichtete, daß er den Glauben an seine „Neurotika" verloren habe: „Die sichere Einsicht, daß es im Unbewußten keine Kennzeichen der Realität gibt, so daß man zwischen Wahrheit und Fiktion, die mit Affekt besetzt worden ist, nicht unterscheiden kann" (Masson 1985, S. 264).

Der Fall einer Kinderüberlebenden des Holocaust brachte Einsicht in den Zusammenhang zwischen Realität und Phantasie. Meine Analysandin wurde 1939 geboren. Sie war das Kind einer 19jährigen jüdischen Mutter. Der Vater mußte vor der Geburt des Kindes aus dem Land fliehen, aber er überlebte den Krieg. Meine Patientin wurde von ihrer Mutter sehr geliebt und von den Großeltern verwöhnt. In ihrem dritten Lebensjahr wurden ihr Großvater und ihre Mutter deportiert, die Großmutter starb an dem Schock. Die Patientin überlebte dank der Intervention einer nichtjüdischen Verwandten in einem katholischen Waisenhaus unter einem anderen Namen. In der Analyse zeigte sich, daß die Patientin an der unerschütterlichen Überzeugung festhielt, ihre Mutter hätte sie verlassen, weil sie ein „schlimmes Kind" gewesen sei. Wie durch ein Wunder kehrte die Mutter nach drei Jahren heim und verlangte ihre Tochter zurück. Nach dem Krieg hatten sich die Eltern wiedergefunden und die Patientin, damals in ihrem sechsten Lebensjahr, entwickelte Phantasien über ihren Vater und erwartete voller Ungeduld seine Ankunft. Er war aber viel zu beschäftigt damit, sein Leben wieder aufzubauen; er schenkte ihr keine Aufmerksamkeit und wies sie so mit ihren ödipalen Wünschen zurück. Als sie in der Adoleszenz eine attraktive junge Frau wurde, wurde er ihretwegen eifersüchtig, verbot ihr Verabredungen, tanzte gern mit ihr und vermittelte anderen den Eindruck, daß sie seine jugendliche Freundin sei und nicht seine Tochter. Die Patientin hatte sich mit ihrem Vater identifiziert und wurde früh promiskuitiv.

Sie konnte mir eine Vielzahl von sexuellen und aggressiven Situationen, die während der drei Jahre im Waisenhaus geschehen waren, schildern, aber wir konnten Erinnerung nicht von Phantasie unterscheiden. Es scheint, als ob der Verlust der Mutter in ihrem dritten Lebensjahr die Fähigkeit ihres Ichs, Phantasie von Wirklichkeit zu unterscheiden, ausgelöscht hätte. Innerhalb dieser Begrenzungen blieb meine Patientin neurotisch.

Beeindruckend war für mich der Umstand, daß im Gegensatz zu ihrem Aufenthalt im Waisenhaus die schwierige Beziehung zu ihrem Vater analysiert werden konnte. Der Verlust ihres wichtigsten Liebesobjekts in früher Kindheit hemmte die Fähigkeit des Ichs, zwischen äußerer Realität und Phantasie zu unterscheiden. Diese Fähigkeit ist eine Ich-Funktion, die ihrerseits von der Kontinuität der Objektbeziehung abhängt. Ohne Hilfe eines bedeutsamen Objekts kann sie sich nicht entwickeln.

1963 führte Khan das Konzept des „kumulativen Traumas" ein. Er hoffte, spezifische mütterliche Fehlleistungen mit verzerrter Ich-Entwicklung korrelieren zu können. Diese Korrelation wurde aber nie in befriedigender Weise geleistet.

„Mit der Revision des Konzeptes von Angst und traumatischer Situation rückte die Rolle der Umwelt (Mutter) und das Bedürfnis nach ‚Hilfe von außen' in hilflosen Situationen in den Mittelpunkt des Trauma-Konzepts" (S. 291).

Weder Kris noch Khan realisierten im vollen Umfang, was ihre Begriffe von „Strain-Trauma" und „kumulativem Trauma" implizierten. Werden diese in das Konzept von Trauma einbezogen, werden alle Psychoneurosen traumatische Neurosen; denn es ist nur schwer vorstellbar, daß ein Kind, das unter optimalen Bedingungen aufwächst und kein Trauma in der Außenwelt erfahren hat, eine schwerwiegende Psychopathologie entwickelt.

Freuds Todestrieb-Theorie war für die amerikanischen Ich-Psychologen und nicht einmal für Anna Freud (1972) akzeptabel.

„In bezug auf die Triebtheorie ist die analytische Welt seit 1920 in zwei Lager gespalten: auf der einen Seite die Vertreter der dualistischen Triebtheorie Freuds, auf der anderen Seite die Leugner eines Todestriebes, der durch die Aggression repräsentiert wird. Theoretische Differenzen dieser Art haben unweigerliche Folgen für die Klinik" (S. 2792).

Hale (1995, S.188) belegte, daß die Militärpsychiater während des Zweiten Weltkrieges 12 Prozent der Wehrpflichtigen aus psychologischen Gründen als für den

Kriegsdienst untauglich zurückgestellt hatten. Er zeigt, in welchem Ausmaß die amerikanische Psychiatrie während dieser Zeit von der psychoanalytischen Ich-Psychologie entscheidend beeinflußt war. Grundsätzlich ging man davon aus, daß jeder Soldat nur bis zu einer bestimmten Grenze Streß unterworfen werden kann, weil jenseits eines gewissen Punktes der Zusammenbruch unvermeidlich wird. Die psychoanalytische Ich-Psychologie ließ die Einstellung der Psychiatrie zu den Kriegsneurosen menschlicher werden und würdigte sie in einer Weise, die im Ersten Weltkrieg unbekannt war.

Die Auswirkung des Holocaust auf die Trauma-Forschung

Der Holocaust zwang die Psychoanalytiker, sich mit einem Maß an Leid und Erniedrigung vertraut zu machen, das sich bis dahin niemand hatte vorstellen können. Dieses Übermaß an Leid erzeugte im Therapeuten eine Empathie, die häufig zu einer stützenden Therapie und nicht zu einer Analyse führte. In der Übertragung erneut den Holocaust zu durchleben bedeutete, daß der Therapeut zum Nazi-Schergen wurde, oder umgekehrt der Patient der Scherge wurde, der den Analytiker mißhandelte. Nicht viele Überlebende und nur wenige Therapeuten konnten es ertragen, diese Rollen zugeschrieben zu bekommen.

Als die Holocaust-Überlebenden sich in psychoanalytische Behandlung begaben, wurden sie nach dem Modell der Kriegsneurosen von 1918 behandelt. Die Psychoanalytiker versuchten, hinter das Trauma zurückzugehen, um mit der prätraumatischen Persönlichkeit in Kontakt zu kommen, in der Hoffnung, daß sich die Auswirkung des Holocaust verringern würde, wenn die Schwächen der prätraumatischen Persönlichkeit durchgearbeitet werden könnten. Diese Methode erwies sich für die Aufgabe als unangemessen. Die meisten Analysanden kamen zu dem Schluß, daß es für Psychoanalytiker zu schwierig war, mit dem Holocaust umzugehen, so daß sie sich in Schweigen zurückzogen oder die Behandlung abbrachen. Das Gefühl, überleben zu müssen, um Zeugnis darüber abzulegen, was geschehen war, trug wesentlich mit zum Überleben im Lager bei. Nach dem Krieg klagten die Überlebenden häufig, daß niemand hören wolle, was sich ereignet hatte. Dies führte dazu, daß der Wunsch des Überlebenden, zu berichten, mit dem Wunsch des Analytikers kollidierte, zu analysieren. Ich habe an anderer Stelle (1985) dieses Problem diskutiert.

Der Wunsch, Zeugnis abzulegen, hat eine interessante psychologische Geschichte. Ursprünglich gab es nur den Wunsch nach Rache. Als Rache nicht länger möglich war, entwickelten das Judentum und das Christentum die Vorstellung, daß Gott erinnert und in späterer Zukunft, beispielsweise am jüngsten Tag, Strafgericht halte. Religion führte zu einem Aufschub von Rache und verlagerte sie in den Bereich der Vorstellung. Mit dem Schwinden der Religion ersetzte die Erinnerung allmählich den Wunsch nach Rache (Yerushalmi 1982). Künstler, die überlebt hatten, fanden Wege, diesen Wunsch in Büchern und Bildern auszudrücken, aber die anderen Überlebenden fühlten sich in ihrem Wunsch, Zeugnis abzulegen, zurückgewiesen. Allerdings muß angemerkt werden, daß die Selbstmorde von Primo Levi und Paul Celan gezeigt haben, daß selbst außergewöhnliche Sublimationsfähigkeiten sich als nicht stark genug erweisen können, Selbstmord zu verhindern.

Als wir mit unserer Arbeit begannen, waren wir entsetzt über die Tatsache, daß die meisten Analysen von Überlebenden und deren Kindern mißlangen. Mit unserer Arbeit (Bergmann, Jucovy, Kestenberg 1982, deutsche Übersetzung 1995) gaben wir dem eine Wende und ermöglichten den Überlebenden, die traumatischen Ereignisse erneut voll zu durchleben. Wir zielten auf keine kathartische Abfuhr, sondern darauf, zu helfen, einen Trauerprozeß in Gang zu setzen, der im Lager oder später nicht hatte stattfinden können. Diese Trauer hatte zwei Aspekte: die Trauer über den Verlust von Familienmitgliedern und die Trauer über den Verlust eigener Entwicklungsmöglichkeiten, die der Patient in den Jahren seiner Gefangenschaft verloren hatte. Dabei diente uns Freuds „Trauer und Melancholie" (1917) als Modell.

Für viele war das Holocaust-Trauma so schlimm, daß die psychische Struktur, die vor dem Holocaust bestanden hatte, fast gänzlich verschüttet blieb. Es war nicht möglich, die frühkindlichen Strukturen wieder aufzusuchen. Für die Kinder der Überlebenden war die psychische Realität des Holocaust in ihren Eltern primär, und sie mußten in der einen oder anderen Weise darauf reagieren.

Zur Zeit befinde ich mich mit zwei Kindern von Überlebenden in der Abschluß-phase der Analyse, die sowohl auffallende Ähnlichkeiten als auch deutliche Unterschiede aufweisen.

Der erste Patient verbrachte seine Jugend allein in Gesellschaft seiner traurigen und schweigsamen Mutter. In seinem Fall zeigte sich der Holocaust als seelisches Kommunikationsdefizit, das er nur teilweise überwinden konnte. Nach einer langen Analyse verbesserten sich seine beruflichen Beziehungen merklich, und bis zu einem gewissen Grad auch seine privaten. In mancher Hinsicht wurde ich für diesen Patienten ein primäres Objekt, aber ein analytischer Prozeß im eigentlichen Sinn fand nicht statt.

Mein zweiter Patient war gezwungen, Wege zu finden, die Holocaust-Erfahrung seiner Eltern zu wiederholen. Er reiste in die entlegensten Gebiete Asiens, wo er schwer krank wurde. Als er zurückkam, sah er wie ein „Überlebender" aus. Er mußte den Holocaust neu inszenieren, um den Weg zu seinen Eltern zurückzufinden. Deren Holocaust wurde sein Wiederholungszwang.

Diskussion: Einige unerwartete Folgen des historischen Überblicks

Mit meinem historischen Überblick habe ich nahegelegt, daß wir die Erben einer komplexen, nicht immer von Widersprüchen freien Tradition sind. Weder die Rolle, noch die Definition dessen, was ein Trauma ausmachen soll, sind konstant geblieben. Anna Freud (1967) möchte das Trauma gerne wieder zurück auf den Ort verweisen, den es zwischen 1900 und 1918 eingenommen hatte.

„Ich reserviere in meiner eigenen Arbeit den Terminus „traumatische Neurose" für solche Fälle, wo die gesamte oder ein Hauptteil der Pathologie als direkte Folge des traumatischen Ereignisses anzusehen ist und einen Versuch seiner Verarbeitung darstellt. In der klinischen Praxis werden wir damit rechnen müssen, daß derartige reine Fälle sehr viel seltener sind als die gemischten, in denen die pathogene Bedeutung des traumatischen Ereignisses im wesentlichen darauf beruht, daß es einen gewöhnlichen, latent bereits vorhandenen neurotischen Konflikt zum Ausbruch bringt" (Anna Freud 1967, S. 1837).

Brenner (1986, S. 197) hat darauf hingewiesen, daß man Trauma nur in Hinblick auf dessen schädigende Wirkung auf die seelischen Funktionen oder die weitere Entwicklung definieren kann.

Es bedarf eines Ereignisses in der Außenwelt, aber das Ereignis als solches bestimmt nicht das Wesen des Traumas, und seine Auswirkung schwankt von Mensch zu Mensch. Der Begriff Trauma trifft nur zu, wenn das Ich, nach hinreichender Zeit, nicht durch eigene Kraft einen Heilungsprozeß herbeiführen kann.

Harold Blum faßte 1996 die Beziehung zwischen unbewußter Phantasie und sexuellem Trauma folgendermaßen zusammen:

„Die Anerkennung sowohl vorausgehender sexueller Phantasien als auch der aktuellen inzestuösen Erfahrung in der Analyse ermöglichte (es), einen intrapsychischen Fokus und die unbewußte Bedeutung des Traumas (herauszuarbeiten), ohne das Realtrauma zu vernachlässigen. Jenseits der simplen Vorstellung, ein passives Opfer gewesen zu sein, bezog sich das seelische Trauma sowohl auf intrapsychische Repräsentanzen und Phantasien als auch auf reale Lebenserfahrungen" (S. 152).

Freud glaubte, daß eine Latenzperiode („Nachträglichkeit") zwischen dem Ereignis und seiner Auswirkung liegt; und es gibt umfassendes klinisches Material, einschließlich solchem von Holocaust-Überlebenden, daß es zu solch einer Latenz-periode kommt. Das Bild wird noch zusätzlich dadurch kompliziert, daß über viele Jahre hinweg und manchmal lebenslänglich das Trauma unterschiedliche Reaktio-nen und unterschiedliche Abwehrformen erzeugt, die neue Bedeutungen anneh-men. Insbesondere kreative Menschen finden die verschiedensten Wege, um die Auswirkungen ihrer traumatischen Erfahrungen zu sublimieren. Selbst wenn es uns gelingt, mittels therapeutischer Anstrengungen einem traumatisierten Menschen zu neuen Sublimationsweisen zu verhelfen, halten Auswirkungen des Traumas weiter-hin an.

Wir verdanken es ursprünglich den Arbeiten von Joyce MacDougall (1978) und Chasseguet-Smirgel (1984 a,1984 b), daß das Umfeld der Perversionen dem Bereich des Traumas zugeordnet werden konnte. In der klassischen Periode wurden Perver-sionen als Fixierungen der Libido auf prägenitale Phasen verstanden. Nun aber galten Perversionen nicht mehr länger als Resultate innerer Entwicklung, d. h. von Libidofixierungen, sondern als Ergebnisse traumatischer Erfahrungen, die den Todestrieb verstärken. Bei extremen Fällen wurde die Sexualität der Libido entrun-gen und kam unter die Oberherrschaft des Aggressionstriebes. Perverse wiederho-len in modifizierter Form ihr Trauma. Was passiv erduldet wurde, wird aktiv wieder ausgelebt. Letztlich ist die perverse Handlung die Verleugnung des Traumas (Arlow 1987).

Wir können die Auswirkungen traumatischer Erlebnisse insbesondere bei Kindern direkt beobachten. Aber es kann ein langsamer und schwieriger Prozeß werden, der nie die gewünschte Klarheit erfährt, die Verbindungen zwischen den verschiedenen traumatischen Ereignissen und deren Auswirkungen auf den Charak-ter des Analysanden aufzudecken. In der Regel können wir uns nicht auf die inte-grativen Funktionen des Analysanden verlassen, um solche Verbindungen herzu-stellen. Wir müssen dem Analysanden beistehen, indem wir ihm kontinuierlich unser Interesse zeigen, herauszufinden, wie letztendlich sein Charakter aus diesen Interaktionen hervorgegangen ist. Andererseits gelangte ich zu dem Schluß, daß die Anstrengungen organisierter psychoanalytischer Gruppen, die Auswirkungen eines bestimmten Traumas zu untersuchen, sei es nun das Trauma der Verführung, des Verlassenwerdens oder des Holocaust, notwendig scheitern müssen. Signifikante Ergebnisse erhalten wir nur, wenn wir die Interaktionen der traumatischen Ereig-nisse in unseren jeweils individuellen Analysanden untersuchen.

Ich komme nun zu dem, was mir zentral für meine Überlegungen erscheint. Ich habe lange Zeit gebraucht, um die Implikationen meiner historischen Betrachtung zu verstehen, und ich habe starken Widerstand gegen diese Schlußfolgerungen gespürt. Ich nehme deshalb an, daß meine Leser ähnliche Widerstände erleben. Mir erscheint die lange historische Dichotomie zwischen Psychoneurose und traumatischer Neurose als ein zufälliges Epiphänomen, bedingt durch die Geschichte der Psychoanalyse. Es war ein historischer Zufall, daß Freud anfänglich mit Breuer zusammen arbeitete und glaubte, daß „Hysteriker an Erinnerungen leiden". Die Grenzziehung zwischen den Psychoneurosen und den traumatischen Neurosen resultierte aus Freuds Enttäuschung an der kathartischen Methode.

Bekanntlich hat sich Freud gewünscht, zusammen mit Kopernikus und Darwin als der dritte Denker zu gelten, der die Menschheit aus ihrer zentralen Stellung herauswarf, die sie einnahm, solange die Religion unser Denken beherrschte. Aber der Vergleich zwischen Freud und den beiden anderen ist nicht so einfach zu ziehen. Bei Kopernikus und Darwin ist es evident, daß ihre Entdeckungen (auch) von anderen hätten gemacht werden können. In unserem Wissenschaftsbereich haben wir nicht die gleiche Sicherheit. Psychoanalyse ist nicht nur eine Entdeckung, sondern vielmehr eine Reihe von Entdeckungen, zu denen die Rolle des Unbewußten, die Bedeutung der Träume, die Technik der freien Assoziation und vieles andere gehört. Auf der Basis dieser Entdeckungen entwickelte Freud eine Behandlungstechnik. Heute wissen wir, daß diese Entdeckungen auch zu ganz anderen Techniken geführt haben könnten. Dieselben Sachverhalte führten bei anderen Therapeuten tatsächlich auch zu anderen Formen der Behandlung.

Wegen ihrer Komplexität kann die Psychoanalyse keine „Entdeckung" genannt werden. Vielmehr sollte sie als „einzigartige Schöpfung Freuds" bezeichnet werden (Bergmann 1993). Es ist unwahrscheinlich, daß jemand anderes all diese Ideen entwickelt hätte. Aber wenn jemand anderer dies getan hätte, dann hätte diese hypothetische Person nicht mit dem Studium der Hysterie begonnen. Vielleicht hätte sie die griechische Tragödie, Shakespeare, Nietzsche oder Schopenhauer erforscht. Freud war zufällig Arzt, er arbeitete mit Breuer zusammen, und das dringliche Problem war nicht, das Wesen des Menschen zu verstehen, sondern das Rätsel der Hysterie, wie es sich einer bestimmten Generation von Psychiatern darstellte. Wenn meine Überlegungen stimmen, dann war die Zusammenarbeit mit Breuer für die Entdeckung der Psychoanalyse nicht unerläßlich und sollte eher als Zufall der Geschichte betrachtet werden. Wie Fenichel vermutete, gibt es keinen wirklichen Unterschied zwischen den traumatischen Neurosen und den Psychoneurosen. Es gibt nur graduelle Unterschiede, und die beiden befinden sich in einer kontinuierlichen Interaktion.

Einer der Gründe, warum die Differenzierung zwischen traumatischen Neurosen und Psychoneurosen weiterhin beibehalten wird, stammt aus einer Wunschphantasie: Allgemeine Auffassung ist, und auch viele Therapeuten halten daran fest, daß es keine Neurose gäbe, wenn das traumatische Ereignis nicht stattgefunden hätte. Aber wir dürfen bisher lediglich sagen, daß es ohne traumatisches Ereignis zu einer anderen Neurose gekommen wäre.

Schöpfungen, auch die größten, sind von einer Vielzahl historischer Bedingungen abhängig. Kein schöpferischer Mensch ist frei von den historischen Umständen, die unerläßlich waren, damit eine bestimmte Schöpfung Gestalt annehmen konnte. Wir müssen unsere Geschichte verstehen, um uns von der Tyrannei der Zufälle zu befreien, die sie unserer Disziplin auferlegt hat.

Literatur

Abraham, K. (1924): A short study of the development of the libido, viewed in the light of mental disorders, pp. 418-501. In (1948): Selected Papers of Karl Abraham (Trans. D. Bryan and A. Stachey). London: The Hogarth Press.

Arlow, J. (1987): Trauma, play and perversion. Psychoanal. Study of the Child, 42: 31-44.

Bergmann, M. S. (1985;): Reflections on the psychological and social function of remembering the Holocaust. Psychoanal. Inq., 5/l: 9-20.

Bergmann, M. S. (1993): Reflections on the history of psychoanalysis, JAPA, 41:929955.

Bergmann, M. S. (1996a): Fünf Stadien in der Entwicklung der psychoanalytischen Trauma-Konzeption. Mittelweg. 36/5: 12-22.

Bergmann, M. S. (1996b): The tragic encounter between Freud and Ferenczi and its impact on the history of psychoanalysis. In: P. Rudnytsky, A. Bokay and P. Giampieri-Deutsch, Ferenczi's Turn in Psychoanalysis. New York: New York Univ. Press, S. 145- 159.

Bergmann, M. S. (1997): The historical roots of psychoanalytic orthodoxy. International J. Psychoanal. 78: 69-86.

Bergmann, M. S., Jucovy (eds.) (1982): Generations of the Holocaust, New York: Basic Books

Bergmann, M. S., Jucovy, M. und Kestenberg, J. (Hg.) (1995): Kinder der Opfer - Kinder der Täter: Psychoanalyse und Holocaust. Frankfurt: S. Fischer.

Brenner, C. (1986): Discussion of the various contributions. In A. Rothstein (ed.) The Reconstruction of Trauma: Its Significance in Clinical Work. Madison, CT.: IUP, pp. 194-204.

Blum, H. P. (1977): The prototype of preoedipal reconstruction. J. Amer. Psychoanal. Assn., 25: 757-785.

Blum, H. P. (1996): Seduction trauma: representation, deferred action and pathogenic development. JAPA, 44/4: 1147-1164.

Breuer, J. and Freud, S. (1895): Studies on Hysteria. S.E., 2.

Chasseguet-Smirgel, J. (1984a): Creativity and Perversion. New York: W.W. Norton.

Chasseguet-Smirgel, J. (1984b): The Ego Ideal: A Psychoanalytic Essay on the Malady of the Ideal, (Translated by Paul Barrows). New York: W.W. Norton.

Fenichel, O. (1997): Psychoanalytische Neurosenlehre, Gießen: Psychosozial-Verlag.

Ferenczi, S. (1929): Das unwillkommene Kind und sein Todestrieb. In: Bausteine zur Psychoanalyse, Bd. III, S. 446-452, Frankfurt (1984): Ullstein.

Ferenczi, S. (1933): Sprachverwirrung zwischen den Erwachsenen zund dem Kind (Die Sprache der Zärtlichkeit und der Leidenschaft), In: Bausteine zur Psychoanalyse, Bd. III, S. 511-525, Frankfurt (1984): Ullstein.

Freud, A. (1951): Kinderentwicklung in direkter Beobachtung. In: Die Schriften der Anna Freud, Bd. IV, S. 1141-1160, Frankfurt (1987): Fischer Tb.

Freud, A. (1965): Wege und Irrwege der Kindesentwicklung. In: Die Schriften der Anna Freud, Bd. VIII, Frankfurt (1987): Fischer Tb.

Freud, A. (1967): Anmerkungen zum psychischen Trauma. In: Die Schriften der Anna Freud, Bd. VI, S. 1819-1838, Frankfurt (1987): Fischer Tb.

Freud, A. (1972): Bemerkungen zur Aggression, In: Die Schriften der Anna Freud, Bd. X, S. 2773-2794, Frankfurt (1987): Fischer Tb.

Freud, S. (1900): Die Traumdeutung. GW, Bd. II/III.

Freud, S. (1914): Erinnern, Wiederholen, Durcharbeiten. GW, Bd. X, S. 125-136 Frankfurt (1981): S. Fischer.

Freud, S. (1917): Trauer und Melancholie, GW, Bd.X, S. 427-446.

Freud, S. (1918a): Aus der Geschichte einer infantilen Neurose. GW, XII, S. 27-157, Frankfurt (1981): S. Fischer.

Freud, S. (1918b): Einleitung zur Psychoanalyse der Kriegsneurosen. GW, XII, S. 321-324.

Freud, S. (1920): Jenseits des Lustprinzips GW, Bd. XIII, S. 1-69, Frankfurt (1981): S. Fischer.

Freud, S. (1926): Hemmung, Symptom und Angst. GW, Bd. XIV, S. 111-206, Frankfurt (1981): S. Fischer.

Freud, S. (1933): Neue Folge der Vorlesungen zur Einführung in die Psychoanalyse. GW, Bd. XV.

Freud, S. (1939): Der Mann Moses und die monotheistische Religion. GW, Bd. XVI, S. 101-247, Frankfurt (1981): S. Fischer.

Friedman, L. (1997): Ferrum, igneous and medicina: return to the crucible. JAPA, 45/1: 21-40.

Greenson, R. (1965): The working alliance and the transference neurosis. In: R. Greenson (1978) Explorations in Psychoanalysis. New York: Int. Univ. Press, S. 199-224.

Grubrich-Simitis, I. (1988): Trauma or drive - drive and trauma: a reading of Sigmund Freud's phylogenetic fantasy of 1915. Psychoanal. Study of the Child, 43: 3-32.

Grubrich-Simitis, I. (1996): Back to Freud's Texts: Making Silent Documents Speak. New Haven: Yale University Press.

Hale, N. (1995): Psychoanalysis and Science: American Ego Psychology, in The Rise and Crisis of Psychoanalysis in the United States: Freud and the Americans, 1917-1985. New York: Oxford University Press, S. 231-244.

Khan, M. (1963): The concept of cumulative trauma. Psychoanal. Study of the Child, 18: 286-306.

Kris, E. (1956): The recovery of childhood memories in psychoanalysis. In his (1975) Selected Papers of Ernst Kris. New Haven, CT: Yale Univ. Press, S. 301-342.

Kuhn, T. (1962): The Structure of Scientific Revolutions. Chicago: Univ. of Chicago Press.

Lear, J. (1996): The Introduction of Eros: Reflections on the Work of Hans Loewald, JAPA, 4413: 673-698.

MacDougall, J. (1978): Plea for a Measure of Abnormality. New York: Int. Univ. Press.

Masson, J. (trans./ed) (1985): The Complete Letters of Sigmund Freud to Wilhelm Fliess, 1887-1904. Cambridge: Harvard Univ. Press.

van der Kolk, B.A., L. Weisaeth, O. van der Hart. (1996): History of trauma in psychiatry. In: van der Kolk, B.A., A. McFarlane, L. Weisaeth (eds). (1996). Traumatic Stress: The Effects of Overwhelming Experience on Mind, Body, and Society. New York: The Guilford Press, S. 47-74.

Yerushalmi, Y. H. (1982): Zakhor: Jewish History and Jewish Mesory. Seattle: University of Washington Press.

Das „Trauma redivivum"
oder der Glaubenskrieg
um die psychoanalytische Urknall-Theorie

Ein historischer Streifzug

Sebastian Krutzenbichler

Das „Trauma redivivum" (Sterba 1936, S. 44) ist ein scheinbar neutrales Wort von Richard Sterba, gesprochen 1935 auf der psychoanalytischen Vier-Länder-Tagung in Wien (Wiener, Ungarländische, Italienische, Tschechische psychoanalytische Vereinigung), im historischen Zusammenhang gesehen jedoch ein Nachtragszündeln am offiziellen Scheiterhaufen Ferenczis mit dem Vorwurf der wissenschaftlichen Regression und eine Warnung an alle, die seinem konzeptionellen Entwurf nahestanden.

Gemeint ist *die* psychoanalytische Theoria non grata par excellence, die bis heute den Namen „Verführungstheorie" trägt, die im Grunde eine Hysterie-Theorie ist (Krutzenbichler 1997, S. 102) und schon in der Wortwahl Gewalt verschleiert. Bevor uns jedoch die Spurensuche in wichtige voranalytische Zeiträume trägt, zunächst ein Wort dazu, warum es lohnt, sich gerade mit diesen historischen Reminiszenzen zu beschäftigen.

Die Kontroverse um den sich scheinbar ausschließenden Widerspruch zwischen realem Trauma und intrapsychischem Konflikt als Konzeptualisierung der psychoanalytischen Theoriebildung ist von selbsternannten Apologeten künstlich geschaffen und aufrechterhalten worden. Statt Auflösung jener unseligen Pseudo-Dichotomie entstand ein Glaubenskrieg, der die Psychoanalyse als Wissenschaft an den Rand der „fröhlichen Apokalypse" (Broch 1975, S. 145) zurückwarf. Oder anders, um mit André Haynals (1989, S. 331) wohlmeinenden Worten über die Beziehung zwischen Freud und Ferenczi zu sprechen:

„Begnügen wir uns ... mit der Feststellung, daß die Sorge um das Überleben der psychoanalytischen Lehre die Freiheit der Forschung überschattet hat, um so mehr, als das Recht auf Meinungsverschiedenheit durch persönliche Überlegungen in Frage gestellt worden war." Dies ist ein Hinweis auf die unglückliche Tradition von Selbsttraumatisierungen in der Wissenschaftsgeschichte der Psychoanalyse. Ich denke, daß wir mit dieser Tagung nicht einer Paradoxie anheimfallen, „in der das Übermaß der Gedächtniskultur in ihr Gegenteil umschlägt" (Emrich 1996, S. 29), nämlich in eine Verdrängungskultur, denn die Tradition von Selbsttraumatisierungen in der Wissenschaftsgeschichte der Psychoanalyse ist unbewältigte Vergangenheit und von einem „Nutzen des Vergessens" weit entfernt. (Den wertvollen Hinweis auf das Spannungsfeld zwischen einer „Notwendigkeit des Vergessens" einerseits und den „Liturgien der Erinnerung" andererseits verdanke ich Bernd Gutmann.)

Zudem erlaubt die zeitliche Distanz, ergänzt durch die uns zur Verfügung stehenden Forschungsergebnisse, einen Perspektivwechsel und erfordert eine Reinterpretation, denn: „Wenn wir das wechselhafte Schicksal der psychoanalytischen Grundideen überprüfen, entdecken wir, daß die Freudsche Theorie in ihrem innersten Kern einen Bruch aufweist" (Rand und Torok 1996, S. 291).

Freud war stolz, als er im Oktober 1885 (bis Februar 1886) mit 29 Jahren – als krönenden Abschluß seines Medizinstudiums und ausgestattet mit einem Reisestipendium seines Lehrers Brücke – bei *Jean Martin Charcot* (1825-1893), dem bedeutendsten Neurologen seiner Zeit, einem Verfechter der Hypnose und Spezialisten für Hysterie, an der Salpêtrière in Paris hospitieren konnte. Dort ist der „Ursprung der Dispute über aggressive Kindesmißhandlung und sexuellen Kindesmißbrauch (d. h. auch Inzest)" (Sachsse u. a. 1997, S. 6) zu orten.

Ambroise Auguste Tardieu (1818-1879), der renommierteste französische Gerichtsmediziner seiner Zeit, nimmt im Pariser Morgue (Leichenschauhaus) u. a. Autopsien an Leichnamen von Kindern vor, die von ihren Eltern oder anderen Erwachsenen grausam gequält, gefoltert, sexuell mißbraucht und ermordet wurden. Er berichtet in sechsmaliger Auflage seiner Arbeit „Gerichtsärztliche Untersuchung über Unzucht" (s. o., S. 6) von 11.576 *Anklagen* wegen vollzogener oder versuchter Vergewaltigung im Zeitraum von 1858-1869 in Frankreich, davon ca. 80 % an kleinen Mädchen. Tardieu stellt jedoch keinen Zusammenhang her zwischen Realtraumata und hysterischen Erkrankungen. Für ihn waren die Hysterikerinnen jener Zeit Lügnerinnen. Freud kannte diese Arbeit, sie stand in seiner Bibliothek; er erwähnt sie jedoch an keiner Stelle.

Paul Bernard (1828-1886) publiziert 1886 seine Untersuchung „Über Sittlichkeitsvergehen an jungen Mädchen" (s. o., S. 6). Er berichtet im Zeitraum von 1827

bis 1870 über 36.176 *aktenkundige* Vergewaltigungen und anderen Sittlichkeits-
verbrechen an Kindern bis zu 15 Jahren. Mehr als drei Mal soviel wie an Erwachsenen! „Bei unseren Beobachtungen stießen wir auf erschütternd viele Fälle von
Inzest" (zitiert nach Masson 1995, S. 83). Freud kannte diese Arbeit, auch sie stand
in seiner Bibliothek; er erwähnt sie jedoch an keiner Stelle.

Paul Camille Hyppolyte Brouardel (1837-1906), Assistent und Nachfolger
Tardieus, dessen Interesse an sexuellen Gewalttaten groß war, führte Medizinstu-
denten regelmäßig Autopsien vor, denen Freud ebenso beiwohnte wie seinen Vorlesungen, in denen Brouardel oft auf sexuellen Mißbrauch an Kindern durch Eltern
hinwies. Freud kannte Brouardel persönlich, traf ihn im Hause Charcots. In seinem
Buch „Die Sittlichkeitsvergehen" (1909) „schildert er viele Fälle von gewalttätigem
Inzest bis hin zum Mord an Kindern im Rahmen sexueller Handlungen" (Sachsse
u. a. 1997, S. 6). Allerdings behauptete er, 60-80 % dieser Anklagen seien wegen
kindlicher Lügensucht unbegründet. Freud kannte Brouardel, dessen Arbeit,
dessen Ansichten und dessen Veröffentlichung, die in seiner Bibliothek stand; er
erwähnt sie jedoch an keiner Stelle.

Im Februar 1886 verläßt Freud Paris mit diesen Informationen über den Zusammenhang von Sexualität, Hysterie und Lüge:

Sexueller Mißbrauch ist ein gesellschaftliches Massenphänomen; meistens
entsprechen die Berichte der Kinder der Wahrheit.

Demgegenüber: Sexueller Mißbrauch an Kindern ist in den seltensten Fällen
Realität, überwiegend handelt es sich um Lügengespinste.

Allerdings blieb diese *theoretische* Unvereinbarkeit ohne Diskussion, da die
seelischen Folgekatastrophen weder entdeckt, noch die Bedeutung der Phantasien
erkannt wurden. Freud verließ Paris mit Charcots Auftrag der „Übersetzung seiner
Werke in die deutsche Sprache" (Zweig 1931, S. 304), eine Auszeichnung für Freud,
der 1889 Charcot zu Ehren seinem erstgeborenen Sohn den Vornamen Charcots
gab. „Charcots Lehre vom traumatischen Ursprung der Hysterie bildet den wohl
wichtigsten Ausgangspunkt für Freuds psychologische Neurosenlehre" (Kimmerle 1989, S. 32).

Bevor es dazu kommt, eröffnete Freud 1886, dem Jahr seiner Rückkehr aus
Paris, in Wien seine Praxis. „In Abgrenzung von Janet und Charcot, die lediglich
eine psychologische Erklärung der Symptom*auslösung* für möglich hielten, suchte
Freud nach einem ‚psychologischen Mechanismus', der die gesamte Hysterie
erklärbar machte" (Gödde 1994, S. 36) und die Ursache nicht einer Heredität
zuwies. Er galt bald als Fachmann für Hysterie, der sich auf die Sexualität seiner
Patientinnen konzentrierte und versuchte, anknüpfend an seine Erfahrungen in

Paris, wissenschaftlich zu belegen, was die Volksweisheit zu jener Zeit schon längst benannte: den Zusammenhang zwischen Sexualität und Hysterie. Dabei forderte Freud in seiner bestimmenden Art von seinen Patientinnen, „von denen viele wohl *nicht* unter den Begriff der ‚klassischen Neurose' (Übertragungsneurose) zu subsumieren sind" (Nitzschke 1988, S. 49), Rede über Sexuelles zu führen und verführt sie dazu, „alles Geschehen auf Geschehen in der Kindheit" (Knörzer 1988, S. 122) zurückzuverfolgen, um dort *die* Urszene zu orten, in der sie traumatisierend sexuell mißbraucht wurden. Diese regelhaft produzierten Rapporte überzeugen Freud 10 Jahre nach seinem Parisaufenthalt, im Trauma des realen sexuellen Mißbrauches von Kindern durch Erwachsene das Agens aller Neurosen geortet und damit die „Lösung eines mehrtausendjährigen Problems" (Freud 1896/1986, S. 193) gefunden zu haben, wobei eine differenzierende Erkenntnisgewinnung verschiedene Theorieversionen erkennen läßt.

Das Realereignis des sexuellen Traumas löst Affekte aus, die keine unmittelbare Abfuhrmöglichkeit finden, sondern erst zu einem späteren Zeitpunkt assoziativ und verformt in einem Symptom freigesetzt werden (Freud 1895). Das abgewehrte, traumatisierende Ereignis wirkt dann pathogen, wenn die assoziative Verknüpfung in Verbindung zu einem vorausgegangenen, vorpubertären sexuellen Mißbrauch steht (Freud 1894). Dabei meint die *Theorie der Nachträglichkeit von Erinnerungen* an das sexuelle Trauma in der vorpubertären Zeit, daß dieses erste Trauma ursprünglich nicht als sexuelles wahrgenommen, sondern durch das spätere Ereignis assoziativ verknüpft erstmals als solches erlebt wird, wobei die Gewalt des späteren Erlebens des ursprünglichen Mißbrauchs krankmachend wirkt und Abwehrmechanismen hervorruft (Freud 1896 a, b, c). Phantasie hat also hier noch die Funktion, die unerträgliche Realität zu verschleiern. In einem nächsten Schritt konstatiert Freud die Neurose als komplexen Endpunkt des Folgegeschehens frühen sexuellen Mißbrauchs durch einen perversen Vater (Freud 1896). Den Vater nennt er dabei nicht öffentlich als Täter, sondern nur in Briefen: „Die Hysterie spitzt sich immer mehr zu als Folge von Perversion des Verführers; die Heredität immer mehr als Verführung durch den Vater" (Freud 1986, S. 223). Auch wenn Freud noch 1925 (S. 60) in seiner Selbstdarstellung betont: „Ich glaube auch heute nicht, daß ich meinen Patienten jene Verführungsphantasien aufgedrängt, ‚suggeriert' habe" – die „eindringliche, suggestive Art Freuds in jenen Jahren führte zweifellos zu einer Sexualisierung des psychoanalytischen Geschehens" (Krutzenbichler 1995, S. 100) –, denn „von sexuellen Dingen zu reden, ist eine Realität. Diese Realität ist eine Verführung, von der Verführung zu reden, ist eine Verführung" (Neyraut 1976, S. 149). Die von Freud selbst in den Behandlungen hervorgerufenen erotischen Manifestationen seiner Patientinnen schockieren und verunsichern ihn, lassen ihn die Hypnose als Behandlungstechnik aufgeben und führen ihn parallel zur *Entdeckung des sexuellen Mißbrauchs als Ursache aller Neurosen*, 1895 zur *Entdeckung der Übertragung* und damit zur Exkulpierung der Verführungsintention des Analytikers. Er „stellt fest, daß die Gefühle seiner Patientin für ihn und ihre sexuellen Wünsche an ihn nicht seiner Unwiderstehlichkeit, sondern einer falschen Verknüpfung, einer Übertragung zu verantworten seien und eigentlich einer Person der Vergangenheit der Patientin gelten" (Krutzenbichler 1991; Krutzenbichler und Essers 1991), wiederum dem Vater, dem traumatisierenden Objekt. Diese beiden Entdeckungen verbindet nicht nur Gleichzeitigkeit, sondern ein besonderes inneres Band. Ursprünglich ist die Hysterikerin das Opfer eines Sexualtraumas in ihrer Kindheit, das sich symptomgeplagt hilfesuchend an den Arzt wendet. Nun verkehren sich scheinbar die Positionen: Die Patientin ist die Täterin, der Arzt das Opfer, das sich einer gar nicht ihm geltenden Liebesattacke ausgesetzt sieht. An dieser markanten Stelle in der Geschichte der Psychoanalyse werden wichtige, die Wissenschaft vorantreibende Neuerungen inauguriert, die zugleich den Anfang einer unheilvollen Tradition bilden: Opfer werden zu Tätern deklariert, Täter werden exkulpiert. Konkret: Im April 1896 entschuldigt Freud seinen Freund Fließ von dessen folgenschwerem „Kunstfehler" in der Behandlung Emma Ecksteins, einer der ersten Analysandinnen Freuds. „Sie wurde an der Nase operiert, womit die ,somatischen' Gründe ihrer Erkrankung beseitigt werden sollten. Tatsächlich war *Emma Eckstein* nicht mehr als ein Versuchskaninchen, an dem zweifelhafte, von *Fließ* und Freud geteilte Theorien über den Zusammenhang zwischen weiblichen Geschlechtsorganen, Nase, Masturbation und Nervosität einmal praktisch, ,operativ', überprüft werden konnten. Das Operationsfeld wurde zum Schlachtfeld, auf dem *Emma Eckstein* beinahe verblutet wäre" (Nitzschke 1996, S. 37). Freud beruhigt seinen Freund: „Zunächst mit der Eckstein. Ich werde Dir nachweisen können, daß Du recht hast, daß ihre Blutungen hysterische waren, aus Sehnsucht erfolgt sind und wahrscheinlich zu Sexualterminen (das Frauenzimmer hat mir aus Widerstand die Daten noch nicht besorgt)" (Freud 1986, S. 193). Das reale Trauma wird verleugnet und die Verantwortung für die Folgen des Traumas einer Übertragung der Patientin zugeschrieben! Im selben Brief an Fließ beklagt er mit Bitterkeit die Reaktion seiner Wiener Kollegen auf die Entdeckung seiner Trauma-Ätiologie: Überzeugt davon, in der unauflöslichen Verbindung von traumatischer und sexueller Ätiologie das Rätsel der Hysterie gelöst zu haben, tritt Freud am 21. April 1896, einen Monat vor seinem vierzigsten Geburtstag, mit seinem Vortrag „Zur Ätiologie der Hysterie" (Freud 1896 c) vor seine Kollegen des

Wiener Vereins für Psychiatrie und Neurologie und damit an die Öffentlichkeit, um die ätiologische Bedeutung traumatisierender sexueller Gewalttaten Erwachsener an Kindern für die Entstehung der Hysterie zu verkünden. Er bricht ein gesellschaftliches Tabu und wendet sich gegen Verleugnung und Kommunikationsverbot: „Er bot seine ganze Rednergabe auf, um seine ungläubigen Zuhörer davon zu überzeugen, daß sie den Ursprung der Hysterie im sexuellen Mißbrauch von Kindern suchen müßten. Alle 18 Fälle, die er behandelt habe, erklärte er, forderten zu dieser Schlußfolgerung heraus" (Gay 1989, S. 111). Die eisige Ablehnung, die Freud durch seine Kollegen erfährt, kränkt und verletzt ihn zutiefst; er besucht keine weiteren Zusammenkünfte des Vereins, in dem er Mitglied ist und tritt mit der „Verführungstheorie" nicht mehr an die Öffentlichkeit. Allerdings entwickelt er seine Entdeckung weiter, indem er z. B. sexuellen Mißbrauch in einem Alter bis zu 18 Monaten als Ursache für psychotische Erkrankungen benennt (Freud 1986, S. 234) und feststellt, daß zu einem späteren Zeitpunkt krankmachende Phantasien auch entstehen können, wenn Kinder sexuelle Äußerungen hören, ohne sie zu verstehen (ebd., S. 248). Zwei Monate nach Freuds vierzigstem Geburtstag, im Sommer 1896, einem der Daten, die Freud für seinen eigenen Tod errechnet hatte, erkrankte sein Vater und starb im Oktober. Im Februar 1897 schrieb er über seinen Vater an Fließ: „Leider ist mein Vater einer von den Perversen gewesen und hat die Hysterie meines Bruders ... und einer jüngeren Schwester verschuldet" (Freud 1986, S. 245). Im Mai befand sich Freud an einem Hiatus, an dem eine Synthese und Integration von „der ursächlichen Bedeutung der realen sexuellen Traumen (und anderen Einflüssen auf das sich entwickelnde Kind)" und „der Bedeutung der Phantasietätigkeit für die Entwicklung des Menschen und seiner psychischen Krankheiten bei nur nebensächlicher Würdigung der realen äußeren Einflüsse" (Hirsch 1987, S. 32) möglich gewesen wäre. Freud durchschritt diesen Hiatus nicht. Im Sommerurlaub unterzog er sich einer verstärkten Selbstanalyse. Im September 1897 nach Wien zurückgekehrt, distanzierte er sich von seiner ursprünglichen Trauma-Ätiologie der Hysterie in einem weiteren Brief an Fließ: „Ich glaube an meine Neurotica nicht mehr" (Freud 1986, S. 283). Jedoch, die vier Quellen, die Freud selbst für seine theoretische Gegenbewegung verantwortlich macht:

– sein Scheitern, auch nur einen Fall zum Abschluß zu bringen,

– sein Unglaube an das Ausmaß des sexuellen Mißbrauchs durch Väter (was angesichts der ihm bekannten französischen Forschungsergebnisse rätselhaft bleibt),

– das Fehlen eines sicheren Kriteriums, eindeutig zwischen Realität und affektiv besetzten Phantasien unterscheiden zu können,

– die Erkenntnis der zwangsläufigen Unvollständigkeit einer jeden Behandlung, da sich das Unbewußte letztlich nicht vom Bewußten bändigen läßt, erklären die Abkehr vom großen Entwurf nicht ausreichend.

Kris (Einleitung zu Freud 1950) und *Jones* (1960) erklären den Tod seines Vaters, den Beginn der Selbstanalyse und der damit verbundenen Entdeckung von Freuds eigenem Ödipuskomplex als entscheidend, für *Peters* (1976) ist es der Umstand von Freuds eigener Vaterschaft. Oder gibt „er zu einem Zeitpunkt auf, als er im Verlauf seiner Selbstanalyse den eigenen Vater als einen Verführer, als pervers hätte beschuldigen müssen", wie *Krüll* (1979, S. 76) vermutet? *Miller* (1981, 1988) schreibt die Verantwortung Freuds nicht verarbeiteter Eltern-Idealisierung zu, *Masson* (1984) einer Angst Freuds vor sozialer Isolierung sowie einem Festhalten an der Vater-Übertragung zu seinem Freund Fließ. Widerruft Freud seine Verführungstheorie, weil er sich während der Selbstanalyse mit dem eigenen sexuellen Mißbrauch durch sein Kindermädchen konfrontiert, wie *Schneider* (1989) vermutet, oder weil er Verführungsphantasien auf die eigene Tochter hat, wie *Blass* (1994) betont, oder handelt er nach *Ehlert* (1991, S. 46 f.) an jener Stelle, an der er um seine Verführungskraft zu wissen beginnt, „als er seine eigene Verstrickung in jene Verführung, die er vermeintlich nur analysierte, zu ahnen begann"? Dazu Freuds Enkelin Sophie Freud (1992, S. 37): „Ich meine, daß der Grund, warum Freud seine Verführungstheorie aufgegeben hat, unklar bleibt ... Höchstwahrscheinlich waren es, wie immer, eine Mischung von Motiven."

Wir wissen nicht, wie persönlich motiviert Freuds Paradigmenwechsel ist. Wir wissen jedoch um die Unmöglichkeit, innerhalb des Theoriegebäudes der ursprünglichen Trauma-Ätiologie verschiedene psychische Erkrankungen anders denn als bloße Wiederholungen verstehen zu können. Welche Vermutungen in bezug auf die Person Freuds nun mehr oder weniger zutreffend sind, ist im Grunde unbedeutend. Entscheidend ist, was sich als „main stream" in der Wissenschaft Psychoanalyse durchsetzt und bewährt. Und das ist eindeutig: An dieser entscheidenden Bruchstelle der Psychoanalyse als Wissenschaft feiern die Hagiographen die eigentliche Geburtsstunde der Psychoanalyse, so, als hätte der Nebel voranalytischer Zeiten urknallartig den Stern der Psychoanalyse hervorgebracht:

Marie Bonaparte (1937, zit. nach Masson 1984, S. 134): „Freud hat die ‚Lüge' der Hysteriker durchschaut ... Die regelmäßige Verführung durch den Vater ist ein Phantasiegebilde"; *Anna Freud* (1981, zit. nach Masson 1984, S. 135/136): „Wenn man die Verführungstheorie aufrechterhält, dann bedeutet das die Preisgabe des Ödipuskomplexes und damit der gesamten Bedeutung der bewußten wie unbewußten Phantasien. Danach hätte es m. E. keine Psychoanalyse mehr gegeben."

Kris (Freud 1950, S. 36): Erst durch den Verzicht auf die Verführungshypothese sei es zu den großen Entdeckungen der Psychoanalyse gekommen. Dies ist Legendenbildung (Flitner, Merle 1988; Zangger 1988; Grubrich, Simitis 1987)! Wirklichkeit ist eine dermaßen ausgeprägte Ambivalenz zum Thema der Bedeutung sexueller Gewalt Erwachsener gegen Kinder in der Ätiologie der Neurosen in Freuds Arbeiten, „daß in seinem Gesamtwerk sowohl Belege für eine scharfe, völlige Absage an die Verführungstheorie zu finden sind wie auch, besonders im Spätwerk, für ihre Würdigung" (Hirsch 1988, S. 211). Dennoch – was folgt, ist die Abkehr von der äußeren Realität hin zu triebbedingter, angeborener Phantasiewelt, aktiver kindlicher Sexualität und dem Ödipuskomplex als Zentrum der Ätiologie psychischer Störungen. Die Erinnerungen der Erwachsenen, in der Kindheit sexuell mißbraucht worden zu sein, entsprechen nun per Definitionem nicht mehr der äußeren Realität. Die äußere Realität ist nun die autoerotische Betätigung im Kindesalter, die durch später entstehende Phantasien verdeckt und abgewehrt wird. Konstitution und Heredität haben dem Kind seine Unschuld geraubt, sexueller Mißbrauch ist als gesellschaftliches Massenphänomen exkulpiert, und die Psychoanalyse wird gesellschaftsfähig. Denn wenn kindliche sexuelle Wünsche an die Eltern sich qua Phantasien als Resultat eines allgemeinen menschlichen Triebes äußern, muß sich niemand mehr bedroht fühlen. Allerdings zeigen sich die Schwierigkeiten Freuds in der Formulierung der Theorie und der Praxis seiner Therapietechnik in diesem Übergangsstadium deutlich in dem ersten ausführlichen Behandlungsbericht nach dem „Widerruf" der Verführungstheorie, nämlich am Fall Dora, im „Bruchstück einer Hysterie-Analyse" (Freud 1905 a), einem beredten Beispiel für die Versuchungen, denen der Analytiker während der Behandlung ausgesetzt ist und für die Macht, die er versucht sein kann auszuüben. Den gerade entdeckten Ödipuskomplex als ätiologische Richtschnur im Kopf, bedrängte Freud das Mädchen, spürte ihre Wünsche in den geheimen Winkeln ihres Unbewußten auf und geriet unversehens in einen Furor interpretandi, in dem er Doras Restitutionsversuche der Selbstbehauptung mit sich ihrer bemächtigenden, destruktiven Interpretationen „niederdeutet". „Mit seiner Einsicht, daß der Ursprung der Neurose nicht mit einer tatsächlichen Verführung verknüpft zu sein braucht, suchte Freud der jungen Frau die persönliche Verantwortung für ihre Phantasien und Handlungen zuzuschreiben. Ihre intrapsychische Phantasie, die von fixierten infantilen Trieben genährt und aufgrund ihrer perversen sexuellen Wünsche fixiert wurde, lag ihrer Neurose zugrunde ... Die Konzentration darauf, daß die Verantwortung beim Mädchen zu suchen sei, hing eng mit der völligen Absolution des Vaters zusammen" (Blass 1994, S. 103).

Eine *Reminiszenz*: Dora suchte Freud auf Drängen ihres Vaters 1898 erstmals auf; zu einer Zeit, als Freud seinem Freund Fließ schrieb: „Wien stinkt zum Himmel und stinkt mir innerlich unerträglich" (Freud 1986, S. 369). Im Oktober 1900 begann die Behandlung. Freud selbst verlegt den Behandlungsbeginn mehrmals in das Jahr 1899. Wäre dies tatsächlich so gewesen, hätte die Behandlung in einer Zeit begonnen, in der sich die Menschen Wiens in Erwartung der bevorstehenden Apokalypse Ansichtskarten vom Weltuntergang zuschickten. Die führende Wiener Zeitung, die Neue Freie Presse, (zit. n. Wolff 1992, S. 7) schreibt dazu: „Wenn die Welt in den nächsten Tagen wirklich untergeht – es gibt furchtsame Leute genug, die das ernstlich glauben – so wird gewiß jedermann das Bedürfnis haben, seinen Freunden und Bekannten durch Ansichtskarten zu melden, ob er bei dem großen Krach mit dabeigewesen ist oder nicht." Es wurden zwei verschiedene Arten von Karten gedruckt: eine für den Fall der Apokalypse und eine andere, die zur „Abwendung der allgemein befürchteten Gefahr" beglückwünschte. Damit war man auf beide Möglichkeiten vorbereitet.

Am Tag darauf begann der aufsehenerregende, in der Presse ausführlich berichtete Prozeß gegen das Ehepaar Hummel, das seine 5jährige Tochter grauenvoll zu Tode gequält hatte; zwei Wochen später die noch breiter veröffentlichte Verhandlung gegen das Elternpaar Kutschera, das „7 ihrer Kinder gefoltert und verstümmelt und schließlich eines von ihnen getötet hatten" (ebd., S. 7). Im Wien des gleichen Monats November erschien Freuds „Traumdeutung", die erste öffentliche Darstellung des Ödipuskomplexes. Zu dieser Zeit äußert sich Freud (1925, S. 74): „Ich stand völlig isoliert. In Wien wurde ich gemieden, das Ausland nahm von mir keine Kenntnis. Die ‚Traumdeutung', 1900, wurde in den Fachzeitschriften kaum referiert" (Eine kritische Würdigung dieser Erinnerung in: Nitzschke 1996, S. 57-67). Die öffentliche Entdeckung der spektakulären Kindesmißhandlungen im Wien der Jahrhundertwende, die für Freud seit seinem Parisaufenthalt nichts Neues gewesen sein konnten, veranlaßten ihn zu keinerlei Kommentar oder auch nur einer Erwähnung. In Karl Kraus' „Versuchsstation des Weltuntergangs" (1988, S. 420) fielen diese skandalösen, beispielhaften Grausamkeiten von Eltern gegen ihre Kinder sofort – und wieder – gesellschaftlicher Verdrängung anheim, und die psychoanalytische Erforschung der pathogenen Wirkung von sexuellen Gewalttaten an Kindern durch Erwachsene kommt in der Stadt der „fröhlichen Apokalypse" (Broch 1975, S. 145) zur Jahrhundertwende zum rückwärts gerichteten Stillstand.

10 Jahre nach seinem angeblichen Widerruf überließ Freud *Karl Abraham* „das letzte Wort in der Frage der traumatischen Ätiologie ..." (Freud 1914, S. 55). Nun

ist gerade Karl Abrahams Wort (1907) das beschämendste der Psychoanalyse zum sexuellen Mißbrauch gegen Kinder und für lange Zeit in der Tat das Letzte, im wörtlichen und doppelten Sinne.

Es ist ein Wegweiser zu jahrzehntelangem Verleugnen und implizitem Kommunikationsverbot innerhalb der psychoanalytischen Gemeinschaft zum Thema. *Karl Abraham* glaubte, den Nachweis führen zu können, „daß in einer großen Anzahl von Fällen das Erleiden des sexuellen Traumas vom Unbewußten des Kindes gewollt wird, daß wir darin eine Form infantiler Sexualbetätigung zu erblicken haben" (Abraham 1907, S. 166). Und weiter: „Die Kinder jener Kategorien zeigen ein abnormes Begehren nach sexuellem Lustgewinn, und infolge dessen erleiden sie sexuelle Traumen" (ebd., S. 172). Abraham schilderte dann, was er angeblich „oft genug" (ebd., S. 174) bei erwachsenen weiblichen Hysterischen beobachtete: „Sie werden auf offener Straße belästigt, auf sie werden dreiste sexuelle Attentate verübt etc. In ihrem Wesen liegt es, daß sie sich in einer traumatischen Entwicklung von außen exponieren müssen. Es ist ihnen Bedürfnis, als die einer äußeren Gewalt Unterliegenden zu erscheinen; wir finden hierin eine allgemeine psychologische Eigenschaft des Weibes in übertriebener Form wieder" (ebd.). „Abrahams Argumentation macht das Kind zum Verführer, dreht die Täter-Opfer-Relation um. Indem er den Trieb des Kindes zur alleinigen Ursache der realen Verführung macht, entlastet er in aller Konsequenz den Erwachsenen von jeglicher Verantwortung" (Hirsch 1987, S. 41). Damit ist der Diskurs in der psychoanalytischen Gemeinschaft zur Thematik Trauma durch sexuellen Mißbrauch für Jahrzehnte verstummt. An dieser Stelle in der Geschichte der Psychoanalyse erweist sich einmal mehr, wie die angebliche Kompetenz einzelner Autoritäten, die als Meinungsführer gelten, theoriebildend wirkt, unreflektiert übernommen und weitergetrieben wird, selbst wenn Erfahrungen anderer diesen Theorien widersprechen.

Wer wollte sich nach diesem von Freud abgesegneten Diktum Abrahams in der psychoanalytischen Gemeinschaft noch andersdenkend zu Wort melden? Noch dazu nach Freuds Erklärung, daß die Anerkennung des Ödipuskomplexes mit all seinen Implikationen „das Schibboleth [ist], welches die Anhänger der Psychoanalyse von ihren Gegnern scheidet" (Freud 1905 b, S. 128).

[Schibboleth entstammt der alttestamentarischen Rhetorik und war das Losungswort der Gileaditer, dessen falsche Aussprache die Identifizierung des Feindes ermöglichte und dazu führte, daß dieser „niedergemacht" wurde (Zangger 1988, S. 50).] Statt wissenschaftlicher Debatte: Glaubenskrieg!

Ab 1924 behandelte Sándor Ferenczi in Budapest acht Jahre lang die damals 49jährige Amerikanerin Elisabeth Severn – nach der offiziellen Verabschiedung der

Theoria non grata vermutlich die erste in ihrer Kindheit sexuell mißbrauchte Analysandin, „deren tatsächliches Kindheitstrauma im Mittelpunkt der psychoanalytischen Behandlung stand" (Fortune 1994, S. 684).

1932 brach Sándor Ferenczi das innerpsychoanalytische Diskurstabu und wies auf dem Wiesbadener Kongreß mit seinem Einführungsvortrag „Sprachverwirrung zwischen den Erwachsenen und dem Kind. Die Sprache der Zärtlichkeit und der Leidenschaft" Karl Abrahams letztes Wort zurück. Der ursprüngliche, nicht genehme Titel seines Vortrages war schärfer: „Die Leidenschaft der Erwachsenen und deren Einfluß auf Charakter und Sexualentwicklung der Kinder".

Bereits seit Jahren in der psychoanalytischen Gemeinschaft wegen seiner maternalen Technik isoliert, klagte er seine Kollegen der beruflichen Hypokrisie an, warf ihnen vor, jeglichen Bezug zur äußeren Realität zu vermeiden, die Phantasie zu sehr zu betonen und zu vernachlässigen, daß „das Sexualtrauma als krankmachendes Agens nicht hoch genug angeschlagen werden kann" (Ferenczi 1932, S. 517). Der Text wurde von der offiziellen Psychoanalyse verworfen, Freud verlangte von Ferenczi den Verzicht auf die Veröffentlichung, Jones verhinderte die Ferenczi zugesagte Übersetzung ins Englische, die erst viele Jahre später Balint veranlaßte; die französische Übersetzung erschien 1961. Der einzige offizielle Kommentar zu Ferenczis Ausführungen erfolgte 1935 durch Richard Sterba. Er kritisierte Ferenczi wegen seines „Trauma redivivum" (Sterba 1936, S. 44). „Das Trauma beruhe nicht auf der traumatophilen Sensibilität des neurosendisponierten Kindes, das nach der Lehrmeinung der Analyse Reize von ansonst harmlos normaler Stärke traumatisch erlebt, sondern es bestehe in realer, ja gar grausamer Behandlung durch die Erwachsenen. ... Die Bedeutung des Traumas überstrahlt alles übrige bei Ferenczi so sehr, daß für ihn die triebbedingten Komponenten der Neurose völlig zurücktreten. Ja, Ferenczi nimmt dieser von ihm postulierten Überbedeutung des Traumas zuliebe eine weitere wissenschaftliche Regression vor, die ihn weit in die voranalytische Zeit zurückführt: er kommt zur Lehre von der Unschuld des Kindes" (ebd., S. 45). Dann, in seinen Memoiren, die zynische Bemerkung: „Anna Freud, die in der Sitzung den Vorsitz führte, sagte mir nachher, meine Darstellung machte mit Recht den Eindruck einer Krankengeschichte" (Wie früher erwähnt, litt und starb Ferenczi an perniziöser Anämie) (Sterba 1985, S. 100). Wer sich auf die psychoanalytische Theoria non grata bezieht, wird zur Persona non grata. Und die Folgen? Erneut bleibt dieses Thema in der offiziellen und veröffentlichten Psychoanalyse für Jahrzehnte tabuisiert. Weder erscheint es im theoretischen Diskurs, noch gibt es Kasuistiken. Grinsteins „Index der psychoanalytischen Schriften" weist bis zum Ende der sechziger Jahre keinerlei Artikel zum Thema in psychoanalytischen Zeitschriften aus.

1953 begann mit *George Devereux* der Versuch einzelner, die Aufmerksamkeit auf die Bedeutung sexuellen Mißbrauchs zu lenken, Freuds Verführungstheorie zu reinterpretieren, ohne aufeinander Bezug zu nehmen und ohne Gehör zu finden, geschweige denn eine Kontroverse auszulösen (Vetter 1988). Devereux (1953) kritisierte das Übersehen von verführerischem Verhalten Erwachsener als von Freud gefördertes Angst-Abwehrsymptom bei Psychoanalytikern und betonte die Tatsache häufigen sexuellen Mißbrauchs, der von Erwachsenen ausgeht. *Manés Sperber* (1954), ein Schüler Alfred Adlers, wirft Freud vor, seine Patientinnen durch Suggestion zu Fiktionen ihrer Vergangenheit zu verführen, um dann fälschlicherweise die Väter des sexuellen Mißbrauchs anzuklagen. Gleichzeitig weist er auf die Häufigkeit realen Inzests hin, die sich in psychoanalytischen Darstellungen jedoch nicht auffinden ließe (s. Vetter 1988), was indirekt von *Richter* (1963) bestätigt wird. Dieser stellt in seiner Arbeit „Eltern, Kind und Neurose" fest, daß sexueller Mißbrauch von Vätern an Töchtern und Müttern an Söhnen „nicht nur als Ausnahmefälle" (S. 116) vorkomme, dies jedoch lediglich bei „primitiven Eltern und in Familien sehr niedrigen Sozialniveaus" (ebd.) geschehe, die in psychoanalytischen Praxen in der Tat kaum in Erscheinung treten. 1967 veröffentlichte *Furst* (s. Groen-Prakken 1989, S. 335) eine Monographie über psychoanalytische Beiträge zum Thema Trauma von amerikanischen und britischen Psychoanalytikern.

Leo Sadow (1968) und fünf weitere Chicagoer Psychoanalytiker differenzieren: Sexueller Mißbrauch habe bei einigen von Freuds frühen, schwer pathologischen Patienten tatsächlich stattgefunden, bei leichteren Pathologien seien es Phantasien von sexuellem Mißbrauch gewesen. Sexueller Mißbrauch als Thema in der theoretisch-klinischen Diskussion komme deshalb nicht vor, da die psychoanalytische Gemeinschaft Freuds Widerruf zu wörtlich genommen habe.

Ab der zweiten Hälfte der siebziger Jahre wird durch die praktischen Erfahrungen in der Kinderpsychiatrie, der Familientherapie, von Kinderberatungs- und Schutzorganisationen und von feministischen Gruppen die Erkenntnis über massenhaften sexuellen Mißbrauch von Kindern immer evidenter und damit die Kritik an der Psychoanalyse und ihrem Umgang mit sexuellen Traumata lauter.

Joseph Peters (1976) ist einer der ersten Praktiker, der die vorherrschende Haltung von analytischen Kollegen kritisiert, in Behauptungen realen sexuellen Mißbrauch als ödipale Phantasie zu desavouieren und mit dieser Haltung erneut Verdrängung und Verleugnung bei den Patienten Vorschub zu leisten. *Shengold* (1979, 1980, 1989/1995) betont die Zerstörung des zentralen Identitätsgefühles

durch sexuelle Traumata in der Kindheit und nennt dies zu Recht „Seelenmord".
In seinen Arbeiten tritt er früh für eine Revision der Bedeutung traumatischer
Realität ein, ohne die Bedeutung der Phantasien zu vernachlässigen: „Ich nehme an,
daß in der Kindheitsentwicklung die tatsächlichen überwältigenden Erfahrungen
von Verführung, Vergewaltigung und Schlägen der Eltern unterschiedliche tiefer-
gehende, zerstörerische und pathogene Wirkungen haben, als es die Phantasien
solcher Erfahrungen haben können, die zwangsläufig in der seelischen Entwicklung
der sexuellen und aggressiven Impulse eines Kindes entstehen. ... Man muß davon
ausgehen, daß Erfahrungen eine umfangreichere Pathogenese verursachen als Phantasien" (Shengold 1995, S. 34).

In Deutschland sind es die Veröffentlichungen von *Krüll* (1979), *Miller* (1981)
und *Masson* (1984), die die Aufmerksamkeit der psychoanalytischen Fachöffent-
lichkeit auf das Thema „Sexueller Mißbrauch" lenken, in deren Folge ab Mitte der
achtziger Jahre eine unselige Debatte über Verführungs- versus Triebtheorie,
Realität versus Phantasie entsteht, die sich um Angriff und Verteidigung der Person
Freuds rankt und das Pendel gegen die Phantasie ausschlagen läßt.

Zur Situation in den USA schreibt Shengold (1995, S. 12): „Während vor 30 Jahren die Verleugnung hinsichtlich der Aktualität eines solchen Mißbrauchs gedieh,
schlägt das Pendel in den Vereinigten Staaten in der entgegengesetzten Richtung aus,
die man nur noch ,Kindes-Mißhandlungs-Kult' nennen kann, indem die Therapeuten damit beginnen vorauszusetzen, jede pathologische Erscheinung sei auf
einen in der Kindheit stattgefundenen Mißbrauch zurückzuführen ... aufgrund des
Mißbrauchs der Behauptung von Kindesmißhandlung besteht die Gefahr einer
rückwärts gerichteten Pendelbewegung hin zur Verleugnung von Mißbrauch überhaupt." Daß das nicht nur eine Gefahr darstellt, sondern bereits Wirklichkeit ist,
können wir heute schon aus der täglichen Presse entnehmen, wie z. B. aus einem
Bericht der Westfälischen Rundschau vom 17. Februar 1997, in dem eine amerika-
nisch-australische Untersuchung rezipiert wird, nach der jeder vierte Erwachsene
sich fälschlicherweise an sexuellen Mißbrauch in der Kindheit erinnere.

Erst seit der zweiten Hälfte der achtziger Jahre sind in der psychoanalytischen
Gemeinschaft Tendenzen einer Auseinandersetzung erkennbar, die ursprüngliche
Ambivalenz Freuds zum Thema Traumata durch realen sexuellen Mißbrauch und
Phantasie zu einem metapsychologischen Integrationsversuch (Laplanche 1988;
Ehlert 1991; Hirsch 1987; Shengold 1995) und zu Veränderungen in der Therapie-
technik bei Opfern sexuellen Mißbrauchs weiterzuentwickeln (Ehlert 1990; Hirsch
1993 a und b; MacCarthy 1993; Thiel 1993), indem Sándor Ferenczi als Kristallisa-
tionsfigur für beides wiederentdeckt wird.

Die enormen Überwindungsschwierigkeiten der *psychoanalytischen Behandlungspraxis* bei Opfern sexueller Traumata in der Kindheit als Folge jahrzehntelangen Verleugnens und impliziten Kommunikationsverbotes macht folgender Bericht deutlich, aus dem ich abschließend zitiere:

Der Londoner Analytiker *Brendan Mac Carthy* (1993) schätzt, daß mindestens 10 % aller Anträge von Patientinnen für kostenermäßigte Analysen von Inzestopfern gestellt werden. Aber: „Bis zum Jahre 1985 wurden Patienten mit Inzesterfahrungen nicht als für die Behandlung im Institut geeignet angenommen. (...) Als Begründung wurde genannt, daß solche Patienten zum Agieren neigten oder den Analytiker oder Therapeuten zu verführen suchten. Es bestand der Eindruck, daß eine handhabbare Übertragung unwahrscheinlich sei, und daß eine Übertragungsneurose sich nicht entwickeln würde oder nicht bearbeitbar wäre. (...) Ein weiteres Problem bestand vor 10 Jahren darin, freie Behandlungsplätze für die jetzt zahlreichen neuen Patienten zu finden. Kollegen wollten sie nicht haben. (...) Ich schloß aus meinen Beobachtungen, daß Inzestopfer starke negative Gefühle hervorrufen (wenn auch oft unter dem Mantel übergroßer Sympathie). Diese Erfahrung und die Enttäuschung darüber, daß ich für so viele dieser Patienten keine Behandlungsplätze finden konnte, brachten mich 1987 dazu, einen Aufsatz zu schreiben mit dem Titel ‚Werden Inzestopfer gehaßt?'" (S. 112 ff.).

Ich hoffe, mit meinen Ausführungen einen Beitrag dafür zu leisten, daß die dichotomisierende Gegenstandsbehandlung von Trauma und Konflikt innerhalb der psychoanalytischen Gemeinschaft nicht einem Vergessen anheimfällt, bevor der selbsttraumatisierende Aspekt dabei bearbeitet und bewältigt ist. Auf manches muß eben immer wieder hingewiesen werden – das Tagungsthema gehört dazu.
Und die Moral von der Geschicht'? Trauen Sie den Dogmen nicht!

Literatur

Abraham, K. (1907): Das Erleiden sexueller Traumen als Form infantiler Sexualbetätigung. Frankfurt/M. (Fischer 1982).

Blass, R. B. (1994): Hatte Dora einen Ödipuskomplex? In: Jahrbuch der Psychoanalyse 32, S. 74-111.

Broch, H. (1975): Hugo von Hoffmannsthal und seine Zeit. Eine Studie. In: Schriften zur Literatur I. Kritik. Frankfurt/M. (Suhrkamp 1975).

Devereux, G. (1953): Why Oedipus Killed Laius. In: The International Journal of Psychoanalysis 34, S. 132-141.

Ehlert, M. (1990): Sexueller Mißbrauch in Psychotherapien. Report. Psychologie 15, S. 10-16.

Ehlert, M. (1991): Verführungstheorie, infantile Sexualität und „Inzest". Jahrbuch der Psychoanalyse 27. Stuttgart-Bad Cannstatt (Frommann und Holzboog), S. 42-70.

Emrich, H. M. (1996): Über die Notwendigkeit des Vergessens. In: Smith, G., Emrich, H. M. (Hrsg.): Vom Nutzen des Vergessens. Berlin (Akademie).

Ferenczi, S. (1932): Sprachverwirrung zwischen den Erwachsenen und dem Kind. Die Sprache der Zärtlichkeit und der Leidenschaft. In: Ferenczi, S.: Bausteine zur Psychoanalyse, Bd. 3. Frankfurt/M. (Fischer 1984), S. 511-525.

Flitner, E., Merle, P. (1988): „Hier berührt die Phantasie den Boden der Wirklichkeit". Hinweise zur Trauma-Diskussion. In: Journal 17, S. 40-45

Fortune, Ch. (1994): Der Fall „R. N.". Sándor Ferenczis radikales psychoanalytisches Experiment. In: Psyche 48, S. 683-705.

Freud, S. (1894): Die Abwehr-Neuropsychosen. GW, Bd. 1. Frankfurt/M. (Fischer 1991), 57-74.

Freud, S. (1895): Studien über Hysterie. GW, Bd. 1. Frankfurt/M. (Fischer 1991), S. 75-312.

Freud, S. (1896 a): L'hérédité et l'étiologie des névroses. GW, Bd. 1. Frankfurt/M. (Fischer 1991), S. 405-422.

Freud, S. (1896 b): Weitere Bemerkungen über die Abwehr-Neuropsychose. GW,Bd. 1. Frankfurt/M. (Fischer), S. 377-403.

Freud, S. (1886 c): Zur Ätiologie der Hysterie GW, Bd. 1. Frankfurt/M. (Fischer), S. 423-459.

Freud, S. (1905 a): Bruchstück einer Hysterie-Analyse. GW, Bd. 5. Frankfurt/M. (Fischer), S. 161-286.

Freud, S. (1905 b): Drei Abhandlungen zur Sexualtheorie. GW, Bd. 5. Frankfurt/M. (Fischer), S. 27-145.

Freud, S. (1914): Zur Geschichte der psychoanalytischen Bewegung. GW, Bd. 10. Frankfurt/M. (Fischer), S. 43-113.

Freud, S. (1925): Selbstdarstellung. GW, Bd. 14. Frankfurt/M. (Fischer), S. 33-96.

Freud, S., (1950): Aus den Anfängen der Psychoanalyse. 1887-1902. Briefe an Wilhelm Fließ. London (Imago). Nachdruck Frankfurt/M. (Fischer 1962)

Freud, S. (1896): Briefe an Wilhelm Fließ 1887-1904. Ungekürzte Fassung. Frankfurt/M. (Fischer).

Freud, Sophie (1992): Über drei Bücher von Jeffrey M. Masson. In: Werkblatt. Zeitschrift für Psychoanalyse und Gesellschaftskritik 28, S. 148-176.

Garcia, E. I. (1991): Freuds Verführungstheorie. In: Jahrbuch der Psychoanalyse 28, S. 148-176.

Gay, P. (1989): Freud. Eine Biographie für unsere Zeit. Frankfurt/M. (Fischer).

Gödde, G. (1991): Charcots neurologische Hysterietheorie – Vom Aufstieg und Niedergang eines wissenschaftlichen Paradigmas. In: Luzifer Amor 14, S. 7-53.

Groen-Prakken, H. (1989): Trauma, Entwicklungsinterferenz und Neurose. Gedanken über Unterschiede, Zusammenhänge und Analysierbarkeit. In: Zeitschrift für Psychoanalytische Theorie und Praxis 4, S. 334-347.

Grubrich-Simitis, I. (1987): Zum Verhältnis von Trauma und Trieb. In: Psyche 11, S. 992-1023.

Haynal, A. (1989): Die Geschichte des Trauma-Begriffs und seine gegenwärtige Bedeutung. Das Trauma des Analysanden und dasjenige des Analytikers. In: Zeitschrift für Psychoanalytische Theorie und Praxis 4, S. 322-333.

Hirsch, M. (1987): Realer Inzest. Psychodynamik sexuellen Mißbrauchs in der Familie. Berlin (Springer).

Hirsch, M. (1988): Inzest zwischen Phantasie und Realität. Zeitschrift für Sexualforschung I, S. 206-221.

Hirsch, M. (1993 a): Inzest und Psychoanalyse. In: Ramin, G. (Hrsg): Inzest und sexueller Mißbrauch. Beratung und Therapie. Ein Handbuch. Paderborn (Junfermann), S. 105-127.

Hirsch, M. (1993 b): Psychoanalytische Therapie mit Opfern inzestuöser Gewalt. Jahrbuch der Psychoanalyse 31, S. 132-147.

Jones, E. (1960): Das Leben und Werk von Sigmund Freud, Bd. 1-3., Bern (Huber).

Kimmerle, G. (1989): Kausalität der Erinnerung. Vom Einschluß des Traumas in die Verdrängung. Eine rationale Rekonstruktion. In: Luzifer Amor 4, S. 32-88.

Knörzer, W. (1988): Einige Anmerkungen zu Freuds Aufgabe der Verführungstheorie. In: Psyche 42, S. 97-131.

Kraus, K. (1988): Untergang der Welt durch schwarze Magie. Frankfurt/M. (Suhrkamp).

Krüll, M. (1979): Freud und sein Vater. München (Beck).

Krutzenbichler, H. S. (1991): Die Übertragungsliebe. Recherchen und Bemerkungen zu einem „obszönen" Thema der Psychoanalyse. In: Forum der Psychoanalyse 7, S. 291-303.

Krutzenbichler, H. S. (1995): Sexueller Mißbrauch als Thema der Psychoanalyse und sexueller Mißbrauch in Psychoanalysen. Eine historische Betrachtung. In: Beiträge zur Sexualforschung 71, S. 100-111.

Krutzenbichler, H. S. (1997): Sexueller Mißbrauch als Thema der Psychoanalyse von Freud bis zur Gegenwart. In: Egle, U. T., Hoffmann, S. O., Joraschky, P. (Hrsg.), (1997): Sexueller Mißbrauch, Mißhandlung, Vernachlässigung. Stuttgart und New York (Schattauer), S. 93-102.

Krutzenbichler, H. S., Essers, H. (1991): Muß denn Liebe Sünde sein? Über das Begehren des Analytikers. Freiburg (Kore).

Laplanche, G. (1988): Die allgemeine Verführungstheorie und andere Aufsätze. Tübingen (Edition Diskord).

MacCarthy, B. (1993): Übertragungsprobleme in Behandlungen sexuell mißbrauchter Patienten: Das Problem der Grenzverletzung. In: Grenzüberschreitung in der Psychoanalyse. Kongreßband der DPG. Göttingen, S. 108-130.

Masson, J. M. (1984): Was hat hat man dir, du armes Kind, getan? Sigmund Freuds Unterdrückung der Verführungstheorie. Hamburg (Rowohlt).

Masson, J. M. (1995): Was hat man dir, du armes Kind, getan? Oder: Was Freud nicht wahrhaben wollte. Freiburg (Kore).

Miller, A. (1981): Du sollst nicht merken. Variationen über das Paradies-Thema. Frankfurt/M. (Suhrkamp).

Miller, A. (1988): Das verbannte Wissen. Frankfurt/M. (Suhrkamp).

Neyraut, M. (1976): Die Übertragung. Frankfurt/M. (Suhrkamp).

Nitzschke, B. (1988): Freuds „Technische Experimente" – Auf dem Wege zum psychoanalytischen Standardverfahren. In: Luzifer Amor 1, S. 49-78.

Nitzschke, B. (1996): Wir und der Tod. Essays über Sigmund Freuds Leben und Werk. Göttingen und Zürich (Vandenhoeck & Ruprecht).

Peters, J. J. (1976): Children Who Are Victims of Sexual Assault and the Psychology of Offenders. In: American Journal of Psychotherapie 30, Nr. 3, S. 398-421.

Rand, N., Toroc, M. (1993): Fragen an die Freudsche Psychoanalyse: Traumdeutung, Realität, Phantasie. In: Psyche 4 (1996), S. 289-320.

Richter, H.-E. (1963): Eltern, Kind und Neurose. Stuttgart (Klett).

Sachsse, U., Ventzla, U., Dulz, E. (1997): Einhundert Jahre Traumaätiologie. In: Persönlichkeitsstörungen. Theorie und Therapie 1/97, S. 4-14.

Sadow, L., Gedo, J. E., Miller, J. u. a. (1968): The Process of Hypothesis Change in Three Early Psychoanalytic Concepts. In: Journal of the American Psychoanalytic Association 16, S. 245-273.

Schneider, M. (1989): Der weibliche Blick und die theoretische Schrift. In: Psyche 37, 6, S. 497-519.

Shengold, L. (1979): Child Abuse and Deprivation: Soul Murder. Journal of the American Psychoanalytic Association 27, S. 533-59.

Shengold, L. (1980): Some Reflections on a Case of Mother/Adolescent Son Incest. Int. J. Psycho-anal. 61, S. 461-76.

Shengold, L. (1989): Soul Murder. The Effects of Childhood Abuse and Deprivation. New Haven und London (Yale University Press). Dt.: Soul Murder. Seelenmord – die Auswirkungen von Mißbrauch und Vernachlässigung in der Kindheit. Frankfurt/M. (Brandes und Apsel 1995).

Sperber, M. (1954): La Misère de la Psychologie. In: Preuves 86, 4, S. 9-25.

Sterba, R. (1936): Das psychische Trauma und die Handhabung der Übertragung (Die letzten Arbeiten von S. Ferenczi zur psychoanalytischen Technik). In: Int. Z. Psychoanal. 22, S. 40-46.

Sterba, R. (1985): Erinnerungen eines Wiener Psychoanalytikers. Frankfurt/M. (Fischer).

Thiel, H. (1993): Grenzdiffusion zwischen Phantasie und Handlung bei einer psychoanalytischen Behandlung mit einer Inzest-Patientin. In: Grenzüberschreitungen in der Psychoanalyse. Kongreßband der DPG. Göttingen, S. 378-394.

Vetter, I. (1988): Die Kontroverse um Sigmund Freuds sogenannte Verführungstheorie. Eigenveröffentlichung.

Westfälische Rundschau vom 17. Februar 1997: Studie: Jeder vierte erfindet „Erinnerungen".

Wolff, L. (1992): Ansichten vom Weltuntergang. Kindesmißhandlung in Freuds Wien. Salzburg und Wien (Residenz).

Zangger, D. (1988): Ödipuskomplex und Verführungstheorie. Freuds ambivalente Haltung – Eine Analyse. In: Journal 19, S. 28-50.

Zweig, S. (1931): Die Heilung durch den Geist. Mary Baker-Eddy. Freud. Frankfurt/M. (Fischer 1986).

ZUR PSYCHODYNAMIK VON TÄTERN UND OPFERN

Die Reviktimisierungstendenz bei Opfern körperlichen und sexuellen Mißbrauchs

Konvergenz von Trauma-Theorie, Bindungstheorie und Objektbeziehungspsychologie

Wolfgang Wöller
und Johannes Kruse

Wer mit Opfern traumatischer Gewalt therapeutisch arbeitet, ist immer wieder aufs neue beunruhigt und überrascht, in welchem Maße diese Patienten zur Wiederholung ihrer traumatischen Erfahrungen neigen. In der Ehe mißhandelte Frauen kehren immer wieder zu ihren mißhandelnden Ehemännern zurück, oder sie nehmen, wenn ihnen die Trennung gelingt, andere gewaltsame Beziehungen auf. Aus Soziologie und Kriminologie ist seit langem bekannt, daß bestimmte Personen dazu neigen, immer wieder in einen Opferstatus zu geraten (Walklate 1989). Betrachtet man Opfer jeglicher Gewalt, so zeigt sich, daß 28 % der Gewaltopfer bereits einmal Opfer desselben Verbrechens gewesen waren (Ziegenhagen 1976). Frauen, die in ihrer Kindheit Zeugen familiärer Gewalt waren, haben eine um 600 % höhere Wahrscheinlichkeit, später durch ihre Ehemänner mißhandelt zu werden als Frauen, die in nicht gewaltsamen Elternhäusern aufgewachsen waren (Strauss u. a. 1979). Es ist vielfältig empirisch belegt, daß Opfer von körperlichem oder sexuellem Mißbrauch in Kindheit und Jugend eine erhöhte Wahrscheinlichkeit haben, im späteren Leben wieder Opfer körperlicher oder sexueller Gewalt zu werden (z. B. Russell 1986). Die Zusammenhänge sind meist nicht bewußt: So brachte keine der Frauen aus Russels großangelegter Untersuchung (1986) an Inzestopfern ihren früheren Mißbrauch mit ihrer nachfolgenden Reviktimisierung in Verbindung.

Was liegt nun dieser vielfach belegten Tendenz zur Reviktimisierung zugrunde? Wir sind es gewohnt, mit Freud (1920) vom Wiederholungszwang zu sprechen, auch wenn wir Freud heute in seiner metapsychologischen Herleitung aus dem Todestrieb nicht mehr folgen mögen. Der Begriff hat jedoch eine starke beschreibende Kraft, weist er doch auf die bei allen Traumawiederholungen erkennbare enorme Zwanghaftigkeit und dämonisch anmutende Besessenheit der seelischen Vorgänge hin, die eben Freud (1920) meinte, wenn er in „Jenseits des Lustprinzips" schreibt: „Die Äußerungen eines Wiederholungszwanges ... zeigen in hohem Grade den triebhaften, und wo sie sich im Gegensatz zum Lustprinzip befinden, den dämonischen Charakter" (Freud 1920, S. 36).

Der Begriff „Wiederholungszwang" ist üblich und populär geworden, doch – wie steht es mit seinem Erklärungspotential? Wurmser (1987) hat auf die Bedeutsamkeit der Unterscheidung von Beschreibung und Erklärung hingewiesen sowie auf die verführerische Leichtigkeit, mit der man unbemerkt von der einen in die andere Kategorie gelangen kann. Zu leicht werde übersehen, daß die meisten theoretischen Begriffe und Ausführungen beim Verstehen schwerer Fälle eigentlich überraschend wenig weiter helfen, also beschreibend von Wert sein mögen, aber der erklärenden Wirkkraft ermangeln. An anderer Stelle (Wurmser 1989, S. 236) führt er aus, daß der Begriff „Wiederholungszwang" – ebenso wie die Begriffe „Narzißmus"und „Masochismus" – gute beschreibende Begriffe sind. Aber: „Sie erklären nichts. Sie beschreiben in kühnen Zusammenfassungen und Gleichsetzungen Phantasien, subjektive Erlebnisse und objektive Haltungen ... Werden sie aber aus beschreibenden zu erklärenden Begriffen gemacht, erleidet die analytische Erforschung der Motivzusammenhänge eine Art Kurzschluß. Statt daß man den eigentlichen Ursachen und motivierenden Gründen in ihrer Komplexität nachspürt, vermeint man, mit dem Begriff das schon getan zu haben." Andere Autoren (etwa van der Kolk 1989) gelangen zu der Feststellung, daß der „Wiederholungszwang" seit seiner Entdeckung überraschend wenig systematisch erforscht worden ist, obwohl er regelmäßig in der klinischen Literatur beschrieben wurde. Bedauerlich wäre es, wenn ein Mangel an erklärenden Konzepten zu nihilistischen therapeutischen Konsequenzen führen würde, nämlich dann, wenn das „Wirken" des Wiederholungszwanges wie eine unbeeinflußbare, „mythische" Kraft erlebt würde und den Blick verstellte für die Psychodynamik der Reviktimisierung.

Nun stehen uns doch – bei allem weiteren Forschungsbedarf – ein beachtliches Wissen und umfassende Theoriebildungen über die Psychodynamik der Reviktimisierung zur Verfügung, die sich in vielversprechender Weise mit empirischen Ergebnissen der neueren Bindungsforschung und der Erforschung der posttraumatischen Belastungsstörung verbinden lassen und so ein wenig zur Entmystifizierung des Wiederholungszwanges beitragen könnten.

Meisterung und Kontrolle

Die klassische Erklärung für den Wiederholungszwang – sieht man einmal von der Verknüpfung mit dem Todestrieb ab – versteht die zur Reviktimisierung führenden Verhaltensinszenierungen als einen Versuch, das nicht integrierte Trauma zu meistern, indem eine der traumatischen Situation ähnliche Situation wiederhergestellt wird, um sie nun zu kontrollieren und ihr einen anderen Ausgang geben zu können. „Das Ich", so Freud in „Hemmung, Angst und Symptom" (1926, S. 200), „welches das Trauma passiv erlebt hat, wiederholt nun aktiv eine abgeschwächte Reproduktion desselben, in der Hoffnung, dessen Ablauf selbsttätig leiten zu können. Wir wissen, das Kind benimmt sich ebenso gegen alle ihm peinlichen Eindrücke, indem es sie im Spiel reproduziert; durch diese Art, von der Passivität zur Aktivität überzugehen, sucht es seine Lebenseindrücke psychisch zu bewältigen."

Auch in neuerer Zeit betrachten verschiedene Autoren (z. B. Chu 1992) die Aspekte von Meisterung und Kontrolle als wesentliche Elemente beim Verständnis der Tendenz zur Reviktimisierung, als eine Abwehrleistung der Wendung vom Passiven ins Aktive. Andere Autoren heben hervor, daß mit dem ständig wiederholten Aufsuchen des Traumas eine Hoffnung verbunden sein kann, die neuen Objekte könnten einmal nicht zurückweisend oder mißbräuchlich, sondern liebevoll und fürsorglich reagieren. Aus der Sicht der biologisch orientierten Traumaforschung ist die Theorie der Meisterung traumatischer Erfahrungen allerdings immer wieder skeptisch beurteilt worden. Zumindest sprechen die klinischen Beobachtungen bei Patienten mit posttraumatischen Belastungsstörungen vielfach dagegen, daß durch Traumawiederholung Bewältigung erzielt werden könnte (van der Kolk 1989). Vielmehr ist es meist so, daß die durch die Reinszenierungen herbeigeführten Retraumatisierungen die Auswirkungen des urspünglichen Traumas von Mal zu Mal verschlimmern.

Objektbeziehungstheoretische Ansätze

Objektbeziehungstheoretische Ansätze, den Wiederholungszwang und die aus ihm resultierende Tendenz zur Reviktimisierung zu erklären, gehen von der Wirksamkeit traumatischer Introjekte aus. Die Entstehung der schweren Schuldgefühle Traumatisierter durch die Mechanismen der Introjektion und Implantation wurde von Ferenczi und kürzlich von Hirsch (1997) ausführlich beschrieben. Die unerträglichen Schuldgefühle bewirken einen starken Externalisierungsdruck, der dazu führt, daß dem ursprünglichen Trauma entsprechende Situationen in der Außenwelt neu erschaffen werden. Die Traumawiederholung läßt sich so als Ergebnis der Externalisierung dieser traumatischen Introjekte verstehen, wobei durch die Externalisierung eine intrapsychische Druckentlastung entsteht, da Angriffe von außen leichter ertragen werden können als die unerträglichen Angriffe des Über-Ichs von innen. Über die Natur der traumatischen Introjekte, insbesondere ihre fremdkörperartige Unassimilierbarkeit, ist in neuerer Zeit Wesentliches gesagt worden. Sich von seinem Introjekt zu trennen, würde bedeuten, sich von seinen frühen Objekten zu trennen, deren liebende Nähe so dringend benötigt wird. In der Formulierung von Hirsch (1997, S. 126) bedeutet „... das Wiederholen der Selbstdestruktion eine Vergewisserung der Anwesenheit des wenn auch traumatischen, so doch einzig anwesenden Objekts". Und an anderer Stelle: „Nichts ist schlimmer, als das introjizierte Objekt zu verlieren."

Wurmser (1989, 1993) hat entscheidende zusätzliche Gesichtspunkte zum Verständnis der Persönlichkeitsspaltung beigetragen, die das Leben vieler zur Reviktimisierung neigender Personen prägt. Auch er begreift die zur Reviktimisierung führende Dynamik ganz wesentlich als eine Über-Ich-Problematik, die durch sich widerstreitende Loyalitätsforderungen des Über-Ichs entsteht. Die zutiefst gespaltene Persönlichkeit umfaßt zum einen eine angepaßte, oft durch Besonnenheit und Vernünftigkeit, auch durch Flachheit und Affektverarmung gekennzeichnete, fassadenhafte Teilidentität und zum anderen eine regressive oder masochistische Teilidentität, die von intensiven Affektstürmen begleitet ist und in der sich der Wiederholungszwang in dämonischen Einbrüchen impulsiver Selbstdestruktivität kundtut. Die Doppelheiten in Selbst- und Werterleben entstehen unter der Einwirkung massiver Widersprüche im Über-Ich, letztlich sind es Gewissenskonflikte komplexer Art, Scham-Schuld-Dilemmata, wobei ein Über-Aspekt die totale Unterwerfung und ein anderer das totale Aufbäumen gegen das Objekt fordert. Der Wiederholungszwang bezieht sich demnach „auf den Versuch, auf symbolische Weise eine Regulation und Konfliktlösung zu erzielen, die deswegen unmöglich ist, weil die Affekte und die von diesen bestimmten oder mit ihnen eng verbundenen Triebbedürfnisse, Abwehrformen und Über-Ich-Forderungen unvermeidbar und global sind, und da deshalb denn auch die ständigen Bemühungen, sie in Symbolen auszudrücken, scheitern müssen" (Wurmser 1987, S. 119; 1989, S. 235).

Zusammenfassend läßt sich festhalten, daß nach heutiger objektbeziehungstheoretischer Auffassung der Wiederholungszwang und damit die Reviktimisierungstendenz als Folge der Wirksamkeit archaischer unassimilierbarer und – insofern Wurmsers Beitrag – innerlich zutiefst widersprüchlicher Über-Ich-Forderungen und Loyalitäten anzusehen ist. Erwähnt seien noch Beispiele masochistischer Beziehungen, in denen es um die narzißtische Gratifikation aus dem Leiden geht, was auch zur Reviktimisierung führen kann, aber auch die Beispiele masochistischer Beziehungen, in denen eindeutig die Suche nach Nähe und Bindung dem Aufsuchen von Gewalt zugrunde liegt, Fälle, bei denen Leiden bewußt in Kauf genommen wird, da nur so ein Gefühl von Nähe, Geborgenheit und Heimat möglich ist wie bei der von Gerisch (1996) zitierten Patientin, die sagt: „Auch wenn er (d. h. der Freund, d. A.) mich schlägt und demütigt, weiß ich, daß er nur mich will, nur mich begehrt. Das gibt mir ein Gefühl von Geborgenheit und Zuhausesein. Ich habe ja sonst keinen Ort, wo ich hingehöre. Er gibt mir das Gefühl, daß er nur mich besitzen will. Dann bin ich wichtig, der wichtigste Freund auf der Welt für ihn."

Innere Arbeitsmodelle von Bindung und Reviktimisierung

In den letzten Jahren hat die Bindungsforschung große Beachtung erfahren, gerade auch aus der Sicht der Psychoanalyse, und wir beobachten eine zunehmende Konvergenz zwischen der psychoanalytischen Objektbeziehungstheorie und bindungstheoretischen Befunden. Zwei Aspekte sind von zentraler Bedeutung: Zunächst kann die Möglichkeit, manifestes psychopathologisches Verhalten als Ausdruck von Bindungsverhalten zu sehen, uns weiterführen im Verständnis verschiedener Psychopathologien im Erwachsenenalter. Der noch interessantere Berührungspunkt resultiert jedoch aus der Tatsache, daß Bindungstheoretiker sich in den letzten Jahren von der reinen, ethologisch inspirierten Verhaltensbeobachtung abgewandt und hingewandt haben zur Erforschung der Art und Weise, wie frühe Bindungsmuster in sog. inneren Arbeitsmodellen von Bindung repräsentiert sind. Innere Arbeitsmodelle von Bindung, wie sie Bowlby (1969) und spätere Bindungsforscher formuliert haben, speichern Informationen über Interaktionserfahrungen mit bedeutenden Personen der Kindheit und sind außerordentlich stabil. Sie speichern die typischen Reaktionen von Bindungsfiguren auf ihre Bindungswünsche und erfolgreiche Strategien, wie das Individuum damit umgegangen ist. Auf diese Weise befähigen sie das Individuum, interpersonelle Ereignisse wahrzunehmen, zu interpretieren und ihr Verhalten gegenüber Bindungsfiguren zu organisieren. Innere Arbeitsmodelle weisen eine beträchtliche konzeptuelle Nähe auf zu Fairbairns (1954) inneren Objekten, zu dem, was Sandler und Rosenblatt (1962) mit der Welt der Repräsentanzen beschrieben haben und zu Kernbergs (1981) Selbst-Objekt-Einheiten. Dennoch gibt es deutliche Unterschiede: Repräsentanzen im psychoanalytischen Sinne sind bei weitem umfassender und komplexer, sie beziehen Phantasien, Triebaspekte und Abwehrvorgänge mit ein und berücksichtigen die Prozesse der Internalisierung; innere Arbeitsmodelle von Bindung, die auf Theorien der Informationsverarbeitung basieren, sind weitaus einfacher konzipiert, haben aber den methodischen Vorteil, durch die Fokussierung auf einen Teilaspekt empirisch besser erforschbar zu sein. Bindungstheoretiker gehen weniger davon aus, daß Objekte internalisiert werden, sie nehmen statt dessen an, daß Regeln und Erwartungen verinnerlicht werden, die ein Individuum in die Lage versetzen, die Reaktionen seiner Bindungsfiguren auf der emotionalen und Verhaltensebene zu interpretieren und zu antizipieren.

Was leisten nun bindungstheoretische Befunde zum Verständnis der uns beschäftigenden Reviktimisierungsproblematik? Ainsworth u. a. (1978) haben einjährige Kinder nach ihrem Verhalten in einer „Fremden Situation" typisiert und konnten drei Bindungsstile identifizieren: die *sicher* gebundenen Kinder, die *unsicher-ambivalent* gebundenen Kinder und die *unsicher-distanziert* gebundenen Kinder. *Sicher* gebundene Kinder, die über ein verläßliches inneres Bild der Bindungsfigur verfügen, sind bei experimenteller Trennung von der Mutter in der „Fremden Situation" nur mäßig besorgt und lassen sich nach der Rückkehr der Mutter leicht beruhigen; *unsicher-ambivalent* gebundene Kinder, deren Mütter als nicht berechenbar repräsentiert sind, zeigen schon *vor* der Trennung das sog. Bindungsverhalten, indem sie die Nähe der Mutter suchen; nach der Rückkehr sind sie nur schwer zu beruhigen; *unsicher-distanziert* gebundene Kinder schließlich, deren Mütter als zurückweisend repräsentiert sind, zeigen in der „Fremden Situation" nur wenig Beunruhigung oder bleiben gleichgültig; bei der Rückkehr der Mutter vermeiden sie deren Nähe. George und Main haben später ein weiteres Bindungsmuster hinzugefügt, das desorganisiert-desorientierte Bindungsmuster, das sie vor allem bei realtraumatisierten Kindern fanden. Mit Hilfe des Adult-Attachment-Interviews lassen sich für Erwachsene ganz ähnliche Bindungsstile finden.

Ganz allgemein läßt sich sagen, daß erwartungsgemäß realtraumatisierte Kinder signifikant häufiger unsichere Bindungen an ihre primären Bindungsfiguren aufweisen als nicht traumatisierte Kinder (Crittenden 1988) und daß es eine klare Korrelation zu geben scheint zwischen fehlender mütterlicher Sensibilität, d. h. der Tendenz, nicht oder inadäquat auf kindliche Bedürfnisse zu reagieren, und einer unsicheren kindlichen Reaktion in der „Fremden Situation" (Ainsworth u. a. 1978). Für uns stellt sich nun die Frage, ob es einen oder mehrere bevorzugte Bindungsstile bei Personen gibt, die zur Reviktimisierung, also zur Wiederholung traumatischer Erfahrungen, neigen. Tatsächlich findet sich die höchste Tendenz zur Revik-

timisierung in zwei Gruppen: 1. in der Gruppe der unsicher-ambivalent Gebundenen und 2. in der Gruppe der desorganisiert-desorientierten Bindungsstile. Ich
möchte zunächst bei den unsicher-ambivalent gebundenen Personen bleiben.

Kinder mit unsicher-ambivalenten Bindungsstilen suchen in der „Fremden
Situation" ängstlich die Nähe der Mutter, weisen sie dann aber zornig zurück und
lassen sich nicht trösten. Das unsicher-ambivalent gebundene Kind ist abhängig-
anklammernd, oft passiv-hilflos und impulsiv; schon im Vorschulalter werden die
unsicher-ambivalent gebundenen eher von anderen Kindern viktimisiert (Troy u.
Sroufe 1987). Unsicher-ambivalent gebundene (preoccupied, ängstlich-ambivalent)
gebundene Erwachsene werden als klammernd, ängstlich-wütend und abhängig
beschrieben, sie neigen dazu, ihre Partner zu idealisieren, sich für sie aufzuopfern
und sich selbst negativ zu sehen, was sie speziell für Reviktimisierungen vulnerabel macht.

Die Beziehungserfahrungen unsicher-ambivalent gebundener Kinder lassen sich
so beschreiben, daß ihre Bindungsfiguren auf die positiven wie negativen Äußerungen in unvorhersagbarer Weise, teils angemessen, teils überfürsorglich und teils
zurückweisend reagieren. Während unsicher-distanziert gebundene Kinder die
konstante und berechenbare elterliche Zurückweisung antizipieren und sich in
einer Notsituation von den Eltern abwenden, also eine klare Strategie entwickeln,
sind unsicher-ambivalent gebundene Kinder damit konfrontiert, daß sie nie genau
wissen, ob ihre – meist selbst unsicheren und ängstlichen – Bindungsfiguren angemessen, zurückweisend oder überverwöhnend reagieren. Mehrere Strategien bieten
sich an, die wechselnd erfolgreich sein können: einmal die Möglichkeit, sich heftig
an die Bindungsfigur anzuklammern und den negativen Affekt der Angst, Hilflosigkeit und Wut zu verstärken, um doch noch die Nähe der Bindungsfigur zu
erzwingen, zum anderen, sich ganz am Verhalten der Bindungsfigur zu orientieren,
sich ihr anzupassen, für sie zu sorgen und sie zu strukturieren. Der Versuch einer
Abwendung, wie er beim unsicher-distanzierten Bindungsstil realisierbar ist, ist
versperrt, weil die Mütter diese Patienten im Sinne der Rollenumkehr und Parentifizierung eng an sich binden. Diese Verhaltensweisen sind in unterschiedlichen
inneren Arbeitsmodellen repräsentiert und entsprechend stabil. Alle diese Verhaltensweisen finden wir ebenso typischerweise bei unsicher-ambivalent gebundenen
Erwachsenen. Sie neigen dazu, Beziehungspartner zu idealisieren, sich selbst als
schwach und hilflos zu sehen, sich heftig anzuklammern; Wut, Depression, Angst
und Abhängigkeitsgefühle bestehen nebeneinander. Diese Konstellation prädisponiert durch wechselnde Aktualisierung der verschiedenen inneren Arbeitsmodelle
zur Reviktimisierung.

Die genannten Vorgänge lassen sich an dem typischen Ablauf des Zyklus der ehelichen Gewalt (Walker 1984) gut demonstrieren. Eine in einer gewaltsamen Ehebeziehung stehende Frau aktiviert zumeist das innere Arbeitsmodell der Anpassung und Versorgung, indem sie wie eine Mutter für den Partner sorgt, ein Arbeitsmodell, das sagt: Die größtmögliche Sicherheit finde ich, wenn ich meine Bindungsfigur strukturiere, kontrolliere, für sie sorge. In anderen Zeiten kann sie aber auch das andere Arbeitsmodell aktivieren, das heißt: Wenn ich mich hilflos-verzweifelt zeige und meinen negativen Affekt massiv verstärke, kann ich doch noch erreichen, daß meine Bindungsfigur sich meiner annimmt. Aus der Sicht des aktiv mißhandelnden Ehepartners sind dies die Provokationen, die letztlich das Mißhandlungsereignis auslösen. Analog kann im Falle von Frauen, die immer wieder Opfer von Vergewaltigungen werden, deren Verhalten im Vorfeld von Vergewaltigungshandlungen unter dem Blickwinkel der Aktivierung des hilflos-anklammernden Modus angesehen werden. Ebenso kann das sexualisierende Verhalten von Inzestopfern in dieser Perspektive als eine Äußerung der Bindungs-bedürfnisse konzipiert werden.

Eine weitere Personengruppe, die zur Reviktimisierung prädisponiert ist, sind Personen mit dem sog. desorganisiert-desorientierten Bindungsstil. Dieser Stil findet sich meist bei massiven Traumatisierungen und Objektverlusten in der Kind-heit. Das Charakteristikum desorganisiert gebundener Kinder ist ihre Unfähigkeit, eine wirksame Strategie zur Bewältigung ihrer Nöte und Ängste zu entwickeln, da von ihren Bindungspersonen Hilfe und Traumatisierung gleichermaßen ausgingen; ein Charakteristikum desorganisiert gebundener Erwachsener ist die enorme Inkohärenz und die Fülle der logischen Widersprüche bei der Schilderung ihrer Bindungserinnerungen als Folge ihrer umfangreichen Dissoziationen (Main u. a. 1985).

Dissoziation und Reviktimisierung

Die Dissoziationen von Personen mit einem desorganisierten Bindungsstil prädis-ponieren in hohem Maße zur Reviktimisierung. Wie wir aus Erkenntnissen der neueren Forschung zur posttraumatischen Belastungsstörung wissen, kann das hohe Erregungsniveau während der Einwirkung der ursprünglichen gewaltsamen Übergriffe dazu führen, daß die Erinnerung an eben diese Ereignisse und die damit verknüpften Affekte abgespalten, dissoziiert sind und aufgrund der zustandsab-hängigen Speicherung nur dann abrufbar werden, wenn die Person sich erneut in einem Zustand befindet, der der ursprünglichen Situation ähnlich ist. Dies hat zur

Folge, daß alle Warnsignale, die eine drohende Viktimisierung anzeigen können, nicht wahrgenommen werden können, weil sie der Dissoziation unterliegen. Wenn dagegen eine dem ursprünglichen traumatischen Ereignis ähnliche Situation eintritt, wird diese so wahrgenommen, als sei das ursprüngliche Trauma zurückgekehrt, mit der ganzen ursprünglichen traumatischen Qualität und allen traumatischen Affekten, so als geschehe das ursprüngliche Trauma neu. Dies hat unter anderem auch zur Folge, daß die gleiche traumatische Ohnmacht und Hilflosigkeit wiedererlebt werden, die das Opfer nun unfähig machen zu jeder Form abgrenzender Aktivität. Das heißt, die Neigung zur Dissoziation disponiert in zweifacher Weise zur Retraumatisierung: durch die Unfähigkeit, Warnsignale wahrzunehmen, und durch die Wiederkehr der traumatischen Hilflosigkeit.

Bewältigung unerträglicher posttraumatischer Affektzustände

Schließlich sei noch auf eine wichtige Folgerung aus der neueren Forschung zu posttraumatischen Störungen hingewiesen. Die für Trauma-Opfer charakteristische Wiederbelebung traumatischer Affekte im täglichen Leben kann zu schweren affektiven Dysregulationen führen. Äußere Stimuli können assoziativ genau diejenigen Gefühle wachrufen, die auch in der ursprünglichen traumatischen Situation aufgetreten sind. Die während der Zustände massiver autonomer Erregung gespeicherten Erinnerungen steuern die späteren Interpretationen von Ereignissen, so daß die aus der traumatischen Situation stammenden Gefühle der aktuellen Situation zugeordnet werden und Alltagssituationen eine traumatische Qualität erhalten. Eine Folge der Tatsache, daß fortgesetzt Stimuli der Außenwelt an alte traumatische Bedingungen anknüpfen, ist der Verlust der Fähigkeit, die Intensität der Gefühle und Impulse zu regulieren (van der Kolk u. a. 1991); es kommt zu raschen und unvorhersagbaren Wechseln der Stimmungslage. Alle Formen autodestruktiven Handelns können Erleichterung bringen und die unerträglichen Affektzustände beenden. Aus solchen Affektlagen heraus können Trauma-Opfer sich bewußt Krisen und extremen Erregungszuständen und damit Gefahren aussetzen, die u. a. zur Reviktimisierung führen können. Nicht nur die Selbstverletzung, auch geschlagen zu werden kann diese Spannungszustände verringern. Es sind die Zustände, die Wurmser (1993, S. 54) beschreibt als „Kombination von Verzweiflung, von radikaler Entfremdung und dem absoluten Drang, etwas zu tun, ja recht eigentlich der zwingenden Notwendigkeit, handeln zu müssen, um auf diese Weise Erleichterung zu finden". Hier wird die Nähe und Konvergenz zu selbsttheoretischen Überlegungen deutlich: die oft beschriebene Tendenz, durch gewaltsame masochistische

Handlungen die Selbstkohärenz zu restituieren bis hin zur narzißtischen Verschmelzung in der gemeinsamen Gewaltszene.

Zusammenfassung und Ausblick

Es wurde versucht, die Tendenz zur Reviktimisierung unter verschiedenen theoretischen Perspektiven darzustellen. Der abwehrpsychologische Aspekt der Meisterung traumatischer Erfahrungen erweist sich als ebenso bedeutsam wie der objektbeziehungstheoretische Aspekt der Wirksamkeit traumatischer, unintegrierbarer und in sich widersprüchlicher Introjekte. Unter bestimmten Bedingungen kann es hilfreich sein, die Herstellung von Szenen, die zur Reviktimisierung führen, ebenso als Ausdruck von Bindungsverhalten zu sehen wie als Versuch, die tröstende Nähe der Bindungsfigur herzustellen. Diese Sichtweise muß einer objektbeziehungstheoretischen nicht widersprechen, eher könnte sie sie ergänzen. Sind die verinnerlichten Erwartungen, wie eine Bindungsfigur reagieren wird, und die eigenen Strategien, damit umzugehen, nicht Teil des Introjekts? Ist in der Zweiteilung der Bindungsreaktion der ambivalent-unsicher gebundenen Person mit Anklammern einerseits und wütendem Protest andererseits nicht Wurmsers Persönlichkeitsspaltung in eine angepaßte und eine rebellisch-destruktive Teilidentität wiedererkennbar? Vielleicht kann es unter bestimmten Bedingungen auch hilfreich sein, sich der Befunde aus der Forschung zur posttraumatischen Belastungsstörung zu erinnern, daß posttraumatische Affekte so unerträglich und quälend sein können, daß ein Mißhandlungsereignis, ähnlich einer selbstverletzenden Handlung, vorübergehende Erlösung und Erleichterung bringen kann, um – wiederum selbsttheoretisch gesprochen – die Selbstkohärenz zu sichern. Und es kann schließlich hilfreich sein, sich daran zu erinnern, daß traumatische Erinnerungen zustandsabhängig gespeichert werden, was zur Folge hat, daß die Antizipation der Mißhandlung gerade nicht gelingt, weil die Erinnerung an frühere gleichartige Sequenzen nicht verfügbar ist, so daß – ich-psychologisch gesprochen – hier ein schwerwiegendes Ich-Funktionsdefizit vorliegt. Diese bindungstheoretisch und traumatheoretisch fundierten Befunde könnten mit der psychoanalytischen Theoriebildung fruchtbar zusammengeführt werden im Interesse eines umfassenderen Verständnisses der Tendenz zur Reviktimisierung; bis zu einer Vermittlung der verschiedenen Theorieebenen dürfte es jedoch noch ein weiter Weg sein.

Literatur

Ainsworth, M. D., Blehar, M. C., Walters, E., Wall, S. (1978): Patterns of Attachment: A Psychological Study of the Strange Situation. Hilsdale (Erlbaum).

Bowlby, J. (1969): Attachment and Loss, Bd. 1 u. 2. New York (Basic).

Chu, J. A. (1992): The Revictimization of Adult Women with Histories of Childhood Abuse. In: Journal of Psychotherapy Practice and Research, 1, S. 259-269.

Crittenden, P. M. (1988): Relationships at Risk. In: Belsky, J., Nezworski, A. (Hg.): Clinical Implications of Attachment. Hillsdale (Erlbaum), S. 136-174.

Fairbairn, W. (1954): An Object-Relations Theory of the Personality. New York (Basic).

Freud, S. (1920): Jenseits des Lustprinzips. GW, Bd. 13.

Freud, S. (1926): Hemmung, Symptom und Angst. GW, Bd. 14.

Gerisch, B. (1996): „Was ist mein Leben, wenn Du mich verläßt". Suizidalität und weibliche sadomasochistische Beziehungsstruktur. In: Forum Psychoanal 12, S. 242-258.

Kernberg, O. F. (1976): Objektbeziehungstheorie und Praxis der Psychoanalyse. Stuttgart (Klett-Cotta), (dt.: 1981).

Russell, D. (1986): The Secret Trauma: Incest in the Lives of Girls and Women. New York (Basic).

Sandler, J., Rosenblatt, B. (1962): The Concept of the Representational World. In: Psa. Study Child 17, S. 128-145.

Strauss, M. A., Gelles, R. J., Steinmetz, S. K. (1979): Behind Closed Doors: Violence in American Families. New York (Anchor/Doubleday).

Troy, M., Sroufe, L. A. (1987): Victimization among Preschoolers: Role of Attachment Relationship History. In: J. Am. Academy Child Psychiatry 26, S. 166-172.

van der Kolk, B. (1989): The Compulsion to Repeat the Trauma. Re-enactment, Revictimiziation, and Masochism. In: Psychiatr Clinics of North America 12, S. 389-411.

van der Kolk, B. A., Fisler, R. E. (1994): Childhood Abuse and Neglect and Loss of Self-regulation. In: Bulletin of the Menninger Clinic 58, S. 145-168.

Walker, L. E. (1984): The Battered Woman Syndrome. New York (Springer).

Walklate, S. (1989): Victimology. Boston (Unwin Hyman).

Wurmser, L. (1987): Flucht vor dem Gewissen. Analyse von Über-Ich und Abwehr bei schweren Neurosen. Berlin, Heidelberg, New York, Tokyo (Springer).

Wurmser, L. (1989): Wiederholungszwang und Konflikt. Zur Abwehr- und Über-Ich-Analyse schwerer Neurosen. In: Prax. Psychother. Psychosom. 34, S. 225-240.

Wurmser, L. (1993): Die zerbrochene Wirklichkeit. Berlin, Heidelberg, New York, London, Paris, Tokyo, Hong Kong, Barcelon,a Budapest (Springer).

Ziegenhagen, E.A. (1976): The Recidivist Victim of Violent Crime. In: Victimology 1, S. 538-550.

Zur Psychodynamik von „Nicht-Tätern"

Eduard Dietz-Piram

Der Grundgedanke, welcher hier vorgestellt werden soll, die Existenz des Pogroms im Alltag und im Erleben in unseren Praxen, entstand bei der Behandlung einer heute 34jährigen Brasilianerin, welche in Brasilien als Borderline-Patientin (Frau A.) mit paranoiden Anteilen diagnostiziert wurde.

Die Darstellung der Patientin erschien mir jedoch als schlüssig, emotional und kognitiv nachvollziehbar und erinnerte mich an die Fälle in meiner stationären Zeit: an die Verweigerung der Anerkennung und vor allen Dingen Pathologisierung ähnlicher Darstellungen zweier kroatischer Patientinnen, welche ich vor vielen Jahren stationär behandelte. Ich stand damals mit meinem Erleben der Schilderungen der Patientinnen in Opposition zur Meinung der Supervisoren und der meisten Kollegen, welche die Wahrnehmung und Darstellung von Verfolgung durch Serben in der damaligen BRD pathologisierten, entwerteten, negierten und paranoide Diagnosen forderten.

Die Übereinstimmung war und ist ausschließlich in meinem Gefühlsleben begründet. Ich hatte dasselbe Gefühl von Vertrauen, Zustimmung, wahrer Aussage, Klage und Anklage, Ohnmacht und Verzweiflung wie ehemals bei meinen kroatischen Patientinnen.

Es scheint mir seit jener Zeit, daß für uns als Psychoanalytiker offenbar schwer vorstellbar ist, was alles realiter im hic et nunc des „Außen" geschehen kann. Wir drücken mit hohem Bedauern und Erschrecken unsere Anteilnahme ex post facto aus und neigen offenbar im Vorfeld eher zu diagnostischen Mitteln. Vielleicht verstellen auch die heute ernsthaften Bewältigungsversuche des Geschehens vor 1945 die Wahrnehmung von 1997 mehr, als für Patienten gut ist: Die Vergangenheit ist möglicherweise zu bewältigen, der Schrecken der Gegenwart ist jedoch offenbar so groß, daß er verdrängt, nicht wahrgenommen, verleugnet wird.

Die Brasilianerin, wie ich Frau A. im folgenden nennen will, ist die Enkelin einer 1934 als Hexe verbrannten Frau. Der Vorfall – ich habe dazu auch glücklicherweise einen Zeitungsausschnitt von damals vorliegen – war mit hohem Entsetzen als unverständlicher Einzelfall in der brasilianischen Provinz dargestellt worden. Und dies, obwohl eine ganze soziale Gruppe – die gesamte Gemeinde – an der Verfolgung, dem „Hexenprozeß" selbst und schließlich der Verurteilung und der Exekution aktiv und passiv teilnahm.

In der Familie der Patientin imponierten hohe Leidensbereitschaft und eine ausgeprägte Opferhaltung (so u. a. Geheimhalten und Bewahren von Angehörigen des damals entstehenden Sendero Luminoso).

Am 24. Mai 1934 stand als Kommentar in der Zeitung „O Primeiro de Janeiro": „Das Ereignis des Tages ist heute, wie auch schon gestern, das Gerichtsverfahren gegen die Täter des ungeheuerlichen Verbrechens von [...], bei dem [eine Frau] lebendig verbrannt wurde. Das Verfahren findet vor einem Kollektivgericht statt.

Einige Zeugen der Anklage, welche gestern aussagten, berichteten, daß die Angeklagten das Verbrechen nicht verübt hätten, weil sie dem bedauernswerten Opfer, der [Name], mit dem übrigens alle gut befreundet waren, übel wollten. Sie verprügelten sie und warfen sie danach ins Feuer, um sie vom Teufel zu befreien – nichts weiter. Sie seien auch überzeugt gewesen, daß die arme Frau nach der Verbrennung auferstehen würde. So sei ihnen das von der verrückten Joaquina de Jesus empfohlen worden, welche den Angeklagten als Heilige gilt. Das [im Sinne von: diese Form des Exorzismus] meinten die Angeklagten als im Buch des heiligen Cyprianus gesehen zu haben" (übersetzt v. E. Dietz-Piram).

Der Alltag und das Empfinden der emotionalen Gegebenheiten waren gekennzeichnet durch Wirkungen ständiger Ohnmachtsgefühle gegenüber Autoritäten jeglicher Art. Mit der Erkenntnis, die „Polizei hält sich an Erschrecken", wurde in der Familie angenommen, daß Freundlichkeit, Demut, Zugewandtheit und vor allen Dingen Naivität in der Betrachtung und Darstellung der Realitäten am ehesten Schutz bieten würde vor den Richtlinien und dem Agieren der Polizei, vor allen Dingen aber Schutz vor deren Vorstellungen von jeweiligen Verrätern; nicht zuletzt, um auch der Geheimpolizei gegenüber am ehesten glaubhaft und unverdächtig zu erscheinen.

So wurde das Verhalten, das aus der damaligen Not geboren wurde, zur Familienideologie, zum Dogma, welches die Patientin zu übernehmen hatte, um im Sinne einer Ich-Leistung zu überleben. Das Prinzip: „Macht den Hausmeistern und Blockwarts", das ehemals auch im Deutschland Adolf Hitlers Gültigkeit hatte, war von den Betroffenen in Brasilien, ebenso wie hier, rasch erkannt worden. „Wir hatten uns vor allen Dingen vor den Nachbarn zu hüten", war eine oft gehörte Bemerkung.

Die Kombination aus Autoritätshörigkeit, welche mit der Identifikationsbereitschaft mit dem Aggressor ebenso verbunden war, wie sie im Sinne der Abwehr benutzt worden ist; die Hoffnung auf Gerechtigkeit, auf Wiedergutmachung im Diesseits, auf Fair play und die illusionäre Erwartung der Betrachtung der jeweiligen Verlaufsgeschichte, auch aus der Position der Angeklagten heraus, findet sich meinen Erfahrungen nach bei den sogenannten „schuldigen" Sexualtätern wieder, auf welche ich im nachfolgenden beim Vergleich mit den Pogromstimmungen kommen möchte.

Bei diesen juristisch schuldig gesprochenen Sexualtätern, welche ich behandelt habe, ist eine hohe Übereinstimmung in einer am ehesten als „Wohlverhalten" zu beschreibenden massiven aggressiven Hemmung als erste Auffälligkeit zu erkennen. Der paradox anmutende Preis für dieses Wohlverhalten auf dem Boden der oben aufgelisteten Hoffnungen führt nicht zuletzt zur Verurteilung, da es für diese Menschen kaum vorstellbar ist, daß Gerichte offenbar lügenden und diese Lügen beeidenden Anklägern Glauben schenken könnten.

Lebensgeschichtlich imponiert bei allen von mir behandelten „Nicht-Tätern" in der Darstellung von Kindheit und Jugend der Unglauben der Eltern gegenüber den Darstellungen des Kindes. Insbesondere der Vater schien den Geschichten und Erzählungen des Kindes befremdet, ungläubig, entwertend und demütigend zu begegnen.

Diese Patientengruppe erlebt die frühe Szenerie wieder und regrediert auf die alten, pathologischen Verhaltensweisen: Der fälschlich Angeklagte bemüht sich immer mehr um Erklärungen, Rechtfertigungen, Erläuterungen, wirkt dadurch immer unglaubwürdiger. Aufgrund der Gegebenheiten und der emotionalen Befreiung der Verfolger, endlich eines Opfers habhaft geworden zu sein, wurden dessen Äußerungen zudem in allen mir zugänglichen Fällen befremdlich und destruierend modelliert, z. B. in wörtlicher Rede notiert, um anschließend interpretiert zu werden. Unglauben, Unterstellungen von Lügen, demütigendes Nicht-Zuhören führen schließlich zu Verurteilungen, zugleich zu weiteren regressiven Verhaltensweisen des Stillhaltens und Ohnmächtig-Werdens, wie es in der Kindheit erlebt wurde.

Der Täter wird gemacht. Er hat keine Chance der Rehabilitation mehr. Eine soziale Gruppe – hier die der Kriminalbeamtinnen, Rechtsanwältinnen und Staatsanwältinnen – handelt im Gleichklang der Überzeugungen. Ich verstehe durchaus die Reaktionen und Verhaltensweisen der Exekutive. Leider sind aber nicht in allen Fällen die Interpretationen an der Realität orientiert.

Daß eine gesamte soziale Gruppe in Identifikation z. B. mit den jeweiligen Aggressoren und in Prozessen der Externalisierung handeln kann, wie im obigen Beispiel der Hexenverbrennung geschildert, ist Ihnen sicher wohlbekannt.

Ich möchte in diesem Zusammenhang nicht nur an die bei Freud beschriebene Szene erinnern, in der ein Mädchen im Internat einen Brief erhält, sondern auch Ihre Erinnerung wachrufen an die meines Erachtens beeindruckendste Dorfneurose aus unseren Jahren: Fälle von Globus hystericus, welcher bei allen jungen Frauen eines Dorfes schlagartig und gleichzeitig auftrat, beschrieben in den „Kneippschen Blättern", 1989. Ich bin der Geschichte nachgegangen und fand sie bestätigt. Es ist trotzdem erstaunlich, wie wenig Aufmerksamkeit diese Außergewöhnlichkeit erlebte.

Die brasilianische Patientin schilderte die Unmöglichkeit eines Lebens in ihrem Heimatort, bei dem die pathologische und pathogene Überzeugung der Dorfbewohner (nach dem System: wo Rauch ist, ist Feuer) ihre Mutter schließlich durch radikale Ausgrenzung, Isolation und soziale Deformierung trotz oder wegen ihres sozialen Engagements in den Suizid trieb und die Patientin mit dem Wissen aufwuchs, welches ihr vor allem von der „Dorfhexe" (einer als Heilerin agierenden Frau) vermittelt wurde: „In der dritten Generation kehrt alles wieder", mit dem Wissen, daß eventuell ihre eigene Tochter bei Unbill, Katastrophen, Dürren oder Überschwemmungen im Sinne einer „Hexenschuld" ... „geopfert" werden würde.

An dieser Stelle habe ich sehr aufgemerkt. Die dritte Generation war sie selbst. Wäre die Patientin bereit gewesen, eventuell um den Preis, mit dem Leben davonzukommen, auch ihre Tochter zu opfern?

Die Thematik nahm in der Behandlung breiten Raum ein, die Antwort selbst ist nicht Teil meines Berichtes.

Die oben angerissenen Szenen mit der „Heilerin" entsprechen aber wiederum Berichten der Polizei Südafrikas von circa 1990 bis heute – und zwar, auf welche Weise dort die „Heilerinnen" (ich vermeide bewußt andere Formulierungen wie „Schamaninnen" o. ä.) „Hexen" aussuchen, bestimmen und schließlich hinrichten lassen.

Es sei mir hier als Einschub gestattet zu bemerken, daß El Niño, die Ihnen sicher bekannt gewordene warme Wasserwalze der südlichen Gefilde, welche bei uns als meteorologische Besonderheit Beachtung findet, in Brasilien offenbar in den ländlichen Gegenden noch personale Zuordnung im Sinne eines Pogroms ermöglicht, gerade aufgrund der Schäden und Folgeschäden, welche El Niño verursacht.

Die Patientin Frau A. beschrieb ausführlich die Lust, welche sie ihrer Wahrnehmung gemäß ständig hoch erschreckt und hoch mobilisiert auf den Gesichtern der Dorfbewohner wahrgenommen hatte und als Information an die Behandler weitergab, was jedoch leider in Brasilien zur oben erwähnten Diagnose und Pathologisierung führte: Die brasilianische Patientin glaubte, in den Gesichtern lesen zu können: „Hoffentlich geschieht etwas, daß wir dich vergewaltigen, umbringen, foltern dürfen."

Konfrontiert mit der offenbar brüsk geäußerten Deutung, daß hier ihre eigenen Wünsche sichtbar seien, brach die Patientin die Behandlung in Brasilien ab und kam über England nach Deutschland und beendete hier während der Behandlung ihr Studium mit Erfolg.

Ich erlebte mich, bedingt durch diese Behandlung und Auseinandersetzung mit diesem Thema, mehr und mehr irritiert, eher verschlossen als offen, eher mißtrauisch als vertrauensvoll-wohlwollend, eher näher an den alten Zielen von Daniel Cohn-Bendit als an denen einer freiheitlich-demokratischen Grundordnung der Bundesrepublik der 90er Jahre.

Ich hatte das Gefühl, alles, was bisher auch für mich Gültigkeit hatte, stelle sich auf den Kopf.

In diesem Zusammenhang erinnerte ich mich an Gespräche mit einem ghanaischen Studenten, welcher in abendlichen Gesprächen auszuloten suchte, weshalb wir Deutschen dem Drama „Faust" so viel Raum, Identitätsmöglichkeiten und identifikatorische Ebenen zuerkennen würden, einer Geschichte, in der ein alternder Professor mit diverser Hexen- und Teufelshilfe eine 14jährige schwängert, diese nach der Geburt eines Kindes alleine und ihre Hinrichtung zuläßt: „Es ist wie zuhause bei uns, eigentlich kein Unterschied, nur: Hier ist es Literatur, und niemand glaubt bei Ihnen an die Realität von Verfolgung."

Ich habe in dieser Zeit Behandlungen von Sexualtätern, welche ihre Taten – aus der Perspektive der sie pogromatisch verfolgenden Justiz „leugneten" – aufgenommen. Diese Behandlungen waren aufgrund von Vermittlungen zustande gekommen, welche ihren Ursprung in meinen Tätigkeiten im Psychotraumatologischen Institut Freiburg hatten, in dem ich eine Weile als freier Mitarbeiter tätig war.

Die in diesem Zusammenhang wichtig gewordenen Patienten sind Männer, welche wegen sexuellen Mißbrauchs eigener oder nahestehender Kinder und/oder Ehefrauen/Freundinnen rechtskräftig verurteilt worden waren und ihre Nichtbeteiligung und Nichttäterschaft im Laufe der psychoanalytischen Behandlung nachweisen konnten, indem sie mehr und mehr aus dem, was sie selbst als (Zitat) „Handlungsohnmacht" bezeichneten, erwachten.

Herr B.: „Ich fühlte mich wie ein Kaninchen vor der Schlange Justiz ... ich konnte nur noch innerlich schreien ... ich fühlte mich wie lebendig begraben, als dieser Vorwurf gemacht wurde ... ich war starr und still, auch während der Verhandlungen ... es hätte irgendwas passieren sollen, ein Knall, etwas, was alle verschluckt."

Statt dessen werden diese „Nicht-Täter" als Bedrohung der Gesellschaft angesehen, kommen in einigen Fällen sofort in Untersuchungshaft. Eine Begründung war z. B., „um keine weitere Bedrohung der Gesellschaft zu sein", was aus der Perspektive der Exekutive durchaus logisch erscheint.

Die Patienten schilderten im Laufe der Behandlung, daß sie sich „ertappt" fühlten und sahen dies als für sie primär einsichtige Erklärung für das sie selbst hoch beunruhigende Symptom der Handlungsohnmacht. Sie fühlten sich schuldig aufgrund der Gedanken, welche sich in den Ebenen und Richtungen bewegten, welcher sie nun angeklagt worden sind, ohne die geheimen Hoffnungen, Wünsche, Gedanken und Phantasien in die Tat umgesetzt zu haben.

Für meine Wahrnehmung zeigte sich hier sehr effektive, stille und hochwirksame Pogromstimmung auf einer Ebene von scheinbar „aufgeklärt" miteinander umgehenden Akademikern der 90er Jahre.

Die absurde, sich gegenseitig hochschaukelnde Szenerie wird nun zu einem Alptraum, welchen ich als Suchttherapeut unter dem Slogan: „Zeugen-Jehova-Effekt" kennenlernte – je mehr daran glauben, desto wahrer wird es; „es" wird schließlich Wahrheit. Ein reales Opfer wird mit Hilfe dessen unbewußter Bereitschaften gestaltet. Endlich gibt es einen Schuldigen! – jemanden, welcher haftbar gemacht werden kann für erlittene Unbill vieler unschuldig gedemütigter, mißhandelter und gefolterter Frauen. Es ist leider der Falsche. Die oben erwähnte Frau, das angebliche Opfer, hatte diesen „Nicht-Täter" vorher durch Zuhälter und Süchtige mißhandeln lassen. Es ist in diesem Zusammenhang aus meiner Perspektive wichtig zu erwähnen, daß die überaus pornographischen Darstellungen der scheinbar mißhandelten Frau (die Akten liegen mir vor) die Agierenden – hier die Kriminalbeamtinnen und die Staatsanwältin – sehr beeindruckten. Ich vermute, daß „frau" froh war, so offen berichtet zu bekommen. Niemand kam auf den Gedanken – auch der Gutachter nicht (im übrigen ein Kollege) –, daß gerade die pornographische, nahezu lustvolle Darstellung der Aktionen des „Nicht-Täters" zu genau, zu präzise, zu detailbefrachtet war und ist. Daß aus verbaler Lust, welche mit Vernichtung verknüpft wird, perverses Vergnügen gezogen werden kann, war offenbar als Gedankengut fremd. Dies, obwohl vom wachen Bewußtsein her jederfrau/mann die Greuel der Hexenverbrennungen und die perverse Lust am niedergeschriebenen Buhlen mit dem Teufel bekannt sein dürften. Das Gutachten des Kollegen schließlich führte entscheidend mit zur Verurteilung.

Nun wird die Darstellung durch die Klägerin derzeit Stück für Stück verändert, zurückgenommen. Zeugen sagen aus, daß sie im „Überschwang der furchtbaren Geschichte" z. B. nicht genau auf die Zeiten geachtet hätten.

Diese Patienten (Angeklagten) werden im juristischen Jargon als „falsch Positive" dargestellt, ich möchte sie, wie bereits geschehen, lieber „Nicht-Täter" nennen, ein Begriff, welcher von mehreren Patienten selbst unabhängig voneinander gebraucht wurde, da sie im Umgang mit den Vertretern der Exekutive und Judikative als Täter abgestempelt, diffamiert, mißhandelt, entwertet und sozial hoch desavouiert worden sind, so daß in allen außer einem Fall ein Weiterleben in der bisherigen sozialen Umgebung nicht mehr möglich war.

In einem dieser von mir behandelten Fälle, Herr C., konnte die Verurteilung im Vorfeld verhindert werden. Er erscheint mir besonders interessant und vorstellenswert, da die Entstehung der Geschichte während der laufenden Behandlung geschah und begleitet werden konnte. Nur der Vollständigkeit halber sei erwähnt, daß der Patient über die Veröffentlichung informiert wurde und ihr zustimmte.

Dieser Patient, evangelischer Religionslehrer, erlebte, daß sein langjähriger bester Freund, römisch-katholischer Religionslehrer an derselben Schule (die beiden Familien waren befreundet), eine Beziehung zu seiner Frau aufgenommen hatte, welche beide lange geheimhalten konnten.

Die Beziehung war der jüngsten Tochter von Herrn C., die damals acht Jahre alt war, bekannt geworden. Diese Tochter wurde in einer Beratungsstelle wegen Entwicklungsrückständen und sogenannter Schwererziehbarkeiten behandelt. In der Vorstellung des Falles durch die Beratungsstelle bei der Supervisorin (einer Kinder- und Jugendpsychiaterin) wurde bei einer Besprechung eines von dem Mädchen gemalten Bildes interpretiert, daß das Kind „eindeutig" sexuell mißbraucht wurde. Es sei mir gestattet zu bemerken, daß in diesem Team zu jener Zeit nur Frauen waren.

Die Leiterin der Beratungsstelle schloß sich mit der Behandlerin der Ehefrau kurz (!) (einer Kollegin, welche sich am Telefon offenbar gesprächig zeigte).

Recherchen ergaben, daß die Tochter die sexuellen Szenarien zwischen ihrer Mutter und deren Freund beobachtete und auf ihre Weise dokumentierte.

So wurde das langjährige Verhältnis bekannt, mobilisierte den Patienten schließlich zur Trennung von der Ehefrau.

Zentrales Moment auch dieser Behandlung war die von mir als sehr eindrücklich erlebte Art des Sich-still-Verhaltens beim Patienten. Obwohl er sich der realen Konfliktsituation ebenso bewußt war wie der Zusammenhänge sowie der sozialen, psychischen und intrapsychischen Folgen, schien er gelähmt, ohnmächtig, verzweifelt, in der Wahrnehmung der eigenen Person aufgrund seiner Lebens- und Seinsproblematik bis zur Handlungsohnmacht beeinträchtigt. Ein Freund dieses Patienten ist ebenfalls – wie mein Patient versichert – zu Unrecht wegen sexueller Nötigung einer Schülerin verurteilt worden. Eine Rehabilitation konnte in diesem Falle offenbar nicht erreicht werden.

Er stellte dar, daß er eigentlich nie etwas wert gewesen sei, immer schon für alles zu Unrecht bestraft und verurteilt worden sei, er „eh nie eine Chance" zur Rehabilitation, Erklärung, Rechtfertigung hatte, ihm „eh nie einer zugehört hatte, keiner ihm je geglaubt habe", er „sowieso nie eine Möglichkeit" hatte, gehört zu werden. Reaktive, aggressive Durchbruchshandlungen begleiteten ihn als symptomatischen Ausdruck seiner Ohnmachtsgefühle bis zur Mitte des Behandlungszeitraumes.

Die folgende Phase negativer Übertragung in der Behandlung, welche nach meinen bisherigen Erfahrungen bei all diesen Patienten dem Erwachen aus der Starre und nachfolgenden Handlungen im Sinne von Überlebensstrategien vorausging, sei als bedeutsam erwähnt.

Der Behandler ist dabei massiven Schuldzuweisungen, Verflechtungen, Angriffen und Enttäuschungsreaktionen ausgesetzt.

Eine Gemeinsamkeit aller vier mir bekannten und von mir behandelten Fälle deutet sich hier bereits an: die Hexenjagd durch die zuständigen Frauen, welche sich sofort und unkontrolliert in der Täterhetze und -jagd zusammenfinden. Diese „Jagdgemeinschaft" ignorierte durchweg jegliche Realität, jegliche Aussage des als Täter „auserkorenen" Mannes.

Im Fall der brasilianischen Patientin, Frau A., schildert diese die Frauen als „Unterhalterinnen der Verfolgungsszenarien" ... „wie in einem bösen Frauenkloster".

Besonders erwähnenswert scheint mir in der oben geschilderten Ermittlung gegen Herrn B., welcher zuvor von den Zuhälterkollegen der Exfreundin malträtiert wurde, die gegen den „Nicht-Täter" gerichtete Übereinkunft zwischen seiner Rechtsanwältin und der Staatsanwältin, diesen Menschen „zur Sicherheit der Bevölkerung" zu inhaftieren.

So hatte die Staatsanwältin dem „Nicht-Täter" erläutert, daß er, wenn er noch einmal seine Verfolgungstheorie durch die Zuhälter „auffrischen wolle", unverzüglich wieder inhaftiert würde, da er damit seine Glaubwürdigkeit untergrabe.

Die Passage erschien mir parallel den jesuitischen Erkenntnissen über die weibliche Hexenjagd: Die Pönitentin ist nicht schuldig, nur Opfer der Wahnvorstellungen der Verfolger –, und selbst der Beichtvater, heute und hier der Psychoanalytiker, ist ohnmächtig gegenüber den verfolgenden Einheiten.

Schwierig war und ist in diesem Falle zudem, wie schon oben erwähnt, das durch einen psychoanalytischen Kollegen erstellte psychiatrische Gutachten, dessen Interpretationen sehr lehrbuchhaft, ohne Beachtung der gegebenen Umstände, schließlich zur Verurteilung führten. Diese fiel jedoch aufgrund der Zweifel des Richters sehr milde aus: zwei Jahre auf Bewährung. Es erscheint mir wichtig zu erwähnen, daß die erstellten Gutachten im Auftragsverfahren zustande kommen. Es entsteht ein Effekt der Pseudorealität für den Gutachter, welche die Hintergründe und Zusammenhänge zu beleuchten sucht, nicht die Realität der Tat.

Im Falle eines türkischen Staatsangehörigen, der schon seit seiner Geburt in Deutschland wohnt, war außer der Staatsanwältin, welche den Fall betrieb (Anklage auf sexuellen Mißbrauch einer Freundin), allen Beteiligten, selbst dem Richter und der Rechtsanwältin der Klägerin, klar, daß hier der Versuch einer Anklage des „Nicht-Täters" im Sinne einer Rache (er hatte die Frau verlassen) geschah.

Die Klägerin verwickelte sich zudem in der ersten Anhörung in außergewöhnliche Widersprüche, welche auch die Position der Staatsanwältin als Anklägerin untergruben, und gab schließlich auch in der Befragung offen zu, daß „dem Burschen der Schwanz abgehackt gehörte", was aus unserer Position nicht nur einen deutlichen Hinweis auf die Konfiguration sowie Impuls- und Trieblage beisteuert, sondern auch der Rechtsprechung verdeutlichte, daß Dinge wie Alibi, Zeugenaussagen und Überprüfbarkeiten der Zeugenaussagen rechtsstaatliche Notwendigkeit seien, welche schließlich zum Freispruch führten. Um so mehr, als auch gerade die Darstellungen der Ehefrau im vorgenannten Fall eher deren pornographischer Not und Lust als der Realität entsprachen.

Dies aber, nämlich die Lust an der pornographischen Darstellung durch Frauen, ist offenbar das wirkende Tabu.

Die Ihnen vielleicht auch geläufige und oben schon angerissene Problematik der Polizei Südafrikas wird von mir im Sinne einer Parallele herangezogen (hier u. a. bekannt geworden durch die Darstellungen in Focus [Focus TV am 15. Juni 1997]): Die dortige Polizei hat seit Jahren mit den Pogromen Hexenjagden, steinigungen und -verbrennungen zu kämpfen und steht dabei der Phalanx der Dorfheilerinnen gegenüber, welche die Hexen des jeweiligen Dorfes per Knochenorakel u. a. m. bestimmen, foltern und hinrichten lassen in der Gewißheit, die Frauen des Dorfes hinter sich zu haben – einerseits in Identifikation mit den Aggressorinnen, andererseits aus der realen Angst, die nächste zu sein.

Aufgrund der hohen Raten an Hexenverbrennungen, Steinigungen u. ä. sind Verfolgungen und Bestrafungen problematisch. Fehlende Aufklärung, z. B. physikalischer und meteorologischer Zusammenhänge, und mangelnde Schulbildung werden als Ursachen benannt. Ich möchte hier nur an meine Bemerkung über El Niño in Südamerika erinnern. Die Zunahme des Analphabetismus wird als weiterer, aufrechterhaltender Faktor betrachtet.

Als Ursachen sehe ich Haß, Wut, Suche nach Opfern, Lust an deren Hinrichtung und Opferung im Sinne animistischer, archaischer Religionen – sicherlich Reaktionen aus jahrhundertealter Demütigung.

Die „falsch Positiven", die „Nicht-Täter", erscheinen Teilen der Exekutive als Trostpflaster für die Suche nach den i. d. R. verborgenen eigentlichen Tätern. Wird auch bei uns die „Tünche Kultur" dünner?

Laut Aussage des Leiters einer Beratungsstelle im Bezirk Oberrhein tauchen dort vermehrt „falsch positive" Täter (also fälschlich der Sexualdelikte beschuldigte Männer) auf.

Diese können vor Ort – so der Beratungsstellenleiter – besser vor Verurteilungen bewahrt werden, da den Stellen aufgrund ihrer Erfahrungen oft die familiären Umstände besser bekannt sind und dort nur schwer in „schön- oder falschfärberischer" Weise verdreht werden können, „… so wir gefragt werden", merkte der Leiter fatalistisch an.

In historisch bedingte und hier festgestellte ständige männliche Scham- und Schuldgefühle gegenüber Frauen verstrickt, sind wir, so mein Postulat, eher geneigt, den Anklagen von Frauen über Mißbrauch an Frauen zu glauben, als den Gedanken zuzulassen, daß blinder Haß und Kastrationslust ebenfalls Wirksamkeit entfalten könnten.

Wie leicht solche Pogromstimmungen zu erreichen sind und wie nahe wir auch einer Pogrombereitschaft sind, sehe ich in den Wirkungen der Ausgrenzung um jeden (sozialen, psychischen und somatischen) Preis, welche z. B. durch Mobbing erreicht wird, wenn der eigene Arbeitsplatz gefährdet ist.

Hautnah wurden mir selbst diese Ängste und Unsicherheiten in natürlich viel schwächerer Form schon vor Jahren deutlich, als einer meiner ehemaligen ärztlichen Direktoren mit Entlassungen bei Minderbelegung seiner Klinik drohte, die Schuld dafür den Therapeuten gab – dies übrigens bei einem Belegungsquotienten, welcher heute als gute und finanziell absichernde Belegung gilt.

In einer Kennzeichnung der „Nicht-Täter" möchte ich die beispielhaft verdeutlichten, intrapsychisch wirksamen Mechanismen nochmals verdichten und an einer kurzen Vignette aus einer Lebensgeschichte erneut belichten: An erster Stelle steht sicherlich das schon mehrfach erwähnte ohnmächtige Verhalten, welches von Herrn C. folgendermaßen beschrieben wurde: „Ich war völlig handlungsunfähig, alles lief an mir vorüber, ich wußte gar nicht, was ich tun sollte, ob ich überhaupt etwas tun sollte."

Diese Rückzugstendenz, welche schwere Autodestruktivität zur Folge hat, wird von allen Patienten als zentrales Moment angesehen. Lebensgeschichtlich gewachsene, nachvollziehbare intrapsychische Schuldverstrickung als pathogener Lösungsansatz wird in den Behandlungen immer wieder thematisiert. Ohnmachtserleben und Loyalitätskonflikte verursachen eine Dynamik des Verharrens, Schweigens, des Sich-Verstrickens in juristische Unwägbarkeiten, welche schließlich auch zu Anklage und Verurteilung führen: Letztlich wirkt der Angeklagte besonders aufgrund seiner Art der Darstellung eher unglaubwürdig.

Daß sich hier Lebensgeschichtliches wiederholt, daß das Nicht-glaubwürdig-Erscheinen zum Seinserleben der Patienten entscheidend dazugehört, daß gerade diese emotionale Berührung Auslöser des Sich-still-Verhaltens, Abwartens, Ohnmächtig-Werdens ist und schließlich zu sozialen, intrapsychischen und interpsychischen Debakeln führt, ist meine Hypothese.

Basale Ängste, nie vergessene Kränkungen und masochistische Leidensbereitschaft verknüpfen sich zum Bild eines Täters, welcher erst im Stadium der Strafe nach der Verurteilung langsam zurück zur Realität findet und mit Hilfe der Behandlung in einer ersten Phase die Realität erinnert, parallel dazu im Realraum langsam immer mehr Klarstellungen erreicht.

Als ein für mich gültiges und verdeutlichendes Beispiel werde ich kurz die Kindheit von Herrn C. skizzieren, dessen acht Jahre alte Tochter die Sexualbeziehungen der Mutter zum Freund der Familie beobachtete:

Lebensgeschichtlich wirksam geworden sind hier außergewöhnliche Umstände von Zurückhaltung und Rücksichtnahme, bis hin zu einem Verhalten, welches geradezu im Sinne einer Tarnkappe und eines Unsichtbar-Machens in schwierigen Situationen über lange Zeit wirkendes Agens war.

Die streng religiöse Familie des Patienten (evangelisch in römisch-katholischer Diaspora) lebte in ärmlichsten Verhältnissen in einem kleinen Schwarzwalddorf als Mieter im schwer heizbaren Bereich eines kleinen Häuschens bei einem sog. Häusler, einem alleinstehenden Waldarbeiter, der Alkoholiker war. Nach erneuter Erkrankung des Vaters wurde die Familie vom evangelischen Pfarrer der Gemeinde zu dessen Familie in das Pfarrhaus aufgenommen.

Das Pfarrhaus selbst, denkmalgeschützt, klein und wenig kindgerecht, mußte nun zusätzlich zur Pfarrersfamilie für die vierköpfige Familie Raum bieten. Der Pfarrer hatte dabei die strikte Order ausgegeben, daß „kein böses Wort, kein unfreundlicher Blick" die von ihm angeordnete „gelebte christliche Botschaft" stören solle.

Die befohlene Rücksichtnahme führte nicht nur zu skurrilen Szenen, sondern vor allen Dingen auch zu einer Lebensgestaltung voller Demut, Unterordnung, Stille, Gebet, ständigem Danken – zumal dies über die Zeit hinaus verlangt wurde, wo der Familienvater tatsächlich krank war. Der Patient, Herr C., beobachtete dabei auch, daß die Mutter – als Putzfrau, Hilfe und „Lakai" der an Migräne leidenden Pfarrersfrau – diese neben dem Ehemann aufopferungsvoll pflegte, dabei Dankbarkeit und Demut als Ideale vorgab.

An diesen Idealen scheiterte mein Patient – nicht nur, daß er ständig versuchte, aus seiner selbstgewählten, eher kleinbürgerlichen Lebensform auszubrechen, sondern auch durch Heirat mit einer verarmten Gräfin die soziale Ebene zu wechseln suchte. Die Ehefrau, welche ihn bald mit seinem engsten Freund betrog, tat schließlich ein übriges, sein Weltbild zu erschüttern und zu negieren. Sein Sich-still-Verhalten, seine Ohnmachtsattacken und psychopathologischen, überloyalen Schweigeverpflichtungen unterhielten den Status quo.

Er äußerte, daß er sicherlich verurteilt worden wäre, wenn er zur Zeit der Anklageerhebung nicht in psychoanalytischer Behandlung gewesen wäre, wobei mein in dieser Phase im Vordergrund stehender Fokus ständig auf seine Demut, Unterordnung und seinen vorauseilenden Gehorsam gerichtet war.

Auf die Frage, weshalb er denn die Vorstellung entwickelt habe, erst verurteilt zu werden, um dann eventuell in seinem Sinne handeln zu können, zögerte er lange mit einer Antwort. „Mir hätte doch keiner geglaubt", meinte er schließlich.

Totschlag als Flucht
aus einem inneren Gefängnis

Gisela Richter

Das Trauma eines Menschen, der einen anderen im Affekt tötete, weil ihm in einer zentralen Konfliktsituation Worte fehlten, konfrontiert uns besonders kraß mit der Vielfalt des Innenlebens und der Gestaltung von Beziehungen. Wird ein so gearteter Straftäter unser Patient, muß er sich unserer Kompetenz in besonderer Weise versichern dürfen, damit ein fruchtbares Arbeitsbündnis zustandekommt und aufrechterhalten bleibt.

Ich beschreibe die Behandlung eines bei Behandlungsbeginn 29jährigen Schauspielers, der, ehe er als solcher arbeitete, sein Geld als Zuschneider verdiente. Die Behandlung erstreckte sich mit einer fünfmonatigen Unterbrechung über einen Zeitraum von 2 1/2 Jahren und umfaßte insgesamt 84 Sitzungen in wechselnder Häufigkeit pro Woche, die zu bestimmen ich dem Patienten überließ.

(Zu meinem Behandlungskonzept vgl. „Von der Zwangsliebe zum Liebesspiel". In: Kurt Höhfeld, Anne-Marie Schlösser (Hg.) (1996): Psychoanalyse der Liebe. Gießen (Psychosozial), S. 67-75.

Auf die Geschichte, bis er zu mir kam, werde ich später näher eingehen. Hier sei sie kurz erzählt. Sechs Jahre war eine 40 Jahre ältere Schauspielerin, Schauspiellehrerin und Theaterbesitzerin, auch seine Geliebte. Als er sich von ihr trennen wollte, drohte sie ihm, er werde von ihr nicht loskommen. Ihm fehlte die Fähigkeit, die Drohung anhaltend zu bezweifeln. Noch heute, so sagt er, verdanke er ihr als Schauspieler am meisten. Er geriet in eine innere Sackgasse und erstach die damals 66jährige Frau. Das Gericht bestellte einen anerkannt erstklassigen Gutachter. Dieser erkannte die Not des Beschuldigten. Wegen Totschlags wurde er zu 33 Monaten Gefängnis verurteilt. Als er 22 Monate verbüßt hatte, wurde der Rest zur Bewährung ausgesetzt.

Danach versuchte der Patient, die Ausstrahlung eines Fernsehfilms über seine Straftat zu verhindern. Er war schockiert angesichts der drastischen Bilder und der Rücksichtslosigkeit, mit der über seine Geschichte öffentlich verfügt wurde und bat seinen Gutachter um Gesprächsmöglichkeiten in Hamburg. Dieser schickte ihn zu einem befreundeten Kollegen, der mir anläßlich der Delegation des Patienten berichtete, seine ganze Sorge habe im Erstinterview der Verbalisierungsfähigkeit des Patienten gegolten. Er kam zu dem Entschluß, eine Indikation für eine Psychotherapie mit einer hinreichend guten Prognose zu stellen und ihn an mich zu verweisen.

Herr G. ist ein ca. 1,85 m großer, sehr schlanker Mann mit schmalem Gesicht, dunklen Augen und dunklen Haaren. Sein von Natur aus ansprechendes Äußeres kam wenig zur Geltung. Sein Teint war leicht gerötet und fettig und übersät mit großen roten Flecken, einer Akne ähnlich. Die Kleidung war ärmlich, zeigte aber Sinn für Farbkombination und Paßform.

Seit vier Monaten war er aus der Haft entlassen. In ihr habe er öfter mit einem Pfarrer sprechen dürfen. Zunächst habe er in der Gewißheit gelebt, mit seinem Leben wieder allein zurechtzukommen. Inzwischen habe er sich eingestehen müssen, daß er es allein nicht schaffe, was ihm peinlich sei. Immer wieder gerate er in Zustände von Schwermut, die erstmals vor 10 Jahren aufgetreten waren. Nun sei er unsicher, ob diese Zustände mit seiner Straftat oder mit seiner Ehe zusammenhängen.

Was in seinem Leben vor 10 Jahren geschehen sei, fragte ich ihn.

Er habe zu dieser Zeit mit seiner Schauspielausbildung begonnen.

Er sagte, daß er Angst vor Nervenzusammenbrüchen habe, bei denen er schreie und jegliche Kontrolle verliere. Etwas Derartiges wolle er nicht mehr erleben.

Ich bekam so einen Schrecken, daß ich zunächst nicht in der Lage war, ihn anzuregen, dieses Symptom weiter zu untersuchen.

Ich erfuhr ferner, seine Frau sei ihm fremd geworden. Er könne nicht mehr mit ihr reden. Sein Wunsch sei es, sich wieder mit ihr verständigen zu können. Sie lebe, seit er sie kenne, zwar in eigener Wohnung, aber in Wohngemeinschaft mit einem Mann, mit dem sie, ehe der Patient sie kennengelernt habe, liiert gewesen sei.

Zudem könne er z. Zt. keiner Arbeit nachgehen, verbringe seine Tage in einer Bibliothek, theologische Schriften lesend oder mit U- und S-Bahnen ziellos umherfahrend. Dabei merke er, daß Menschen ihn anwidern. Er mißtraue Menschen, ohne daß es dafür Gründe gebe.

Er kenne sie noch nicht, fügte ich hinzu.

Er fuhr damit fort, daß man ihm für die unerlaubte Ausstrahlung des Fernsehfilms eine Abfindung angeboten habe, falls er zu einem Interview bereit sei. Sein Rechtsanwalt habe ihm gesagt, er müsse dabei nicht die Wahrheit sagen. Das habe ihn schockiert, und an Geld sei er nicht interessiert.

Ich wollte von ihm erfahren, wem er bisher seine Geschichte habe wahrheitsgetreu anvertrauen können. Darauf antwortete er zögernd, er sei nicht sicher, ob die Geschichte, wie er sie erzählt habe, wirklich so war. Zum ersten Mal habe er sie seinem Gutachter erzählt, wie er sie damals gesehen habe. Auch der Richter sei um Wahrheit bemüht gewesen.

Es habe nach der Entlassung aus der Haft lange gedauert, bis Gedanken wieder in ihm aufgetaucht seien. Für Gedankenarbeit brauche er viel Zeit. Dinge, die er als unwichtig betrachtet oder überhaupt nicht zur Kenntnis genommen habe, tauchten oft erst viel später wieder auf.

Und er könne sich nun für sie interessieren, bestätigte ich ihm.

Er wünsche sich, mit Gefühlen und den dazugehörigen Gedanken offen reagieren zu können, und zwar in dem Moment, in dem von anderen etwas an ihn herangetragen werde. So könne er in Zukunft einiges verhindern, was er in der Vergangenheit vielleicht schon hätte verhindern können. Am meisten bekümmere ihn, nicht wiedergutmachen zu können, was passiert sei. Er brauche ein klares Bild, um es verarbeiten zu können.

Dafür könne ich ihm meine Hilfe anbieten, sagte ich.

So oft wie möglich wolle er kommen. Er kenne hier sonst niemanden, mit dem er darüber reden könne.

Er sprach leise, z.T. flüsternd und sehr langsam. Unter wohl nur schwer kontrollierbarem inneren Druck stehend, zitterte er mit einem Bein, hatte immer wieder Tränen in den Augen, verdrehte seine Augen, grimassierte und verbreitete eine unheimliche und rätselhafte Atmosphäre, die mich anstrengte, ängstigte, aber auch neugierig machte.

Zur zweiten Stunde kam er mit einem Zettel, auf dem er sich Fragen zur Finanzierung notiert hatte, aber er wußte noch nicht, ob er bei mir bleiben wollte.

Ich sagte ihm, daß er sich für die Entscheidung bis zur 5. Sitzung Zeit lassen könne und daß seine Unentschiedenheit seiner Wachsamkeit dienlich sei.

Im weiteren wollte er, daß ich ihm zu einer Krankschreibung verhelfe, weil sein Hausarzt dies nicht mehr könne.

Eine Verletzung meiner Abstinenz, zu der er mich verführen wollte, ein Mißbrauch meiner analytischen Funktionen, dachte ich. Aber ich ließ mich darauf ein. Ich hatte sowohl als Psychoanalytikerin als auch als Psychologin und Sozialarbeiterin mit Straffälligen berufliche Erfahrungen. Bei einer mir gut bekannten Psychiaterin vermittelte ich ihm einen Termin. Von ihr erhielt ich danach einen Bericht, dem ich entnahm, daß der Patient bei ihr einen präpsychotischen Eindruck gemacht habe, er die Krankschreibung so kurz wie möglich halten wollte, sich nach meinem Ruf und nach meiner Behandlungsmethode erkundigt und um ein Rezept für Psychopharmaka gebeten habe. Er bekam nur die Krankschreibung. Im zweiten Gespräch erlebte sie ihn klarer. Er wollte nur noch einmal eine Krankschreibung.

Mir erklärte er, vor Hilfsarbeiten, wie er sie im Gefängnis habe verrichten müssen, wolle er sich mit Krankschreibung schützen. Als Schauspieler wieder einmal zu arbeiten, sei ganz und gar sein Wunsch. Dieser Beruf sei von ihm nicht nur begehrt, um damit Geld zu verdienen, sondern er erfülle sein Leben.

Dem delegierenden Arzt hatte er erzählt, er habe seine Schauspiellehrerin erschlagen. In Wirklichkeit habe er sie erstochen, berichtete er in einem weiteren Vorgespräch. Darauf bin ich nicht weiter eingegangen, weil ich mich innerlich gelähmt fühlte.

Als Geschichte erfuhr ich, daß er 1984 bei der „Dame", wie er sie stets nannte, 19jährig mit Schauspielunterricht begonnen habe. Nebenbei habe er seit Abschluß der Hauptschule als Zuschneider gearbeitet. Später habe die Dame ein kleines Theater gebaut. In einem Zwei-Personen-Stück, das „Das Himmelbett" hieß, habe sie ihn als Partner ausgewählt. Es handle von einem Liebespaar von der Jugend bis ins hohe Alter. Nach der Premiere sei die Dame zu ihm gekommen und habe behauptet, er sei in sie verliebt. So habe es angefangen.

Ob das gestimmt habe, wollte ich erfahren.

Nein, es habe nicht gestimmt, nicht wie Verliebtheit in eine Frau für ihn sei. Als Mensch habe er sie nicht gekannt. Er sei 20 und noch nicht reif für die Liebe, sie sei 60 gewesen. Sein Spiel, habe sie gesagt, sei sehr echt gewesen. Er könne es sich nur so erklären, daß sie es so habe sehen wollen. Er habe sich darauf eingelassen, und sie habe in ihm Verliebtheit geweckt. Im nachhinein sei es für ihn eine wichtige Lebenserfahrung. Sie sei seine erste Frau gewesen. Zu ihr gehört habe ein Sohn, der in seinem Alter sei. Mit ihm habe er täglich zusammen arbeiten müssen. Es habe unlösbare Streitereien gegeben. Deshalb sei ihm 1990 die Bundeswehr willkommen gewesen. Er habe sich fortan von der Dame lösen und sein eigenes Leben leben wollen. Das habe sie nicht akzeptiert mit der Ermahnung, daß er nur ihr verdanke, was aus ihm geworden sei. Er habe die Pflicht, bei ihr zu bleiben. Alles, was er sich ohne sie aufzubauen versuche, werde sie zerstören. Bei der Bundeswehr habe sie sodann erreicht, daß er gegen seinen Willen zurückgestellt wurde. Noch dreimal habe er danach in einem Stück mitgespielt, habe zwischendrin versucht, in Hamburg in einer Schauspielschule Fuß zu fassen. Das sei ihm nicht gelungen. In dieser Zeit habe er seine Frau kennengelernt, die auf eine schnelle Heirat gedrängt habe. Eine Stelle als Kartenabreißer an einem großen Theater habe er als vorübergehend betrachtet. Immer wieder habe er versucht, die Dame davon zu überzeugen, wie wichtig für ihn die Zukunft mit seiner Frau sei. Daraufhin habe die Dame seinen Arbeitsplatz ausspioniert, habe ihn dort weiter bedrängt, sei zu ihm nach Hause gefahren, habe sich bei seiner Wirtin eingeschmeichelt, was an einem Abend dazu geführt habe, daß er die Dame bei seiner Heimkehr in seinem Bett vorgefunden habe. Die folgende Nacht habe er im Freien verbracht. Auch einen Privatdetektiv habe die Dame engagiert, um ihn beobachten zu lassen. Das habe er von seinem Anwalt erfahren, als er bereits in Haft war.

Zugespitzt habe sich alles, als die Dame seiner Frau einen Brief mit der Aufforderung geschrieben habe, ihren Mann wieder freizugeben. Er habe seine Frau nach deren Dienst abgepaßt, um von ihr diesen Brief zu erbitten. Sie habe ihm eine Kopie angeboten, die sie sofort habe anfertigen wollen, was er als Mißtrauensbeweis für unannehmbar gehalten habe. Inzwischen sei der Mitbewohner seiner Frau hinzugekommen, da habe sie ihn gefragt, ob sie jetzt gehen dürfe. In diesem Moment sei er davon überzeugt gewesen, daß die Dame seine Ehe zerstören werde.

„Und in dieser Phantasie", sagte ich ihm, „die für Sie eine Überzeugung war, gaben Sie der Dame mehr Macht und mehr Schuld, als sie in Wirklichkeit hatte. Darin waren Sie Ihr eigener Gefangener."

Er habe bei der öffentlichen Rechtsberatung Hilfe gesucht. Von dort sei auch ein Brief mit Androhung einer Geldstrafe an die Dame geschickt worden, aber der sei erst nach der Tat angekommen. Mit dem Nachtzug sei er zu ihrem Wohnort gefahren, um sie am frühen Morgen in einem nochmaligen Gespräch dazu zu bewegen, sich nicht mehr in sein Leben einzumischen. Als sie ihn verlacht und ihm erneut versichert habe, auf keinen Fall von ihm zu lassen, habe er sie mit einem Fausthieb zu Boden geschlagen. Ihre Frisur sei aufgegangen, ihr Gebiß herausgefallen, und sie habe ihre Hände vor das Gesicht gehalten. Dann habe er zugestochen. Anschließend sei er zur Polizei gegangen.

Während er darüber sprach, saß er auf der vorderen Stuhlkante. Mein Entsetzen in meiner Mimik konnte ich nicht kontrollieren. Auf seine Frage, ob ich verheiratet sei, um sicherzugehen, daß ich ihn gut verstünde, antwortete ich ihm, daß ich seine Frage gut verstehen aber nicht beantworten könne, um seinen Phantasien Raum zu lassen. Ob er sie wohl auch stelle, um zu erfahren, ob ich nachvollziehen könne, was in der Liebe passiert. Und Ehe und Liebe seien nicht unbedingt ein und dasselbe.

Das überraschte ihn. Nie habe er daran Zweifel gehabt, daß man nur aus Liebe heirate. Ob es für sein Problem auch eine andere Lösung hätte geben können, wandte er nun ein. An dem Abend vor seiner Straftat habe er seiner Frau zuliebe zugestimmt, daß sie gehen könne. Wenn er auf seinen Stolz gehört hätte, wäre sie geblieben.

Am Ende dieser Sitzung versank er in sich, nahm mich kaum noch wahr. Als er aus seiner Versunkenheit aufschaute, reagierte ich verschreckt. Beim Gehen sagte er, daß unsere Arbeit anstrenge, weil sie tief gehe. Er merke es im Bauch. Mich selber beruhigend, sagte ich mir mit einem Blick auf seine Geschichte, wenn ich ihm nichts aufzwinge, dann sind wir nicht in Gefahr.

Er wollte, bis er besser allein zurechtkomme, dreimal in der Woche kommen, womit ich einverstanden war.

Mich überraschten seine gute Introspektionsfähigkeit, sein analytischer Verstand und seine Neugier auf andere Betrachtungsweisen.

In der nächsten Sitzung rang er mit sich, mich verzweifelt beschwörend, er habe eine wehrlose Frau umgebracht, und das könne immer wieder passieren. Wieder wurde mir unheimlich. Er falle in Zuckungen, fuhr er fort, und in ihnen passiere etwas, das er nicht unter Kontrolle habe.

Mir wurde heiß. Ich hatte Mühe, meine Entgeisterung zu verbergen. Vorsichtig forschend und mich beruhigend sagte ich ihm, daß seine Zuckungen gefährlich werden könnten, wenn er ein Messer bei sich trage.

Das habe er immer bei sich, ein Obstmesser, weil er Vegetarier sei. Ich zeigte ihm meine Verwunderung. Das erinnerte ihn an den Richter in der Verhandlung, der darüber auch verwundert war.

Zudem sagte ich ihm, außer dem Schutz, das Messer nicht bei sich zu tragen, könne er über die Anlässe seiner Zuckungen nachdenken, um Probleme zu entdecken, die er vielleicht für sich alleine oder in Gesprächen mit anderen lösen könne.

Über das Messer haben wir nie wieder gesprochen.

Mit seiner Frau habe er für ihn bis jetzt nicht lösbare Probleme, weil er nicht wisse, ob sie in allem die Wahrheit sage. Er wolle mit ihr eine Ehe in Liebe führen, und sie biete ihm bis jetzt undurchsichtige Verhältnisse.

Zur nächsten Sitzung hatte er sich wieder einiges aufgeschrieben, zögerte und rang mit sich. „Sobald ich weiß, was mit mir ist, bin ich sicher, daß es sich positiv auf meine Ehe auswirkt." Er sei überrascht, daß ihn Gedanken und Empfindungen nicht loslassen. Die Dame sei einmal von einem Mann geschlagen worden, den habe er „Schwein" genannt, als er ihn aufgesucht habe. „Damit wollte ich zeigen, daß ich da bin und sie nicht allein ist." Er sprach leise, langsam, mit Beschämung. Die Atmosphäre war bedrückend. Er hielt eine Hand vor den Mund, als wenn er sich schützen wollte.

In die folgende Sitzung kam er mit einem großen schwarzen Matchsack, den er neben sich stellte. Er zweifelte daran, daß ich ihn weiterbehandeln würde, weil er seine Tat nicht bereue. Als ich ihm versicherte, ihn trotzdem weiterzubehandeln, weil wir nicht wüßten, was weiter aus ihm komme, holte er Zeichnungen heraus. Sie handelten von gut und böse und von Liebe, erklärte er mir. Seit er 15 Jahre alt sei, beschäftige er sich mit diesem Thema. Er sagte weiter nichts zu seinen Figuren und Texten. Ich war überrascht von seinem Zeichentalent. Das habe er mit seinem Vater gemeinsam, und das verbinde sie beide in gegenseitiger Bewunderung, sagte er mir.

„Was ist Psyche?" fragte er mich. Ich antwortete: „Wir versuchen, Ihre zu erforschen und zu verstehen. Sie werden sie erkennen und erleben." Warum, so fragte er sich, habe er an etwas festgehalten, was längst zum Loslassen reif gewesen sei. Die Qualität seiner Schauspielerei habe unter den Kollegen am Theater gelitten. Er habe Schuldgefühle, wenn er an seine Straftat denke.

Dann wandte er sich ganz der Gegenwart zu: Er habe Angst in der Wohnung seiner Frau, suche sie deshalb zu meiden. Die Beziehung zwischen seiner Frau und deren Mitbewohner quäle ihn. Er dürfe sie seinetwegen nicht immer besuchen, und er fühle sich in der Gegenwart dieses Mannes häufig provoziert, so als solle er in eine neue Straftat getrieben werden, damit die Bewährung aufgehoben würde und der Freund seine Frau wieder für sich allein habe. Er sei offen und aufrichtig gewesen, habe seine Frau über seine Vergangenheit bis ins Detail aufgeklärt. Aber er befürchte mehr und mehr, daß sie dies nicht getan habe. Seitdem mißtraue er ihr. Er glaube nicht, diese Probleme mit ihr lösen zu können und brach in heftiges Weinen aus. Wenn seine Ehe in die Brüche gehe, bekomme das Töten der Dame eine neue, völlig sinnlose Bedeutung. Durch unsere Arbeit angeregt, könne er inzwischen erkennen, daß er seine Konflikte mit stillschweigenden Erwartungen zu lösen versucht habe. Nun sei er in der Beziehung zu seiner Frau kritischer und vorsichtiger geworden. In die Vergangenheit wolle er am liebsten nicht blicken. Während der Schauspielerei sei er beim Atmen einmal an ein tiefes schwarzes Loch gekommen, das ihn geängstigt habe.

Vielleicht sei es für unsere Arbeit wichtig, daß er es wahrnehme und erforsche. Dabei könne ich ihm helfen.

Wenn er über sich nachdenke oder in den Spiegel schaue, sei er sich nicht mehr so fremd, bemerkte er.

Ich vergaß, an das Ende der Stunde zu denken. Er hat mich daran erinnert.

In der folgenden Sitzung klagte er wieder darüber, sich mit seiner Frau nicht verständigen zu können. Er stelle sich vor, ich könne für sie reden.

Ich fragte: „Welche Wünsche haben Sie an Ihre Frau, über die Sie sich mit ihr nicht verständigen können?"

Er antwortete: „Ich möchte aufgeklärt werden, welche Beziehung sie zu diesem Mitbewohner hat, was sie noch verbindet, warum sie noch zusammen wohnen und warum sie mich nicht aufgeklärt hat. Es wäre nie so weit gekommen, daß ich einen Menschen umbringe. Meine Ehe war und ist nicht in Ordnung. Meine Frau will nicht in meine Wohnung kommen, weil ich keine so gute Küche wie sie habe. Sie will sich wohl fühlen und geht da keine Kompromisse ein."

Während er darüber sprach, ging er im Zimmer auf und ab und war sehr erregt. Ich ließ mich darauf ein, zu vermitteln. Zuerst solle ich mit ihr allein reden, stelle er sich vor, weil er sich mit ihr zusammen zu sehr schäme. In einem Durcheinander von Fakten und Vermutungen fühlten wir uns beide überfordert, und er würde mich erneut um Hilfe bitten, wenn er es weiterhin nicht schaffe. Aber bald danach sagte er mir, daß er inzwischen mehr klären könne. Seine Frau bedaure ihre mangelnde Offenheit und bitte ihn um Verzeihung. Enttäuschungen an seinen Eltern wurden wach, die ihm nicht vorgelebt haben, wie Konflikte in Gesprächen lösbar sind. Ebenfalls tauchten Erinnerungen an seinen 5 Jahre älteren Bruder auf, der sich als einer seiner 6 Geschwister, in deren Reihe der Patient der vierte ist, 1989 das Leben genommen habe, weil er damit nicht zurechtgekommen sei. Er wolle seine Wunschträume betrachten lernen und fürchte, seine Frau – sie ist 15 Jahre älter als er – gefalle ihm dann nicht mehr. Aber er sehe Chancen, aus vielem zu lernen, wenn er in Zukunft mit ihr offener rede.

Es folgte wieder eine Unterbrechung. Vor der ersten Sitzung danach, es war die 29., rief er mich an, daß er noch bei seinen Eltern sei und zwei Termine bei seinem Gutachter gehabt habe. In der darauffolgenden Stunde klagte er, daß seine Frau zu passiv sei und kein Verlangen nach ihm zeige, er deshalb das Weite gesucht habe. Er langweile sich und wolle Arbeit finden.

Seine Ehe als Liebesehe sei eine Illusion gewesen. Erstmals merke er wieder Dankbarkeit gegenüber der Dame. Er versuchte, wieder eine Tätigkeit als Schauspieler zu finden, merkte aber, daß „zuviel hochkommt". Nach der 39. Sitzung bat er, die Behandlung vorerst beenden zu dürfen. Er wolle versuchen, eine Arbeit in der Altenpflege zu finden und sich wieder an mich wenden, wenn er nicht weiterkomme.

Knapp 6 Monate danach meldete er sich wieder aus Angst, erneut straffällig zu werden. Er hatte in einem Kaufhaus zwei Tafeln Schokolade gestohlen, war erwischt worden und bezeichnete sich als Verbrecher.

Wieder kam er mit Problemen in seiner Ehe. Er hatte viel vergessen von unserer Arbeit. Die ersten Stunden waren mühsam. Er war mißtrauisch. Ich verstand wenig. Dann kam er 5 Minuten zu früh und wartete sehnsüchtig auf den Beginn der Stunde. Er brauche meine Hilfe, um sich in der Altenpflege u. a. mit einem Führungszeugnis zu bewerben. Wie er eine Chance bekommen solle, ohne zu lügen, sei ihm ein Rätsel. Auf der anderen Seite wolle er nicht lügen wie bei einer Vorstellung für ein Schauspiel-Engagement. Danach sei es ihm auch wegen seiner Lüge schlecht gegangen, und das wolle er nicht wiederholen.

Ich regte ihn zu Phantasien an, wie er um eine Ausnahme werben könnte.

Er freute sich über rote Tulpen in meinem Zimmer. In der Analyse seiner Straftat wurde er jetzt noch offener. Er zeigte seine Scham, wenn er nicht gleich sprechen konnte, und fragte mich, warum er sich so schäme.

Ich deutete: „Könnte es sein, daß Sie sich schämen, weil Sie etwas nicht können, was Sie können möchten, wozu Sie aber noch Zeit zum Üben brauchen?"

Er fand Arbeit in einem Dentallabor und bat deshalb um eine Abendstunde. Über Menschen in der Haftanstalt begann er zu sprechen, und es wurde wieder sehr schmerzhaft. Die Arbeit verlor er, weil er an Grippe erkrankte. Doch wenig später bekam er eine Schulung beim Arbeitsamt bewilligt und im Anschluß daran eine ABM-Stelle in einem Bioladen, die ihm deshalb besonders gut gefalle, weil er durch sie mehr Gemeinsamkeiten mit seiner Frau pflegen könne. Sie habe ihm gesagt, sie wolle ihn gerne weiter kennenlernen.

In der 58. Sitzung kam das Paar zusammen. Der Patient wollte herausbekommen, warum er während des Streites, über den er bisher kaum habe reden können, mit dem Kopf gegen die Wand gerannt sei. Dieser Vorfall bekam jetzt genauere Konturen. Klärbar war, daß seine Frau Zärtlichkeit, er Abstand wollte, sie ihn daraufhin als „falsch gepolt" beschimpft und seinen Wunsch nach Abstand abgewertet hatte. Die Atmosphäre in der Stunde war hoch aufgeladen. Ich fühlte mich überfordert und unzulänglich.

In einer weiteren gemeinsamen Sitzung kurz darauf wurde überdeutlich, daß seine Frau, die sehr jung und mädchenhaft wirkt, ihm in ihrer Sprachgewandtheit haushoch überlegen ist. Aber er kämpfte mit zunehmender Wortvielfalt und Kraft in der Stimme. Seine Verletzlichkeit bringe ihn zu Kurzschlußhandlungen, so auch, als er mit seinem Kopf gegen die Wand geschlagen habe, begann er zu verstehen.

„Ihre Frau soll wissen, was Sie verletzt, ehe Sie es ihr gesagt haben. So können Sie sich schwer vor Enttäuschungen schützen."

Das wühle ihn auf. Ich solle es für ihn so oft wiederholen, bis er es begreife.

Seine Eltern zu kritisieren, ihnen Fragen zu stellen, Erklärungen zu bekommen, das kenne er nicht. Mit seiner Straftat könne er sich nicht abfinden. Er denke immer wieder, wieviel in der Vergangenheit er sich hätte ersparen können.

Einige Zeit später, vor der 84. Sitzung, rief er an, ob er seine Frau wieder mitbringen dürfe. Gleich zu Beginn der Stunde legte er heftig los, suchte meinen Schutz, um bei seiner Frau Zeit zum Ausreden zu bekommen. Deutlich wurde, daß sie schlecht zuhören konnte, weil seine Beiträge sie so unter Spannung brachten, daß sie sich durch Dazwischenreden abreagieren wollte.

Es kam ein Ereignis zur Sprache, bei dem er seiner Frau heimlich nachgegangen war, nachdem sie sich zu einem Einkaufsbummel verabschiedet hatte. Stutzig hatte ihn gemacht, daß sie nicht wie üblich gleich zur U-Bahn gegangen war. Dann war sie stundenlang weggeblieben, während er auf sie wartete, um mit ihr spazierenzugehen. Bis heute hatte er sich nicht zu fragen getraut, wo sie war. Als sich herausstellte, daß sie in einer von ihr ungeklärten Enttäuschung absichtlich lange weggeblieben war, eigentlich aber lieber mit ihm spazieren gegangen wäre, wirkten beide entspannt.

11 Tage später, er kam seit kurzem nur noch nach vorheriger Vereinbarung, hatte er erstmals, seit ich ihn kenne, ein schüchternes Strahlen in seinem Gesicht, und seine Haut sah glatt und frisch aus. Er sagte, er brauche mich jetzt nicht mehr. Er könne mit seiner Frau reden, ohne auszurasten, habe aufgegeben, daß die Dinge nur so sein müßten, wie er sie sehe. Er fühle sich mit seiner Arbeit im Bioladen und stundenweise in der Altenpflege gut beschäftigt. Sein Wunsch bleibe, eines Tages wieder als Schauspieler arbeiten zu können. Einige Menschen habe er inzwischen kennengelernt, mit denen er eine Freundschaft aufbauen könne. Ob er mit seiner Frau zusammenbleiben werde, lasse er offen. Ein Leben ohne sie könne er sich aber auch nicht vorstellen.

Er wolle mich anrufen, falls er mich erneut brauche.

TRAUMA UND KONFLIKT AUF DER COUCH: AUS PSYCHOANALYTISCHEN BEHANDLUNGEN

Die Bedeutung
des psychoanalytischen Rahmens

Ingrid Baumert

Mein Thema müßte richtiger lauten: „Die Bedeutung des Über-Ichs und der Über-Ich-Konflikte im psychoanalytischen Rahmen bzw. die Bedeutung und Beteiligung des Über-Ichs bei der Haltung zum Konzept des Rahmens und dessen Handhabung".

Aufgrund meiner klinischen und theoretischen Arbeit mit der sogenannten Über-Ich-Pathologie und den Besonderheiten der Psychoanalyse von Über-Ich-Thematik ist meine Aufmerksamkeit auf den Rahmen gestoßen. Hier, am äußersten Rande des Geschehens, spielen sich oft heftige Konflikte ab: zwischen den Psychoanalytikern, zwischen Patient und Analytiker und vermutlich auch auf intrapsychischer Ebene.

Aus den verschiedenen Modalitäten, die die gesamte analytische Situation erfassen – die des analytischen Prozesses, die der analytischen Beziehung und die des analytischen Settings –, greife ich die oberflächlichste und äußerste Modalität, die des Rahmens, heraus. Vorwiegend aufgrund der Untersuchungen von Winnicott (1958) und Balint (1968) ist der Gebrauch, den der Patient vom analytischen Setting macht, zum Gegenstand der Forschung gemacht worden. Patienten in Verzweiflungs- und Unruhezuständen können einzig und allein vom analytischen Raum Gebrauch machen: zum einen als konkretem Raum, zum anderen als „Möglichkeitsraum" (Khan 1983) oder „Übergangsraum" (Winnicott 1958) zwischen Innen und Außen. Obwohl der psychoanalytische Rahmen auch zum Setting gehört, möchte ich ihn gedanklich davon trennen und ihn in seiner Funktion, die Koordinaten zu liefern, damit dieser Raum entstehen kann, untersuchen.

Der Rahmen ist ein „Nicht-Prozeß" (Bleger 1966), der sich aus Konstanten zusammensetzt, innerhalb derer der Prozeß stattfindet. Er ist eine Vereinbarung zwischen zwei Personen, bei der zwei formale Elemente im wechselseitigen Austausch miteinander in Beziehung treten: die Vereinbarung über Zeit und Geld. Dieser Rahmen regelt also die Zeit, in Form von Dauer und Häufigkeiten der Sitzungen, er definiert einen Rhythmus, eine Regelmäßigkeit. Zeit wird dabei identisch mit Raum. Ein Raum ist ohne Zeit nicht denkbar.

Der Rahmen als konkreter Vorstellungsgegenstand ist immer etwas Gerades, Festes, Stabiles. Wenn er verrückt ist, wird er wieder gerade gerückt. Untersuchungsgegenstand sind zum einen die Bewegungen am Rahmen: das „Wackeln", entweder durch den Analytiker oder durch den Patienten, zum andern die völlig fehlende Bewegung am Rahmen, der „stumme" Rahmen.

In jüngster Zeit ist wiederholt die Bedeutung des Rahmens hervorgehoben worden. (Langs 1984/1989; Körner 1994; Petersen 1994/1996; Trimborn 1983/1994).

Trimborn (1994) stellt ihn dar u. a. als Hinweis auf die Zuverlässigkeit des Analytikers, als konstitutives Element der Abgrenzung und Kohärenz, als Garant der therapeutischen Regression, als Garant des Übergangsraumes (früher präödipaler Raum), als verbindliches Gesetz für den Analytiker, als Gesetz für den Patienten (ödipaler Raum). Ebenso tritt Langs (1989) für einen sicheren Rahmen ein, „der dem Patienten ein Gefühl von Urvertrauen gegenüber dem Therapeuten vermittelt, der deutlich Grenzen festlegen, ein ganzheitliches Selbstgefühl und einen starken Halt für den Patienten herstellen kann" (Langs 1989, S. 5). Der feste Rahmen vermittele nicht nur, daß der Therapeut fähig ist, mit der eigenen Gestörtheit und der eigenen Verfassung umzugehen, sondern auch deutliche und scharfe interpersonale und Selbst-Objekt-Grenzen. Die Behandlung mit festem Rahmen schaffe eine als gefährdend erlebte Abgeschlossenheit, die die basalen phobisch-paranoid-schizoiden Ängste des Patienten zum Vorschein bringe und die damit für interpretierende und haltende Reaktionen des Therapeuten zugänglich werden (Langs 1989, S. 5).

Ich möchte mich im folgenden mit einem anderen Aspekt beschäftigen: In der Haltung zum Rahmen und der Handhabung des Rahmens scheinen immanente Konflikte verwoben zu sein – Über-Ich-Konflikte, die es verhindern, ein Rahmenkonzept entstehen zu lassen, das in derselben Weise mit genügendem Abstand wie andere psychoanalytische Elemente und Konzepte untersucht werden kann.

Ich greife in diesem Zusammenhang Freuds technische Schriften auf (Freud 1913), in denen einer dieser Konflikte deutlich wird, der aber von anderen Autoren nicht weiter beachtet wurde. So zitiert in jüngster Zeit Petersen (1996) Freud mit seinen „Ratschlägen" zur Gestaltung eines sicheren Rahmens: Er habe die Notwendigkeit eines solchen Rahmens postuliert: „… er verfügte allerdings noch nicht über eine geeignete Methodik, um diesen geforderten Rahmen wissenschaftlich zu präzisieren, und konnte keine Technik der Rahmenhandhabung anbieten …" (Petersen 1996, S. 113). Hier geht es also nur um die Postulierung und die noch fehlende Methodik.

Freud (1913, S. 186 f.) schreibt aber darüber hinaus: „Wichtige Punkte zu Beginn der analytischen Kur sind die Bestimmungen über Zeit und Geld. Das Prinzip des Vermietens ist Ihnen ja sicher bekannt." Aber gleich im nachfolgenden Satz rechtfertigt sich Freud dafür: „Diese Bestimmung, die für den Musik- oder Sprachlehrer in unserer guten Gesellschaft als selbstverständlich gilt, erscheint beim Arzte vielleicht hart oder selbst standesunwürdig." Des weiteren schreibt er über das Honorar des Analytikers (Freud 1913, S. 191 f.): „… daß Geldangelegenheiten von den Kulturmenschen in ganz ähnlicher Weise behandelt werden wie sexuelle Dinge, mit derselben Zwiespältigkeit, Prüderie und Heuchelei. Er (der Analytiker/IB) ist also von vornherein entschlossen, dabei nicht mitzutun, sondern Geldbeziehungen mit der nämlichen Selbstverständlichkeit und Aufrichtigkeit vor dem Patienten zu behandeln, zu der er ihn in Sachen des Sexuallebens erziehen will. Er beweist ihm, daß er eine falsche Scham abgelegt hat, indem er unaufgefordert mitteilt, wie er seine Zeit einschätzt. Das ist, wie man weiß, nicht die gewöhnliche Praxis des Arztes in unserer europäischen Gesellschaft. Aber ich meine, es ist doch würdiger und ethisch unbedenklicher, sich zu seinen wirklichen Ansprüchen und Bedürfnissen zu bekennen, als wie es jetzt noch unter Ärzten gebräuchlich ist, den uneigennützigen Menschenfreund zu agieren. Der Analytiker wird für seinen Anspruch geltend machen"… Es folgen noch weitere Begründungen und Rechtfertigungen. Freud beschreibt meiner Meinung nach sehr eindrucksvoll einen Konflikt mit Über-Ich-Forderungen und Idealen, z. T. im Innern und z. T. nach außen verlagert als Rechtfertigung vor anderen Kollegen.

Meine Mutmaßung ist die, daß sich an diesem Konflikt grundlegend nichts geändert hat, sondern daß die Bewältigung dieses Konfliktes ein immanenter Konflikt in der Formulierung der Rahmenkonzeption ist. Besonders auf der Ebene der Weiterbildungskandidaten, die ihre ersten analytischen Behandlungen beginnen, ist dieser Konflikt deutlich sichtbar. Die Einrichtung des analytischen Rahmens gerät mit anderen Über-Ich-Forderungen und Idealen von Großzügigkeit, Toleranz, Freundlichkeit, Flexibilität etc. in Konflikt. So lassen sich auch die zuweilen aufflammenden Beschimpfungen zwischen den Lagern der sogenannten rahmendevianten und rahmensichernden Analytiker verstehen: die Beschimpfung über die „Rigidität" auf der einen und die „Verantwortungslosigkeit" auf der anderen Seite. Beides sind Angriffe auf das Über-Ich des anderen mit dem Vorwurf von Zuviel oder Zuwenig. Auch wenn von Rahmenverstoß oder Übertretung gesprochen wird, wird die Über-Ich-Position deutlich. Der Abstand zum Untersuchungsgegenstand geht verloren, der Konflikt wird nicht gelöst durch die Erarbeitung weiterer Belege für die Bedeutsamkeit des Rahmens.

Eine weitere Über-Ich-Konfundierung im Rahmen und bei der Rahmenhandhabung soll im folgenden eingehender untersucht werden; dazu ein kleiner Exkurs über das Konzept des Über-Ichs in seiner Funktionsbreite (Freud 1923; Wurmser 1959/1987). Eine wichtige Symbolgruppe, die für das Über-Ich steht, bilden die Zeit, die Grenze, wie Begrenzungen allgemein.

Die Hauptfunktionen des Über-Ichs sind das Ich-Ideal, das Idealbild, das man von sich hat, und eine Art innerer Kodex idealer Handlungen, Selbstkritik und Selbstverurteilung, Selbstschutz und die innere Billigung dessen, was man tut; weiterhin die Stabilisierung von Stimmung, Affekt und Selbstbild, Schutz der inneren und äußeren Grenzen und Schranken, bewertende und urteilende Selbstbeobachtung. Das Über-Ich stellt einerseits ganz zentral eine billigende und beschützende innere Instanz dar, andererseits ist es eine Instanz der Beschränkung. Es erweist sich als Hauptreferent für das Claustrum, als eine extreme Auswirkung von Grenze (Gefängnis; Eingeschlossen-Sein). Die Gleichung, Claustrum = Grenzen = Über-Ich = einengende Außenwelt, ist ein grundlegender psychodynamischer Faktor und nicht nur auf schwere Neurosen beschränkt. Über-Ich-Angst ruft diese Gleichung hervor, wird auf alle einschließenden Strukturen übertragen und geht auf sämtliche – auch metaphorische – Grenzen über (Wurmser 1987). Der Abwehr des Über-Ichs fallen gleichzeitig auch dessen schützende, besänftigende und haltgebende Seiten zum Opfer. Es entsteht so bei dessen Abwehr ein ständiges Gefühl der Ungeborgenheit und Verletzlichkeit. Werden also Grenzen, Regeln und Zeit außer Kraft gesetzt, um deren innerer Tyrannis zu entkommen, geht gleichzeitig jegliches Gefühl von Schutz, Halt und Konstanz verloren.

Es fällt nicht schwer zu erkennen, daß der psychoanalytische Rahmen als Repräsentant der Grenze und der Zeit der Austragungsort dieses Konfliktes und Dilemmas ist, in der Doppelgesichtigkeit der Grenze als Gefängnis (Claustrum) und des Angebotes an Schutz, Halt und Konstanz. Das, was schützt, beinhaltet gleichzeitig die Drohung des Claustrums (Langs 1989).

Ein 38jähriger Patient, den ich behandelte und der seine Symptomatik so beschrieb, daß er „aus der Zeit ausgestiegen" sei, um einem unerträglichen Druck zu entfliehen, dabei gleichzeitig erlebe, daß er „aus dem sozialen Netz längst herausgefallen" sei, sagte später über die Wirkungsweise der Psychoanalyse: „Das Wichtigste war der Rahmen." An dem hatten sich heftigste Konflikte abgespielt, er war nur schwer aufrechtzuerhalten.

Wenn nun die bedrohliche Seite des Rahmens, die des Claustrums, abgewehrt ist, indem der Rahmen verändert (verschoben, gelockert u. ä.) wird, kann damit auch die haltende, schutzgebende innere Instanz verlorengehen. Dieses Dilemma zwischen Schutz und bedrohlichem Claustrum, das dem Rahmen innewohnt, ist die Spannung, die auch der Analytiker auszuhalten hat. Der Konflikt um die Zeit und die Grenze, d. h. um den Rahmen, ist auf zweierlei Weise zu bewältigen: Wie Schiedsrichter und Linienrichter beim Fußballspiel abpfeifen und das Spiel erst nach Wiederherstellung fortgeführt werden kann, hat der Analytiker den Rahmen herzustellen und wiederherzustellen. Erst innerhalb des Rahmens entsteht das Spiel, dem der Analytiker verstehend und deutend folgt. Dann kann auch der Rahmen Gegenstand dieses Spieles sein.

Wird der Druck in dem Dilemma – der Druck kann durch den Patienten forciert sein, aber auch im Analytiker seinen Ausgangspunkt haben – vom Analytiker durch Veränderungen am Rahmen gelöst, wird also implizit die beängstigende Seite des Über-Ichs verdrängt, kann eine seelische Katastrophe entstehen: das Trauma, haltlos zu sein.

Daß der Rahmen immer wieder hergestellt wird, ist also aktives Bemühen des Analytikers. Ich will mich nun dem Phänomen des „stummen" Rahmens, auf das Bleger (1966) aufmerksam gemacht hat, zuwenden. In diesem Fall ist er dauernd vorhanden und wird überhaupt nicht berührt. Aber auch wenn der Rahmen völlig intakt ist, d. h. wenn der Patient den Rahmen des Analytikers angenommen zu haben scheint, auf dessen Hintergrund sich sein Ich entwickeln kann, wird es sich oder kann es sich immer auch um zwei Rahmen handeln, die stumm aufeinanderfallen: Der eine ist vom Analytiker vorgeschlagen und aufrechterhalten und vom Patienten bewußt angenommen; der andere ist der Rahmen der „Phantomwelt", auf den der Patient seine Projektionen richtet.

Das Phänomen des „stummen" Rahmens konnte ich bei einer jungen adligen Patientin identifizieren. Für sie bildete der analytische Rahmen die Projektionsfläche des Rahmens ihrer adligen Hintergrundfamilie, in der viele unausgesprochene Vorstellungen und Ideale das Zusammenleben regelten. Der analytische Rahmen schien ihr wie „auf den Leib geschnitten" zu sein. Aber lange Zeit bestand ein hartnäckiges Phänomen, das sie immer wieder erwähnte und auch beklagte: Außerhalb der Behandlungsstunden, z. B. auf der Fahrt zu mir, konnte sie sich in den vorgestellten Gesprächen mit mir lebendiger fühlen als in den wirklichen. Sobald sie die Schwelle zum Behandlungszimmer überschritt, verlor sie diese Lebendigkeit, fühlte sich von ihr abgeschnitten; die reale Begegnung schien ihr unwirklich, fast tot. In dieser Phase hatten sich in meiner Gegenübertragung heftige Haß- und Wutgefühle entwickelt, die nur schwer auszuhalten waren.

Erst als Analytikerin und Patientin bemerken konnten, daß der analytische Rahmen für die Patientin identisch war mit dem adligen Rahmen, konnte sie beginnen, zu unterscheiden. Im adligen Rahmen hatte sie als Person stumm zu verschwinden, sie mußte vollständig zum „Nicht-Ich" (Bleger 1966) bzw. zum Über-Ich und Ich-Ideal des adligen Rahmens werden. So wiederholte der analytische Rahmen für sie etwas Traumatisches, ein Dilemma, in dem sie gefangen war. In der Unterwerfung unter den Rahmen konnte sie als Ich nicht entstehen. Eine Rahmenbewegung ihrerseits beinhaltete die Hoffnung und die Katastrophe zugleich, gesehen zu werden: die Katastrophe der Verurteilung und Beschämung sowie die Hoffnung, selbst gesehen zu werden und sein zu können. Ihre Angst war, daß „alles zusammenbricht".

Was Bleger (1966) als „Nicht-Ich" bezeichnet, ist meines Erachtens fast identisch mit „Über-Ich": ein stummer Kodex von Regelungen und Idealvorstellungen. Auch der stumme Rahmen wird zum Objekt der Analyse nur innerhalb des gewahrten Rahmens. In dem Gewahrwerden des Rahmens wird immer etwas Drittes eingeführt, was die Illusion des Zweisein = Einssein enthüllt. „Man übersieht leicht die ‚Arbeit' des Rahmens selbst bei der Beschreibung des ‚Holding' und der mütterlichen Funktion" (Green 1975, S. 526).

Zum Schluß untersuche ich die Auswirkungen der Rahmendevianz durch den Analytiker anhand eines Fallbeispieles. Wenn die Hypothese vom Rahmenkonzept stimmt, nämlich, daß der Rahmen immer wieder hergestellt werden muß, wie die Grundlinien auf einem Spielfeld, wird, wie es die Chaostheorie beschreibt, bei kleinster äußerer Veränderung mit unvorhersehbaren Auswirkungen zu rechnen sein, sowohl was die Qualität als auch das Ausmaß betrifft.

Der Patient war ein Mann von 35 Jahren – verheiratet, gemeinsamer fünfjähriger Sohn –, bisher 100 Stunden in analytischer Behandlung, dreimal wöchentlich. Er beschrieb depressive Verstimmungen, Selbstwertproblematik, innere Leere, ein quälendes Abhängigkeitsgefühl von seiner Frau und verschiedene psychosomatische Beschwerden wie Kopfschmerzen und Magenbeschwerden. Er schilderte auch das Dilemma vom Wunsch nach Geborgenheit und der panischen Angst vor der Enge und einem Selbstverlust. Er hatte während der Analyse aufgehört, den Fluchtimpuls zu agieren, hatte mit ihm aber immer wieder in der Phantasie zu tun. Er hatte z. B. zweimal sehr konkrete Reisepläne außerhalb des Rahmens, die er aber wieder fallenließ. In der Zeit zwischen Ostern und der Sommerpause beschäftigte er sich intensiv mit diesem Konflikt, seinem Gefühl, auf die Analyse angewiesen zu sein und seiner Angst, wieder da zu landen (vgl. Claustrum), die Bedürfnisse eines anderen befriedigen zu müssen, also auch die der Analytikerin.

Er entwickelte – für mich überraschend – eine heftige Symptomatik: Kopfschmerzen, Heuschnupfen, die Haut an den Füßen löste sich auf („auf wunden

Füßen"), Rheumaschmerzen in den Gelenken. Es fiel ihm ein, daß er in einer musiktherapeutischen Sitzung, die er vor einigen Jahren hatte, aus Wut auf den Vater auf eine Trommel eingeschlagen hatte. Dabei brach er sich den Mittelhandknochen, der nun erneut schmerzte. Im Traum erlebte er Wut, wollte auf jemanden einschlagen, aber er war zu klein.

Ich verstehe diese Symptomatik auf der Übertragungsebene als Wut gegen mich (die Person), der er zuliefert, so daß ich ihn deuten kann, und er wiederum mich dafür bewundern muß, so wie er es beim Vater erlebt hatte: „Es drehte sich nur um ihn." Ich verstehe es auch als seine Ohnmacht der Frau und Mutter gegenüber, die ihn verließ. Er hatte die Erinnerung, daß die Mutter wegging, ihn in den Laufstall sperrte und er solange schrie, bis er von Müdigkeit überwältigt war.

Der Patient inszenierte weiterhin eine Eifersuchtsszene mit seiner Frau, durchsuchte ihre Sachen, war ihr gegenüber mißtrauisch, daß sie „was mit einem anderen Mann" haben könnte. Zu mir sprach er von der Vorstellung, daß ich als Frau ihn rausschmeißen und mich mit seiner Frau identifizieren würde. Ich denke wieder an die bevorstehende Pause: eine Unterbrechung, etwas Drittes, Störendes gegen ihn und ihn Ausschließendes. Er schien diesen Zusammenhang nicht wirklich anzunehmen, sondern erzählte von seinem Sohn, der ganz wütend werde, wenn er nur eine Minute warten müsse. Nun fiel mir schlagartig ein, daß ich ihn ein- oder zweimal kurz hatte warten lassen, möglicherweise eine Minute. Er erzählte des weiteren, daß er seiner Frau Blumen mitbrachte und dann auf sie warten mußte. Am liebsten hätte er die Blumen vor Wut zertrampelt. Er verstand, daß er erwartungsvoll sei, und bezog diesen Zustand auch auf seine Symptomatik, er sei „offen und wund zugleich". Ich griff das Warten auf und sagte, daß er auf mich habe warten müssen. Er erinnerte sich genau, daß er warten mußte und daß es ihn sehr gestört habe. Er habe sich geärgert, es gemerkt, aber er habe es sich allein zurechtgelegt. Er habe gedacht, daß ich ihn vielleicht etwas länger dableiben lasse. Er meinte: „Ich arrangiere mich mit der Willkür des anderen, bis ich mich verbiege und einen Wutanfall bekomme."

Der Patient hatte also bewußt meine Devianz bemerkt mit allen Affekten, mußte es aber durch Verschiebung auf seine Frau abwehren. Ärger und Eifersucht, daß er wegen etwas Drittem sitzengelassen wurde, waren verschoben. Dieser Konflikt fiel aber weiter in eine tiefere traumatische Erfahrensebene, die durch das Warten angerührt wurde: die Verzweiflung darüber, daß sein Raum zusammenbricht, er ausgeschlossen und verlassen ist. Auf dieser Ebene ist eine traumatisierende Unterbrechung der Phantasie von einem Raum für ihn selbst durch das zu frühe Hereinbrechen des störenden Dritten geschehen. Meine Vermutungen wurden durch den

Patienten validiert. Er begriff auch, wie tief es „in ihn gefallen" sei, aber das wolle er noch nicht sehen. Allerdings verschwanden die Symptome wiederum fast schlagartig.

Eine minimale Abweichung meinerseits, der ich keine weitere Aufmerksamkeit geschenkt hatte, war Auslöser eines Konfliktes in dem Patienten, auf tieferer Ebene einer seelischen Katastrophe, die er wiederum auf eine für ihn typische – traumatisierende – Weise verarbeitete: Nicht die Verschiebung auf die Ehefrau ist damit gemeint, sondern die Gefahr einer erneuten traumatischen Abkapselung und Verleugnung einer realen Wahrnehmung.

Hiermit möchte ich meine Gedanken zu dem Rahmenkonzept beenden.

Rahmenkonzept bedeutet nicht nur die Postulierung des sicheren Rahmens und die Hervorhebung der Bedeutung, sondern es eröffnet einen Abstand zu dem Untersuchungsgegenstand. Wie die Chaos-Theorie es beschreibt, zeigte mein letztes Beispiel, daß eine kleine Veränderung an der Oberfläche weitreichende und unvorhersehbare Konsequenzen hatte. Das Postulat kann nicht sein, daß so etwas nicht vorkommen dürfe, sondern durch die Formulierung des Rahmenkonzeptes ist es gesicherter Untersuchungsgegenstand und gesicherte Perspektive.

Ein Streit um die Bedeutung des Rahmens zwischen Analytikern kann als eine Externalisierung von Über-Ich-Konflikten verstanden werden. Jedes Über-Ich-determinierte Eingreifen in eine Auseinandersetzung verkürzt das Untersuchungsfeld und den Blick.

Literatur

Balint, M. (1959): Angstlust und Regression. Ein Beitrag zur psychologischen Typenlehre. Reinbek (Rowohlt 1972).

Balint, M. (1965): Die Urformen der Liebe und die Technik der Psychoanalyse. Bern und Stuttgart (Huber und Klett 1966).

Balint, M. (1968): Therapeutische Aspekte der Depression. Reinbek (Rowohlt 1973).

Bleger, J. (1966): Die (Be-)Deutung des psychoanalytischen Rahmens. Forum der Psychoanalyse 9, (1993), S. 268-280,.

Freud, S. (1912): Ratschläge für den Arzt bei der psychoanalytischen Behandlung. Studienausgabe, Ergänzungsband.

Freud, S. (1913): Weitere Ratschläge zur Technik der Psychoanalyse. Zur Einleitung der Behandlung. Studienausgabe, Ergänzungsband.

Freud, S. (1923): Das Ich und das Es. Studienausgabe, Band 3.

Green, A. (1975): Aktuelle Probleme der psychoanalytischen Theorie und Praxis. Psyche 29, S. 503-541.

Goffman, E. (1974): Rahmen-Analyse. Frankfurt/M. (Suhrkamp 1996).

Khan, M. M. R. (1983): Erfahrungen im Möglichkeitsraum. Frankfurt/M. (Suhrkamp, 1990).

Körner, J. (1994): Der Rahmen der psychoanalytischen Situation. Forum der Psychoanalyse 11 (1995), S. 15-26.

Langs, R. (1981): Modalitäten des „Heilens" in der Psychoanalyse. Forum der Psychoanalyse 12 (1996), S. 204-225.

Langs, R. (1984): Die Angst vor validen Deutungen und vor einem festen Rahmen. Forum der Psychoanalyse 5 (1989), S. 1-18.

Ogdorn, T. (1985): Über den potentiellen Raum. Forum der Psychoanalyse 13 (1997), S. 1-18.

Petersen, M.-L. (1994): Der sichere Rahmen. Bestandteile, Handhabung und Wirkungen. Forum der Psychoanalyse 12 (1996), S. 110-127.

Trimborn, W. (1983): Die Zerstörung des therapeutischen Raumes. Das Dilemma stationärer Psychotherapie bei Borderline-Patienten. Psyche 37, S. 204-236.

Trimborn, W. (1994): Analytiker und Rahmen als Garant des therapeutischen Prozesses. Psychotherapeut 39, S. 94-103.

Winnicott, D. W. (1958): Von der Kinderheilkunde zur Psychoanalyse. Frankfurt/M. (Fischer 1983).

Winnicott, D. W. (1971): Vom Spiel zur Kreativität. Stuttgart (Klett-Cotta 1979).

Wurmser, L. (1959): Flucht vor dem Gewissen. Analyse von Über-Ich und Abwehr bei schweren Neurosen. Berlin und Heidelberg (Springer 1987).

Zimmermann, F. (1997): Die Bedeutung der Zeit als Determinante des psychoanalytischen Rahmens. Psyche 51 (1997), S. 156-182.

Der Fall D.:
Über die Wiederholung
traumatischer Beziehungen
zur Konfliktbearbeitung

Matthias Schoof

Im folgenden werde ich einen Überblick über die Behandlung einer schwer traumatisierten Patientin geben. Insbesondere werde ich den Mechanismus der projektiven Identifizierung darstellen, der zunächst als Abwehr konflikthafter Beziehungen mißdeutet wurde, dann nach und nach in seiner kommunikativen Bedeutung erkannt werden konnte. Das moderne Konzept der projektiven Identifizierung nach Ogden wird diskutiert, seine Anwendung in der Praxis dargestellt.

Nach langer Zeit – ich kenne Frau D. seit über 10 Jahren – war bei mir der Eindruck entstanden, daß wir, Frau D. und ich, einen entscheidenden Schritt in der Behandlung vorangegangen waren. Das Agieren von Frau D., aber auch das Gegenagieren von mir, waren einer neuen Beziehungsform gewichen: Wir begannen, gemeinsam zu reflektieren, was sich zwischen uns abspielte, wozu dies diente, welche innerseelischen Konflikte sich widerspiegelten, welche Wiederholungen sich darin zeigten. Diese neue, befreiende Beziehungsgestaltung war jedoch leider nur von kurzer Dauer. Gute, vertrauensvolle Begegnung war offenbar weiterhin so bedrohlich, daß bei Frau D. wieder Introjekte mobilisiert wurden, die alte, destruktive und sehr intensive Beziehungsformen reaktivierten. Da ich aber schon einen überlangen Atem bei dieser Behandlung gezeigt hatte – der wohlwollende Kassengutachter sprach von einem heroischen Behandlungsversuch –, entschloß ich mich abzuwarten, was weiter geschehen würde. Geduld und ein nicht begründbares Vertrauen in die Entwicklungsfähigkeit dieser jungen Frau, auf meiner Seite sicher auch ein gehöriges Maß an narzißtischem Impetus, kennzeichneten doch unseren gemeinsamen Weg. So kamen wir wieder einen Schritt voran, Konfliktfelder konnten verdeutlicht und angesprochen werden, Wiederholungen im Sinne von destruktivem Agieren (negativer therapeutischer Reaktion) wurden wieder überflüssig.

Wer ist Frau D.?

Frau D. ist eine inzwischen 31jährige Frau; schwarze Haare in modernem, kurzem Schnitt haben inzwischen ihre Neigung zu grotesken Haarschnitten abgelöst; sie ist stets gut gekleidet und trägt meistens einen Rucksack, an dem ein Maskottchen hängt. Dies kontrastiert mit ihrer äußeren, weiblichen Erscheinung. Die Unterarme sind von vielen Narben übersät (als Folge jahrelanger Schnittverletzungen), auch an den Beinen sind Narben zu sehen, wenn sie einmal Shorts trägt, was sehr selten vorkommt. Bei der kurzen Begrüßungsszene streift mich ihr Blick, ihr Gesichtsausdruck erscheint mir dabei immer etwas spöttisch, sie strahlt etwas Arrogantes aus, was den gemeinsamen Beginn erschwert. Sie nimmt im Sessel Platz, als ob er ein Revier wäre, in dem sie sich einigermaßen sicher fühlt. Ihr Blick ist praktisch immer nach unten links gerichtet, nur bei großer Anspannung schaut sie mich blitzschnell an. Dieses *Nicht-angeschaut-Werden* war und ist für mich immer wieder unerträglich; auch wenn ich mit der Patientin vielfältige Hypothesen zu ihrem Verhalten besprochen habe, kann sie es nicht ändern.

Was führt Frau D. in die Behandlung?

Frau D. war schon seit ihrem ersten Lebensjahr wegen vieler Erkrankungen in Behandlung. In ihrem ersten und vierten Lebensjahr kam sie bereits zur Kinderkur. Die Aufzählung ihrer vielfältigen Symptome macht deutlich, wie schwer krank sie war und ist:

Als Kleinkind hatte sie häufig Bronchitis, war Bettnässerin bis zum 18. Lebensjahr, ab diesem Lebensjahr machte sie eine dreijährige Magersuchtsphase durch (39 kg bei 1,78 m Körpergröße), im Anschluß litt sie unter Bulimie, die bis heute weiterbesteht. Es folgten exzessiver Abführmittelabusus, Alkoholexzesse, Medikamentenmißbrauch, circa zehn Suizidversuche, Selbstbeschädigungen in Form von Schnittverletzungen und Hautabziehen im Gesicht, der ständige Wunsch, die Brüste abzuschneiden. Hinzu kamen viele körperliche Symptome wie Magenschmerzen, Herzattacken, Atemnot. Häufig erlebt sie das Gefühl, neben sich zu stehen, sich dabei ganz fremd fühlend oder daß sie verrückt werde, daß andere Menschen sie ablehnen oder schlecht über sie denken. Psychotische Episoden, in denen sie sich real von ihrem Vater verfolgt und bedroht fühlte, begleitet von panischer Angst, treten während der Therapie immer wieder auf. Weiter zeigt die Patientin kriminelles Potential, macht Unterschlagungen, verschuldet sich hoch, wird von Polizei und Staatsanwalt bedrängt. Auf der Beziehungsebene weist sie wenig befriedigende Kontakte auf. Es sind meist Menschen, offenbar mir ähnlich, die unerschütterlich an sie glauben, andererseits auch Nutzen von ihrer überragenden Fähigkeit im Umgang mit Pferden haben. Ihre Anamnese beinhaltet zahlreiche kürzere Krankenhausaufenthalte in der inneren Abteilung, Psychiatrie und psychosomatischen Fachkliniken. Alles in allem war sie sicher circa vier Jahre stationär behandelt worden. Nach ihrem dritten stationären Aufenthalt in unserer Klinik entschloß sich Frau D., ihren Wohnort zu verlegen, um bei mir eine Langzeittherapie aufzunehmen. Bis dahin hatte sie drei ambulante Psychotherapien scheitern lassen.

Einige biographische Anmerkungen

Frau D. wuchs als zweitältestes von vier Kindern auf einem landwirtschaftlichen Anwesen auf. Schon in früher Kindheit, etwa ab dem vierten Lebensjahr, hätten regelmäßig sexuelle Übergriffe stattgefunden (dies kann Frau D. erst im Rahmen der ambulanten Therapie berichten). Sie habe sich häufig in den Schrank geflüchtet, aber man habe sie auch dort gefunden. Es gab für sie viel Schläge vom Vater, wenn sie die Arbeiten auf dem Hof nicht hundertprozentig erfüllt hatte. Andererseits sei der Vater sehr kränkbar gewesen, habe der Familie mit Selbstmord gedroht und sei einmal auch in stationärer psychiatrischer Behandlung gewesen. Die Mutter wird als schwach und wenig anwesend geschildert. Sie habe in der Familie nicht für Ausgleich gesorgt. Schon als kleines Kind litt Frau D. unter der Angst, daß der Vater die ganze Familie umbringen würde. Eine gewisse entspannte Emotionalität erlebte sie in der Beziehung zu ihrer Großmutter, die leider früh gestorben sei. Die Lebensatmosphäre war somit geprägt von ständiger Angst, Gewalt, Todesbedrohung; verläßliche Objekte waren wenig verfügbar. Gleichzeitig war Frau D. emotional am stärksten an den sadistischen Vater gebunden: „Er hat mich wenigstens gequält, Mutter war ich ja egal." Diese grausame Art der Zuwendung durch den Vater war weniger bedrohlich und schlimm, als wenn er sich ganz von ihr abgewandt hätte.

Das Konzept der projektiven Identifizierung

Melanie Klein führte in ihrer Schrift „Bemerkungen über einige schizoide Mechanismen" (1946) den Begriff der projektiven Identifikation in die psychoanalytische Literatur ein: „Ein großer Teil des Hasses gegen das Selbst wird nun auf die Mutter gelenkt. Es führt zu einer besonderen Art von Identifizierung, die das Urbild einer aggressiven Objektbeziehung darstellt. Ich schlage für diesen Prozeß den Ausdruck ‚projektive Identifikation' vor." Sie beschreibt damit psychische Vorgänge, die sich explizit in der Phantasie des Kindes abspielen, indem innerhalb des Ichs Selbstaspekte (Haß) auf das Objekt verschoben werden, was Abwehrzwecken dient. Entwicklungspsychologisch ordnet sie diese psychischen Vorgänge der paranoid-schizoiden Position zu, in der Beziehungen zwischen Teilen des Selbst und Teilobjekten vorherrschen.

Zunächst geriet das Konzept Melanie Kleins wieder in Vergessenheit. Die Weiterentwicklung war besonders dadurch gekennzeichnet, daß der Vorgang der projektiven Identifizierung von einem intrapsychischen Geschehen auf ein interaktionelles Geschehen zwischen zwei realen Personen (Patient und Analytiker) erweitert wurde. Damit wurde auch der sich neu entwickelnden Sichtweise der therapeutischen Beziehung als der einer Zwei-Personen-Beziehung Rechnung getragen.

Am klarsten formulierte Ogden (1979) das moderne Konzept der projektiven Identifizierung: „Projektive Identifizierung bezieht sich auf Phantasien und begleitende Objektbeziehungen, die beinhalten, daß sich das Selbst unerwünschter Aspekte entledigt, daß es diese unerwünschten Anteile in einer anderen Person unterbringt und schließlich, daß es das Ausgestoßene in veränderter Form wiedererlangt." Diesen komplizierten Vorgang gliedert er in drei Phasen, die sich jedoch wechselseitig durchdringen können. Zunächst entsteht in der Induktionsphase im Patienten eine den Analytiker mit umfassende Phantasie, einen Teil des Selbst in diesen zu projizieren, um ihn dadurch von innen her zu kontrollieren. Danach übt der Patient durch entsprechende Interaktion auf den Analytiker Druck aus, so daß dieser sich gedrängt fühlt, so zu denken, zu fühlen und zu handeln, wie es der Projektion entspricht. Dies darf in der therapeutischen Situation nicht so weit gehen, daß der Analytiker tatsächlich der Projektion entsprechend handelt. Aufgrund der höheren Strukturierung der Persönlichkeit des Analytikers kommt es zu einer Verwandlung und Milderung der Projektion, die über eine Deutung vom Patienten reinternalisiert werden kann und zu echtem seelischen Wachstum führt. Um diesen Vorgang der projektiven Identifizierung erfassen und verstehen zu können, muß er meines Erachtens letztlich erfahren, erlebt, manchmal erlitten worden sein. Wesentliche Elemente der projektiven Identifizierung sind der Zwang und die Manipulation. „Ich fühle mich als Analytiker nicht mehr seelisch frei beweglich." Der Patient wird sein Verhalten so lange verstärken, „bis ich die Projektion angenommen habe", da er ja Unerträgliches oder Schützenswertes loswerden möchte. Dies sind unbewußte Vorgänge. Erst wenn ich mich ein Stück weit von der Projektion des Patienten „anstecken" lasse, kann bei mir ein emotio-nal-kognitives Verstehen einsetzen. Durch die Gegenübertragungsanalyse finde ich Zugang zu den Inhalten der Projektion. Durch eine Deutung dieses komplizierten Vorganges, die ich aus meiner eigenen Betroffenheit heraus gebe, kann der Patient seine nun modifizierte Projektion reinternalisieren. Das heißt, daß er Selbstantei-le, die er zunächst loszuwerden trachtete, oder die geschützt werden mußten, nun in seine Gesamtpersönlichkeit integrieren kann.

Therapie

Stationäre Behandlung

Die achtmonatige stationäre Behandlung in unserer Klinik bleibt in mir gespeichert unter dem Stichwort „Zerreißprobe". Ich war durch das nicht einzudämmende Agieren von Frau D. bald mit allen Mitarbeitern der Klinik in Konflikte verstrickt. Ihre ständigen Suiziddrohungen, Selbstverletzungen, der Abführmittelmißbrauch, die Freß-Kotz-Attacken verhinderten zunächst ein sinnvolles Gespräch. Ich war ein Krisenmanager, der das Schlimmste, nämlich den Suizid, zu verhindern versuch-te. Versuche, Auslöser und Hintergründe für ihr Fühlen und Verhalten herauszu-finden, scheiterten zunächst. Die von ihr gestalteten Grenzüberschreitungen waren umgekehrte Wiederholungen dessen, was ihr – besonders vom Vater – selbst ange-tan worden war (Wendung vom Passiven ins Aktive). Es war damals, aus welchen Gründen auch immer, nicht möglich gewesen, dieses Ausagieren als eine Wider-spiegelung innerer Vorgänge vollständig zu begreifen und durchzuarbeiten. Das, was ihr angetan worden war, tat sie nun anderen – insbesondere mir – an. Diesen kommunikativen Aspekt, „schaut her, so wie ich mit euch umgehe, ist mit mir in noch grausamerer Weise umgegangen worden", verstanden wir erst viel später, als wir in der Rückschau die stationäre Behandlungszeit betrachteten: „Sie sollten spüren, was ich spüren mußte, auch wenn es mir leid tut, daß Sie das alles mitma-chen mußten. Ich bin Ihnen aber dankbar, daß Sie das alles ausgehalten und getra-gen haben, ohne mich ganz fallenzulassen." Damals waren massive projektive Iden-tifizierungsvorgänge wirksam, über die Frau D. ihr unerträgliche Erlebnisse und Gefühle in mich verlagerte. Sicher habe ich mich – z. T. unbewußt – dem Ansinnen auch etwas verweigert, was zwangsläufig zur Verstärkung ihrer Bemühungen mit den oben beschriebenen dramatischen Vorgängen führte. Es ist mir allerdings schwer vorstellbar und faßbar, daß Väter derart grausam und sadistisch mit Töch-tern umgehen können. Dieses Nicht-fassen-Können meinerseits hatte zur damali-gen Zeit ein ausreichendes Containing im Bionschen Sinne immer wieder verhindert. Trotz all dieser Schwierigkeiten erreichten wir aber durch die stationäre Behandlung, daß Frau D. ihren völlig überzogenen Lebensentwurf als Leiterin eines großen Reitstalles aufgeben konnte. So trat mehr Entspannung in ihren Alltag ein. Danach waren über zwei Jahre hinweg keine stationären Behandlungen mehr vonnöten.

1994 kam Frau D. nach einer Enttäuschung und einer erneuten Vergewaltigung in unsere Klinik, nachdem sie zuvor vier Monate stationär psychiatrisch behandelt worden war. Ich hatte mit ihr besprochen, daß ich sie diesmal nicht behandeln könne, daß ich ihr eine Therapeutin zugedacht hätte. Sie ging darauf zunächst ein, versuchte dann über vielfältige Manipulationen, doch noch einen Therapeutenwechsel zu erreichen. Wir fanden dann – wie sich zeigen sollte – den schlechten Kompromiß, daß sie von beiden behandelt wurde. Da die Kommunikation zwischen uns Therapeuten nicht so glücklich war, kam es – durch Frau D. massiv mitbewirkt – zu einer Neuauflage ihrer internalisierten Elternbeziehung. Nur in Ansätzen konnten wir diese Dynamik in mehreren Dreiersitzungen klären. Nach dieser stationären Behandlung entschloß sich Frau D., ihren Wohnort zu verlegen, und begann eine ambulante Langzeitpsychotherapie bei mir.

Ambulante Therapie

Hirsch (1996) hat dargestellt, wie sich die Vergewaltigung eines Kindes durch den Vater in Destruktion verwandelt, die sich dann gegen das eigene Selbst, insbesondere gegen den eigenen Körper richtet. Bei Frau D. war diese destruktive Gewalt vor allem auch gegen das Gesicht gerichtet. Die darin enthaltenen Schamkonflikte konnten wir zum damaligen Zeitpunkt nicht bearbeiten. Scham und Wut waren nicht seelisch ausdrückbar, sie wurden auf einer Körperebene dargestellt. Das ständige Kreisen um das operative Entfernen ihrer Brüste war ähnlich motiviert. Das Trauma sollte einfach weggeschnitten werden. So wies Frau D. in ihrer Innenwelt die in der Literatur beschriebenen Phänomene bei Borderline-Störungen auf, wie Spaltung der Objekt- und Selbstrepräsentanzen, Dissoziationsphänomene bis hin zur Bildung einer multiplen Persönlichkeit, häufige Impulshandlungen, aggressive Durchbrüche, Alkoholexzesse, selbstschädigendes Agieren und Realitätsverlust wie Depersonalisation und Derealisation auf. Dies alles führte zu einer Schädigung ihrer Ich-Funktionen und verhinderte die Entwicklung kognitiver und intellektueller Funktionen und reifer Abwehrmechanismen wie der Verdrängung.

Hirsch (1996) und andere beschreiben, daß bei dieser Patientengruppe in der Art einer Wiederkehr des Grauens, des Traumas, die aktuellen Beziehungen, also auch unsere therapeutische Beziehung, gestaltet werden. Dies ist bei Frau D. besonders ausgeprägt, da zu ihrem „Muttertrauma" (ihre Mutter gab ihr keinerlei Schutz und Halt, lehnt die Realität des Mißbrauchs bei Frau D. auch heute noch ab) das bereits beschriebene „Vatertrauma" hinzukam. Durch Introjektion der Gewalt und Iden-tifikation mit dem Aggressor versuchte Frau D., sich selbst zu retten, indem sie die trotz allem lebensnotwendige Vaterbeziehung zu erhalten suchte, sich selbst die Ursache der Gewalt und des Bösen und die Schuld dafür zuschreibend (Hirsch 1996).

In dieses innere Chaos verstrickt, begannen wir einen Weg zu gehen, der eine Externalisierung des destruktiven Introjekts und der eigenen Schuld bewirken soll-te. Mir war bewußt, daß dies ein schwieriger Weg werden würde, zumal ich das Ausmaß der interaktionellen Potenz von Frau D. im Rahmen des stationären Settings kennengelernt hatte.

Frau D. gestaltete den therapeutischen Rahmen in einer Weise, die ich als „Antun" bezeichnen möchte. Sie konnte wenig über sich und ihr Erleben sprechen, wodurch ich zum Zuhörer geworden wäre, der dann mit ihr gemeinsam das Ange-sprochene hätte betrachten und reflektieren können, statt dessen inszenierte sie durch ihr Verhaltensangebot ihre bisherige innere Situation des destruktiven Intro-jekts zwischen uns beiden. Das ständige Nicht-angeschaut-Werden, ihre verbalen Andeutungen bewirkten bei mir immer wieder von neuem unerträgliche Spannung, die in mir Gewaltphantasien mobilisierte, und zu einem verbalen Eindringen in sie durch aggressives Fragen und Antworten führte. Die gesprochenen Worte, die Inhalte ihrer Äußerungen hatten wenig Bedeutung. Es kam unweigerlich zu einer „gewaltsamen Beziehung", in der ich mich nun als ihr Opfer, ihr ausgeliefert fühl-te, wobei ich vorübergehend nicht mehr Herr über mein eigenes Denken und Fühlen wurde. Oft reagierte ich in diesen Situationen aggressiv, machte auch Vorhaltungen, die ich für mich selbst als Deutungen verkleidete; besonders hielt ich ihr vor, daß sie nicht anerkennen konnte, daß ich nicht der mißhandelnde Vater war, und mißhandelte sie doch gleichzeitig neu, wenn auch nur verbal. Dieses wech-selnde, gegenseitige „Antun" ließ uns beide fast verzweifeln. Es war über lange Strecken für beide unerträglich. In solchen Phasen der Therapie kam es immer wieder zu selbstschädigenden Handlungen bei Frau D., wenn auch zu keinem erneuten Suizidversuch. Ich selbst fühlte mich unfähig, mein therapeutischer Selbstwert tendierte gegen Null, ich wollte diese Behandlung beenden, da ich keinen Erfolg sehen konnte.

Was geschah in dieser Phase der Therapie? Ich habe es schon angedeutet, das Destruktive – durch Introjektion der väterlichen Gewalthandlungen bewirkt –

wurde zwischen uns wiederholt; die innere Bühne wurde erweitert, das Schreckliche wurde in unsere Beziehung hineinverlagert, es kam zu einer Neuauflage des Grauens, nun zwischen uns. Das ganze Ausmaß des Entsetzlichen, dem Frau D. ausgesetzt gewesen war, konnte von ihr in mir als nicht genügend „contained" erlebt werden. Ich mußte mich aus persönlichen, mir bis dahin unbewußten Gründen (inzwischen habe ich durch eine Nachanalyse eigene Traumatisierungen anderer Art in meiner Biographie erarbeiten können) zu einem guten Teil davor schützen. Es gelang dann doch im Sinne einer Konfliktbearbeitung, den Wiederholungscharakter dieser Beziehungsgestaltung zu begreifen, wenn auch die sexuellen und aggressiven Selbstanteile von Frau D. nicht angenommen werden konnten. Wenn sie nicht mehr alleiniges Opfer bleiben konnte, würde dies unweigerlich massive Trennungsängste bewirken, denen sie zu diesem Zeitpunkt noch nicht gewachsen war. So kam es wiederum zur Projektion destruktiver Selbstanteile auf mich. Ich war derjenige, dem man trotz allem doch nicht trauen konnte, vor dem man auf der Hut sein mußte, da ständig etwas Schlimmes passieren könnte, unerträgliche neue Enttäuschungen eintreten könnten. Im Rahmen einer Supervision kamen wir dann auf die für mich sehr hilfreiche Idee, eine zweite therapeutische Person, eine Frau, einzuführen. Geeignet war eine Kollegin, die mich schon mehrfach in Urlaubszeiten bei Frau D. vertreten hatte. Dies sollte auch verhindern, daß sich Frau D. selbst sogenannte Dritte suchte, die dann von außen in dramatischer Weise in die Therapie eingriffen. Zum Beispiel rief mich wiederholt ihre mitbehandelnde Internistin an und machte mir Vorhaltungen, wenn auch vorsichtig, daß die Therapie wenig erfolgreich sei, da es Frau D. ja so schlecht gehe, daß sie, die Ärztin, um das Leben ihrer Patientin fürchte.

Jetzt konnten wir im Sinne einer konfliktzentrierten Betrachtung lernen herauszufinden, daß sich Frau D. ein drittes, gütiges Objekt suchte, um Klage gegen den „Übertragungsvater" zu führen. Dies war in der Beziehung zu Vater und Mutter nicht möglich gewesen. Die massive projektive Identifizierung ließ sich nun in der Phase „Ruhe nach dem Übertragungssturm" gemeinsam verstehen. Schuld- und Schamkonflikte wurden besprechbar, Anklage gegen mich wegen meiner „gewordenen" Ähnlichkeit mit dem Vater war in Ansätzen möglich. Ich konnte mich entsprechend auch schuldig fühlen, die reale Schuld anerkennen, daß ich ihr durch meine gefühlsmäßigen Reaktionen weh getan hatte. Das verbal nicht Mitteilbare war so im nachhinein faßbar, verstehbar geworden. Die implizite Mitteilung in diesem Agieren, „so wie du (Therapeut) dich jetzt fühlst, so habe ich mich gefühlt und noch viel schlechter, gedemütigter, unwerter", konnten wir nun benennen, was eine deutliche Entspannung in den Sitzungen bewirkte. Die enorme Angst vor

Trennung, vor dem Verlust des „gehaßt-geliebten" Objektes, war thematisierbar. Auch das sich daraus ergebende Kontrollbedürfnis über mich verstanden wir nun besser. Die einerseits ersehnte Nähe, das ersehnte „Vertrauen-Können", war aber noch so gefährlich mit der Möglichkeit der Überstimulierung ihrerseits verbunden, so daß Entspanntheit in unserer Beziehung nur von kurzer Dauer sein konnte. Ein Zuviel an Nähe mobilisierte die enormen Ängste vor erneuter, tiefer Enttäuschung wieder geweckter Wünsche und Triebbedürfnisse. So kam es auch in der Folge unweigerlich zu Reinszenierungen der traumatischen Beziehung zwischen uns. Die introjizierte frühe, langjährige Gewalterfahrung blieb weiterhin als eine Art steinernes Relikt im Selbst von Frau D. bestehen. Eine zunehmende Abschwächung war jedoch bemerkbar: Suizidhandlungen fanden nicht mehr statt, auch wenn Suizidphantasien bestehen blieben, Selbstverletzungen waren nur selten „nötig", es gab keine Alkoholexzesse mehr. Das Symptom der Bulimie aber blieb fast unverändert bestehen. Sehr beruhigt war ich, als ich bei Hirsch (1996) las, daß Analysen derartiger Patienten dadurch gekennzeichnet seien, daß Stagnation eintrete, immer wieder ähnliche Inhalte erschienen, die Sprache versiege, der tote Raum nicht mit Gedanken und analysierbarem Inhalt zu füllen sei. Wenn ich in meiner Not zu deuten versuchte, wurde ich unweigerlich als eindringend, feindlich, verurteilend erlebt, Therapieabbruch drohte. Dies geschah meist dann, wenn ich die Notwendigkeit der Wiederholung der Traumatisierungen in abgemilderter Form im Heute unserer therapeutischen Beziehung nicht anerkannte. In ihrer Realbeziehung konnte sich Frau D. dann klar von ihrem Vater distanzieren, der zuvor immer wieder in unsere Beziehung einzudringen versuchte. Der leibliche Vater, der sie so schwer traumatisiert hatte, war nun nicht mehr von so großer Bedeutung für sie, da es durch die Therapie gelungen war, das destruktive Introjekt in die therapeutische Beziehung zu externalisieren und in seiner selbstzerstörerischen Wirkung zu mildern.

Zusammenfassung

Es scheint mir wahrscheinlich, daß sich TraumapatientInnen unbewußt TherapeutInnen suchen, die aufgrund eigener Traumatisierung Ähnlichkeiten mit ihnen aufweisen. Das Gelingen einer Therapie hängt einerseits von dem realen Ausmaß der Traumatisierung der Patienten ab, wobei schon Ferenczi (zitiert n. Hirsch 1996) darauf hingewiesen hat, daß der Faktor „des Leugnens des Stattgefundenen seitens der Mutter" das Trauma erst wirklich pathogen macht, andererseits von der Fähigkeit der Therapeuten, das ganze Ausmaß des Grauens aushalten zu können. Dies scheint mir durch *eine Nachanalyse* mit eigenem Verstehen-Lernen und Aushalten-Können der persönlichen Biographie (des Therapeuten) in Ansätzen bei dieser Patientin gelungen zu sein. Die Kenntnis des Konzeptes der projektiven Identifikation war mir zusätzlich sehr nützlich. Das Wissen und zunehmend verstehende Erfahren (im Sinne des „Antuns"), daß dies eine Möglichkeit der averbalen, indirekten Kommunikation darstellt, war mir hilfreich, wenn unerträgliche Spannungszustände in der therapeutischen Beziehung entstanden. Zu schnelles Deuten erwies sich als schädlich; die traumatische Beziehungswiederholung mit wechselseitigen Umkehrungen zwischen Opfer – Täter und wieder Täter – Opfer muß offenbar über eine ganze Zeit bestehen bleiben können, ehe sie in einer gemeinsamen Rückschau einer konfliktbearbeitenden Betrachtung zugeführt werden kann. Erfreulich bleibt für uns beide, daß wir neue Erfahrungen miteinander, mit uns selbst machen konnten. Erfreulich und mutmachend ist weiterhin, daß Frau D. nun seit drei Jahren keine stationären Behandlungen benötigte oder erzwingen mußte.

Zum Schluß ein Zitat aus einem Brief von Frau D. an mich: „Auch wenn es oft nur kleine Schritte sind, ist es für uns schon sehr viel und war bisher sehr harte Arbeit und hat viel Kraft gekostet. Wir sind stolz auf den bisherigen Erfolg und hoffen, daß wir weiterhin den Weg schaffen, aus uns vielen eine Einheit zu schaffen. Wichtig ist dafür jedoch auch weiterhin viel Geduld und aufmunterndes Halten und Annehmen."

Literatur

Grinberg (1996): Projektive Gegenidentifikation. In: Forum der Psychoanalyse 12, S. 259-270.
Hirsch, M. (1996): Wege vom realen Trauma zur Autoaggression. In: Forum der Psychoanalyse 12, S. 31-44.
Klein, M. (1946): Notes on Some Schizoid Mechanismen. Int. J. Psychoanal. 27, S. 99-110.
Klein, M. (1994): Das Seelenleben des Kleinkindes (Klett-Kotta).
Thiel, H. (1997): Aus der psychoanalytischen Behandlung einer Inzestpatientin. In: Psyche 51, S. 239-252.

Transformation des frühen Traumas durch Neubildung von Repräsentanzen im psychoanalytischen Prozeß

Ursula Volz

Zur Therapie des frühen Traumas möchte ich hier eine erlernbare Technik vorstellen. Dazu mache ich einige klinische und theoretische Mitteilungen. Dann stelle ich Ausschnitte aus der Fallgeschichte einer Patientin dar.

Klinische Beobachtungen und theoretische Anmerkungen

1) Patienten mit schweren Trennungstraumen im ersten Lebensjahr vermitteln in der Art ihrer Beziehungsgestaltung schon in den ersten Analysestunden Bruchstücke ihrer Traumareaktion. Diese lassen sich – bei angemessenem Blick und Verständnis des Analytikers – zu einem Bild über ein frühes Trauma zusammenfügen. Die dem Patienten mitgeteilte Konstruktion über ein Trauma wirkt kurativ. Sie reguliert die bei Frühtraumatisierten typischen Tendenzen, die Therapie abzubrechen.

2) Unter den Bedingungen einer anhaltend nährenden therapeutischen Beziehung kommt es phasenweise zu tiefer tranceartiger Regression mit therapeutisch wirksamer Wiederbelebung früher traumatischer Erfahrungen. Während der Patient in der Initialphase der Behandlung die Traumareaktionen flüchtig, eher affektlos erleidet, ist er in dieser regressiven Phase affektiv stark beteiligt. Die Technik der detaillierten Beschreibung coenästhetischer (Spitz 1975), sensomotorischer, bildhaft halluzinativer Wahrnehmung sowie archaischer Affekte und Handlungsimpulse in Übertragung und Gegenübertragung führt über neue körperliche, emotionale und kognitive Erfahrungen zur Neubildung von Repräsentanzen. Damit verändert sich psychische Struktur. In dem hier vorgestellten Fall geschieht der Aufbau einer Mutterrepräsentanz mit der Funktion eines guten inneren Objektes sowie einer Selbstrepräsentanz, die für das Selbst sorgt und es beruhigt.

3) Die repräsentanzenbildende Arbeit befähigt den Patienten, in Objekt- und Konfliktpositionen zu kommen und sie halten zu können – einschließlich seiner Wünsche, Phantasien und Bedeutungsfindungen. Jetzt wird Trauma nach neurosenpsychoanalytischer Technik auch als Konfliktabwehr bearbeitbar. Die Arbeit führt im Ergebnis zu einer Transformation des Traumas durch schrittweise Veränderung seiner innerpsychischen Repräsentation. Aus Abspaltung, Abkapselung und Dissoziation werden seelische Realität und Konfliktfähigkeit. Damit wird die traumatische Bedrohung, die zu Therapiebeginn als real gegenwärtig erlebt und deren Wiederholung erwartet wird (Küchenhoff 1990; Holderegger 1993), symbolisierbar und vergangenheitsfähig. Der vom traumatischen Erleben beeinflußte Wiederholungszwang wird modifiziert. Aus Hoffnungslosigkeit, Mangel oder Fehlen von authentischen Wünschen und Phantasien werden Zuversicht, Entstehung neuer Wünsche und Lebensentwürfe.

Patienten mit Trennungstraumen im ersten Lebensjahr konfrontieren die analytische Methode und den Analytiker mit Erfahrungen von Bildlosigkeit und Sprachlosigkeit. Die Arbeit führt in den Bereich von Präverbalität, Prärepräsentanzen und Präsymbolik. An die Stelle von gereifter Affektdifferenzierung, von Vorstellungsfähigkeit und Sprache treten in Übertragung wie Gegenübertragung zeitweilig Affektvorläufer. Diese äußern sich in sensomotorischen Wahrnehmungen, Stimmungszuständen sowie Körpersymptomen, die durch Mangel an Desomatisierung oder durch regressive Resomatisierung bedingt sind. Ihre Übersetzung durch beschreibende Benennung von Affekten, Wahrnehmungen, Imaginationen und Handlungsimpulsen ist notwendige analytische Arbeit, bevor neurosenpsychoanalytische Deutungsarbeit wirksam werden kann.

Kinston und Cohen (1987, S. 43) meinen, daß „gefühlshaftes Verstehen und Wachstum psychischer Struktur sich auf Erfahrungen in der Wirklichkeit begründen, in der Bedürfnisse befriedigt (vermittelt, reguliert, bewahrt) werden. Bei Fehlen solcher Vermittlung und Regulierung resultiert Trauma, was heißt, daß es zu einem Versagen der Repräsentanzfunktion kommt, das sich als ein Mangel an Verstehen oder als ein Fehlen von Verstehen manifestiert." Die Autoren sprechen metaphorisch von einem „Loch" in der psychischen Struktur, dessen Heilung vorrangige Aufgabe der Psychoanalyse sei.

Mein Interesse an diesem Thema entwickelte sich aus Beobachtungen an Patienten, die im ersten Lebensjahr schwere Trennungstraumen erlitten hatten. Sie suchten Hilfe wegen psychosomatischer Symptombildung, Panikattacken, psychotischen Krisen, Depressionen, Suizidalität, Sucht, sexuellen Störungen und besonders häufig wegen unglücklicher Partnerschaften. Die für Traumatisierte typische

Aufgeregtheit weist auf ihren Mangel hin, sich selbst zu beruhigen, zu trösten und durch wunschgeleitetes Phantasieren und Handeln für sich selbst ausreichend gut zu sorgen, worauf Krystal (1997) hinweist.

Ich gehe von der Beobachtung aus, daß frühtraumatisierte Patienten häufig bereits in den ersten Momenten der psychoanalytischen Behandlung einen für die frühe Traumatisierung spezifisch erscheinenden Prozeß auslösen. In ihrer initialen Beziehungsgestaltung konfrontieren sie mit zusammenhanglos erscheinenden Szenen, Gesten, Anforderungen oder Entscheidungen. Schwierigkeiten, trotz angemessener Erklärungen den Weg zur Praxis zu finden, Mißverständnisse in Terminabsprachen, in Geld- oder Krankenkassenregelungen, wechselseitig mißlingende Bemühungen, zu einem persönlichen Kontakt zu kommen und sich zu verständigen, führen zu Überraschungen. Aus Angst vor Retraumatisierung entwickeln sie einen heftigen Widerstand gegen die ersehnte therapeutische Hilfe. Aufgrund der mit dem Trauma einhergehenden omnipotenten archaischen Wut (Pines 1982) geraten sie in überwältigende Gefühle von Schuld, Scham, Verfolgtwerden und Verfolgen, die sie projizieren. Um dieser inneren Not zu entkommen, drohen sie bald mit Abbruch. Sie lösen damit in der Gegenübertragung Befremden, Überraschung und gelegentlich irritierende Körperwahrnehmungen aus. Die Entwicklung der gerade beginnenden analytischen Beziehung erscheint ernsthaft bedroht durch paranoid aggressive Verwirrung und Abbruch. Letzteres führt nach meiner Erfahrung zu dem Eindruck, daß ad hoc eine spezifische analytische Leistung notwendig ist, um die Beziehung zu erhalten. Nach meiner Kenntnis brechen viele dieser Patienten die Behandlung ab oder kommen schon nach dem Erstinterview nicht wieder, wenn der Analytiker die nonverbale Kommunikation über ein Trauma nicht versteht und seine professionelle Verantwortung für die Behandlung nicht übernimmt.

Ausschnitte aus der Fallgeschichte: Erscheinen der Traumareaktion in der initialen Beziehungsgestaltung, das zum Angebot einer Konstruktion über ein frühes Trauma führt (erste Stufe der Traumaverarbeitung).

Nina ist zu Analysebeginn 33jährig, lebt allein und arbeitet als Lehrerin. Ein Freundespaar hat die Beziehung zu ihr abgebrochen, weil sie mit dem Freund eine sexuelle Beziehung eingegangen ist. Sie gerät in einen hilflosen Zustand von Unwerterlebnissen, Schuldgefühlen, Scham, innerer Leere und chronischer Infektionen (obere Luftwege, Unterleib, Magenschleimhautentzündungen). Sie ist anorektisch. Die Schüler klagen über ihren schlechten Unterricht. Ihre bisher wichtigste Überlebenstechnik, die intellektuelle Tüchtigkeit, ist bedroht. Als sie im Erstinterview über Zyankali als Ausweg spricht, erlebe ich ihre Hoffnungslosigkeit. Sie merkt, daß ich sie verstehe.

Als sie in der *ersten Stunde* auf der Couch liegt, spielt sie mit den Wollfäden des Wandteppichs neben ihr und sagt, daß sie es schön hier findet. Sie erzählt dann, daß sie gestern beim Hausarzt ihre Akte schnell durchsuchte, als er aus dem Zimmer gerufen wurde. Dabei fand sie einen Brief von mir mit der Diagnose: depressive Neurose. „Das hört sich so krank an. Mußten Sie das schreiben? Jetzt habe ich wieder Kopfschmerzen."

Mir gefällt, daß sie offen vom Übergriff auf die Akte des Arztes erzählt und daß sie neugierig und interessiert an sich selbst geblieben ist. Zugleich fällt mir ihr Mangel an Grenzen auf sowie an Vertrauen, den Arzt einfach zu fragen, was sie wissen will. In mir beobachte ich Impulse, der Patientin von hinten auf den Kopf zu schlagen. Ich spüre deshalb Peinlichkeit und Scham und werde auf Ninas sado-masochistische Beziehungserfahrungen aufmerksam.

Durch ihre Frage fühle ich mich kontrolliert und außerdem etwas schuldig, als hätte ich sie mit dem Brief verraten. Ich wehre mich dagegen, indem ich denke, sie könne zwei Ärzten doch glauben, daß sie sich im Guten für sie einsetzen. Mir wird deutlich, daß sie ihre Schuldgefühle wegen ihrer Schnüffelei auf mich projiziert, ich mich mit ihnen identifiziere und sie ihren auf mich projizierten Schuldaffekt mit ihrer Frage kontrolliert. Dieses projektiv-identifikatorische Muster in ihrer Beziehungsgestaltung lenkt meine Aufmerksamkeit auf frühe Störungsanteile. Deshalb entscheide ich mich, zunächst auf ihren Kopfschmerz als Zugang zu ihrem Körperbild einzugehen, und hebe andere Lesarten der Szene in mir auf.

„Ihr Kopfschmerz tritt hier in einem Zusammenhang auf, in dem es um Ihre Sicherheit in unserer Beziehung geht, an der Sie zweifeln. Fühlen Sie sich durch meinen Arztbrief verraten?" Sie lacht – wie erleichtert – und bittet mich um Auskunft darüber, was eine depressive Neurose sei. Nachdem ich einige Sätze gesagt habe, unterbricht sie mich: „Mein Kopf hat einen Selbstschutzmechanismus entwickelt. Ich höre Ihre Stimme, verstehe aber nicht, was Sie sagen. Dabei habe ich die Vorstellung, auf Ihre Augen und Ihre Lippen zu sehen. Das passiert mir draußen auch oft."

Im Moment bin ich ganz überrascht und befremdet. Sie blendet Wörter als sinnvermittelnde Strukturen in der Beziehung zu mir aus. Nicht das *Was*, sondern das *Wie* meiner Mitteilung erscheint wichtig. Dann denke ich, sie beschreibt das Kontaktverhalten eines Babys, das guckt und auf Stimme und Wörter lauscht.

In der *Folgestunde* prüft sie, ob ich genug Kraft habe, sie mit ihrer verdeckten intensiven Wut anzunehmen, die sie derzeit in einer Blasenentzündung seit Analysebeginn ausdrückt. Es tut ihr gut, daß wir sorgfältig über Maßnahmen für ihren Körper (wie Wärme, ausreichendes Trinken) sprechen. Damit versuche ich, ihre

Fähigkeit zur Fürsorge für sich selbst zu unterstützen. Sie vertraut mir sexuelle Ängste und sadomasochistische Phantasien an. „Als Kind hatte ich panische Angst vor Sexualität. Als Siebenjährige wachte ich einmal auf, als die Mutter nachts zum Vater ging. Ich sah sie beim Vater in höchster Gefahr und schrie in Panik. Die Mutter kam zu mir und sagte: ‚Vergiß es.'" Dies schildert Nina mit kalter Wut.

Ich habe den Eindruck, daß der erinnerbaren Panik der Siebenjährigen eine nichterinnerbare, namenlose Panik zugrunde liegt, für die es kein Bild gibt. Während ich mich frage, ob sie fürchtet, daß auch ich Unmögliches von ihr verlange – Unvergeßliches zu vergessen –, spricht sie von Plänen, mit ihrem Freund, den sie seit Analysebeginn kennt und der sie schlägt, in einem halben Jahr nach Süddeutschland wegzuziehen.

Diese Mitteilung trifft mich wie ein Schlag und ist mir unverständlich. In das Unbestimmte der Situation mischt sich für mich noch der Zyankali–Ausweg, mehr als Gedanke, befremdlicherweise nicht als bedrohliches Gefühl. Affekte sind abgespalten.

Ich verstehe den Ablauf so, daß Bruchstücke des Traumas zwischen uns auftauchen. Zunächst füge ich für mich Handlungen und Themen zusammen, die mich in diesen ersten Stunden befremdet haben und die ich deshalb als Traumafragmente einschätze: ihr Spiel mit dem Wandteppich, ihr Wegtauchen aus dem Wortkontakt in einen babyartigen Modus des Blick- und Hörkontakts, die Panik der Siebenjährigen als vermutete Deckerinnerung für eine nichterinnerbare, namenlose Panik sowie die Überlegung, die Analyse in einem halben Jahr abzubrechen. Aus diesen Details gewinne ich das Bild, daß Nina während ihrer Babyzeit getrennt wurde. Ich sage:

„Die Aufforderung der Mutter damals, Unvergeßliches zu vergessen, macht Sie bis heute wütend. Vielleicht fürchten Sie, daß zwischen uns Wut aufkommt, weil auch ich Unmögliches von Ihnen verlangen könnte. Mich lassen Sie den Eindruck gewinnen, daß es noch mehr Unvergeßliches in Ihrem Leben gibt. Am Ende der ersten Stunde sprachen Sie von Ihrer Vorstellung, so auf meine Augen und Lippen zu gucken, wie kleine Kinder es tun, bevor sie sprechen können; jetzt deuten Sie an, die Analyse in einem halben Jahr durch Wegziehen zu beenden. Mit diesen Hinweisen bringen Sie mich auf die Idee, daß Sie als sehr kleines Kind von Ihren Eltern getrennt worden sind."

Zum ersten Mal spricht Nina mit lebhaft kräftiger Stimme. „Ich staune, welche Zusammenhänge Sie herstellen. Ich wurde mit noch nicht zwei Jahren länger zu Verwandten gegeben, weil meine Mutter durch mich überfordert war."

In der *Folgestunde* berichtet die Patientin, daß sie erstmals seit der Pubertät wieder Hunger spürt. Sie vertraut mir ihre Anorgasmie an.

Kurz danach erzählt sie, was sie von der Mutter erfahren hat: Nach dem Abstillen mit etwa einem halben Jahr vertrug sie die Ersatznahrung nicht, kränkelte, magerte ab, bekam eine eitrige Hautentzündung am ganzen Körper, ihr Immunsystem brach zusammen. Sie wurde vom 11. bis 19. Lebensmonat in einer weit entfernten Universitätsklinik hospitalisiert. Die Eltern konnten sie nur ein Mal besuchen und durch eine Isolierscheibe sehen. Nachdem beide Ohren (ca. im 17. Monat) vermutlich ohne Narkose aufgemeißelt worden waren und sie nicht genas, gaben die Ärzte sie auf. Die Mutter nahm Nina todkrank mit nach Hause und päppelte sie erfolgreich auf. Einige Wochen danach brach die Mutter zusammen, und die Patientin wurde für zwei bis drei Monate zu Verwandten gegeben.

Die frühe Vermittlung des Traumas fordert, wie bereits erwähnt, behandlungstechnische Konsequenzen heraus: Auftauchende Traumafragmente werden früh im analytischen Prozeß ausdrücklich dem Trauma in der Lebensgeschichte der Patientin zugeordnet. Dazu wird die psychische Verwundung in ihrer frühen Mutter-/Vater-Beziehung mit ihren affektiven Folgen in einem plausiblen Bild der infantilen Szene zusammengefügt und von der jetzigen affektiven analytischen Beziehung unterschieden. Durch die Mitteilung der Konstruktion über ein Trauma erfährt die Patientin, daß ich verstehe, wovon sie „spricht", ohne davon sprechen zu können, und daß gemeinsam etwas ausgelöst wird, was beide gefühlshaft berührt. Diese frühe Anerkennung des Traumas und die Verständigung in einem Bereich jenseits der Worte löst Zuversicht in die Analyse aus. Es ist, als schaffe das Angebot dieser frühen Konstruktion eine Kontaktfläche, eine Oberfläche oder seelische Haut, die einen ersten Halt im psychoanalytischen Prozeß gibt (siehe das Konzept der autistisch-berührenden Position von Ogden 1989, 1995).

Ein neuerer Verständniszugang der Konstruktbildung für die Selbstentwicklung liegt in *S. J. Bruner*'s Unterscheidung der Codierung von Erfahrung in drei Formen: enaktiv, ikonisch und symbolisch. Loch (1988, S. 46) griff diese Einteilung auf und wies auf Analogien zu Freuds Modell (1886 [1950], S. 151) der Nieder- und Umschriften von „Erinnerungsspuren" (in „verschiedenen Arten von Zeichen" [W – Wz – Ub – Vb – Bws]) hin. In Anlehnung daran läßt sich sagen, daß das Konstrukt die Möglichkeit gibt, flüchtige sensomotorische, noch nicht körperschematisch geortete, d. h. enaktive Erfahrung (hier Appetitlosigkeit, Fluchttendenz) mit Bildvorstellungen – ikonisch – und Wortvorstellungen – symbolisch – zu verknüpfen und bildhafte wie sprachliche Repräsentanzenbildung vorzubereiten.

Zweite Stufe der Traumaverarbeitung: Erfahrung und Benennung von bisher unzugänglichen Affekten und Wahrnehmungen während der Wiederbelebung des traumatischen Zustands in Phasen tranceähnlicher Regression.

Der traumatische Zustand äußert sich in der Übertragung leise oder dramatisch. Ähnlich wie zu Analysebeginn vermitteln Szenen, Träume und regressive Verhaltensweisen Traumafragmente. Wieder kommt es in der Gegenübertragung zu Gefühlen des Befremdlichen, Inadäquaten und zunächst Uneinfühlbaren. Anders aber als zu Analysebeginn ist die Patientin jetzt *affektiv ausdrücklicher beteiligt* durch namenlosen Schmerz, Angst vor Grauen, vor bildlosem Entsetzen, hilflosem Verlassensein und Todesangst in der Übertragung. Diese Angst geht oft mit paranoider Symptombildung sowie mit Körperreaktionen bis hin zu Krankheit und Unfällen einher. Auf der Couch kommt es zu sensorischen Wahrnehmungen wie Sensationen des Schwebens, Gleitens, Fallens, motorischen Äußerungen wie Bewegungsunruhe, Brechreiz, Stuhldrang, Harndrang und vegetativen Störungen wie Frieren, ungewöhnlichem Schweißgeruch, Mitteilungen über Schlaf- und Appetitstörungen.

Zur Handhabung des therapeutisch wiederbelebten traumatischen Zustands halte ich es für hilfreich, folgende Gesichtspunkte zu berücksichtigen:

Für ausreichenden Reizschutz zu sorgen, damit nicht neue Traumatisierung geschieht. Der Analytiker selbst muß sich auf seine coenästhetischen Funktionen verlassen können, um den eigenen Körper als Resonanzraum für nonverbale Mitteilungen der Patientin zu nutzen.

Wichtig erscheint mir die Fähigkeit des Analytikers, unwissend zu sein und dem Patienten folgen zu können, eigene Fehler in der Übertragung anzuerkennen und zuzugeben, sich selbst nicht unnötig zu kritisieren, wenn beispielsweise Kopf- oder Magenschmerzen, innere Unruhe oder Ermüdung, die in speziellen Stunden aufgetaucht sind, zunächst noch nach der Sitzung anhalten.

Die erlebten sensorischen, motorischen, vegetativen und affektiven Befindlichkeiten und gemeinsam erfahrenen Vorgänge sind möglichst genau beschreibend zu benennen und erneut den Traumaerfahrungen zuzuordnen. Die Beschreibung dessen, was in der Sitzung gemeinsam erlebt wird, und die Vermittlung von Bildern der infantilen traumatischen Szene sind die zentralen Interventionsformen zum Aufbau bildhafter und wortsymbolischer Repräsentanzen von neuer Struktur.

Kinston und Cohen (a. a. O., S. 71) sprechen in ihrem Konzept der therapeutischen Handhabung des traumatischen Zustandes vom „detaillierten Ausarbeiten der wahrscheinlichen Art und Weise der traumatischen Ereignisse". Diese Aktivität des Analytikers schließt „imaginative Neuschöpfung" ein. „Deren Ergebnis ist nicht eine Wiederentdeckung alter Wünsche, sondern die Erschaffung neuer Wünsche."

Eine Phase tieferer Regression beginnt (in der *450. Stunde*) damit, daß die Patientin tonlos heiser wird. Sie bittet mich, ihren Hals zu untersuchen. Ich schlage ihr eine HNO-ärztliche Untersuchung andernorts vor und daß wir uns um das kümmern, was ihr hier die Stimme verschlägt.

In die nächste Sitzung kommt sie mit aschfahlem, wutverzerrtem Gesicht. Bedrohung und Kälte, die von ihr ausgehen, lösen ein ziehendes Schreckgefühl in meinem Magen aus. Sie sagt zornig, daß auf der gestrigen Rechnung 16 statt 15 Sitzungen aufgeführt seien. „Jetzt habe ich schwarz auf weiß, daß Sie mehr von mir nehmen, als Ihnen zusteht. Mit versteckten Botschaften wollen Sie mich hier rausekeln. Das spüre ich schon länger, daß Sie sich mit mir nur begnügen müssen."

Das alles ist mir fremd. Ich denke, jetzt ist es vorrangig, ihre Beschuldigungen und schmerzlichen Affekte anzunehmen, meinen Fehler anzuerkennen und beides zu sagen. Klärungen und Arbeit an ihren Projektionen stelle ich für später zurück. Ich sage ihr: „Ich habe einen Fehler gemacht. Es tut mir leid, daß Sie sich durch mich übervorteilt, bedroht und wütend fühlen." Sie schweigt lange. Dann sagt sie ruhiger: „Ich bin so wütend auf Sie, daß Sie mich zu so einer blöden HNO-Ärztin geschickt haben. Meine Wut steht in keinem Verhältnis zum Anlaß. Diese wahnsinnige, grundlose Wut kenne ich auf meine Mutter."

In dieser Zeit träumt sie von einem männlichen Glied in ihrer Hand, das sie zum ersten Mal nicht häßlich findet. „Beim Aufwachen spürte ich eine Lust von innen, nicht wie gemacht, meine eigene Lust." Sexuelle Wünsche (statt Zwänge) zu erleben, ist für sie neu. Das wird u. a. dadurch möglich, daß Nina ihre enorme archaische Wut an mir ausläßt, ich sie annehme, Bilder und Worte dafür finde und sie überlebe, ohne die Patientin zu verletzen (siehe auch Winnicott 1973, S. 105/106).

Dann träumt sie sich als Jüdin verfolgt und versteckt sich in einem Keller, dessen tiefster Raum ein Loch ist. „Ich hatte Angst, dorthin zu gehen, obwohl ich sicher war, daß mich da niemand finden würde. Da war Nichts, Dunkel. Durch milchige Scheiben sah ich einen Mann in weißen Hosen. Das Türschloß hielt. Vielleicht war er doch kein Feind?"

Sie hat Kopfschmerzen „wie im Schraubstock" und assoziiert zu dem Traum einen Streit der Eltern mit den Nachbarn. Ich spüre plötzlich einen stechenden Schmerz im linken Ohr und wundere mich, weil ich mich gesund fühle. Ich sage ihr, daß es für sie leichter sei, über den Streit der Eltern als über das dunkle Loch zu sprechen, bei dessen Erwähnung Schmerzen auftreten. „Ich habe Ohrenschmerzen und spüre jetzt die Narbe von damals. Glauben Sie das?" „Ja, ich spüre Ihren Schmerz."

Dann beschimpft sie mich wegen der Kühle im Zimmer. Überhaupt erlebe sie mich als jemanden, der sie schädige und vergifte – kürzlich im Traum mit Fischsuppe.

Ich möchte beschreiben, was wir zusammen erleben, und das Gegensätzliche benennend verknüpfen: „Sie suchen in mir jemanden, der Ihren inneren Schmerz im Ohr mitfühlt, und zugleich machen Sie mich zu jemandem, der Sie schädigt." Sie sagt: „Ich habe so oft genossen, wie Sie sich mir gegenüber verhalten. Aber jetzt verstehe ich nicht mehr, was hier passiert. Es fehlt mir noch ein Letztes. Es ist, als warte ich auf einen Traum, der mit dem dunklen Loch zu tun hat." Ich sage: „Ich warte mit Ihnen." Sie weint: „Ich habe Angst, hier auf der Couch von Ihnen unbemerkt zu sterben, wie mein jüngerer Bruder." Der saß wenige Wochen zuvor beim älteren Bruder am Kaffeetisch, wollte ihm etwas Wichtiges sagen und fiel tot um. Niemand weiß, warum. Es ist grauenhaft still zwischen uns.

In mir ist ein Bild entstanden: Tod, zu sterben, ohne daß jemand etwas merkt, Grauen, Sprachlosigkeit, Ohrenschmerz, Verfolgungserlebnisse, milchige Scheiben wie Isolierscheiben im Krankenhaus, das Leben, das mehr von ihr nimmt, als sie verkraften kann, die Ärzte/Ärztinnen in weißen Hosen, auf die sie so maßlos wütend ist, die ihre Verfolger und Retter zugleich waren, als sie ihren Kopf „wie in einem Schraubstock" hielten, um ihre Warzenfortsätze zu operieren – all das erscheint wie Bruchstücke ihrer Erlebnisse, als sie zwischen dem 11. und 19. Lebensmonat im Krankenhaus war. Das sage ich ihr. Sie reagiert stumm.

Die *folgende Stunde* beginnt Nina: „Ich möchte Ihnen etwas sagen. Kürzlich ging ein kleiner Junge von etwa drei Jahren vor mir auf der Straße her – allein. Er sprach ganz ruhig und ohne zu rufen: ‚Mama, Mama, Mama.' Das hat mich so beeindruckt. Es war, als hätte er das innere Bild seiner Mutter im Auge und hielte es fest, indem er ‚Mama' vor sich hinmurmelt." Plötzlich fügt sie heftig hinzu: „Wenn Sie mich jetzt auslachen, dann komm' ich nie wieder." Ich sage ihr, daß es mich berührt, daß sie eine neue Vorstellung ihres Selbst gefunden hat, welches das innere Bild einer Mutter aufrechterhält, die dieses Selbst schützt, wenn es allein ist.

Bald danach erinnert sie sich an einen Traum aus dem ersten Analysejahr, in dem ein Baby von Kopf bis Fuß eingegipst war, und dann erzählt sie den Traum der vergangenen Nacht:

„Ich schwimme im Meer und bin behindert, ganz starr gelähmt. Es war noch jemand da. Auf einmal konnte ich mich wieder frei bewegen. Ich rief ganz laut: ‚Ich bin wieder ein Mensch!' Vor Freude schlug ich Purzelbäume im Wasser."

Fallmaterial aus der dritten Stufe der Traumaverarbeitung

Ich komme nun zur Darstellung der dritten Stufe der Traumaverarbeitung. Weil mit den traumatischen Störungsanteilen repräsentanzenbildend umgegangen worden ist, kann die Patientin in Objektpositionen und Konfliktpositionen kommen, darin bleiben und jetzt zunehmend vom neurosenspezifischen Durcharbeiten traumatischen Materials profitieren.

Nina bereitet ihre Unterrichtsstunden nur zu zwei Dritteln vor. Das letzte Drittel der Vorbereitungen erscheint ihr unüberwindlich, wie eine Lücke. Ich kann sie jetzt damit konfrontieren, daß sie das Trauma (die Lücke) zur Aufrechterhaltung von Größenphantasien verwendet: Sie muß nicht arbeiten wie jedermann; sie erwartet, daß ihr geheime Kräfte im letzten Drittel der Schulstunden zuwachsen. All das Erlittene gibt ihr ein Anrecht darauf. Diese Bearbeitung führt zum Verschwinden der Arbeitsstörung.

Sie setzt sich mit dem Operationstrauma und der Legierung von übermäßigem Schmerz und Sexualität auseinander. Sie träumt: „Mein Kiefer hatte ein Loch und mußte operiert werden. Jemand kam mit einem dicken, glühendroten Eisen auf meinen Mund zu. Ich wollte mich wehren. Meine Hände wurden festgehalten. Ich wachte grauenhaft entsetzt und sexuell erregt auf." Sie sagt, daß ihre Angst vor dem Orgasmus bisher genau diese Angst war, in einen immensen, aber nicht benennbaren Schmerz zu fallen. Sie entdeckt ihre Lust, vom Vater („der Mann mit den weißen Hosen") mißhandelt zu werden. Ihr wird bewußt, nur über diese Phantasie sexuell erregbar und erlebnisfähig sein zu können.

Wir arbeiten an ihrer Vaterbeziehung. Der Vater war 20jährig KZ-Aufseher. Der Versuch, mit ihm über dessen Vergangenheit zu reden, scheitert. Wir sprechen über Verfolgung, über Erfahrungsberichte aus der Literatur, die wir beide kennen. Es gibt viele traurige Stunden. Das Thema der Schuld vertieft sich bis auf seine archaische Ebene: Zu leben bedeutet für Nina Schuld, solange niemand sich darüber freut und es für niemanden gut ist, daß sie lebt.

Wir bearbeiten die sadomasochistische Beziehung zu ihrer Mutter. Sie schlug Nina. Nina liebte sie abgöttisch.

Vor der letzten Weihnachtspause hat die Patientin erstmals keine Angst vor der Unterbrechung. „Auf mich gestellt zu sein, bedeutet nicht mehr, in einer für mich nicht zu regulierenden Gefahr zu sein, in einen Abgrund zu stürzen oder den Menschen, dem ich nahe bin, mit in den Abgrund zu reißen. Das war ein schreckliches Gefühl. Während der ganzen Analyse habe ich immer mal wieder an Zyankali gedacht. Jetzt brauche ich es nicht mehr. Ohne die Analyse hätte ich mich umgebracht." Nina plant, in etwa einem Jahr die Analyse zu beenden.

Sie ist selbständig kreativ in den Stunden. Nach einer Stunde, in der ich keinen Anlaß hatte, etwas zu sagen, spricht sie mich am nächsten Tag in der *642. Sitzung* zum ersten Mal mit meinem Namen an. Ich denke, sie kann jetzt ihre innere Vorstellung von mir unterscheiden von der inneren Vorstellung des Primärobjekts und löst damit die Übertragung auf. Mir sagt sie: „Ich habe oft erlebt, daß ich etwas erzählte, Sie fühlten es, sprachen darüber, und dann begann ich es zu fühlen. Ich habe einen Zusammenhang zwischen meinem Körper und meinem Fühlen gefunden und habe selbst Symbole entdeckt. Seltsam ist, daß ich ohne Sie den Schmerz in mir nie mit meinen Krankenhauserfahrungen in Verbindung gebracht hätte. Ich möchte Ihnen noch etwas Kritisches sagen. Manchmal haben Sie mit einer Kleinigkeit von mir die ganze Stunde bestritten, und ich konnte nicht sagen, daß es nicht mein ganzes Thema war." Ich sage ihr, daß ich das annehme und bedenken werde. Ich freue mich an ihrer Autonomie.

In ihrem letzten Traum spürt sie auf beruhigende Weise die Eltern in ihrem Rücken. Sie geht allein durch eine Schneelandschaft, ohne zurückzusehen. „Ich laufe und sehe in der Ferne Häuser und Menschen und fühle mich neugierig." Nina ist vier Mal pro Woche gekommen, insgesamt 692 Mal. Ein Jahr nach Therapieende kommt sie zu einer fünfstündigen Krisenintervention wegen einer Partnerkrise durch vermehrten Alkoholkonsum ihres Mannes. Nach zwei und vier Jahren zeigt sie mir ihre neugeborenen Kinder, zuerst ihren Sohn, dann ihre Tochter. Es sind dankbare Begegnungen.

Literatur

Freud, S. (1886 [1950]): Aus den Anfängen der Psychoanalyse. Hamburg (Fischer), S. 151.

Holderegger, H. (1993): Der Umgang mit dem Trauma. Stuttgart (Klett Cotta).

Kinston, W., Cohen, J. (1987): Urverdrängung und andere seelische Zustände: der Bereich der Psychostatik. Vortrag auf der Herbsttagung der Deutschen Psychoanalytischen Vereinigung. Wiesbaden, S. 41-75.

Krystal, H. (1997): Desomatization and the Consequences of Infantile Psychic Trauma. Psa Inquiery 17, S. 126-150.

Küchenhoff, J. (1990): Die Repräsentation früher Traumata in der Übertragung. Forum Psychoanal. 6, S. 15-31.

Loch, W. (1988): Rekonstruktionen, Konstruktionen, Interpretationen: Vom „Selbst-Ich" zum „Ich-Selbst". In: Jahrb. d. Psychoanal. 23. Stuttgart-Bad Cannstatt (Frommann-Holzboog).

Ogden, T. (1989): On the Concept of an Autistic-Contiguous Position. Int. J. Psychoanal. 70, S. 127-140. Frühe Formen des Erlebens. Wien und New York (Springer 1995).

Pines, D. (1982): Das frühe Trauma in Übertragung und Gegenübertragung. Vortragsmanuskript der Arbeitstagung der Deutschen Psychoanalytischen Vereinigung in Berlin im März 1982.

Spitz, R. (1976): Vom Säugling zum Kleinkind. Naturgeschichte der Mutter-Kind-Beziehung im ersten Lebensjahr. Stuttgart (Klett), S. 152-153.

Stern, D. N. (1996): Ein Modell der Säuglingsrepräsentationen. Forum Psychoanal.12, S. 187-203.

Winnicott, D. W. (1973): Objektverwendung und Identifizierung. In: Vom Spiel zur Kreativität. Stuttgart (Klett), S. 101-110.

Von der Externalisierung zur Internalisierung des Konflikts – ein langer psychoanalytischer Weg

Doris Bolk-Weischedel

Bei Patienten auf ödipalem Strukturniveau haben wir es überwiegend mit intrapsychischen Konflikten zu tun, bei Patienten auf präödipalem Strukturniveau werden Konflikte jedoch häufig externalisiert und interpersonal agiert. Bei ihnen geht es therapeutisch u. a. um die allmähliche Befähigung zur Verinnerlichung solcher Konflikte, also neben der Bearbeitung von Trieb- und Triebabwehrprozessen um die Entwicklung von Internalisierungs- und Strukturbildung mit Hilfe der Person des Analytikers.

Internalisierung wird heute in der psychoanalytischen Literatur als Oberbegriff für die Prozesse verwendet, mit denen ein Subjekt im Laufe seiner Entwicklung seine innere Welt aufbaut und modifiziert, wobei Inkorporation, Introjektion und Identifizierung abgrenzbare Teilprozesse bezeichnen (vgl. Schneider 1995).

Zur theoretischen Einführung in unser Thema gebe ich einen Überblick zu den Begriffen Introjektion, Identifikation und Trauma-Theorie sowie Agieren und Externalisierung.

Der Begriff der Introjektion stammt von Ferenczi aus dem Jahre 1909: „Während der Paranoische die unlustvoll gewordenen Regungen aus dem Ich hinausdrängt, hilft sich der Neurotiker auf die Art, daß er einen möglichst großen Teil der Außenwelt in das Ich aufnimmt und zum Gegenstand unbewußter Phantasien macht ..., diesen Prozeß könnte man, im Gegensatz zur Projektion, Introjektion nennen." Freud (1915) nimmt diesen Begriff in „Triebe und Triebschicksale" auf, arbeitet ihn vielfältig aus und kommt mit Hilfe der Introjektion zu einer frühen Objektbeziehungstheorie, die zugleich eine Erklärung für Ausgestaltungen des Ichs bzw. Prägungen des Charakters gibt (Freud 1923). Die Bedeutung innerer Objekte erscheint vor allem für frühe Beziehungen wichtig, ein Gesichtspunkt, den die Kleinsche Schule später aufgegriffen hat (Klein 1948). Die Etablierung eines guten inneren Objekts in der frühen Kindheit ist Voraussetzung für das Wachsen einer stabilen Selbstintegration und sicherer Ich-Funktionen sowie für das Ertragen von Trennung und Verlust. Beeinträchtigungen der frühen Bemutterung haben lebenslange Schäden zur Folge: Die Mannheimer epidemiologische Studie von Schepank u. a. hat erst kürzlich in der 20-Jahres-Katamnese belegt, daß die nach unserer Terminologie Frühgestörten auch im höheren Lebensalter noch am ausgeprägtesten unter schwerer körperlicher und seelischer Erkrankung und charakterlichen Störungen leiden (Franz, Lieberz und Schepank 1996).

Mathias Hirsch (1995, 1996), der sich intensiver mit der Behandlung von Opfern von Gewalt und Mißbrauch befaßt hat, legt dar, daß unter solchen Einwirkungen Introjekte deformiert oder die Objektrepräsentanz fremdkörperartig aufgenommen werden können. Beim Ablauf von äußerer Gewalt in der Kindheit kommt die Introjektbildung dadurch zustande, daß die äußere Gewalt des realen Objekts (des Täters) die Inhalte, die das sich entwickelnde Ich introjiziert, in das Subjekt – d. h. zum Beispiel das mißbrauchte Kind – implantiert. Diese per Abwehrmaßnahme aufgenommenen Introjekte ermöglichen dann eine sekundäre Identifizierung, so daß das frühere Opfer zum späteren Täter werden kann.

In der psychoanalytischen Trauma-Theorie spielen hauptsächlich zwei Ansätze eine Rolle:

Ein trieb- und ich-psychologischer von Freud (u. a. 1920), in dessen Sicht reales Trauma, von diesem geweckte sexuelle und aggressive Impulse sowie die Abwehrtätigkeit der Phantasie auf komplexe Weise zusammenwirken. Dem gegenüber steht der Ansatz von Ferenczi (1933) in der Zwei-Personen-Psychologie: Er zeigt den Zusammenhang von durch ein Trauma erzwungenen Internalisierungsvorgängen (Introjektion und Identifikation mit dem Aggressor) mit Autoaggressivität auf. Eine Implantierung äußerer Gewalt mit Bildung eines fremdkörperartigen Introjekts ist gefolgt von Schuldgefühl, Selbstwerterniedrigung und dissoziativen Phänomenen. Um das Bild des Objekts zu erhalten, werden die *Schuldgefühle des Aggressors zusammen mit der Gewalt* ebenfalls introjiziert und gegen das Selbst gerichtet. Dieser Fremdkörper im Selbst wirkt dauernd von innen destruktiv weiter.

Die daraus resultierende Ich-Organisation ist labil, je nach Strukturniveau von Spannung und Angst vor Desintegration beherrscht. Bychowski (1956) wies darauf hin, daß es bei Reaktivierung heftiger Ambivalenz, die das Ich nicht ertragen kann, zu einem „release of introjects" kommt, die im Dienste der Abwehr externalisiert werden. Das heißt, um die Ich-Kohäsion aufrechtzuerhalten, werden die internalisierten gefährlichen Objekte nach außen transportiert. Rhode-Dachser (1979) erweitert diese Definition noch um die Dimension des innerpsychischen Konflikts, der dann mit Hilfe von äußeren Objekten in Szene gesetzt wird.

Die Externalisierung steht in engem Zusammenhang mit dem Agieren, ein Begriff, den Freud bereits 1905 im Nachwort zum Fall Dora verwandte. Im Nachklang seiner Darlegungen in „Erinnern, Wiederholen, Durcharbeiten" (1914), wo er u. a. schreibt: „Je größer der Widerstand ist, desto ausgiebiger wird das Erinnern durch Agieren (Wiederholung) ersetzt sein", wurde über Jahrzehnte eher der Widerstandscharakter des Agierens und weniger der von Freud bereits damals ebenfalls gesehene Übertragungsaspekt rezipiert. Unter den vielfältigen Auslegungen sollte der IPV-Kongreß über das „Agieren" 1967 in Kopenhagen Klarheit schaffen: Für unser Thema scheint mir dabei wesentlich, daß Anna Freud in ihrem Einführungsreferat neben dem Agieren mit Material aus der ödipalen Phase, das prinzipiell der Erinnerung zugänglich ist, vom Agieren in und außerhalb der Behandlung bei Patienten mit prägenitalen Störungen spricht, da, wo es um frühe Wechselbeziehungen zwischen Mutter und Kind mit oralen Komponenten und die Auswirkungen auf die Anfänge der Persönlichkeitsentwicklung gehe. Diese „vergessene Vergangenheit" – so Anna Freud – unterliege der Urverdrängung, könne nicht im Gedächtnis reproduziert, sondern nur wiederbelebt, d. h. im *Verhalten* wiederholt bzw. agiert werden. Einschränkend meint sie allerdings, daß habituelles Agieren nicht analysierbar sei (A. Freud 1968). Auf demselben Kongreß berichtet dann allerdings Phyllis Greenacre von fünf Patienten, bei denen Inhalte der präverbalen Periode, die im Agieren enthalten waren, in verbale Mitteilungen verwandelt werden konnten. Fenichel hatte auf solche Entwicklungen bereits 1945 hingewiesen. Eine besondere Form des Agierens bzw. der Externalisierung beschrieben in den letzten Jahren Grubrich-Simitis (1984) und Kogan (1996) aus der Behandlung von traumatisierten KZ-Opfern der zweiten Generation, nämlich die „Konkretisierung", in welcher der Patient in der Übertragung Phantasien umsetzt und in Szene setzt, die mit der traumatischen Vergangenheit der Eltern verknüpft sind. Wichtig ist hierbei der von Sandler und Sandler (1978) „Aktualisierung" genannte Vorgang, bei dem der Patient – wohlgemerkt ohne den Wunsch zu verbalisieren – den Analytiker dazu bringt, ihn in der gewünschten Weise zu behandeln. Dies dürfte aus meiner Sicht auch bei der Umsetzung von externalisierten Inhalten per projektiver Identifizierung eine große Rolle spielen.

Novick und Kelly (1970) bemühen sich um die Abgrenzung von Externalisierung und Projektion. Sie schlagen vor, daß *Projektion* die Bezeichnung für die *Externalisierung* unerträglicher *Triebregungen* bleiben sollte, während die *Externalisierung* als Abwehrstrategie sich immer auf einen Aspekt der *Selbstrepräsentanz* bezieht, also z. B. zur Abwehr von Demütigung bei narzißtischen Konflikten. Sie ist nicht nur als Abwehrvorgang im Rahmen der Übertragung während einer psychoanalytischen Behandlung zu sehen, sondern als Abwehrmaßnahme überhaupt.

Hierzu zunächst ein Beispiel aus der Kriminologie:

Ein narzißtisch schwer gestörter junger Mann verliebte sich in eine Kollegin, fühlte sich zurückgewiesen und in der Folge drangsaliert, nicht ernst genommen, „gemobbt". Nach einer Phase depressiven Rückzugs entwickelte er im Dienste der Selbstrestitution die Phantasie eines phänomenalen Rächers, die er mit „Aktionen" externalisierte, indem er die Kollegin mit fingierten Nachrichten schockierte, mit Sperma gefüllte Kondome versandte, Briefkästen und Wohnungstüren beschädigte. Eine Bombendrohung an die alte Arbeitsstelle führte schließlich zu seiner Entdeckung.

Oder: Ein erfolgreicher Komiker, der in seinen Sketchen auf makaber-komische Weise immer wieder neu Aspekte der in Kindheit und Jugend durch seinen Vater erlittenen Demütigungen in Szene setzte.

Oder: Eine von Berberich (1995) geschilderte Therapiesequenz, in der ein im Alter von sechs Monaten durch mangelnde Fürsorge und schwerste Verbrennungen traumatisiertes Mädchen nach langer Vermeidung das phantasierte Brandgeschehen in der Therapie externalisierte und inszenierte.

Im zweiten Beispiel, besonders aber im letzten, klingt der entlastende und auch neuen Entwicklungen Raum gebende Aspekt der Externalisierung an.

Und nun zu der Frage: Was läßt sich bei Menschen mit schweren Störungen und Traumatisierungen mit Hilfe der analytischen Psychotherapie verändern?

Hier möchte ich nun die theoretische Betrachtung verlassen und anhand von Sequenzen aus Behandlungen meine Sicht erläutern.

Zunächst der Bericht über Frau G., eine 36jährige ledige Stewardeß, ursprünglich erkrankt an einer bipolaren affektiven Psychose mit schweren manischen Zuständen, seit ihrer Einstellung auf Lithium diesbezüglich stabil. Trotz der schwierigen äußeren Gegebenheiten durch ihren Beruf suchte sie mit Nachdruck eine Behandlung, sie fühle sich unwohl, komme mit ihrem Leben nicht zurecht. Ihr Vater war als Künstler viel unterwegs, Frau G. wuchs bei der Mutter auf, die von der Kinderzeit der Patientin an einen Liebeswahn zu einem Sänger entwickelte, was sich bis in die Alltagsgestaltung der beiden auswirkte.

Wegen der beruflichen Umstände fanden die Sitzungen in größeren Abständen statt. Zur 10. Stunde berichtete die Patientin von mehrfach kurzfristigem Liebhaberwechsel in den letzten Wochen. Sie meinte: „Ich brauch' immer diese kurzen Verliebtheiten, die halten mich in Atem, sonst ist da eine große Leere und Sinnlosigkeit." Ich bemerkte dazu: „Vielleicht brauchte Ihre Mutter auch so etwas (im

Hinblick auf den Wahn), um sich nicht ganz leer zu fühlen." Die Patientin nahm das nachdenklich auf, ich hatte mit meiner Intervention ja einen Bezug zwischen ihr und der Mutter geschaffen, den sie bislang vermieden hatte. Die Mutter war die Kranke, mit der sie nichts mehr zu tun hatte. Im folgenden halben Jahr begab sie sich in Gesprächen mit dem Vater und der Großmutter auf Spurensuche, manchmal begleitet von Angst und Erschrecken. Schließlich kam sie nach einem vierstündigen Gespräch mit dem Vater in die Stunde und meinte: „Ich bin wie verwandelt, Ruhe ist eingekehrt. Meinem Vater habe ich gesagt: ‚Du mußt nicht denken, daß mich Alkohol und Zigaretten und wache Nächte damals in die Klinik gebracht haben, es war mein verrücktmachendes Zuhause.' Die Mutter war die Verrückte, das ist jetzt klar für mich, das ist jetzt hier angekommen (sie zeigt auf den Bauch). Und ich war ihr ausgeliefert, sie hat mir den Vater total mies gemacht, er sei Luzifer, ich sei Luzifer. Und ihr ganzes Sängergetue, wohin sie mich mitschleppte. Und ich mit meinen Gespinsten mit den Männern, da bin ich ihr ähnlich gewesen."

Nachdem die Patientin also über Jahre das „toxische mütterliche Introjekt" – wie Coleman (1956) es nennt – in Teilaspekten externalisiert hatte, konnte sie die Wirksamkeit des implantierten Objekts in sich wahrnehmen und ihr eigenes Selbst davon differenzieren. Dieser Prozeß ist weiterhin in Arbeit.

Das nächste Beispiel verdanke ich Frau Kley-Huz aus einer Supervision:

Es handelt sich um eine 30jährige Patientin mit Borderline-Persönlichkeitsstörung auf mittlerem Strukturniveau. Sie wurde in der Kindheit von ihrer Mutter abgelehnt, hatte als Kleinkind eine schwere Furunkulose entwickelt, wurde später mit Schlägen erzogen. Im ersten Behandlungsjahr quälte sie die Behandlerin mit unklaren Wünschen, Vorwürfen und entwertenden Äußerungen. Es wurde schließlich deutlich, daß sich die Patientin außerhalb der Behandlung in ein Liebesabenteuer nach dem anderen stürzte, was – als Agieren auf ödipaler Ebene verstanden – unseren Ärger auslöste. Die bereits von Fenichel (1945) bei schwerem Agieren empfohlenen Techniken – Deutung, Verbot oder Stärkung des Ichs – halfen bei der schwer zugänglichen Patientin nicht. Schließlich suchten wir auf der mütterlichen Ebene Zugang zum Verständnis: Wegen der hochambivalenten Einstellung zum mütterlichen Introjekt mußte die Patientin ihre Sehnsucht nach Liebe und zärtlicher Versorgung externalisieren; in der Tat hatten die Beziehungen zu den verschiedenen Männern nacheinander einen zärtlichen, einen versorgenden und einen spendenden Charakter. Mit diesem Verständnis haben wir uns entschlossen, die Patientin vorerst gewähren zu lassen. Ihre Beziehungen zu den Männern wurden dann weniger ausbeuterisch, sie lernte zu unterscheiden zwischen ihrem Traum-Mann und dem Real-Mann, und konnte an Stellen, wo sie den anderen früher überrollt hätte, auf dessen Bedürfnisse Rücksicht nehmen. In der Behandlung brachte sie dann den Wunsch nach Wiederaufnahme des Kontakts mit einem Mann mit den zugehörigen zärtlichen Phantasien ein, ehe sie den Wunsch in die Tat umsetzte.

Aus meiner Sicht konnten hier also der Patientin mit Hilfe des durch die Therapeutin erfahrenen Verständnisses – unter anderem für die Externalisierung – Entwicklungsschritte gelingen.

Schließlich möchte ich Ihnen noch Sequenzen aus dem vierjährigen, teilweise hochfrequenten Behandlungsverlauf einer wegen ihrer kaum zu bändigenden Suizidimpulse langjährig hospitalisierten Patientin mit einer schweren Borderline-Störung berichten.

Sie hatte die Phantasie, daß zwischen ihr und ihrem Vater, der ein schwer gestörter Mann war, in ihrem ersten Lebensjahr, als er sie betreute, eine innige Beziehung bestand. Dieses Paradies ging ihr nach 14 Monaten mit der Geburt der Schwester verloren, ihr heftiges Bemühen um Aufmerksamkeit und Zuwendung des Vaters wurde – das ist fremdanamnestisch belegt – in traumatisierender und gewalttätiger Weise über die Jahre ihrer Kindheit und Jugend zurückgewiesen. Auch dem Herzen der Mutter war die Schwester näher.

Um die Veränderungen des Rivalitätskonflikts mit der Schwester soll es in unserer Betrachtung gehen. Zu Beginn der Behandlung, als sich die Patientin noch in stationärer Pflege befand, hatte sie jedes Mal, wenn eine schwerkranke Patientin aufgenommen werden mußte, der aus Sicht der Patientin die ganze Aufmerksamkeit des Personals und der Mitpatienten zukam, heftigste aggressive Durchbrüche in Form von Kopfschlagen gegen die Wand oder Eintreten der geschlossenen Glastür. Man konnte nun aufgrund der anamnestischen Kenntnis vermuten, daß in diesem Zusammenhang wohl immer wieder das Trauma der Geburt der Schwester und des Abzugs der Aufmerksamkeit der Eltern mit allen zugehörigen Affekten mobilisiert wurde, was im bewußten Erleben der Patientin von einem Gefühl ausgedehnter Langeweile überdeckt war. Verbale Deutungsversuche dieser Art nahm die Patientin mit rationalem Interesse auf, sie bewirkten jedoch nichts. Die Patientin mußte jeweils auf eine geschlossene Station verlegt werden, wo dann regelmäßig ein körperlicher Schmerz, den sie in der Magengrube lokalisierte, auftrat. Grinberg (1968) sieht das – Bion folgend – übrigens so, daß ein Symptom mit seiner konkreten Präsenz den erlittenen Objektverlust in den Hintergrund treten läßt.

Ihre damalige Beziehung zu mir beschrieb die Patientin folgendermaßen: „Ich kann Sie nicht ansehen, Sie sind nirgends, nicht oben, nicht unten. Sie sind überall um mich herum, bedrohlich, das macht mir angst." Sie hatte wilde, chaotische Kriegsträume, in denen Freund und Feind nicht auszumachen waren, was sie mit triumphierender Freude, Angst und Haß erlebte.

Winnicott kam übrigens bereits 1971 zu dem Schluß, daß verbale Interventionen in solchen Phasen der Behandlung wenig fruchtbringend sind, wichtig sei, daß der Analytiker solche Attacken überlebt und auch keine Vergeltung ausübt.

In der Übertragung gewann die Patientin allmählich einen festeren Objektbezug, was sich in Haßtiraden und Entwertung gegenüber der Therapeutin und gleichzeitig in Idealisierung und Bewunderung ausdrückte. In den Träumen herrscht kämpferische Ost-West-Themen vor.

Schließlich entwickelte sich eine relativ stabile Übertragungsbeziehung, die Patientin wollte meine einzige sein.

Eines Tages – wir befanden uns im dritten Behandlungsjahr – sah sie eine ihr von früher bekannte Mitpatientin aus meinem Zimmer kommen. Sie konnte sich nicht äußern, versank zunächst vollkommen in sich, blaß, schnaufte, strampelte und schrie, zugleich drückte sie sich gegen die Magengrube, der Schmerz war wieder da. Sie äußerte Suizidgedanken, und sie schaffte es, daß ich (entsprechend Sandlers „Aktualisierung") für eine Nacht für ein Klinikbett sorgte.

Zur nächsten regulären Stunde kam die Patientin in erstaunlich guter Verfassung. Sie meinte: „Ich war inzwischen wütend auf Sie, wie können Sie mich so fallenlassen, sind andere wichtiger als ich? Ich hab' mich wahnsinnig über Sie geärgert." Dann lächelte sie verschmitzt: „Aber seit ich das empfunden und gesagt habe, geht's mir besser. Für mich wird jetzt alles klarer. Ich hab' vorher die Welt nur durch Sie gesehen, Sie haben mein Chaos geklärt, jetzt habe ich das innerlich alleine geschafft."

Einige Zeit später brachte die Patientin häufiger ihr Kuscheltier, „Herrn Otto", mit in die Behandlung: Es hatte ihr über längere Zeit als Übergangsobjekt und Ersatz für mich über Therapiepausen an den Wochenenden geholfen. Jetzt phantasierte sie Szenen, in denen Herr Otto die Zuneigung verweigert, dafür wurde er heftig gestraft und in die Kammer gesperrt. Er sei aber nicht nachtragend. Wir sprechen darüber: Zuneigung und Schlechtes ist in Herrn Otto, dem Kuscheltier, vereint. Die Patientin ergänzte: „Mit Ihnen und mir ist es jetzt auch so. Ich bin wütend auf Sie und hab' Sie doch so lieb."

Hier hat die Patientin aus meiner Sicht durch handelnde „Wiederholung" (A. Freud) – wie in der Kindertherapie im „Übergangsraum" (Winnicott) – präverbale Erfahrungen in Szene gesetzt und so für uns beide verständlich gemacht.

Sie wagte nun mehr und erzählte, ein zweiter Elch sei angekommen, ein Spielkamerad für Herrn Otto. Der zeige keine Reaktion. Der Neuankömmling bekam die Kleider von Herrn Otto angezogen, aber Otto I hatte ihn plötzlich ausgezogen, und da lag Otto II nackt im Müll. Ich sagte beiläufig: „Na, das läuft ja auf Brudermord hinaus." Die Patientin lachte dazu, „er sollte einen Spielkameraden haben. Dabei wurde ihm alles weggenommen, die wunderbarste Mütze. – Es ist deine Schwester, sagte man mir, in Wirklichkeit hängt sie an der Brust, an der man selber genuckelt hat, als die Schwester noch nicht da war."

Es meldete sich dann ein Traum: „Ich bin im Zimmer und sehe, wie sich Mutter und Susi miteinander beschäftigen. Ich bekomme eine unbändige Wut und stürze mich auf meine Mutter." Die Patientin ergänzte dazu: „Ich habe immer gedacht, die spielen langweilige Spiele, Streicheln, Haare, Bettgeruch, das wollte ich alles nicht, aber ich weiß jetzt, das hat mit Neid, Wut und Eifersucht zu tun. Ich mußte eine Mauer errichten, damit ich das nicht spüre." Ich sagte ihr dazu: „Ich halte das für sehr wichtig, was Sie da entdeckt haben, es wird uns noch weiter beschäftigen und wird Ihnen sicherlich auch sehr weh tun."

Wenig später berichtete die Patientin von einem Punk, der angenehme Gefühle in ihr auslöste. „Gewalt und Kämpfen, das ist jetzt in mir drin, aber als Abglanz, es gehört innerlich zu mir, ist aber nicht mehr schrecklich, irgendwie angenehm"… Dennoch geriet die Patientin noch einmal in eine Phase mit schwersten Suizidimpulsen, allerdings unterbrochen von Stunden, in denen sie Lebensfreude und ihre eigene Kompetenz empfinden konnte. Das Rivalitätsthema mit der Schwester um die Mutter schien sie weiter zu beschäftigen, es konnte aber nicht benannt werden. Schließlich fühlte sie sich nach einem Traum, in dem die Mutter auf grausame Weise ermordet wird, wie befreit, „entschärft, es war alles raus aus mir". Die Patientin mußte also diesen schweren Konflikt nicht mehr externalisieren, sondern fand für die vorläufige Bewältigung einen intrapsychischen Raum.

Dieser Konflikt ist noch längst nicht durchgearbeitet, aber immerhin ist es der Patientin in jüngster Zeit gelungen, den Kampf und die Konkurrenz mit der Schwester, so wie sie sie jetzt empfindet, zu beschreiben. Mit Schmerz und Bitterkeit sieht sie momentan die Schwester als Siegerin im Leben, wegen ihrer Krankheit konnte sie von ihr überrundet werden.

In die Übertragungsbeziehung ist sie sicher eingebettet: Im Liegen empfand sie neulich – ganz ohne Gedanken – nur ein wohliges Gefühl im Bauch, das in den ganzen Körper angenehm ausstrahlte, „hier fühle ich mich geschützt".

Ich hoffe, daß ich Ihnen anhand dieser Fallskizze verdeutlichen konnte, wie sich im Laufe einer langjährigen psychoanalytischen Behandlung aus dem spannungsgeladenen, magmaartigen Innenleben der Patientin mit vulkangleich sich entladenden externalisierten Abläufen allmählich – durch Spaltung getrennt gehaltene –

identifizierbare Objekte herausbildeten. Diese dürfen – noch externalisiert – zunächst in einem Übergangsobjekt nebeneinander existieren und werden später – in milderer Form – von der Patientin internalisiert. In ihrem wachsenden psychischen Binnenraum können bei beginnender Symbolisierungsfähigkeit Konflikte intrapsychisch ausgehalten und verbalisiert werden.

Literatur

Berberich, E. (1995): Die Verinnerlichung der Erfahrung der „holding function" in einer Kinderbehandlung. In: Schneider, G., Seidler, G. H. (Hrsg.): Internalisierung und Strukturbildung. Opladen (Westdeutscher Verlag).

Bychowski, G. (1956): The Release of Internal Images. Int. J. Psychoanal. 39, S. 331-338.

Coleman, M. L. (1956): Externalization of the Toxic Introject. Psychoanal. Study Child 35, S. 267-284.

Fenichel, O. (1945): Neurotic Acting out. Psychoanal. Rev. 32, S. 197-206.

Ferenczi, S. (1909): Introjektion und Übertragung. Schriften zur Psychoanalyse, Bd 1. Frankfurt/M. (Fischer 1970).

Ferenczi, S. (1933): Sprachverwirrung zwischen den Erwachsenen und dem Kind. Schriften zur Psychoanalyse, Bd. 2. Frankfurt/M. (Fischer 1970).

Franz, M., Lieberz, K., Schepank, H. (1996): Der Einfluß frühkindlicher Entwicklungsbedingungen auf den Langzeitverlauf psychogener Erkrankungen. Der Nervenarzt 67, Suppl. 1, S. 68.

Freud, A. (disc. 1968): Symposium: Acting Out and its Role in the Psychoanalytic Process. Int. J. Psychoanal. 49, S. 165-170.

Freud, S. (1905): Bruchstück einer Hysterie-Analyse. Nachwort zum Fall Dora. GW, Bd. 5, S. 161-315.

Freud, S. (1914): Erinnern, Wiederholen, Durcharbeiten. GW, Bd. 10, S. 125-136.

Freud, S. (1915): Triebe und Triebschicksale. GW, Bd. 10, S. 209-232.

Freud, S. (1920): Jenseits des Lustprinzips. GW, Bd. 13, S. 1-69.

Freud, S. (1923): Das Ich und das Es. GW, Bd. 13. Frankfurt/M. (Fischer), S. 235-289.

Greenacre, P. (disc. 1968): Symposium: Acting Out and its Role in the Psychoanalytic Process. Int. J. Psychoanal. 49, S. 211-218.

Grinberg, L. (disc. 1968): Symposium: Acting Out and its Role in the Psychoanalytic Process. Int. J. Psychoanal. 49, S. 171-178.

Grubrich-Simitis, I. (1984): Vom Konkretismus zur Metaphorik. Psyche 38, S. 1-28.

Hirsch, M. (1995): Fremdkörper im Selbst – Introjektion von Verlust und traumatischer Gewalt. Jb Psychoanal. 35, S. 123-151.

Hirsch, M. (1996): Wege vom realen Trauma zur Autoaggression. Forum Psychoanal. 12, S. 31-44

Klein, M. (1948): Mourning and its Relation to Manic-Depressive States. In: M. Klein (Hrsg.): Contributions to Psychoanalysis 1921-1945. London (Hogarth Press).

Kley-Huz, I. (1997): Mündliche Mitteilung.

Kogan, I. (1996): Von der Konkretisierung durch Agieren zur Differenzierung. Forum Psychoanal. 12, S. 226-241.

Novick, J., Kelly, K. (1970): Projection and Externalization. Psychoanal. Study Child 25, S. 69-98.

Rhode-Dachser, C. (Hrsg.), (1979): Das Borderline-Syndrom. Bern (Huber).

Sandler, J., Sandler, A. (1978): On the Development of Object Relations and Affects. Int. J. Psychoanal. 59, S. 285-293.

Schneider, G., Seidler, G. H. (Hrsg.), (1995): Internalisierung und Strukturbildung. Opladen (Westdeutscher Verlag).

Winnicott, D. W. (1971): Vom Spiel zur Kreativität. Stuttgart (Klett).

Der Umgang mit aktuellen traumatischen Ereignissen während psychoanalytischer Behandlungen

Jörg Frommer

Die Diskussion über Trauma und Konflikt ist so alt wie die Psychoanalyse selbst. Dabei stand und steht bekannterweise die umstrittene Frage der Traumaätiologie der Psychoneurosen im Mittelpunkt des Interesses. Faßt man die neueren Ergebnisse dieser Diskussion zusammen, so bestätigt sich die hochrangige Relevanz der Traumafrage für die Ätiologie, Diagnostik, Indikation und Behandlungstechnik psychogener Erkrankungen (Sachsse, Ventzlaff und Dulz 1997). Einem eigenen Vorschlag zufolge sollte diesem Gesichtspunkt auch terminologisch insofern Rechnung getragen werden, daß trotz möglicher Überlappungen nur dann von einer *Neurose* gesprochen wird, wenn eine Konfliktpathologie im Vordergrund steht, während der Begriff *Persönlichkeitsstörung* immer indizieren sollte, daß die Pathologie des Patienten in ihrem ganzen Umfang nur verstanden werden kann, wenn schwere frühkindliche Traumatisierungen in Betracht gezogen werden (Frommer 1996).

Thema meines Vortrags ist ein anderes, wenn auch verwandtes, das ich eingangs an einer Kasuistik illustrieren möchte:

In einer analytischen Therapiegruppe scheidet eine 46jährige Teilnehmerin wenige Stunden nach Beginn wegen einer frisch diagnostizierten Krebserkrankung aus und verstirbt einige Monate später. In einer anderenorts publizierten Arbeit (Frommer und Junkert-Tress 1996) haben wir die Verläufe und hier insbesondere die Endphasen der Behandlung der neun Mitpatienten der ersten Gruppengeneration detailliert beschrieben. Es zeigt sich, daß bei fast allen weiblichen Gruppenmitgliedern negative Reaktionen unterschiedlicher Ausprägung auftreten. Im Vordergrund stehen dabei krisenhafte Zuspitzungen mit Ängsten, depressiven Verstimmungen, Somatisierung und hypochondrischen Befürchtungen sowie oralregressive Versorgungsansprüche und Zweifel am Wert der Therapie. Diese Reaktionen sind um so ausgeprägter, je stärker die Bedeutung des verstorbenen Gruppenmitglieds als Identifikationsobjekt für die betreffende Person ist. Somit sind in diesem Fall Gruppenteilnehmerinnen in der zweiten Lebenshälfte besonders betroffen. Ebenfalls überdurchschnittlich gefährdet zeigten sich Patientinnen mit ausgeprägteren ich-strukturellen Störungsanteilen.

Dieses Beispiel ließe sich durch andere ergänzen. Verkehrsunfälle auf dem Weg in die Psychotherapiestunde oder – schlimmer noch – auf dem Nachhauseweg im Anschluß an die Behandlung, Erkrankungen des Patienten im Verlauf der Behandlung, Erkrankungen und Todesfälle im familiären Umfeld und Freundeskreis des Patienten, soziale und ökonomische Einschnitte – die Liste ließe sich nahezu beliebig erweitern. Das Gemeinsame derartiger Fälle liegt meines Erachtens darin, daß die in den therapeutischen Prozeß hereinbrechenden aktuellen Traumata ein Grundanliegen jedweder psychoanalytischen Behandlung kraß konterkarieren: Dieses Grundanliegen sehe ich darin, daß der therapeutische Prozeß darauf zielt, *unmittelbar präsentatives Erleben* schmerzvoller Affekte, unintegrierter Erinnerungen und problematischer Beziehungen in einem als annehmend, stabil und berechenbar erlebten therapeutischen Setting allmählich umzuwandeln in *repräsentatives und reflexives* Umgehen mit diesen Erlebnissen, die dadurch mehr und mehr ihren bedrängenden, bedrohlichen und beeinträchtigenden Charakter verlieren. Der Patient lernt in diesem Prozeß die heilsame Kraft der Symbolisierung kennen, d. h. daß die quasi faktische Präsenz verletzender, kränkender und schambesetzter Ereignisse aus der individuellen Vergangenheit abgelöst wird durch distanziertere Formen des taktvoll-zurückhaltenden *Darüber-Redens*.

Ein Trauma im Verlauf einer Psychoanalyse bedeutet vor dem Hintergrund dieses Verständnisses eine krasse Umkehr des angestrebten Symbolisierungsprozesses. Die Macht des Faktischen bricht in unvorhersehbarer und von Therapeut und Patient nicht beeinflußbarer Weise in die Therapie ein und verändert vorübergehend oder auf Dauer das vereinbarte Setting. Während im Prozeß der erfolgreichen Analyse in befreiender Weise gelernt wird, daß unhinterfragt vorausgesetzte Beziehungsstrukturen wie beispielsweise die völlige Abhängigkeit von einem als sadistisch erlebten Chef nicht real existieren, sondern daß es sich um subjektive Annahmen handelt, die in Kindheitserfahrungen ihre Wurzeln haben und im Erwachsenenleben eigentlich anachronistisch geworden sind, so kehrt sich der Lernprozeß beim traumatisierten Patienten um. So konnte eine 45jährige Patientin, deren Behandlung ich supervidierte, bisher beispielsweise mit Fug und Recht davon ausgehen, daß sie die Zukunft unter Einschluß aller Entfaltungsmöglichkeiten in körperlicher Unversehrtheit würde leben können, und muß nun, nach einem schweren Unfall mit komplizierten Frakturen beider Beine, mit bleibender Gehbehinderung rechnen.

Traumata während laufender Therapien zwingen daher zu einer vorgezogenen Fokussierung auf Themen, die – wenn überhaupt – ansonsten eher in den Endphasen von Behandlungen bearbeitet werden. Gemeint sind reale Grenzen der Entfaltung und Befriedigung oraler, analer, ödipaler und genitaler Strebungen. Dies bedeutet die schmerzhafte Einsicht, daß Selbstrepräsentanzen und Objekte nicht einverleibt, nicht besessen, nicht spielerisch umgarnt und auch nicht in reifer Form geliebt werden können, weil sie sich radikal entziehen. Verbunden mit diesem mehr oder weniger brutalen „Landen" auf dem Boden der harten, nicht symbolisch vermittelten Welt ist implizit eine Entidealisierung der Analyse und des Analytikers. Die „milde positive Übertragung" oder, moderner gesprochen, die Idealisierung des Patienten, ist seit Freuds „Technischen Schriften" als gutes Vehikel einer beginnenden Analyse anerkannt. Bestätigt wird diese Annahme auch durch die mit empirischen Methoden arbeitende moderne Psychotherapieprozeßforschung, die davon ausgeht, daß eine positive Therapeut-Patient-Beziehung in den ersten Stunden der Behandlung als valider positiver prognostischer Faktor anzusehen ist (Tress und Frommer 1995). In dieser wichtigen Phase der Behandlung gilt es, eine tragende, vertrauensvolle zwischenmenschliche Beziehung aufzubauen und damit sozusagen stabilen Boden zu bereiten, auf dem in späteren Phasen der Behandlung negative Übertragung bearbeitet werden kann, ohne daß die Beziehung zerbricht. Je tragfähiger und stabiler sich dieses initiale, auf Idealisierungen der Therapie und des Therapeuten gestützte Gerüst erweist, desto intensiver können später schwierige Themen *in der Übertragung* (Körner 1989) angegangen werden.

Im Falle der Traumatisierung während einer laufenden Behandlung weichen die Idealisierungen nicht, wie im günstigeren Normalfall, allmählich und schrittweise realistischeren Einschätzungen der Größe, Macht und Bedeutung des Analytikers, sondern jäh und abrupt. Das anfängliche Mißverständnis des Patienten, die Psychoanalyse könne nicht nur gegen „neurotisches Elend", sondern auch gegen „gemeines Lebensunglück" helfen, wird dramatisch widerlegt, und da der Patient die angesprochene Differenzierung zwischen *neurotischem Leid* und *allgemeinem, anthropologisch begründetem Leid* noch nicht zu leisten vermag, droht eine plötzliche Entwertung der Analyse und des Analytikers. Insbesondere die direkte Konfrontation mit den Themen Krankheit, Begrenzung der Entwicklungs- und Entfaltungsmöglichkeiten und Tod überfordert zu einem Zeitpunkt, an dem die Auseinandersetzung mit Hemmnissen, die bisher der Entfaltung entgegenstanden, noch nicht ausreichend erfolgen konnte und der Analysand noch gar nicht die befreiende und Triebbefriedigung erleichternde Kraft der Psychoanalyse am eigenen Leib erfahren hat. Kurz gesagt: Der Patient soll von Aspekten der Entfaltung vitaler Lebenskraft Abstand nehmen und Trauerarbeit leisten, bevor diese Lebenskraft überhaupt ausreichend zum Zuge kommen kann.

Die behandlungstechnischen Schwierigkeiten im Umgang mit dieser Situation, die abschließend erörtert werden sollen, stellen sich bei einem Teil der Patienten verschärft dar. Ich spreche von denjenigen Patienten, bei denen das während der Therapie stattfindende Trauma eine inszenierte Retraumatisierung im Sinne des Wiederholungszwanges bedeutet. So berichtet eine 19jährige, unter bulimischen Anfällen leidende Patientin mit schweren Realtraumata in Form mehrfacher urologischer Operationen in der frühen Kindheit im Erstinterview völlig affektisoliert über tagelange poriomane Zustände, in denen sie sich wie in Trance in die Gesellschaft von Drogensüchtigen und Zuhältern begebe, wo sich dann körperliche Mißhandlungen sowie sexuell-promiskuitive und alkoholische Exzesse abspielten. Direkt nach dem Gespräch kehrt diese Patientin nicht nach Hause zurück, sondern verschwindet für mehrere Tage, bis sie von der Polizei im Düsseldorfer Bahnhofsmilieu aufgegriffen wird.

Folgt man neueren psychoanalytischen Traumatheorien, so kann mit Hirsch (1996) geradezu von einer „Implantation" äußerer Gewalt als Folge des primär erlebten Traumas gesprochen werden. Hirsch bezieht sich auf Ferenczis Annahme, „daß das Kind durch die massiven Abwehroperationen der Introjektion der Gewalt und der Identifikation mit dem Aggressor sich selbst dadurch zu retten versucht, daß es die für es *lebensnotwendige* Beziehung zu erhalten versucht, indem es *sich selbst* die Ursache der Gewalt, des Bösen und die Schuld dafür zuschreibt " (1996, S. 35). Nur unter Annahme derartiger Abwehrprozesse ist zu verstehen, daß das Opfer von traumatischer Gewalt in der Folge zum Täter sich selbst gegenüber wird. Das durch das Trauma abgespaltene autodestruktive Introjekt ist, so Hirsch, „letztlich der Motor für die oft fremdartigen, unwirklichen, ich-dystonen Selbstschädigungshandlungen der jugendlichen, nichtpsychotischen, meist weiblichen Patienten" (1996, S. 37).

Die angesprochene Gruppe von Patienten rechtzeitig, und d. h. möglichst in der initialen diagnostischen Situation, zu erkennen, ist deshalb von großer Bedeutung, weil oft nur so fatalen Trauma-Reinszenierungen gegengesteuert werden kann.

Wodurch zeichnen sich diese besonders gefährdeten Patienten aus, und woran können sie erkannt werden? Stets handelt es sich um Patienten, die in der Kindheit und im Erwachsenenleben eines oder mehrere schwere Realtraumata erlitten haben. Vor allem frühe Traumata, wie ein früher Verlust der Mutter, gehen in die Identitätsbildung ein und führen zu einer „traumatischen Identitätsbildung" (Küchenhoff 1990, S. 18). Bei diesen Patienten kommt es regelhaft zu einer „Reinszenierung des Traumas" (ebd., S. 26): „Es wird gleichsam immer neu zur Aufführung gebracht, wobei diese Dramatisierung des Traumas in bestimmten Momenten einer Beziehung psychisch notwendig wird" (ebd., S. 26). Küchenhoff zufolge tritt in diesem Sinne in der therapeutischen Beziehung häufig eine Übertragungskonstellation ein, die er „Personifizierung des Traumas im traumatischen Objekt" nennt (ebd., S. 23): „Ein Versuch der psychischen Verarbeitung früherer Traumata besteht darin, sie in eine Objektbeziehung einzubinden. Dadurch wird das Trauma personifiziert. Die schicksalhaften, traumatischen Belastungen werden dann einem schädigenden grausamen Objekt ... zugeschrieben" (ebd., S. 23). Mit diesem traumatischen oder besser noch *vermeintlich traumatisierenden Objekt* beginnt nun ein narzißtisch getönter Überlebenskampf, in dem es keine Gleichberechtigung gibt, sondern nur Unterwerfung oder Triumph. Die Patienten und Patientinnen, von denen ich spreche, weisen also narzißtische Persönlichkeitszüge auf; und fatale Inszenierungen drohen besonders da, wo die Patienten im masochistischen Triumph die beiden von Küchenhoff genannten Formen des Umgangs mit dem traumatischen Objekt kombinieren. Weitere Faktoren, die eine Trauma-Reinszenierung in der Therapie wahrscheinlich machen, sind hoher Affektdruck, ich-strukturelle Defizite und schuldhafte Traumaverarbeitung. Patienten, die unter hohem Leidensdruck stehen und bei denen aktuell haltgebende Beziehungen weggefallen sind, erscheinen besonders gefährdet. Sie drängen oftmals in die Behandlung, ohne daß es dem Therapeuten in einer Vorphase des Kennenlernens und Aushandelns gelingt, seine Settingbedingungen zu implementieren. Unzuverlässigkeit bezüglich Absprachen und heftiges Agieren außerhalb der Stunde sind die Indikatoren dafür, daß der Patient noch nicht akzeptiert hat, daß es in der Psychoanalyse zunächst darum geht, sein Leid und seine Affekte in der Stunde auf sprachlich oder anders vermittelte symbolische Weise auszudrücken. Eng mit diesem Aspekt verwandt ist der des Strukturniveaus. Ich-strukturell gestörte Patienten, besonders solche mit Borderline-Pathologien, stehen häufig unter massivem Affekt- und Impulsdruck, wobei zugleich keine ausreichenden Möglichkeiten zur ich-syntonen Äußerung der andrängenden, meist aggressiven Triebrepräsentanzen zur Verfügung stehen. Zudem neigen sie zu einer raschen, die Realitätskontrolle überfordernden Übertragungsentwicklung. Kommt es bei diesen Patienten zu der von Küchenhoff beschriebenen „Personifizierung des Traumas im traumatischen Objekt" (1990, S. 23), so sind heftige, raptusartige, fremd- und/oder selbstschädigende Handlungen nicht selten. Bildlich gesprochen, erscheinen diese Patienten wie Bomben, deren Zeitzünder mit der Aufnahme der therapeutischen Beziehung gestartet wird. Kommen wir schließlich zum dritten Punkt, der Schuldproblematik. Die Rigidität des Über-Ich oder – weniger metapsychologisch ausgedrückt – das Ausmaß an fixierten inneren Schuldvorwürfen und Strafbedürfnissen bestimmt darüber, ob aggressive Impulse eher fremd- oder eher autodestruktiv abgeführt werden. Nun neigen traumatisierte Patienten, darauf hat vor allem Hirsch hingewiesen, in paradoxer Weise zur Entwicklung ausgeprägter Schuldgefühle: „Schuldgefühle sind immer mitbeteiligt, wenn es um das Nicht-Wahrhaben-Können von unerträglicher Gewalt und unerträglichem Verlust geht: Entweder durch Introjektion der Schuld des Täters, ... oder als Schuldgefühl, den Verlust verursacht zu haben" (Hirsch 1996, S. 40; 1997). Vor diesem Hintergrund ist also gerade bei Traumaopfern mit einer unter dem Druck massiver Schuldgefühle stehenden autodestruktiven Inszenierung der Übertragung auf das traumatische Objekt zu rechnen.

Abschließend ein Wort zum therapeutischen Umgang. Zunächst einmal bedeutet ein sich während der Behandlung des Patienten ereignendes Trauma eine tiefgreifende Verunsicherung auch des Therapeuten. Er wird nicht nur gezwungen, das Setting vorübergehend zu verändern, sei es durch Unterbrechung oder sei es durch einen Krankenbesuch beim Patienten, wenn dieser längere Zeit stationär behandelt werden muß. Vielmehr wird regelmäßig auch beim Analytiker eine Schuldproblematik aktualisiert, die Anlaß sein sollte zu einer selbstkritischen Differenzierung zwischen realer Schuld und eigenem restneurotischem Schuldgefühl. Darüber hinaus ist die Infragestellung aber eine grundlegendere: Die Überzeugungskraft und Potenz der Psychoanalyse stützt sich zum großen Teil darauf, daß es uns gelingt, primär als schicksalhaft erlebte Widerfahrnisse gemeinsam mit unseren Patienten allmählich als genetisch verstehbare Konsequenz der Lebensgeschichte und der in ihr gewachsenen Beziehungsmuster zu begreifen. Und so unterliegen wir im Falle eines Traumas sogleich der Versuchung, dieses Trauma als verstehbare Reinszenierung zu interpretieren. Was läge beispielsweise näher, als die Brustkrebserkrankung einer Patientin mit dem wenige Monate vor Ausbruch stattgefundenen Tod ihrer Mutter in Verbindung zu bringen, zumal sie selbst die krebskranke Mutter zwei Jahre lang pflegte. Hier Zusammenhänge zu sehen, so im Sinne einer unaufgelösten, idealisierten, symbiotischen Mutterbeziehung, wobei die eigene Brust das abgespaltene und vernichtete böse Mutterintrojekt symbolisiert, ist für den Psychoanalytiker auch deshalb verlockend, weil es zumindest vermeintliche Sicherheit verspricht und suggeriert, daß das Paradigma der genetischen Verstehbarkeit menschlichen Leids auch in diesem Extremfall Geltung behält. Schwieriger ist es, die partielle oder gar totale Schicksalhaftigkeit dieses Ereignisses in Betracht zu ziehen. Der analytischen Haltung entspräche meines Erachtens am ehesten eine Balance und Offenheit nach beiden Seiten, die sowohl Schicksalhaftigkeit als auch Reinszenierungscharakter umfaßt und nach ausführlichem Durcharbeiten beider Möglichkeiten letztlich dem Patienten die Wahl der ihm am geeignetsten erscheinenden Interpretationsfolie überläßt.

In seiner bereits zitierten Arbeit über „Die Repräsentation früher Traumen in der Übertragung" kommt Joachim Küchenhoff zu dem Schluß, „daß schwere frühe Traumata keiner modifizierten Technik bedürfen" (1990, S. 30). Diese Einschätzung erscheint mir für die hier typologisch herausgearbeiteten Fälle, bei denen mit einer massiven Trauma-Reinszenierung zu rechnen ist, korrekturbedürftig. Wie jede medizinische Behandlung haben auch Psychotherapie und Psychoanalyse Nebenwirkungen. Und genauso wie es trotz richtiger Diagnose und Indikation unter einer Medikamentenbehandlung bei einem kleinen Teil der Patienten zu einer lebensbedrohlichen Agranulozytose oder zu einem anaphylaktischen Schock kommen kann, müssen wir uns auch in einer beginnenden Psychoanalyse auf unerwartete Dramatisierungen einrichten. Bei den tatsächlich unbeeinflußbar hereinbrechenden Ereignissen sind wir Zeugen des Schicksals und können unsere Kraft nur auf die anschließende Bewältigung des Traumas konzentrieren. Dies wird in vielen Fällen tatsächlich eine einschneidende, zumindest temporäre Änderung der Technik dahingehend bedeuten, daß das an der Aufdeckung unbewußter Konflikte orientierte analytische Arbeiten verlassen wird zugunsten stützender und haltender Interventionstechniken. Interessanter aber erscheint mir die Frage der Prophylaxe. Sie liegt zunächst im scharfen diagnostischen Blick, der die Kombination von schuldhaft verarbeiteten, möglicherweise multiplen früheren Traumata, ich-strukturellen Defiziten, hoher Übertragungsbereitschaft und massivem Affektdruck rechtzeitig erkennt. Bei diesen Patienten kann die ansonsten hilfreiche Regel des Abwartens mit der Bearbeitung negativer Übertragung bis zum Abflauen der initialen, milden positiven Übertragung nicht gelten. Hier muß die negative Übertragung initial und aktiv angesprochen werden. Der Patient muß darüber aufgeklärt werden, welche Gefahren der therapeutische Prozeß mit sich bringt und wie er sich dagegen schützen kann. Der Therapeut muß dafür sorgen, daß dem Patienten klar werden kann, daß die eingegangene Beziehung zum Analytiker autodestruktive Kräfte freisetzen kann und daß es Möglichkeiten gibt, sich gegen diese Kräfte zu schützen.

Literatur

Frommer, J. (1996): Grundlinien einer Systematik der Neurosen und Persönlichkeitsstörungen. In: Psychotherapeut 41, S. 305-312.

Frommer, J., Junkert-Tress, B. (1996): Der traumatische Verlust eines Mitglieds und seine Folgen für das Gruppenschicksal. In: Gruppenpsychotherapie und Gruppendynamik 32, S. 124-136.

Hirsch, M. (1996): Wege vom realen Trauma zur Autoaggression. In: Forum der Psychoanalyse 12, S. 31-44.

Hirsch, M. (1997): Schuld und Schuldgefühl. Zur Psychoanalyse von Trauma und Introjekt. Göttingen (Vandenhoeck & Ruprecht).

Körner, J. (1989): Arbeit an der Übertragung? Arbeit in der Übertragung? In: Forum der Psychoanalyse 5, S. 209-223.

Küchenhoff, J. (1990): Die Repräsentation früher Traumen in der Übertragung. In: Forum der Psychoanalyse 6, S. 15-31.

Sachsse, U., Ventzlaff, U., Dulz, B. (1997): 100 Jahre Traumaätiologie. In: Persönlichkeitsstörungen 1, S. 4-14.

Tress, W., Frommer, J. (1995): Beziehungspathologie und therapeutische Dyade. Ein Beitrag zur psychopathologischen Prädiktion von Ergebnissen dynamischer Psychotherapie. In: Rösler, M. (Hrsg.), (1995): Psychopathologie. Konzepte – Klinik und Praxis – Beurteilungsfragen. Weinheim (Beltz), S. 204-220.

Trauma oder Konflikt?
Zeitgeschichtliche Aspekte
in der psychoanalytischen Klinik

Karl-Albrecht Dreyer

Trauma oder Konflikt? Ich möchte die Verschränkung traumatischer Erfahrungen mit konfliktbedingter Pathologie im Hinblick auf zeitgeschichtliche Einflüsse beleuchten. Der Begriff „Trauma" verweist ebenso wie der Begriff „Zeitgeschichte" auf ein von außen einwirkendes Moment, das auf das Individuum mit seiner ganz persönlichen Geschichte trifft. Ich nähere mich der Thematik von einem klinischen Standpunkt. Die Darstellung einer Analyse steht im Mittelpunkt meiner Ausführungen.

K. Brede und W. Bohleber nehmen ausführlich Stellung zu Erinnern, Zeitgeschichte, den Folgen des Naziregimes und des Holocaust für die psychoanalytische Arbeit (Psyche 51, 1997, S. 875-904 bzw. 958-995). Die Autoren geben einen umfassenden Überblick über die Literatur. In ergänzenden theoretischen Anmerkungen stütze ich mich auf Freud, Ferenczi und Balint.

Grubrich-Simitis weist darauf hin, daß es nicht zum „Sturz aller Werte" gekommen ist, über den Freud Fließ vor hundert Jahren Mitteilung machte. Freud glaubte im September 1897 nicht mehr an seine Theorie der traumatischen Ätiologie der Hysterie, die Verführungstheorie. Er äußert in dem Brief die „sichere Einsicht, daß man die Wahrheit und die mit Affekt besetzte Fiktion nicht unterscheiden kann" und setzt in Klammern hinzu: „Demnach blieb die Lösung übrig, daß die sexuelle Phantasie sich regelmäßig des Themas der Eltern bemächtigt" (Freud 1986, S. 284). Drei Monate später äußert sich Freud im Gegensatz dazu wieder beeindruckt von Behandlungserfolgen, die für die zuvor in Zweifel gezogene traumatische Ätiologie zu sprechen scheinen (ebd., S. 312). So wie in jenen Monaten versuchte Freud in den folgenden Jahrzehnten immer wieder, traumatische Momente in sein Trieb-Modell zu integrieren, auch darauf weist Grubrich-Simitis (1987) hin. Auch das Thema dieses Bandes nimmt diese immer noch aktuelle Frage auf. Das vielschichtige Verhältnis zwischen Trauma und Konflikt möchte ich an einem anderen Zitat aus dem zweiten Nachtrag zu „Hemmung, Symptom und Angst" von 1926 illustrieren. Freud schreibt (1926, S. 200):

„Das Ich, welches das Trauma passiv erlebt hat, wiederholt nun aktiv eine abgeschwächte Reproduktion desselben, in der Hoffnung, deren Ablauf selbsttätig leiten zu können."

Der kurze Satz enthält ein ganzes Programm: Das Trauma ist zunächst ein äußeres, das das hilflose Ich überflutet. Im weiteren Verlauf „sucht" nun das Ich geradezu die „Reproduktion", um daran seine Bewältigungsmechanismen auszubilden und zu verbessern. Mit der Aktivität des Ichs kommt eine völlig andere Qualität hinzu: Fortan wird das ursprünglich äußere, traumatische Moment zu einem aktiv *von innen her reproduzierten*. Das kann nur in Form einer Interaktion geschehen. Das Ich gerät in Konflikte mit den Objekten seiner Umgebung. Der Satz Freuds beschreibt also sowohl den Übergang von außen nach innen, wie auch den Übergang vom ursprünglichen Trauma zu späteren Konflikten.

Konflikte – seien sie traumatisch bedingt oder auf eine andere Ätiologie zurückzuführen – veranlassen Menschen, Hilfe bei uns Analytikern zu suchen.

In und außerhalb der Analyse kommt es zu diesen „abgeschwächten Reproduktionen", die im „Neudruck" oder der „Neuauflage" des Übertragungsgeschehens unserer analytischen Beobachtung zugänglich werden.

Wir stehen auch heute noch vor ähnlichen Fragen wie der, die Freud im obigen Zitat von 1897 aufwirft: Wie sollen wir „die Wahrheit und die mit Affekt besetzte Fiktion" voneinander unterscheiden? Wenn auch die Verführungstheorie von damals nicht das Problem von heute ist, gelingt es auch heute nur in Annäherung, von der vom Affekt getragenen Darstellung unserer Analysanden auf deren Geschichte rückzuschließen. So verstanden ist Freuds Bemerkung unverändert aktuell. Sie führt uns mitten hinein in die Diskussion über Konstruktion/Rekonstruktion und in die Diskussion über Erinnerung und Gedächtnis. Ich möchte kurz auf beide Punkte eingehen.

Konstruktion und Rekonstruktion

Die Diskussion zu diesem Thema ist sehr umfangreich. Für Freud war es kein Problem, daß Analytiker oder Patient – darin dem Archäologen gleich – fehlende Teile der Krankengeschichte hinzufügen oder ergänzen. In „Konstruktionen in der Analyse" erklärt er ein zuverlässiges und vollständiges Bild der vergessenen Lebensjahre des Patienten zwar zum „Gewünschten" (1937, S. 45); oft gelinge es aber nicht, den Patienten zur Erinnerung zu bringen.

Was wird re/konstruiert: Historie, Abwehr oder Identifizierungen? Von welcher Qualität sind die Aussagen: Wirklichkeiten, Rückprojektionen oder Phantasien? Ich zitiere zusammenfassend aus W. Lochs posthum veröffentlichter Arbeit: „Wenn der Patient Konstruktionen, die sich auf ‚vergessene Vorgeschichte' und die gegenwärtige Analysand-Analytiker-Relation beziehen, zustimmt oder sie durch weiteres ‚Material' bestätigt, dürfen wir darin nicht einen Beweis für ihre ‚historische Genauigkeit' erblicken, die stets nur in Grenzen zu erreichen ist, nur hypothetisch gilt. Wenn der Analytiker im Dialog mit dem Analysanden dessen ‚innere Welt' konstruiert, dann entsteht eine psychische Realität. Es ist eine psychische und keine materielle Realität" (1995, S. 130-131).

Konstruktionen in der Analyse bleiben, Loch zufolge, im Bereich psychischer Realität mit mehr oder weniger großer Annäherung an vergangene Wirklichkeiten. Ich verstehe ihn so: Intrapsychische Konflikte lassen sich in ihrer Neuauflage beschreiben, ohne daß in einem historischen Sinne die Vergangenheit unserer Analysanden rekonstruiert werden kann. Das Wiedererleben der Affekte, zu dem wir unsere Analysanden ermuntern, verhindert dies ebenso wie die Funktionsweise des Gedächtnisses. Auch das Erinnern wird vom Affekt getragen und moduliert. In dieser Auffassung von *Gedächtnis und Erinnern* stütze ich mich auf Autoren wie Loewald (1986), Leuzinger-Bohleber (1996) und Ergebnisse der Cognitive Science (vgl. Schmidt 1991, 1996).

Erinnerungen werden unter dem Druck affektiv bedeutsamer Entwicklungen in späteren Lebensphasen umgestaltet. Darauf weist der Begriff „Nachträglichkeit" hin. In der Psychoanalyse wird von einer dynamischen Auffassung von Gedächtnis ausgegangen. Loewald vertritt die Ansicht, daß ein Individuum Geschichte *ist* und seine Geschichte kraft seiner Gedächtnisaktivität erst *macht*. Vergangenheit, Gegenwart und Zukunft werden dann zu *wechselseitig „interagierenden" Zeitformen*, vorwärts ebenso wie rückwärts. Es ist eine schwierige Aufgabe, sich vorzustellen, daß das gegenwärtige Erleben die Erinnerung ebenso wie den Zukunftsentwurf bestimmt. Der Vergleich mit der Festplatte des Computers erweist sich als völlig unzureichend und erfaßt nicht die spezifische Funktionsweise und Leistungsfähigkeit des Gedächtnisses.

Die vom Unbewußten gesteuerte Phantasietätigkeit gestaltet unter dem Druck des aktuellen Affekts die Erinnerung in der Art und Weise, die erforderlich ist, um unerledigte intrapsychische Konflikte erneut darzustellen. Wie unterschiedlich die Erinnerung gestaltet wird, hat Bollas in seinem Papier für den IPA-Kongreß deutlich gemacht (1997, S. 22). Erinnerungen werden im Laufe des analytischen Prozesses „umgeschrieben"; ihre affektive Besetzung kann zu- oder abnehmen, ihre

Bedeutung sich bis in ihr Gegenteil verkehren. Erinnerungen werden prozeßabhängig und dyadenspezifisch immer wieder neu organisiert.

Ich möchte diesen Vorgang an einem Beispiel aus der Analyse illustrieren, die ich später ausführlicher darstelle. Die erinnernde Einstellung meiner Analysandin, die ich Frau B. nenne, gegenüber der Verfolgung ihres kommunistischen Vaters durch die Nazis wandelte sich mehrfach:

- Um die 200. Stunde steht der Groll auf die privilegierte Position, die der Vater im KZ hatte, im Vordergrund.

- Diese Sicht hat sich bis zur 400. Stunde gewandelt: Im Rahmen des trauernden Abschiednehmens von ihm erkennt sie nun seinen hartnäckigen Widerstand im KZ an.

- Gegen Ende unserer Arbeit, nach knapp 700 Stunden, verliert die Erinnerung an den verfolgten Vater ihre affektive Bedeutung.

Ich verstehe es so: Die Schilderung von zeitgeschichtlichen Aspekten wird – ebenso wie bei allen anderen Gedächtnisinhalten - vom Übertragungsprozeß geprägt und in Abhängigkeit von ihm variiert. Die Erinnerung an zeitgeschichtliche Aspekte unterliegt derselben Gestaltung, die auch den Übertragungsprozeß formt und je nach dessen Ausgestaltung verschiedene Aspekte der Objektbeziehungen erinnernd in den Vordergrund treten läßt.

Hier erscheint mir eine einschränkende Anmerkung notwendig: Für die Folgen extremer Traumatisierung bedarf es eines anderen theoretischen Zugangs (vgl. Grubrich-Simitis 1984, 1995): Die Zerstörung des Sekundärprozesses durch die schrecklichen Traumatisierungen hat zur Folge, daß nicht von der Fähigkeit zur Symbolbildung ausgegangen werden kann.

Im Fall von Frau B. ist die Symbolisierungsfähigkeit erhalten. Die Überdeterminiertheit der Symptome und die Metaphorik der Sprache lassen die symbolische Bezogenheit mehrdeutig und damit im Hinblick auf die Interpretation unsicher werden.

Es sind gerade die Fähigkeiten, die für die analytische Arbeit wertvoll sind, die eine Beantwortung der Frage „Trauma oder Konflikt?" erschweren: die Fähigkeit zur therapeutischen Ich-Spaltung, zur Symbolisierung und zur metaphorischen Ausdrucksweise. Alle drei wirken sich so aus, daß es zu einer mehrdeutigen Bezogenheit der Kommunikation kommt.

These

In meiner These fasse ich die Unsicherheit, die sich aus der Mehrdeutigkeit ergibt, folgendermaßen zusammen:

Im Hier und Jetzt der klinischen Situation entsteht aufgrund der Überdeterminiertheit der Symbole, aufgrund der Arbeit in und mit der psychischen Realität und aufgrund der vielgestaltigen Übertragungseinflüsse eine Unschärfe, die keine ausreichend zuverlässige Aussage über den Umfang zeitgeschichtlicher Einflüsse zuläßt. Zeitgeschichtlich-historische Aspekte bleiben in der klinischen Situation behaftet mit Unsicherheit, die sich aus dieser Unschärfe ergibt. Die Unschärfe entsteht aus den Veränderungen, denen die Erinnerung im Prozeß ihrer Vergegenwärtigung unterworfen ist. Ich wiederhole die meines Erachtens notwendige Einschränkung: In der Behandlung von Opfern extremer Traumatisierung bedarf es eines anderen Umgangs mit der zeitgeschichtlich-historischen Dimension.

Meine These rückt die Darstellung des Analysanden in den Mittelpunkt, seine Phantasien, die Mehrdeutigkeiten und Symbole seiner Ausdrucksweise. Sie soll die Beschränkung auf ein einseitiges Hier und Jetzt vermeiden. Sie schließt nicht aus, daß die Frage „wieviel Trauma und wieviel Konflikt?" offenbleibt.

Die Analyse von Frau B.

Die Analyse von Frau B. dauerte viereinhalb Jahre und insgesamt 700 Stunden. Gerne nehme ich die 40jährige, nach dem Krieg geborene Frau B. in Behandlung. Sie kommt zwei Jahre nach einem ersten Gespräch zu mir zurück. Ängste haben ihr Leben wie in einem Pandämonium im Griff und drohen, es zu zerstören. Sie leidet unter hypnagogen Zuständen, in denen sie den verstorbenen Vater nachts im knarrenden Korbstuhl sitzen wähnt. Beschämungsängste machen sie unbeweglich. Sie klagt über psychosomatische Beschwerden und Wutanfälle ihrem Mann gegenüber. Sie will all ihrer Heftigkeit und Dramatik entfliehen, trinkt Alkohol und nimmt Tranquilizer. In ihrer Ehe und an ihrem Arbeitsplatz ist sie unglücklich. Sie sagt: „Ich fühle mich zwischen zwei heißen Kochplatten tanzen."

Der Vater war Journalist und Kommunist. Als Kind war Frau B. voller Begeisterung für die glitzernde Welt der „Kinderpaläste", die sie in der DDR besucht hatte, und glühende Verehrerin der FDJ-Ferien an der Ostsee. Allerdings, diese Welt war durch den „Eisernen Vorhang" abgetrennt. Ein 16 Jahre älterer Bruder zog in die DDR und lebt dort. Anläßlich eines Besuches der Familie fragt die Mutter nüchtern: „Das soll die Idealwelt sein, in der es nur Kohl zu kaufen gibt?" Vater und Tochter kritisieren die Mutter ob ihres Unverständnisses für die „wahren" Zusammenhänge. Die Mutter kommentiert die Eskapaden des Vaters: „Man muß eben dafür bezahlen, einen besonderen Mann geheiratet zu haben." Die Mutter zieht sich in die Romanwelt ihrer Schmöker und in die Küche zurück.

Die ödipale Situation: Frau B. empfindet, ihre Mutter habe sie vor dem Vater nicht in Schutz nehmen können. Bei ihm habe sie nie gewußt, ob er ihr im nächsten Moment über den Kopf streichelt oder ihr einen Nackenschlag versetzt. Sie habe sich alleine gegen seine Übergriffe zur Wehr setzen müssen. Beim Märchenspiel „Dornröschen" war der Vater der Prinz, sie Dornröschen und die Mutter das Volk. Die Mutter, das Volk, blieb im Hintergrund und „überließ" das Mädchen dem Vater. In dieser Konstellation mit einem einerseits verführenden, andererseits jähzornigen Vater sehe ich das traumatische Moment. Mit 16 Jahren „flieht" Frau B. in ein Mädchenwohnheim, in dem sie eine einsame, scheußliche Zeit verlebt.

Frau B. hat viele gute Freundinnen. Das Verhältnis zu ihrer 12 Jahre älteren Schwester bessert sich im Lauf der Analyse. Beziehungen zu Männern sind mißglückt, ihre Ehe beendet sie nach zwei Jahren Analyse.

Frau B. fürchtet sich vor „Alien", dem Fremden in ihrem Inneren. Es könnte aus ihr herausbrechen und ihr in einem Moment entsetzten Erschreckens den „wahren" Charakter ihrer Umwelt, einschließlich meiner Person, enthüllen. Das wäre ihr Ende. Sie fürchtet, von rächenden und jähzornig-vergeltenden Introjekten eingeholt zu werden. Ihre Ängste sehe ich im Zusammenhang mit der mißglückten Lösung des ödipalen Konflikts: Der Vater begeht Suizid nach einem Streit mit ihr voller wechselseitiger Vorwürfe. Er wollte von seiner Tochter versorgt werden – zu einem Zeitpunkt, da die gebrechliche Mutter dem Tode nahe ist. So bleibt Frau B. mit den Introjekt-Geistern allein.

Ich spreche von Introjekten und nehme damit Ferenczis Begriff auf. In seiner Arbeit „Sprachverwirrung zwischen den Erwachsenen und dem Kind" von 1933 geht Ferenczi einerseits von „inzestuöser Verführung" (1972, S. 308) aus und entwickelt andererseits seine Gedanken unabhängig von einer realen Verführung. Balint (1969) löst die Verführung durch die Phantasie davon ab.

Ein Introjekt entsteht nach Ferenczi und Balint, wenn die ödipale Phantasie des Mädchens durch Nähe zum Vater genährt wird, nachdem die Mutter keine sichere Beziehung bot, der Vater sich aufgrund von Schuldgefühlen brüsk abwendet und die Nähe verleugnet. Das Kind bleibt verwirrt und mit Schuldgefühlen zurück. Die Folge kann die Introjektion des Schuldgefühls des Erwachsenen ins Unbewußte des Kindes sein, die sich als eine Introjektion des Angreifers auswirkt (Ferenczi, ebd., S. 309). Die brüske Abwendung des Vaters erinnert Frau B., als sie sich gegen die sonntäglichen Bettspiele wehrt.

Der Introjektion ist noch eine andere Qualität zuzeigen, auf die Fenichel (1974) hinweist: Er beschreibt den Versuch der Wiedererlangung der Allmacht mittels Introjektion allmächtig phantasierter Erwachsener. Als Kehrseite geht von den introjezierten Objektanteilen zerstörerische Macht aus, die sich gegen das Ich zu wenden droht. Der Introjektbegriff vereinigt somit eine Paradoxie in sich: Das hilflose Ich stattet sich via Introjektion mit einer Macht aus, die es wiederum selbst zu zerstören droht.

Wie sehr Frau B. gefährdet war, zeigt der ernste Suizidversuch in der Vorgeschichte. Der Schrecken, der von den Introjekten ausging, wird an einem Traum deutlich, den ich „Krallentraum" nenne. In diesem Traum wird eine Entwicklung der Analyse vorweggenommen: „Ich hatte einen entsetzlichen Traum: Ich bin beim Friseur und soll am nächsten Tag noch einmal kommen, um die Spitzen nachschneiden zu lassen. Unter dem Umhang bin ich nackt. Ein junger Mann kommt und will mich mitnehmen. Ich finde ihn sympathisch und gehe mit. Wir kommen durch viele lange Flure, in ein anderes Haus, eine Villa und schließlich in ein Zimmer mit Schreibtisch und Schreibmaschine. Der junge Mann sitzt an dem Schreibtisch. Ich bin etwas erstaunt. Dann dreht er sich um, sein Gesicht ist völlig verändert. Ich erschrecke fürchterlich und sehe seinen linken Fuß auf der Schreibmaschine: Dieser Fuß ist verunstaltet, sichelförmig und nur eine große Zehe dran mit einem großen Nagel, mit dem er auf der Schreibmaschine schreibt. Ein Gnom! Ich weiß jetzt, daß er mich mit diesem Nagel auf furchtbare Weise umbringen will und versuche davonzulaufen." In diesem Traum wenden sich libidinöse Empfindungen in Erschrecken und Entsetzen. Solches Entsetzen kennt Frau B. aus der Beziehung zum Journalisten-Vater. Für ihn steht die Schreibmaschine. Ich bin der „junge Mann". Die traumatische Qualität der Objektbeziehung findet Anschluß an die sich entfaltende Übertragungsbeziehung.

Der Affekt der Übertragungsprozesse formt die Gestalt der Erinnerung. Meine Couch, auf der Frau B. liegt, findet eine (rückprojizierte) Analogie in der erinnerten Couch, auf der sie anläßlich der Treffen saß, die in den 50er Jahren nach dem Verbot der KPD konspirativ im Haus des Vaters stattfanden. Hier hatte sie teil an der geheimnisvollen und zugleich verbotenen Welt des Vaters. Diese Welt umfaßt nicht nur die Zeit nach dem Verbot der KPD, sondern auch die Nazizeit, während der er eineinhalb Jahre im KZ war. In der Stadt dieses KZs findet die Analyse statt. Die geheimnisvolle und verbotene Welt rund um die Couch vereint den ödipalen, den zeitgeschichtlichen und den Übertragungsaspekt. Mit mir verbinden sich die verschiedenen Anteile des Konflikts: Wenige Stunden bevor Frau B. den Krallentraum mitbringt, spricht sie davon, daß sie mich in ihrer Phantasiewelt
– einerseits als das Angstobjekt braucht, das ihr irgendwann seine „Fratze" zeigen wird, und mich
– andererseits zugleich als den vertrauenswürdigen Analytiker empfindet.

Indem sie beides ausspricht, zeigt Frau B., daß sie trotz aller Einschränkungen die therapeutische Ich-Spaltung handhaben kann.

Ich komme zurück zu meiner Fragestellung: Von welcher Qualität sind die nächtlichen Gespenster, Fratzen und Gnome? Gehen sie auf eine traumatische Ätiologie oder auf Triebkonflikte zurück? Sind es die zwei Seiten derselben Medaille? Im weiteren Verlauf verfolge ich diese Fragen.

In der Behandlung von Frau B. aktualisiert der Mauerfall 1989 die Jahre ihrer Kindheit diesseits und jenseits des „Eisernen Vorhangs". Die Geschichte des Vaters ist in den „Neudruck" des Übertragungsprozesses hineinverwoben.

Ich wähle eine Sequenz um die 80. Stunde aus: Frau B. zögert bei der Begrüßung, weil noch eine andere Frau im Wartezimmer sitzt, von der sie meint, daß sie zu mir wolle. Sie spricht in der Stunde von abgespaltenen, ihr fremden Seiten und äußert eine gräßliche Phantasie: „Alien", die alles zerstörende Science-fiction-Gestalt, sei immer da. Sie fühle sich wie ein „gefüllter Braten". Sie äußert ihre Angst vor vergeltender Bloßstellung durch mich. Das Bösartige erhält in dieser Stunde Raum zwischen uns; für Frau B. ist es verbunden mit ihrer spitzen Zunge.

„Alien", dem bedrohlich-zerstörerisch Fremden im eigenen Inneren, stellt Frau B. das Bild des „gefüllten Bratens" an die Seite. Eine Szene des Erschreckens, des Mißbrauchs aller Körperfunktionen im Dienste der Zerstörung, eine grausame Körperphantasie.

Allmählich gewinnt Traurigkeit über ihr Leben Raum in unseren Stunden. Auch Groll taucht auf. Eine tröstliche Figur aus der Familiensaga ist ein guter Onkel, zu dem auch ich in der Übertragung werde. Die Ruhe trügt: Der gute Onkel wird übergriffig. Unter großer Beschämungsangst entfaltet Frau B. ihren Lebenshunger. Schwarzweiße Traumbilder symbolisieren das väterliche Schicksal und tauchen in KZ-Träumen auf. Die Bilder weisen in ihrer Mehrdeutigkeit auch auf die sadomasochistische Sexualität von Frau B. hin.

Ein kleiner Unfall auf der Straße vor dem Wartezimmerfenster, in den eine ältere Radfahrerin verwickelt ist, veranlaßt Frau B., mich zu Erster Hilfe zu holen. Sie verzichtet an diesem Tag auf ihre Stunde, da ich länger aufgehalten bin. Ich deute ihren bereitwilligen Verzicht als einen Akt symbolischer Wiedergutmachung der Mutter gegenüber. Frau B. findet Zugang zur Trauer um die Mutter. Ein Teil der Umklammerung durch die Introjekte löst sich. Die Situation entspannt sich, und Frau B. sagt: „Die Analyse hat mir das Leben gerettet."

Die Ruhe währt nicht lange: Die Sexualisierung bemächtigt sich der Übertragung und des geschützten Raums: Frau B. träumt, ich lege mich neben sie und fasse ihr unter den Pullover. In der Stunde, in der sie über den Traum sprechen kann,

kann sie mir unter ebenso großer Mühe von den „Spielereien" des Vaters sonntags morgens im Bett berichten, die sie als Übergriffe traumatisch erinnert und über die sie mit niemandem sprach. Erregung verwandelt sich sogleich in Demütigung und peinigt sie. Der Übertragungsprozeß hat den Weg eröffnet, den danach die Erinnerung beschreiten kann.

Frau B. setzt sich mit Fragen der politischen Verfolgung des Vaters auseinander. Sie bedauert, nicht *mehr* mit ihm darüber gesprochen zu haben. Ich vermute, der Trauerprozeß wurde wegen der konflikthaften Elternbeziehung pathologisch. In diese pathologische Trauer sind auch die zeitgeschichtlich-traumatischen Verwicklungen aus dem Leben des Vaters verwoben.

Eine dramatische Zuspitzung, die ihr „Krallentraum" vorweggenommen hat, entwickelt sich eineinhalb Jahre vor dem Ende der Analyse. Als ich die Beziehung für tragfähig halte, deute ich die „Verliebtheit" von Frau B., die sich auf mich richtet. Ich hatte befürchtet, ich könnte sie damit beschämen, und stelle in der Stunde mit Erleichterung fest, daß sie meine Deutung aufnehmen und reflektieren kann.

Völlig verändert kommt sie in die folgende Stunde: Aufgelöst und verwirrt berichtet sie, daß am Vortag überraschend die Schwiegermutter verstorben sei, die von Frau B.s Mann gepflegt wurde. Ich fühle mich hilflos und habe Schuldgefühle angesichts der Verquickung von Tragik und Zufall: Es könnte so scheinen, als habe die Deutung der Zuneigung den Todesfall heraufbeschworen.

Meine Reaktion empört Frau B. Sie gerät in unerträgliche Spannung und weiß nicht, ob sie in die nächste Stunde überhaupt noch kommen wird. Rückblickend verstehe ich diesen Moment als Wiederholung des Traumas, als „Reproduktion", um mit dem Freud-Zitat zu sprechen. Ich gerate in eine Situation der Hilflosigkeit, ähnlich der, in der sich Frau B. nach dem Tod der Eltern befunden haben muß. Ich kann mir nicht sicher sein, ob nicht doch die Introjekte die Oberhand gewinnen und die Analyse zerstören.

Frau B. muß nicht aus der Analyse „fliehen". Sie beginnt eine leidenschaftliche Beziehung zu einem verheirateten Arbeitskollegen, die aus mancherlei Details als Nebenübertragung erkennbar wird. Die Spannung nimmt allmählich ab. Sie spricht über ihre Beziehungen zu Männern und zum Vater, über die Stadt, in der sie mittlerweile wohnt und wo sie sich heimisch fühlt. Über das KZ sagt sie: „Ich habe mich lange nicht ‚da hoch' getraut. Als ich oben war, hat der Ort nicht zu mir gesprochen. Ich habe mich über die miese Führung geärgert. Ich habe viel darüber nachgedacht, mußte aber feststellen, daß es mich nicht mehr berührt. Da kommt mir ein seltsamer Gedanke: Ob ich dort Heinrich (ihrem ersten Freund) begegne?" Frau B. beginnt heftig zu schluchzen. „Ich weiß gar nicht, was mich jetzt so überflutet."

Ich antworte: „Nicht der Ort, das KZ, und die Umstände da oben, sondern eine Neuauflage aus *Ihrem* Leben ist das, was Sie bewegt: Das Ende der Beziehung zu Heinrich war ein Ausdruck Ihrer Anpassung an Ihren Vater. Heinrich gaben Sie auf, nachdem Ihr Vater ihn schlecht gemacht hatte. Er fiel Ihnen ein, weil es um Ihr Leben geht." Frau B. bestätigt meine Erläuterung.

Für Frau B. ist das frühere KZ nicht der Ort, mit dem sie Schmerz verbindet. Der Ort ihrer Bewegung ist die Analysecouch geworden. Der Moment, in dem sie in Tränen ausbricht, ist der Augenblick der Vergegenwärtigung unter dem Druck der Übertragung. Sie muß fürchten, ich mache – ebenso wie einst der Vater den damaligen Freund – ihren aktuellen Freund, Konrad, schlecht.

Frau B. ist erstaunt über ihre heftigen Tränen, die wir in ihrer Übertragungsbedeutung besser verstehen: Sie haben viel zu tun mit der Übertragung, wenig hingegen mit den Gebäuden oder der Geschichte des KZ. In den metaphorischen Bereich gehört auch die Stadt, in die Frau B. gezogen ist: die Stadt des KZ und der Analyse. Anders als damals mit dem Vater, kann mit mir das Gespräch weitergehen. Darin sieht Balint (1969) den Punkt, von dem Veränderung ausgeht.

Ich fahre fort: Frau B. liegt voller Tränen auf der Couch und empfindet Stillstand. Ich deute ihren Impuls, mir dafür Fußtritte (das Wort stammt von ihr) austeilen zu wollen. Frau B. bestätigt diesen Impuls und berichtet: „Da fällt mir ein, ich hatte in der Nacht neulich noch einen Traum: Ich mußte mir aus einem Riesenberg Schuhe aus einem Container welche aussuchen. Ich habe durchprobiert und durchprobiert, keine haben mir gepaßt. Ganz am Ende des Traums habe ich dann doch noch welche gefunden - es waren schwarze Turnschuhe. Solche Turnschuhe besitze ich." Ihre Einfälle führen Frau B. von dem Berg von Schuhen ins KZ. Ich frage, ob die Farbe Schwarz Trauer ausdrücke. Sie antwortet: „In dem Traum mußte ich meine Schuhe ausziehen, bevor ich die anderen anziehen konnte. Ich hatte ganz schwere Bergstiefel an, mit braunen Lederflicken drauf."

Wir sind mit den manifesten Bildern mit Bergen von Schuhen im KZ. Es gibt Fußtritte für den Analytiker. Die Bildersprache des Traumes kann entweder auf die Interaktion zwischen uns oder auf einen zeitgeschichtlichen Zusammenhang interpretiert werden. Der affektive Kontext der Stunde weist noch in eine andere Richtung: Trauer über das Ende der Analyse, den Abschied vom Analytiker, Wut über die notwendige Ablösung. Dann könnte der „Riesenberg Schuhe" mit den Mitteln des Traums auch einen Konflikt darstellen. „Kein Schuh paßt" bedeutet jetzt: Der Moment des Aufbruchs muß so lange hinausgeschoben werden, bis die ambivalenten Gefühle dem Analytiker gegenüber geklärt sind: Die Ambivalenz enthält die Trauer um die gute und die libidinöse Beziehung – aber auch den Haß auf ihn.

Die Richtung, in die dieser Traum interpretiert wird, bedeutet zugleich eine Schwerpunktsetzung in der Arbeit der Dyade: Die Überdeterminiertheit des Traummaterials erlaubt mehrere Interpretationen. Erst die Zusammenschau möglichst aller Sichtweisen führt zum vollen Verständnis: Frau B. kämpft um die Auflösung der Konflikte, die nach der „Reproduktion" des Traumas die Übertragung bestimmen.

Sie gebraucht das Wort „Sterbelager". Heftig schluchzend setzt sie sich auf. Voller Tränen der Erschütterung bricht aus ihr heraus, daß die Couch für sie wie ein „Sterbelager" war. Im Wort „Sterbelager" ist der Moment der Wiederkehr des Traumas, der Suizid des Vaters am Sterbelager der Mutter, enthalten. Frau B. hat damit einen affektvollen Ausdruck gefunden, der für ihre primären Objektbeziehungen *und* für die Übertragung steht – einen Ausdruck, der auch voller historischer Bezüge ist.

Zum Ende der Stunde legt sie sich nochmals hin, kommt aber in die folgende Stunde mit der Entscheidung, nicht mehr liegen zu wollen. Dabei bleibt es das letzte Vierteljahr. Die Formulierung „Sterbelager" ermöglicht Frau B. gerade durch ihre Mehrdeutigkeit eine Lösung von alten Geschichten.

Ich kürze an dieser Stelle und komme zur drittletzten Stunde, in der die Themen Verführung, Trennung und Tod noch einmal auftauchen:

Frau B. spricht von den „Zwillingsbrüdern", ihrem Freund Konrad und dem Analytiker, die in ihrem Inneren zusammenfänden. Vor meinem inneren Auge tauchen für mich überraschend Bilder von einem Korallenriff aus einer Fernsehsendung auf. Erst sind es ganz friedliche Bilder, in die sich grausame Szenen mischen: Ein Taucher harpuniert einen Fisch, ein Fisch verschlingt mit weit aufgerissenem Maul einen anderen mit ebenfalls aufgerissenem Maul. Ich frage mich im stillen, wie ich auf diese Bilder komme. Frau B. spricht gleich darauf von einer Gedankenkette beim Einschlafen, wo ein Gedanke den nächsten „abgeschossen" habe: Gelandet sei sie schließlich bei meiner Deutung von vor einem Jahr; es habe wohl gestimmt, auch wenn sich alles in ihr dagegen sträube und sie von „Verliebtheit" mir gegenüber nichts habe wissen wollen. Nachträglich bestätigen mir meine Phantasien und die Worte von Frau B., daß Zuneigung und Tod eng verbunden waren.

Wir sprechen übers „Rumkriegen und Verführen". Frau B. bemerkt: „Sie haben das Kissen gar nicht mehr auf die Couch gelegt. Sie haben damit offenbar abgeschlossen." In mir arbeitet es, ich würde Frau B. gern veranlassen, sich nochmal auf die Couch zu legen. Ich schweige und frage später: „Haben Sie sich aus Schutzgründen zum Sitzen entschlossen? Sie wollten sich, die Analyse und mich davor schützen, daß Sie mich ‚rumkriegen' könnten?" Frau B. reagiert halb empört und sagt nach einer Pause: „Es ist faszinierend, wie sich irgendwann die Antworten auf alte Fragen einstellen."

Ein Jahr nach dem Ende der Analyse sieht mich Frau B. in der Stadt. Bald darauf schreibt sie mir einen Brief, in dem sie auf die Veränderungen in ihrem Leben eingeht. Sie schreibt über ihre Ängste und deren Bewältigung nach dem Ende der Stunden: „... ich fühle in ganz bestimmten Situationen schon noch das Ungeheuer nach meinem Herzen greifen – aber (und dieses Bild gibt einen sehr eindrucksvollen Traum wieder, den ich in dieser Zeit hatte) ich kann standhalten, und der Spuk verblaßt. Ich erlebte zum ersten Mal (bewußt) eine Selbstvergessenheit, die ich jetzt als eine der vielen Formen des Glücks erkenne." Frau B. verwirklicht bald darauf die Absicht, die sie im Brief ankündigt, und zieht weg. Sie trennt sich auch von den symbolischen Bedeutungen des Ortes und von mir als ihrem Analytiker an diesem Ort. In „Selbstvergessenheit" löst sie die inneren Konflikte und deren zeitgeschichtliche Bezüge auf, die sie bis dahin ihr Leben lang gequält haben.

Zusammenfassende Diskussion

Trauma oder Konflikt? Frau B.s Geschichte habe ich als ödipalen Konflikt und als Folge traumatischer Erfahrungen dargestellt, hinter denen die durch die Objektbeziehungen vermittelten zeitgeschichtlichen Einflüsse stehen.

Ich habe zu zeigen versucht, wie zeitgeschichtliche, traumatische und konflikthafte Anteile im Übertragungsprozeß miteinander verwoben sind. Die symbolhafte Verdichtung kann so weit gehen, daß in der Überdeterminiertheit eines einzigen Begriffs – hier „Sterbelager" – alle drei Aspekte enthalten sind:
– die Couch als Ort der Übertragung,
– die individuelle Geschichte, das Sterbelager der Mutter und
– die Vernichtungslager und die Verfolgung des Vaters.
Eine Aufspaltung des Begriffes würde dem Übertragungsgeschehen von seiner affektiven Kraft nehmen und wäre in der Gefahr, in den Dienst der Abwehr zu geraten.

Ich konnte mich hier nicht mit den Theorien zur transgenerationalen Weitergabe von Traumata beschäftigen (vgl. u. a. Faimberg 1987, Kestenberg 1993), möchte aber zum Schluß auf eine Differenzierung hinweisen. Im Fall von Frau B. konnte ich von der Fähigkeit zur Symbolbildung ausgehen. Durch extreme Traumatisierung geht diese Fähigkeit verloren. Zwischen der von mir dargestellten Analyse und Opfern des Holocaust besteht in dieser Hinsicht ein Unterschied. Rolf Vogt

betont in seiner Auseinandersetzung mit T. Moser diese Unterscheidung (Psyche 51, 1997, S. 996-1015).
Wenn Symbolbildung und Fähigkeit zur therapeutischen Ich-Spaltung erhalten sind, erscheint mir der Begriff *„Unschärfe"* für den nicht sicher zu fassenden Einfluß von Zeitgeschichte hilfreich. *Unschärfe* steht nicht für quasi blindes, geschichtsloses Arbeiten im Hier und Jetzt. Sie steht für Offenheit in unserer analytischen Haltung.

Literatur

Balint, M. (1969, dt. 1970): Trauma und Objektbeziehung. In: Psyche 24, S. 346-358.

Bergmann, Martin S., Jucovy, Milton E., Kestenberg, Judith S. (Hrsg.), (1995): Kinder der Opfer, Kinder der Täter, Psychoanalyse und Holocaust. Frankfurt/M.

Bohleber, W. (1997): Trauma, Identifizierung und historischer Kontext. In: Psyche 51, S. 958-995.

Bollas, C. (1997): Sexualität in „wording" und „telling". In: Jahrbuch der Psychoanalyse 38, S. 22-30.

Brede, K. (1997): Die psychoanalytische Zeitdiagnose und das Geschichtsbewußtsein der Deutschen. In: Psyche 51, S. 875-904.

Faimberg, H. (1987): Die Ineinanderrückung der Generationen. Zur Genealogie gewisser Identifizierungen. In: Jahrbuch der Psychoanalyse 20. S. 114-142.

Fenichel, O. (1974): Psychoanalytische Neurosenlehre, Bd. 1 und 2.

Ferenczi, S. (1933): Sprachverwirrung zwischen den Erwachsenen und dem Kind In: Ferenczi, S. (1972): Schriften zur Psychoanalyse, Bd. 2, S. 303-313.

Freud, S. (1926): Hemmung, Symptom und Angst. GW, Bd. 14, S. 113-205.

Freud, S. (1937): Konstruktionen in der Analyse. GW, Bd. 16, S. 41-56.

Freud, S. (1986): Briefe an Wilhelm Fließ 1887-1904. Frankfurt/M.

Grubrich-Simitis, I. (1984): Vom Konkretismus zur Metaphorik. In: Psyche 38, S. 1-28.

Grubrich-Simitis, I. (1987): Trauma oder Trieb – Trieb und Trauma. Lektionen aus Sigmund Freuds phylogenetischer Phantasie von 1915. In: Psyche 41, S. 992-1023.

Grubrich-Simitis, I. (1995): Vom Konkretismus zur Metaphorik. In: Bergmann, Martin S., Jucovy, Milton E., Kestenberg, Judith S. (Hrsg.), (1995): Kinder der Opfer, Kinder der Täter, Psychoanalyse und Holocaust, S. 357-382.

Kestenberg, J. S. (1993): Neue Gedanken zur Transposition. Klinische, therapeutische und entwicklungsbedingte Betrachtungen. In: Jahrbuch der Psychoanalyse, Bd. 24 (1993), S. 163-189.

Leuzinger-Bohleber, M. (1996): Erinnern in der Übertragung – Zum interdisziplinären Dialog zwischen Psychoanalyse und biologischer Gedächtnisforschung. In: Psychotherapie, Psychosomatik, medizinische Psychologie 46, S. 217-227.

Loch, W. (1995): Psychische Realität – Materielle Realität; Genese – Differenzierung – Synthese. In: Jahrbuch der Psychoanalyse 34, S. 103-141.

Loewald, H. W. (1986): Über-Ich und Zeit. In: Psychoanalyse, Aufsätze aus den Jahren 1951-1979, S. 35-45.

Loewald, H. W. (1986): Das Zeiterleben. In: Psychoanalyse, Aufsätze aus den Jahren 1951-1979, S. 120-129.

Oliner, M. M. (1996): Äußere Realität. Die schwer faßbare Dimension der Psychoanalyse. In: Jahrbuch der Psychoanalyse 37, S. 9-43.

Schmidt, S. J. (Hrsg.), (1991): Gedächtnis. Probleme und Perspektiven der interdisziplinären Gedächtnisforschung.

Schmidt, S. J. (1996): Von der Memoria zur Gedächtnispolitik, zwischen Hypertext und Cyberspace: Was heißt individuelle und soziale Erinnerung? Frankfurter Rundschau vom 20. Februar 1996, S. 7.

Vogt, Rolf (1997): Zur „Wiederkehr des Dritten Reichs in der Psychotherapie". Eine Auseinandersetzung mit Tilman Moser über psychoanalytische Behandlungstechnik. In: Psyche 51, S. 996-1015.

Traumatische Aspekte psychotischer Erkrankungen

Anmerkungen zur Verwandtschaft von Psychose und Trauma

Matthias Elzer

Vorbemerkung

Das Thema meines Vortrags „Traumatische Aspekte psychotischer Erkrankungen" wird das Kongreßthema nur tangential berühren. Ich möchte nicht über traumatische Aspekte bei der Entstehung von Psychosen sprechen, sondern mit Ihnen einen Eindruck aus der Psychotherapie diskutieren, nämlich daß das Erleben und Erleiden einer psychotischen Erkrankung für Patienten in der Regel ein traumatisierendes Potential in sich birgt. Es geht mir also um das Thema einer Traumatisierung durch den psychotischen Zusammenbruch.

Wie bei traumatisierten Patienten, können wir bei Psychotikern die Erfahrung machen, daß sie trotz erheblichen Leidensdruckes nicht spontan und offen über sich sprechen können; Gefühle von Scham und Schuld, schmerzliche Erinnerungen, Unlust und Angst vor Ablehnung oder vor Ausgrenzung stehen dem entgegen.

Ich möchte Ihnen zunächst etwas zum Traumabegriff unter dem Aspekt des Prozesses in Erinnerung rufen und dann auf die Theorie des Konfliktes für die Entstehung von Psychosen eingehen. Im dritten Schritte möchte ich deutlich machen, warum diese Konflikte durch strukturelle und inhaltliche Besonderheiten sekundär traumatisierend wirken können.

Insgesamt versuche ich, einige verwandtschaftliche Aspekte zwischen den „ungleichen Geschwistern" Neurose, Trauma und Psychose herauszustellen.

Trauma als Prozeß

Die psychoanalytische Diskussion des Traumabegriffs hatte von Anfang an beinhaltet, daß das Ereignis der Einwirkung von außen auf die Psyche nicht das allein Traumatische sein könne. 1895 schrieb Freud, daß nicht das äußere Trauma, der

„Schreckaffekt", das Symptom auslöse, sondern die Erinnerung daran als „Fremd-körper" lange weiterwirke (S. 85). 1896 bemerkt er über eine psychotische Patientin, „daß ja nicht die Erlebnisse selbst traumatisch wirken, sondern deren Wiederbelebung als Erinnerung, nachdem das Individuum in die sexuelle Reife eingetreten ist" (S. 381). Hier spielt er auf die Zweizeitigkeit der psychosexuellen Entwicklung und die Nachträglichkeit an.

Übrigens erwähnt Freud bereits 1895 den kumulativen Aspekt, daß es sich nicht immer um „große Traumen" handeln müsse, sondern genausogut um „mehrere Partialtraumen, gruppierte Anlässe, die erst in ihrer Summierung traumatische Wirkungen" haben (S. 84). 1920 führt Freud das Bild des „Reizschutzes" an, der von außen durchbrochen werde (S. 29). In der zweiten Angsttheorie (1926) verbindet er den Aspekt der Angst mit dem Zustand der „Hilflosigkeit": „Die Angst ist die ursprüngliche Reaktion auf die Hilflosigkeit im Trauma, die dann später in der Gefahrensituation als Hilflosigkeit reproduziert wird. Das Ich, welches das Trauma passiv erlebt hat, wiederholt nun aktiv eine abgeschwächte Reproduktion desselben, in der Hoffnung, deren Ablauf selbständig leiten zu können" (S. 199/200).

Obwohl Freud die Verführungstheorie bald zugunsten der Konflikttheorie verlassen hatte, schrieb er seine Traumatheorie fort, in der meines Erachtens die wichtigsten Elemente für ein dynamisches Prozeßverständnis bereits enthalten sind. Ferenczi, Fenichel, Winnicott, Balint, Kahn, Sandler u. a. haben einzelne Aspekte, z. B. aus objektbeziehungstheoretischer Sicht, genauer ausgearbeitet.

Sandler u. a. (1987) haben den „elastischen" Traumabegriff als Beispiel zur Konzeptforschung genommen, den komplexen Prozeßcharakter und die zirkuläre Dynamik herausgestellt. Sie schlugen für die Störung den Begriff „Traumatopathie" vor und stellten vier Ebenen heraus:
1. die traumatische Situation als Ereignis-Erlebnis-Zusammenhang
2. das Trauma und die direkten und späteren Traumafolgen
3. das Trauma als Prädisposition für weitere Traumatisierung und
4. der behandlungstechnische Umgang mit traumatisierten Patienten

Die Elemente der psychoanalytischen Traumatheorien finden sich inhaltlich in anderen Konzepten wieder, z. B. in der Streßforschung und der Psychiatrie als „posttraumatic stress disorder" des DSM sowie der interdisziplinären Traumatologie, die ebenfalls den Prozeßcharakter hervorhebt (Fischer u. a.1996, S. 545).

Das bisher Diskutierte bezog sich auf Traumatisierungen in der Kindheit und frühen Jugend durch sexuellen Mißbrauch, Gewalt und Verlust, in der die psychische Entwicklung noch in Fluß und damit störanfällig und verletzbar ist.

Es stellt sich nun die Frage, ob es ein psychisches Trauma im Erwachsenenalter bei einem psychisch gesunden und unneurotischen Menschen überhaupt geben könne? Die Antwort müßte lauten: Nein, denn ihm steht – vereinfacht gesagt – die Möglichkeit der Trauerarbeit zur Verfügung.

Die Erkenntnisse über Extrem-Traumatisierung als „man-made-desaster", als ein von Menschen anderen Menschen bewußt zugefügtes und überwältigendes Trauma (z. B. in KZ-Haft, Folter, Verfolgung) zeigen aber, daß ein quantitatives in ein qualitatives Moment umschlägt, daß die psychische Kapazität des betroffenen Opfers völlig überfordert ist um den Preis einer tiefgehenden und umfassenden Regression (s. Grubrich-Simitis 1979); insbesondere wird die Triebqualität der Aggression völlig blockiert; die Regression geht einher mit einer tiefen Störung zur inneren und äußeren Objektwelt und einer Beschädigung des Narzißmus; es findet eine Regression auf frühe Entwicklungsniveaus statt, in denen ein Nicht-begreifen-können und Sprachlosigkeit vorherrschen. Der Ausstieg aus der unerträglichen Realität stellt oft die letzte Möglichkeit dar, in einer psychischen Vita minima zu überleben und sich später unter Nutzung entsprechender Abwehrmechanismen und Symptombildungen zu reorganisieren.

Für meine Fragestellung sind die Erkenntnisse über Extremtraumatisierung wichtig, obgleich in der Prozeßkette das erste Glied, nämlichdas äußere Ereignis als „Schreckaffekt", das den Reizschutz überflutet und einen nicht verdaulichen Fremdkörper implantiert, fehlt.

Psychose und Konflikt

Bevor ich auf die Konflikttheorie zur Psychosenentstehung zu sprechen komme, die die Verwandtschaftsbeziehung zur Neurose ausdrückt, möchte ich auf den qualitativen Unterschied zwischen Psychose und Neurose eingehen und dies an zwei Beispielen einer Erstmanifestation illustrieren:

Eine 33jährige Juristin erleidet erstmalig einen massiven Angst- und Schwindelanfall, als sie zusammen mit ihrer „besten Freundin" auf der Autobahn unterwegs ist. Sie vermutet für diesen Schwächeanfall eine körperliche Ursache; die umfassende organische Abklärung ergibt keinen pathologischen Organbefund. Erst als sich weiterhin ähnliche Symptome einstellen und sie sich erinnert, daß sie als Jugendliche wegen der Tauben Ängste beim Überqueren von großen Plätzen hatte, weil die sie mit ihrem Flügelschlag am Kopf treffen könnten, sucht sie psychotherapeutische Hilfe auf.

Die symptomatische Diagnose einer Phobie liegt nahe, strukturell liegt ein ungelöster ödipaler Konflikt zugrunde, wobei heftige Aggressions- und Bestra-

fungswünsche eine Rolle spielen dürften. Verdrängte Aggressions- und Rivalitäts-
konflikte der Schwester und der Mutter gegenüber und unerfüllte Wünsche nach
Anerkennung durch den Vater entstammen einer infantilen Trieb- und Objekt-
Welt, in der zwar massive Konflikte aktiv sind, diese aber durch die Kreativität des
Ichs keinen oder wenig realen Schaden anrichten.

Neurotische Konflikte – vor allem die ödipalen – haben die leichte Dramatik von
italienischen Opern: Gemordet wird eher mit Zündplättchen-Pistolen und Hexen-
sprüchen, Objekte werden leidenschaftlich begehrt und tödlich verachtet.

Die artifizielle Einmaligkeit der psychoanalytischen Behandlung neurotischer
Störungen ist, daß Patienten dem „Theater" ihres neurotischen Konfliktes einen
spielerisch-explorativen, oft lustvollen Aspekt abgewinnen können, quasi als ein
Sich-Wundern über die Macht des eigenen Unbewußten.

Im Gegensatz dazu ein psychotisches Szenario:

Ein 19jähriger etwas introvertierter Abiturient, ein Musterschüler und begabter Violinspieler – früher ein unkompliziertes, „pflegeleichtes Kind" – klagt in den
letzten Wochen über eine Reihe von psychosomatischen und depressiven
Beschwerden; dann konfrontiert er eines Abends seine Mutter mit der Behauptung,
daß sie mit ihm sexuellen Verkehr haben wolle, und bedrängt sie dabei aggressiv.
Die Katastrophe wird perfekt, als der Vater energisch einschreitet und dieser vom
Sohn mit einem Brotmesser bedroht und drastisch beschimpft wird. Anschließend
zerstört der junge Mann sein Zimmer und seine Geige und versucht, sich die Puls-
adern aufzuschneiden, um das „Schlechte" aus sich herauszulassen, wie er später
sagt. Die somatische Wunde wird chirurgisch versorgt, danach folgt die Zwangs-
einweisung in eine psychiatrische Klinik wegen Selbst- und Fremdgefährdung, wo
die Verdachtsdiagnose einer paranoiden Schizophrenie gestellt wird. Unter Neuro-
leptika tritt die produktive Symptomatik rasch in den Hintergrund, er wird ein
„pflegeleicher" Psychiatriepatient. Der junge Mann zieht sich zunehmend in sich
zurück; bricht die Schule ab, faßt seitdem keine Geige mehr an. Er lebt weiter bei
den Eltern wie ein feister Riesenbub, wird von der Mutter zu einer Reha-Maßnah-
me gefahren. Er nimmt seine Medikamente unregelmäßig ein und verhält sich in
einer psychotherapeutischen Gesprächssituation scheinbar arrogant und desinter-
essiert.

Es handelt sich hierbei um die Erstmanifestation einer Schizophrenie quasi aus
heiterem Himmel, ein klassischer Knick, der das Leben und das psychische Erleben des jungen Mannes anhaltend verändert. Sicherlich erscheinen bei dem jungen
Mann retrospektiv einige Entwicklungseigentümlichkeiten (z. B. Kontaktstörung)
in einem anderen Licht.

Eine andere Patientin formuliert diesen Vorgang für sich: „Ich bin damals plötzlich aus dem Leben herausgefallen und habe keinen Weg mehr gefunden, zu den
Menschen zurückzukehren. Manchmal komme ich mir vor wie ein einsames
Unheuer; aber oft habe ich das Gefühl, die anderen sind die Ungeheuer, und ich
weiß nicht, ob ich zu denen zurück will."

Die Patientin drückt den Knick in der Biographie, das Gefühl, nicht dazuzu-
gehören, alienus fremd, anders oder projektiv „ausgestülpt" zu sein, d. h., daß die
äußere Welt fremd und feindselig geworden sei, gut nachvollziehbar aus.

Psychotische Störungen dieser Art und ihre Ausgestaltung schaffen bereits beim
Zuhören ein befremdliches Gefühl von Andersartigkeit, Bedrohlichkeit, großer
Distanz und Sprachlosigkeit. Eine Analogie zur Opern-Dramaturgie zu erkennen,
fällt mir schwer, am ehesten sehe ich Parallelen zu einer Wagner-Oper.

Freud (1911, S. 307) hebt das Bild des „Weltuntergangs" in der paranoiden
Psychose Schrebers hervor: „Der Weltuntergang ist die Projektion dieser innerli-
chen Katastrophe; seine subjektive Welt ist untergegangen, seitdem er ihr seine
Liebe entzogen hat." Und in der Fußnote fügt er hinzu: „Vielleicht nicht nur die
Libidobesetzung, sondern das Interesse überhaupt, also auch die vom Ich ausge-
henden Besetzungen."

Diese Metapher von Weltuntergang und innerer Katastrophe weist eine seman-
tische Nähe zum Trauma auf. Eine Katastrophe ist eben etwas anderes als ein Spiel.
Es ist dramaturgisch ein Unterschied, ob ein 5jähriger Ödipus' Rolle spielen muß,
seine Mutter für sich begehrt und den Vater aus dem Weg haben möchte oder ob
ein 19jähriger dieses Inzestthema mit seinem sexuell reifen Körper drängend erlebt.
Freud schrieb 1911 in der Einleitung zu seinen Bemerkungen über Schreber, daß
die psychotisch Kranken „... die Eigentümlichkeit besäßen, allerdings in entstellter
Form, gerade das zu verraten, was die anderen Neurotiker als Geheimnis verbergen" (S. 240). Oft zeigen sie diese ohne jegliche Entstellung.

Bevor ich zur Konflikttheorie der Psychosen komme, möchte ich einen Exkurs
in die Psychiatrie und Neurobiologie machen:

Die Vorstellungen zur Ätiologie der sogenannten endogenen Psychosen ist
überaus komplex und kompliziert. Es handelt sich nosologisch um eine Krank-
heitsgruppe mit unterschiedlichen Erscheinungsformen (den zwei Hauptgruppen
Schizophrenien und affektive Psychosen), unterschiedlicher Intensität bzw. Schwe-
regrade und unterschiedlichen Verläufen (episodisch, phasisch, chronisch).

Auch die Ursachen sind unterschiedlich: Es sind biologisch-organische und
psychosoziale Anteile bekannt. Die biologische Forschung beschäftigt sich bei
zunehmendem Detailwissen auch mit der Frage, warum jemand, der vermutlich

eine genetische Disposition mitbringt, nicht erkrankt (Zwillingsforschungen von Tienari 1991), und was noch hinzukommen muß, damit die Erkrankung ausbricht. Der Status quo der psychiatrischen Ätiologie-Diskussion ist das multikausale Krankheitsmodell. Oder bissig formuliert: Klar ist bisher, daß nichts so richtig klar ist – weil es zu komplex ist.

Klarer wird in letzter Zeit aber, daß Neuro-Wissenschaften und Psychoanalyse (und da muß sich meines Erachtens die Psychoanalyse wieder mehr ihrer neuro-biologischen Ursprünge und triebtheoretischen Anteile erinnern) in Zukunft mehrere Gemeinsamkeiten neben einigen Irrtümern in ihren unterschiedlichen Wissenschaftssystemen entdecken werden. Von psychoanalytischer Seite werden Befunde der Neurobiologie bereits diskutiert, dabei werden einige psychoanalytische Konzepte zur Psychosen-Ätiologie in Frage gestellt (Willick 1990, 1993).

Wir wissen heute, daß unser Gehirn sehr viel plastischer ist als bisher vermutet, daß z. B. synaptische Verschaltungen zwischen den Neuronen quantitativ und qualitativ durch äußere Umstände auf- und abgebaut werden können und daß das Freud-sche Modell der Bahnung und Assoziation psychologisch und neurophysiologisch plausibel ist; am Beispiel des Affektes der Angst wäre das leicht zu erläutern.

Psychische Prozesse und organische Strukturen verhalten sich vielleicht so zu-einander wie die Hard- zur Software, wobei die Software die Hardware auch struk-turell und morphologisch verändern kann. Mentzos (1988) hat den spannenden Vorschlag gemacht, die Psychose als eine Psychosomatose des Gehirns zu denken.

Ich erwähne dies, weil die biologisch-triebdynamischen Aspekte zur Psycho-sen-Ätiologie meines Erachtens außerordentlich bedeutsam sind.

Die Psychoanalyse bietet grob gesehen zwei Theorien über die Entstehung der Schizophrenie an. London (1988) hat sie als die „unitary" und die „specific theo-ry" herausgearbeitet:

Die „unitäre Theorie" nimmt als klassische Freudsche Konflikttheorie an, daß der Psychose der gleiche Konfliktmechanismus zugrunde liegt wie der Neurose: Ein unbewußter Konflikt reißt die Abwehr ein, und es läuft eine sehr tiefgehende Regression des psychischen Apparates auf der Stufe des Primärprozesses ab.

Die „spezifische Theorie" zur Schizophrenie – so London – sieht dieses Konti-nuum nicht, sie postuliert ein „ich-strukturelles Defizit", einen Defekt im Ich mit einem spezifischen Rückzug von den Objektbesetzungen.

London favorisiert für sich selbst die „specific theory". Ich kann diese Diskussion hier nicht vertiefen; jedenfalls dominierte in den letzten Jahren in der Psychoanalyse die spezifische Defekt-Theorie, was meines Erachtens mit der Vorliebe für objekt- und selbstpsychologische Ansätze zu tun haben dürfte. Kernberg ist hierfür ein Vertreter.

Nun ist der Zustand der akuten Psychose nicht identisch mit dem Primärpro-
zeß. Schon die den berühmten Schreber behandelnden Ärzte haben dokumentiert
(Freud 1911, S. 247), daß Schreber neben seiner floriden paranoiden Psychose beim
Mittagessen, das die Patienten zusammen mit den Ärzten eingenommen haben, in
anderen Themenbereichen frei von inhaltlichen Denkstörungen war, einen scharfen Geist, Bildung und Humor zeigte.

Die Regression ist zwar tief, aber unterschiedlich breit. Für das Vorliegen eines
Konfliktes und gegen ein ich-strukturelles Defizit spricht, daß erstens die meisten
unserer schizophrenen Patienten vor der psychotischen Erstmanifestation keine
Ich-Funktionsstörung aufwiesen zweitens, daß auch akut psychotische Patienten
diese Ich-Funktionsstörungen überwiegend inhaltsbezogen und nicht generalisiert
zeigen und drittens in der Behandlung psychotische und nichtpsychotische Über-
tragungsanteile nebeneinander zu finden sind.

Racamier sagt (1982, S. 52): „Was in der Schizophrenie stattfindet, ist eine
Subversion des Sekundärvorgangs durch den Primärvorgang. Die Subversion [...]
besteht darin, den Sekundärvorgang jenen Gesetzen zu unterwerfen, die nicht die
seinen sind und ihn trotzdem an die erste Stelle zu rücken."

Die Arbeitsgruppe um Mentzos in Frankfurt/M., zu der ich fünf Jahre lang
gehörte, hat in ihrem Psychosenkonzept den Konfliktansatz wieder aufgenommen
und in „Psychose und Konflikt" (Mentzos 1992) publiziert. Dabei ist anzumerken,
daß diese Arbeitsgruppe keine geschlossene Konflikttheorie vorgelegt hat, sondern
in ihr unterschiedliche theoretische Vorlieben der Autoren zu finden sind.

Mentzos selbst formuliert den Grundkonflikt der Psychose als eine Unlösbar-
keit der normalen „Bipolarität" zwischen Subjekt und Objekt: „Der Schizophrene
befinde sich in dem Selbst-Objekt-Dilemma, er schwanke zwischen den Extrema
selbstbezogener und objektbezogener Lösungen, was jeweils Selbst- oder Objektverlust, Einsamkeit oder Fusion bedeute. Bei den affektiven Psychosen spielte sich
der Grundkonflikt zwischen der Bipolarität ‚Selbstwertigkeit' versus ‚Objektwer-
tigkeit' ab; es gehe um den Wert des Selbst bzw. des Objektes. In der Manie werde
das Über-Ich zugunsten des Größenselbst über Bord geworfen, in der Depression
umgekehrt die Herrschaft eines strengen archaischen Über-Ichs gewählt" (Mentzos 1992, S. 10).

Mir scheint, daß im Ansatz der Arbeitsgruppe um Mentzos eine inhaltliche
Synthese der unitären und spezifischen Theorie unter dem Dach des Konfliktkon-
zepts vorgenommen wurde.

Ich selbst habe in meinem Projektbeitrag (Elzer 1992) zusätzlich zu dem Grundkonflikt des Selbst-Objekt-Dilemmas die Rolle der Triebkonflikte für die Manife-

station psychotischer Störungen herauszustellen versucht. Dabei knüpfte ich an die Arbeiten von Laufer und Laufer (1984) über schwere Adoleszenzkrisen und Zusammenbrüche an.

Mir scheint es unerläßlich, die drei Hauptsäulen der Psychoanalyse: die Trieb-, die Objektbeziehungs- und die Narzißmustheorie als zusammengehörig zu betrachten. Eine Objektbeziehungstheorie ohne die Berücksichtigung der Triebe ist unvollständig: Triebwünsche brauchen und suchen ein Objekt, und Subjekte treten mit Objekten aus triebökonomischen Gründen in Beziehung und schlagen sich als gemachte Erfahrung, als Repräsentanzen nieder, und all das geschieht, damit das Selbst eine narzißtische Balance erreicht.

Entsprechend einem dialektischen Konfliktverständnis, sehe ich folgende drei Themen als wichtigste Aufgaben der psychischen Entwicklung an:
1. Die Getrenntheitserfahrung: Subjekt-Objekt, Nähe-Distanz, Abhängigkeit-Autonomie
2. Der Umgang mit den Triebqualitäten: Libido und Aggression
3. Der Geschlechtsunterschied: männlich – weiblich

Umgekehrt spielen diese Entwicklungsaufgaben, wenn sie konflikthaft geblieben sind, in der psychotischen Regression inhaltlich eine zentrale Rolle.

Pubertät und Adoleszenz stellen für das Ich besonders schwierige und konflikthafte Arbeitsanforderungen dar: Ziel dieser Phasen ist es, den biologischen Reifungsschub mit der intrapsychischen Entwicklung zu synchronisieren und zu integrieren, die sexuelle Identität zu finden und diese außerhalb der Primärobjekte sozial befriedigend zu erleben.

Die Adoleszenz ist dadurch gekennzeichnet, daß ihr ohnedies etwas „Verrücktes" anhaftet; sie ist eine „physiologische Psychose" und damit nicht umsonst eine Art „Sollbruchstelle" für die Manifestation psychotischer und psychosenaher Störungen. Eissler (1966) spricht von einem „Verflüssigungsprozeß" in der Pubertät, in der ungelöste Konflikte der präadoleszenten Phasen reaktualisiert würden, was auch eine zweite Chance sein könne, diese zu meistern.

Die ersten Anzeichen einer schizophrenen Psychose lassen sich anamnetisch sehr häufig bis in die Pubertät und in das frühe Erwachsenenalter zurückverfolgen. Der Grund hierfür ist, daß der biologische Reifungsschub und sein psychischer Agent, das Es, gegenüber dem Entwicklungsstand des Ichs und auch des Über-Ichs einen Vorsprung erhält, wodurch der psychische Apparat labilisiert wird. Ödipale, anale, orale und narzißtische Themen und bislang gut abgewehrte Konflikte drängen mit der Macht des Reifungsschubes ins Bewußtsein, während die Struktur und Kapazität des psychischen Apparates diesen Konflikten noch nicht gewachsen sind.

Der Adoleszente kann den Triebschub und die körperliche Reifung in der Pubertät nicht verhindern. (In der schweren Anorexia nervosa wird der Kampf gegen die eigene Biologie aktiv aufgenommen und die körperliche Reifung bis zur Lanugobehaarung des Säuglings zurückgedrängt.) Auf alle Fälle kann sich der Adoleszente der sozialen und psychischen Weiterentwicklung und vollständigen Trennung von den Primärobjekten verweigern.

Peter Blos (1962) und anderen Autoren verdanken wir differenzierte Einblicke in die psychosexuellen Reifungs- und Entwicklungsvorgänge der zweiten Lebensdekade. Der Verdienst der Arbeiten der Eheleute Laufer ist, daß sie anhand ihrer klinischen Forschung deutlich machen, welche dynamische Macht der sexuelle Körper in der Adoleszenz hat, welche Trieb- und Objektwünsche mobilisiert, und – im pathologischen Fall – welche tiefgehenden regressiven Prozesse eingeleitet werden, um dem Trieb-Objekt-Schicksal zu entfliehen.

Folgende Konfliktthemen stehen meines Erachtens am Anfang einer psychotischen Erstmanifestation:

1. Umgang mit der eigenen sexuell-genitalen Erregung sowohl, als ein aktiv objektsuchendes Selbst wie auch als ein passiv ausgesuchtes Objekt
2. Trennung von den Primärobjekten und die Beziehungswünsche an ein noch unbekanntes und unsicheres Objekt
3. Balance-Findung zwischen narzißtischer und objektbezogener Libido
4. Umgang mit der verstärkten Aggression
5. Integration des sich rasch verändernden Körpers und des Körperbildes
6. Erweiterung des Über-Ichs zu einem sozialen Gewissen

Ein ganz wesentlicher Aspekt in der Psychose ist der Umgang mit den Trieb-Objektwünschen. Außerordentlich aggressive oder autoaggressive Impulse, die ausagiert, verbalisiert oder still im inneren Dialog durchlebt werden, lassen sich bei nahezu jedem psychotischen Zusammenbruch antreffen; sie sind gegen den eigenen Körper, das Selbst und gegen bedrohlich phantasierte Objekte, auch in der Übertragungsbeziehung, gerichtet (z. B. Rosenfeld 1981, S. 189).

Traumatisierung durch Psychose

Zwischen dem Prozeß der Traumatisierung und dem Prozeß der psychotischen Erkrankung ergeben sich meines Erachtens folgende verwandtschaftlichen Ähnlichkeiten:

1. Trieb-Objektkonflikte treffen einen labilisierten psychischen Apparat (z. B. in der Adoleszenz) an, das relativ schwache Ich kann die eigene übermäßige Angst

259

nicht bewältigen, es paralysiert sich selbst; die Abwehrmechanismen, wie sie im Prodromalstadium von Psychosen als unspezifische Symptome (Angst, Depression, Schlafstörung, vegetative Störung, Reizbarkeit, Hyperaktivität etc.) sichtbar werden, reichen nicht mehr aus.

Hier unterscheidet sich die Psychose vom Trauma durch die massive Dynamik von innen und die Selbstüberwältigung des Reizschutzes (innere Katastrophe).

2. Es beginnt eine Regression des gesamten psychischen Apparates, besonders der Ich-Funktionen (Wahrnehmung, Denken, Fühlen), auf die Stufe des frühen Narzißmus mit partiellem oder völligem Rückzug von den äußeren und inneren Objekten (Bruch mit der Realität und Dominanz des Primärprozesses). Es entsteht ein Übergewicht der aggressiven Triebenergien mit Beschädigung bzw. Zerstörungen bisheriger Objektbeziehungen.

Hier liegt ein dem Trauma vergleichbarer Prozeß vor, der aber qualitativ und quantitativ umfassender ist.

3. Der Zustand der psychotischen Angst bewirkt eine funktionelle Lähmung neokorticaler Hirnfunktionen zugunsten untergeordneter archaischer Funktionen mit den Folgen Realitätsverlust und psychotische Denkstörungen (Weltuntergangsgefühl).

Im Vergleich zum Trauma liegt hier also ein quantitativ und qualitativ komplexeres „Lähmungsphänomen" vor.

4. Es kommt zur Restitutionsphase durch psychotische Symptombildung mit Verleugnung, Spaltungen, Externalisierung, Rationalisierung, Projektion und projektiver Identifizierung der inneren Katastrophe nach außen, z. B. im paranoiden Größen- oder Kleinheitswahn, im „Gefühl des Gemachten". Es besteht keine Krankheitseinsicht.

Dem inneren „Fremdkörpergefühl" und der „Einmauerung" beim Trauma ist die projektive Ausstoßung und Ausgrenzung bei der Psychose vergleichbar.

5. Es ereignen sich weitere Traumatisierungen bei Chronifizierung durch aktive Beschädigung oder erlittene Beeinträchtigung zu den äußeren und inneren Objekten und Nichtbewältigung der Triebanforderungen des Es. Durch die Subversion des wieder erstarkten Sekundärprozesses mit Elementen des Primärprozesses kommt es zum Aufbau und zur Wiederbelebung pathologisch veränderter Objektbeziehungen.

Hier unterscheidet sich der psychotische Prozeß prinzipiell nicht vom traumatischen Wiederholungszwang.

6. Mit zunehmender psychischer Gesundung des Patienten beginnt zugleich die schmerzliche Bewußtwerdung und Erinnerung an die innere Katastrophe, an den

regressiven Prozeß, den Zerfall des Ichs, den Durchbruch der Triebregungen, die Verletzungen in den Objektbeziehungen und die projektive Selbsttäuschung – von der traumatisierenden Erfahrung einer psychiatrischen Kliniksbehandlung einmal ganz abgesehen. Die Erkrankung wird häufig als ein schrecklicher Überwältigungs- und Vereinsamungsprozeß erlebt – als ein Weltuntergang eben.

Im Grunde bleibt den Patienten, die sich chronisch ohne die sogenannte Krankheitseinsicht in der psychotischen Regression eingerichtet haben, diese schmerzliche Erkenntnis erspart.

Mit zunehmender Krankheitseinsicht – und das ist ja das Ziel psychoanalytischer Psychosentherapie, nämlich daß der Patient versteht, daß seine Psychose etwas mit ihm und seinen inneren Konflikten und vielleicht biologisch bedingten Verwundbarkeiten zu tun hat -, mit Zunahme dieser Einsicht als Umkehrung der Regression treten Schamgefühle wegen der Triebdurchbrüche und Schuldgefühle wegen der beschädigten Objektbeziehungen auf; die psychotische Angst und der Zustand der Hilflosigkeit wollen nicht erinnert und verbalisiert werden. Es kommt in diesen Besserungsphasen zu schweren narzißtischen Krisen und autoaggressiven Verarbeitungen.

Schlußbemerkung

Nachdem ich Ihnen Verwandtes und Trennendes über „die drei ungleichen Geschwister" vorgetragen habe, möchte ich abschließend ganz kurz etwas zur Psychosentherapie sagen:

Psychotherapie mit psychotisch Kranken bedeutet auch, eine belastbare therapeutische Beziehung anzubieten, die um den traumatischen Charakter weiß. In Notfällen sollte diese Beziehung in der Lage sein, massive regressive Prozesse abzufedern, um die retraumatisierende Dynamik zu stoppen. Dabei sollte sie nicht vergessen, den Patienten auch in seinen nichtpsychotischen Anteilen und Fähigkeiten zu sehen, und umgekehrt, daß psychotische Reaktionsweisen ubiquitär sind. Genauso wie der traumatisierte Patient kein Geschändeter und Ausgestoßener ist, ist der Psychotiker kein Alienus von einem anderen Planeten.

Es ist meines Erachtens weiter wichtig, dem Patienten zu helfen kompetentes Subjekt im Umgang mit seiner Störung zu werden, ihn zum sachkundigen Behandler seiner Krisen zu machen, wenn eine Dekompensation droht und er z. B. mit Medikamenten frühzeitig seinen Reizschutz erhalten kann. Dies möchte ich als die supportiv-psychotherapeutische Funktion in der Psychosentherapie ansehen.

Die psychoanalytische Funktion der therapeutischen Beziehung ist, dem Patienten als „significant other" die Sicherheit zu geben, über wirklich alles denken, fühlen und sprechen zu können. Das Übertragungs-Gegenübertragungsgeschehen steht dabei im Mittelpunkt. Stärkere regressive Prozesse, die zwangsläufig die therapeutische Beziehung zerstören und den traumatisierenden Aspekt verstärken würden, sollten vermieden werden. Hierfür scheint mir z. B. eine triangulierende und eine Ich-Spaltung fördernde Deutungsfigur hilfreich, etwa: „Lassen Sie uns gemeinsam einmal näher anschauen, womit es zusammenhängen könnte, daß Sie heute mir gegenüber so mißtrauisch und gereizt sind."

Haynal (1989) hat an Ferenczis Auffassung erinnert, daß das Sprechen das Hauptmittel zur Überwindung des Traumas sei. Das gilt ebenso für die Psychose.

Literatur

Blos, P. (1962): On Adolescence. A Psychoanalytic Interpretation. New York (The Free Press).

Elzer, M. (1992): Psychose und Adoleszenz. Zur Bedeutung von Triebkonflikten für die Manifestation von psychotischen Störungen. In: Mentzos, S. (Hg.), (1992): Psychose und Konflikt. Göttingen (Vandenhoek & Ruprecht).

Eissler, K. (1966): Bemerkung zur Technik der psychoanalytischen Behandlung Pubertierender nebst einigen Überlegungen zum Problem der Perversion. In: Psyche 20, S. 837-872.

Fischer, G. u. a. (1996): Psychotraumatologie – Konzepte und spezielle Themenbereiche. In: Uexküll, Th., Adler R. u. a. (Hg.),(1996): Psychosomatische Medizin. München (Urban & Schwarzenberg).

Freud, S. (1895): Studien über Hysterie. GW.

Freud, S. (1896): Weitere Bemerkungen über die Abwehr-Neuropsychosen. GW.

Freud, S. (1911): Psychoanalytische Bemerkungen über einen autobiographisch beschriebenen Fall von Paranoia (Dementia paranoides). GW, Bd. 8

Freud, S. (1920): Jeseits des Lustprinzips. GW, Bd. 13

Freud, S. (1926): Hemmung, Symptom und Angst. GW, Bd. 14

Grubrich-Simitis, I. (1979): Extremtraumatisierung als kumulatives Trauma. Psyche 33, S. 991-1023.

Haynal, A. (1989): Die Geschichte des Trauma-Begriffs und seine gegenwärtige Bedeutung. Zeitschrift für psychoanal. Theorie u. Praxis 4, S. 322-333.

Laufer, M. u. Laufer, M. E. (1984): Adolescence and Development Breakdown. Yale (University Press).

London, N. J. (1988): An Essay on Psychoanalytic Theory: Two Theories of Schizophrenia. Teil 1 und 2. In: Buckley, P. (Hg.), (1988): Essential Papers on Psychosis. New York (University Press).

Mentzos, S. (1988): Mündliche Mitteilungen.

Mentzos, S. (1992), (Hg.): Psychose und Konflikt. Göttingen (Vandenhoek & Ruprecht).

Racamier, P.-C. (1982): Die Schizophrenen. Eine psychoanalytische Interpretation. Berlin (Springer).

Rosenfeld, H. (1981): Zur Psychoanalyse psychotischer Zustände. Frankfurt/M. (Suhrkamp).

Tienari, P. (1991): Interaction between Genetic Vulnerability and Family Environment: The Finnish adoptive family study of schizophrenia. Acta Psychiatrica Scandinavica 84, S. 460.

Sandler, J. u. a. (1987): Psychisches Trauma. Ein psychoanalytisches Konzept im Theorie-Praxis-Zusammenhang. Materialien aus dem Sigmund-Freud-Institut Frankfurt, Nr. 5.

Willick, M. (1990): Psychoanalytic Concepts of the Etology of Severe Illnes. Journal of the American Psychoanalytic Association 38, S. 1049.

Willick, M. (1993): The Deficit Syndrome in Schizophrenia: Psychoanalytic and Neurobiological Perspectives. Journal of the American Psychoanalytic Association 41, S. 1049.

Extreme Traumatisierung und Erinnerung

Die lebensgeschichtliche Erzählung als intersubjektive Rekonstruktion

Ilka Quindeau

1. Auschwitz als historisches Grenzereignis – das Trauma als Grenzbegriff subjektiven Erlebens

Die breite öffentliche Kontroverse um Goldhagens Buch „Hitlers willige Vollstrecker" und die Ausstellung „Vernichtungskrieg. Verbrechen der Wehrmacht 1941–1944" des Hamburger Instituts für Sozialforschung bestätigt wieder einmal eindrucksvoll, daß der Nationalsozialismus auch nach mehr als fünfzig Jahren das bedeutsamste zeithistorische Ereignis in Deutschland darstellt und eine zentrale Rolle im gesellschaftlichen Selbstverständigungsprozeß einnimmt. Das Verständnis dieses historischen Geschehens und seiner Folgen ist auch angewiesen auf die Berichte derer, die damit konfrontiert waren. Ich möchte daher die autobiographische Erzählung einer Überlebenden der Massenvernichtung anhand von folgenden Fragen untersuchen:

1. Was wird in diesen Geschichten erzählt?
2. Auf welche Weise geschieht dies?
3. Welche psychischen Funktionen im Hinblick auf die Erzählenden als auch auf die Rezipienten könnte die Erzählung erfüllen?
4. Was bedeutet dies für unser Verständnis des historischen Geschehens?

Die anhaltende Bedeutsamkeit des Diskurses über den Nationalsozialismus scheint im Zusammenhang mit der Singularität von Auschwitz als dem Kernereignis des Nationalsozialismus zu stehen. Der damit verbundene Zivilisationsbruch (Diner 1988) verhindert die Kontinuitätsbildung, auf die der Selbstverständigungsprozeß zielt. Im historiographischen Diskurs wurde Auschwitz als „historisches Grenzereignis" beschrieben, das die Grenzen einer Interpretation spürbar macht (Friedländer 1990). Diese Erfahrung der Grenzen von Rationalität, Moral und Ästhetik prägt die Auseinandersetzung mit Auschwitz in Wissenschaft und

Kunst und verdichtet sich in der Vorstellung der „Unbegreiflichkeit" dieses historischen Geschehens. Diese Vorstellung verweist darauf, daß Auschwitz nicht in positivistischer Weise auf den Begriff zu bringen ist; sie läuft jedoch Gefahr, zu einem Mythos zu erstarren, wenn sich das Denken über Auschwitz nicht in einem selbstreflexiven Prozeß vollzieht, bei dem diese Grenzen immer wieder aufs neue hinterfragt und thematisiert werden.

Vor analogen Erkenntnisproblemen stehen auch Versuche, das subjektive Erleben derer zu beschreiben und zu verstehen, die mit Auschwitz konfrontiert waren. In der psychoanalytischen Forschung spricht man in diesem Zusammenhang von *Extrem*traumatisierung, die – vermutlich orientiert am neurophysiologischen Reizüberflutungsmodell – in quantitativer Hinsicht von Traumatisierungen unter anderen Bedingungen unterschieden wird. Es ist jedoch fraglich, ob dies einer Annäherung an das subjektive Erleben dienlich ist. Da der Traumabegriff in der Geschichte psychoanalytischen Denkens zu einem sehr schillernden geworden ist, unter dem ganz verschiedene Phänomene und Erlebnisweisen zusammengefaßt werden, möchte ich das Konzept von Traumatisierung im Kontext der Massenvernichtung, das meinen Überlegungen zugrunde liegt, spezifizieren. In Anlehnung an Lorenzer (1966) gehe ich davon aus, daß ein Trauma wesentlich dadurch bestimmt wird, daß es sich nicht symbolisieren läßt. Es entzieht sich einer angemessenen Versprachlichung, das heißt auch einer präzisen Rekonstruktion. Lyotard (1988) beschreibt die Traumatisierung durch Auschwitz als ein Erleben, das sich nicht als Erfahrung konstituieren läßt, sondern sich jeglichem Sinnzusammenhang entzieht. Er verdeutlicht das Dilemma der Unmöglichkeit und gleichzeitigen Notwendigkeit einer Symbolisierung, das auch in den autobiographischen Erzählungen spürbar wird. Das Trauma bleibt als „Affizierung" präsent und kann nicht „vergessen" oder aufgelöst werden, weil dies eine Symbolisierung voraussetzt. Diese ständige Präsenz der Traumatisierung durch die Massenvernichtung scheint mir auch einen wesentlichen Unterschied zu anderen, wie etwa frühkindlichen, Traumatisierungen auszumachen, die verdrängt wurden und unbewußt sind. In Analogie zu Friedländers Konzept von Auschwitz als einem „historischen Grenzereignis" möchte ich das Trauma als Grenzbegriff des Erlebens beschreiben, das die Grenzen der Sprache und des Verstehens überschreitet. Das Trauma scheint in seiner Rätselhaftigkeit und Abgründigkeit einem Phantom zu gleichen, dessen Präsenz und Wirkung spürbar ist und das doch nicht zu fassen ist. Der Verstehensprozeß läßt sich – analog zum Denken über Auschwitz – allenfalls als Annäherungsprozeß, als oszillierende Bewegung beschreiben, die in der Einsicht in das (prinzipiell) nicht Verstehbare besteht und die vorschnelle Subsumtion unter bekannte Kategorien verhindert.

In den Lebensgeschichten der Überlebenden können daher auch nicht die Traumatisierungen selbst rekonstruiert werden, sondern nur die Versuche, mit ihnen zu leben. Die Geschichten erzählen nicht nur von diesen Versuchen, der Erzählprozeß selbst ist auch als eine Form des Umgangs[1] mit der Traumatisierung zu betrachten. Die spontan erzählten Geschichten eröffnen – im Unterschied etwa zu literarischen Erzählungen – die Möglichkeit, die Interaktion zwischen Erzählenden und Zuhörenden zu reflektieren und damit Erinnerungsprozesse als gemeinsame Konstruktionen zu beschreiben, in die die unbewußten Wünsche und Abwehrbewegungen von beiden Seiten eingehen und verarbeitet werden. Diese werden abschließend im Hinblick auf ihre Bedeutung für das Verständnis des historischen Geschehens reflektiert.

2. Extreme Traumatisierung und autobiographische Erzählung

Aus erzähltheoretischer Perspektive liegt eine wesentliche Funktion der Erzählung in ihrer Integrationsleistung, durch die vereinzelte, kontingente biographische Erfahrungen in den übergeordneten Zusammenhang einer Lebensgeschichte eingebettet werden können (vgl. Straub 1989); die Erzählung wird so zur Konstitutionsbedingung von Erfahrung, Kontinuität und Identität (Quindeau 1995 a). Angesichts der nationalsozialistischen Verfolgung ist die Integrationsmöglichkeit bei Überlebenden jedoch in spezifischer Weise begrenzt, die extreme Traumatisierung läßt sich nicht in einem narrativen Kontinuum harmonisieren, da sie sich jeglicher Sinnstiftung entzieht. Sie verliert daher im Symbolisierungsbemühen gerade das Spezifische, das Unbegreifliche der Massenvernichtung. Die Geschichten zeugen zwar von dem Unaussprechlichen, sie beziehen sich auf unvorstellbares Grauen, aber der Zivilisationsbruch kann narrativ nicht eingeholt werden. Dies bedeutet unausweichlich eine Verleugnung des Zivilisationsbruchs in der Erzählung. Dies korrespondiert mit den Interessen derer, die diese Geschichten rezipieren, den Nachkriegsgenerationen. Das Unbegreifliche soll begreiflich werden und damit die Kontinuität der eigenen Geschichte – als einem wesentlichen Aspekt gesellschaftlichen Selbstverständnisses – erzeugen. Denn der politische und moralische Selbstverständigungsprozeß der Nachkriegsgenerationen läßt sich nicht auf der Grundlage eines radikalen Bruchs, der fundamentalen Infragestellung von Rationalität und Moral führen.

---

[1] Ich wähle die Bezeichnung „Umgang", weil der Begriff „Bewältigung" zu sehr in Richtung auf ein Gelingen ausgelegt ist.

3. Zur Methode der „obliquen Hermeneutik"

Ausgehend von der Vorstellung eines dialektischen Verhältnisses von Gegenstand und Methode, die sich gemeinsam im hermeneutischen Prozeß konstituieren, habe ich für die Interpretation der Lebensgeschichten von „Holocaust"-Überlebenden ein spezifisches hermeneutisches Verfahren entwickelt, das ich in Anlehnung an den „obliquen Reflexionstypus" von Böhme (1990), mit dem er die Besonderheit psychoanalytischer Reflexion im Vergleich zu anderen Interpretationsverfahren bezeichnet, „oblique Hermeneutik" genannt habe.

„Dieser durch Freud – in gewissem Sinne auch durch Nietzsche – in die Welt gekommene Typ von Reflexion ist eine Art Schrägblick, ein Blick von hinten über die Schulter – paradox wie Magrittes Bild eines jungen Mannes (Die verbotene Reproduktion, 1937). Man kann diese Reflexion, um sie von der traditionellen, am Modell des Spiegels begriffenen, zu unterscheiden, ‚oblique Reflexion' nennen" (Böhme 1990, S. 578).

Der Verweis auf Magrittes Bild, das eine paradoxe Perspektive – den „Schrägblick" – darzustellen sucht, verdeutlicht im Unterschied zur traditionellen, am Modell des Spiegels orientierten Vorstellung von Reflexion die Multiperspektivität des selbstreflexiven Verstehens. Das Bild veranschaulicht Selbstreflexion als intersubjektiven Prozeß, der notwendig auf den anderen angewiesen ist und in der Aufnahme verschiedenster Perspektiven besteht.

Die Entwicklung der „obliquen Hermeneutik" basiert auf der Auseinandersetzung mit der von Lorenzer (1974) konzipierten „Tiefenhermeneutik".[2] Die „oblique Hermeneutik" versteht sich ebenfalls als kritische Hermeneutik, die über den subjektiv intendierten, manifesten Sinn eines Textes hinausgeht, um die latente Sinnebene zu entschlüsseln. Diese Hermeneutik scheint besonders geeignet zur Interpretation der Lebensgeschichten Überlebender: Da die extreme Traumatisie-

---

[2] Eine ausführliche methodologische und methodische Argumentation auf der Basis sozialisations- und erzähltheoretischer Überlegungen findet sich bei Quindeau (1995 a). In Abgrenzung von der „Tiefenhermeneutik" habe ich mein Verfahren mit einem eigenen Begriff versehen, da es eine Reihe von Unterschieden aufweist. So ist es nicht als Gruppeninterpretationsverfahren, sondern als dyadisches Verfahren konzipiert, um gruppendynamische Einflüsse und sich daraus ergebende Verzerrungen zu begrenzen. Weiterhin bezieht es sich auf einen anderen Gegenstandsbereich, die Interviews verlangen einen anderen hermeneutischen Zugang als literarische Texte, was mit Bezug auf erzähltheoretische Überlegungen begründet wurde. Schließlich unterscheidet sich die Validierung der Interpretationen: Die Interpretinnen werden auch in die Phase der Zusammenfassung der Ergebnisse mit einbezogen; diese Ergebnisse werden dann in einem weiteren Schritt von einer am Interpretationsprozeß nicht beteiligten Expertin auf ihre Plausibilität und Nachvollziehbarkeit im Vergleich zu den Interviewtexten geprüft.

rung nicht explizit in Sprache gefaßt werden kann, aber sich dennoch im Text – etwa an Brüchen, Auslassungen etc. – niederschlägt, setzt die Interpretation an diesen Stellen an und unternimmt den Versuch, nicht die Traumatisierung selbst, sondern vielmehr die subjektiven Versuche, mit der Traumatisierung zu leben, zu beschreiben. Aufgrund ihrer formalen Struktur bietet die Erzählung die Möglichkeit, die Verfolgung und das Überleben in den Sinnzusammenhang einer Lebensgeschichte zu integrieren und damit das Unverständliche zu plausibilisieren. Die Interpretation dieser Erzählungen will über die Analyse der subjektiven Deutungsmuster und die „Demontage" des manifesten Sinnes der Lebensgeschichte den stets prekären Umgang mit der extremen Traumatisierung näher beleuchten.

Das Verfahren der „obliquen Hermeneutik" ist als dyadisches Interpretationsverfahren[3] unter der Beteiligung von Psychoanalytikerinnen[4] konzipiert, die seit vielen Jahren in ihrer theoretischen und praktischen Arbeit mit der besonderen Problematik von Überlebenden der Massenvernichtung befaßt sind. Die spezifische thematische und methodische Kompetenz erscheint gerade bei der Interpretation dieser Lebensgeschichten unverzichtbar, weil sich die Besonderheit dieser Erzählungen nur an den Bruchstellen des Textes niederschlägt und ihre Rekonstruktion intensive Vertrautheit mit der Thematik voraussetzt.

Das hermeneutische Vorgehen beim Interpretationsprozeß läßt sich in Anlehnung an Argelander (1968) und Lorenzer (1970) als szenisches Verstehen beschreiben. Im Unterschied zur klinisch-therapeutischen Situation vollzieht sich das szenische Verstehen bei der Interpretation von Interviewtexten in folgenden drei Dimensionen:

1. Die Ebene der Erzählung: Frühere Interaktionen, Erlebnisse und Erfahrungen werden in Form einzelner Szenen dargestellt.
2. Die Ebene des Interviews: Die Interaktion zwischen GesprächspartnerIn und InterviewerIn läßt sich szenisch verstehen und bietet die Möglichkeit der Reflexion von Übertragungs- und Gegenübertragungsprozessen.
3. Die Ebene des hermeneutischen Diskurses: Die Interaktionen zwischen den InterpretInnen lassen sich ebenfalls im Hinblick auf Übertragung und Gegenübertragung reflektieren.

Im hermeneutischen Prozeß werden diese drei Schichten zueinander in Beziehung gesetzt, um einen Zugang zum latenten Textsinn zu erhalten. Das Textverständnis

---

[3] Dies bedeutet, daß jeweils zwei Interpretinnen unabhängig voneinander mit einem Interview befaßt waren. Die Übereinstimmungen wurden in die Interpretation aufgenommen, Differenzen diskutiert und ebenfalls aufgenommen, wenn sich ein Konsens erzielen ließ.
[4] In diesem Zusammenhang danke ich Judith S. Kestenberg, Marion Oliner, Charlotte Kahn und Marianne Leuzinger-Bohleber.

entwickelt sich auf dem Hintergrund fortlaufender Reflexion der eigenen Reaktionen sowie der hermeneutischen Vorannahmen, die sich aus der klinischen Erfahrung einerseits und der theoretischen Auseinandersetzung mit der Massenvernichtung andererseits ergeben. Um subjektive Verzerrungen im Interpretationsprozeß so weit wie möglich begrenzen zu können, wurden die Ergebnisse dieses Prozesses einer aufwendigen Validierung unterzogen (vgl. Quindeau 1995).

4. Szenen eines Interpretationsprozesses: Trauma und Konflikt im Interview mit Frau L.

Ich werde einige Ergebnisse aus dem Interpretationsprozeß voranstellen, damit nachvollziehbar wird, unter welchen Gesichtspunkten die Interviewsequenzen ausgewählt wurden.

Bei der Interpretation bin ich zunächst der Frage nachgegangen, wie eine Lebensgeschichte mit solch unvorstellbarer Traumatisierung angesichts der beschriebenen Grenzen der Sprache überhaupt erzählbar wird. Im Interpretationsprozeß wurde deutlich, daß das Verfolgungsgeschehen an einen psychodynamischen Konflikt gebunden wird. Die Erzählung wird damit nicht, wie es bei einem so monströsen Ereignis auch denkbar wäre, vom Trauma, vom Erleben der Massenvernichtung aus entworfen. Vielmehr zeigt es sich, daß der Bezugspunkt, die Perspektive, aus der die Erzählung entworfen wird, einen Konflikt darstellt, der aus der Zeit vor der Verfolgung rührt und die Darstellung des Lebens während und nach der Verfolgung prägt. Ein psychodynamischer Konflikt, der selbst unbewußt bleibt, scheint so zum zentralen Organisations- und Gestaltungsmoment der Erzählung zu werden. Auf diese Weise überlagert der Konflikt das Trauma und führt zu einer Stabilisierung des Ichs, was anhand der konkreten Lebensgeschichte von Frau L. im einzelnen dargestellt werden soll. Diese Annahme einer protektiven Funktion, die der psychodynamische Konflikt in bezug auf das Trauma einnimmt, ist auch in Einklang mit der Erfahrung vieler AnalytikerInnen zu bringen, daß eine analytische Therapie mit Überlebenden problematisch werden könnte (vgl. etwa die Beiträge in dem Sammelband von Bergmann und Jucovy 1982), wenn dieser Konflikt mit der Bearbeitung zugleich seine Schutzfunktion für das Trauma verliert.

4.1 Überblick über die Lebensgeschichte von Frau L.

Frau L. ist das einzige Kind ihrer Eltern, sie wurde Anfang der 30er Jahre in der Tschechoslowakei geboren und wuchs in einem relativ wohlhabenden Elternhaus auf. Ihr Vater besaß ein mittleres Unternehmen, ihre Mutter war nicht berufstätig. In unmittelbarer Nachbarschaft wohnte ihr Onkel mit seiner Familie, sie war oft mit ihren beiden älteren Cousins zusammen.

Die ersten Auswirkungen der Verfolgung durch die Nationalsozialisten spürte Frau L. beim Einmarsch der Deutschen im März 1939, kurz darauf wurde ihre (jüdische) Schule geschlossen. Im Juni 1943 wurde sie zusammen mit ihrer Familie zunächst nach Theresienstadt, im Oktober 1944 mit Mutter und Tante nach Auschwitz deportiert und von dort aus in verschiedene Lager in Österreich verschleppt, wo sie als Zwangsarbeiterin in einer Fabrik eingesetzt war.

Nach der Befreiung im Mai 1945 kehrte sie nach einer schweren Typhuserkrankung in die Tschechoslowakei zurück. Ihre Mutter starb an derselben Krankheit kurz nach der Befreiung. Frau L. besuchte zunächst zwei Jahre das Gymnasium und machte dann eine berufliche Ausbildung. Im Januar 1949 immigrierte sie zusammen mit ihrem Vater und dessen zweiter Frau nach Israel, wo sie ein Jahr später heiratete. Kurz darauf bekam sie eine Tochter. Nach anfänglicher Tätigkeit als Mutter und Hausfrau übernahm sie vor 17 Jahren eine Stelle in der Verwaltung einer sozialen Einrichtung. Ihr Ehemann war mit seiner Familie in den 30er Jahren aus Deutschland emigriert, in einem technischen Beruf tätig und ist inzwischen pensioniert; ihre Tochter lebt in der Nähe, hat drei Kinder und ist ebenfalls berufstätig.

4.2 Selbstdarstellung zu Beginn des Interviews

Sehr auffallend an diesem Interview ist zunächst die Kürze der Darstellung: Die Gesprächspartnerin, Frau L., erzählt ihre Lebensgeschichte auf etwa eineinhalb Transkriptionsseiten und faßt sie mit der Einschätzung „kein sehr interessantes Leben" (2)[5] zusammen. Erkennbar wird ein deutliches Zurücknehmen der eigenen Person, es entsteht der Eindruck, daß sie nicht lästig fallen, sich nicht exponieren will. Sie beginnt mit der Einschätzung einer unauffälligen Kindheit: „Meine Kindheit bis '39 eigentlich verhältnismäßig ruhig verlaufen, äh, ganz einfaches Heim ..." (1), die jedoch im Widerspruch steht zu späteren, ausführlicheren Beschreibungen. Zugleich kann in dieser Selbsteinschätzung des wenig interessanten Lebens auch ein Hinweis darauf gesehen werden, daß sie die schmerzlichen traumatischen Erlebnisse lieber nicht erzählen will. Im „Telegrammstil" reiht sie die Fakten ihrer Verfolgungsgeschichte aneinander; sie vermeidet es, auf ihr subjektives Erleben einzugehen, im Vordergrund stehen die Ereignisse. Es wird für mich eine gewisse Hast spürbar, sie scheint sich nicht bei Einzelheiten aufhalten zu wollen. Verlusterfah-

---

[5] Die Seitenangaben in der Klammer beziehen sich auf die Transkription des Interviews.

rungen werden lapidar konstatiert, sie geben der Lebensgeschichte ihre äußere Form bzw. dienen zu ihrer Gliederung: „... damit war eigentlich mit der Kindheit aus" (1). Dieser Einschnitt wird von einem historischen Datum, der Annexion von Böhmen und Mähren im März 1939, markiert. Mit der Befreiung aus dem Konzentrationslager im Mai 1945 verbindet sich für Frau L. das Ende ihrer Jugendzeit: „Damit war auch meine Jugend zu Ende" (1). Wie beiläufig fügt sie den Tod der Mutter in dem Lager in Österreich an (1). Mir fällt diese Beiläufigkeit auf; aus der Art der Schilderung vermute ich, daß dies ein besonders schmerzliches Erlebnis darstellt.

„Das ist eigentlich die Jugendzeit, nicht, damit war auch meine Jugend zu Ende. Ich habe neunzehnhundert..., – meine Mutter hat das Lager nicht überlebt, die hat Typhus bekommen, ist auf Typhus in Mauthausen gestorben, und ich bin dann zurück nach Olmütz ..." (1).[6]

Ihre eigene Verfolgung beschreibt sie lediglich damit, daß sie die Jüngste in dem Lager in Österreich gewesen sei:

„... war ich die Jüngste eigentlich im Lager, war, ich war damals dreizehn, da hat man sich bemüht, mich im Lager zu behalten, und ich war dann offiziell die Lagerschusterin" (lacht) (1).

Mir fällt an dieser Stelle ihr kurzes Lachen auf, das nicht zu dem Berichteten zu passen scheint. Die Bedeutung erschließt sich jedoch nicht aus dieser Textstelle, sondern wird erst im Laufe der weiteren Erzählung entfaltet.

Über die Verfolgungsgeschichte des Vaters berichtet Frau L., daß er zusammen mit einem Bruder durch seine Arbeit die Deportation seiner Familie hinauszögern konnte und daß er zunächst in Auschwitz und dann in einem Außenlager in Süddeutschland gewesen sei.

Bereits in der Anfangserzählung wird die Spannung deutlich, die die Lebensgeschichte von Frau L. durchzieht: Einerseits wird die Erfahrung der Massenvernichtung als Zäsur, als Bruch thematisiert, der ihr bisheriges Leben beendete und einen „Neubeginn" erzwang. Frau L. beginnt ihre Geschichte mit der Änderung ihres Namens. Nach der Emigration nach Israel 1949 wandelte sie ihren deutschen in einen jüdischen, in Israel sehr verbreiteten Vornamen um. Dies kann als Versuch verstanden werden, ihre bisherige schmerzliche Geschichte hinter sich zu lassen und als ein anderer Mensch in neuer Umgebung noch einmal anzufangen.

Andererseits wird das Bemühen sichtbar, die Verfolgungszeit auszuklammern und an das vorhergehende, gewohnte Leben anzuknüpfen:

---

[6] Die Namen und Orte wurden sinngemäß chiffriert.

„Ich bin dann natürlich wieder in die Schule gegangen, aber es ging nicht allzu gut, denn es waren viel zu große Lücken, die man sehr schwer nachholen kann. Ich hab' das Gymnasium ... zwar zwei Jahre Gymnasium absolviert, aber nicht sehr erfolgreich, hatte beschlossen, dann in eine ... (berufliche) Schule zu gehen, und das ging natürlich viel besser, das war viel einfacher" (1 f.).

Trotz der konstatierenden Redeweise wird das Bedauern spürbar, nicht den Anforderungen und Erwartungen genügt zu haben, die an sie gerichtet wurden. Der Versuch, nach der Verfolgungszeit wieder ein „normales Leben" aufzunehmen, scheiterte. Die erlebte Traumatisierung widersetzt sich dem Bemühen, der Lebensgeschichte Kontinuität zu verleihen.

Die Anfangserzählung ist von hoher Bedeutung für den Interpretationsprozeß; sie gibt sowohl Hinweise auf die wichtigen Themen, die im weiteren Verlauf der Erzählung entfaltet werden, als auch auf die Form, in der die Geschichte entworfen wird. Die Art und Weise der Selbstdarstellung zu Beginn des Interviews, die gerade 50 Zeilen des Transkriptes in Anspruch nimmt, läßt den Eindruck entstehen, daß in den wenigen Worten, mit denen die Lebensgeschichte erzählt wird, auch die Spannung zum Ausdruck kommt, daß Frau L. zwar einerseits ihre Geschichte erzählen möchte, es aber andererseits auch eine große Belastung für sie darstellt.

4.3 Trauma und unbewußter Konflikt in der Erzählung

In der Lebensgeschichte von Frau L. scheint das zentrale traumatische Erlebnis in dem Tod ihrer Mutter zu liegen sowie in der Befürchtung, daß sie schuld daran sei. Hier wird eindrucksvoll die Verbindung von traumatischem Ereignis und unbewußten Phantasien deutlich. Darin scheint sich jedoch nicht – wie etwa bei Trauersituationen unter anderen historischen und gesellschaftlichen Umständen – eine pathologische Reaktion zu manifestieren, die eine analytische Bearbeitung sinnvoll machen würde. Vielmehr erhält dieses Muster im Kontext der Massenvernichtung (und des nachfolgenden Umgangs damit) eine protektive, stabilisierende Funktion, indem es das Unbegreifliche dieser Vernichtung mit einem „plausibleren" Erleben überlagert und dadurch vor dem völligen psychischen Zerfall (vgl. etwa die Schilderungen zum „Überlebendensyndrom" als „Seelenmord", Niederland 1968) schützt. Vor diesem individuellen, familienbezogenen Hintergrund verliert dann das historische Geschehen zwar einerseits seine Kontur, andererseits wird aber auch das subjektive Erleben und Leiden dem damit verbundenen Zivilisationsbruch entzogen und dadurch sowohl den Erzählenden selbst als auch den Zuhörenden verständlich gemacht. Das Unbegreifliche der Massenvernichtung kehrt jedoch in einer zentralen Frage im Selbstverständnis der Überlebenden wieder, nämlich in der unerklärlichen und persistierenden Frage nach den Gründen für das eigene Überleben. Mit der Erzählung ist (auch) der Wunsch verbunden, diese Frage zu klären und sich selbst und anderen plausibel zu machen, warum man überlebt hat in einer Situation, in der der Tod das „Selbstverständliche" war und das Überleben das Kontingente.[7] An der Geschichte von Frau L. läßt sich zeigen, wie diese unbeantwortbare Frage mit einem lebensgeschichtlichen, familienbezogenen Konflikt verbunden wird, dem als konflikthaft geschilderten Verhältnis zu ihrer Mutter.

Die gesamte Erzählung erscheint zentriert um das Schuldgefühl, die Mutter mit der tödlichen Typhuskrankheit angesteckt zu haben, sowie den Versuch, mit diesem Schuldgefühl umzugehen. Für die Zeit ihrer Kindheit vor der Verfolgung konstruiert Frau L. das Bild einer „schlechten Mutter", von der sie sich häufig vernachlässigt gefühlt habe. Sie beschreibt sie als „lebensfrohe" und „verwöhnte" Frau, die vor allem ihren eigenen Interessen nachgegangen sei. Während der Verfolgungszeit scheint sich das Mutter-Tochter-Verhältnis umgekehrt zu haben, Frau L. berichtet, sie habe sich sehr um ihre Mutter gekümmert, die von ihr als weitgehend „unfähig" geschildert wird, unter den Bedingungen der Verfolgung zu leben. An verschiedenen Stellen in der Erzählung wird die Konstruktion einer „schlechten Mutter" gebrochen; Frau L. geht auch auf die fürsorglichen Anteile ihrer Mutter ein und schildert Szenen, wo diese sie hatte retten können. Solche Szenen verweisen noch einmal auf den Konstruktionscharakter der Erzählung, in welcher das Verhältnis von Mutter und Tochter retrospektiv aus gegenwärtiger Perspektive entworfen wird. Aus psychoanalytischer Perspektive ist zu vermuten, daß Frau L. über stabile frühe Objektbeziehungen verfügt, die sie auch die extreme Traumatisierung überstehen ließen. Das Bild der „schlechten Mutter" wird dagegen nur verständlich unter dem Druck der Schuldgefühle im Zusammenhang mit dem Tod der Mutter. An dieser Interpretation wird sichtbar, wie wichtig eine genaue lebensgeschichtliche Rekonstruktion des Schuldgefühls zum Verständnis der Lebenssituation von Überlebenden ist; denn vielfach wird von einer „universellen Überlebensschuld" ausgegangen, die sich schlicht aus der Tatsache des Überlebens ergeben soll (vgl. u. a. Niederland 1968; zur ausführlichen Kritik des Konzeptes vgl. Quindeau 1995 a).

In der Erzählung entwirft Frau L. nun verschiedene Weisen des Umgangs mit dem oben geschilderten Konflikt; im Interpretationsprozeß wurde als wesentliches

---

[7] In dieser vollständigen Umkehrung der Alltagserfahrung, in der das Überleben das Selbstverständliche ist und der Tod das Zufällige, spiegelt sich die Gegenrationalität der Massenvernichtung, bei der die Vernichtung das oberste Ziel des Handelns war und nicht die Selbsterhaltung, die rationalem Handeln üblicherweise als oberstes Ziel zugrunde liegt (Diner 1988).

Muster ihr Selbstverständnis deutlich, immer gearbeitet zu haben. Sie entwickelt damit zugleich ein Erklärungsmuster, das ihr Überleben verständlich macht und umgekehrt auch erklärt, warum ihre Mutter nicht überlebt hat.

„Und es ist ihr (der Mutter/d. V.) dann auch im Lager immer sehr schwer gefallen, sie war sehr verwöhnt, und das Leben ist ihr da wirklich sehr schwer gefallen. Ich hab' mich dann immer um sie gekümmert. Sie hat es einfach nicht verkraftet, sie war schwach und nie Schwierigkeiten, mit Schwierigkeiten zu kämpfen gehabt, wir haben auch im Krieg, dann ich nicht mehr in die Schule gehen durfte und so, wir keine Dienstmädchen hatten, hat mein Vater und ich, mit zehn, zwölf, hab' ich dann den Haushalt gemacht mit meinem Vater zusammen, meine Mutter hat's nicht gemacht (I: ja). Ja, das ist interessant, so zurückzudenken, nicht wahr? (I: ja). *Ich hab' immer eigentlich gearbeitet, bis heute eigentlich* (Hervorhebung /d. V.), ja, und sie war es nicht gewöhnt, und es ist ihr auch schon sehr schwer gefallen, viel schwerer, glaube ich, als Leuten, die es ja gewöhnt sind, die schwere Arbeit und die schwere Arbeit"(5).

Die angesichts des realen Todes der Mutter besonders schuldhaft besetzte ödipale Thematik, die das gesamte Interview durchzieht, klingt hier bereits an und läßt die Vorstellung permanenter Arbeit in ihrem (protektiven) Abwehrcharakter erkennbar werden. Die hohe Bedeutsamkeit der Arbeit für Frau L. erfüllt darüber hinaus noch eine wesentliche Funktion im Hinblick auf den spezifischen Kontext der Massenvernichtung. Frau L. übernimmt damit eine von vielen Verfolgten geteilte Einschätzung; man dachte damals, das Überleben sichern zu können, wenn man der deutschen Besatzungsmacht in irgendeiner Weise nutzbringend erschien, beispielsweise indem man seine Arbeitskraft ausbeuten ließ (Hilberg 1968), denn es erschien unvorstellbar, daß deren zentrales Interesse in der Vernichtung bestand und keinerlei Rationalität unterworfen war. Ich gehe davon aus, daß diese Konfrontation mit der Gegenrationalität (Diner 1988) für die Überlebenden unerträglich war, weil sie Rationalität und damit auch das Selbstverständnis eigener Handlungsfähigkeit generell in Frage stellt. Für das Überleben nach der Befreiung war es daher notwendig, sich eigener Handlungsspielräume, d. h. der Autonomie als handelndem Subjekt, wieder zu versichern. Die Vorstellung permanenter Arbeit erhält so die Funktion einer „Überlebensstrategie"; Frau L. erlebt sich selbst als fähig, zu ihrem Überleben beigetragen zu haben. Daneben wird Arbeit auch in ihrem identitätsstiftenden Charakter sichtbar. Mit der Vorstellung, für andere nützlich zu sein (was sie in ihrer Erzählung vor allem auf ihr familiäres und berufliches Umfeld nach der Befreiung bezieht), kann sie ihrer Existenz Sinn verleihen und somit der vom Nationalsozialismus intendierten Zerstörung des Ichs entgegenwirken. Schließlich kommt dem Empfinden, immer gearbeitet zu haben, auch eine wesentliche Bedeutung im konflikthaften Verhältnis zu ihrer Mutter zu: Schuldgefühle werden mit Hilfe der Vorstellung gemildert, alles für ihre Mutter getan zu haben.

Jedoch impliziert die Konstruktion von Arbeit als aktivem Handeln auch Verantwortung und schürt damit die Befürchtung, am Tod der Mutter beteiligt gewesen zu sein, sie mit der tödlichen Krankheit angesteckt zu haben. Ich gehe daher von einer ambivalenten Funktion der Erzählung aus: Die Konstruktion ist zwar einerseits sinnstiftend und schützt vor psychischer Desintegration, andererseits ist sie aber auch sehr belastend, wie an der Geschichte von Frau L. sichtbar wird. Darüber hinaus werden auch im Erzählprozeß die Grenzen des Erzählens deutlich, die auf die zugrundeliegende Extremtraumatisierung verweisen.

Die wechselnde Ent- und Belastung durch die Konstruktion der Erzählung wird im Erzählprozeß erkennbar als stetiges Pendeln zwischen Anklage und Entschuldigung. Dieses Muster zeigt sich bei Frau L. nicht nur in der Erzählung über ihre Mutter, sondern auch in der Interaktion mit mir als Interviewerin.

„Und auch so ein Gespräch mit Ihnen, ich sag' Ihnen schon, ich werd sicher ein paar schwere Tage jetzt wieder haben, weil immer wieder erinnert man sich und wühlt die Sachen auf. Es sind kleine Anlässe, ja (I: Hm). Aber so ist es eben, so ist eben das Leben, das gehört dazu, und das trägt man mit sich."

I: „Hm, ja, hat es vielleicht auch, ja, irgendeine positive Bedeutung, das Darüber-Reden?

L: „Äh, eigentlich nicht, ja" (22).

Im weiteren Interviewverlauf berichtet Frau L. Episoden aus ihrem Alltag, in denen sie sich an die Verfolgung erinnert fühlt, und erzählt von ihrer Angst bei größeren Versammlungen. In der zitierten Szene fühle ich mich als Interviewerin in die Rolle einer „Aggressorin" versetzt, die die Erinnerung an die Verfolgung schmerzhaft aktualisiert. Zugleich nimmt Frau L. die latente „Anklage" wieder zurück, indem sie davon spricht, daß ihre Erinnerungen völlig unabhängig von unserem Gespräch bei ganz alltäglichen Anlässen auftauchen. Daneben finden sich auch Szenen, in denen Frau L. ihr Verständnis gegenüber der Interviewerin zum Ausdruck bringt:

L: „... haben sich da eine schwere Aufgabe auf sich genommen, glaube ich."

I: „Meinen Sie jetzt mit den Interviews?"

L: „Für sich persönlich, ja, mit dieser Arbeit, die Sie da machen, das ist sicher sehr aufwühlend auch für Sie."

I: „Bestimmt, ja."

L: „Das ist keine leichte Sache, sich das so anzuhören" (20).

An dieser Sequenz wird explizit, daß der Erinnerungsprozeß in Gestalt der autobiographischen Erzählung als intersubjektiver Prozeß zu verstehen ist, der sich in der Auseinandersetzung mit den antizipierten oder auch tatsächlichen Reaktionen der anderen vollzieht. Die Reflexion von Übertragung und Gegenübertragung im Interpretationsprozeß ermöglichte, die strukturelle Entsprechung der verschiedenen Dimensionen des Erzähl- und Interpretationsprozesses herauszuarbeiten und das Muster des Wechsels von (latenter) Anklage und Verständnis im Hinblick auf seine psychische und soziale, intersubjektive Funktion zu beschreiben.

5. Trauma und Geschichte

Ich habe in meinen Interpretationen den Versuch unternommen, die Interaktion zwischen Erzählenden und Zuhörenden zu reflektieren, um an einem Einzelfall deutlich zu machen, daß Erinnerungsprozesse als gemeinsame Konstruktionen verstanden werden können, in die die unbewußten Wünsche und Abwehrbewegungen von beiden Seiten eingehen und verarbeitet werden. Es zeigte sich, daß das Spezifische der Massenvernichtung, der Zivilisationsbruch, ausgeblendet werden mußte, um die Kontinuität der Lebensgeschichte herstellen zu können. Für die Überlebenden ist diese Ausblendung von zentraler Bedeutung, um sich das durch die Verfolgung zerstörte Gefühl von Subjektivität und Identität zumindest partiell wieder aneignen zu können. Der Erzählung kommt somit einerseits eine wichtige, stabilisierende Funktion zu: Sie erzählt nicht nur vom Umgang mit der Traumatisierung, sondern kann selbst als eine Form dieses Umgangs betrachtet werden. Andererseits wird an den Brüchen der Erzählung aber auch immer wieder das Nicht-Erzählbare deutlich, das auf die Persistenz der Traumatisierung verweist, die sich der Möglichkeit einer Symbolisierung entzieht. Ich würde daher nicht von einer heilenden Funktion der Erzählung sprechen, wie dies verschiedentlich getan wird, sondern eher von einer ambivalenten Funktion ausgehen, die sowohl eine belastende als auch eine entlastende Wirkung hat.

Ich möchte nun die Frage stellen, was die oben genannte unvermeidliche Ausblendung des Zivilisationsbruchs, des Spezifischen der Massenvernichtung im Hinblick auf uns als Rezipienten dieser Geschichten bedeutet. Sie erscheint problematisch, weil sie das Verständnis des historischen Ereignisses und seiner Folgen verzerrt. Die Geschichten beziehen sich zwar auf unvorstellbares Grauen, können dies narrativ jedoch nicht einholen. Auch wenn viele Überlebende ihrem Selbstverständnis nach mit ihren Erzählungen Zeugnis von der Massenvernichtung ablegen wollen, stellen die Geschichten jedoch nicht Zeugnisse der Vernichtung dar,

sondern vielmehr Zeugnisse des Überlebens. Möglicherweise liegt darin ein wesentliches entlastendes Moment für die Zuhörenden, was die doch ziemlich verbreitete Nachfrage nach autobiographischen Erzählungen von Überlebenden, sei es als
mündliche Zeitzeugenberichte oder literarische Erzählungen, plausibler werden
läßt. In dem gemeinsamen Wunsch nach einer Kontinuität der Geschichte – sowohl
auf individueller als auch auf kollektiver Ebene – scheinen mir die Interessen der
Überlebenden und ihrer Zuhörer und Zuhörerinnen zu konvergieren, was die
Erzählungen noch einmal als Ausdruck des Versuchs intersubjektiver Verständigung ausweist.

Literatur

Arendt, H. (1960): Von der Menschlichkeit in finsteren Zeiten. Gedanken zu Lessing. Hamburg
(Kulturbehörde).
Argelander, H. (1968): Der psychoanalytische Dialog. In: Psyche 21, S. 325-357.
Bergmann, M., Jucovy, M. (Hrsg.), (1982): Generations of the Holocaust. New York (Basic
Books).
Böhme, G. (1990): Sinn und Gegensinn – Über die Dekonstruktion von Geschichten. In: Psyche
44, S. 577-592.
Diner, D. (1988): Aporie der Vernunft. In: Diner, D. (Hrsg.), (1988): Zivilisationsbruch: Denken
nach Auschwitz. Frankfurt/M. (Fischer), S. 30-53.
Friedländer, S. (1990): Die „Endlösung". Über das Unbehagen in der Geschichtsdeutung. In:
Pehle, W. (Hrsg.), (1990): Der historische Ort des Nationalsozialismus. Frankfurt/M.
(Fischer), S. 81-93.
Hilberg, R. (1968): Die Vernichtung der europäischen Juden. Frankfurt/M. (Fischer).
Lorenzer, A. (1966): Zum Begriff der „traumatischen Neurose". In: Psyche 20, S. 481-492.
Lorenzer, A. (1970): Sprachzerstörung und Rekonstruktion. Frankfurt/M. (Suhrkamp).
Lorenzer, A. (1974): Die Wahrheit der psychoanalytischen Erkenntnis. Frankfurt/M. (Suhr-
kamp).
Lyotard, J. F. (1988): Heidegger und „die Juden". Wien (Passagen).
Niederland, W. G. (1968): Folgen der Verfolgung: Das Überlebenden-Syndrom. Seelenmord.
Frankfurt/M. (Suhrkamp).
Quindeau, I. (1995 a): Trauma und Geschichte. Frankfurt/M. (Brandes & Apsel).
Quindeau, I. (1995 b): Wissenschaft als Abwehr – Der erkenntnistheoretische Bruch angesichts
der Massenvernichtung der europäischen Juden im Nationalsozialismus. In: Geldbach, E.
(Hrsg.), (1995): Vom Vorurteil zur Vernichtung. Münster (Lit).
Rosenthal, G. (1995): Erlebte und erzählte Lebensgeschichte. Frankfurt/M. (Campus).
Straub, J. (1989): Historisch-psychologische Biographieforschung. Heidelberg (Asanger).

Scham – das unauslöschliche Siegel von Konflikt und Trauma in zwei literarischen Werken

(Kleists „Marquise von O." und Rushdies „Scham")

Hildegard Adler

Die Scham als menschliches Selbstgefühl

Aus der Geschichte von Adam und Eva ist uns bekannt, daß sie sich schämten, als sie sich ihres Nacktseins bewußt wurden. Ob sie nicht eigentlich in dem Moment menschliches Bewußtsein erreicht haben, nämlich als sie sich nackt und verletzbar empfanden und des Paradieses verlustig?

In der Genese jedes Menschen scheint sich ganz ähnliches zu wiederholen: Der Zustand des paradiesischen Einsseins geht schon mit der Geburt verloren; und die Sehnsucht des kleinen Menschen nach liebevoller Geborgenheit und einem verständnisvollen Austausch wird oft und oft enttäuscht durch Gleichgültigkeit oder Ablehnung.

Und das ist die ursprüngliche Situation der Beschämung: Wer erlebt, daß seine Liebe oder sein leidenschaftlicher Wunsch unbeantwortet bleibt oder abgewiesen wird, wird sich seiner mangelnden Wirkmöglichkeit leidvoll bewußt. Sich zu schämen heißt, sich der erhofften Liebe und Anerkennung nicht würdig zu fühlen (vgl. Rizzuto 1991).

Scham und Schuldgefühle sind Zwillinge. Während Schuldgefühle vorwiegend auf ein aktives böses Tun folgen, bezieht sich die Scham auf das Sein der eigenen Person, auf das schmerzliche Gefühl des Nackt- und Bloß- und Minderwertigseins in den eigenen Augen und in denen anderer Menschen. Da das Tun ins Selbstgefühl des Täters zurückgebunden wird, bildet die Scham die eigentliche moralische Instanz (Thrane 1979) und ist der Hüter unserer Identität (Lichtenstein 1977; Kinston 1983).

Schuldgefühle wurden von Piers und Singer (1953) dem strafenden Gewissen, die Gefühle der Scham dem narzißtischen Ich-Ideal (vgl. Freud 1914) zugeordnet. Ähnlich wie wir annehmen, daß sich das sog. reife Gewissen von den konkreten kindlichen Vorbildern gelöst und unabhängig gemacht haben muß, so stelle ich mir vor, daß sich auch das Schamgefühl aus den Maßstäben, die durch andere Menschen erfolgten, zu einer autonomen Instanz, zur selbstverantwortlichen Persönlichkeit entwickelt. Das Selbst hat in der potentiell stets wachen Schambereitschaft einen inneren Wächter, der unbeugsam gegen eine Schädigung des eigenen Ethos revoltiert. Wer in einem Konflikt oder auch in Not und Gefahr sich einem Anspruch unterwirft, der seiner Ehre oder seinem Selbstgefühl widerspricht, fühlt sich aufs tiefste und vielleicht unbehebbar beschämt.[1]

Ich definiere die Scham als einen Reflexionsprozeß, als den Inbegriff des Selbstgefühls im System der verschiedenen Instanzen, die die Selbstwahrnehmung bestimmen.

Scham, unbewußte Scham und Schamlosigkeit

Scham gilt mir als das wichtigste menschliche Phänomen, das Humanum schlechthin. Ihrer Wirkweise, der Art wie sie erlebt wird, möchte ich mich zuwenden am Beispiel von zwei literarischen Werken. Das erste ist Kleists Novelle „Die Marquise von O.", die 1807 veröffentlicht wurde; an ihr möchte ich die Scham eines differenzierten, „innengeleiteten" (Riesman) Menschen zeigen; es ist jene Scham, welche die Voraussetzung für Kants „praktische Vernunft" und den „Kategorischen Imperativ" darstellt und Freuds Theoriesystem von Über-Ich (Ideal-Ich) und Trieben fraglos zugrunde liegt.

Die Psychoanalyse hat schon immer die ungeheure Macht „unbewußter Schuldgefühle" erkannt; ich denke, wir müssen uns mit der unbewußten Scham erst vertraut machen. Wenn ein Mensch seiner als maßlos empfundenen Schande nicht mehr gewachsen ist, gelangt er an die Grenze seines Selbstseins, in die Gefahr des Selbstverlustes, in ein Jenseits des Schuld- und Schamprinzips. Wo das innere Gleichgewicht und die menschliche Bindungsfähigkeit zutiefst gestört sind, entsteht eine „Scham-Losigkeit", aus der die Gewissenlosigkeit resultiert.

Ich möchte ein Bild dieser Schamlosigkeit an Salmon Rushdies Roman „Shame" (1983) aufweisen.

---

[1] Jan Philipp Reemtsma (Im Keller [1997]) schrieb seine Erinnerungen an die Geiselhaft, um das peinigende Schamgefühl zu überwinden, in der Zeit der äußersten Angst um sein Leben, willfährig den vermuteten Erwartungen und Wünschen der Erpresser entsprochen zu haben.

Kleists Novelle bedarf keiner weiteren Exemplifizierung, weil sie ein uns wohlbekanntes Neurosenbild bietet. Aber zu Rushdies „Shame", d. h. zum Verlust der Scham, möchte ich in einem dritten Schritt ein Aperçu aus einer Therapie bieten.

I. Die innerseelische Scham der Marquise von O.

Die Verwirrungen der Scham

Kleists Novelle „Die Marquise von O." setzt ein mit einem schrillen Mißton, nämlich mit einem „den Spott der Welt reizenden Schritt"[2] der Marquise von O., einer jungen Witwe, Mutter von zwei Kindern. Diese läßt durch die Zeitungen bekannt machen,

„daß sie, ohne ihr Wissen, in andre Umstände gekommen sei, daß der Vater zu dem Kinde, das sie gebären würde, sich melden solle, und daß sie, aus Familienrücksichten, entschlossen wäre, ihn zu heiraten".

Im nachhinein erfahren wir die Umstände, unter denen diese gebildete, „vortreffliche" Dame ungewußt-unbewußt geschwängert worden war: von kriegerischen, russischen Truppen war die Festung ihres Vaters, aus der die Damen nicht mehr hatten fliehen können, eingenommen worden. Der leitende russische Offizier hatte, als „ein Engel des Himmels", die Marquise vor den „schändlichsten Mißhandlungen" gerettet, sie höflich in den nicht brennenden Schloßflügel begleitet, „wo sie auch völlig bewußtlos niedersank. Hier – (und dieser Gedankenstrich macht einstweilen den Leser aufmerksam auf eine mögliche Auslassung!) traf er ... Anstalten, einen Arzt" und ihre weibliche Begleitung zu rufen.

„Hier –" im Gedankenstrich ist die Szene der Vergewaltigung der bewußtlosen Marquise ausgelassen. Denn Kleist ist es nicht um das Faktum dieses Verbrechens zu tun, sondern um die „Umwälzung der Weltordnung" in der Gefühlsverwirrung der weiblichen Hauptfigur.

Ich fasse kurz den weiteren Geschehensverlauf zusammen: Die Marquise fühlt sich schwanger, aber ihr Verstand und ihre Erinnerung vermögen die Gefühle der Schwangerschaft und ihre Anzeichen nicht zu glauben. Sie fühlt sich in eine unendliche Verwirrung gestürzt, denn in ihrem Gewissen ist sie sich keines Geschlechtsaktes bewußt, der zu ihren schwangeren Empfindungen und Gefühlen geführt hätte. Gefühl und Bewußtsein klaffen auseinander. Sogar als sie von außen, vom Arzt, mit ihrem unabweisbaren Zustand konfrontiert wird, bleibt sie dabei:

---

[2] Zitate ohne weitere Herkunftsangaben entstammen dem jeweils besprochenen Text, entweder H. Kleist 1807; oder S. Rushdie 1983.

Eher könne sie glauben, „daß die Gräber befruchtet werden und sich dem Schoße der Leichen eine Geburt entwickeln wird". Und dennoch: „Hab ich nicht mein eigenes, innerliches, mir nur allzuwohlbekanntes Gefühl gegen mich?", fragt sie sich; „würd ich nicht, wenn ich in einer andern meine Empfindung wüßte, von ihr selbst urteilen, daß es damit seine Richtigkeit habe?" Von sich selbst aber fühlt sie, „daß sie wahnsinnig werden würde".

Als auch noch eine Hebamme ihre Schwangerschaft bestätigt, fällt sie in Ohnmacht.

In der Chronologie der erzählten Ungeheuerlichkeiten folgt hier der oben wiedergegebene Zeitungsaufruf, durch den sie nach dem unbekannten Vater des Kindes sucht. Darauf meldet sich, der Leser ahnt es, der russische Offizier, über dessen leidenschaftliche Liebe für die Marquise uns die Erzählung nicht im unklaren gelassen hat. Die Ehe, welche die beiden schließen, ist über Jahre bloß formal vertraglicher Natur, bis das glaubwürdige Werben des Offiziers Erhörung findet und in einer zweiten Hochzeit gefeiert wird.

Die Botschaft der Hysterie

Ich kehre in der Betrachtung des Textes zu jener Ohnmacht der Marquise zurück, welche auf die unfaßliche Diskrepanz folgt, auf die Unvereinbarkeit zwischen dem real körperlichen, vom Gefühl erkannten Faktum und der Blindheit des vernünftigen Erinnerns. Diese Ohnmacht, genau wie jene, in welcher die Schwängerung stattgefunden haben soll, kommt zustande auf dem Höhepunkt der äußersten Gefühlsverwirrung und -erregung, die wir phänomenal wohl als Scham bezeichnen dürfen.

Was ist es, was die Scham sich nicht zu sehen getraut, so daß sie den Schleier der Bewußtlosigkeit benötigt?

Am Ende der Novelle gibt uns Kleist einen bezaubernden Hinweis, wie einsichtig seine Protagonistin ihren eigenen Konflikten gegenüber ist: Auf die Frage ihres Ehemannes, des Offiziers, warum sie, die Marquise, so lange

„vor ihm, gleich einem Teufel geflohen wäre, antwortete sie ... er würde ihr damals nicht wie ein Teufel erschienen sein, wenn er ihr nicht bei seiner ersten Erscheinung wie ein Engel vorgekommen wäre".

Wie ein Engel, der die geheimsten Wünsche erfüllt? Sollten uns unsere analytischen Denkgewohnheiten auf die rechte Spur führen, daß dieser begehrte Engel eine Erscheinungsweise des Vaters aus der kindlichen Vorzeit darstellt? Und wahrhaftig: Der Autor der Geschichte bestätigt uns überdeutlich, daß inzestuös anmutende Vorstellungen und Lüste für seine Protagonistin und ihren Vater aktuell wirksam sind.

Ich kehre zum Referat der Novelle zurück: Die Eltern der Marquise müssen sich durch eine listige Erprobung der Tochter von dem Verdacht befreien, daß diese ihnen ein „schuldfreies Bewußtsein" vorgelogen hat. Nachdem sie gesehen haben, daß ihre Tochter wirklich nicht weiß, wer der Erzeuger ihres werdenden Kindes sei, versöhnen sich Vater und Tochter gefühls- und tränenreich in einer inzestuös anmutenden Szene.

Da ist die Rede von „unendlichen Liebkosungen", davon, daß die Tochter dem Vater auf dem Schoß sitze, „still, mit zurückgebeugtem Nacken, die Augen fest geschlossen, in des Vaters Armen liege(n), indessen dieser ... lange heiße und lechzende Küsse, das große Auge voll glänzender Tränen, auf ihren Mund drückte: gerade wie ein Verliebter ..., wie über das Mädchen seiner ersten Liebe (gebeugt), ... legte (er) ihr den Mund zurecht und küßte sie", und anschließend gingen beide „wie Brautleute ... zur Abendtafel".

Die dem Leser geradezu peinliche Beschreibung steht in eigenartigem Kontrast dazu, daß Kleist den Geschlechtsakt der Vergewaltigung mit keinem Wort erwähnt hat. Daß diese zwei Geschehnisse aber in einem inneren Zusammenhang stehen, wird durch die erzählte Sequenz deutlich: Direkt im Anschluß an die sexuell anmutende Versöhnung zwischen Vater und Tochter gibt sich der russische Offizier als der gesuchte Vater des werdenden Kindes zu erkennen. Als Antwort wehrt ihn die Marquise schaudernd ab: Mit einem Griff nach dem Weihwassergefäß und mit den Worten, „auf einen Lasterhaften war ich gefaßt, aber auf keinen Teufel", verschwindet sie, und anschließend verfällt sie in ein heftiges Fieber.

Die gebrechliche Einrichtung der (menschlichen) Natur

Der Dichter hat für unsere Ohren mit dieser Liebesszene zwischen Vater und Tochter eine innere Begründung gegeben, warum die Marquise den Sexualakt mit dem russischen Offizier in Bewußtlosigkeit tauchen mußte, weil er, trotz seines traumatischen Charakters, die unglaublichste stellvertretende Erfüllung ihrer geheimsten, längst vergessenen Wünsche darstellte.

Ich bin der Meinung, daß Kleist uns nicht eine neurotische Abart des Menschseins geschildert hat, sondern ein Bild für die Menschenart allgemein, für menschliche Zwiespältigkeit und Zerrissenheit, welche die Vorherrschaft der Vernunft in Frage stellt und erschüttert. Der widerwillige Verstand, d. h. das Bewußtsein der Marquise, mußte sich dem einsichtigeren Gefühl unterwerfen:

„Ihr Verstand, stark genug, in ihrer sonderbaren Lage nicht zu reißen, gab sich ganz unter der großen, heiligen, unerklärlichen Einrichtung der Welt gefangen."

Die „heilige, unerklärliche Einrichtung der Welt" meint jene Erfahrungen, die uns über unser Bewußtsein hinausführen, in das Jenseits dieser verstandesmäßigen Gegebenheiten. Das sind, gemäß dem Kleistschen Werk, vorwiegend die Grenzerfahrungen der Liebe , die immer ungeschützt, jenseits des bewußten Willens sich ereignen. Sie treffen den Menschen in seiner Ohnmacht, in der Hilflosigkeit seiner nackten, vom Verstand nicht mehr unterstützten Gefühle; über diese möchte die Scham den Schleier der Bewußtlosigkeit oder der Verdrängung legen.

Scham ist das Gewissen der Liebe (Scheler 1923). Scham zu verletzen heißt, die Würde eines Menschen anzugreifen. Diese Verletzung zu beheben oder, bescheidener, sie erträglich zu machen, ist unendlich schwer. Kleist schildert uns, daß eine Heilung möglich ist, wenn die Schuld vom russischen Offizier anerkannt wird, wenn Sühne geleistet und akzeptiert werden kann im gegenseitigen Respekt, in der Achtung für die eigenen und für die fremden Gefühle.

II. Rushdies Welt der Schamlosigkeit

Die Personifikation der Scham und Schande

Ich wende mich nun einer gänzlich andersartigen Weltsicht zu, wie sie von Salman Rushdie in „Shame" (1983) phantasievoll, sarkastisch, desillusionierend beschrieben ist. Die Welt dieses Romans bildet keine zu rettende „gebrechliche Einrichtung" (Kleist), sondern eine unrettbare Schande. (Der Titel der deutschen Übersetzung „Scham und Schande" gibt, mit Recht und notwendig, die Doppelbedeutung des englischen Begriffs wieder.)

Während das Erleben von Kleists Figuren symbolisch auf die allgemeine menschliche Zerrissenheit verweist, erschafft Rushdies Roman eine allegorische Welt, welche durch politische Schamlosigkeit regiert wird.

Sufiya ist ihren (pakistanischen, aber auch allgemein ihren überall in der Welt anzutreffenden) Eltern geboren als Ersatzkind, als Ersatz für einen totgeborenen Sohn. Der Vater, voll der lärmenden Wut ob des schmachvoll defekten Geschlechts dieses Kindes, will den schlechten Ersatz nicht hinnehmen; und darob, so schildert der Roman, errötet das kleine Neugeborene voller Scham.

Und die Psychoanalytikerin fügt hinzu: Es hat die Schmach der Eltern übernommen, die denen nur als objektivierte Schande zugänglich war.

Und wie es Kindern, die so wenig willkommen sind in dieser Welt, ergehen mag: Als Zweijährige erkrankt das Mädchen an einem Hirnfieber, und es bleibt von da an durch diesen Defekt schwerst beeinträchtigt. Die Scham aber bleibt ihm weiterhin auf den Leib und in ihn eingeschrieben, so daß die Kinderfrauen, die es zu baden haben, ihre Hände verbrennen im Wasser seiner glühenden, kochendheißen Beschämung.

Wo findet in diesem überwältigenden Scham-Schmach-Geschehen die Schuld ihren Platz? Zunächst liegt sie, gemäß dem Roman, in einem sexuellen Vergehen der Mutter des Kindes; sie ist „zerfressen von einem so extremen Schuldgefühl" wegen der Nächte, die sie sich während der Abwesenheit ihres Mannes gestattet hatte. Aber anders als in Kleists Geschichte bleibt Rushdies Hauptfigur Sufiya nicht das unschuldige, beschämte Opfer der Schande und der Allmachtsansprüche ihrer Eltern. Vielmehr bricht, wie häufig in Biographien von Gewaltopfern, eines Tages ihre vernichtende Destruktivität durch, weil, wie Rushdie sagt, „zwölf Jahre liebloser Demütigung ihren Zoll fordern, selbst bei einer Schwachsinnigen". Der Roman schildert uns, daß eine Nachbarin, eine Nebenbuhlerin und Rivalin der Mutter, sich eine Truthahnfarm zugelegt hatte; nachtwandelnd sei das Kind, allen Überwachungen zum Trotz, in die Hühnerfarm eingedrungen; am Folgetag habe man die „kleine zusammengekauerte Gestalt (gefunden), die inmitten der Vogelkadaver leise schnarchte. O ja, sie waren alle tot, jeder der 218 Truthähne ... Sufiya Zinobia hatte ihnen die Köpfe abgerissen und dann mit ihren winzigen unbewaffneten Händen in die Körper gelangt und die Gedärme durch den Hals herausgezogen."

Und der Erzähler beteuert:

„Gewiß scheint jedenfalls, daß Sufiya ..., die fleischgewordene Schande der Familie, in den Labyrinthen ihres unbewußten Ichs den verborgenen Weg gefunden hatte, der Sharam (d.i. die Scham mit allen kulturellen Konnotationen als Verhalten bestimmendes Ethos; Anm. H. A.)[1] und Gewalt miteinander verbindet; und daß sie beim Erwachen von dem Ausmaß der Gewalt, die entfesselt worden war, so überrascht war wie jeder andere. ... Und als sie die Verwüstung um sich herum sah, fiel sie in Ohnmacht."

Und diese entwickelte sich zu einer langen lebensbedrohlichen Fiebererkrankung, begleitet von schwarzen Beulen und jenen Symptomen, die den Zusammenbruch des Immunsystems kennzeichnen.

---

[3] „Sharam, das ist das Wort. Für das das schäbige Shame eine völlig unzulängliche Übersetzung ist ... Verlegenheit, Unbehagen, Anstand, Sittsamkeit, Zurückhaltung, das Gefühl, einen festen Platz in der Welt zu haben, und noch andere Dialekte des Gefühls, für die das Englische keine Entsprechung kennt ..." (Rushdie).

Die Schamlosigkeit als die Zerstörung des Geistes

Wie bei Kleist steht auch bei Rushdies Romanfigur die Bewußtlosigkeit als Reaktion auf eine erschreckend beschämende Selbstwahrnehmung. Hier bei Rushdie ist es die eigene mörderische Gewalttätigkeit, die der Täterin unerträglich ist. Ihre Ohnmacht ist die blind gewordene Scham oder besser: die fühllose Schande oder Schamlosigkeit. Rushdie sagt das folgendermaßen:

„Als hätte die finstere Gewalttätigkeit, die in diesem kleinen Körper geweckt worden war, sich nach innen gewandt, weitere Truthähne verschmäht und sich auf das Mädchen selbst gestürzt; als hätte (sie) sich ihr Ende selbst bereitet ...wie ein Soldat, der sich in sein Schwert stürzt. Die Pest der Scham und dazu rechne ich unbedingt die nicht empfundene Scham der Menschen in Sufiyas Umgebung ... ebenso wie die unablässige Scham über die Schande ihrer eigenen Existenz ... diese Pest ergriff schnell Besitz von dem tragischen Wesen, dessen Hauptcharakterzug in seiner Überempfindlichkeit dem Bazillus der Demütigung gegenüber bestand."

Die Regression in die autoaggressive Krankheit, in die Rushdie seine Heldin fallen läßt, verstehe ich als Allegorie der Selbstzerstörung des menschlichen Geistes, die im Roman konsequent zu Ende geführt wird: Sufiya wird im Laufe ihres Romanlebens zu einem männermordenden, wilden Unmenschen, einem blind wütenden Racheengel. Am Schluß des Romans, als von all den einflußreichen, machtgierigen Menschen ihrer Umgebung, die sich gegenseitig verfolgen, nur noch einer übriggeblieben ist, da bedroht sie diesen in einer ungreifbaren, elementaren Gestalt, in einer apokalyptischen Untergangsszene; Sufiya tritt letztmalig auf als „etwas, das Schreie auf den Lippen gefrieren ließ, das lebende Wesen versteinerte, ... heulend ... wie eine Feuersbrunst, die der Wind vor sich hertreibt, ... und dann war sie da, auf allen vieren, nackt, mit Schlamm und Blut und Kot bedeckt" und dennoch mit einem Flackern in den Augen wie in „der wahnwitzigen Vorstellung ..., sie sei tatsächlich eine Braut, die das Gemach ihres Liebsten betrat". Und dann endet der Roman in einer zerstörenden Explosion.

Ich denke, daß damit gesagt ist: Wenn die Scham umgeschlagen ist in die nicht mehr zu bändigende Gewissen- und Schamlosigkeit, ist das Ende unserer menschlichen Welt gekommen.

III. Scham und Schamlosigkeit in klinischer Sicht

Kleists Darstellung bedarf meines Erachtens keines klinischen Parallelbildes, hat doch der Dichter, ohne das Wort „Scham" zu nennen, uns an der Reflexion, den gefühlten Überlegungen der Hauptfigur und an dem neurotischen Scheitern der Reflexion teilnehmen lassen: Wenn die Scham, das ist die Spannung zwischen den Faktoren des Selbstgefühls, nicht mehr erträglich ist, zieht sie sich zurück ins Symptom des Nicht-Wissens und der Bewußtlosigkeit. Im Unterschied zum Psychologen Kleist ist Rushdie ein Moralist, der parodistisch-allegorisch die Unmoral der Welt, die greifbaren Auswirkungen der Machtgier und Schamlosigkeit am historischen Beispiel pakistanischer Politiker plakatiert. In Sufiya schildert er uns das Phänomen der Schamkrankheit in allegorischer Verdinglichung (als leibliches Erröten und als Schamhitze). Rushdie benennt eindeutig die Demütigungen und die mangelnde Liebe und Geborgenheit als Ursache dieser Krankheit, und er schildert uns ihren Verlauf: Das Übermaß an Erniedrigungen, das nicht seelisch verarbeitet werden kann, schlägt um in eine Verweigerung der Selbstwahrnehmung und schließlich in deren Verlust: Sufiyas Selbstdestruktivität und gewissenloses Morden zeigt den Zustand der Schamlosigkeit.

Wenn ich die Marquise von O. als Beispiel für die allgemein menschliche, die neurotische Scham verstanden habe, scheint mir Rushdie zuständig zu sein für das Scheitern aller „Dialekte des Gefühls" (Rushdie) oder, wie der Analytiker sagen könnte: Rushdie malt ein Bild der Borderline-Struktur mit ihrem Mangel an dialektischer Rückbezogenheit und ihren Abspaltungen.

Beschreibt diese allegorisch und phantastisch überhöhte Illustration der Folgen des Gedemütigtseins überhaupt ein Phänomen, das als „Schamlosigkeit" den Gegenpol der „Scham" ausmacht?

Wenn die Schamlosigkeit auf die Bedeutungsebene der Scham gehört, dann muß auch nachweisbar sein, daß individuelles Erleben und Verhalten vom einen Pol des Bedeutungsgradienten zum anderen hin sich bewegen kann.

Ich möchte diese Frage beantworten mit einer Vignette aus einer Borderline-Behandlung ... die hier aus Gründen der Diskretion fehlen muß.

Ich beschränke mich an dieser Stelle auf meine Schlußfolgerung aus dieser Illustration:

Die der Schamlosigkeit zugrundeliegende narzißtische Erniedrigung mußte ich im Laufe dieser analytischen Behandlung in eigener Beschämung annäherungsweise erleben; sie setzte die Reflexion meiner Scham-Abwehr-durch-Gefühllosigkeit in Bewegung und führte zu einem fühlend-reflektierenden Umgang mit der Scham und den Verführungen zur Schamlosigkeit. Diese tritt auf als narzißtische Blindheit für die Belange des anderen und in der (sadomasochistischen) Machtausübung, durch welche Demütigungen und Lieblosigkeiten, ähnlich wie Rushdie sie aus der frühen Kindheit seiner Protagonistin schildert, rachsüchtig abgewehrt werden.

Rushdie gibt ein Bild für das beschädigte, gebrochene Selbstgefühl der Geschändeten, die aus ihrer Mortifikation nicht herausgefunden hat.

Wenn aber im Beziehungsprozeß der Analyse die verfestigte Abwehr der Frühzeit lebendig werden kann (vgl. Bleger 1966), dann kann auch die moralische Struktur der mitmenschlich bezogenen und der auf das eigene Sein gerichteten Scham (wie die Novelle von Kleist sie zeigt) gewonnen werden. Gleichzeitig schwinden die Gefühlsferne und das Gefühl des Unwirklichseins (wie sie uns in Rushdies Roman und bei meinem Patienten begegneten).

Zusammenfassung

Ich fasse den Gedankengang, der mich in diesem Vortrag leitete, zusammen:

1. Scham ist die Grundlage der menschlichen Moralität, die Fähigkeit des Menschen, seine Konflikte zu reflektieren. Scham ist die Bedingung der Schuldgefühle.

2. Kleists „Marquise von O." (1807) bietet ein Beispiel für den dialektischen Prozeß, in dem seelisches Leben, das von der Scham reguliert wird, sich ereignet.

3. Wie wir wissen, kann ein traumatisches Erleben die menschliche Konfliktstruktur zerrütten.

4. Rushdies Roman „Scham und Schande" (1983) nennt als die Ursache für einen solchen Verlust der inneren Lebendigkeit und Dialektik eine durchgängige Beschämung; aus diesen Demütigungen aber entwickelt sich, gemäß Rushdies allegorisch phantastischem Beispiel, ein schamloses Geschöpf.

5. Diese (undialektische) Schamlosigkeit läßt sich in der klinischen Erfahrung wiederfinden: Die traumatisch erlebte Lieblosigkeit, in der ein Kind keinen Raum findet, wird durch Omnipotenz und soziale Schamlosigkeit abgewehrt. Sie bilden die Übertragungsstruktur in der Therapie. Insoweit sie im (dialektisch verstandenen) Analyseprozeß zwischen den beiden Partnern lebendig wird, kann die verfestigte Abwehr selbst, vielleicht erstmalig, im Reflexionsprozeß Konfliktstruktur gewinnen.

Literatur

Bleger, J. (1966): Psychoanalysis of the Psychoanalytic Frame. In: Int. J. Psychoanal. 48, S. 511-519.

Freud, S. (1914): Zur Einführung des Narzißmus. In: GW, Bd. 10, S. 157-170.

Kinston, W. (1983): A Theoretical Context for Shame. In: Int. J. Psychoanalysis 64, S. 213-226.

Kleist, H. v. (1807): Die Marquise von O. ... In: Sämtliche Werke (o. J.). München (Droemer), S. 681-716.

Lichtenstein, H. (1977): The Dilemma of Human Identitiy. New York (Aronson).

Piers, G., Singer, M. (1953): Shame and Guilt. Springfield, Ill. (Thomas).

Rizzuto, A.M. (1991): Shame in Psychoanalysis - the Function of Unconscious Phantasies. In: Int. J. Psychoanal. 72, S. 297-312.

Rushdie, S. (1983): Scham und Schande. Dt. Übers. Frankfurt/a.M. 1985 (Serie Piper).

Scheler, M. (1923): Wesen und Formen der Sympathie. Bern (Francke).

REALTRAUMATISCHE KATASTROPHEN UND IHRE BEWÄLTIGUNG

Noch einmal:
Wiederholungszwang

Jan Philipp Reemtsma

„Nach schweren mechanischen Erschütterungen" – der Satz gehört zu den so oft zitierten Sätzen Freuds, daß er bereits etwas Mantra-haftes hat, als sei es die Repetition, die seinen Sinn verbürge – „Eisenbahnzusammenstößen und anderen, mit Lebensgefahr verbundenen Unfällen ist seit langem ein Zustand beschrieben worden, dem dann der Name ‚traumatische Neurose' verblieben ist. Der schreckliche, eben jetzt abgelaufene Krieg hat eine große Anzahl solcher Erkrankungen entstehen lassen" – und es sind bekanntlich die Kriegsneurosen, oder sagen wir: es ist das Trauma des Schlachtfelds, das Freud am Ende nötigen wird, seine Triebtheorie zu revidieren. Aber diese Revision ist nicht mein Thema, sondern ich möchte nur von jener Auffälligkeit im Krankheitsbild der traumatischen Neurose ausgehen, die Freud auf diesen Weg brachte, den Wiederholungsträumen nämlich, die den Kranken „immer wieder in die Situation seines Unfalles" zurückführten, und aus denen er „mit Schrecken" erwache. Diese Träume schienen auf den ersten Blick der These vom Traum als einer phantasierten Wunscherfüllung zu widersprechen.

Ich will den Argumentationsgang nicht im einzelnen nachzeichnen, sondern nur auf das für meine weiteren Gedanken wichtige Teilstück verweisen, die Unterscheidung zwischen Schrecken und Angst. Die Angst ist nach Freud ein Präventionsmechanismus des Bewußtseins, dessen eine, wesentliche Funktion die des Schutzes gegen Reize von außen sei. In der Angst bereite sich der Mensch auf Gefahren vor, um von ihnen nicht überwältigt zu werden. Im Schrecken sei diese Vorbereitung entweder nicht möglich gewesen oder mißlungen. „Solche Erregungen von außen, die stark genug sind, den Reizschutz zu durchbrechen, heißen wir traumatische. Ich glaube, daß der Begriff des Traumas eine solche Beziehung auf eine sonst wirksame Reizabhaltung erfordert." Die Wiederholungsträume nun, so Freud weiter, versuchten, „die Reizbewältigung unter Angstentwicklung nachzuholen, deren Unterlassung Ursache der traumatischen Neurose geworden ist." Sie stellen also gewissermaßen das Geschehen unter für den traumatisierten Träumenden verbesserten Bedingungen nach.

Ein Traum, von dem mir ein ehemaliger Wehrmachtssoldat, der jahrelang in sowjetischer Gefangenschaft gewesen war, berichtet hat, schildert sehr eindringlich eine solche Rückkehr an den traumatisierenden Ort – er hat ihn zehn Jahre lang immer wieder geträumt: Er sieht sich auf ein Tor zugehen, das er plötzlich als das Tor zum Lager erkennt, und versucht, daraufhin in Angst geraten, sich vom Weitergehen abzuhalten. Der Traum endet, als er – „freiwillig" – das Lagertor durchschritten hat.

Nun sind natürlich die Jahre in einem Kriegsgefangenenlager, ohne daß wir ihnen das Schreckliche, das Traumatisierende absprechen wollen, für uns nicht der Prototyp des „Schreckens" – es fehlt ihnen das Moment des Plötzlichen, der Überraschung. Ich glaube, daß hier ein grundsätzlicher Mangel im Nachdenken über traumatisierende Effekte liegt – es ist zu sehr an das Effektvolle gebunden. Diese Bindung ist im Grunde nicht unplausibel. Sie bildet die scheinbar gangbarste Brücke, die vom alltäglichen Erleben in die Extremsituation führt, einfach weil unsere normalen Ängste in diese Richtung weisen: der Unfall oder der Überfall, der Sturz oder der Stoß aus dem Fenster, der plötzliche unerträgliche Schmerz, die schockartig erlebte Hilflosigkeit. Unsere Ängste sind präformiert. Wir alle haben vor Entsetzen geschrien, weil der Hunger weh tat, weil wir verlassen waren, weil plötzlicher Schmerz aus dem Nirgendwo uns überkam – wir sind alle hilfloseste kleine Kinder gewesen. Wir kennen alle das Urmißtrauen in die Welt. Wir haben diese Ängste – umrahmt von sozialem Vertrauen – nachgespielt und waren durch sie nicht gegen das Erschrecken, aber gegen den überwältigenden Schrecken gefeit. Wir waren die Blindekuh, wir haben den Witz vom Bergsteiger, der nachts um sich herum nur Abgrund tasten kann, aber es war bloß sein Spazierstock abgebrochen, genossen.

Ich benutze die erste Person Plural spielerisch. Es gibt übergenug Menschen, und ich rechne mich ein, obwohl ich keinerlei Wert darauf lege, die wissen, daß ein Trauma sich auch jenseits des Plötzlichen ereignen und dennoch mit dem Durchbrechen des Reizschutzes ebensoviel zu tun haben kann wie der unerwartete Schlag, der gar nicht mal aus dem Dunkeln kommen muß.

Das Bewußtsein sei, so Freud, „durch die Besonderheit ausgezeichnet, daß der Erregungsvorgang in ihm nicht wie in allen anderen psychischen Systemen eine dauernde Veränderung hinterläßt, sondern gleichsam im Phänomen des Bewußtwerdens verpufft". Es gibt Situationen, in denen diese beiden Leistungen des Bewußtseins – das „Verpuffen" der Erregung und das Bewußtwerden der Realität – auseinandertreten. Ich werde zur Erläuterung dieses Vorgangs, wie noch mehrfach in diesem Vortrag, auf eigene Erfahrungen zurückgreifen – worin Sie weniger eine narzißtische Fixierung auf Selbsterlebtes sehen mögen als das Eingehen auf eine in dem Einladungsbrief zu dieser Tagung durchschimmernde Erwartung, ich könne Ihnen etwas durch Autopsie Gewonnenes bieten.

Menschen, die aus welchen Gründen auch immer aus einem zuvor einigermaßen friedlichen Ambiente gewaltsam entfernt worden sind, haben berichtet (und es ist von ihnen berichtet worden), sie hätten die plötzliche Veränderung ihres Status in der Welt so sehr nicht akzeptieren können, daß sie eine tatsächlich weit weniger realistische, aber irgendwie akzeptablere Deutung für ihren Zustand gefunden hätten, nämlich die, Opfer eines Schabernacks geworden zu sein. Hier zeigt sich das Funktionieren des Bewußtseins im Zustand der Reizüberflutung. Es versagt sich der oder versagt vor seiner eigentlichen Aufgabe, die Wirklichkeit zur Kenntnis zu nehmen, fällt aber in seine elementarere, die des Reizschutzes, zurück. Das „Verpuffen" der Außenreize im Bewußtwerden funktioniert nicht, da das Bewußtwerden selbst die Intensität des Reizes steigern würde. An die Stelle des Bewußtseins tritt ein Ersatzbewußtsein, das nach Kräften einen Kompromiß zwischen Kenntnisnahme und Verleugnung sucht. Ich kenne diesen Zustand aus der erinnerten Selbstbeobachtung. Obwohl ich um den Mechanismus wußte, obwohl ich vom ersten Augenblick, in dem ich dazu fähig war, mir sagte, dieses, der Überfall, die Entführung, sei die Realität und nichts anderes, mußte ich später, im Keller, bereits an der Kette, mir tatsächlich vorsätzlich klarmachen, daß es ganz ausgeschlossen sei, daß plötzlich ein TV-Team in den Keller brechen und „Voll erwischt!" brüllen würde. So weit, sagte ich mir, würde kein TV-Sender gehen, einen vor der Haustür zusammenzuschlagen, zu fesseln, im Kofferraum abzutransportieren, dies wäre schwere Körperverletzung, Freiheitsberaubung und könne nicht mehr als besonders grober Unfug der Unterhaltungsindustrie angesehen werden.

Man sieht, daß der psychische Sinn solcher Derealisierung nicht in dem offensichtlichen „Nichtwahrhabenwollen" aufgeht. Vielmehr scheint der Gedanke angebracht, daß das auf seine primitivere Funktion, die des Reizschutzes, zurückgefallene und durch Überforderung auf sie reduzierte Bewußtsein die Wirklichkeit zwar sieht, aber nicht wirklich wahrnehmen kann, wollte es nicht vor seiner anderen Aufgabe kapitulieren – ein Zustand, der durch die Phantasie, es handle sich nicht um eine lebensbedrohliche Angelegenheit, sondern um einen Ulk, gewissermaßen überbrückt, plausibilisiert wird.

Die Derealisierung wie die Wiederholungsträume nach Freud dienen also beide dem Reizschutz; die Derealisierung der Aufrechterhaltung des Reizschutzes im Zustand des traumatischen Schreckens, die Wiederholungsträume der Re-Etablierung in posttraumatischer Zeit. Die Wiederholung im Traum wäre das ständige Wiederauftauchen eines noch nicht vollständig bewußtseinsfähigen Erlebnisinhalts, die sie begleitenden Angstzustände repräsentierten den Erlebnisanteil, der bewußtseins- und gefühlsfähig geworden ist. Die Tatsache der Wiederholung zeigt, daß dies noch nicht restlos geschehen ist.

Nun gibt es aber andererseits, wie ich weiß, die irritierende Wiederkehr des Gefühls der Derealisierung, ohne daß dieses von der Phantasie irgendeiner Wiederholung oder eines Wiederkehrens begleitet wäre. Hierin wäre, wenn wir die Parallelkonstruktion aufrechterhalten, das Gegenstück zum Wiederholungstraum im Zustand des Wachseins zu finden: Die Wiederkehr der Derealisierung signalisiert gleichfalls einen noch immer nicht bewußtseinsfähigen Anteil. Allerdings kann dieses Gefühl der Derealisierung durchaus Erinnerungen auslösen, die direkt gar nichts mit dem traumatischen Schrecken zu tun haben, sondern die vielmehr verdeutlichen, wie groß der Abstand zwischen der aktuellen Welt und der damaligen ist. Es erinnert – wie der Traum des ehemaligen Soldaten – an eine Dimension traumatischer Erlebnisse jenseits plötzlichen Schreckens.

„Trauma" ist ein Allerweltswort. Die Nachteile liegen auf der Hand. Die Vorteile sind, daß nicht durch die Wortwahl bereits Unterscheidungen präfiguriert werden, die sich später als unzweckmäßig herausstellen. Wir sprechen von Traumata unterschiedlicher Stärke, wir sprechen von rein seelischen und von vorwiegend physiologischen Traumatisierungen. Wir sprechen vom Trauma eines Verkehrsunfalls, einer Naturkatastrophe, wir sprechen von traumatisierten Verbrechensopfern, traumatisierten Soldaten und Zivilisten, vom Trauma politischer Verfolgung. Ich denke, daß das richtig ist. Es spricht alles dafür, daß allen solchen schockartigen Einbrüchen in ein Leben bestimmte gleichförmige Reaktionen entsprechen. Das allerdings heißt nicht, daß man, wenn man über „Trauma" spricht, vorwiegend über die Gleichförmigkeiten sprechen muß, noch das die Gleichförmigkeiten stets das Interessanteste wären.

Es kommt darauf an. Als es darum ging, dem „KZ-Syndrom" als einem psychophysischen Erscheinungsbild medizinische, psychologische und gerichtsrelevante Anerkennung zu verschaffen, war es wichtig, hier auf einem einigermaßen einheitlichen Symptomkomplex zu bestehen. Will man etwas anderes, gewinnt man Erkenntnis aus den Unterschieden. „Die Rolle", schreibt Ruth Klüger in ihrer Autobiographie „weiter leben", die „ein KZ-Aufenthalt im Leben spielt, läßt sich von keiner wackeligen psychologischen Regel ableiten, sondern ist anders für jeden, hängt ab von dem, was vorausging, von dem, was nachher kam, und auch davon, wie es für den oder die im Lager war. Für jeden war es einmalig."

Ich fange trotzdem mit dem Allgemeinsten und am besten Verallgemeinerbaren an, wissend, wie wenig damit gesagt ist, und auch – man soll diesen Aspekt nicht aus den Augen verlieren – wie sonderbar gefühllos ein solcher Ausdruck gerade dann wirken mag, wenn man jener Begegnung von Individuum und Wirklichkeit gerecht werden will, die wir Trauma heißen. Jedes Trauma bedeutet einen extremen Kontrollverlust über die umgebende Realität. „Kontrolle" ist hier im umfassendsten Sinne gebraucht, sie beginnt bei der Erwartbarkeit, Vorhersehbarkeit oder Berechenbarkeit von Ereignissen. Das Trauma „bricht herein", sagt man, es „überwältigt". Für denjenigen, der einen traumatischen Schock erlebt, ändert sich nicht nur das Verhältnis zur Umwelt, sondern sie wird an einem unerwarteten Ort und im schlimmsten Fall total zu einer plötzlich restlos feindlichen. An Gefahr kann man sich gewöhnen, man kann sich auf sie einstellen, auf den Schock nicht. Was aber, wenn dieser Kontrollverlust andauert? Wenn er sich in die Zeit ausdehnt? Was, wenn der traumatische Schock nicht ein paar Sekunden oder Minuten andauert, sondern Stunden, Tage, Wochen – Monate oder Jahre? Wir sprechen dann nicht mehr von traumatischem Schock, gewiß. Aber doch von „Trauma", und nicht nur, weil es so ein Allerweltswort ist. – „Ich habe mich gefragt, wo es bleibt", sagte Frau Goldstein, eine Teilnehmerin der Tagung, mit der das Hamburger Institut für Sozialforschung die deutsche Auswahledition der „Auschwitz-Hefte" des Przeglad Lekarski Oswieçim vorstellte, „aber gestern nacht, da war es wieder da." Nicht der, um Jean Améry zu zitieren, „erste Schlag", sondern das Lager. Nicht der plötzliche Schock, sondern die lange Zeit der Qual.

Die Fixierung an das Plötzliche, den kurzen Zeitraum des „Hereinbrechens" ist, ich sagte es schon, alles andere als unplausibel. Dies hat aber zusätzlich zu den genannten Gründen noch einen weiteren Grund, der ebenso Anlaß des Verkennens der Wirkung lang andauernder traumatischer Zustände ist, wie Basis ihres Verstehens sein *kann*. Wir können uns einen zu lange dauernden Schrecken nur schwer vorstellen. Wir können nicht umhin, uns irgendeine Normalität zu denken, die an die Stelle der extremen Unnormalität des Schocks tritt. Wir stellen uns vor: Wenn die Zeit ins Land geht, beginnen die Tätigkeiten der Anpassung, der Auseinandersetzung, der Verarbeitung, des – um diesen so schönen wie unübersetzbaren englischen Ausdruck zu verwenden – „coping with", und das mag nicht recht passen zu einer Vorstellung von Schock und Überwältigung. Aber gerade wenn man diesem „coping with" weiter nachgeht, kann man ein etwas genaueres Verständnis von der traumatischen Überwältigung gewinnen und – als Zugabe gewissermaßen – auch noch den so gerne gemachten und meines Wissens bis jetzt nur postulierten, aber nie einsehbar begründeten Unterschied zwischen natürlichen oder technischen und von Menschen intentional verursachten katastrophalen Einbrüchen in das Leben des Individuums verständlich machen.

Der Unterschied liegt nicht in dem äußeren, für den Betrachter relevanten Umstand, daß im einen Fall ein bloßes Ereignis und im anderen Fall eine intentionale Handlung vorliegt. Gerade die ähnliche psychische Reaktion auf beides zeigt, daß dieser Unterschied für denjenigen, der den plötzlichen Schock erlebt, ohne Belang ist. Das Verbrechen wird als ebenso naturhaft erlebt wie die Lawine als bösartig. Die durch den Schock reduzierte Fähigkeit bewußter Verarbeitung dürfte die notwendigen Differenzierungen nicht zulassen. Um in den Bereich moralischer Kognition überzuwechseln: Die Unterscheidung zwischen Unglück und Unrecht kann im traumatischen Schock nicht getroffen werden.

Auf affektiver Ebene ist Zufall von Willkür nicht zu unterscheiden. Diese Unterscheidung wird erst relevant, wenn ich fähig bin, die Dimension der Freiheit in dem Unglück, das mich betrifft, wahrzunehmen: daß das Leid, das mir widerfährt, in der Freiheit des anderen begründet liegt, mich zu verletzen. Anders gesagt: daß er es hätte unterlassen können. Dann wird auch innerpsychisch Unglück zu Unrecht, dann erst unterscheidet sich für das Opfer ein Pogrom von einem Orkan. Auch hier zeigt sich, daß Moral- und Rechtsbegriffe nicht zuletzt kognitive Instrumente sind.

Die Unterscheidung zwischen Unglück und Unrecht gewinnt an Bedeutung, wenn der Zustand des Kontrollverlustes, der Ohnmacht – und damit verlassen wir den traumatischen Augenblick, den Schock – andauert. Wer aufmerksam liest, erkennt das Motiv der Dauer in sehr vielen Berichten Überlebender der Lager, und Imre Kertez' „Roman eines Schicksalslosen", den man unter die großen Prosawerke der zweiten Hälfte dieses Jahrhunderts wird rechnen können, ist im Grunde diesem Thema gewidmet. Das Stilmittel, das er verwendet, um die Dauer des Leidens und das Leiden an der Dauer zu zeigen, ist, daß er (zum pathetisch überspielten Unbehagen seiner Rezensenten übrigens) das sprechende Ich seines Romans scheinbar weit fern jeden Schocks, jeder Überraschung und fern jeden Protestes berichten läßt.

Es geht darum, daß man sich daran gewöhnen kann, ständig in Angst, in Todesangst zu leben, und deshalb nicht mehr von ihr geschüttelt wird. Nota bene: Es ist nicht so, daß man sich an die Situation gewöhnt und darum *weniger* Angst hat. Man gewöhnt sich daran, mit extremer Angst zu leben. Diese extreme Angst ist nicht nur Angst vor dem Tode und die vor einem schrecklichen Sterben – das ist sie auch – sondern zusätzlich die Ungewißheit, ob und wann es dazu kommen werde, nebst dem Wissen, daß es jederzeit dazu kommen kann. Um die Gewöhnung an einen solchen Zustand extremer Angst und extremer Ungewißheit geht es, wenn wir über das „coping with" sprechen, und wir können ihn vielleicht am besten verstehen, wenn wir ihn tatsächlich als einen in die Zeit gedehnten Schock auffassen. Gewöhnung bedeutet zunächst, daß der psychische Schutz durch Derealisierung nicht mehr funktioniert. Das Bewußtsein setzt sich durch, daß dies die Wirklichkeit ist, die einzige Wirklichkeit, die einzige, die zählt – und das bedeutet, dieser Wirklichkeit auf Dauer ohne zureichenden Reizschutz ausgesetzt zu sein.

Nur durch Kenntnisnahme des Berichteten und begriffliche Rekonstruktion kommt man zu keinem Verständnis, ohne empathische Nähe geht es nicht. Aber wie diese herstellen? Unser Alltag, der Alltag derer, die „gesichert leben", um Primo Levis Einleitungsgedicht zu seinen Erinnerungen „Ist das ein Mensch?" zu zitieren, bietet normalerweise wenig Vergleichsstoff, der im Bewußtsein so präsent wäre, daß er ein empathisches Verstehen per analogiam zuließe. Aber vielleicht muß man sich bloß mehr Mühe geben, vielleicht braucht es das Erlebnis nicht, vielleicht nur die – zugegebenermaßen wenig erfreuliche – Mühe, den eigenen Ängsten zu lauschen.

Erlauben Sie mir eine Bemerkung am Rande: Der Umstand, daß der Vergleich die Basis des empathischen Verstehens der Anderen ist, sollte uns hellhörig machen, wenn es zu schnell von einem fremden Schicksal heißt, es sei unvergleichbar. Singularitätsthesen, wenn sie nicht sehr sorgfältig durchdacht und begründet sind, sind fast immer die verkitschte Camouflage emotioneller Feigheit und intellektueller Apathie. „Menschen", schreibt Ruth Klüger und appelliert dabei daran, Erlebnisse wie etwa das Steckenbleiben in einem Fahrstuhl ernst zu nehmen, „die in engen Räumen Todesangst erlebt haben, besitzen von daher eine Brücke zum Verständnis für (...) einen Transport (in einem Güterwagen nach Auschwitz), wie ich ihn beschreibe. So wie ich von meinem Transport her eine Art Verständnis für den Tod in den Gaskammern habe. Oder doch meine, ein solches Verständnis zu haben. Ist denn das Nachdenken über menschliche Zustände jemals etwas anderes als ein Ableiten von dem, was man erkennen, als verwandt erkennen kann? Ohne Vergleich kommt man nicht aus. Sonst kann man die Sache nur ad acta legen, ein Trauma, das sich der Einfühlung entzieht." Allerdings, so ist hinzuzufügen, bedeutet die Einfühlung über den Vergleich nicht die narzißtische Okkupation fremden Erlebens. Vergleichen bedeutet eben, gleichermaßen Gemeinsames *erkennen* und Unterschiede *machen*. Beides zu können, setzt eines voraus: Takt. Takt bedeutet, auf Menschen einzugehen und ihnen nicht zu nahe zu treten. Takt ist die Voraussetzung jedweden Umgangs miteinander. Das Reden über das Trauma fordert diese Fähigkeit nur in besonderer Weise heraus.

Tatsächlich fällt es schwer, sich dem Verständnis der angesprochenen zeitlichen Ausdehnung des traumatischen Schocks über Analogien aus einem, vielleicht etwas aus den Fugen geratenen, Alltag zu nähern. Der steckengebliebene Fahrstuhl kann zwar ein extremes Maß an Angst hervorrufen, aber fordert doch sehr selten jenen Übergang vom Empfinden einer schockartigen Ausnahme zu einem Leben in der Ausnahme als Regel mit unbekannter Dauer. Ich muß darum noch einmal auf eigenes, nicht alltagskonformes Erleben zurückgreifen, um auf diese Weise etwas wie einen Vergleich, oder sagen wir besser: eine Art Brückenerfahrung anzubieten, weit genug von den Extremen einer Lager- oder dieser direkt vergleichbaren Erfahrung entfernt, und weit genug von den Molesten des Alltags wie steckengebliebenen Fahrstühlen oder hochsommerlichen stundenlangen Staus. Ich habe etwas mehr als einen Monat unter anderem damit verbracht, nicht zu wissen, ob ich den nächsten Tag noch erleben oder erschossen werden würde (das mit dem Erschießen hoffte ich, denn die andere Möglichkeit wäre gewesen, dort im Keller an der Kette zu verdursten). Irgendwann in dieser Zeit merkte ich, daß die Angst vor dem Tod nicht mehr das Hauptproblem war, sondern die Zeit selbst. Es stand nach gescheiterten Versuchen, Lösegeld zu übergeben, noch die Drohung der Entführer im Raum, falls ihnen weitere Versuche zu riskant wären, sich mit mir, wie sie sagten, „einzuigeln", d. h. zunächst einmal für Monate nicht weiter in Erscheinung zu treten – mit anderen Worten: erst dann, wenn meine Familie und die Polizei der Meinung sein würden, ich wäre tot. Diese Aussicht erschien mir schrecklicher als die, demnächst ermordet zu werden. Man verstehe mich recht: das war kein Todeswunsch. Es war *nicht* die Reaktion auf einen als unaushaltbar empfundenen Zustand, denn abgesehen von der Todesangst waren meine Lebensumstände im Keller allenfalls unbequem. Nein, dies Gefühl und dieser Gedanke stellten sich ein, als ich merkte, wie sehr man einen solchen Zustand *aushalten* kann. Sie waren nicht das Ergebnis der Unfähigkeit, sich der Situation anzupassen, sondern *Ergebnis gelingender Adaption*. Über die Probleme solcherart gelingender Adaption möchte ich im Folgenden sprechen.

In den ersten Tagen, nachdem ich in den Keller verschleppt worden war, dachte ich zunächst von Stunde zu Stunde, dann von Tag zu Tag. Ich rechnete damit, daß alles bald vorbei sein würde, so oder so. Als ich nach fünf Tagen die Auskunft erhielt, wenn alles gut gehe, werde es noch weitere fünf Tage dauern, dachte ich, ich müsse verrückt werden. Nach zwei Wochen standen die Dinge so, daß ich mir ausrechnen konnte, es werde, wenn alles gut gehe, noch mindestens zwei weitere Wochen dauern, und nahm dieses Ergebnis meiner Überlegungen mit einem gewissen Gleichmut zur Kenntnis. Gleichzeitig aber wußte ich, oder sagen wir, war mir das Gefühl unabweisbar, daß diese nächsten zwei Wochen in irgendeiner Weise „an die Substanz gehen" würden, als hätte ich bisher von einem Vorrat gezehrt, der sich später würde ergänzen lassen, nunmehr aber etwas begänne aufgezehrt zu werden, das vielleicht unersetzbar sein würde.

Ich habe jetzt nichts weiter getan, als eine Metapher – „an die Substanz gehen" – zu einem Gleichnisbild auszuweiten und habe damit selbstverständlich nichts erklärt und wahrscheinlich wenig plausibel gemacht. Ich muß Sie darum noch um etwas Geduld bitten, wenn ich weiter von mir spreche. – Was bedeutet Adaption an einen traumatisierenden Zustand? Ich denke, das *Amalgam von Alltag und Extrem*. Das Extrem zerfällt wie der Alltag in eine Reihe von Problemen, die zu meistern sind. Das kann das Beschaffen von Wasser, Nahrung, Schutz vor Kälte oder Hitze sein, das Sorgen für ein Minimum an Hygiene und vieles mehr, in meinem Falle ging es vor allem um das Füllen der leeren Zeit, den Umgang mit der recht kurzen Kette, etwa beim Versuch, mir Bewegung zu verschaffen, und darum, in den kurzen Wortwechseln mit den Verbrechern irgend etwas über meine Überlebenschancen zu erfahren.

In den Notizen zu meinem Vortrag stand neben den Stichworten zu diesem Absatz: „Keine/kaum Beispiele; abstrakt bleiben!". Aber ich lasse die Mahnung unberücksichtigt, um Ihnen an dieser Stelle einen Eindruck der veteranenhaften Redseligkeit zu geben, in die zu verfallen ich jedesmal versucht bin, wenn ich denn überhaupt darüber reden mag. Ich finde dieses Sich-Klammern an die Strategien der Tagesbewältigung auch in den Texten anderer, wo sie eine größere Plausibilität haben, handelt es sich doch dort zumeist um die Wiedergabe tatsächlicher Überlebenstrategien und nicht um Strategien des bloßen Zeittotschlagens. Daß mich trotz des Bewußtseins solcher Unterschiede, die unmittelbar das Interesse betreffen, das man solchen Schilderungen angedeihen lassen mag, trotz der notierten Warnung auch, das Bedürfnis darüber zu reden überkommt, wenn denn geredet werden soll, signalisiert, glaube ich, etwas Wichtiges. Bereits in diesen Routinen stecken – und es mag vielleicht doch nicht ausschließlich darauf ankommen, wie sehr sie tatsächlich Strategien des Überlebens sind – Entwürfe von Subjektivität, die gegen die Reduzierung zum Objekt der Willkür eines anderen gerichtet sind. Von besonderer Bedeutung war für mich das erfolgreiche Verstecken von drei Glasflaschen, mit denen ich hoffte, falls man mich im Keller zurücklassen würde, entweder den Dübel der Kette aus der Wand graben zu können, oder mich zu töten, um nicht, falls der Ausbruchsversuch mißlänge, was zu vermuten sein würde, verdursten zu müssen.

Damals, im Keller, ging mir dabei immer die Rede des Cassius aus Shakespeares „Julius Caesar" im Kopfe herum: „Darin, ihr Götter, macht ihr Schwache stark, darin, ihr Götter, bändigt ihr Tyrannen. Den Teil der Tyrannei, der auf mir liegt, werf ich nach Willkür ab." Das war natürlich pathetischer Unsinn. Ein Selbstmord im Keller hätte nur vollzogen, was die Erpresser im Falle des Scheiterns ihres Planes sowieso für mich vorgesehen hatten. Die Selbstmordphantasie – und ihre kitschige Überhöhung – gehörte in den Zusammenhang eines Gewöhnungsprozesses, einer Adaptionsleistung, die, wie es gar nicht anders sein kann, ein Stück weit Affirmation werden mußte.

Unter Affirmation verstehe man keine masochistische Unterwerfung, sondern daß man tut, was die Umwelt fordert, nur ist eben die Umwelt eine, die man in keinem Stück mitgeschaffen und in die man sich auch nicht freiwillig hineinbegeben hat. Mehr: Sie ist prinzipiell und im Detail gegen einen gerichtet. Ein weiteres Beispiel. Wenn einer der Verbrecher den Keller betrat, klopfte er vorher, und ich mußte mich, Gesicht nach unten, auf die Matratze legen. Eine Stellung vollkommener Unterwerfung. Aber sie leuchtete mir natürlich ein. Daß die Verbrecher nicht wollten, daß ich ihre Gesichter sehe, war ein gutes Zeichen, denn wenn sie sich mir gezeigt hätten, hätte ich gewußt, daß mein Leben keinen Pfifferling wert sein würde. Mir lag also daran, daß man sah, daß ich nichts sah; ich wollte die Verbrecher diesbezüglich beruhigen. Meine Erniedrigung war, so fand ich, ausgesprochen vernünftig. – Einer der beiden gefaßten Verbrecher hat vor Gericht gesagt, es sei ihm peinlich gewesen, in den Keller zu gehen. Das zu hören, war ein schmerzlicher Moment. Erst zu diesem Zeitpunkt gelang es mir wirklich, mich von außen zu betrachten und nur zu sehen, was eben zu sehen war: einer, der devot auf dem Bauche liegt.

Hatte ich eine andere Möglichkeit? Gewiß. Aber dann wäre ich jetzt entweder tot oder im Keller unter Bedingungen aufbewahrt worden, die ich mir wirklich nicht ausmalen möchte. Es geht also nicht darum, ob man sich etwas vorzuwerfen hat, sondern darum, was eine Situation aus einem macht – nein: was man aus sich macht *muß*, wenn man in bestimmten Situationen zurechtkommen (manchmal überleben) *will*. Hier liegt, glaube ich, der Unterschied zwischen Naturkatastrophen und, ich verwende den englischen Ausdruck, man made disasters. Es ist nicht von vornherein wichtig, ob ein Trauma menschlichen oder natürlichen, willkürlichen oder zufälligen Ursprungs ist, der plötzliche Schock nivelliert diesen Unterschied, aber wenn sich die traumatische Situation in die Zeit ausdehnt und eine Adaptionsleistung fordert, kehrt dieser Unterschied zurück und wird für die Art des Leidens entscheidend (und für die Weise, später damit zurechtzukommen).

Ich hatte vorhin das Trauma als einen radikalen Kontrollverlust definiert. Eine Adaptionsleistung ist immer auch ein Kontrollgewinn über eine Umwelt – das gilt für jede Normalsituation, das gilt in besonders augenfälligem Maße für das Bestehen von Natur- und sonstigen mechanischen, oder sagen wir: nichtintentionalen Katastrophen. Dort ist Adaption das Schaffen von Handlungsspielräumen, das, und sei es noch so geringe, Verwandeln gefährlicher Umwelt in Überlebensraum. Im Falle eines von Anderen intentional hergestellten radikalen Kontrollverlustes führt die Leistung der Adaption in ein Paradox. Der Kontroll*gewinn* – die psychische Behauptung – wird Teil der Umwelt, die den Kontroll*verlust* intentional verbürgt. Die mechanische Katastrophe ist a-sozial; das man made disaster ist – wenn es für den von ihm Betroffenen eine annähernd totalitäre Wucht aufweist – anti-sozial.

Ich denke, daß hierin das Gefühl des „an die Substanz Gehens" begründet liegt, von dem ich oben gesprochen habe. Wenn, im Extremfall, jeder Akt der Wiedergewinnung von Kontrolle über das eigene Leben Verstärkung der den Kontrollverlust aufrechterhaltenden Umwelt ist, so wird man selbst Teil der gegen die eigene Existenz gerichteten Intention. – In diesem Sinne bedeutet die Adaption an ein Trauma seine Wiederholung. Alltäglicher gesagt: Man muß sich jeden Morgen (falls man nachts hat schlafen können) darauf wieder einstellen, und zwar nicht als etwas Äußerliches, was man ignorieren kann oder, wenn nicht, verleugnen muß, auch nicht als etwas, das man dadurch bewältigen kann, daß man selbstgeschaffene Bedingungen an Stelle derjenigen setzt, die einem widerfahren sind, sondern indem man Teil eines Milieus wird, das diese Art der Subjekt-Werdung totalitär negiert.

Vielleicht wird jemand einwenden, daß die hier vorgetragenen Gedanken zugunsten psychologischer Konstruktionen die manifesteren Faktoren traumatisierenden Leidens – Hunger bis an den Rand des Todes, extreme Schmerzen, monatelanges Vegetieren in absoluter Dunkelheit – vernachlässigten, und darum das gewählte Beispiel nicht besonders glücklich sei. Ich möchte umgekehrt argumentieren: Gerade weil es dem, meinem Beispiel daran fehlt, gerade weil es, rückblickend betrachtet, nicht viel mehr war als eine zwar in Angst, aber doch sonst nur in Unbequemlichkeit verbrachte Zeit, taugt es zur Verdeutlichung psychischer Vorgänge, die man anderswo zu übersehen geneigt sein könnte, weil sie neben den anderen Erleidnissen unscheinbar wirken.

Ich sagte, daß die Adaption an eine traumatisierende Umwelt eine ständige Wiederholung der Traumatisierung sei, aber wahrscheinlich ist „Wiederholung" das falsche Wort, denn es läßt an „Wiederholungszwang" denken, und das wäre bewußtlose Repetition, worum es hier nun wirklich nicht geht – leider ganz im Gegenteil. Ich schlage vor, anstelle des abgenutzten Begriffs „Wiederholungszwang" die Wortfolge „Nötigung zur Sequenz" zu setzen. An jedes einzelne Glied dieser Sequenz kann sich eine traumatische Erinnerung knüpfen, und alle zusammen können ein posttraumatisches Syndrom bilden, das so individuell ausfallen kann, wie das Erleben des Einzelnen eben individuell ist. Auf der anderen Seite gibt es starke gruppenspezifische Ähnlichkeiten. Die Erscheinungsbilder posttraumatischer Syndrome bei Vietnamveteranen weisen untereinander ebenso starke Gemeinsamkeiten auf, wie die von ehemaligen Konzentrationslagerhäftlingen es tun oder die von Menschen unter Bedingungen von Geiselhaft, weil die traumatisierende Realität für jede dieser Gruppen spezifische Gemeinsamkeiten aufwies. Andererseits gibt es wiederum gruppenübergreifende Gemeinsamkeiten, die es erlauben, genereller zu sprechen, ob man dies nun medizinischen Handbüchern gemäß tut und von PTSD (Post Traumatic Stress Disorder) spricht oder sich eines anderen, weniger technischen Vokabulars bedient. Gemeinsam ist allen auf der allgemeinsten Ebene, daß sie den Erwartungen des Unerfahrenen widersprechen: Es gibt unter ihnen den Typus desjenigen, der, Gefahr, Leid und Todesangst entronnen, nunmehr sein Leben in vollen Zügen genießt, nicht. Das Märchen vom Fischer und dem Geist hat dafür ein faszinierend genaues Bild gefunden.

Dieser Umstand läßt sich im Vokabular der Psychoanalyse als eine herabgesetzte Fähigkeit zur Objektbesetzung bezeichnen, und ich möchte diese vor allem aus dem oben erläuterten Paradox der Anpassung an eine traumatisierende Umwelt herleiten. Wo eine Weile lang Objektbesetzungen als real oder potentiell destruktiv erlebt worden sind, weil die eigenen Lebensregungen Teil einer destruktiven, gegen die eigene Person gerichteten Umwelt wurden, scheint die Fähigkeit zur freien Objektbesetzung selbst Schaden zu nehmen. Ich denke, daß jenes Phänomen, das im Zusammenhang mit der PTSD-Forschung „psychic numbing" heißt, auf diese Weise erklärbar ist. – Hier möchte ich noch einmal auf Selbsterfahrenes zurückgreifen. In den Tagen vor meiner Entführung arbeitete ich an einem Vortrag, den ich in der Zeit, die ich dann im Keller verbringen mußte, hätte halten sollen. Nach meiner Freilassung konnte ich mich außer an das Thema an kaum etwas von dem, was ich geschrieben hatte, erinnern, und als ich, ein Jahr später, daran ging, den Text doch noch auszuarbeiten, verstand ich ihn beim ersten Lesen nicht, vergaß von einem Tag auf den anderen, was ich gelesen und neu geschrieben hatte. Es war ziemlich mühsam, ihn für den öffentlichen Vortrag in Form zu bringen, und als ich ihn dann hielt, hätte ich fast abgebrochen, weil mir der Text immer wieder entglitt. – Ein zweites Beispiel. Ich habe bei meinen öffentlichen Vorträgen oder literarischen Lesungen Lampenfieber gehabt und dessen Überwindung sowie das Gelingen, das Publikum zu interessieren oder durch die Lesung zu unterhalten und in Kontakt mit dem Autor zu bringen, immer genossen. Seit den Tagen der Entführung bewegen mich solche Auftritte in keiner Weise mehr. Weder empfinde ich vorher Aufregung, noch nachher Freude oder Ärger. Lesungen langweilen mich. – Ich will es bei diesen Beispielen, die sich auch in den zwischenmenschlichen Bereich ausdehnen ließen, belassen.

Es ist dieser Erfahrungshintergrund, der mich annehmen läßt, daß der Gestus von Humanität und Freundlichkeit, der einen großen Teil der Memoiren Überlebender auszeichnet, mehr aus dem erworbenen Wissen über die Fragilität der menschlichen Seele denn aus einem wirklichen Bedürfnis rührt. Eine rüderes Wort dafür wäre Simulation, ein freundliches gesteigerte Bewußtheit im Umgang mit anderen – ein artifizieller, eher zivilisatorischer als emotioneller Gestus. Dies ist eine Vermutung, und ich mag mich irren.

Das in die Zeit ausgedehnte Trauma zeigt, daß sich Trauma und Angst nicht wechselseitig ausschließen, wie Freud in „Jenseits des Lustprinzips" annimmt. Die Wiederkehr einer mitunter an eine phantasierte oder geträumte Wiederholung eines traumatischen Ereignisses gebundenen, aber durchaus auch isoliert, ohne konkrete Phantasievorstellung auftretenden Angst läßt sich kaum als Wiederholung der traumatischen Situation unter optimierten Bedingungen zureichend verstehen. Wahrscheinlich ist auch hier der Ausdruck „Wiederholung" irreführend, weil er erstens die Veränderungen, die das traumatisierte Individuum durchgemacht hat, nicht hinreichend berücksichtigt, zweitens zu sehr auf das Ereignis selbst fixiert ist und darum, drittens, der Vorstellung einer psychischen Reinszenierung verhaftet bleibt. Auch hier empfiehlt es sich, den Begriff der Sequenz zu verwenden, einer Sequenz, die vom traumatischen in den posttraumatischen Zustand hineinreicht. Die Adaptionsleistung an den traumatischen Zustand ist zu gut gelungen, was zu einer Fehlanpassung an eine nichttraumatische Umwelt führt. Man überträgt das Gelernte ebenso unbewußt wie fälschlich auf den neuen, posttraumatischen Zustand.

Das kann sich in einer Welt-Sicht manifestieren und gleichzeitig oder nur in einer Reihe von lästigen Angewohnheiten. Ist man eine Geisel, ist es alles andere als unvernünftig, auf die Nuancen in der Stimme eines Verbrechers zu hören und auf sie mit Angst zu reagieren, denn die Stimmungen desjenigen, der die Macht über Leben und Tod hat, sind möglicherweise Indikatoren für die Beständigkeit des eigenen Lebens. Es ist angemessen, während der Geiselhaft auf Klopfen an der Tür mit der Produktion von Adrenalin zu reagieren, denn es bedeutet vielleicht Nachrichten, d. h. das Leben oder den Tod oder die Fortsetzung der Unsicherheit. Aber es ist eben unangemessen, noch Monate nach der Freilassung mit Herzbeklemmungen auf den Zimmerkellner zu warten, der einem eine Flasche Wein bringen soll, nur weil man weiß, daß er dann klopft. Das muß man sich abgewöhnen, und das ist nicht leicht. Besonders schwer hat es derjenige, dessen Tick einen moralischen Bonus hat. Der durch Hungerzeiten gegangen ist, fällt seinen Kindern auf die Nerven mit der Aufforderung, kein Brot zu verschwenden – und irgendwie hat er ja auch recht. Trotzdem ist die Mahnung Ausdruck einer Fehlanpassung an eine andere Ökonomie.

Man wiederholt nicht, was man erlebt hat, sondern reagiert so, wie man es in einer Art hoch emotionalisiertem Crash-Programm gelernt hat. Nur ist die Reaktionsweise am falschen Platz. Das könnte uns auf den Gedanken bringen, daß die scheinbaren Wiederholungserlebnisse Plausibilisierungen besonders inadäquater Gefühlsreaktionen sind, die durch irgend etwas in der Realität ausgelöst wurden. Das Gefühl entspricht nicht der Realität, sondern der traumatischen Vergangenheit, deren Herbeiphantasieren gewissermaßen die Lücke zwischen Realität und inadäquaten Emotionen füllt. – Der Traumatisierte gleicht dem nervösen Hund, der aufschreckt und seinen Herrn anbellt, seinen Fehler erkennt und daraufhin an ihm vorbeischießt und irgendeine Straßenecke angreift.

In diesen Zusammenhang scheint mir eine besondere Art von Träumen zu gehören, die – ein letztes Mal „ich" gesagt – meine Nächte seit einigen Monaten unregelmäßig begleiten, die ich für mich Re-Adaptionsträume genannt habe. Sie beginnen als entsetzliche Albträume mit mehr oder weniger realistischen Szenarien irgendwelcher Mord- oder anderer Gewalttaten, dann stellt sich im Laufe des Traumes, gewissermaßen stufenweise, heraus, daß alles nur halb, gar nicht so – überhaupt nicht schlimm ist. Manchmal überzeuge ich mich – im Traum – durch Augenschein davon, manchmal ist es das Ergebnis nachträglicher Interpretation im Traum selbst, die ich zusammen mit irgendwelchen im Traumgeschehen präsenten Personen durchführe. Während des Traumes verwandelt sich das anfangs haarsträubende Entsetzen, an das ich mich beim Aufwachen sehr wohl erinnere, das ich aber nicht mehr empfinde, in das beruhigte Gefühl normaler Belästigung durch ein unerwartet-unwillkommenes, aber durchaus nicht katastrophales Ereignis. In einem Traum wurde sogar das Träumen selber zum Gegenstand, ja sogar ein Traum, der in diesem Traum als materieller Gegenstand vorhanden war und gewaschen wurde. Das Schmutzwasser – ich wußte im Traum, daß es die Kontaminierung des Traumes mit Erinnerungen an die Entführung bedeutete – verschwand wie in Großaufnahme in einem Siel.

Den Begriff der Sequenz hat Hans Keilson in die Traumaforschung eingebracht. Seine Untersuchungen der Lebensschicksale niederländischer jüdischer Kinder, die die Zeit der deutschen Okkupation in Verstecken überlebt haben, zeigten, daß sich traumatische Sequenzen zeitlich „rückwärts" aufbauen, d. h. verstärken oder abschwächen. Wie das erste Trauma – Stigmatisierung und Verfolgung – verarbeitet wurde, hing von der Form ab, in der das zweite – das Überleben unter Todesangst im Versteck – durchlebt wurde, und beides wiederum davon, wie die Lebensumstände nach 1945 beschaffen waren. Wir wissen, wie katastrophal sich zuweilen die Behandlung vor deutschen Gerichten auf Zeugen, die die Lager überlebt hatten, ausgewirkt hat. Wenn wir die Vorstellung einer Adaption an die traumatische Situation und die damit verbundene des notwendig langen Zeitraums, dessen es für eine vollständige Re-Adaption an eine normale Realität bedarf, zugrunde legen, ist daran nichts Rätselhaftes. Eine – zumal im Zusammenhang mit dem Trauma – feindliche, aber auch nur ungläubige oder gleichgültige Umwelt vermag das traumatisch Gelernte nicht überzeugend zu widerlegen. Es findet eine Verstärkung statt. Die Ausnahme wird als Regel bestätigt, das Trauma wird nicht zum Lebensbruchstück gemacht, sondern zum Beginn eines neuen Lebensabschnitts, der nach anderen Wahrnehmungsregeln verläuft.

Ich habe hier nur von der Traumatisierung Erwachsener gesprochen und muß alle Probleme, die sich aus der notwendigen Modifizierung meiner Gedanken ergeben müssen, wenn wir über traumatisierte Kinder sprechen, unerörtert lassen. Erwähnt werden muß aber, daß *jede* Traumatisierung allein durch das Moment der Machtlosigkeit Erlebnisse und Phantasien aus der individuellen Frühgeschichte zitiert. Wie diese beschaffen gewesen ist, wird die Art des Erlebens und die Fähigkeit der Bewältigung traumatischen Leids im Status des Erwachsenseins gewiß beeinflussen. Der Begriff der Sequenz erlaubt aber auch den umgekehrten Gedanken: Das Trauma, das dem Erwachsenen widerfährt, wird kindliche Erlebnisse in ihrer Bedeutung für das Leben neu definieren – gleichgültig, ob diese kindlichen Erlebnisse selber als traumatische anzusehen sind oder nicht. Möglicherweise kann das Trauma des Erwachsenen einer aus dem kindlichen Erleben stammenden Phantasie eine neue Qualität geben. Erinnern wir uns an die Formulierung, die Freud für das Gefühl des Unheimlichen gefunden hat: „Und es ist doch wahr!" Im Unterschied zu Freud würde ich allerdings nicht von Wiederholung, sondern von Bestätigung durch Sequenzbildung sprechen.

Immer prekär wird schließlich das Verhältnis des Traumatisierten zur seiner Umwelt bleiben. Tatsächlich kann der Traumatisierte mit seiner Erfahrung nichts anfangen, dennoch macht sie einen großen Teil seines emotionellen Lebens aus. Tatsächlich können die anderen mit seiner Erfahrung nichts oder wenigstens kaum etwas anfangen, sie ist zu ungefüge, meist ist sie inkommunikabel, sie stört, bringt das Gespräch zum Erliegen. Sie rührt an viele Ängste, darum meiden manche Menschen Traumatisierte, als wären sie ansteckend oder doch wenigstens ein peinlicher Anblick. Eine Umwelt, die den Traumatisierten von sich stößt, handelt in gewissem Sinne instinktiv richtig. Er gehört nicht mehr ganz dazu, man hat nichts von ihm, er erweist sich mit ziemlicher Sicherheit als schwierig (wenn er sich nicht sehr zusammennimmt), und es ist noch kein Mensch durch Schaden klüger oder besser geworden – manche trotz des Schadens, den sie erlitten haben, aber das steht auf einem ganz anderen Blatt. Man kann es einer Gesellschaft eigentlich nicht vorwerfen, wenn sie den Traumatisierten nicht willkommen heißt. Da unsere Gesellschaft sich aber den Luxus leistet, Menschen dafür freizuhalten, über sie, die Gesellschaft nachzudenken – sprich: Geschichtsschreibung, Soziologie und Psychologie zu betreiben – sollte sie die Information zur Kenntnis nehmen, daß sie durch Gleichgültigkeit und Zurückweisung (allerdings auch durch Akte der Identifikation auf narzißtischer Basis) die traumatische Sequenz verlängert, ja möglicherweise gerade sie es ist, die die Adaption an eine traumatische Realität zu einer psychisch unumkehrbaren Angelegenheit macht. Das in die Normalität entlassene traumatisierte Individuum sollte sich klarmachen, daß es für einige seiner Affekte keinen sinnvollen Ort in der ihn umgebenden Realität gibt, daß die gespenstische Wiederholung gar keine ist, sondern die Erinnerung daran, wo der Affekt gelernt wurde. Der daraus folgende Rat an das Individuum kann um so unbarmherziger ausfallen, je bewußter die Gesellschaft sich gibt.

Migration – ein Trauma?

Mohammad E. Ardjomandi

Ein west-östlicher Dialog:

Wozu in einer fremden Grammatik blättern?
Die Nachricht, die dich heimruft,
ist in bekannter Sprache geschrieben.
(Bert Brecht, „Gedanken über die Dauer des Exils", Dänemark 1939)

Ein Edelstein, der die Mine nicht verläßt, wird nie geschliffen.
(Sa'adi, persischer Dichter um 1250)

Das „Vokabular der Psychoanalyse" bezeichnet das Trauma als ein „Ereignis im Leben des Subjektes, das definiert wird durch seine Intensität, die Unfähigkeit des Subjektes, adäquat darauf zu antworten, die Erschütterung und die dauerhaften pathogenen Wirkungen, die es in der psychischen Organisation hervorruft". Das Trauma ist „gekennzeichnet durch ein Anfluten von Reizen, die im Vergleich mit der Toleranz des Subjektes und seiner Fähigkeit, diese Reize psychisch zu meistern und zu bearbeiten, exzessiv sind" (Laplanche/Pontalis 1972, S. 513).

Von Konflikt spricht man, „wenn sich im Subjekt gegensätzliche innere Forderungen gegenüberstehen" (Laplanche/Pontalis 1972, S. 256).

In dieser Arbeit gehe ich der Frage nach, inwiefern es sich bei der Migration um ein einmaliges oder wiederholtes Trauma und/oder auch einen mehr oder weniger bewußten bzw. bewußtseinsfähigen psychischen Konflikt handelt. Ich beschäftige mich mit den Fragen der Identitätsbildung und Identitätsstörung des Migranten, wobei ich nicht nur die gängigen Theorien der Psychoanalyse berücksichtige, sondern auch die Auffassungen einiger Kulturkritiker und Kulturphilosophen zu Hilfe nehme.

Edward W. Said bezeichnet es als „eines der traurigsten Merkmale unseres Zeitalters, mehr Flüchtlinge, Migranten, Verschleppte und Exilierte hervorgebracht zu haben, als jemals ein anderes in der Geschichte, die meisten davon als Begleiterscheinungen und Nachwirkungen großer postkolonialer und imperialer Konflikte. In dem Maße, wie der Kampf um Unabhängigkeit neue Staaten und neue Gren-

zen hervorbrachte, brachte er auch neue heimatlose Wanderer, Nomaden, Vaga-
bunden hervor, die von den neuen Strukturen institutioneller Macht nicht assimiliert und von den etablierten Ordnungen wegen ihres Eigensinns und ihrer hartnäckigen Aufsässigkeit abgewiesen wurden und insofern diese Leute zwischen Alt
und Neu existieren, zwischen dem alten Imperium und dem neuen Staat, artiku-
liert ihre Lage, die Spannungen, Unentschlossenheiten und Widersprüche in sich
überschneidenden Territorien, welche die kulturelle Landkarte des Imperialismus
ausweist" (Said 1994, S. 437).

Nach Theodor Adorno wird „das Vorleben des Migranten ... annulliert, was
nicht verdinglicht ist, sich zählen und messen läßt, fällt aus" oder wird zum bloßen
Hintergrund (zitiert nach Said 1994, S. 438).

Asylanten verlassen ihr Land, weil sie der politischen Verfolgung, der Inhaftie-
rung, der Folter, der physischen und psychischen Vernichtung entfliehen wollen.
Sie suchen gewöhnlich in einem Land Asyl, von dem sie annehmen, daß sie dort
wegen ihrer politischen und religiösen Überzeugung oder der ethnischen
Zugehörigkeit nicht verfolgt werden. Dabei ist für die meisten Asylanten gewöhnlich belanglos, ob sie mit der Sprache und der Kultur des Gastlandes vertraut sind,
denn es geht in erster Linie ums nackte Überleben. Auch in den klassischen
Einwanderungsländern nimmt die Zahl der politisch verfolgten Asylanten ständig
zu, wenn sie auch noch nicht die Mehrheit der Migranten bilden.

Migration ist aber auch eine Folge der kolonialen und der imperialen Herrschaft
der europäischen Länder über weite Gebiete Asiens und Afrikas, denken wir z. B.
an die großen Heerscharen der Menschen aus dem indischen Subkontinent bzw. an
Nord- und Schwarzafrikaner, die nach der offiziellen Beendigung der kolonialen
Herrschaft in die europäischen Metropolen einwanderten. Diese Migranten besitzen gewöhnlich die Staatsbürgerschaft der Einwanderungsländer, wenn sie auch in
den Metropolen als Gruppe der Inder, der Pakistani, der Nord- oder Schwarzafrikaner in sich geschlossene ethnische Minderheiten bilden, die mehr oder weniger
die eigene Sprache und die eigene Kultur pflegen; aber sie leisten auch zur Bereicherung der Kultur des Gastlandes einen nicht unerheblichen Beitrag, denken wir
z. B. an die zahlreichen französisch, englisch oder deutsch schreibenden und dich-
tenden Nord- und Schwarzafrikaner in Frankreich, Inder und Pakistani in England
und Vorderasiaten hierzulande.

Eine dritte Gruppe der Migranten sind die sog. Gastarbeiter, die in die Metro-
polen gebracht wurden, weil hier Arbeitskräfte fehlten, die für den wirtschaftlichen
Aufschwung benötigt wurden. Diese Gruppe der Migranten hatte ursprünglich das
Ziel, einige Jahre im Gastland zu bleiben, um später relativ wohlhabend in das

Heimatland zurückzukehren. Die meisten von ihnen sind jedoch in den Metropolen geblieben. Sie haben ihre Familien kommen lassen. Ihre Kinder, mit Sicherheit aber ihre Enkelkinder sind im Gastland geboren oder aufgewachsen. Diese Kinder sind bilingual, kennen sich eher in der Kultur und in den Sitten des Gastlandes aus. Sie leiden gerade deshalb nicht selten unter schwerwiegenden Loyalitätskonflikten und Identitätsstörungen. Sie sind im Gastland Fremdkörper und dem Land ihrer Eltern entfremdet, wo sie z. B. als junge Türken, die in Deutschland geboren oder aufgewachsen sind, spöttisch Almançi heißen.

Ein Teil der Migranten sind jene, keinesfalls so kleine und unbedeutende Intellektuelle und Wissenschaftler, die auf Einladung der Metropolen ausgewandert sind, um z. B. für ein oder zwei Semester Gastvorlesungen zu halten. Sie sind aber für immer geblieben, weil sie dort in materiellem Wohlstand lebend, freier lehren und forschen können.

Aus einer Statistik der Migrationsbehörde der Vereinigten Staaten geht hervor, daß mehr als 75 % aller aus China, Korea, dem Iran und Indien stammenden Einwanderer eine universitäre Ausbildung haben, während diese Zahl z. B. bei mexikanischen Migranten niedriger ist als 10 %. Man könnte von einem Aderlaß der geistigen Elite dieser Länder sprechen.

Im Westen wird der Eindruck erweckt, ausschließlich die Länder Europas seien von der „Überflutung mit fremden Völkern" bedroht, weil Migranten an dem wirtschaftlichen Wohlstand des Nordens teilhaben wollen. In diesem Zusammenhang spricht man von „Wirtschaftsasylanten". Dabei wird verschwiegen, daß die Migration, diese neue Völkerwanderung, ein universelles Problem ist, von dem alle halbwegs sicheren Länder betroffen sind. Als Beispiel nenne ich den Iran, in dem mehr als 2 Mio. Asylanten aus Afghanistan und über 1 Mio. Asylanten aus dem Irak, dem türkischen Kurdistan und den ehemaligen kaukasischen und zentralasiatischen Sowjetrepubliken Schutz gesucht haben.

Edward W. Said stellt fest, daß „alle Kulturen dazu neigen, sich Bilder von fremden Kulturen zu machen, um sie besser beherrschen und in gewisser Weise auch besser kontrollieren zu können". Seines Erachtens machen sich „aber nicht alle Kulturen ... Bilder von fremden Kulturen und beherrschen und kontrollieren sie tatsächlich. Das ist das Unterscheidungsmerkmal der modernen westlichen Kulturen. Es bedarf des Studiums des westlichen Wissens und der Darstellungen der nichteuropäischen Welt, damit daraus ein Studium sowohl dieser Darstellungen als auch der politischen Mächte wird, die sie zum Ausdruck bringen" (Said 1994, S. 153).

Nach Said werden Wahrnehmungen und politische Einstellungen von den Medien geformt und manipuliert. „Im Westen sind z. B. die Bilder der arabischen Welt seit 1967 stets reduktionistisch und grob rassistisch, wie ein Großteil der kritischen Literatur in Europa und den Vereinigten Staaten bestätigt hat" (Said 1994, S. 76).

Zwar hätten die Europäer die kulturellen Reichtümer Indiens, Chinas, Japans und Persiens in die europäische Kultur eingemeindet, man vergesse aber dabei leicht die politische Dimension, die viel weniger erbaulich ist als die kulturelle.

Der deutliche Effekt eines Kulturaustausches zwischen Partnern, die sich der Ungleichheit bewußt sind, ist der, daß die Menschen leiden. „Das Nachdenken über kulturellen Austausch heißt Nachdenken über Herrschaft und gewaltsame Aneignung: Wo der eine verliert, gewinnt der andere" (Said 1994, S. 269).

„Der seit Jahren angesichts von Migrationsbewegungen an der Alarmglocke ziehende Biologe Eibl-Eibesfeldt schlägt vor, den Begriff des Ausländers nicht durch den des Kulturfremden, sondern durch den Begriff des Kulturfernen zu ersetzen." Der Kulturferne sei keine Bereicherung für den Europäer. Türken und Deutsche fürchten sich gegenseitig. Europäer seien wie alle anderen Organismen in einer langen Stammesgeschichte daraufhin selektiert worden, in eigenen Nachkommen zu überleben. Eibl-Eibesfeldt wundert sich deshalb, daß es angesichts der „stillen Landnahme über Migration" keinen „furchtbaren Krach" gibt, den es ja geben würde, wenn jemand den Grenzpfahl in Europa nur um 10 cm verschieben würde (Çağlar 1997, S. 21).

In diesen unheilvollen Chor stimmt manch intellektueller Migrant wie z. B. der Göttinger Politologe Bassam Tibi ein, der die westliche Zivilisation für die nahe Zukunft durch massive Migrationsschübe bedroht sieht. Die Konzepte der multikulturellen Gesellschaft könnten dieser Bedrohung nicht standhalten, „weil sie, von westlicher Seite gesehen, auf eine Selbstaufgabe" hinauslaufen (Çağlar 1997, S. 85).

Das Fremde eignet sich dazu, Träger des Bösen, des Schmutzigen, des vom Ideal-Selbst abgespaltenen Triebhaften zu sein. Der Umgang mit dem Begriff der Moderne gibt ein gutes Beispiel dafür. „Der auf projektive Verkennung basierende Mythos der Moderne ist bei den Zivilisationskriegstheoretikern" wie Huntington und Tibi „in einer einfachen, leicht zu entschlüsselnden Sprache ausgedrückt: Die Moderne ist ein kulturelles Projekt, das emanzipatorisch wirkt, auf Subjektivitätsprinzip, Sekularismus und Demokratie basiert und ursprünglich westlich ist" (Çağlar 1997, S. 106). Die Moderne wird dann, wie Çağlar gezeigt hat, gleichgesetzt mit „Westen, sekulär, zivilisiert, friedvoll und entwickelt", während die Vormoderne/Nichtmoderne die Eigenschaften „nicht westlich, religiös, unzivilisiert, gewaltträchtig und unterentwickelt" trägt. Dies gestattet dann, „Aussagen über den Zustand nicht-westlicher Gesellschaften und deren Nähe bzw. Entfernung zum Standard zu treffen". Die Ideologie der Moderne geht mit Bewertungen einher und mobilisiert machtvolle positive oder negative Gefühle. Sie produziert eine bestimmte Art von Wissen, vornehmlich über und gegen den anderen, den Fremden (Çağlar 1997, S. 114).

Das Exil ist, wie Said (1997, S. 53) zeigt, „ein Schicksal, wie es trauriger kaum denkbar ist". „Dies bedeutet nicht nur Jahre des ziellosen Herumirrens fern von der Familie, sondern auch den Status eines ewig Ausgeschlossenen, der ständig mit seiner Umgebung im Zwist liegt."

In deutscher Sprache gilt als Migrant derjenige Auswanderer, der aus politischen, wirtschaftlichen oder religiösen Gründen sein Heimatland verläßt, während der Asylant offenbar derjenige ist, der als Heimat- und Obdachloser in einem Zufluchtsort Aufnahme und Schutz sucht. Asyl bedeutet nach dem Duden „Unterkunft" und „Heim für Obdachlose". Es läßt sich fragen, warum die gängige deutsche Sprache anstelle des Ausdruckes Migrant für die politisch Verfolgten den Ausdruck Asylant benutzt. Dahinter verbirgt sich vielleicht die Gleichsetzung des Migranten mit dem Obdachlosen, und bekanntlich sind Obdachlose asoziale, verwahrloste Menschen aus sozialen Randgruppen.

Der Asylant ist sowohl in seinem Ursprungsland als auch in dem Land, wo er Schutz gesucht hat, ständigen Traumata ausgesetzt. Er hat sein Land verlassen müssen, weil er an Leib und Leben bedroht war. Neben der politischen und religiösen Verfolgung mußte er den wirtschaftlichen Niedergang erdulden. Es bestand nur die Möglichkeit, mit den Wölfen zu heulen und als Spitzel zu arbeiten oder, wenn man Glück hat, zu emigrieren. Die Migration bedeutet aber, dem Land den Rücken zuzukehren, das man geliebt hat und mit dem man sich identisch fühlt. Häufig ist das Verlassen des Landes mit der Gefahr verbunden, nie wieder zurückkehren zu dürfen. Man muß sogar die Hoffnung aufgeben, im Falle des Todes in heimischer Erde begraben zu werden. Der Migrant lebt in ständiger Angst, zu vergessen oder vergessen zu werden, daß er sogar im Falle einer Wiederkehr in sein Heimatland nicht wiedererkannt wird und selbst die anderen nicht wiedererkennt. Konkrete Gefahren des Exils sind nach Said (1997, S. 14) „Verlust von Texten, Traditionen und Kontinuitäten, die das eigentliche Gewebe einer Kultur ausmachen".

Migration geht mit dem Verlust der Angehörigen und der Freunde einher, die man hat zurücklassen müssen. Während der Migrant sich selbst in Sicherheit bringt, läßt er seine lieben Nächsten in Unsicherheit, der politischen und religiösen Verfolgung ausgesetzt. Der Migrant fühlt sich schuldig; schuldig, weil er etwas verlassen hat, was er bis dahin als seine Heimat liebte und wertschätzte, weil er seiner eigenen Kultur den Rücken zugekehrt hat und weil er die Menschen, die ihm am nächsten standen, verlassen und schutzlos zurückgelassen hat. Diese Schuld kann er nicht wiedergutmachen, weil er völlig machtlos ist, sowohl gegenüber den Machthabern im eigenen Land als auch gegenüber den Institutionen im Gastland. Im Gastland gilt er als Fremder, als Zaungast und im eigenen Land als ein Ausgestoßener. Das Schuldgefühl kann durch die Implantierung eines tyrannischen Introjektes entstanden sein, falls es sich bei dem Migranten um ein Folteropfer handelt.

Der Migrant lebt in ständiger Angst vor Verlust seiner individuellen und kulturellen Identität. Unter kultureller Identität versteht Sudhir Kakar (1997, S. 220) „die Art und Weise, wie eine Gruppe Erfahrungen mit Hilfe ihrer Mythen, Erinnerungen, Symbole, Rituale und Ideale grundlegend strukturiert. Von der Gesellschaft geschaffen und von daher historischem Wandel unterworfen, ist die kulturelle Identität nichts Statisches, auch wenn sie einen entscheidenden Beitrag leistet, um im Individuum das Gefühl von Identität mit sich selbst und Kontinuität in Raum und Zeit entstehen zu lassen."

Der Migrant muß Unmögliches vollbringen. Abgeschnitten von seinen Wurzeln, von seinem kulturellen Ursprung, muß er seine individuelle und kulturelle Identität gefährden und die enorme Leistung bringen, die fremde Sprache zu lernen, sich mit den Sitten und der Kultur des Gastlandes vertraut zu machen und sich anzupassen, damit er nicht auffällt und keine unangenehmen Assoziationen erweckt. Von ihm erwartet man, daß er binnen kurzer Zeit eine Sprache beherrscht, mit der er bis dahin keine nähere Berührung hatte. Er muß sich daran gewöhnen, fremde Sitten anzunehmen und fremde Speisen zu essen. Nichts, womit er zu tun hat, erinnert ihn an das Vertraute, an das einst Mütterliche, was er von seinem Land kannte und was bis dahin dazu geführt hatte, daß er sich beruhigt, sicher und in guten Händen fühlte. Hinzu kommen permanente Demütigungen durch die Ämter, ein Leben am Rande der Gesellschaft in überfüllten Wohnheimen, die alltägliche Geringschätzung im Gastland, gekoppelt mit einer reaktiven Überempfindlichkeit, die die Folge einer schwerwiegenden narzißtischen Kränkung ist. Während er sich bis dahin von Menschen verfolgt fühlte, die seiner Kultur zugehörten und seine Sprache sprachen, Menschen, die er zumindest verbal verstehen konnte, fühlt er sich in der Migration der Verfolgung durch eine Gesellschaft ausgesetzt, deren Sitten und Normen er nicht kennt und deren Symbole er nicht begreift. Kein Wort kann das Ausmaß der Angst eines Migranten wiedergeben, der sich einer fremden Kultur ausgeliefert fühlt. Dem selbst verfolgten deutschen Maler Emil Nolde ist es gelungen, in seinem Bild „Die slawischen Flüchtlinge" das Ausmaß der Angst und des Sich-bedroht-Fühlens der Migranten bildnerisch meisterhaft darzustellen. Diese namenlose Angst führt nicht selten zu einer paranoiden Einstellung gegenüber der neuen Umwelt. Diese Erfahrungen bedeuten, wie Kohte-Meyer (Psycho-analyse zwischen Kulturen: Entstehen von Unbewußtheit und Neurose im trans-kulturellen Prozeß. Unveröffentlichtes Manuskript) herausstellt, eine heftige Bela-stung für das Ich. Sie erreichen nicht selten das Ausmaß eines immer wiederholten Traumas. „Das kohärente Erleben der Ich-Identität, das innerhalb eines spezifi-schen Kulturraumes in Interaktion mit Familie und Gruppe erworben wurde, wird in Frage gestellt."

Psychotische Dekompensationen, vor allem bei männlichen Migranten mit ansonsten reifen Persönlichkeiten sind nicht selten. Manchmal fällt es schwer, bei solchen psychotisch dekompensierten Menschen herauszufinden, was an ihren Mitteilungen der Realität entspricht und was Ausdruck einer wahnhaften Verken-nung der Umwelt und damit Ausdruck eigener Projektionen ist. Verbreiteter sind schwere Depressionen mit einem tiefen Gefühl der Sinnlosigkeit, der Leere, der Schuld und der Resignation. Offene oder verdeckte suizidale Handlungen sind unter den männlichen Migranten häufiger als unter der einheimischen Bevölkerung. Migranten aus afrikanischen und vorderasiatischen Ländern leiden besonders unter hypochondrischen Befürchtungen, unter der Angst, an unheilbaren Krankheiten zu leiden und innerlich von Würmern zerfressen zu werden. Schmerzsyndrome treten bei ihnen häufiger auf. Sprachliche Barrieren, Unterschiede in Sitten und Gewohn-heiten und interkulturelle Mißverständnisse verunmöglichen eine sinnvolle ärztli-che Hilfe, vor allem im psychiatrischen und psychotherapeutischen Bereich, da die Krankheit in diesen Bereichen definiert wird durch Abweichung von sozialen Normen, Normen, die allerdings für den Migranten nicht die gleichen sind wie für die Bewohner des Gastlandes.

Der Migrant ist aber auch innerseelischen Konflikten ausgesetzt, die zum Teil Ausdruck der Reaktivierung der neurotischen Kindheitskonflikte sind, häufiger aber Ausdruck eines Aktualkonflikts, beide bedingt durch den Akt der Migration, den der Migrant als Illoyalität gegenüber den Eltern und den Geschwistern erlebt, als einen Akt der Aggression und des Verrats, einen Verstoß gegen die verinner-lichten Anforderungen des Gewissens, die verinnerlichten Selbstideale und das gesellschaftlich und kulturell Unbewußte. Fügt er sich den Anforderungen des Gastlandes und paßt er sich den dort geltenden Normen, Idealen und gesellschaft-lichen Anforderungen an, kommt er nicht selten mit seinem eigenen Über-Ich und seinen Ich-Ideal-Anforderungen in Konflikt, die im Widerspruch zu den neuen Normen und Idealen stehen können. Dies führt zu Aktualneurosen bzw. aktuali-siert und verschärft die prääödipalen und ödipalen Konflikte und erschwert ihre adäquate Lösung. Wie soll ein junger Türke seine Beziehung zum Vater gestalten, wenn er einerseits den Anforderungen des Gastlandes entsprechen, sich aktiv vom Vater absetzen und ihn überwinden muß, damit er die genitale Reife erreicht und zu einem Kulturträger wird, während in seiner primär-türkischen Kultur Gehorsam und Respekt gegenüber dem Vater vorrangig sind? Wie soll er mit dem Begriff „Ehre" umgehen in einer Gesellschaft, in der sexuelle Freizügigkeit zu den obersten Geboten zählt? Gilt er dann nicht als ehrvergessen, „auch wenn die Ehre, wie er einmal in einem ... Augenblick zu denken wagt, nur ein gewisses, ihn tyrannisierendes Gesellschafts-Etwas sein sollte?" (Weinrich 1997, S. 215).

Ein libanesischer Asylant wurde vor einigen Jahren wegen Geiselnahme angeklagt, weil er, um seine „Ehre" zu verteidigen, versuchte, die Sozialarbeiterinnen der Stadt daran zu hindern, mit Hilfe der Polizei seine damals 15jährige Tochter mit Gewalt aus der Wohnung herauszuholen. Man ging davon aus, er würde diese Tochter mißhandeln. Die Tochter hatte unter dem Einfluß ihrer deutschen Schulfreundin das elterliche Haus ohne Kenntnis der Eltern verlassen und hielt sich gemeinsam mit der Freundin einige Tage in einer norddeutschen Großstadt auf. Als die Mädchen zurückgebracht wurden, erlaubte der Vater der Tochter nicht mehr, außerhalb der Schulzeit die elterliche Wohnung zu verlassen und sich mit ihrer Freundin zu treffen. Die Freundin erstattete eine Anzeige und behauptete, das libanesische Mädchen werde von dem Vater geschlagen und gefoltert. Als die Polizei und die Sozialarbeiterinnen erschienen, um das Mädchen abzuholen, verbarrikadierte sich der Vater in einem Zimmer und drohte, am Fenster stehend, seinen damals 3jährigen Sohn auf die Straße fallen zu lassen, falls die Polizei ihr Vorhaben nicht aufgäbe. Dieser Mann fühlte sich in seiner Ehre bedroht. Hätte er nicht so gehandelt, wie er handelte, müßte er davon ausgehen, daß er als ein Entehrter aus der Gesellschaft anderer Libanesen vertrieben und von ihnen verachtet würde.

„Jede Kultur bildet" – nach Jan Assmann (1992, S. 16-17) – „etwas aus, das man ihre konnektive Struktur nennen könnte. Sie wirkt verknüpfend und verbindend, und zwar in zwei Dimensionen: in der Sozialdimension und der Zeitdimension. Sie bindet den Menschen an den Mitmenschen dadurch, daß sie als symbolische Sinnwelt einen gemeinsamen Erfahrungs-, Erwartungs- und Handlungsraum bildet, der durch seine bindende und verbindende Kraft Vertrauen und Orientierung stiftet. ... Sie bindet aber auch das Gestern an das Heute, indem sie die prägenden Erfahrungen und Erinnerungen formt und gegenwärtig hält, indem sie in einen fortschreitenden Gegenwartshorizont Bilder und Geschichten einer anderen Zeit einschließt und dadurch Hoffnung und Erinnerung stiftet. ... Beide Aspekte, der normative und der narrative, der Aspekt der Weisung und der Aspekt der Erzäh-

lung, fundieren Zugehörigkeit oder Identität, ermöglichen dem einzelnen, ‚wir'
sagen zu können. Was einzelne Individuen zu einem solchen Wir zusammenbin-
det, ist die konnektive Struktur eines gemeinsamen Wissens und Selbstbildes, das
sich zum einen auf die Bindung an gemeinsame Regeln und Werte, zum anderen
auf die Erinnerung an eine gemeinsam bewohnte Vergangenheit stützt."

Wie wäre unser libanesischer Vater dazu imstande, noch den Ausdruck „wir"
zu gebrauchen und sich damit zu seiner kulturellen und sozialen Identität zu bekennen, wenn er anders gehandelt und damit seine „Ehre" nicht verteidigt hätte?

„Schwierigkeiten in der seelischen Bewältigung des Migrationsprozesses
können" nach Kohte-Meyer (1993, S. 128-129) „zu Identitätsstörung, Identitäts-
krise und Leistungseinschränkung von Ich-Funktionen führen. Präformierte, bis
dahin latente, unbewußte Konflikte können das traumatisch geschwächte Ich des
Migranten so bedrohen, daß eine neurotische Symptomatik entstehen kann." Diese
neurotischen Symptome sind offenbar Aktualneurosen. Der zentrale Konflikt der
Migranten ist nach Kohte-Meyer der Konflikt mit dem „sozialen Über-Ich". Durch
die Migration und Trennung von traditionellem Kulturraum und Hinwendung an
den neuen kulturellen Raum kann dem Migranten etwas Wesentliches, „Bewußtheit und Verfügbarkeit von szenischen Fantasien und Rollenidentifikationen",
verlorengehen. Diese Rollenidentifikationen erlaubten Triebbefriedigung im alten
sozialen Rahmen und waren ein Teil der alten Ich-Identität. Kohte-Meyer
vergleicht diesen Prozeß mit dem Konzept Mario Erdheims „Gesellschaftliche
Produktion von Unbewußtheit" und nennt ihn „transkulturelles Entstehen von
Unbewußtheit", das Individuen betreffen kann, „die soziale Gruppen und kulturelle Räume" wechseln. Dieses Entstehen von Unbewußtheit löst Angst aus, führt
zur Einengung und Erstarrung des Ichs und zum Verlust der Symbolisierungsfähigkeit. „Die Fähigkeit des psychischen Apparates, Affekte und Triebimpulse in
sich zu integrieren", wird gestört. Somatische Störungen, auch im Sinne von
konversionsneurotischen Symptomen, können auftreten, „wenn im Ich Unbewußtheit entstanden ist für die Möglichkeiten sozial erlaubter sexueller Triebbefriedigungen des alten Kulturraumes und Bewußtheit für neue, sozial erlaubte
Fantasien noch nicht Ich-synton verfügbar ist."

Geht man von den Beobachtungen und Therapieergebnissen von Kohte-Meyer
aus, können solche psychosomatisch und konversionsneurotisch dekompensierten
Migranten im Rahmen von analytischen Kurztherapien erfolgreich behandelt
werden.

*Ein 23jähriger lateinamerikanischer Student begab sich in meine analytische
Psychotherapie, weil er unter schwerwiegenden Identitätsstörungen litt. Er war ein*

ausgesprochen begabter und gutaussehender Sportler, der außerstande war, längerfristige Beziehungen zu pflegen, der unter schwerwiegenden Selbstwertkrisen litt und im Sinne einer Dysmorphophobie seinen männlich behaarten Rücken so ablehnte, daß er außerstande war, sich von seinen Freundinnen am Rücken streicheln zu lassen oder öffentliche Badeanstalten aufzusuchen. Er schämte sich seiner Behaarung, wenn er nach aktivem Sport mit anderen Männern duschte. Er entstammte einer sogenannten Mischehe. Sein Vater hatte einst in Deutschland studiert und hier eine deutsche Frau geheiratet. Er stammte aus einer großbürgerlichen Familie und wurde nach seiner Rückkehr in die Heimat Verwalter eines riesigen Nationalparks. Infolge politischer Umstürze mußte er sein Land verlassen, als sein ältester Sohn, der Patient, damals 6 Jahre, in die Schule gekommen war. In Deutschland konnte der Vater nicht Fuß fassen, und seine berufliche Situation war äußerst unstabil. Die Mutter arbeitete ebenfalls, dennoch litt die Familie im Vergleich zu früher unter materieller Not. Der Vater fühlte sich deshalb äußerst unsicher und klagte viel. Diese Klagen des Vaters konnte der Patient kaum ertragen. Er bemitleidete ihn. Einerseits hatte er den Wunsch, dem Vater helfen zu können, andererseits verlor er zunehmend seinen Respekt und seine Achtung vor dem Vater. Aufgrund seines kulturellen Hintergrundes durfte er sich jedoch der Verachtung für den Vater und des Verlustes an Respekt nicht bewußt werden. Solche Affekte und die entsprechenden Vorstellungen wurden abgespalten und auf den behaarten Rücken verschoben, der den schwachen väterlichen Teilaspekt repräsentierte und dessen sich der Patient schämte. In Deutschland hatte er seine Muttersprache völlig verlernt. Er sprach akzentfrei und fließend deutsch. Seine jüngere Schwester beneidete er sehr, weil diese im Gegensatz zu ihm blond und blauäugig war und neben ihrem lateinamerikanischen Vornamen auch einen deutschen Rufnamen hatte. Bewußt wünschte sich mein Patient, wie die Schwester blond und blauäugig zu sein und einen deutschen Rufnamen zu haben. Der lateinamerikanische Vorname war sehr ambivalent besetzt.

Im Rahmen der Therapie wurde ihm bewußt, was der behaarte Rücken repräsentierte und weshalb er sich seiner Behaarung schämte. Er wurde zunehmend zugänglicher und konnte jetzt längerfristige Beziehungen mit Frauen pflegen, denen er seinen Rücken offen zeigte und ihnen auch gestattete, seinen Rücken zu streicheln. Er konnte in Gesellschaft seiner Freundin öffentliche Badeanstalten aufsuchen. Eines Tages, als er einen bekannten Sportler kennenlernte, der aus der Heimat seines Vaters stammte und in Deutschland in einer bekannten Mannschaft spielte, bedauerte er es sehr, mit diesem Sportler nicht sprechen zu können, weil er die gemeinsame Muttersprache verlernt hatte. Jetzt entschloß er sich, Abendkurse zu belegen, um die vergessene Muttersprache wieder zu erlernen. Er nahm sich vor, in sein Heimat-land zu reisen, um seine Familienangehörigen kennenzulernen.

Der Migrant muß versuchen, so gut wie möglich mit den multiplen Traumata, denen er im Gastland ausgesetzt ist, und mit seinen innerseelischen Konflikten, die durch den Akt der Migration reaktiviert bzw. erstmalig manifest geworden sind, fertig zu werden. Das Repertoire, das ihm zur Verfügung steht, ist allerdings kärglich. Flucht in Psychose, in Depression, in Sucht und Suizid sind etwaige Lösungsmöglichkeiten. Der Migrant erkennt zwar, daß das Erlernen der Sprache des Gastlandes das wichtigste Mittel ist, um sich verständigen und gewissermaßen etablieren zu können, die Erkenntnis allein reicht jedoch nicht aus, da der innere Widerstand häufig viel größer ist. Der Migrant lernt die Sprache des Gastlandes schwer, weil das Erlernen der fremden Sprache auch die Bedeutung hat, die Hoffnung aufzugeben, je wieder in das Land der Väter zurückzukehren, wo man in der geliebten und vertrauten Muttersprache redet. Das Erlernen der Sprache wird als Verrat gegenüber den zurückgelassenen Angehörigen erlebt. So bleiben die Migranten häufiger unter sich, weil es nur dann möglich ist, das vertraute gesprochene Wort zu hören und selbst auszusprechen, und weil nur dann die Chance besteht, verstanden zu werden.

Der Migrant hält sich mit Vorliebe an besonderen Orten auf, in Bahnhöfen und in Flughäfen. Ist er Geschäftsmann, gründet er seinen kleinen Lebensmittel- und Andenkenladen in der Nähe des Bahnhofs, wo die anderen Migranten mit Vorliebe einkaufen. Der Aufenthalt im Bahnhof oder am Flughafen regt die geheimen Wünsche und die vorbewußten Fantasien des Migranten an, bald heimkehren zu können, ja die Fantasie, sich nicht von zu Hause abgenabelt zu haben, sondern nur auf einer Stippvisite in der fremden Stadt zu sein. Das Flugzeug, das ihn heimbringen würde, fliegt jeden nächsten Augenblick.

Es gibt aber auch Migranten, die durch Flucht nach vorne, durch eine Über-identifizierung mit der Sprache und den kulturellen Normen des Gastlandes und die Verleugnung des eigenen Ursprungs, durch Abspaltung ihrer primären Identität, den schmerzhaften Prozeß der Migration zu lindern und die Scham- und Schuldgefühle abzuwehren versuchen. Diese Abwehr ist aber häufig brüchig. Innerseelische Konflikte oder reale Traumata können bei ihnen zur Überflutung mit Angst und Scham, zu depressiven Dekompensationen und parasuizidalen Handlungen sowie zu konversionsneurotischen Symptomen führen.

Vor einigen Jahren bekam ich in Tiefenbrunn einen Anruf. Ein junger Mann stammelte kurz in gebrochenem Persisch und legte wieder auf. Kurz darauf kam ein erneuter Anruf. Jetzt meldete sich eine fließend persisch sprechende Frau, die sich für das Verhalten ihres Sohnes entschuldigte. Dieser hätte den Hörer aufgelegt, weil er sich zutiefst schämte, seine Muttersprache nicht mehr zu beherrschen. Sie wollte wissen, ob der junge Mann sein Anliegen auch in Deutsch mitteilen dürfte. Als ich dies bejahte, hörte ich einen fließend und akzentfrei deutsch sprechenden Mann, der um seine Aufnahme in der Klinik bat.

Der Migrant versucht, die schmerzliche Tatsache des Verlustes der Heimat, des kulturellen Hintergrundes und der Sprache möglichst zu verleugnen. Ein gängiges Verhalten ist, wie León und Rebeca Grinberg hervorgehoben haben, die dranghafte Tendenz, Andenken aus dem Heimatland zu sammeln. Die Wohnungen der Migranten sind nicht selten mit allen möglichen Andenken, unnützen Gegenständen und Bildern geschmückt. Solche Andenken dienen weniger dem natürlichen Bedürfnis, den Wohnraum zu schmücken, als vielmehr dem Trost und der inneren Beruhigung, weil man etwas Bekanntes und Vertrautes in seiner Nähe hat, was die Fantasie aufrechterhält, noch immer mit der Heimat, mit dem Ursprung verbunden zu sein. Diese Andenken repräsentieren die geliebten und die schützenden inneren Objekte, die der Migrant verloren hat.

Die Angst vor Verlassenheit, vor Identitätsverlust und vor Triebdruck versuchen vor allem Frauen aus den islamischen Ländern durch Flucht in Religiosität abzuwehren. Nicht selten beobachten wir, daß aufgeklärte Frauen der Mittelschicht mit einer akademischen Ausbildung sich im Gastland in Religiosität flüchten. Sie fangen an, regelmäßig zu beten und zu fasten und die Kleidervorschriften zu beachten. Manche finden in islamischer Mystik der Sufi-Tradition Trost, Zuflucht und narzißtische Bestätigung. Sie suchen die Gemeinschaft anderer religiöser Frauengruppen, um ihre Identität zu stärken; religiöse Gemeinschaft ist nach Kakar (1997, S. 294) „der interaktive Aspekt religiöser Identität. Im Gegensatz zur religiösen Individualität, die durch innere Ruhe gekennzeichnet ist, befindet sich das Individuum, wenn es religiöse Gemeinschaft erfährt, in einem hellwachen Zustand. Im günstigsten Fall bewirkt diese Facette religiöser Identität eine Ausweitung des Selbst und schafft zwischen den Gläubigen ein Gefühl des Gleichklangs und des Mitschwingens".

Das Arbeitsverbot hat für die männlichen Migranten schwerwiegende Konsequenzen. Daheim galten sie als Ernährer der Familie und bezogen daraus sehr viel Sicherheit und stabilisierten damit ihr Selbstwertgefühl. Als Arbeitslose fühlen sie sich nun wertlos, depotenziert und zu nichts nutze. Sie schämen sich ihrer Lage und finden nicht selten in Sucht und gelegentlicher Kriminalität Zuflucht. Sie sind chronisch depressiv und suizidal.

Einem Teil der Migranten gelingt allerdings auch eine sinnvolle positive Bewältigung des Migrationstraumas und der innerseelischen Konflikte, die durch die

Migration mobilisiert wurden. Sie sehen in der Migration eine große Chance. Solche Migranten leisten einen Akt der Wiedergutmachung und bewältigen ihre Schuld dadurch, daß sie die Spaltung aufheben und sich im Ausland vermehrt mit dem kulturellen Erbe ihres Landes auseinandersetzen, ja sogar erstmalig im Ausland mit der eigenen kulturellen Vergangenheit vertraut werden. Bei dieser Gruppe von Menschen handelt es sich um bikulturelle Personen, die es fertigbringen, gleichzeitig in zwei Kulturen zu leben, in der Kultur des Landes, das sie verließen, mit dem sie aber stets innerlich verbunden bleiben, und in der Kultur des Gastlandes, dem sie ihre persönliche Unversehrtheit und nicht selten ihr Überleben verdanken. Diesen Menschen verdanken wir einige der besten Beispiele der schöngeistigen oder wissenschaftlichen Literatur in der Sprache der Gastländer. Sie sind wahre Weltbürger, denen die ganze Welt, wie Hugo von St. Viktor gesagt hat, als Exil erscheint (zitiert nach Said 1997, S. 15).

Said sieht in der Migration auch große Chancen. Er vertritt die Auffassung, daß „niemand heute nur ganz rein eines ist. Bezeichnungen wie Inder, Frau, Moslem oder Amerikaner sind nicht mehr als erste Orientierungssignale, die, wenn man sie auch nur einen Augenblick lang in die tatsächliche Wirklichkeit weiterverfolgt, alsbald verlöschen. Der Imperialismus konsolidierte die Mischung von Kulturen und Identitäten weltweit. Seine schlimmste und paradoxeste Gabe aber war es, die Menschen glauben zu machen und glauben zu lassen, sie seien einzig, hauptsächlich bzw. ausschließlich weiß oder schwarz oder westlich oder orientalisch. Aber so wie menschliche Wesen ihre eigene Geschichte machen, so machen sie auch ihre eigenen Kulturen und ethnischen Identitäten. Niemand kann die dauerhaften Prägezeichen langer Traditionen anhaltender Besiedelung, nationaler Sprachen und kultureller Geographien leugnen; doch es scheint – abgesehen von Angst oder Vorurteil – keinen Grund zu geben, auf ihre Trennung und Unvergleichlichkeit zu beharren, so als ob das alles gewesen sei, worum das menschliche Leben kreiste. Überleben hängt mit den Verbindungen zwischen den Dingen zusammen; den Worten von Eliot zufolge kann die Realität nicht der ‚anderen Echos' beraubt werden, ‚die den Garten bewohnen'" (Said 1994, S. 442).

Literatur

Assmann, J. (1992): Das kulturelle Gedächtnis. Schrift, Erinnerung und politische Identität in frühen Hochkulturen. München (C. H. Beck).

Çağlar, G. (1997): Der Mythos vom Krieg der Zivilisationen. Der Westen gegen den Rest der Welt. München (Marino-Verlag).

Erdheim, M. (1984): Die gesellschaftliche Produktion von Unbewußtheit. Frankfurt/M. (Suhrkamp).

Erikson, E. H. (1984): Kindheit und Gesellschaft. Stuttgart (Klett-Cotta).

Grinberg, L. u. R. (1990): Psychoanalyse der Migration und des Exils. Wien und München (Verlag Internationale Psychoanalyse).

Kakar, S. (1997): Die Gewalt der Frommen. Zur Psychologie religiöser und ethnischer Konflikte. München (C. H. Beck).

Kohte-Meyer, I. (1993): „Ich bin fremd, so wie ich bin". Migrationserleben, Ich-Identität und Neurose. In: Streeck, U. (Hrsg.), (1993): Das Fremde in der Psychoanalyse. Erkundungen über das „andere" in Seele, Körper und Kultur. München (Pfeiffer), S. 119-132.

Kohte-Meyer, I.: Psychoanalyse zwischen Kulturen. Entstehen von Unbewußtheit und Neurose im transkulturellen Prozeß (unveröffentlichtes Manuskript).

Laplanche, J., Pontalis, J.-B. (1972): Das Vokabular der Psychoanalyse. Frankfurt/M. (Suhrkamp).

Said, E. W. (1994): Kultur und Imperialismus. Einbildungskraft und Politik im Zeitalter der Macht. Frankfurt/M. (S. Fischer).

Said, E. W. (1997): Die Welt, der Text und der Kritiker. Frankfurt/M. (S. Fischer).

Tibi, B. (1995): Krieg der Zivilisationen. Politik und Religion zwischen Vernunft und Fundamentalismus. Hamburg (Hoffmann & Campe).

Weinrich, H. (1977): Lethe. Kunst und Kritik des Vergessens. München (C. H. Beck).

Der Tod als bevorstehende Wirklichkeit

Christiane Michelberger

Gabriel García Márquez schildert in seinem Roman „Die Liebe in den Zeiten der Cholera", wie der alte Arzt eines Nachts aus einem Alptraum erwacht und ihm plötzlich bewußt wird, „daß der Tod nicht nur, wie er es immer empfunden hatte, eine ständige Möglichkeit war, sondern eine bevorstehende Wirklichkeit" (Márquez 1991, S. 49).

Wie verändert sich der Mensch, wenn der Tod als bevorstehende Wirklichkeit anerkannt wird? Und wie kann man diese Veränderungen konzeptuell erfassen?

Ich arbeite in meiner Praxis mit Krebspatienten. An Krebs zu erkranken ist in hohem Ausmaß mit der Vorstellung verbunden, sterben zu müssen. Obwohl jemand, der einen Herzinfarkt erleidet, eine vergleichbare Prognose quoad vitam hat, löst ein Herzinfarkt nicht dieselben Phantasien aus.

Viele Krebskranke kommen zu mir, weil sie den Schock, an Krebs erkrankt zu sein, nicht verarbeiten können. Andere haben die – durch entsprechende Publikationen geförderte – Vorstellung, daß ihre Krebserkrankung durch einen bestimmten Konflikt verursacht sei, den sie nun bearbeiten wollen.

Vor einigen Jahren kam eine Patientin mit einer mir bis dahin bei Krebspatienten unbekannten Symptomatik zu mir.

Frau D. hatte eine schwere phobische Symptomatik. Die Ängste waren nach dem Rezidiv einer Brustkrebserkrankung aufgetreten. Die Patientin war nicht in der Lage, das Haus, ja manchmal nicht einmal das Bett zu verlassen. Selbst intravenöse antidepressive und anxiolytische Therapie hatte an ihrem Zustand nichts ändern können.

Was war die Ursache für die Angst? War es Todesangst? Wenn Angst zu sterben der Grund war, wieso kam diese Symptomatik so selten unter Krebspatienten vor?

Es entfaltete sich folgende Geschichte:

Fünf Jahre zuvor war eine Brustkrebserkrankung bei Frau D. diagnostiziert worden. Sie wurde, wie damals üblich, mit Brustamputation und wegen Lymphknotenbefalls chemotherapeutisch behandelt. Frau D. war davon ausgegangen, daß nun alles in Ordnung sei. Ein halbes Jahr, bevor sie zu mir kam, wurde ein Rezidiv diagnostiziert. Daraufhin sagte sie zu ihrem Mann: „Du kannst auf meinen Grabstein schreiben: ‚Die hat gar nicht gelebt.'"

Der Patientin wurde deutlich, wie viele unerfüllte Wünsche sie in sich trug. Sie nahm sich vor: „Ich mache nur noch, was mir Spaß macht." Zu den libidinösen traten Autonomiewünsche. Frau D. hatte sich im Alter von 54 Jahren noch kaum von ihren Eltern gelöst. Der Vater regierte mit starker Hand die Großfamilie. Er kontrollierte ihr Woher und Wohin mehrfach täglich telefonisch. Obwohl er nicht bei seiner Tochter wohnte, hatte er einen Wohnungsschlüssel. Gedankenlos kam er, wann er wollte, ohne Rücksicht auf Frau D.'s Ruhezeiten, die im Schichtdienst arbeitete. Auch erhielt die Patientin reichlich finanzielle Unterstützung von ihm, die sie zwar nicht unbedingt nötig hatte, aber doch annahm. Als Gegenleistung mußte die Patientin mit Mann und Sohn ihre Eltern jedes Wochenende auf Ausflüge mitnehmen. Es war ihr unmöglich zu sagen, daß sie einmal allein mit ihrer Familie ein Wochenende verbringen wollte. Sie phantasierte, mit ihren Autonomiewünschen die Eltern umzubringen.

„Meine Eltern sind alt, sie könnten umfallen und tot sein, wenn ich etwas sage. Dann lasse ich es besser so." Durch das Rezidiv der Krebserkrankung war die Patientin mit der Endlichkeit ihres Lebens konfrontiert worden. Der schon lange bestehende Autonomiekonflikt wurde verschärft. Angesichts eines möglichen frühen Todes konnte sie nun nicht mehr warten, bis die betagten Eltern starben und sie dann die Möglichkeit haben würde, doch noch ihr Leben eigenständig zu gestalten.

Hinzu kam, daß Frau D. den Eindruck hatte, ihren Eltern durch die Krebskrankheit direkt Schaden zuzufügen. Diese hatten sich nämlich aus allen sozialen Kontakten zurückgezogen, „weil es nun so einen Fall in der Familie gab". Die Mutter litt seit dem Rezidiv unter schweren Schlafstörungen. Für die Patientin war die Krebskrankheit Ausdruck ihrer unerlaubten aggressiven Triebimpulse (Rodewig 1994, S. 149). Die aufgetretene Angstsymptomatik verhinderte die Befriedigung libidinöser und autonom-aggressiver Triebwünsche und bestrafte die Patientin für diese. Gleichzeitig drückte sich in der Symptomatik die energische Verweigerung aus, weiterhin die Wünsche des Vaters zu erfüllen.

Es lag ein klassischer neurotischer Konflikt vor, in dessen Dynamik die Krebserkrankung eng verwoben war.

In der Therapie spürte Frau D. zunehmend den Zorn auf ihren Vater. Trotz vieler Bedenken wagte sie die Auseinandersetzung mit ihm. Überraschenderweise ging der Vater relativ unkompliziert auf die Wünsche der Patientin nach mehr Distanz ein, wenn er auch häufig daran erinnert werden mußte. Die erfolgreiche

Durchsetzung führte zu einer Verringerung der Symptomatik, die aufflammte, wenn die Patientin sich erneut dominiert fühlte und ihre eigenen Bedürfnisse nicht artikulierte.

Der Therapieverlauf bestätigte, daß es sich bei den phobischen Ängsten nicht um verschobene Todesängste handelte.

Im folgenden will ich näher betrachten, wie sich die Komponenten des neurotischen Konfliktes verändern, wenn der Tod im Bewußtsein von einer „ständigen Möglichkeit zur bevorstehenden Wirklichkeit" wird. Dabei lege ich das triebtheoretische Konzept des neurotischen Konfliktes zugrunde mit den Komponenten Triebimpuls, Angst, Abwehr und Kompromißbildung (vgl. Freud 1917, 1926).

Die Krebskrankheit aus der Sicht Betroffener und Nichtbetroffener

In der Literatur fällt ein wichtiger Unterschied zwischen den Berichten der Behandler und den Schilderungen von Erkrankten auf. Die Behandler – Nichterkrankte – sehen vor allem die tödliche Bedrohung und die Schwierigkeit, diese traumatische Situation zu bewältigen, so z. B. Wirsching in „Krebs im Kontext" (Wirsching 1988, S. 47):

„Todesangst, Hilflosigkeit und Hoffnungslosigkeit stellen die Verarbeitungskräfte, die Ich-Stärke des Menschen, auf die schwerste vorstellbare Probe."

Bei den selbst von der Krebskrankheit Betroffenen kommt ein Aspekt hinzu, der in den Untersuchungen seltener geschildert wird. Brenne-Keuper, eine Psychologin, die an einem Melanom erkrankte, schreibt:

„Durch die Krankheit gestattete ich mir, mich zu verhalten, wie ich es nicht getan hätte, wäre ich gesund gewesen: Ich machte regelmäßige Pausen, war faul, und ich hatte jetzt einen Grund, bestimmte Dinge von mir zu weisen, die mich einem ständigen Streß aussetzten. Ich versuchte immer mehr zu begreifen, was mir wirklich wichtig war" (Brenne-Keuper 1988, S. 69).

Auch Wirsching beschreibt in dem schon genannten Buch, daß der Krebs von Patienten nicht nur als Feind erlebt wird, sondern „auch als Freund, der dem Kranken gestattet, sich endlich einmal verwöhnen zu lassen, im Zentrum der Aufmerksamkeit zu stehen, aus einer überfordernden, ausweglosen Situation auszubrechen oder auch andere durch stilles Leiden (verdeckt) anzuklagen. Und er kann den Krebs schließlich als ein Krisensignal werten, das ihn zu der Frage veranlaßt: Was ist für mich letztlich wesentlich, welche Werte und Verhaltensmuster muß ich korrigieren, wie kann/muß ich mein Leben grundsätzlich umgestalten?" (Wirsching 1988, S. 15).

Zu realisieren, daß der Tod das Leben über kurz oder lang wirklich beenden wird, ermöglicht offenbar spezifische Veränderungen in der Persönlichkeit. Die Betroffenen haben dabei den Eindruck, ihren Bedürfnissen besser Ausdruck verleihen zu können als früher. Wie können diese Veränderungen konzeptuell erfaßt werden?

Der neurotische Konflikt unter dem Einfluß des Krebsgeschehens – Rückzug der Libido auf die Gegenwart

Während der Erstdiagnostik und -therapie gibt es zwei Zeitpunkte, an denen das bevorstehende Ende des Lebens aufleuchtet:

Das erste Mal geschieht dies, wenn der Verdacht auf eine Krebskrankheit ausgesprochen ist, jedoch noch keine Biopsie entnommen wurde. In seinen präbioptischen Studien konnte Schwarz eindrucksvoll die Veränderungen aufzeigen, die auftraten, wenn die Patientinnen mit Verdacht auf Brustkrebs davon ausgingen, an Krebs erkrankt zu sein. Die Veränderungen traten auch bei den Patientinnen auf, die glaubten, an Krebs erkrankt zu sein, deren Befund jedoch negativ ausfiel (vgl. Schwarz 1993). Es ist offensichtlich ausschlaggebend, daß von einem frühzeitigen Tod ausgegangen wird, unabhängig davon, ob dies der objektiven Realität entspricht.

Nachdem die Krebskrankheit diagnostiziert wird, erfolgt innerhalb weniger Tage eine eingreifende Diagnostik und Behandlung. Das Ich des Patienten wird von traumatischer Angst überflutet. Diese Phase und die Schwierigkeiten und Möglichkeiten, mit der Erschütterung der sicher geglaubten Lebensgrundlage zurechtzukommen, hat ihre eigene Dynamik und entspricht der eines Realtraumas.

Nachdem die Primärtherapie abgeschlossen ist und der Patient den Schock, krebskrank zu sein, einigermaßen verarbeitet hat, gibt es etliche, die sich auf die meist ausgesprochenen Worte der Ärzte verlassen, die Sache sei nun gut. Mit einem sog. „middle knowledge" gelingt es ihnen, sich einerseits der Krebskrankheit bewußt zu sein, zu den häufigen Nachsorgeuntersuchungen zu gehen und andererseits die potentiell tödliche Bedrohung weitgehend zu leugnen. So können sie ihr Leben im wesentlichen unverändert fortführen.

Eine andere Patientengruppe nimmt die Realität der Erkrankung mit den möglichen Folgen bewußt zur Kenntnis, freiwillig oder unfreiwillig. Manche Krebskranke empfinden es als richtiger, der Konfrontation mit der Begrenzung des Lebens nicht auszuweichen. Andere sehen sich – für ihr Gefühl unerwartet – dem Tod gegenübergestellt, wenn ein Rezidiv bei ihnen diagnostiziert wird.

Wird das bevorstehende Ende des eigenen Lebens realisiert, ziehen die Betroffenen die libidinöse Besetzung von zukünftigen Zielen zurück. Sie können nicht sicher sein, ob es für sie noch einen zukünftigen Zeitpunkt gibt, auf den hin sie hoffen und leben können. Außerdem begegnen sie in den Gedanken an die nahe oder auch fernere Zukunft immer der Möglichkeit ihres Todes.

Die krebskranke Maxie Wander schreibt in ihrem Buch „Leben wär' eine prima Alternative": „Ich lebe nur im Augenblick und mach überhaupt keine Pläne, sonst krieg ich's mit der Angst zu tun" (Wander 1979, S. 51).

Durch die Hinwendung zur unmittelbaren Gegenwart kann die Vernichtungsangst abgewehrt werden. Dabei verleiht das Zusammenfließen der Libido dem gegenwärtigen Erleben neue Intensität und Tiefe.

Noch einmal Maxie Wander: „Erst wenn man begriffen hat, wie schnell man abberufen werden kann und wie kostbar unser einmaliges, unwiederbringliches Leben ist, fängt man zu leben an. Rückfälle gibt es natürlich. Das Gewohnte hat einen manchmal in seinen Krallen, aber es gibt auch unbeschreibliche Stunden, wo ich bewußt und intensiv lebe wie nie zuvor" (Wander 1979, S. 222).

Das Es unter dem Einfluß der Krebskrankheit

Die Konfrontation mit der Begrenzung des Lebens veranlaßt die Betroffenen, Bilanz zu ziehen. Was wollte ich in meinem Leben alles machen, was habe ich bisher nicht gemacht?

Hier besteht eine Ähnlichkeit mit dem Libidoschub während des Klimakteriums. Die bisher verdrängten, nicht gelebten Wünsche und Bedürfnisse werden mobilisiert. Es wird eher versucht, direkt Lust zu erreichen und Triebaufschub zu vermeiden. Schließlich ist es zu unsicher, ob sich dieser Aufschub „lohnt", ob es noch zur Erfüllung des Wunsches unter geeigneteren Umständen kommen wird. Der Tod wird schließlich alle Möglichkeiten zur Erfüllung von Wünschen und Bedürfnissen nehmen.

Die vitale Bedrohung führt zu einem Es-Schub.

Angst und Abwehr

Die Angst im Zentrum des psychodynamischen Geschehens ist jetzt die Vernichtungsangst. Für das Ich besteht die nun alles beherrschende Notwendigkeit, das Überleben zu sichern. Demgegenüber erscheinen Ängste vor Objektverlust, Liebesverlust, Strafe oder schlechtem Gewissen klein und können eher übergangen werden.

Neurotische Ängste dieser Art, die vor der Krebserkrankung zu bestimmten Abwehrhaltungen und Kompromißbildungen geführt haben, verlieren an Gewicht. In der subjektiven Krankheitsphantasie wird häufig der bis dahin geleistete Verzicht auf Befriedigung oder der Aufschub der jetzt so deutlich spürbaren Triebimpulse als Ursache der Krebskrankheit interpretiert. Verzicht und Aufschub verstärken daher die Vernichtungsangst. Die Vernichtungsangst verringert sich, wenn den Triebwünschen Erfüllung gewährt wird.

In der Phantasie entsteht so die Möglichkeit, auf die lebensbedrohliche Erkrankung Einfluß zu nehmen. In Identifikation mit dem Aggressor werden häufig aggressive Triebderivate ausgelebt. Während meiner mehrjährigen Tätigkeit in einer onkologischen Rehabilitationsklinik beobachtete ich, wie die Patienten oft rücksichtslos – den Krebszellen gleich – versuchten, ihre Interessen gegen Mitpatienten und Mitarbeiter der Klinik durchzusetzen. Dabei ging es oft um so „banale" Sachen wie den Essensplatz oder die Benutzung eines Bügeleisens. Immer aber kämpften die Patienten so drängend und verzweifelt, als hinge ihr Leben davon ab.

Die Mobilisierung der autonom-aggressiven Triebderivate hilft auch in einem weiteren Aspekt bei der Krankheitsbewältigung. Die Krebskrankheit stellt das Bewußtsein unabhängiger Stärke in Frage, Hilflosigkeit droht. Triebabkömmlinge der analen Entwicklungsstufe versprechen, die beschädigte Autonomie wiederherzustellen.

Die Mobilisierung von oral-passiven Wünschen hingegen ist konflikthaft. Diese Wünsche erinnern an die Hinfälligkeit und Pflegebedürftigkeit bei fortschreitender Erkrankung. Sich diesen Wünschen zu überlassen hieße, sich der Krebskrankheit zu ergeben, und das mobilisiert Angst.

Die männlichen Patienten, mit denen ich gesprochen habe, neigten dazu, die Beschädigung zu kompensieren, indem sie sich durch vermehrte genital-sexuelle Aktivität ihrer phallischen Potenz versicherten; Frauen stellten eher ihre Autonomiewünsche in den Vordergrund. Man könnte denken, daß viele Frauen sich aus sexuellen Aktivitäten zurückziehen, weil sie sich zu verstümmelt fühlen durch die Behandlungsfolgen der Brustkrebserkrankung, der häufigsten Krebsart bei Frauen. Ich habe jedoch etliche prostatektomierte Männer kennengelernt, für die gerade sexuelle Aktivitäten besonders wichtig waren, trotz (und / oder wegen) der damit verbundenen Potenzprobleme.

Möglicherweise gibt es eine geschlechtsspezifische Verarbeitung der Krebserkrankung, die damit zusammenhängt, welche Wünsche in der Entwicklung abgewehrt werden mußten in Übereinstimmung mit geschlechtsspezifischen Rollenbildern.

Überich und Außenwelt

Überich und Außenwelt stellen den Forderungen des Es jetzt weniger Einschränkungen entgegen. Den Strafbedürfnissen des Überichs ist Rechnung getragen worden. Die Erwartung eines verkürzten Lebens stimmt das Überich milde. Das Es kann seine Forderungen eher durchsetzen und löst im Ich weniger Signalangst aus. Eine 32jährige Patientin berichtete:

„Die Ehe war schrecklich. Wenn mein Mann wütend war oder etwas nicht so lief, wie er wollte, warf er sich auf den Boden und schrie und strampelte wie ein Kleinkind. Ich hatte nicht zwei, sondern drei kleine Kinder. Aus Rücksicht auf die beiden Kinder habe ich mich nicht von ihm getrennt. Aber oft habe ich mir gesagt: ,Wenn du Krebs hast, dann trennst du dich.' Jetzt bin ich mit meinen Kindern ausgezogen. Es geht mir gut jetzt."

Dies ist ein tragisches Beispiel, denn bei dieser Patientin war das Mamma-Karzinom bereits in die Lymphbahnen metastasiert, was die Prognose deutlich verschlechterte. Es zeigt, daß ihre autonom-aggressiven Impulse unter Todesstrafe standen. Erst nachdem diese Strafe durch die Erkrankung vollzogen war, hatte das Ich einen neuen Handlungsspielraum, den die Patientin konstruktiv nutzen konnte.

Auch die Außenwelt reagiert verändert. Viele wissen erst einmal nicht, wie sie sich Krebskranken gegenüber verhalten sollen und ziehen sich zurück. Dann ist es notwendig, daß die Initiative vom Kranken selbst ausgeht und er den anderen mitteilt, wie er sich den Umgang wünscht. Den Kranken ist oft bewußt, daß es schon einer besonderen Hartherzigkeit bedarf, um Krebskranken etwas Ersehntes oder auch Gefordertes auszuschlagen.

Wie eine 23jährige Patientin mit Mamma-Ca es formulierte:

„Wenn ich einfach nur sage, mir geht es schlecht, kümmere dich um mich, könnte meine Freundin ja sagen, ich habe mit mir selbst zu tun. Aber wer kann mich schon zurückweisen, wenn ich sage, daß es mir schlecht geht wegen der Krebskrankheit?"

Diese Haltung erhöht gleichzeitig auch die Angst der Krebskranken, da dem neuen Handlungsspielraum das Odium des „letzten Wunsches" anhaftet.

Krebspersönlichkeit

Nach den vorangehenden Ausführungen kann der Begriff der Krebspersönlichkeit unter einem neuen Blickwinkel betrachtet werden. Die Krebskrankheit führt zu einem veränderten neurotischen Konfliktgleichgewicht. Die bisherige Lebensform wird einer kritischen Prüfung unterzogen, Erinnerungen unter dem Eindruck des Es-Schubes neu geordnet und bewertet. Becker vermutete ein ähnliches Phänomen in der Life-event-Forschung: „Gerade der durchgängige Anstieg von lebensverändernden Ereignissen unmittelbar vor der Manifestation bzw. Diagnose der Erkrankung legt die kritische Vermutung nahe, daß beim Probanden durch die Erkrankung selbst seine retrospektive Sichtweise verändert wird, zum Beispiel vergangene Ereignisse anders bewertet werden im Sinne eines Aggravierens, Harmonisierens, Bilanzierens und/oder Kausalbedürfnisses als bei einer Person, die nicht unter dem Eindruck einer Erkrankung steht" (Becker 1985, S. 68).

Wie aus der Gedächtnisforschung bekannt ist, stellt jedes Erinnern einen kreativen Akt dar. Rückblickend erscheint es den Krebspatienten, als hätten sie ihre Gefühle zu sehr unterdrückt und verschwiegen, ihrem Ärger zu wenig Ausdruck verliehen, ihre Lebensgestaltung zu starr konzipiert und zu sehr von äußeren Normen kontrollieren lassen, ihre eigenen Ansprüche zu sehr zurückgestellt. Den vorher fehlenden Eigenschaften, die nun durch den Es-Schub gefördert und von einem gnädigeren Über-Ich, Ich-Ideal und einer toleranteren Außenwelt geduldet werden, wird die Bahnung der malignen Erkrankung zugeschrieben. Meines Erachtens handelt es sich bei dem Begriff der „Krebspersönlichkeit" um eine Kausalattribution. Sie erfolgt nach der Umstrukturierung der Erinnerung unter dem Eindruck der neuen Lebensereignisse, die die beschriebenen intrapsychischen Veränderungen bewirkt haben.

Dies wird besonders durch die bereits erwähnten Untersuchungen von Schwarz aus Heidelberg untermauert:

Schwarz (vgl. Schwarz 1984, 1986, 1993) bewies in seinen präbioptisch-prospektiven Studien von Bronchial- und Mamma-Ca-Patienten, daß die Hypothese einer Krebspersönlichkeit nicht haltbar ist. Bei den Patienten mit Bronchial-Ca konnten die typischen Merkmale nicht nachgewiesen werden, „während brustkrebskranke Frauen zumindest in einigen Bereichen diesem Stereotyp zu entsprechen schienen. Bei Kontrollen auf Scheinzusammenhänge hin erwiesen sich diese Phänomene allerdings als Reaktionen auf die erwartete Diagnose, die von der Mehrzahl der brusterkrankten Frauen bereits prädiagnostisch prognostiziert wurde" (Schwarz 1993, S. 7). Gleichzeitig zeigte sich, daß die meistgenannten und als typisch erachteten Persönlichkeitsveränderungen bereits durch den Verdacht ausgelöst wurden, an Krebs erkrankt zu sein. „Fast alle Merkmale der ‚falsch-positiven' Gruppe haben höhere Werte und zeigen die Charakteristika der sogenannten Krebspersönlichkeit trotz der Tatsache, daß die korrekte Diagnose nicht Krebs lautet. Das bedeutet, daß die tatsächliche Krankheit weniger Einfluß auf die psychische Situation der Kran-

ken hat als die Vermutung, unter Krebs zu leiden"... (Schwarz 1993, S. 6). Die Überzeugung, an Krebs erkrankt zu sein, führt unabhängig von der wirklichen Diagnose bereits zu den beschriebenen psychodynamischen Veränderungen und zu einer
Neubewertung der Erinnerungen.

Kompromißbildung

Frühere neurotische Ängste verlieren unter den veränderten ökonomischen
Verhältnissen ihr Gewicht. Das Ich kann für alte Konflikte neue Kompromißbildungen finden. Diese neuen Kompromißbildungen entsprechen oft der Situation
des inzwischen Erwachsenen besser und werden von den Betroffenen als befriedigender erlebt. Vielen Betroffenen erwächst aus der Konfrontation mit dem Ende
des Lebens der Mut, schon lange anstehende Probleme in Angriff zu nehmen und
neue Schritte zu Lösungen zu versuchen.

Die neue Kompromißbildung wird zum neurotischen Symptom

In sehr seltenen Fällen führt der Es-Schub bei Krebspatienten zur neurotischen
Symptombildung. Anna Freud schrieb 1936: „Daß aufgrund dieser quantitativen
Vorgänge jede Periode von Libidosteigerung im menschlichen Leben zum geeig-
neten Ansatzpunkt für neurotische (...) Erkrankung werden kann, war uns (...)
immer gegenwärtig" (A. Freud 1936, S. 134).

Trifft der durch die Krebserkrankung ausgelöste Es-Schub auf ein unvermindert
strenges Überich, reagiert die Umgebung nicht milder oder ist das Ich zu sehr
geschwächt und entwickelt Es-Angst, kann es zur neurotischen Symptomatik
kommen. Ich kehre zurück zu der Patientin, deren Geschichte ich zu Beginn
geschildert habe. Die Ansprüche ihres Überichs waren durch die Krebskrankheit
nicht gemildert. Die Krankheit erschien als weiterer Abkömmling aggressiver
Triebderivate. Hinzu kamen die verstärkten libidinösen und aggressiven Triebimpulse. Das Ich, durch die Krankheit bereits geschwächt, war überfordert. Es kam
zur Symptombildung.

Problematisch ist die Situation auch, wenn die zuvor bestehende zentrale Angst
bereits die Vernichtungsangst war. Ähneln sich die auslösenden Situationen, kann
die Angst so stark werden, daß das Ich die bisherige Kompromißbildung nicht
aufrechterhalten kann.

Dies war der Fall bei einer meiner Patientinnen, die – während des Zweiten
Weltkrieges geboren – mit einem Jahr den Vater und mit drei Jahren die Mutter

verlor. Sie war mehrere Jahre allein durch viele Pflegefamilien gegangen, bis sie schließlich zusammen mit ihren Geschwistern zu Verwandten kam, die sie adoptierten. Diese Patientin hatte ihr Leben bis zur Krebserkrankung durch zwanghafte Kontrolle aller Umstände, so weit dies möglich war, recht gut bewältigt. Sie war berufstätig und hatte drei erwachsene Kinder. Als sie vor 4 Jahren an inoperablem Bronchial-Ca erkrankte, teilte man ihr nach der Primärtherapie mit, sie habe noch ein halbes Jahr zu leben. Sie nahm die Nachricht recht gefaßt auf und sagte sich: „Na gut, dann muß ich eben sterben."

Wider Erwarten erholte sie sich jedoch. Nach der sehr belastenden Chemotherapie und Bestrahlung nahm sie wieder an Gewicht zu, und ihre Kräfte kehrten zurück. Als sie soweit hergestellt war, daß sie ihre Arbeit wieder aufnehmen konnte, begannen die Schwierigkeiten. Sie geriet in einen Strudel von Panik und Zukunftsangst. Zu diesem Zeitpunkt lernte ich sie kennen. Die Zustände wurden besonders unerträglich, wenn sie von einer Nachsorgeuntersuchung kam. Ihr war wieder einmal gesagt worden, es sei alles in Ordnung, sie solle zur nächsten Nachsorge wiederkommen. Die anfängliche Sicherheit, was die Zukunft bringen würde, war einer tiefen Unsicherheit gewichen. Aufgrund der Genese löste genau diese Konstellation in der Patientin Vernichtungsangst aus. Durch die unerwartete Gesundung befand sie sich jetzt in einer extrem unsicheren Lebenslage. Sie mußte damit rechnen zu sterben, wußte jedoch nicht, wann.

Die Panik war so groß, daß ich mich auf die Suche nach einer beruhigenden Intervention begab.

Zunächst fand ich nach einigen Gesprächen heraus, daß der Tod für diese Patientin nichts Erschreckendes hatte. Harmonische Bilder prägten ihre Todesvorstellung. Ich machte bei ihr etwas Ungewöhnliches, was die meisten Menschen erschrecken würde. Ich sagte ihr, daß sie eigentlich nicht weiter unsicher zu sein brauche. Denn eines sei sicher: Auf jeden Fall warte der Tod auf sie. Und bis dahin werde sie leben. Wie lange, könnte zwar niemand sagen, aber was die Zukunft brächte, wäre 100 % sicher. Diese Intervention erwies sich als sichtbar wohltuend für die Patientin.

In der Therapie konnte sie dann allmählich in ihre traumatische Genese eintauchen. Sie lernte ihre Angst vor unsicheren Situationen verstehen und konnte mehr Gelassenheit entwickeln. Heute sagt sie, daß sie zum ersten Mal in ihrem Leben das Gefühl habe, wirklich zu leben und inneren Bewegungsspielraum zu bekommen, freier von der Getriebenheit durch die starken Kontrollbedürfnisse.

Das Thema der Beziehung zwischen Todesangst und neurotischem Konflikt soll hier nur angedeutet werden. Es ergeben sich unter anderem folgende Fragen: Was ist eigentlich Todesangst? Wie ist ihr Verhältnis zur Vernichtungsangst? Ist Todesangst so natürlich wie oft gesagt wird? Bezieht die Todesangst sich auf den Augenblick des Sterbens oder auf den Zustand des „Totseins"?

Osipov stellte die herausfordernde These auf: „Wenn der Todeswille so natürlich und fundamental ist wie der Lebenswille, dann ist die Todesangst ebenso symptomatisch zu verstehen wie die Angst vor der Sexualität. Todesangst ist ein neurotisches Symptom" (vgl. Osipov 1935).

Die anfangs erwähnte Patientin ist vor vier Wochen verstorben. Sie litt unter entsetzlicher Todesangst. Sowohl der Pfarrer wie der Onkologe meinten, dies sei doch nur zu verständlich. Ist es das wirklich? Die Patienten, die ich bisher betreut habe, sowohl in meiner klinischen wie in meiner psychotherapeutischen Arbeit, hatten nur selten wirklich Angst vor dem Tod. Meist fürchteten sie, unter starken Schmerzen leiden zu müssen, bis sie starben. Dies war auch der Fall bei meiner zu Beginn geschilderten Patientin. Sie extrapolierte, wenn die Krankheit schon so starke Schmerzen verursache, wie schmerzhaft müsse es erst sein zu sterben. „Tut Sterben weh?" fragte sie mich wenige Tage vor ihrem Tod. Und noch etwas wollte sie wissen: „Mache ich ins Bett, wenn ich sterbe?" Sie fürchtete den Kontrollverlust, wollte sich nicht schmutzig machen. Eine andere Patientin mit einem ebenfalls zwangsneurotischen Konflikt hatte Angst, scheintot begraben zu werden, dann aufzuwachen und sich im Sarg hilflos eingesperrt vorzufinden. Der neurotische Konflikt gestaltete die Todesangst.

Zusammenfassend läßt sich sagen, daß die Psychotherapie bei Patienten, die unter dem Eindruck einer malignen Erkrankung stehen, auf günstige Bedingungen treffen kann. Triebwünsche, Angst, Abwehr, Ich und Überich befinden sich in einem veränderten Verhältnis zueinander. Dadurch ist es oft möglich, für alte Konflikte eine angemessene Kompromißlösung zu finden.

Literatur

Becker, H. (1985): Life-events und Tumorwachstum bei Patientinnen mit Mamma-Karzinom in: Bräutigam, W. und Meerwein, F. (1985): Das therapeutische Gespräch mit Krebskranken. Bern (Huber), S. 68.

Brenne-Keuper, A. (1988): Krebs – eine Konfrontation mit dem Leben. Ein Erfahrungsbericht. In: Möhring, P. (Hg.), (1988): Mit Krebs leben. Berlin (Springer).

Freud, A. (1936, 1990): Das Ich und die Abwehrmechanismen. Frankfurt (Fischer).

Freud, S. (1917): Vorlesungen zur Einführung in die Psychoanalyse. GW Bd. 11: 297-312.

Freud, S. (1926): Hemmung, Symptom und Angst. GW 14: 113-180.

Márquez, G. G. (1991): Die Liebe in den Zeiten der Cholera. München (dtv).

Muthny, F. A., Bechtel, M. und Spaete, M. (1992): Laienätiologien und Krankheitsverarbeitung bei schweren körperlichen Erkrankungen. Eine empirische Vergleichsstudie mit Herzinfarkt-,

Krebs-, Dialyse- und MS-Patientinnen. In: PPmP Psychother. Psychosom. med. Psychol. 42, S.41-53.

Osipov, N. (1935): Zizn' i smert'. In: Etkind, A. (1996): Eros des Unmöglichen. Leipzig (Kiepenheuer), S. 275.

Richter, H.-E. (1988): Wie gehen wir mit unserer Angst um? In: Möhring, P. (Hg.), (1988): Mit Krebs leben. Berlin (Springer), S. 21- 29.

Rodewig, K. (1994): Prozeß und Gegenübertragung in der analytischen Psychotherapie einer Krebskranken. In: Forum der Psychoanalyse 10, S. 147-161.

Scherg, H. (1985): Psychosoziale Faktoren und Krebserkrankung. Medizinische Dissertation, Universität Heidelberg.

Schwarz, R. (1984): Aufklärung über die Tumordiagnose und Vorwissen bei Patientinnen unter Brustkrebsverdacht. In: Psychother. med. Psychol. 34, S. 111-115.

Schwarz, R. (1986): Persönlichkeitsmerkmale bei Krebskranken – Ursache oder Folge? In: Z.f. Klin. Psychol. Psychopath. Psychother. 34, S. 205-216.

Schwarz, R. (1993): Psychosoziale Faktoren in der Karzinogenese: Zur Problematik der sogenannten Krebspersönlichkeit. In: PPmP Psychother. Psychosom. med. Psychol. 43, S. 1-9.

Wander, M. (1979): Leben wär' eine prima Alternative. München (dtv), (1994).

Wirsching, M. (1988): Krebs im Kontext. Stuttgart (Klett-Cotta).

Trauma und Krankheitsphantasien bei onkologischen Erkrankungen

Johannes Kruse und Wolfgang Wöller

Standen noch bei Freuds Konzeptualisierung der traumatischen Neurose (1917) die nicht personalen Traumata wie Unfälle, Kriegserlebnisse und andere Schicksalsschläge im Vordergrund der Betrachtung, so bestimmen heute die personalen Traumata die Diskussion. Parallel hierzu kam es zu einer Verschiebung in der Theoriebildung. Freud stellte in seiner eher quantitativ ökonomischen Betrachtungsweise das Durchbrechen des Reizschutzes und die Meisterung der eingebrochenen Reizmenge in das Zentrum seiner Trauma-Theorie. Autoren wie u.a. Ehlert u. Lorke (1988) und Niederland (1980) betonen in ihrer Auseinandersetzung mit den Folter- und Mißbrauchopfern die Bedeutung der Täter-Opfer-Beziehung, in dessen Rahmen es zur Regression mit konsekutiver Veränderung der Selbst- und Objektrepräsentanzen kommt.

Doch nicht nur Mißhandlungen, Inzest oder Folter, sondern auch schwere körperliche Erkrankungen wie z.b. die onkologischen Erkrankungen können – wie wir zeigen möchten – eine traumatische Situation herstellen, die zahlreiche Parallelen zur traumatischen Situation beim Verfolgungstrauma aufweist.

Wandten sich Psychoanalytiker in den 60er und 70er Jahren psychoonkologischen Fragestellungen zu, so stand zunächst die Frage nach der Psychogenese der Erkrankungen im Vordergrund. Die Stimmung der Resignation und Gefühle von Hilf- und Hoffnungslosigkeit wurden von Autoren wie Le Shan (1966), Schmale und Iker (1966a) als charakteristisch für diese Patientengruppe angesehen. Henneberg-Mönch (1981) beschreibt die onkologischen Patienten als Menschen mit einer tiefen narzißtischen Persönlichkeitsproblematik, die überwiegend frühe Abwehrmechanismen und dyadische Objektbeziehungen suchen. Die Stimmung der Resignation, die affektive Leere der Schilderungen zahlreicher Patienten und die narzißtische Problematik lassen sich aber auch als Niederschlag traumatischer Erfahrungen verstehen, die die Patienten mit und im Umfeld ihrer Erkrankung machen.

Fast alle onkologischen Patienten berichten, daß sie zu Beginn der Erkrankung einen tiefen Schock erleben, der nicht selten kurzfristig von Derealisierungen und Depersonalisierungen begleitet ist.

Ein 19jähriger, sehr sportlicher Medizinstudent erkrankt plötzlich an einem malignem Lymphom, das sich zum Zeitpunkt der Diagnose in einem Anfangsstadium befand. Als ihm eine Kollegin die Diagnose mitteilt, ist er sehr ruhig, fast ohne emotionale Reaktion. Die Kollegin berichtet, daß sie sehr unsicher gewesen sei, ihn überhaupt erreicht zu haben. Es wird eine Chemotherapie eingeleitet, die in diesem Stadium der Erkrankung eine gute Heilungschance bietet. Während der ersten Infusionen seiner Chemotherapie entwickelt der Patient massive Ängste. Der Patient berichtet aufgewühlt, daß er die Chemotherapie nicht ertragen könne. Ihn überkomme die Panik, wenn er an die Chemotherapie angeschlossen werde. Er habe das Gefühl, daß Arme und Beine nicht zu ihm gehören, wenn er regungslos im Bett liege. Die Chemotherapie sei Gift für ihn. Sie schwäche ihn. Nach dem Ende des ersten Chemotherapiezyklus beginnt der Patient mit einem intensiven Lauftraining. Eine erneute Chemotherapie lehnt der forciert dynamisch auftretende Patient mit der Begründung ab, daß diese ihn nur umbringen werde. Das intensive Lauftraining könne ihn heilen.

Viele onkologische Patienten schildern, wie sie mit „Eiseskälte" und „kühlem Kopf" im Aufklärungsgespräch die weiteren Behandlungsschritte planten, so als ob ein anderer Mensch betroffen sei. Kurze Zeit später wurden sie von abgrundtiefer Angst, Ohnmacht und Hilflosigkeit und Gefühlen der Derealisation überflutet. Diese emotionalen Reaktionen treten nicht nur zu Beginn der Erkrankung auf. Sie werden zum Teil ausgelöst u.a. durch auftretende Rezidive, medizinische Untersuchungen, belastende medizinische Maßnahmen, Krankenhausaufenthalte etc. Bei zahlreichen Patienten begleitet der Wechsel von Phasen der Verleugnung und Dissoziation sowie von Phasen der Affektüberschwemmung den gesamten Krankheitsprozeß.

Diese affektiven Zustände, die viele onkologische Patienten immer wieder durchleben, weisen Parallelen zum Erleben in der traumatischen Situation auf. Ferenczi beschrieb, daß die Menschen in der traumatischen Situation ihrer Sinne beraubt werden und in eine „traumatische Trance" geraten. Das Ich gerät im Trauma in eine Situation völliger Hilflosigkeit (Ferenczi 1930), in der die bisherigen Abwehr- und Kompensationsformen nicht mehr funktionieren. Es wird unter der Wucht der traumatischen Erlebnisse zerstört. Dabei kommt es zu dissoziativen Phänomenen.

Der bipolare Wechsel von Verleugnung, Abspaltung und Affektisolierung einerseits und intensiver Reizüberflutung mit dem Wiedererleben der traumatischen

Situationen (Intrusion) andererseits charakterisiert, so Horowitz (1993), die weitere Verarbeitung traumatischer Erlebnisse. In der Phase der Intrusion kommt es zum erneuten Durchleben der traumatischen Situation. Die Szenen werden immer wieder mit den dazugehörigen Affekten und Körpersensationen durchlebt. In der Phase der Verleugnung kommt es zur inneren Lähmung und Affektisolierung.

Bei den onkologischen Erkrankungen ist es schwierig, zwischen den traumatischen Situationen und der Traumaverarbeitung zu unterscheiden. Einerseits können neue diagnostische oder therapeutische Eingriffe, Krankenhausaufenthalte, Probleme in der Arzt-Patient-Beziehung, Metastasierung, Rezidive etc. zu einer erneuten oder chronifizierten traumatischen Situation führen, in der der Patient Gefühle der Ohnmacht, Angst und des Ausgeliefertseins erlebt. Andererseits läßt sich dieser Wechsel von Reizüberflutung und Verleugnung auch bei einigen onkologischen Patienten beobachten, auch wenn diese nicht mehr unmittelbar von der Erkrankung bedroht werden. Nach Jahren der Rezidivfreiheit und somit bei guter Prognose berichten einige Patienten über Einbrüche von panikartiger Angst, Alpträumen, Schlaflosigkeit und dem Wiedererleben krankheitsbedingter oder therapiebedingter traumatischer Erfahrungen. Immer wieder steige der Geruch der Chemotherapie in ihre Nase, ihr werde übel, sie müsse erbrechen. Um jedes Krankenhaus mache sie einen großen Bogen, da sie Panik bekäme, so berichtete eine 50jährige Patientin, die vor 8 Jahren einen Mrb. Hodgkin entwickelte und seitdem nach Abschluß einer Chemotherapie rezidivfrei lebt.

Auch das Selbstbild der Patientin veränderte sich durch die Krebserkrankung: „Einmal Krebspatient, immer Krebspatient, das bekommen sie nie wieder weg", so die Patientin. Die tiefe Schamproblematik, die einige onkologische Patienten auch Jahre nach der Erkrankung quält, sowie Äußerungen wie: „Durch die Erkrankung bin ich ein anderer Mensch geworden", sind beredter Ausdruck von Veränderungen der Selbstrepräsentanzen infolge der Erkrankung.

Kornblith und Mitarbeiter (1992) untersuchten 273 Patienten mit Mrb. Hodgkin im Durchschnitt 6,3 Jahre nach Beendigung ihrer Therapie hinsichtlich ihrer psychischen Symptomatik. Insgesamt muß diese Gruppe als sehr belastet angesehen werden, wobei 25 % dieser Patienten unter massiven Ängsten, Depressionen oder funktionellen Beschwerden leiden. 39 % der Patienten berichten, daß sie unter intensiver Übelkeit und Brechreiz leiden, sobald sie an die Chemotherapie erinnert werden.

Es gibt in den letzten Jahren einige wenige empirische Arbeiten zur posttraumatischen Belastungsreaktion bei onkologischen Erkrankungen (u.a. Alter et al. 1996, Baider et al. 1997, Cordova et al. 1995, Pelcovitz et al. 1996). Auch wenn die

Ergebnisse aufgrund der kleinen Fallzahlen vorsichtig zu interpretieren sind, so legen sie nahe, daß die Symptome dieser Störung – also das Wiedererleben des Traumas, das Vermeiden jeglicher Gedanken an die Erkrankung und die vegetative Übererregbarkeit – gehäuft bei onkologischen Patienten auch Jahre nach der Erkrankung zu beobachten sind. Die Studien u.a. von Alter et al. (1996) und Baider et. al. (1997) stimmen darin überein, daß das Wiedererleben von krankheits- und therapieassoziierten Träumen auch Jahre nach einer erfolgreichen Therapie zahlreiche Patienten bedrängt. Alter et al. (1996) ermittelt eine Rate von 48 % der Patienten, die drei Jahre nach der Therapie über intrusive Erinnerungen klagen. Wichtig ist in diesem Zusammenhang auch die statistisch enge Verknüpfung des Wiedererlebens traumatischer krankheitsbedingter Erfahrungen und der Entwicklung der psychischen Beeinträchtigung.

In einer weiteren Studie berichten Baider et al. (1993,1997) von einer Untersuchung bei Überlebenden des Holocaust, die in späteren Jahren an einem Tumor erkrankten. Vor der Tumorerkrankung, so die Autoren, gelang es den Holocaustopfern, sich durch Verleugnung und Abspaltung in einem Leben mit sehr eingeschränkter Phantasiewelt – quasi psychisch tot – vor der Überschwemmung mit schmerzvollen Erinnerungen zu schützen. Erkrankten die Holocaustopfer an einem Tumor, so waren sie nicht mehr in der Lage, eine adaptierte Verleugnung gegen diese erneute Bedrohung aufzurichten. Sie gerieten in einen Zustand schwerster psychischer Erschütterung. Die Beschreibungen der Erkrankung und der Therapie gingen nahtlos über in die Schilderung der Holocausterfahrung, ohne daß diese Zeitbrüche bewußt waren, so als ob diese Erinnerungen – vor dem Holocaust, die Zeit des Holocaust und die jetzige Erkrankung – in ein eindimensionales Zeitfragment verwoben worden wären. Alle Patienten sahen ihre jetzige Erkrankung als eine Fortsetzung einer lang erwarteten Katastrophe, als ein Zeichen von Gerechtigkeit an. Es sei so, als wenn die Krankheit die lange unterdrückten Bilder und Erinnerungen aus der Vergangenheit hervorgerufen hätte und diese in die jetzige Erkrankungssituation projiziert worden wären. Immer häufiger drückten diese Patienten ein sehr vages aber durchdringendes Gefühl aus, daß sie in einem Stadium der verschobenen Exekutierung lebten. Begriffe wie Chemotherapie, Injektionen, Bestrahlungen, experimentelle Behandlung, das Rasieren der Haare usw. knüpften unmittelbar an die Erfahrungen in Konzentrationslagern an.

Es ist offensichtlich, daß die Holocaustopfer die onkologische Erkrankung als eine Reaktualisierung ihres ursprünglichen Traumas erlebten. In dieser Reaktualisierung verschwimmen die zeitlichen Grenzen. Die Fähigkeit, die Erinnerung und die damit verbundenen Affekte abzuspalten, ging infolge der durch die Erkrankung induzierte Regression verloren. Doch onkologische Erkrankungen führen nicht nur zu einer Reaktualisierung früherer Traumata, sie können selbst eine traumatische Situation schaffen.

Drei Aspekte möchten wir herausgreifen, die die Entwicklung einer traumatischen Situation bei onkologischen Patienten begünstigen (Kruse u. Wöller 1995).

1. Die körperlichen Beschwerden

Körperliche Beschwerden können sowohl das narzißtische Gleichgewicht als auch die Ich-Funktionen beeinträchtigen und erschweren so die Adaptationsprozesse. Kernberg (1975, S. 363) wies auf die enge Koppelung des narzißtischen Gleichgewichts mit dem körperlichen Zustand hin: „Da die ursprünglichen Selbstrepräsentanzen stark durch Körpererfahrung geprägt werden und die frühesten intrapsychischen Triebbefriedigungen eng mit der Wiederherstellung physiologischer Gleichgewichtszustände gekoppelt sind, beeinflussen Gesundheit und Krankheit im wesentlichen Maße das Gleichgewicht narzißtischer Besetzung". Gleichzeitig können körperliche Beschwerden auch zu einer Regression in den Ich-Funktionen führen. So schränken z.B. Infekte den Reizschutz ein, der Patient wird dünnhäutiger. Diesem wird u.a. dadurch Rechnung getragen, indem man sich zu Hause zurückzieht und sich vor weiteren Reizen abschirmt.

2. Die Aufspaltung des Körper-Selbst

Das Körperbild des Patienten verändert sich im Verlaufe der Erkrankung nicht nur infolge von entstellenden Operationen. Die Krebserkrankungen werden von zahlreichen Patienten als ein böses, destruktives Objekt im Körper erlebt, das die gesunden guten Anteile des Körpers bedroht. Der Tumor ist wie ein autonomes Objekt, das alle Eigenschaften lebender Objekte besitzt. Er entfacht einen Kampf zwischen bösen/fremden und guten/eigenen Anteilen (Meerwein 1985). Dieses spiegelt sich in den Krankheitsphantasien dieser Patienten wider. In einer eigenen Untersuchung (Alberti, Kruse, Wöller 1991) befragten wir Patienten mit hämatologisch-onkologischen Erkrankungen zu ihren Krankheitsphantasien und forderten sie auf, ihre Erkrankung mit einem Tier zu identifizieren. So berichtete ein Patient, der an einem Morbus Hodgkin erkrankte: „Die Erkrankung ist wie ein Piranha, das sich auf die Zellen draufstürzt und sie zerfrißt. Ein Löwe oder ein Tiger tötet nur solange, bis er satt ist. So'n Piranha ist immer im Wasser drin und wenn sie irgend etwas sehen, so'n rotes Blutkörperchen oder einen Thrombozyten, dann stürzen sie sich wieder darauf und fressen einen dann." Ein weiterer Hodgkin-Patient erzählte: „Manche Insekten sind genauso grausam, die auch töten, die auch Fleisch fressen und sich unheimlich vermehren und grausam gegen ihre Feinde sind." In diesen Krankheitsphantasien findet eine Spaltung zwischen den guten und den bösen Körperteilen statt – eine Spaltung, die unseres Erachtens der Rettung des unversehrten Körperanteils dient und mit der illusionären Vorstellung verknüpft ist, daß dieser Körperteil nicht erkrankt ist.

Die Durchdringung von Krankheitsphantasien und Realität der onkologischen Erkrankung ist schwer zu beschreiben, vergleichbar der Problematik des Verhältnisses von innerer und äußerer Wirklichkeit im Trauma. „Die Verbindung zwischen äußerer und innerer Wirklichkeit, zwischen dem Ereignis und dem Einfluß auf die innere Welt des Menschen (ist) ein schwieriges und komplexes Problem" (Haynal 1989, S. 326, zitiert nach Hirsch 1997). So trägt einerseits die onkologische Erkrankung einen Objektcharakter, in dem diese losgelöst von den Regelvorgängen des Körpers den Körper und somit die Grundlage des Selbst destruiert. Dazu gesellen sich gesellschaftlich vermittelte Phantasien und Metaphern, die die Erkrankung Krebs betreffen und auf die Susan Sonntag (1977) hingewiesen hat. So beschrieb Novalis (1898, zitiert nach Sonntag 1977) den Krebs als vollkommene Schmarotzertiere – sie wachsen, sie werden erzeugt, sie zeugen, sie haben ihre Organisation, sie sezernieren, sie essen". „Der Krebs ist eine dämonische Schwangerschaft."

Hinzu kommen nun noch eigene destruktive Selbstanteile, die mittels projektiver Identifizierung in die Erkrankung externalisiert werden, worauf insbesondere Rodewig (1997) hingewiesen hat. Wie bei der Untersuchung der Wirkung extremer Traumatisierung, so handelt es sich auch bei dem Erleben von onkologischen Erkrankungen um ein sehr komplexes Zusammenspiel aus der Einwirkung der somatischen Realität des Tumors als Objekt und inneren Phantasien. Die Krankheitsphantasien ausschließlich als Niederschlag der projektiven Identifizierung negativer Selbstaspekte und des metaphorischen Erlebens zu deuten, hieße unseres Erachtens jedoch, die Realität der somatischen Prozesse und somit der realen Zerstörung zu leugnen.

Daß sich die somatischen Prozesse der Erkrankung in den Krankheitsphantasien der Patienten widerspiegeln können, zeigen folgende Äußerungen von Leukämiepatienten, die wir ebenfalls baten, ihre Erkrankung mit einem Tier zu identifizieren. Die Leukämie ist nicht auf ein Organ zu beschränken, sondern die leukämischen Zellen durchdringen den ganzen Körper. So ist es nicht verwunderlich, daß auch die Leukämiepatienten ihre Erkrankung nicht mit einem Tier, das getrennt vom übrigen Körper lebt, in Verbindung bringen konnten. Sie äußerten sich u.a. wie folgt: „Sie (die Krankheit) ist wie etwas Pulsierendes, Kribbelndes, Auffressendes, wie eine Säure, die Sie auf Leder kippen und die sich durchfrißt. ... nein, die Krankheit ist ein individuelles Merkmal von mir, so wie eine Hose grau ist und eine andere braun." Eine Aufspaltung des Körper-Selbst war bei diesen Patienten somit nicht möglich.

3. Die Interaktion mit den inneren Objekten

Plassmann (1993) beschreibt in seiner Körperpsychologie bei Artefaktpatienten pathologische Organwelten, die sich in Spaltungszonen, symbiotischen sowie narzißtischen Zonen im Körper-Selbst manifestieren. Diese Patienten, so Plassmann (1993), wehren nichtverträgliche Aspekte der Realität habituell durch Projektion und Abspaltung in den Körper ab. So verwandeln sie den Körper in pathologische Organwelten. Es sind die negativ besetzten Erlebnisweisen, die in den Körper projiziert werden und dort eine pathologische Organwelt bilden. Vergleichbare Phänomene lassen sich bei onkologischen Patienten auch beobachten. Der somatische Prozeß spielt zwar in der Entstehung und Ausgestaltung der Körperphantasien bei onkologischen Patienten eine ausgeprägtere Rolle, doch dienen andererseits die onkologischen Erkrankungen nicht selten als Feld für zahlreiche Projektionen und Sinnzuschreibungen. Meerwein (1990) nennt sie subjektive Krankheitsphantasien. Verbunden mit der Reaktivierung infantiler Phantasien stellt dann die Erkrankung in diesen Krankheitsphantasien nicht selten ein frühes, bedrohliches inneres Objekt dar.

Ein 42jähriger Unternehmer, Herr A., erkrankt an einem soliden Tumor. Unmittelbar nach der Mitteilung der Diagnose erlebt der Patient massive Angst und Ohnmachtsgefühle. Er berichtet, daß er sich den Ärzten hilflos ausgeliefert fühle, daß er Angst habe, die Kontrolle über das Geschehen zu verlieren und überlege, die Klinik zu verlassen. Später sucht er die psychosomatische Ambulanz auf, um sich mit seiner Biographie auseinanderzusetzen. Aufgewachsen in den Kriegswirren, habe er seinen Vater erst im 5. Lebensjahr kennengelernt. Dieser, so der Patient, habe ihn unmittelbar nach seiner Rückkehr bekämpft, erniedrigt und gewalttätig mißhandelt. Nie habe er die Achtung seines Vaters gewinnen können. Der Vater habe ihm vermittelt, daß er unfähig sei und ihn mit Schlägen und Verboten gehindert, eine höhere Schulausbildung zu absolvieren. Daher sei er mit 16 Jahren aus seinem Elternhaus ausgezogen. Er habe großen Ehrgeiz entwickelt und sei trotz seiner schlechten Startchancen beruflich sehr erfolgreich gewesen. Mit der Erkrankung habe er nun das Gefühl, sein Vater habe ihn wieder eingeholt. Der Vater habe es nun geschafft, ihn zu zerstören.

Intrapsychisch wird von diesen Patienten die Bedrohung durch die Erkrankung mit der Bedrohung durch die früheren Objekte gleichgesetzt. In der Erkrankung vernichtet der Vater den Patienten. So kann sich im subjektiven Erleben eine traumatische Situation konstituieren, wie sie von Ehlert und Lorke (1988) für das Verfolgungstrauma beschrieben wurde. Zentral für das Verfolgungstrauma ist das Erleben eines radikalen Macht-/Ohnmachtgefälles (Ehlert u. Lorke 1988, S. 506). „Dieses Machtgefälle konstituiert zusammen mit der unbeherrschbaren, das Ich überflutenden Angst des Opfers einen unabwendbaren regressiven Sog. Die traumatische Situation erzwingt eine umfassende Reinfantilisierung des Opfers. Die eigene Hilflosigkeit, die sich aus der Situation ergebende absolute Abhängigkeit von den Absichten eines anderen, die alles beherrschbare Angst scheinen das Opfer buchstäblich in seine frühe Kindheit zurückzuversetzen, in der diese Abhängigkeit selbstverständlich war. Es wird plötzlich in eine Realität versetzt, die ihm aus seinen infantilen Angstphantasien zwar gut bekannt ist, dies aber vollständig verdrängt hat ... In der traumatischen Situation erscheinen nun plötzlich (unbewußte) Phantasien ganz unmittelbar wahr zu werden ... Wenn aber die aktuell erlebte Realität ... nur die Wiederholung dessen darzustellen scheint, was die infantilen Angstphantasien beinhaltet, muß die Grenze zwischen Realität und Phantasie immer mehr verschwimmen. „Eine traumaähnliche Unwirklichkeit legt sich über die innere Wahrnehmung der früheren Realität" (Shatan 1974, S. 565). „Gleichzeitig versucht das traumatisierte Ich verzweifelt, daran festzuhalten, daß die aktuelle Wahrnehmung der traumatischen Realität doch nur ein böser Traum sei, aus dem man bald wider Erwarten erwachen werde."

Auch onkologische Erkrankungen können zu einer regressiven Wiederbelebung früherer Objektbeziehungen führen und infantile Angstphantasien mobilisieren. Durch die Verknüpfung der onkologischen Erkrankung mit infantilen Objektrepräsentanzen wird die Erkrankung in eine Objektbeziehung hineingeholt. Einerseits kommt es zur Wiederbelebung infantiler Phantasien, die in der Erkrankung Realität zu werden drohen, andererseits ist der Patient nun nicht mehr einem sinnlosen somatischen Geschehen ohnmächtig ausgeliefert. Er ist das Opfer eines Verfolgers, den er nun seinerseits bekämpfen kann. Damit schafft er eine traumatische Situation wie beim Verfolgungstrauma, in der das Introjekt ihn zu zerstören droht. Die Herstellung des personalen Verfolgungstraumas kann dabei der Abwehr der ursprünglichen Ohnmacht gegenüber dem sinnlosen somatischen Prozeß dienen. Die infantilen Objekte und die damit verbundenen Phantasien waren für das Kind bedrohlich – doch sie wurden überlebt. Die onkologische Erkrankung hingegen kann in der Phantasie und in der Realität die Existenz des Individuums auslöschen.

Die traumatische Regression im Verfolgungstrauma ist, so Ehlert und Lorcke (1988), u.a. mit der Suche nach einem Hilfs-Ich, mit archaischen Verschmelzungswünschen und einem intensiven Bedürfnis nach narzißtischer Zuwendung verbunden. Es ist die Suche nach den frühesten Elternimagines, die Schutz und Obhut vermitteln, aber auch Zuwendung und Liebe geben. Der Rückgriff auf diese Beziehungswünsche läßt sich in der traumatischen Situation auch bei onkologischen Patienten beschreiben. In die Rolle des großen, idealisierten Objektes rückt nicht selten einer der behandelnden Ärzte. Wie früher die idealisierten Eltern, so wird auch dieser Arzt mit sehr viel Allmacht ausgestattet, um im Kampf gegen das Böse zu bestehen. Von ihm erhofft man sich die Waffen im Kampf gegen die Erkrankung, ja, ihm überläßt man „die Kriegsführung". Wie in der traumatischen Situation beim Verfolgungstrauma kann man diese Beziehung als den Versuch des Ichs verstehen, „sich aus der Situation unerträglicher Hilflosigkeit zurückzuziehen und das Feld, auf dem es nichts mehr vermag, anderen zu überlassen, die mächtiger sind und deshalb in der Lage sind, alles noch zum Positiven zu wenden" (Ehlert u. Lorke 1988, S. 508). Der Arzt übernimmt Hilfs-Ich-Funktionen und mildert somit zunächst die Ohnmacht, Hilflosigkeit und Angst. Wie sehr die idealisierende Selbstobjektbeziehung zunächst stabilisiert, erkennt man häufig, wenn sie zerbricht.

Frau D. war an einem malignem Lymphom erkrankt und mußte sich daher einer Chemotherapie unterziehen. Ihr behandelnder Arzt, so die Patientin zunächst, habe alles im Griff, er werde die Therapie erfolgreich führen und sich ganz für sie einsetzen. Die Patientin ertrug in dieser Form eine Reihe von Chemotherapie-Zyklen. Nach einer erneuten histologischen Untersuchung mußte das Chemotherapie-Schema verändert werden. Für Frau B. bedeutete dieses, daß sich ihr Arzt geirrt hatte. Dieser hatte ihr die Veränderungen in der Therapie in einer für sie mißverständlichen Form mitgeteilt. Sie entwickelte eine ausgeprägte depressive Symptomatik, verlor jede Hoffnung und zog sich emotional von den Menschen zurück. Sie hatte resigniert. Nach ca. 14 Tagen verstarb sie an einem unerklärlichen Infekt.

Auch sehnen sich zahlreiche Patienten nach der narzißtischen Bestätigung durch den Arzt, um so aus der Krise heraustreten zu können. Sie entwickeln Stolz, wenn die Therapie anschlägt. Nicht selten erzählen die Patienten: „Ja, mein Arzt ist mit mir sehr zufrieden." Andererseits erleben die Patienten Therapierückschritte häufig mit Scham- und Schuldgefühlen. Sie fühlen sich unfähig, mit der Therapie des Arztes so umzugehen, daß diese hilft. Sie haben dann versagt und schämen sich, da sie dem Arzt keine Anerkennung verschaffen können. Die oral-symbiotischen Wünsche richten die Patienten vielfach auf die nahen Angehörigen. Sie äußern sich u.a. in einer ausgeprägten Pflege- und Liebesbedürftigkeit. Nicht selten werden die anderen Beziehungsaspekte, insbesondere die sexuelle Beziehung, den symbiotischen Wünschen geopfert, um die symbiotische Beziehung aufrechtzuerhalten.

Das Opfer im Verfolgungstrauma richtet sein Liebesbedürfnis und die Verschmelzungswünsche auf den Täter, da er ihm in der traumatischen Situation allein ausgeliefert ist. An ihn delegiert er seine Ich-Funktionen, sein Bild wird introjiziert (Ferenczi 1933, Hirsch 1997).

Onkologische Patienten hingegen können in der traumatischen Situation ihre Wünsche auf Menschen richten, die sie nicht zerstören, sondern unterstützen wollen. Zwar ist der destruktive Tumor und die damit eventuell verbundene Objektbeziehung Teil des Selbst, die Beziehungswünsche werden jedoch primär nicht auf den Traumatisierenden gerichtet. Der Weg aus der traumatischen Situation kann durch Erfahrungen in den Beziehungen zu den Angehörigen und den medizinischen Betreuern gefunden werden, wenn diese an die guten frühen Objektbeziehungen anknüpfen und sich als bergende und schützende Objekte zur Verfügung stellen.

Doch die intensive Abhängigkeit, die diesen Beziehungsformen innewohnt, kann gleichzeitig auch die Quelle intensiver Aggressionen sein, die wiederum gegen das Selbst gerichtet werden müssen, da sie als zu bedrohlich erlebt werden. Ärzte reagieren auf diese Beziehungswünsche manchmal mit Verleugnung der Bedeutung dieser Beziehung und mit unbewußtem Agieren aggressiver Impulse.

Außerdem müssen die Ärzte in ihren therapeutischen Bemühungen auf aggressive Therapiemethoden zurückgreifen, die mit erheblichen Nebenwirkungen für die Patienten verbunden sind. Im Extremfall muß sogar, z.B. bei der Einleitung einer potentiell heilenden Knochenmarktransplantation, das Risiko in Kauf genommen werden, daß der Patient infolge der initialen Therapie stirbt.

Für die Patienten bedeutet dieses aber, daß sie in ihrem Bemühen, das Trauma zu meistern, auf Beziehungsformen zurückgreifen, die im Verlauf zur weiteren Traumatisierung führen können. Inwieweit sich in der jeweiligen Situation das Trauma erst konstituiert oder der Patient retraumatisiert wird, der Patient einen intrapsychischen Konflikt externalisiert oder idealisierte Erwartungen, die Patienten an die Ärzte richten, zerbrechen, ist oftmals schwer zu beurteilen. Die Patienten, die in der beschriebenen regressiven Form der Beziehung zum medizinischen

Personal Sicherheit suchen, können so in eine Auseinandersetzung geraten, die die Integration der traumatischen Krankheitserfahrung in das Selbstbild und somit den Trauerprozeß und die Bewältigung der Angst erschwert. Der Trauer- und Integrationsprozeß kann aber durch Erfahrungen in Halt vermittelnden Beziehungen unterstützt werden. Das setzt aber sowohl auf der Seite der Betreuer als auch bei den Patienten ein sicheres Autonomiegefühl und die Fähigkeit zur Abgrenzung voraus, verbunden mit der Auseinandersetzung mit der eigenen Sterbeangst. So können einerseits die Verschmelzungswünsche des Patienten und andererseits die Situation der Abhängigkeit ihren bedrohlichen Charakter für Patienten und Betreuer verlieren.

Literatur

Alberti, L., Kruse, J., Wöller W. (1991): Subjektive Krankheitstheorien bei chronischen Krankheiten. In: Nippert, P., Pöhler, R.P., Slesina, W. (Hrsg): Kritik und Engagement, Soziologie als Anwendungswissenschaft. (München-Oldenburg).

Alter, C. L., u. a. (1996): Identification of PTSD in Cancer Survivors. Psychosomatics 37: 137-143.

Baider, L., De Nour, A. K. (1997): Psychological Distress and Intrusive Thoughts in Cancer Patients. J Nerv Ment Dis 185: 346-348.

Baider, L., Peretz, T., De Nour, A. K. (1993): Holocaust Cancer Patients: A Comparative Study. Psychiatry 56: 349-355.

Baider, L., Peretz, T., De Nour, A. K. (1997): The Effect of Behavioral Intervention on the Psychological Distress of Holocaust Survivors with Cancer. Psychother Psychosom 66: 44-49.

Cordova, M. J., Andrykowski, M. A., Kenady, D. E., Mc Grath, P. C., Sloan, D.A., Redd, W.H. (1995): Frequency and Correlates of Posttraumatic-Stress-Disorder-Like Symptoms after Treatment for Breast Cancer. Journal of Consulting and Clinical Psychology 6: 981-986

Ehlert, M., Lorke, B. (1988): Zur Psychodynamik der traumatischen Reaktion. Psyche 42: 502-532.

Ferenczi, S. (1930): Relaxationsprinzip und Neokatharsis. Schriften zur Psychoanalyse II. Frankfurt/M. (Fischer).

Ferenczi, S. (1933): Sprachverwirrung zwischen den Erwachsenen und dem Kind. Schriften zur Psychoanalyse II. Frankfurt/M. (Fischer).

Freud, S. (1917): Vorlesung zur Einführung in die Psychoanalyse. GW, Bd. 11.

Haynal, A. (1989): Die Geschichte des Trauma-Begriffs und seine gegenwärtige Bedeutung. Zeitschr Psychoanal Theor Praxis 4: 322-333.

Henneberg-Mönch, U. (1981): Psychische Einflüsse auf die Krebserkrankung. Eine kasuistische Studie. Vortrag auf der Tagung Psychosoziale Einflüsse auf Entstehung und Verlauf von Krebserkrankungen. Unversitätsklinik Heidelberg.

Hirsch, M. (1997): Schuld und Schuldgefühl: Zur Psychoanalyse von Trauma und Introjekt. Göttingen (Vandenhoeck & Ruprecht).

Horrowitz, M. J. (1993): Stress-response syndromes: A review of posttraumatic stress and adjustment disorders. In: International Handbook of Traumatic Stress Syndromes. Wilson JP, Raphel B (Hrsg) New York, London: Plenum: 49-60.

Kernberg, O. (1975): Borderline-Störungen und pathologischer Narzißmus. Frankfurt/M. (Suhrkamp).

Kornblith, A. B., Anderson, J., Cella, D. F., Tross, S., Zuckerman, E., Cherin, E., Henderson, E., Weis, R. B., Cooper, M. R., Silver, R. T., Leone, L., Canellos, G. P., Gottlieb, A., Holland, J. C. (1992): Hodgkin Disease Survivors at Increased Risk for Problems in Psychosocial Adaptation. Cancer 70: 2214-2224.

Kruse, J., Storck, M. (1988): Das bildhafte Erleben von Krebserkrankungen und seine Auswirkungen bei den Patienten und beim medizinischen Personal einer hämatologischen Ambulanz. Dissertation, Heinrich-Heine-Universität Düsseldorf.

Kruse, J., Wöller, W. (1995): Krisen der Selbstwertregulation bei Krebskranken. Zsch. psychosom. Med. 41: 370-385.

Le Shan, L. (1966): An Emotional Life-History Pattern Associated with Neoplastic Disease. Annals of the New York Academy of Sciences 125: 780-793.

Meerwein, F. (1985): Einführung in die Psycho-Onkologie. Bern, Stuttgart, Wien (Huber).

Meerwein, F. (1989): „Spute dich, Kronos, fort den rasselnden Trott..." - Überlegungen zum Zeiterleben im psychoanalytischen Prozeß und in der Lebens-Endzeit. Zsch. Psychosom. Med. 35: 156-174.

Meerwein, F. (1990): Bemerkungen zur Psychologie von Mammacarcinomkranken. In: Klußmann R, Emmerich B (Hrsg): Der Krebskranke. Berlin, Heidelberg, New York (Springer).

Niederland, W. G. (1980): Folgen der Verfolgung: Das Überlebenden-Syndrom. Seelenmord. Frankfurt/M. (Suhrkamp).

Pelcovitz, D., Goldenberg, B., Kaplan, S., Weinblatt, M., Mandel, F., Meyers, B., Vinciguerra, V. (1996): Posttraumatic Stress Disorder in Mothers of Pediatric Cancer Survivors. Psychosomatics 37: 116-126.

Peretz, T., Baider, L., Hadani, P., De Nour, A. K. (1994): Psychological Distress in Female Cancer Patients with Holocaust Experience. General Hospital Psychiatry 16: 413-418.

Plassmann, R. (1993): Grundrisse einer analytischen Körperpsychologie. Psyche 3: 261-282.

Rodewig, K. (1997): Der kranke Körper in der Psychotherapie. Göttingen Zürich (Vandehoeck & Ruprecht).

Schmale, A. H., Iker, H. P. (1966a): The Affect of Hopelessness and the Development of Cancer. Psychosomatic Medicine 28: 714-721.

Shatan, C. F. (1974): Zivile und militärische Realitätswahrnehmung. Psyche (1981) 35: 557-572.

Sonntag, S. (1977): Krankheit als Metapher. München (Hanser).

Die Verhinderung von Trauer durch elterliche Untröstlichkeit

Manfred G. Schmidt

Einleitung

Anhand von zwei kurzen Beispielen möchte ich den klinischen Kontext meiner therapeutischen und theoretischen Ausführungen illustrieren. Es geht um eine 62jährige Patientin. Sie klagt über Gleichgewichtsstörungen und Schwindelattacken, hat einen Bluthochdruck sowie schwere diffuse Ängste und ist sehr erschöpft, was sie nicht wahrhaben will. Es handelt sich bei ihr um eine kontradepressive leistungsbetonte Persönlichkeit. Sie ist nach vier Jahren erneut für sechs Wochen in stationärer psychotherapeutischer Behandlung in einer psychosomatischen Klinik. Unter anderem wird über ihre Lebens- und Behandlungsgeschichte berichtet: Es zeige sich, daß die auftauchende Angstsymptomatik auch das Bedürfnis nach Zuneigung und Ausdruck einer großen Einsamkeit sei, die sie zeitlebens empfunden habe. Sie habe immer Geborgenheit gesucht, es habe aber keiner merken dürfen. Mehr und mehr realisiere sie, was sie an Unterstützung und Zuwendung nicht bekommen habe, ohne daß sie das früher bewußt vermißt habe, sie habe es einfach nicht anders gekannt. Psychogenetisch zeigt sich noch einmal deutlicher als in den Vorbehandlungen, daß die Patientin nach dem frühen Tod der Mutter (in ihrem 10. Lebensjahr) sehr eng an den Vater gebunden war, mit dem sie alles besprach, noch vor ihrem Mann. Sie habe sich immer schwächere Menschen gesucht und sie erkenne, daß ein dominanterer Mann von ihr mehr Abstand von dem Vater verlangt hätte. Sie sei eine „treue Tochter mit einem immer schlechten Gewissen" gewesen. Sie habe mit 10 Jahren eine Verantwortung übernommen nach dem Tod der Mutter, die ihr nie mehr abgenommen worden sei, die sie andererseits sich aber auch nicht mehr abnehmen ließe, denn sie habe kein Gespür dafür, wenn ihr jemand gut sein wollte. Es wurde auch deutlich, daß das berufliche Feld für die Patientin immer besetzt war mit einem Autonomieideal und mit Vorstellungen unbegrenzter jugendlicher Möglichkeiten. Die Behandlung eröffnet jetzt eine realistischere Einschätzung ihrer Belastbarkeit.

Das zweite Beispiel: Eine 47jährige Frau wird nach dem zweiten Hörsturz, einem schweren Erschöpfungszustand sowie der mühsam kontrollierten Abwehr einer depressiven Verstimmung in eine psychosomatische Klinik aufgenommen. Es zeigt sich bald eine auffallend enge Bindung an die Mutter, für die die Patientin seit dem Tod des Vaters (in ihrem 20. Lebensjahr) die Verantwortung übernommen hat. Die Patientin hat den Herztod des Vaters direkt miterlebt und im Anschluß daran eine offensichtlich konversionsneurotische Symptomatik u. a. mit Schmerzen im linken Arm entwickelt. Im Zentrum der intrapsychischen Dynamik, die zur Behandlung kommen soll, steht die Identifizierung mit einem sehr pragmatischen und leistungsorientierten geliebten Vater sowie die ambivalente Bindung an die Mutter, die zur Zeit sehr schuldhaft besetzt ist. Die Patientin ist zwar zunächst entlastet von der direkten Versorgung der Mutter, andererseits werden alle damit zusammenhängenden Affekte verleugnet. Dabei vermittelt die Patientin von sich das Bild einer Frau, die in ihrem bisherigen Leben immer eine funktionierende Fassade abgeben konnte, der sie auch tatsächlich entsprach, die aber immer vermieden hat, ihre Umgebung mit ihren ganz persönlichen Gefühlen zu konfrontieren, die sie als Belastung empfand. Dies zeigt sich insbesondere in der Beziehung zum Ehemann. Die körperliche Erkrankung und die massive Erschöpfung haben bislang bewährte Formen der Abwehr und Bewältigung durch Leistung, Kontrolle, Perfektion und Einsatz für andere sehr erschüttert. Der Behandlungsfokus wird beschrieben mit: Getrenntheit aushalten können, traurig sein dürfen, offen sein können, nicht Theater spielen.

Soweit diese beiden kurzen Lebens- und Behandlungsgeschichten, die ich Herrn R. Vandieken (1997) verdanke.

Der Kontext der Fragestellung

Aufmerksam wurde ich auf diese besondere traumatische lebensgeschichtliche Konstellation des Todes eines Elternteils und einer besonderen Form von Trauerabwehr beim überlebenden Elternteil durch drei Analysen von Frauen in den letzten zehn Jahren. Erst in der allerletzten Analyse wurde mir die Tragweite der Problematik auch in den beiden anderen, länger zurückliegenden Analysen nachträglich voll bewußt. Es ist beruhigend, in solchen Situationen zu lesen, daß z.B. auch A. Green über solche Erfahrungen berichtet, wenn er im analytischen Umgang mit der Problematik der „toten Mutter" (A. Green, 1993, S. 219) schreibt: „In jenen Behandlungen habe ich schließlich verstanden, daß ich für einen bestimmten Diskurs meiner Analysanden, den ich erraten sollte, bisher taub geblieben war ...

Meine Taubheit beruhte auf der Tatsache, daß sich hinter dem Klagen über das Tun und Treiben der Mutter der Schatten ihrer Abwesenheit abzeichnete." Nachsicht auch und gerade mit uns selbst als Analytiker ist im Umgang mit den Phänomenen, über die ich hier sprechen will, von besonderer Bedeutung, wofür ich wiederum längere Zeit ziemlich blind war, blind gegenüber einem tendenziell sich entwickelnden Ideal von „gnadenloser therapeutischer Progression", die eine spezifische Gegenübertragungsentwicklung in diesen Analysen darstellt, wie ich später zu zeigen versuche. Um welche traumatisierende Konstellation geht es? Eine Besonderheit ist hierbei zu erwähnen: In allen drei Fällen, die ich behandelt habe, haben Mädchen ihren Vater in den ersten beiden Lebensjahrzehnten verloren und blieben zurück mit der Mutter. Genaugenommen kann ich also im Detail nur über diese Konstellation sprechen. Als ein kleines Kind oder Jugendliche verliert das Mädchen den Vater, die Mutter gerät zum einen in eine verständliche Depression mit häufigen affektiven und realen Rückzügen, zum anderen – und das scheint vielleicht noch wichtiger – die Mutter gerät in eine Trauerabwehrhaltung, bei der das Kind eine besondere Funktion erhält: Das Kind soll durch seinen Lebensvollzug zeigen, daß trotzdem eigentlich alles in Ordnung ist. Das Kind wird zum Lebensgaranten für die Mutter mit der Konsequenz, daß der Wunsch des Kindes, selber zu sein, unausgesprochen verboten ist. Die Trauerabwehr der überlebenden Mutter besteht wesentlich darin, daß das Kind selber nie Trauer zeigen darf. Es muß immer genau so sein und sich verhalten, daß die Mutter nie einen Grund sehen muß, daß es um Traurigkeit, Schmerz, Verlust, Ohnmacht, Kränkung, um Leid überhaupt gehen könnte. Dies bedeutet, daß die Trauerabwehr der Mutter entscheidend intersubjektiv und eben nicht nur intrapsychisch erfolgt. Das Kind wird so zum notwendigen Trauerabwehrbestandteil der im Leben zurückgebliebenen Mutter. So erlebt das Kind – oder auch der Jugendliche – zweierlei nicht: Es darf keine eigene Trauer erleben, und es erlebt auch die Trauer der Mutter nicht, weil diese in den depressiven Rückzügen verborgen bleibt oder in der intersubjektiven Trauerabwehr mit dem Kind abgewehrt wird. Das Kind erlebt selbst keine Trauer, sieht auch bei der Mutter keine wirkliche Trauer, sondern wird nur noch mehr in der Angst verstärkt, auch noch die Mutter real zu verlieren. Dies ist ein entscheidener Unterschied zur Arbeit von Green, in der die faktische Realität des Objektverlustes der „toten Mutter" selber seltsam unbestimmt bleibt. „Die Mutter ist aus diesem oder jenem Grunde depressiv geworden ... Immer ist die Trauer der Mutter und ihr schwindendes Interesse von ausschlaggebender Bedeutung" (Green 1993, S. 213). In meinem Kontext ist die Depression und die Trauerabwehr der Mutter das Trauma auf dem Hintergrund des Traumas des faktischen Todes des Vaters. Man kann etwas verkürzt sagen, das Kind muß für zwei verschiedene Tote lebendig sein – allerdings lebendig sein in einem eingeschränkten Sinne, nämlich möglichst gut zu funktionieren und zwar im Sinne der Mutter.

Exkurs über Trauer, pathologische Trauer und Depression

Die Trauerabwehr der Mutter, in die das Kind, der Jugendliche unmittelbar mit einbezogen wird, kann auch als „pathologische Trauerreaktion" bezeichnet werden. Hierbei folge ich der sehr hilfreichen Unterscheidung von Manfred Beutel und Herbert Weiner: „Trauer ist eine Reaktion auf Verlust, die eine Differenzierung vom verlorenen Objekt voraussetzt und fördert. Das Ausmaß des Schmerzes entspricht dem persönlichen Wert des Verlorenen. Sie ermöglicht eine prozeßhaft verlaufende Auseinandersetzung und Überwindung des Verlustes. Für die Bewältigung von Trauer und psychischem Wachstum spielt die Entwicklung einer eher selektiven, partiellen, letztlich bereichernden Identifizierung mit geschätzten Aspekten des verlorenen Objekts eine große Rolle. Der Erwerb der Fähigkeit zu trauern, kann das Überwinden von Depressionen signalisieren" (Beutel, Weiner, 1993 S. 235 ff.).

„Gemeinsam ist verschiedenen Formen pathologischer Trauer, daß Hoffnung auf Erhaltung oder Wiederherstellung der Beziehung fortbesteht und so die Auseinandersetzung mit belastenden Gefühlen und der Möglichkeit von Hoffnungslosigkeit und Depression vermieden wird. Indem das verlorene Objekt innerlich und oft äußerlich festgehalten und kontrolliert wird, zwischen Leben und Tod, verharrt der Hinterbliebene selbst zwischen Leben und Tod. Mögliche Folgen pathologischer Trauer sind vielgestaltig und umfassen u. a. Hypochondrie, Alkoholismus, angstneurotische Symptombildung, chronische Hyperventilation, Schmerzsyndrome, funktionelle Darmerkrankungen oder Colitis Ulcerosa" (Beutel, Weiner 1993, S. 236). Nach meiner Erfahrung gehört zur pathologischen Trauer wesentlich der intersubjektive bzw. interpersonelle Abwehraspekt (s. auch Mentzos 1993, S. 256 ff.). Das heißt hier, die Verleugnung des Verlustes geschieht mit Hilfe der realen Objektbeziehung zum Kind, das möglichst ohne Klagen und Leid funktionieren soll.

Die Würdigung und ausdrückliche Anerkennung einer solchen Erfahrung des Kindes mit einer depressiven und pathologisch trauernden Mutter ist therapeutisch außerordentlich bedeutsam.

S. Coleman (1983, S. 99) beschreibt ein solches interpersonelles Abwehrarrangement einer pathologischen Trauer bei Familien von Drogensüchtigen: „In diesem

Sinne stellt Sucht die Analogie zu einem langsamen Sterbeprozeß dar. Coleman und Stanton (1978) sind der Ansicht, daß Sucht das todesbezogene partizipatorische Verhalten der Familie erleichtert. Indem der Drogensüchtige behandelt wird, als durchliefe er einen langsamen, langwierigen Todesprozeß, wird es den Familienmitgliedern möglich (gegenüber dem Süchtigen), den vorzeitigen und unbewältigten Tod eines anderen Familienmitgliedes zu perpetuieren. Der Süchtige wird somit ein Substitut oder Revenant des Verstorbenen ... Er opfert sich, um das Bedürfnis der Familie nach einem Sterbefall zu erfüllen. Stanton nimmt an, daß die „Erlöser"-Funktion des Süchtigen der Familie die gemeinsame Teilnahme an einer suizidalen Konspiration gestattet." Dies ist eine besonders extreme Form eines pathologischen Trauerprozesses.

Zurück zur Unterscheidung von Trauer, pathologischer Trauer und Depression: „Depression ist ein Protest gegen das Erfordernis zu trauern, solange die Fairneß des Verlustes (als „verdient") nicht nachgewiesen ist, und beinhaltet eine Verleugnung von Aspekten des Verlustes des Getrenntseins und der Unvermeidlichkeit von Verlusten" (Beutel, Weiner 1993, S.236). Der Verlust ist ein Beraubtworden-Sein oder wie Guntrip es formuliert: „The depressive is murderous against a hateful robber" – Der Depressive ist mörderisch gegenüber einem verhaßten Räuber (Guntrip 1980, S. 26). Im Unterschied zu pathologischer Trauer besteht bei depressiver Verarbeitung weniger Hoffnung auf Rückkehr und weniger Verfügbarkeit über das verlorene Objekt. Beispielhaft mag das für die Alltagsdepressionen im Oktober/November gelten, die auftritt, wenn es immer so dunkel ist und der Hauch der Angst uns anweht, die Sonne könnte nie mehr wieder kommen – ein Gefühl, daß etwas uns des Lichtes und der Wärme beraubt habe. Zentral für die Entwicklung meiner Patientinnen war das Verbleiben in einer jahrelangen Beziehung zu einer Mutter, die in einer pathologischen Trauerreaktion verharrte, daneben aber auch depressive Züge zeigte, vor allen Dingen der affektive und reale Rückzug und eine Minderung der Initiative des generellen Antriebes oder auch einer chronisch unermüdlichen Geschäftigkeit. Nach meiner Beobachtung verstärkt die Erfahrung der depressiven Seite der Mutter, der „toten Mutter" im Sinne Greens, die existentielle Angst des Kindes, auch noch die Mutter zu verlieren. Diese durch den Realverlust des Vaters fundierte Angst macht das Mädchen in existentieller Weise von der Mutter abhängig, insbesondere eben von deren Bemühen, den Verlust durch pathologische Trauer letztlich ungeschehen zu machen. Hieraus resultiert ein nie abschließbarer Prozeß. Diese Endlosigkeit ist ein wichtiges Kennzeichen der pathologischen Trauer überhaupt oder auch dessen, was Green die „weiße Trauer" nennt.

Im Unterschied zur Trauer ist die pathologische Trauer ein tendenziell chronischer, nicht abschließbarer Prozeß, und dies zeigt sich in der besonderen Art der Symptomatik, wie ich sie gleich schildern werde.

„Es zeigt sich bei genauerer Analyse chronischer Trauer, daß eine Illusion fortgesetzter Kommunikation und Kontrolle – in Phantasien, Handlungen oder Träumen – über das verlorene Objekt aufrechterhalten wird" (Beutel, Weiner 1993, S. 227). Die pathologische Trauer der Mutter besteht wesentlich darin, daß sie auf einer ungetrennten Kommunikation mit dem Kind und einer Kontrolle fast aller Lebensäußerungen des Kindes besteht.

Zur Symptomatik – Entwicklungsgeschichte und Struktur der Analysanden

Meine Patientinnen hatten einen akademischen Beruf, waren Anfang 30, waren verheiratet und hatten ein oder mehrere Kinder. Alle kamen zur Analyse im Zustand schwerer Erschöpfung und getriebener Unruhe und Ruhelosigkeit. Es gab bei allen körperliche Symptome – Migräne, funktionelle Darmerkrankungen, Gliederschmerzen. Diese außerordentlich tüchtigen Frauen lebten in einem Zustand chronischer Selbstüberforderung, was Beruf, Familie und Freundeskreis betrifft. Diese Selbstüberforderung ist zunächst oft ich-synton und wird erst durch die körperlichen Symptome oder durch schwere Erschöpfungszustände erlebbar. Andere versorgen, verstehen, nähren, schützen, beraten, beleben umfaßt einen wesentlichen Teil der chronisch grenzwertigen Belastung. Die Frauen haben ihre Väter verloren, in einem Fall starb der Vater an einem Infarkt, im 9. Lebensjahr einer Patientin in den beiden anderen Fällen an einer schweren körperlichen Erkrankung im 2. bzw. 16. Lebensjahr der Analysandinnen. In einem Fall gab es einen wesentlich älteren Bruder, der kurze Zeit nach dem Tod des Vaters von zu Hause auszog, die Analysandinnen waren also im wesentlichen mit der Mutter über mehrere Jahre allein. Die prätraumatische Beziehung zur Mutter war in allen Fällen eher dicht, nahe und eng und tendenziell ängstlich kontrollierend durch die Mutter. Es scheint relativ wenig Spielraum für ambivalente Affekte und Impulse gegeben zu haben für das kleine Kind. Einen eigenen, sozusagen separaten Zugang zum Vater war für alle drei Analysandinnen erschwert, wobei es sehr schwierig ist, zu unterscheiden, inwiefern dies nachträglich die Folge der Trauerabwehrkonstellation zwischen Mutter und Kind war, oder ob dies auch schon vor dem Tode des Vaters so war. Wie schon angedeutet, entwickelte sich für das Kind eine Art *Präsenzpflicht* der Mutter gegenüber, d.h. das Kind erlebte, daß die Mutter das Kind oft brauchte als Begleiter, Partnerersatz, in vielen realen Alltagssituationen, beim Einkaufen, beim Ausgehen, beim Verreisen, abends und an den Wochenenden. Hier entwickelte sich mehr oder weniger das, was auch A. Green beschrieben hat, nämlich eine mehr oder weniger ausgeprägt sadistisch-kontrollierende Beziehungskonstellation mit zum Teil abgewehrten lesbisch-homosexuellen Zügen. Vom Kind aus gesehen ist ganz wichtig, daß es „nie genug" ist für die Mutter, was auch immer das Kind an Präsenz, Körperlichkeit, Unterhaltung, Belebung zu bieten hat. Diese Präsenzpflicht ist also wesentlicher Bestandteil der pathologischen Trauer der Mutter. Die weitere Situation beinhaltet wesentlich das, was ich in einem anderen Kontext als „Abwendungsmonopol" (Schmidt 1996) beschrieben habe, d. h. die Verfügungsgewalt über alle separativen Bewegungen des Kindes liegt bei der Mutter, und dies geschieht hier in besonderer Weise:

a) die beschriebene Präsenzpflicht des Kindes gemäß den Wünschen der Mutter;

b) die wiederkehrenden depressiven affektiven und realen Separationen der Mutter, dies entspricht wesentlich dem, was Green als den Komplex der „toten Mutter" beschrieben hat;

c) die Omnipräsenz der Mutter allen separativen Bewegungen des Kindes gegenüber, d. h. spontane Separation des Kindes kommt so gut wie nie vor, da hierauf die Mutter sofort mit Klagen, Vorwürfen, Ermahnungen reagiert, was die durch den realen Tod des Vaters fundierte Verlustangst des Kindes unmittelbar aktiviert, und zwar in dem Sinne, alles zu tun bzw. alles zu unterlassen, was dazu führen könnte, auch noch die Mutter zu verlieren.

Es ist so, „als ob" Mutter zu jeder eigenen Äußerung von Schmerz, Leid, Trauer des Kindes – worüber auch immer – sagt: „Du hast es doch gut, gemessen daran, was ich erleiden mußte und erleide", und damit wird die unausgesprochene Forderung verbunden: „Ein eigenes Leben unabhängig von mir, das steht dir eigentlich nicht zu!" Dies ist ein Bestandteil dessen, was die Analysandinnen auch immer wieder mehr oder weniger bewußt bewegt, das, was A. Modell im Anschluß an W. Niederland „Überlebensschuld" genannt hat (s. Weiss, Sampson 1986, S. 52 ff). So wie Schuldgefühle überhaupt insgesamt eine ganz zentrale Rolle spielen in einer fluktuierenden Kombination von *Trennungs-* und *Überlebensschuld* „survivor guilt". Dies allein wäre eine eigene Thematik, die ich hier nicht vertiefen kann, wie auch verschiedene andere Aspekte, die ich zumindest aber erwähnen möchte: die Bedeutung des Lebensalters der Analysandinnen, als der Vater starb, die besondere Bedeutung der Individualität des Vaters, und dann schließlich die Bedeutung von körperlichen Erkrankungen und auch von Konversionssymptomen in den frühen und aktuellen Objektbeziehungen dieser Analysandinnen (s. a. Scheid 1992).

Die primäre kumulative Traumatisierung des Kindes im Sinne von M. Khan (1997) erfolgt also im Bereich der separativen Individuation. Die zentrale Determinante der Traumatisierung ist die chronische pathologische Trauerreaktion der Mutter, die den Verlust letztlich nicht akzeptieren kann, wodurch eine eigene Trauer des Kindes und des Jugendlichen verhindert wird, und dies ist die sekundäre Traumatisierung. „Primär" bzw. „sekundär" ist hier bezogen auf die Hauptdetermination der akuten Symptomatik der Analysandinnen.

Einige Bemerkungen zur Struktur der Patientinnen: Zentral für die Regulierung der psychischen Funktionen und Abläufe ist ein großes, überstarkes Autonomiebestreben. Alles Bemühen und alle rastlose Tätigkeit dient dem einen einzigen Zweck, selber nie abhängig zu werden von jemandem, alle psychischen Funktionsabläufe scheinen gesteuert von dem mehr oder weniger unbewußten Wunsch nach Autonomie, Unabhängigkeit, auch wenn das manifeste Verhalten oft das Gegenteil auszudrücken scheint. Im fortwährenden Sorgen und Kümmern liegt ein entscheidendes Moment von Selbstregulierung und Selbstbestimmung, auch wenn dies das eigene Selbst oft genug bis an den Rand der Erschöpfung bringt. Funktionieren und Leistung sind wichtiger als die Befriedigung von Liebesimpulsen. Arbeit und Liebe stehen im Dienste der Autonomieregulierung. Ein Teil der Erschöpfung resultiert aus dem Bemühen, die möglichen bedürftigen Objekte jederzeit kontrollieren zu können, oder wie es eine Analysandin einmal formulierte: „Ich muß immer 10 Teller auf den Stäben jonglieren, und alle müssen immer oben bleiben." Die narzißtische Zufuhr, dies oft genug jedenfalls annäherungsweise zu schaffen, ist für die Selbstwertregulation entscheidend und bildet so ein Ich-Ideal, das eigentlich nie eigene Erholung, Ruhe, Entspannung, Muße, Vergnügen zuläßt bzw. duldet. Für diese Frauen ist es „nie genug, was sie für andere tun könnten". Dies ist sozusagen der Schatten der in pathologischer Trauer verharrenden Mutter, die „untröstlich bleibt", was auch immer das Kind tun mag. Das wirkliche Annehmen von Hilfe, Engagement, Einsatz durch die Tochter erscheint der Mutter kaum möglich, sie fordert ständig diese Hilfe und Unterstützung, ohne sie wirklich anzunehmen. Als Beispiel mag die Äußerung einer Mutter am Telefon dienen. Die Mutter sagte: „Ich kann nicht zu dir kommen, weil es mir so schlecht geht ... Ich bin aber so allein!"

Das Untröstlichkeitsmonopol in der Behandlungsgeschichte

„So ist das Subjekt gefangen zwischen einer toten Mutter und einem unerreichbaren Vater, sei es, weil dieser, ohne dem Kind zu Hilfe zu kommen, vor allem mit dem Befinden der Mutter beschäftigt ist, sei es, weil er den Ausgang dieser Situation dem Mutter-Kind-Paar allein überläßt" (Green 1993, S. 214). Und für unseren Kontext gilt eben, daß dieser Vater real tot ist! Der Vater ist für das Kind unerreichbar in einem doppelten Sinne oder vielleicht besser gesagt in zwei verschiedenen Ebenen von Realität – „levels of reality" (Modell 1990, S. 25 ff.), zum einen faktisch: Er ist tot – zum anderen symbolisch in der Weise, daß die Tochter keinen eigenen Bezug zum Vater hat, weil er in der pathologischen Trauer der Mutter eben ganz und ausschließlich sozusagen ihr gehört. Man kann also von einer „Ent-Triangulierung" durch diese pathologische Trauer der Mutter sprechen (s. Jancik, Vandieken 1997). Die Verleugnung des Verlustes des Ehemannes durch die Mutter macht paradoxerweise für das Kind den Vater noch unerreichbarer als allein dadurch, daß er physisch tot ist. Bei einer meiner Analysepatientinnen ging das so weit, daß die Mutter der Tochter vorschrieb, was sie über den Vater in ihr Tagebuch schreiben solle. Dieser komplexe und zum Teil paradoxe Zusammenhang taucht in der Analyse oft in einer Nebenübertragung und in einer Übertragungskonstellation auf: Der Ehemann, der sich in der einen oder anderen Weise unzugänglich macht (Schweigen, eigenständige, einsame Entschlüsse) und der Analytiker, der in der Übertragungserwartung der Analysandin eigentlich nicht duldet, daß die Patientin eine wirklich eigene Beziehung zum Ehemann hat. Hierbei gibt es vielerlei Varianten, die auch ödipale Aspekte haben können: Gehört der Mann immer der Mutter wie der tote Vater, der ein Alleinbesitz der pathologisch trauernden Mutter war? Wirklich eigene Erinnerungen an den lebenden Vater oder Phantasien über ihn und seinen Tod sind oft erst spät in den Analysen möglich und sind zugleich wichtige Zeichen eines „Neubeginns".

Bevor ich nun auf einige Aspekte der Behandlungsgeschichte eingehe, möchte ich nochmals zusammenfassen, was ich in diesem Kontext mit Untröstlichkeitsmonopol der Mutter meine:

1. Die Mutter verharrt über sehr lange Zeit in einer *pathologischen Trauerreaktion*, in die das Kind sehr unmittelbar miteinbezogen ist. Die Mutter bringt überwiegend nonverbal zum Ausdruck: „Ich kann alles selber, wenn du nur so bist, so gut funktionierend wie ich es brauche. Vielleicht bist du ja dann ein vollwertiger Ersatz für den Verlust bzw. eigentlich gibt es keinen Verlust, es gibt den Tod nicht, für uns beide nicht! Aber letztlich bin ich doch nie ganz zufrieden, getröstet und beruhigt. Du schaffst das nie, mein Leid ist unendlich. Im Verhältnis dazu hast du es doch immer noch unendlich gut, vor allen Dingen angesichts dessen, was ich alles für dich tue!"

2. Die *depressiven Reaktionen* der Mutter, in denen diese real und affektiv unerreichbar ist und so untröstlich bleibt mit der impliziten Botschaft: „Du mußt bei

mir bleiben!" Dieser Teil entspricht weitgehend dem, was A. Green als Komplex der „toten Mutter" beschrieben hat.

3. Die Mutter fordert für ihre Bedürfnisse Omnipräsenz des Kindes, verhindert dessen eigene Trauer und Separation, separiert sich aber selber überwiegend depressiv (S. 2.). Es kommt zentral zur Entwicklung eines Ich-Ideals von angestrebter unbegrenzter Autonomie und Unabhängigkeit beim Kind und dem Jugendlichen, dem alle Liebeswünsche untergeordnet werden: „Wenn ich alle Anforderungen, Nöte, Ansprüche der Objekte erfülle, werde ich von eben diesen Objekten unabhängig und brauche selbst niemanden auf der Welt, dann fehlt mir nichts mehr!" Das heißt, es gibt keine *selbstbestimmte Separation*, keine *selbstgewählte Einsamkeit* und keine *spontane eigene Trauer*, all dies kontrolliert die in pathologischer Trauer und Depression gefangene Mutter.

Separation, Alleinsein und Traurigkeit, Leid überhaupt, gibt es nur in der von der Mutter geforderten und zugelassenen Form. Dies ist die kürzest mögliche Beschreibung dessen, was ich mit „Untröstlichkeitsmonopol" meine. Neben der Entwicklung des erwähnten Ich-Ideals ist die weitgehende Identifizierung mit bzw. Introjektion dieser mütterlichen komplexen Haltung die zentrale Verarbeitungsform. Das heißt, das sich erschöpfende Sorgen ist auch eine pathologische Trauer.

Was geschieht nun in den Analysen? Ich will versuchen, zum Schluß einige wenige wichtige Aspekte insbesondere auch der Übertragungs-Gegenübertragungs-Entwicklung zu beschreiben. Die Analysandinnen reden sehr viel, sie erzählen komplette, manchmal aber auch affektiv hermetische Geschichten. Das entspricht dem, was G. Baruch „das manische Erzählen" nennt. Er spricht von „the seamless perfect narrative" – „die nahtlos perfekte Erzählung" (Baruch 1997, S. 551 ff.). Interessant ist für unseren Kontext, wie Baruch die Funktion dieses Erzählstils beschreibt: „Wiederholt schuf der Analysand die perfekte Erzählung, zu der er dann eine Beziehung wie zu einem realen Objekt und einem Objekt der Wiedergutmachung aufnahm" (Baruch 1997, S. 559). Es wäre interessant, einmal zu untersuchen, inwiefern solche Sprachstile die Funktion der Wiedererschaffung von verlorenen Objekten bekommen können. Es ist verständlich, daß solche tendenziell hermetischen Erzählungen wenig assoziativen Spielraum lassen, was lange Zeit in den Analysen immer wieder ein Problem sein kann, umgekehrt kann man auch sagen: Assoziieren hat mit Trennungsvorgängen zu tun und mit der Fähigkeit, traurig sein zu können.

Es gibt auch eine deutliche und angestrengte Suche nach Sinnhaftigkeit, die aber manchmal Züge eines intellektuellen Narzißmus annehmen kann. Die Affektivität ist insgesamt eher zurückgenommen, und wenn ein Affekt, vor allen Dingen ein schmerzlicher Affekt, auftaucht, kommt es rasch zu verzweifelten Ängsten. All dies zeigt, wie selbstverständlich es für diese Analysanden ist, daß auch der Analytiker die wirklich eigenen affektiven und kognitiven Bewegungen nicht teilen, akzeptieren und anerkennen kann. Eine der Hauptschwierigkeiten besteht darin, daß es kaum je Momente gibt in der analytischen Situation, *wo etwas „so sein darf, wie es jetzt ist"*. Daraus entwickelt sich manchmal die zentrale Übertragungs-Gegenübertragungs-Schwierigkeit, die ich zu Anfang erwähnt habe und auf die ich jetzt etwas ausführlicher eingehen möchte, ein sich entwickelndes Ideal von „gnadenloser therapeutischer Progression", das sich beim Analytiker einstellt und das etwas sehr Zwingendes haben kann. Nachträglich würde ich meinen, daß die therapeutische Arbeit des Analytikers wesentlich darin besteht, Distanz zu dieser Gegenübertragungsposition herstellen zu können. Die endlos wirkenden narrativen Schilderungen bewirken beim Analytiker einen nach und nach entstehenden sehr starken, fast zwingenden Impuls zu unterbrechen, eine Pause herzustellen, eine abgrenzende Distanzierung beim Analysanden zu schaffen. Beim Analytiker entsteht der notvolle Drang nach einer Pause, nach einem Stück Vertiefung eines Aspektes, weil der Analysand selbst in einer Erzählung z. B. von einem Telefonat mit einer Freundin von einer endlosen gegenseitigen Veränderungsbemühung berichtet und der Analytiker dann in die Veränderungsbemühung gegenüber diesen Veränderungsbemühungen gerät. M. Khan hat für diese Art von ungetrennter gegenseitiger psychischer Durchdringung von Subjekt und Objekt in der analytischen Situation den Ausdruck „magische Symbiose" geprägt (Khan 1977, S. 82 ff.). Ich glaube, ich habe sehr lange gebraucht, um diese Vermischung zu verstehen bzw. eine angemessene Distanz zu dieser Verwicklung herstellen zu können. Es ist dies eine Übertragung, in der ich in die Position der Analysandin als Kind gerate, der Mutter gegenüber, die in pathologischer Trauer befangen ist und die ständig zum Ausdruck bringt: „Wenn du nur das und das tun würdest, dann ... würde es mir vielleicht besser gehen!" Die magische Veränderungssymbiose zwischen Analysandin und Analytiker ist also die konkretisierende Übertragung (Kogan 1996, S. 227 ff.) der pathologischen Trauer zwischen Mutter und Tochter nach dem Verlust des Vaters. Der gegenseitige Veränderungsdruck hilft, gemeinsam den Verlust zu leugnen, die eigene Not, Ohnmacht und narzißtische Kränkung zu mildern, den eigenen Schmerz durch Eintauchen in die Nöte des jeweils anderen abzuwehren. Man kann also sagen, die Analysandinnen bringen den Analytiker in die Position, in der sie sich der Mutter oft genug gefühlt und empfunden haben, und wollen sozusagen sehen, wie dieser mit einer so bedrängend ausweglosen Situation der Untröstlichkeit umgehen mag. Therapeutisch gesehen geht es dann darum, immer wieder einen Weg zu finden in dem Dilemma, weder deutend, eindringend, verändernd zu werden – das wäre hier Bestandteil der Veränderungssymbiose – noch durch zu große Distanz und durch Schweigen in die Position der toten Mutter zu geraten. Der konsequente Versuch der Verständigung mit den Analysandinnen, nicht des Verstehens (s. a. Schmidt 1996, S. 70 ff.), „wie und was jetzt und hier in der analytischen Situation *ist*", kann eine orientierende Perspektive sein. Ausgangspunkt bei dieser Verständigungsarbeit ist die Klärung des zunächst manifesten Inhalts dessen, was die Patientin zum Ausdruck bringen will und nicht die Orientierung an der möglichen unbewußten Bedeutung dessen, jedenfalls zunächst nicht. Hierzu gehört ein besonders sorgsames Beachten der affektiven Bewegungen und der Toleranz gegenüber der *Expressivität von Affekten*. Diese können sehr heftig und anhaltend werden, sehr langes, ausgeprägtes Weinen und Schluchzen, verzweifeltes Geschütteltwerden, untröstlich scheinendes Traurigsein. Es ist außerordentlich wichtig, daß die Analysandin wahrnehmen kann, daß der Analytiker sehr auf seine eigenen Grenzen achtet. So habe ich in den beiden ersten Analysen sehr oft die Stunden überzogen, was für mich eigentlich eher untypisch ist, und ich denke heute, dies war mein Teil einer pathologischen Trauerreaktion, nämlich in den überzogenen 3, 4, 5 Minuten doch noch etwas klären, herausfinden, abschließen zu wollen. Das Akzeptieren des Stundenendes, wenn es denn gekommen ist, ist so etwas wie das Akzeptieren des Todes im Kleinen, wodurch der Verlust ein Verlust sein darf und nicht doch wieder aufgefüllt wird.

Lassen Sie mich mit einem Zitat aus dem Roman von Robert Bober, „Was gibt's Neues vom Krieg" (1995) schließen: „Dieser Klick kam so plötzlich, daß er eine Art Lähmung bewirkte, die so stark war, daß ich viele Wochen lang nicht eine einzige Photographie gemacht habe, jedesmal danach suchte, wie man nicht mehr das photographieren kann, was existiert, sondern das, was verschwunden ist. Denn, so schien mir, es ist das Fehlende, das sehen läßt" (Bober 1995, S. 158).

Literatur

Baruch, G. (1997): The Manic Defence in Analysis. In: International Journal of Psychoanalysis Vol 78, Part 3, S. 549-559.
Beutel, M., Weiner H. (1993): Trauer und Depression nach einem Objektverlust Ein Beitrag zur Begriffserklärung und klinischen Unterscheidung. In: Forum der Psychoanalyse, Band 9, Heft 3, S. 224-239.
Bober, R. (1995): Was gibt`s Neues vom Krieg. München (Kunstmann-Verlag).
Coleman, S. B. (1983): Unzureichende Trauer, Todesthematik und Religiosität. Eine Theorie zum Verständnis des Heroinkonsums. In: Lettieri, D., Welz, R. (Hrsg.): Drogenabhängigkeit.(Beltz Verlag).

Green, A. (1993): Die tote Mutter. In: Psyche, Heft 3, 1993, S. 205-240.

Guntrip, H. (1980): Schizoid Phenomena, Object Relations and The Self. London (The Hogarth Press).

Jancik, B. Vandieken, R. (1997): Beziehungsdilemmata mit Anorexia nervosa-Patienten. In: Verdauungskrankheiten Jahrg. 15, S. 48-53.

Khan, M. R. (1977): Selbsterfahrung in der Therapie.München (Kindler).

Kogan, I. (1996): Von der Konkretisierung durch Agieren zur Differenzierung. In: Forum der Psychoanalyse, Band 12, Heft 3, S. 226-241.

Mentzos, S. (1993): Neurotische Konfliktverarbeitung. Frankfurt/M. (Fischer).

Modell, A. (1990): Other Times, Other Realities. Cambridge (Harvard University Press).

Scheidt, C. E.(1992): Konversionssymptome Im Rahmen pathologischer Trauer. In: Forum der Psychoanalyse Bd 8, S. 187-201.

Schmidt, M. (1996): Ungetrenntheit und Endlosigkeit zum Umgang mit sadomasochistischen und süchtigen Phänomenen in der Psychoanalytischen Situation. In: Bell, K., Höhfeld, K. (Hrsg.), (1996): Aggression und seelische Krankheit. Gießen (Psychosozial Verlag).

Schmidt, M. (1996): Das Dilemma zwischen den Idealen der psychoanalytischen Ausbildung und den Anforderungen des Psychoanalytischen Berufs. In: Bruns, G. (Hrsg.): Psychoanalyse im Kontext. Opladen (Westdeutscher Verlag).

Vandieken, R. (1997): Persönliche Mitteilung über Krankengeschichten.

Weiss, J., Sampson, H.(1986):The Psychoanalytic Process. New York, London (Guilford Press).

Die politische Wende in der DDR und der deutsche Vereinigungsprozeß als Trauma und Konflikt

Hans-Joachim Maaz

Die gesellschaftliche Wende in der DDR und die nachfolgende „Vereinigung" der beiden deutschen Staaten haben uns Psychotherapeuten mit einem Phänomen konfrontiert, das ich im weiteren beschreiben und zu deuten versuchen möchte:

Es ist die auffällige Häufung von sogenannten „Frühstörungen", die wir zu DDR-Zeiten außerhalb der Psychiatrie kaum zu sehen bekamen und offensichtlich auch nicht so recht sehen oder diagnostizieren wollten. Das hat sicher mit der eigenen individuellen Abwehr zu tun, aber auch mit dem gesellschaftlichen Tabu, die frühe Individuation zu verstehen in einem Land, in dem es nicht einmal Selbsthilfegruppen geben sollte. So kann die seltene klinische Manifestation ich-struktureller Defizite im nachhinein vor allem aus den ehemals bestehenden gesellschaftlichen Bedingungen erklärt werden. Die prinzipielle Enge des politischen Systems, die jede geistige, emotionale, kulturelle und soziale Expansivität zu verhindern wußte und die die allgemeine Mobilität drastisch einschränkte, die allgegenwärtige (auch nur phantasierte) geheimdienstliche Überwachung und Kontrolle, die soziale Betreuung und die gesicherte Arbeit und Wohnung haben so viel allgemeinen sekundären Halt, Schutz, Geborgenheit und Sicherheit vermittelt, daß Ich-Schwäche ausreichend kompensiert wurde, wobei es gleichgültig ist, ob durch freudige Zustimmung oder zähneknirschenden Protest. Diese Erkenntnis mag auch deutlich machen, weshalb es in der DDR zu keiner Zeit eine wirkliche ernstzunehmende Protestbewegung gegeben hat, weil zwischen einem Großteil der Bevölkerung und ihrer politischen Führung eine kollusive Verbindung bestand, die auf den beiden Polen – als Herrscher und als Untertan – half, gemeinsam das frühe defizitäre Schicksal abzuwehren und zu kompensieren.

Ich bin mir durchaus bewußt, daß die Übertragung individual-analytischer Kategorien auf sozial-psychologische Prozesse „unsauberes Denken" sein kann (wie A. Mitscherlich mal vorgeworfen wurde), doch halte ich einen solchen Vergleich für sinnvoll, um auf das Zusammenspiel und die Spiegelung pathogener gesellschaftlicher und familiärer Anpassungsnormen aufmerksam zu machen, die massenwirksam sind (vgl. Maaz 1990). Ich wüßte auch nicht, wie die verbrecherischen individuellen und kollektiven Schmutzigkeiten von uns Deutschen in diesem Jahrhundert *sauber* gedacht werden könnten.

Wenn mit Hohn und Empörung die „Pathologisierung" einer Gesellschaft abgewiesen werden soll, so frage ich mich, wie dann die Kriegslust, der Rassenwahn, der Führerkult von Millionen Deutschen im 3. Reich, die Repression, Denunziation, die umfassende Lügenstruktur und ideologische Verblendung im real existierenden Sozialismus, die von der großen Mehrheit der DDR-Bevölkerung geduldet und aktiv mit ausgestaltet wurde, und die heutige Umweltzerstörung, die gegen besseres Wissen von der Mehrheit der Menschen vollzogen und hingenommen wird, sonst zu erklären wären. Gerade uns Psychoanalytiker sehe ich in der Pflicht, die Kenntnisse über die frühen psychosozialen Traumatisierungen und Defizite mit ihren späteren Folgeerscheinungen im Sozialverhalten der kritischen politischen Öffentlichkeit zur Verfügung zu stellen.

So will ich jetzt das Gesellschaftssystem der DDR im Sinne pseudoneurotischer Deckabwehr auf „ödipalem" Funktionsniveau strukturiert beschreiben:

Allerdings muß dafür auch der sogenannte „Ödipuskomplex" anders als zumeist üblich verstanden werden: Ich lese und verstehe den Ödipus-Mythos (Schwab 1975) als eine Symbolisierung des Schicksals vieler Kinder, die nicht gewollt sind oder nicht angenommen werden, die ausgesetzt werden und sich überlassen bleiben, denen eine frühe liebende Verbundenheit verweigert wird oder die für die narzißtischen Bedürfnisse ihrer Eltern mißbraucht und nach deren falschem Selbst durch Erziehung entfremdet werden. Adam Romberg (1997), ein Mitarbeiter unserer Klinik, spricht vom „doppelten Verrat der Eltern an ihrem Kind Ödipus": Zuerst setzen sie das Kind dem Tode aus, und dann versucht der Vater, den Sohn „aus dem Wege zu räumen", und die Mutter mißbraucht den Sohn, indem sie ihn zum Manne nimmt (sie wußte von ihrer verbrecherischen Tat und hätte den Sohn an den „Schwellfüßen" erkennen können). Ich vermag darin keinen Triebkonflikt zu erkennen, sondern die symbolisierte Ungeheuerlichkeit einer frühen Wahrheit, die unaufgelöst zu Gewalt und Mord und zu unglücklich fluchbelasteten Beziehungen führt. Iokaste und Laios, die Eltern des Ödipus, haben den delphischen Orakelspruch – daß das Kind zum Mörder werde – wohl aus der eigenen narzißtischen Verstörung nicht besser verstehen können, den ich heute so deute: Wenn Mann und Frau den Höhepunkt ihrer Selbst-Erfüllung gefunden haben, indem sie neuem Leben einen Weg eröffnen, sich also ganz in den Dienst der neuen Selbst-Entfaltung stellen, der nicht Erziehung, sondern Beziehung ist, wenn sie sich also in den Dienst des Kindes, der nächsten Generation stellen, dem Wachsen und Werden öffnen, dann akzeptieren sie für sich auch das Vergehen und Sterben. Dem waren sie als Eltern offenbar nicht gewachsen, sie wollten ihrem Schicksal entfliehen, indem sie lieber ihr Kind dem Tode weihten. Eine Symbolisierung, die im Sohnes-Opfer am Kreuz in unserer christlichen Kultur wieder aufgenommen wurde als die Symbolisierung des frühen Schicksals, des ungewollten (unehelichen!) Kindes, als Symbol für die Tötung des lebendigen Menschen, entgegen den kirchlich-neurotisierenden Deutungsbemühungen des sich für andere opfernden Erlösers. Die Pest, von der der Ödipus-Mythos zu berichten weiß, steht für die ausagierten Folgen der kollektiven Lüge über das frühe Schicksal, die uns Deutschen ja nicht fremd sein dürfte.

Die Ödipus-Sage beschreibt nicht die sexuelle Entwicklungsgeschichte des Menschen, sondern ist eine Metapher für die Genese mörderischer Gewalt in der Gesellschaft einerseits und für die Beziehungs- und Partnerschaftsprobleme mit ihrer sexuellen Symptomatologie andererseits, die als Folge der frühen Beziehungsdefizite und Traumatisierungen nahezu zwangsläufig, auf jeden Fall aber kompensatorisch und abwehrend eine weite Verbreitung gefunden haben: In der Idealisierung des Partners, in der Erlösungshoffnung durch ihn oder sie, in der Liebessehnsucht und Verliebtheit als projektive Identifikation, in der Sexualisierung von frühen Nähewünschen und in der Rivalität und Eifersucht um das begehrte Objekt – als Abwehr des frühen lebensbedrohlichen Schmerzes auf spätere Beziehungsmöglichkeiten, die sozusagen mit Hilfe der sexuellen Energie möglich werden. Das Leiden an den partnerschaftlichen Beziehungskonflikten, dem alltäglichen Kleinkrieg und den sich ewig wiederholenden Enttäuschungen und Kränkungen, die häufig die Ehe-Kultur prägen, kann dann als die auf ein erträgliches aber permanentes Leidensmaß verdünnten frühen Erfahrungen verstanden werden. Und Ödipus – er blendet sich selbst –, er will die Schuld seiner Eltern nicht sehen, sondern sich selbst bestrafen und praktisch sein frühes Schicksal durch Sich-Ausgrenzen selbst vollenden.

Unter dieser Perspektive muß der Widerruf Freuds (vgl. Masson 1986), sein Weg von der „Verführungstheorie" zur „Triebtheorie" evtl. auch als ein Symptom seiner eigenen unbewälten narzißtischen Problematik gedacht werden, daß die erfahrene Ablehnung seiner Traumatheorie und die damit verbundene schwere Verunsicherung und Kränkung auch seine frühe Not reaktivierte, für die es Indizien in seiner frühen Lebensgeschichte gibt, und er ein umfassendes Abwehrgebäude errichten mußte, um sozusagen die frühe Katastrophe „ödipal" abzuwehren. Der Jude Freud steht mit diesem Thema nicht nur vor der Frage nach seinem persönlichen Schicksal (gewolltes Kind, geliebtes Kind?), sondern vor der Schicksalsfrage seines Volkes – der in Frage gestellten Existenzberechtigung des jüdischen Volkes -, was die Ungeheuerlichkeit der Schmerzenslast durch das Ur-Trauma verdeutlichen mag.

So war der Blick lange Zeit verstellt, nicht nur die Bedeutung des sexuellen Mißbrauchs weiter zu verfolgen, sondern den ja viel umfassenderen und noch wesentlich weiter verbreiteten narzißtischen Mißbrauch zu erkennen, was uns theoretisch ja erst durch die Selbst- und Objektbeziehungstheorien (Kohut 1973, Kernberg 1981) und die neue Säuglingsforschung (vgl. Dornes 1992, Lichtenberg 1991, Stern 1992) möglich geworden ist. Erst die Säuglingsbeobachtung in der Interaktion mit der Mutter – also nicht die Rekonstruktion des Säuglings aus Krankengeschichten – haben uns die primäre Fähigkeit des Säuglings „zur ganzheitlichen (sensomotorischen) und dem Realitätsprinzip verpflichteten Wahrnehmung von Selbst, Objekt und Situation" (Hochauf 1997) mit der erfahrungsabhängigen Differenz der Selbst- und Objektabbildungen und den dazugehörigen Interaktionssequenzen erkennbar werden lassen. Stern spricht von den RiG's (Representation of interactions that have been generalized), von generalisierten Interaktionsrepräsentanzen. Frühe bedrohliche Erfahrungen führen zu Spaltungsvorgängen und Gefühlsabschaltungen, so daß traumatische Ereignisse auf dem Niveau der Interaktionsepisode quasi „einfrieren" und nur als körperlicher Streßzustand (als senso-affekt-motorischer Realitätsabdruck) erkennbar und behandelbar sind. Die Psychoanalyse wird also grundsätzlich ihre Position gegenüber den präverbalen und präsymbolischen Therapietechniken, wie z. B. der Körperpsychotherapie, revidieren müssen, um ihrem therapeutischen Anliegen und Anspruch gerecht werden zu können.

Doch zurück zu unserer deutsch-deutschen Situation: Die ödipale Deckabwehr in der DDR wurde dadurch gefördert, daß die Bürger einerseits den Vater-Staat verachten oder idealisieren und sich andererseits an die „mütterlichen" Instanzen „libidinös" binden konnten: an *die* Kirche, *die* Gruppe, *die* Nische, *die* Nachbarschaft und Freundschaft, aber auch an *die* Partei – und an den Staatssicherheitsdienst, der sprachlich wegen seiner pseudo-mütterlichen Funktion extra feminisiert wurde: in *die* Stasi. Die Kirchen bekamen wegen der libidinösen Besetzung ihre besondere Bedeutung, denn spirituell waren sie schon längst am Ende. Die Partei und die Stasi konnten so wuchern und Einfluß gewinnen, obwohl oder gerade weil ihre ideologische Enge, ihre dogmatische Erstarrung und der emotionale

Mißbrauch unübersehbar waren und geradezu garantiert blieben (vgl. Maaz 1992). Als elterliche Instanzen haben sie sich hervorragend geeignet, eine permanente Abwehrfunktion auf ödipalem Niveau zu ermöglichen, um die frühen Defizite und Traumatisierungen zu verbergen. So konnten die narzißtischen Kränkungen meist auf das verachtete politische System verschoben und illusionäre Hoffnungen auf eine Verwestlichung gesetzt werden.

Die Strukturpathologie des Gesellschaftssystems spiegelt die individuelle Kernselbst-Psychopathologie mit der Ambivalenz- und Konfliktunfähigkeit, der Spaltungsabwehr und der gestörten Trennung von Selbst und Objekt wider. Die gesellschaftliche Wertorientierung war Freund oder Feind, Krieg oder Frieden, gut oder böse, Ost oder West; Konflikte kamen nicht vor, und das Ich sollte im kollektiven Wir aufgehen. Mit dem kollektiven Vater-Mord der „Wende" und der Entlarvung der falschen, verlogenen und hohlen Liebe zu Kirche, Partei und Stasi bis hin auch zu Nachbarschafts- und Freundschaftsbeziehungen wurden die Ostdeutschen sowohl der ödipalen als auch der noch primitiveren äußeren Abwehrmöglichkeiten beraubt. Und so drängt die frühe Wahrheit jetzt nahezu danach, erkannt oder – besser gesagt – gefühlt zu werden. Ich versuche, dies als ein „Verlustsyndrom" (vgl. Maaz 1991) zu beschreiben, indem der Verlust an DDR, jenseits jeder politischen Indoktrinierung, vor allem als Verlust an Halt, Orientierung, Sicherheit und Fürsorge, als Verlust des alltäglich Gewohnten, als Verlust an Bedeutung, Einfluß, Geltung, Kompetenz und Macht, als Verlust von Stellung, Position, Arbeit und mitunter sogar von Wohnung, als Verlust von Grund und Boden, Immobilien und Produktionsmitteln eine so umfassende Labilisierung, Verunsicherung, Ängstigung, Kränkung und Demütigung bewirkt hat – beim gleichzeitigen Zusammenbrechen der äußeren Abwehrstrukturen –, daß auch die innere Abwehr bei vielen Menschen wieder brüchig und durchlässig wurde, so daß sich die gehäufte Manifestation früher Störungen – besser gesagt: der frühen Verstörung – erklären läßt. Diese Deutung reicht noch bis zu der Gruppe von Ostdeutschen, denen es heute äußerlich deutlich besser geht als zu DDR-Zeiten, die mehr verdienen, sich freier bewegen und die auch sozial erfolgreich sind und dennoch von Ängsten und mitunter tiefer Traurigkeit betroffen sind. Ihr Umstieg in die neue gesellschaftlich gebotene Abwehrstruktur ist noch nicht gelungen.

Erst jetzt wird deutlich, um wieviel mehr und tiefer DDR-Bürger an ihr gesellschaftliches System gebunden sind, viel mehr als viele dachten oder als sie einzugestehen bereit sind – eine Bindung also, die auf primitive Abwehrformen gründet, die vor allem an charakterliche Persönlichkeitsstörungen gebunden sind, z. B. nach dem schizoiden Motto:

Sei nicht! – oder dem oralen Motto: Wolle nicht! – oder dem symbiotischen Motto: Individualisiere nicht! und die dann in der gesellschaftlich aufgenötigten Kultivierung eines falschen Selbst der Anpassung, des Gehorsams, der Ordnung und Disziplin eine Überlebensform gefunden hatte. Die tiefe frühe Verzweiflung und Wertlosigkeit konnte vor allem durch Unterwerfung kompensiert werden. Außerdem müssen die Idealisierungen (der Sozialismus als die gerechtere und menschlichere Gesellschaftsform für die einen oder der „goldene Westen" für die anderen) nun zurückgezogen werden, und die früheren Abspaltungen des Bösen und Destruktiven auf die jeweils andere Seite der Grenze können auch nicht mehr als wirksam aufrechterhalten werden.

Diese globalen Verhältnisse befördern eine Retraumatisierung, die die frühen Verluste und die frühe Verlassenheit reaktivieren, die durch gewalttätige Geburten, durch frühe Trennung von Mutter und Kind in den Kinderkrippen und durch eine nachhaltige frühe Disziplinierung und Anpassung zu schweren narzißtischen Persönlichkeitsstörungen geführt haben. Die Traumatisierung durch Beziehungsdefizite und emotionalen Mißbrauch, den die überwiegende Mehrzahl der Eltern an ihren Kindern vollzogen hat, wurde vollendet durch die autoritäre Erziehung in den Schulen und der Gesellschaft und chronifiziert durch Zuwendung und später Privilegien für die beste Anpassung und strikten Gehorsam – diese frühen Erfahrungen sind durch die Wende wieder aufgebrochen, sie erklären auch den Zusammenbruch der revolutionär-emanzipatorischen Bewegung 1989/90, den bloßen „Beitritt" der neuen Bundesländer zu den alten, statt einer wirklichen Vereinigung zu einer gemeinsamen neuen Bundesrepublik, sie erklären das bisherige Wahlverhalten vieler Ostdeutscher, auch das Stillhalten und die Duldsamkeit der Arbeitslosen und sozial schwer Verunsicherten: Es sind die massenhaften Versuche, den möglichen Reifeschritt zu vermeiden, der aber auch den frühen Schmerz aktiviert hätte, und so wird so schnell wie möglich neuer Halt und Schutz gesucht und in einer neuen Anpassung und Unterwerfung gefunden.

Besonders auffällig für Ostdeutsche ist allerdings auch die Tatsache, daß der Vereinigungsprozeß von westlicher Seite vorwiegend vormundschaftlich gestaltet wird, so daß die Vereinigung unter dem Blickwinkel einer Herrschafts-Unterwerfungs-Kollusion (vgl. Maaz 1991) gesehen werden kann. Dieses Zusammenspiel zwingt zu einer kritischen Analyse der westlichen Sozialisationsbedingungen, die – so meine ich – vergleichsweise frühe Traumatisierungen in Form von Beziehungsdefiziten und narzißtisch-emotionalem Mißbrauch beinhalten müssen, die aber entsprechend den politischen und wirtschaftlichen Verhältnissen andere Schädigungsformen und Folgeerscheinungen als im Osten entwickeln lassen. So können der ostdeutschen direkten Repression auf westlicher Seite eher manipulative Entfremdungsprozesse gegenübergestellt werden, die eine Anpassung an die Marktgesetze und die Konkurrenzgesellschaft weitestgehend erzwingen. Und die westlichen Kompensationsversuche sind eher narzißtisch-expansiv mit Leistungs-, Erfolgs-, Vergnügungs- und Zerstreuungssucht. Die kollektive Unterordnung auf der einen Seite und die individualistische Vereinzelung auf der anderen, die klein-bürgerliche Enge hier, die ängstigende Weite dort, das Leiden am äußeren Mangel einerseits und Terror durch Angebotsvielfalt andererseits. Im Vereinigungsprozeß wird offenbar von beiden Seiten die frühe Bedürftigkeit kollektiv und kollusiv aus-agiert durch fleißige und brave neue Anpassung und kritiklose Unterwerfung hier und durch profit- und machtorientierte Dominanz dort – so halten sich Untertan und Obertan spaltend stabil zur Regulierung der bedrohten narzißtischen Kompensationssysteme. Eine wirkliche Fähigkeit zur Entwicklung und Verände-rung, zur kritischen In-Frage-Stellung der bestehenden Verhältnisse, zur Zurück-nahme der Projektionen und Integration der Abspaltungen scheint nicht mehr vorhanden zu sein.

Ich habe einige Aussagen von Patienten zusammengestellt, die sowohl ihre frühe Traumatisierung als Metapher beschreiben als auch ihre retraumatisierenden Erfahrungen mit den Folgen der Vereinigung wiedergeben:

- Ich bin zwar da, aber keiner will mich wirklich, ich werde nicht gebraucht.
- Wenn du schon da bist, dann werde so, wie wir sind, richte dich nach uns!
- Ich werde nicht gehört, nicht verstanden, eine eigenständige Entwicklung wurde mir nicht zugebilligt.
- Wozu soll ich etwas tun, wenn es keiner sieht und würdigt?
- Ich halte lieber still, oder ich strenge mich an, um berechtigt zu sein.
- Ich bin hilflos und bedürftig, tu was für mich!
- Es war alles Materielle für mich da, aber keine Herzenswärme.
- Störe uns nicht!

Solche Formulierungen erklären etwas von dem weitverbreiteten Bemühen, schnell wieder eine ödipale Abwehr als Schutz zu erreichen, sich schnell wieder unter neuen vormundschaftlich-patriarchalen Strukturen zu sichern, im männli-chen Rivalisieren Aggressionen zu binden und die neuen „mütterlichen" Instanzen libidinös zu besetzen, die vor allem im Geld (*die* D-Mark) gesucht werden und die *die* Banken und Versicherungen gewähren sollen. Daß sich heute alles rechnen muß und daß alles nach seinem Geldwert bemessen wird, ist die Leitschiene der neuen narzißtischen Abwehrmöglichkeiten früher Bedürftigkeit und unerlöster Hoff-nungen. Ich kann auch eine nicht geringe Zahl von Patienten beibringen, die in ihrer

Arbeitslosigkeit ihre Mutterlosigkeit reinszenierend ausagieren mit der großen Gefahr, ein gesellschaftliches Problem zu individualisieren, sich selbst also die Schuld zu geben, wie es ihnen früh beigebracht worden ist, sich aber zugleich auch stellvertretend „versorgen" zu lassen. Ähnlich verhält es sich mit Kreditschuldnern, die sich in Abhängigkeit von versorgenden Anbietern und Banken befinden, wobei sie zunächst in der materiellen oder finanziellen Zufuhr ihre Sehnsüchte zu stillen glaubten, dann aber die Lieblosigkeit der nährenden Instanz stellvertretend entlarven, wenn wieder zurückgezahlt werden muß und nicht nur auf Heller und Pfennig, sondern mit Zins und Zinseszins. Auf Borderline-Niveau wird das Gefängnis riskiert, die narzißtisch Gestörten leiden freiwillig unter der Last der Rückzahlungen für ihr wunderschönes Haus oder neues Auto.

Ich halte es in diesem Zusammenhang auch für tragisch, daß die sogenannte Emanzipation der Frau in der DDR vor allem ihre „Vermännlichung" zum Ziel hatte und daß nach meiner Einschätzung die westliche Frauenbewegung, den notwendigen politischen und sozialen Kampf benutzend, vor allem die Fragen und Probleme der Mütterlichkeit vermeiden und abwehren will.

Die Konflikte, die wir heute vor allem zu diagnostizieren haben, ranken sich um den zentralen Fokus zwischen dem Fühlen und Integrieren der frühen Wahrheit und der neuen Abwehrnötigung, zwischen Lebendigkeit, wie sie 1989/90 in Euphorie und Aufbruchstimmung in wiederaufkeimender Aktivität, Kreativität und Offenheit – körpersprachlich – im aufrechten Gang zu erleben war und erneuter Erstarrung und Blockierung, zwischen Reifung und neuer Abhängigkeit.

Die intrapsychische Konflikthaftigkeit auf neurotisch-ödipalem Niveau muß ich nach diesen Erfahrungen vor allem als eine sekundäre Abwehrform (eine Deckabwehr) verstehen zur Leugnung der frühen Verstörung. Als wenn die Menschen sich süchtig um Neurotisierung bemühten, um ihre frühe Not zu schützen, zu verbergen und sich ein brauchbares Ersatzleid zu sichern. Wenn wir die Freudsche Metapher, daß die Therapie helfen solle, neurotisches Elend in reales Elend wieder zu verwandeln, in diesem Zusammenhang verstehen, dann stehen wir sozusagen mit der Therapie vor der Not des ausgesetzten frühen Ödipus. Dann müßten wir auch unsere Therapieziele und die Funktion der therapeutischen Arbeit in der Gesellschaft neu bedenken, ob sie mehr im Dienste der Abwehrstabilisierung stehen soll, um weit verbreitete Traumatisierungen zu beruhigen oder gar zu vertuschen, oder ob sie helfen soll und kann, die frühe Not wirklich emotional zu verarbeiten und zu integrieren. Bei letzterem dürften die Patienten dann jedenfalls kaum noch Interesse haben, an einer vorwiegend narzißtischen Ausgestaltung der Gesellschaft teilzunehmen. Und ich denke, daß die westeuropäische und nordamerikanische Kultur mit ihren entsprechenden Lebensstilen gesättigt ist von Übertragungs- und Abwehrprozessen der frühen Störungen auf narzißtischem Niveau. Wir finden das zwanghafte Bedürfnis, jung, dynamisch und gut drauf zu sein, die Nötigung, etwas darstellen zu müssen und sich gut verkaufen zu können, nach der Mode gehen zu sollen, das richtige Auto zu fahren und auch die vermarktete Hoffnung, endlich den Partner zu finden, der einen glücklich machen kann. Die Werbung hat längst ein groteskes Maß an verlogener Verheißung erreicht, die Idealisierung von Popstars und Sportidolen erreicht mitunter psychosenahe Werte von Derealisierung und Depersonalisation mit hysterisierten Gefühlen, zuletzt bei Dianas Begräbnis. Das Größenselbst tobt sich im „Gotteskomplex" (vgl. Richter 1979) aus, in der scheinbaren Herrschaft über die Natur (zuletzt an der „Oderfront" im Kampf gegen das Hochwasser), im Machbarkeitswahn und in der durch nichts zu erschütternden Wachstumsutopie. Ich kann ohne große Schwierigkeiten in der aktuellen Politik und dem Verhalten mancher Politiker erschreckende Ähnlichkeiten mit den Verhältnissen in den letzten Jahren der DDR erkennen: die Unfähigkeit zur Wahrheit, die hohlen Phrasen, der gnadenlose Optimismus und die verhängnisvolle Unfähigkeit zur Einsicht und Veränderung.

Nun noch ein Wort zur „Vereinigung" der Psychotherapie. Nach meiner Erfahrung wird die kollusiv-ausagierte Vereinigung leider in ähnlicher Weise auch in der Psychotherapie vollzogen, zumindest auf ödipalem Funktionsniveau der Strukturen und Organisationen. Konkurrenz und Macht, Ein- und Unterordnen dominieren deutlich stärker als die frühen Beziehungsformen von Verstehen, Tolerieren und Kooperieren in erlebbarer Verbundenheit.

Ärztekammern und Kassenärztliche Vereinigungen haben deutlich mehr Toleranz und Einfühlung in die ostdeutschen Bedingungen gezeigt als die psychoanalytischen Fachgesellschaften Westdeutschlands. Es fällt auf, daß die Fachgesellschaften keine anderen Zugänge zur Psychoanalyse, keine theoretischen und methodischen Modifikationen anerkennen oder akzeptieren wollen. Das Hauptinteresse der Ost-West-Kommission der DGPT scheint mir darin zu liegen, möglichst schnell die Angleichung an die bestehenden DGPT-Strukturen zu ermöglichen, nicht aber auch die ostdeutschen Erfahrungen und Strukturen zu integrieren. Das Aufnahme-Procedere in die DGPT und die Anerkennung als Lehranalytiker erscheint wenig geeignet, die historischen Wurzeln und Bedingungen für die psychoanalytisch orientierte Therapie in der DDR, die Auseinandersetzung mit den nationalsozialistischen und realsozialistischen Auswirkungen auf die Psychotherapie in der DDR gut verstehen und verarbeiten zu können. Das

Verhalten und Ausagieren der Psychotherapeuten-Generation nach 1945 und nach 1989 sollte nicht durch eine zu schnelle Angleichung vertuscht werden. Man wird auch heute unterscheiden müssen zwischen der Generation von Psychotherapeuten, die in der DDR bereits „Eltern"-Funktion in der Ausbildung übernommen hatten, und der Schülergeneration, die noch mitten in Auseinandersetzung und Ablösung begriffen von der „Wende" überrascht wurde und manche schmerzliche Arbeit hoffte (auch unbewußt) vermeiden zu können durch eine idealisierende Neuorientierung. Möglicherweise eignet sich vor allem die institutionalisierte Psychoanalyse, nicht nur wegen ihrer Machtposition hinsichtlich des Zugangs zur Kassenbehandlung, sondern weil sie vor allem eine Gruppen-(Familien-) Zugehörigkeit mit festem Regelwerk, mit autoritätsorientierten Strukturen und Abhängigkeiten bietet, um mit ödipaler Abwehr die frühen Defizite verbergen und kompensieren zu helfen.

Es gibt erkennbare Tendenzen, die Bemühungen, unter schwierigen politischen Verhältnissen Wege und Möglichkeiten zu finden, psychoanalytische Essentials in die psychotherapeutische Praxis der DDR zu integrieren, abwerten zu wollen. So wird die Methode der „intendierten dynamischen Gruppenpsychotherapie" (Höck1981), über die nicht nur eine Kultur der Selbsterfahrung in der Ausbildung von Psychotherapeuten in der DDR weiter etabliert werden konnte, sondern auch mit den analytischen Theoremen vom Unbewußten (als latentes Gruppenthema oder als intrapsychischer Konflikt), von der Übertragung und Gegenübertragung, vom Widerstand und den Abwehrformen und mit der Traumanalyse gearbeitet wurde, als eher „eine pädagogisch akzentuierte Therapiemethode" (Härdtle, Schneider 1997) identifiziert oder gar als eine die Therapeuten verpflichtende „Erziehung ihrer Patienten zu sozialistischen neuen Menschen" diffamiert (Beck, Tzschaschel 1996). Eine solche offen-feindselige Ignoranz und Verleumdung ist zwar nicht dominierend, aber doch eine spürbare Haltung, daß nämlich aus dem Osten Deutschlands so wie insgesamt gesellschaftlich so auch im besonderen aus der Psychotherapie nichts Positives oder ernsthaft Diskutables kommen kann: die Ost-Psychotherapeuten hätten vor allem zu lernen, nachzuholen und Fragen zu stellen, aber keine eigenen Entwicklungen zu behaupten oder gar kritische Aussagen über die Psychoanalyse zu machen. So dominierten bei westdeutschen Psychoanalytikern vor allem hochmütige Nachhilfe-Angebote oder einfach nur ein Desinteresse an den im Osten entwickelten psychoanalytischen Modifikationen wie der „Psychodynamischen Einzeltherapie" (Maaz, Hrsg. 1997), der „Analytischen Imaginationstherapie" (Hennig 1997) und der „Analytischen Körperpsychotherapie" (Höhne 1997, Krüger 1997, Maaz 1997). Dies sind für mich Indizien für die narzißtische Abwehr von im Westen sozialisierten Psychoanalytikern, von denen wir dann auch zu hören bekommen, daß wir ja in ihrem Sinne keine „richtige" Ausbildung gehabt hätten, sie aber viel Aufwand und Geld investieren und auch Anpassung an entsprechende Psychoanalyse-Schulen leisten mußten und uns schon deshalb nicht als gleichwertig akzeptieren könnten.

Wenn wir aber nicht ödipal konkurrierten, dann könnten wir gelassener die beiden unterschiedlichen beruflichen Sozialisationsmodelle in ihren Vor- und Nachteilen erfassen und uns selbst als Probanden eines Forschungslabors begreifen, in dem untersucht wird, wie Individuation und Sozialisation miteinander verwoben sind. Ich will einige Unterschiede kurz auflisten:

- Im Westen die tradierten Institutionen mit festem Regelwerk für die Ausbildung und Behandlung;
- im Osten die sich entwickelnden und stärker dynamischen Prozessen unterworfenen Institutionalisierungsbemühungen, in ständiger Auseinandersetzung mit inneren und äußeren Bedingungen;
- im Westen die curriculäre Ausbildung als ein fester „Fahrplan", als Pflicht und geregelter Zugang zu Anerkennung und Verdienst;
- im Osten die Weiterbildung vor allem auch als persönliches Bedürfnis nach Selbsterfahrung (auch nach Selbstheilung) und die individuelle Motivation für die Auseinandersetzung mit Beruf und Gesellschaft; (die psychotherapeutische Methodenwahl war ein Politikum und gab Auskunft über die „Gesinnung");
- im Westen die theoriegeleitete Ausbildung und das Einschwören auf tradierte Regeln;
- im Osten die stärker erfahrungsgeleitete Auseinandersetzung in der beruflichen Praxis mit der ständigen Frage, auf welche Weise, mit welchen Methoden, in welchem Setting ein Patient auf geeignete Weise erreicht werden kann und inwieweit Therapieziele opportunistisch oder emanzipatorisch sind;
- im Westen der erkennbare Rückzug der Psychoanalyse als Erkenntnisinstrument für Gesellschaftskritik, ihre Entpolitisierung;
- im Osten die überlebensnotwendige Auseinandersetzung mit den gesellschaftlichen Verhältnissen mit der Notwendigkeit zur Anpassung und Chance für emanzipatorische Freiräume, also die zwangsläufige Politisierung der beruflichen Einstellung.

Dies sind für viele Psychotherapeuten Ostdeutschlands Gründe genug, eine eigene Fachgesellschaft, die „Deutsche Gesellschaft für Analytische Psychotherapie und Tiefenpsychologie" (DGAPT), gegründet zu haben und für die Mitglieder des Mitteldeutschen Instituts für Psychoanalyse Halle auch Gründe, den Vorschlag der Ost-West-Kommission der DGPT, wie wir Mitglieder und Lehranalytiker der DGPT werden könnten, nicht zu akzeptieren.

Eine bloße Anpassung an die westlichen Strukturen und Bedingungen halte ich aus meiner Sicht für verhängnisvoll, selbst wenn im Westen alles bestens wäre, weil damit Identität, Eigenständigkeit und Andersartigkeit erneut verleugnet würden – dem frühen Trauma entsprechend. Die Machtkämpfe und Spaltungen innerhalb der Geschichte der Psychoanalyse, die narzißtische Kränkung der deutschen Psychoanalytiker nach dem Krieg – von der IPV über die DPV zur DPG, die jetzt wohl an die Ost-Analytiker weitergegeben werden soll, machen mich vor allem aufmerksam auf die Möglichkeit von unbewältigten Frühstörungsanteilen in Psychoanalytikern wie in der psychoanalytischen Bewegung von Anfang an.

Aus meiner narzißtischen Empfindlichkeit heraus erlebe ich die Aufnahmebedingungen in die DGPT als kränkend, ich müßte mich selbst verleugnen, die Erwartungen der „mütterlichen" Instanz erfüllen, um angenommen zu werden, und das auch noch durch eine Behelfs- oder Nachhilfesozialisation, die ich wie eine Nottaufe erleben würde. Über die dazu passende narzißtische Problematik der DGPT als „Mutter" können nur Sie – als ihre Mitglieder – reflektieren und analysieren.

Ich bin mir einer idealisierenden Übertragung auf *die* Psychoanalyse des Westens und einer negativen Übertragung auf die DGPT als Enttäuschungsaggression und Kränkung bewußt geworden – dies als einem Entwicklungsprozeß mit Zugang zu frühen Traumatisierungen, der übrigens bei vielen Ostdeutschen angesichts ihrer Erfahrungen mit westlichen Instanzen in ähnlicher Weise vorzufinden ist: nach der Euphorie und Hoffnung die Ernüchterung und Enttäuschung. Ich wäre neugierig auf Ihre Gegenübertragungsreaktionen, ob Sie Desinteresse, Gleichgültigkeit, Ärger und Angst oder auch ein besonderes fürsorgliches Bemühen um Ostdeutsche in sich finden können? Und können die häufig zu hörenden Übertragungen von Westdeutschen auf Ostdeutsche: arm, klein, bedauernswert, hilflos und schwach – aber auch: abstoßend und widerlich – nicht auch leicht als Projektionen verstanden werden? Dann wäre die „Ostalgie" auch als eine narzißtische Reaktionsbildung zu verstehen.

Unabhängig von unserer Übertragungs-Gegenübertragungs-Dynamik: Wir sind einfach da, wir verstehen uns als Psychoanalytiker, und wir waren dies bereits in der DDR, als wir uns so noch nicht nennen durften und uns auch noch niemand eine Anerkennung oder einen entsprechenden Titel zu- oder absprechen konnte. Wir wollen – müssen – unsere berufliche Geschichte verstehen lernen, sie analysierend erhellen und integrieren und nicht durch eine zu schnelle Anpassung leugnen und verdrängen. Wir brauchen Raum, Zeit und Toleranz für die prinzipiellen

Fragen, die ich in diesem Vortrag u. a. auch angeschnitten habe, vor allem, wie es der Psychoanalyse gelingt, angemessene Konzepte zu finden für die Behandlung der frühen Verstörungen, also der präödipalen bzw. präverbalen Defizite, die im klassischen Analysesetting keine optimalen Voraussetzungen finden können, die auch weniger erklärt und verstanden als erfahren und gefühlt werden müssen, was ich mir ohne einen multimodalen Ansatz (vgl. Maaz, Hennig, und Fikentscher 1997), ohne die Integration von imaginativen und körpertherapeutischen Behandlungstechniken in ein analytisches Setting nicht mehr vorstellen kann.

Literatur

Beck, W., Tzschaschel, J. (1996): Informationsblatt des DAGG Matrix 1/96 S. 18-20.

Dornes, M. (1992): Der kompetente Säugling, Frankfurt/M. (Fischer).

Härdtle, R., Schneider, W. (1997): Ein Blick in die stationäre Psychotherapie-Praxis der ehemaligen DDR. Gruppenpsychother. Gruppendynamik 33: 148-165. (Vanderhoeck u. Ruprecht).

Hennig, H. (1997): Psychoanalyse mit Imaginationen – die imaginative Dimension in der analytischen Psychotherapie In: Maaz, H. J., Hennig, H., Fikentscher, E. (Hrsg.): Analytische Psychotherapie im multimodalen Ansatz – Zur Entwicklung der Psychoanalyse in Ostdeutschland. Lengerich (Pabst).

Hochauf, R. (1997): Erfahrungen mit analytisch-imaginativer Psychotherapie bei ich-strukturell gestörten Patienten. In: Maaz, H. J., Hennig, H., Fikentscher, E. (Hrsg.): Analytische Psychotherapie im multimodalen Ansatz – Zur Entwicklung der Psychoanalyse in Ostdeutschland. Lengerich (Pabst).

Höck, K. (1981): Konzeption der intendierten dynamischen Gruppenpsychotherapie In: Höck, K., Ott, J., Vorwerg, M. Psychotherapie und Grenzgebiete, Bd. 1, S. 13-33, Leipzig (Barth):

Höhne, F. (1997): Die Dimension des Körpers in der analytischen Psychotherapie. In: Maaz, H.-J., Hennig, H. und Fikentscher, E. (Hrsg.): Analytische Psychotherapie im multimodalen Ansatz – Zur Entwicklung der Psychoanalyse in Ostdeutschland. Lengerich (Pabst):

Kernberg, O. (1981): Objektbeziehungen und Praxis der Psychoanalyse. Stuttgart (Klett-Cotta).

Kohut, M. (1973): Narzißmus. Frankfurt/M. (Suhrkamp).

Krüger, A. (1997): Essentials der analytischen Körperpsychotherapie – zur Methode und Technik. In: Maaz, H. J., Hennig, H. und Fikentscher, E. (Hrsg.): Analytische Psychotherapie im multimodalen Ansatz – Zur Entwicklung der Psychoanalyse in Ostdeutschland. Lengerich (Pabst).

Lichtenberg, J. G. (1991): Psychoanalyse und Säuglingsforschung. Heidelberg (Springer).

Maaz, H. J. (1990): Der Gefühlsstau – ein Psychogramm der DDR. Berlin (Argon).

Maaz, H. J. (1991): Das gestürzte Volk – oder die unglückliche Einheit. Berlin (Argon).

Maaz, H. J. (1992): Die Entrüstung – Deutschland, Deutschland, Stasi, Schuld und Sündenbock. Berlin (Argon).

Maaz, H. J. (1997): Analytische Körperpsychotherapie. Vortrag bei der Gründungsveranstaltung der Sektion „Analytische Körperpsychotherapie" der DGAPT, April 1997, Halle, unveröffentlichtes Manuskript.

Maaz, H. J. (Hrsg.), (1997): Psychodynamische Einzeltherapie. Lengerich (Pabst).

Maaz, H. J., Hennig, H., Fikentscher, E. (Hrsg.), (1997): Analytische Psychotherapie im multimodalen Ansatz – Zur Entwicklung der Psychoanalyse in Ostdeutschland. Lengerich (Pabst).

Masson, Jeffrey (Hrsg.), (1986): Freud, S.: Briefe an Wilhelm Fließ 1887-1904. Brief 139 S. 283-286. Frankfurt/M. (Fischer).

Richter, H.-E. (1979): Der Gotteskomplex. Reinbek (Rowohlt).

Romberg, A. (1997): Der frühe Ödipus. Vortrag bei der Gründungsveranstaltung der Sektion „Analytische Körperpsychotherapie" der DGAPT am 25.04.1997 in Halle, unveröffentlichtes Manuskript.

Schwab, G. (1975): Die Sage von Ödipus. In: G. Schwab (Hrsg.) Sagen des Klassischen Altertums. Frankfurt/M. (Insel).

Stern, D. (1992): Die Lebenserfahrung des Säuglings. Stuttgart (Klett-Cotta).

Prismatische Kommunikation im Behandlungsfeld extremtraumatisierter Patienten

Alfred Drees

Einleitung

Es ist unsere Praxis, die uns die Grenzen unserer Theoriekonzepte überschreiten läßt. Mit der Einbeziehung immer neuer Krankheitsbilder und Aufgabenbereiche in den Psychotherapien verändern sich die Behandlungsstrategien. Wir sind jedoch nur zögernd bereit, den theoretischen Rahmen unseres bisherigen Tuns zu erweitern, zu variieren oder gar aufzugeben. Die konservierende und haltgebende Funktion theoretischer Konstrukte läßt sich hierüber verstehen. So wie die Medizin bis heute, 100 Jahre nach Freuds bahnbrechenden Erkenntnissen, nicht in der Lage zu sein scheint, die psychischen Quellen und Behandlungsmöglichkeiten von Krankheiten in ihr enges naturwissenschaftliches Konzept einzubeziehen, so tun wir Analytiker uns schwer, das Freudsche Konfliktmodell zu variieren, zu erweitern bzw. für bestimmte Behandlungssituationen aufzugeben. Die Entwicklung von Ich-, Selbst- und Objektbeziehungstheorien durch die Einbeziehung von frühen Störungen, von Borderline- und psychotischen Patienten in unseren Therapien vermochte nur unzureichend das Konfliktmodell zu bewegen. Auch das bereits von Freud skizzierte Traumamodell, auf das er immer wieder zurückgriff, das er jedoch zugunsten des übergreifenden Konfliktmodells zurückstellte, entspricht behandlungstechnisch weitgehend beziehungsbezogener Übertragungs- und Widerstandsarbeit. So ist es nicht verwunderlich, daß auch die heutigen psychoanalytischen Trauma-Vorstellungen den familialen Übertragungskonzepten verhaftet blieben. Erst das Scheitern dieser Behandlungsorientierung bei extremtraumatisierten Patienten und deren Kindern führte zu einer veränderten Behandlungspraxis. Sie wurde Quelle neuer Denkansätze. Es ist zu hoffen, daß das zu heftigen Diskussionen führen wird und daß darüber unsere psychoanalytischen Grundvorstellungen sich erweitern lassen.

Die sozio-kulturelle Dimension im therapeutischen Prozeß

Ich möchte die bisher unzureichende Einbeziehung zeitgeschichtlicher und sozio-kultureller Wirkfaktoren in unseren Behandlungen zur Diskussion stellen und anschließend eine defokussierende Supervisions- und Behandlungsstrategie skizzieren, die den Behandlungsspielraum für extremtraumatisierte Patienten erweitern hilft. Bereits Freud, der die Grenzen seines Konfliktmodells erlebte, suchte durch den Rückgriff auf vorgeschichtliche Zeiten Phänomene zu verstehen, die sich mit seinen Konflikt- und Trauma-Konzepten nicht einfangen ließen. C. G. Jung öffnete die beziehungsübergreifenden Bereiche mit Hilfe seiner Kulturen und Zeiträume übergreifenden Archetypen. Ich suche, in Anlehnung an C. G. Jung Amplifikationstechniken in Form defokussierender freier Phantasien traumatische Erlebnisse aus ihren individualisierten Käfigen zu lösen. Patient und Therapeut begegnen sich hierbei in einem sinnlich-metaphorischen Raum, in dem die traumatischen Erlebnisse in ihren gesellschaftlichen und kulturellen Facetten aufleuchten können und in denen darüber die durch das Trauma blockierte prätraumatische Erlebenswelt des Patienten wieder erlebbar wird.

Am Beginn der Psychoanalyse standen Einsichten in neurotische Verarbeitungsweisen bei hysterischen Patienten. Sie haben das Menschenbild in unserem Jahrhundert entscheidend geprägt. Die erst in den letzten Jahren gewonnenen Einsichten in die von mir als magisch bezeichneten Verarbeitungsweisen bei extremtraumatisierten Patienten geben uns Einblicke in die Bedeutung soziokultureller Wirkfaktoren. Ob wir darüber die zunehmende Gewalt an unseren Schulen, die unmenschlichen Exzesse in Bosnien und Uganda sowie das Verhalten der Täter an diesen Verbrechen besser verstehen lernen? Ob wir schließlich darüber in den Therapien die zerschlagenen und gelähmten Opfer des Terrors besser erreichen, sind noch offene aber notwendige Fragen. Auch die Nähe psychotischer Symptome zu den magischen Abwehrformen der Überlebenden läßt sich hierüber diskutieren.

Meine ersten Wegbereiter waren Vorstellungen Winnicotts, der die Kulturerfahrungen des Menschen als wichtigste Entwicklungsbühne beschrieb. Winnicott zeigte, wie die kreativen Impulse seiner Patienten sich in den subjekt-objekt-freien Spielräumen eines potentiellen Raumes entfalten können. Winnicott fragte ganz prosaisch: „Wo sind wir, wenn wir genießen? Was geschieht mit uns, wenn wir eine Symphonie von Beethoven hören, in eine Gemäldegalerie gehen, abends im Bett lesen oder Tennis spielen?" Er suchte über diese Fragen einen dritten „Erlebens-, Erfahrungs- und Handlungsbereich" des Menschen einzuführen, den er von dem der inneren psychischen Welt mit ihren internalisierten und projizierten Anteilen und von dem der äußeren Realität mit ihren Sachbezügen als einen Übergangsraum abzugrenzen suchte.

Wichtig wurden für mich weiterhin Balints Überlegungen zur Einpersonen-Psychologie. Michael Balint sucht mit dieser Theorie, Phänomene aus seiner psychoanalytischen Praxis einzufangen. Er diskutiert dabei eine Ebene der "basic faults", der basalen Defekte, in der Therapeuten ihre Übertragungsrolle zurückstellen sollten zugunsten einer atmosphärischen Akzeptanzhaltung. Im Unterschied dazu skizziert er die klassische Ebene konfliktzentrierter triangulär-ödipaler Übertragungsarbeit. Schließlich beschreibt Balint eine dritte Ebene, in der sich die schöpferische Eigenständigkeit der Patienten entfalten kann. In dieser „area of creation" sei der Patient nicht erreichbar für beziehungsbezogene Übertragungsarbeit. Michael Balint vergleicht dabei Phänomene dieses therapeutischen Bereichs mit der Entfaltung künstlerischer, mathematischer und philosophischer Prozesse im Menschen. Diese Vorstellung deckt sich mit unseren Überlegungen zur kreativ-schöpferischen Fähigkeit des Menschen, die wir im Rahmen prismatischer Kommunikation zu entfalten suchen.

Die therapeutische Ratlosigkeit angesichts des Leidens extremtraumatisierter Patienten ist das gravierendste Beispiel für die Notwendigkeit einer Erweiterung unserer Behandlungsstrategien. Martin Bergmann hat in einer Studie gezeigt, daß zahlreiche Analysen von Holocaust-Opfern in den USA als gescheitert angesehen werden müßten. Das entlastet unser Versagen in Deutschland, wo wir die Naziproblematik für Jahrzehnte aus den Analysen herausgehalten haben. Die Bemühungen für eine Neuorientierung sind jedoch auch heute noch spärlich. Tilman Moser sucht seit einigen Jahren, mit seinen Vorstellungen zur Internalisierung von Naziverbrechen in den „Dämoniespeichern" der Kinder ein neues Behandlungsparadigma zu entwickeln. Übertragungsprobleme, im Angesicht nicht übertragungsfähigen Grauens, lassen sich dabei zugunsten der Hereinnahme von beziehungsübergreifenden soziokulturellen Situationen reduzieren. Den gefühlsstärksten Einblick in die Seelenlage von Kindern Holocaust-Überlebender gewann ich in dem Buch. „Siegel der Erinnerung" von Dina Wardi. Die Autorin läßt hierin die zweite Generation von Überlebenden zu Wort kommen, denen von den Familien unbewußt die Aufgabe übertragen wurde, als „Gedenkkerzen" Verbindungsglied zu sein zwischen jüdischer Tradition, Vergangenheit, Gegenwart und Zukunft. Über eine verstärkte Einbeziehung zeitgeschichtlicher soziokultureller Faktoren in die Therapien mit Holocaust-Opfern und ein Zurückstellen der Übertragungsarbeit vor allem am Beginn der Therapien schreiben vor allem: M. Bergmann, A. Eckstaedt,

I. Grubrich-Simitis, J. Kestenberg, J. Müller-Hohagen, W. Niederland, D. Wardi und D. Westernhagen. Inzwischen findet sich jedoch auch bei klassisch arbeitenden Analytikern implizit eine stärkere Berücksichtigung soziokultureller Faktoren.

Weitere Hinweise für die Notwendigkeit einer stärkeren Einbeziehung soziokultureller Dimensionen des Holocaust in unsere Therapien geben uns die Ergebnisse der von Soziologen wie Psychologen nur selten zitierten Milgram-Studie. Auch die eigentümliche, schuldfreie Haltung von Nazitätern in den wenigen Gerichtsprozessen und in den seltenen Therapien bedürfen einer stärkeren Gewichtung zeitgeschichtlicher Faktoren. Hannah Arendt beschrieb anläßlich des Eichmann-Prozesses, daß die „Nazitäter weder pervers noch sadistisch" seien, sondern „erschreckend normal". Diese Aussagen von Hannah Arendt lösten damals heftige Proteste aus. Zygmunt Baumann hat daran anschließend mit seinen Überlegungen zum Holocaust und zur Moderne detailliert das Zeitalter der Aufklärung als Quelle von Ausgrenzung und Ausrottung beschrieben. Er formuliert hierbei: Der Holocaust ist weder „eine Wunde noch eine Krankheit unserer Zivilisation, sondern ihr schreckliches, legitimes Produkt". Die Psychiatrie hatte dabei als Vorläufer der schrecklichen Ausrottungspraktiken zu dienen. Baumann beschreibt detailliert, wie bereits Ende des vergangenen Jahrhunderts von zahlreichen namhaften Autoren im Geiste der Aufklärung das Entfernen von gesellschaftlichem Unkraut im Dienst der Volksgesundheit als gärtnerische Aufgabe diskutiert wurde.

Auch neuere sozialpsychologische Studien aus den USA, in denen kultur- und geschlechtsspezifische Unterschiede in der Verarbeitung von Streß und Traumata bei amerikanischen Studenten untersucht wurden, könnten unseren Blick schärfen für die Bedeutung kultureller Prägungen. Die Studien zur Behandlung von Vietnam-Veteranen sind ein weiteres Beispiel für die jahrzehntelange Ausblendung dieser Problematik wie für das Versagen bisheriger therapeutischer Konzepte. Desensibilisierungs-Therapien scheinen hier inzwischen das Mittel der Wahl zu werden. Die zunehmende Gewalt an den Schulen sucht ebenfalls nach zeitgeschichtlichen Antworten der Psychoanalyse. Egle, Hoffmann und Steffens schreiben, daß neben anderen Psychotherapeuten auch immer noch viele Psychoanalytiker die Bedeutung psychosozialer Risiko- und Schutzfaktoren für spätere psychische und psychosomatische Störungen nicht zur Kenntnis nehmen. Diese Liste ließe sich fortsetzen. Mein Anliegen besteht darin, durch eine stärkere Einbeziehung zeitkritischer, sozialer und kultureller Faktoren in den therapeutischen Prozeß unser Behandlungsspektrum vor allem für psychotische und extremtraumatisierte Patienten erweitern zu helfen.

Die Sterbeszene

Begonnen hatte meine Suche nach neuen Wegen in der Behandlung von gewalttraumatisierten Patienten bereits in den 70er Jahren in der Sterbeszene. Mit Hilfe von Balintgruppen in den Abteilungen Onkologie und Dialyse der Medizinischen Hochschule Hannover hoffte ich, den Mitarbeitern dieser Abteilungen zu vermitteln, wie Arzt-Patienten-Probleme zu verstehen sind und wie Gespräche vor allem mit Krebskranken und Sterbenden sowie mit Patienten, die an lebenserhaltenden Maschinen hängen, empathisch geführt werden können. Meine Erfahrungen mit klassischer Balint-Arbeit außerhalb von Institutionen ließen sich jedoch hier nicht nutzen. Institutionelle Rollenmechanik und Teamkonflikte behinderten eine tiefenpsychologische Aufarbeitung von Kommunikations- und Beziehungsproblemen.

Ich mußte lernen, daß das „Sterbe-Trauma" sowie generell die chaotischen und Todesängste von Patienten in den emotionalen Teamkonflikten der Mitarbeiter sich ihren Ausdruck suchen. Erstaunt konnte ich hierbei erleben, wie die immer wieder neu reaktivierten institutionellen Konfliktmuster quasi ritualisiert den Mitarbeitern Schutz boten vor den Ängsten der Patienten, daß sich dabei jedoch weder die Gesprächsblockaden mit ihren Patienten noch ihre Burn-out-Symptome verringerten. Eine Aufarbeitung schien nicht möglich. Akzentuiert wurde die Problematik durch die Zusammensetzung der Gruppen mit jeweils unterschiedlichen hierarchischen Rollen- und Funktionsträgern, die ein Öffnen der eigenen emotionalen Betroffenheit blockierten. Die Balintgruppen drohten zu scheitern.

Ein neuer Versuch begann schließlich, als ich den Gruppenmitgliedern anbot, sich ihrer Stimmungen und Empfindungen bewußt zu werden und mit Hilfe von bildsprachlichen Äußerungen und Phantasieeinfällen hierfür einen Ausdruck zu suchen. Das Neue hierbei war die konsequente Zurückstellung aller selbsterfahrungsorientierten, gruppendynamischen und deutungsträchtigen Fragen und Äußerungen im Gruppenprozeß. Phantasien wurden nicht mehr in ihrer symbolischen Bedeutung für die vorgestellte Beziehungsproblematik eines Patienten besprochen, sondern in ihrer prismatisch sich entfaltenden Vieldeutigkeit belassen.

Prismatische Balintgruppe in der Onkologie

Als Beispiel möchte ich aus einem sterbeintensiven Bereich der Inneren Medizin, der Onkologie, berichten, da sich hier idealtypisch die Lösung aus traumatischen und Beziehungsfixierungen studieren läßt. Als psychodynamisch trainierter Gruppenleiter reagierte ich anfangs verblüfft bis skeptisch mit dieser neuen Arbeitsorientierung. Ich fragte mich, was denn mit diesen freien Phantasien, die nicht auf eine vorgetragene Beziehungsstörung gedeutet werden sollten, anzufangen sei. Ich war gewohnt, die symbolische Bedeutung von Phantasien und Träumen im Unbewußten und in den Beziehungsmustern der Patienten zu suchen. In der konsequenten Fokussierung auf sinnliche Gefühle und Phantasien war ich anfangs ratlos. Ein farbiger und kreativer Prozeß kam in Gang. Aber was sagte mir zum Beispiel ein galoppierendes Pferd, die Phantasie eines Gruppenteilnehmers, auf den Bericht eines Arztes, über Kommunikationsprobleme mit seiner sterbenden Patientin? Sollte ich das bedrohliche Tempo des herannahenden Todes oder die übereilte Du-mußt-sterben-Nachricht dahinter suchen? Sollten Gruppenassoziationen zu diesem Pferd, zu dieser sterbenden Patientin, zu dieser blockierten Arzt-Patienten-Beziehung gesucht werden? Wir entschlossen uns in der Gruppe, bildsprachlich mit der eigenen Befindlichkeit und Gestimmtheit zu antworten. Jetzt wurde die Szenerie noch unverständlicher. Stimmungsschilderungen von zähflüssiger Müdigkeit, lustigen Clownerien und erotischen Träumen wechselten ab mit Berichten über wärmendes Wohlgefühl und traurigen Weltschmerz. Diese Stimmungsschilderungen wurden angereichert von Bildern rotglühender Lava, von einem glücklich sich anschmiegenden Säugling, von gefährlichen Schluchten und verlockenden Hexenhäusern.

Wir lernten, dieses Nebeneinander von Stimmungsbildern, das wir als prismatisches Prozeßgeschehen bezeichneten, noch farbiger zu gestalten, indem wir auf Detailbeschreibungen der vorgestellten Bilder Wert legten. Also: War das galoppierende Pferd schwarz oder braun? Wo galoppierte es? Hierbei wurde eine genaue Beschreibung der Landschaft, des Himmels, der Jahreszeiten, der Stimmung des Bildes gesucht.

Der den Problemfall vorstellende Kollege hatte in der Gruppe am Anfang geschildert, daß er Angst vor jeder Visite bei dieser Patientin habe, da er nicht wisse, wie er überhaupt noch mit ihr reden solle. Sie schaue ihn mit großen, fragenden Augen an. Alles sei eigentlich schon gesagt. In der nächsten Gruppensitzung schilderte der Kollege, daß er über sich selbst erstaunt gewesen sei. Er sei bereits wenige Stunden nach unserer letzten Sitzung, ohne lange zu überlegen, in das Zimmer der Patientin gegangen, habe sich auf ihr Bett setzen können mit der Frage, wie es ihr heute gehe und – ganz erstaunlich – die Patientin habe über ihre Flitterwochen gesprochen und, was noch erstaunlicher gewesen sei, besonders wehmütig von ihrem Felix, einem Araberhengst, der vor einigen Jahren gestürzt war und erschossen werden mußte. Hierüber habe sich dann die Sterbeproblematik der Patientin ansprechen lassen.

Die hier gewonnenen Erfahrungen ließen sich in den folgenden Jahren in entsprechenden Supervisions- und Trainingsgruppen umsetzen und weiter entwickeln, in der Sterbeszene mit Seelsorgern sowie mit medizinischen und psychologischen Fachkräften und Laienhelfern, in weiteren emotionsbelastenden Behandlungs-, Beratungs- und Ausbildungseinrichtungen und auch im Studentenunterricht. Eine interessante Ausformung dieser Arbeitsmethode boten mir Gruppen mit Germanisten und Lehrern, mit denen sich sinnlich-metaphorische Textinterpretationen erproben ließen, über die sich emotional bedingte Lernblockaden in der Klasse sowie Kommunikationsblockaden im Lehrerkollegium reduzieren ließen. Schließlich konnten die prismatischen Kommunikationsformen in Einzel- und Gruppengesprächen mit Patienten zur Anwendung kommen.

Prismatische Kommunikation in der Therapie

Ich habe die sinnlich-metaphorische Arbeitsmethode in prismatischen Balintgruppen, Supervisionen und Therapien ausführlich in meinen Büchern „Freie Phantasien" (1995), „Folter: Opfer, Täter, Therapeuten" (1996) und „Innovative Wege in der Psychiatrie" (1996) beschrieben. Ich muß mich hier darauf beschränken, Einzelaspekte und Anwendungsbeispiele zu skizzieren. Die Fokussierung eines Gesprächs auf Stimmungen und Stimmungsveränderungen mit Hilfe freier Phantasien beinhaltet eine Defokussierung von Symptom-, Konflikt- und Beziehungskomplexen. Damit lassen sich Patienten sprachlich erreichen, die bis dahin weitgehend blockiert bzw. bisher nur musisch-averbal ansprechbar waren. Hierzu zählen vor allem Krebskranke und Sterbende, psychotische Patienten und Gewaltopfer. Inzwischen gelingt es auch, vor allem in Kriseninterventionen mit psychosomatisch und neurotisch gestörten Patienten im Rahmen tiefenpsychologisch orientierter Gespräche, die durch freie Phantasien angereichert werden, Symptome und Übertragungsvorgänge rascher zu bewegen und damit Behandlungszeiten abkürzen zu helfen. Prismatische Kommunikation läßt sich damit sinnvoll im Rahmen von Kurztherapien einsetzen. Widerstandsarbeit kann hierbei zurücktreten. In der Psychoanalyse lassen sich langfristige Arbeitsblockaden durch die Öffnung beziehungsübergreifender Erlebensbereiche reduzieren.

Welche psychotherapeutischen Möglichkeiten gibt es für Folteropfer?

Wir haben uns die Frage gestellt, weshalb von Folteropfern so selten psychotherapeutische Hilfen gesucht und gefunden werden. Ob vielleicht Opfer von KZ, Folter und Vergewaltigung sich verschließen müssen, da die Aufarbeitung ihres Leidens in subjektzentrierten psychotherapeutischen Verfahren ihre Begrenzung findet und nur unzureichend Entlastung bringt? Gelingt es den Opfern in gesellschafts- und gewaltkritisch orientierten Gruppen mit Gleichbetroffenen erlittene Gewalt besser abzubauen? Die große Anzahl von Frauen, die zum Beispiel nach Verge- waltigung in Frauenhäusern und Frauengruppen Hilfe suchen und finden, könn- ten das belegen. Auch Beratungs- und Selbsthilfegruppen von Traumaopfern spre- chen dafür. Aber auch die politisch orientierten und die religiös getragenen Lösungsversuche finden ihre Grenzen dort, wo die verinnerlichte Gewalt die intrapsychischen Strukturen des Opfers so stark besetzt halten, daß kämpferische und solidarisch-anteilnehmende Hilfen die lähmende Folterfixierung nicht aufzulösen vermögen.

Wenn Kontaktscheu, Gefühlsleere und Phantasiearmut der Folteropfer als fixiertes Vermeidungsverhalten gegen das Wiedererleben durchlittener unmensch- licher, nicht integrierbarer Beziehungsformen verstanden werden kann, wenn die Scheu vor Detailschilderungen durchlebter Entmenschlichung vergleichbar ist der Unfähigkeit bzw. der unbewußten Abwehr gegen konfliktzentrierte therapeutische Durcharbeitungsstrategien bei psychotischen Patienten, wenn die tiefe Scham, mit der Folteropfer ihre Foltererlebnisse zugedeckt halten, vergleichbar ist der Abwehr psychotischer Patienten, ihre in den akuten Krankheitsphasen durchlebten chaoti- schen Angstzustände zu besprechen, und wenn schließlich die im Seelenleben der Folteropfer eingebrannte gesellschaftliche Gewalt sich den traditionellen Thera- piebemühungen entzieht, dann könnten Behandlungsverfahren erprobt werden, mit denen psychotische Patienten in ihren chaotischen Erlebnisfeldern erreicht werden.

Behandlungszentren

In Kopenhagen, im größten Zentrum für die Behandlung von Folteropfern, wird versucht, die körperlichen Leidenszustände medizinisch-balneologisch anzugehen und die psychosozialen Verschränkungen des Leidens durch schrittweise politische Zeugenschaft sichtbar zu machen, indem Folterumstände, Foltermethoden und Folterverantwortliche im Kreise von solidarisch sich einbringenden Therapeuten genau beschrieben und aufgezeichnet werden. Bildnerische Darstellungen der Foltererlebnisse erweitern das Therapieangebot. Das Behandlungszentrum für Folteropfer in Berlin stellt neben vertrauensbildenden, balneologischen und sport- lichen Aktivitäten vor allem gestalt- und kunsttherapeutische Angebote in den

Mittelpunkt. Vergleichbare Orientierungen finden sich in Flüchtlings- und Beratungsstellen, so in München und Köln. Die Begrenzung dieser Denkansätze findet sich in der Therapieresistenz von Folteropfern, vor allem aus der Gruppe derjenigen, die weder politisch noch religiös Sinn und Kampfstrukturen gegen die Folter in sich tragen bzw. aufrichten konnten. In den Niederlanden vermochte Bastiaans zahlreichen KZ-Patienten durch kathartisches Wiedererlebenlassen von Folterszenen mit Hilfe der bewußtseinserweiternden Droge LSD zu helfen. Er erlebte jedoch auch hier die Grenzen seiner Methode bei Ich-schwachen, bereits vor der Folter gestörten Patienten.

Die Transformation magischer Verarbeitungsweisen in prismatischen Kommunikationsfeldern einer Klinik

Grubrich-Simitis, eine Psychoanalytikerin aus Frankfurt, hat mir entscheidende Hinweise gegeben für ein besseres Verständnis der Trauma-Verarbeitung bei Holocaust-Überlebenden. Sie hatte bereits 1979 mit ihrer Vorstellung zur „Mehrfachtraumatisierung" die traumatischen Wiederholungsrituale in den Kindern von Überlebenden beschrieben. In einer späteren Arbeit zeigte sie, wie Holocaust-Überlebende in einer gefühlsentleerten, konkretistischen Weise sich vor den bedrohenden chaotischen Gefühlen des „psychotischen Kosmos der Lagerzeit" zu schützen suchen. Das durchlittene Trauma umgibt sie dabei wie ein zeitloses Gespinst, das ihnen kein Vergessen, keine Trauerarbeit und kein Entrinnen ermöglicht. Ich suche dieses Gespinst, das sich um die gesamte Gefühlswelt eines Überlebenden legt und das auch die nächste Generation mit einspinnt, zu verstehen als eine magische Verarbeitungsform nicht integrierbaren Grauens. Grubrich-Simitis beschreibt den Verlust metaphorischer Kompetenz als Ergebnis des Zusammenbruchs der haltenden Umwelt, als „jähe totale Kulturentledigung". Sie schreibt, daß erst in der gemeinsamen Akzeptanz des Holocaust, wenn in der Therapie „die Wirklichkeit der Vernichtungslager in eigentlichen, nicht metaphorischen Aussagen bestätigt und anerkannt ist, der Analysand gleichsam den metaphorischen Raum zu betreten (vermag). " Wir erprobten im Behandlungsrahmen einer Klinik bereits in der Anfangsphase, das mitfühlend solidarische Ansprechen von zeitgeschichtlichen und Trauma-Realitäten zu ergänzen durch die Entfaltung eines sinnlich getragenen prismatischen Kommunikationsfeldes. Hierüber lassen sich Ich-entlastend magisch-blockierte kulturelle Räume öffnen. Diese Arbeitsorientierung beinhaltet in therapeutischen Zweier- und Gruppengesprächen die Entfaltung differenter Vorstellungsbilder, die sich prismatisch ausfalten und damit den Erlebensraum

eines Patienten erweitern helfen. In einer Klinik ermöglicht diese Arbeitsorientierung das polyphone Zusammenspiel jeweils eigenständiger Therapieformen.

In Duisburg-Rheinhausen, in einer psychiatrisch-psychosomatischen Klinik,
lassen sich Folteropfer gemeinsam mit psychotischen, neurotischen und psychosomatischen Patienten auf der gleichen Station behandeln. In einem Klima gegenseitig
tolerierender Akzeptanz werden politische Aktivitäten, Entspannungs-, Sport-,
Gestalt- und Gestaltungstherapien sowie sinnlich-metaphorische Einzel- und Grup-
pengespräche angeboten. Ein in diesem Haus entwickeltes Konflikt-transformieren-
des „Märchendrama" sowie Musik- und Kunsttherapien haben für Folteropfer eine
Magie desinfizierende Funktion gewonnen. Wichtig wurde für uns auch die weitgehende Autonomie der einzelnen Arbeitsbereiche. In diesem Rahmen ließen sich mit
Folteropfern Behandlungsverfahren entfalten, die bereits mit Ich-schwachen, frühgestörten, psychosomatischen und psychotischen Patienten erprobt werden konnten. Die Konzeption dieser therapeutischen Orientierung beinhaltet, Klangräume für
Therapeuten und Patienten zu schaffen, in denen, wie in einem Dreiklang, Folteropfer kreative Lösungsmöglichkeiten finden, für die in ihnen magisch-gebundenen
Komplexe aus körperlichen, psychischen und soziokulturellen Erlebensanteilen. In
diesen Klangräumen bestehen folgende drei Aufgabenschwerpunkte:

1.) Anregungen zu solidarisch getragener Selbsthilfe und zur Offenheit für
mitmenschliche, soziale und politische Probleme. Hierzu zählen ein partner-
schaftlich getragenes therapeutisches Klima, in dem durch die Reduzierung von
Anordnungsstrukturen offene Diskussionen über administrative und therapeutische Entscheidungsprozesse sowie über aktuelle gesellschaftliche und politische
Fragen ermöglicht werden. Das ist meines Erachtens Voraussetzung für die Offenheit und Öffnungsfunktion von Mitarbeitern sowie für die Bereitschaft von Patienten, sich auf sinnlich-metaphorische Prozesse einzulassen. Hinzu kommen
gemeinsame Aktivitäten in Form von öffentlichen Meetings und Demonstrationen
von Patienten und Mitarbeitern. Ich konnte als Leiter der Klinik entsprechende
Arbeitsbedingungen ermöglichen.

2.) Die Stimulierung verlorengegangener körperlich-sinnlicher Erlebnisfähig-
keit und Kreativität ist ein weiterer wichtiger Klangraum in der Behandlung von
Folterpatienten. Die Folter ist in den Körpern der Patienten real und magisch
eingebrannt. Judith S. Kestenberg spricht hier von Inkorporation und Transposition im Unterschied z.B. zur Identifikation mit dem Aggressor nach Anna Freud.
Hier kann eine Klinik mit einem polyphonen Therapiekonzept besonders hilfreich
sein, indem sie Milieutherapien sowie Musik-, Kunst-, Tanz-, Gestalt- und Gestaltungstherapien gleichberechtigt neben organmedizinischen und tiefenpsycholo-

gisch orientierten Vorstellungen und Verfahren sich entfalten läßt. Die Reduzierung von um Subjekt und Trauma zentrierten Deutungen gewann hierbei eine erstaunliche, Kreativität stimulierende Funktion. Ich muß gestehen, daß ich den Zusammenhang von körperlichem, seelischem und soziokulturellem Erleben vor allem von unseren Kreativ-Therapeuten lernen konnte.

3.) Die Entwicklung von sinnlich-narrativen Gesprächsformen, mit deren Hilfe es gelingt, in chaotische, unstrukturierte Erlebnisbereiche des Menschen vorzudringen, in denen weder logisch-kausal getrimmte Verstandeskräfte noch gewohnte Gefühlsbindungen ausreichend Halt geben, fand in unserer Klinik besondere Aufmerksamkeit. In diesem Klangraum ließen sich Vorstellungs- und Behandlungskonzepte entwickeln, die den Kreativ-Therapeuten theoretisches Verstehen zu vermitteln halfen und die inzwischen weitere Anwendungsbereiche außerhalb der Psychiatrie erschlossen haben.

In den unstrukturierten Zwischenbereichen menschlichen Erlebens vermischen sich individuelle, soziale und kulturelle Phänomene, Vergangenes, Augenblickliches und potentiell Mögliches. Hier lassen sich Erlebenskomplexe, die nicht ins Ich integrierbar sind bzw. die – wie bei der Folter – die intrapsychischen Strukturen ihrer Opfer magisch umklammert halten, ausfalten, ausleuchten und in den vielfarbigen Facetten sozio-kultureller Geschichte und Geschichten lösen und in Bewegung bringen. Auf diesem Weg lassen sich Trauma fixierende Individualisierungen gesellschaftlicher Gewalt überwinden. Ich habe in diesem Zusammenhang die Folter mit gesellschaftlichen Gewaltviren verglichen; Gewaltviren, die in die Psyche eines Menschen eindringen und die zunehmend größere Bereiche seiner intrapsychischen Strukturen infizieren und ihn schließlich in einem magischen Raum einschließen.

Wir müssen davon ausgehen, daß die durchlittene Folter eines Menschen nicht nachvollziehbar ist, nicht verstehbar und auch nicht von unseren mitmenschlichen, empathisch getragenen Gefühlen erreichbar. Deshalb sprechen Gefolterte nicht über ihre chaotischen Erlebnisse, nicht einmal mit ihren nächsten Verwandten. Sie haben Angst, den anderen anzustecken und damit ihre Beziehungen zu gefährden, und: Sie finden keine Worte und keine übersetzbaren Gefühle für dieses Erleben der Hölle. Wir haben herausgefunden, daß eine defokussierende, nicht deutende, sinnlich-metaphorische Annäherung durch den Therapeuten es dem Patienten ermöglicht, entlastend und angstfreier seine Erlebnisse einzubringen und hierbei seine verlorengeglaubten prätraumatischen Gefühle im Therapeuten wiederzuentdecken. Für die Therapie von Psychosen hat Benedetti vergleichbare Prozesse als Gegenidentifikation beschrieben.

Karin Gäßler schreibt in der „Psyche" über Wunden, die nicht verheilen, über Patientenschicksale von Überlebenden, die in ihrer Pubertät dem Naziterror ausgesetzt waren. Sie schildert dabei im einzelnen, wie bei diesen frühtraumatisierten Patienten das gesamte spätere Leben als ständige Gefahrensituation erlebt wird. Karin Gäßler zieht aus ihren zahlreichen therapeutischen Bemühungen die Schlußfolgerung, daß die psychischen Spätschäden von KZ-Überlebenden im Rahmen psychoanalytischer Theorien nur unzureichend verstanden und behandelt werden können. Sie schreibt, daß Vorstellungen zur Regression und zur projektiven Identifikation hier nicht greifen und daß Verdrängung und Verleugnung der traumatischen Erlebnisse diesen Patienten nicht möglich sei. Die Erinnerung und die Gefühle dieser Erlebnisse seien immer präsent. Sie betont, daß das alltägliche Leben der Überlebenden gerade auf ihre Verfolgungserlebnisse ausgerichtet sei. Diese bildeten nicht nur die materielle, sondern vor allem die emotionale Grundlage ihres neu aufgebauten Lebens. Da liege auch der Grund für ihr permanent vorhandenes Mißtrauen, für die immer spürbaren und deshalb quälenden Angstgefühle sowie für ihre stete Unsicherheit, ihre Überaktivität sowie ihr obsessives Festhalten an menschlichen Beziehungen. Für den therapeutischen Prozeß schlägt Frau Gäßler vor, die Kindheits- und Verfolgungserfahrungen zu entmischen. Sie formuliert hierbei, daß die Verfolgungserlebnisse den Kindheitserlebnissen vorgelagert seien. Damit nähert sie sich unseren Vorstellungen und Erfahrungen zur Defokussierung von Foltererlebnissen mit Hilfe prismatischer Kommunikation im Rahmen einer Transformations-Theorie, die bereits in den 70er Jahren in der Sterbeszene erarbeitet werden konnte. Ich möchte hieraus drei Schwerpunkte skizzieren:

1. Stimmungsübertragung

Die Begriffe „Stimmungszentrierte Übertragung" und „Stimmungsübertragung" versuchen Phänomene einzufangen, die im dualen Beziehungsrahmen klassischer Übertragung nur unzureichend verstanden und aufgearbeitet werden können. Die stimmungszentrierte Arbeitsbühne, vergleichbar dem potentiellen Raum Winnicotts, wird erreicht auf dem Weg einer Transformation von Konflikt-, Trauma- und Beziehungsblockaden. Sie ermöglicht die Entfaltung regressionsvermeidender Strategien im Behandlungsfeld. Sie überwindet damit Kommunikationsblockaden und eröffnet partnerschaftliche Zugangswege zum Patienten. Schließlich erleichtert die Stimmungsorientierung in der Supervision eine Aufarbeitung von Beziehungs- und Team-Konflikten, die als Abwehr von subjekt- und beziehungsüberfordernden chaotischen Gefühlsprozessen verstanden werden können. Beziehungsübergreifende institutionelle und soziokulturelle Zusammenhänge geraten damit in den

Blick. In psychoanalytischen Einzeltherapien mit neurotischen und vor allem mit psychosomatischen Patienten ermöglichen stimmungszentrierte Einschübe, festgefahrene Übertragungen, chronifizierte Widerstände und körperliche Symptomfixierungen rascher zu lösen. Vor allem in Kurztherapien können sie das Mittel der Wahl werden. Hierbei gelingt es, beziehungsübergreifende gesellschaftliche und familiäre Introjekte sowie kreative Lösungs- und Transformationsprozesse sichtbar zu machen und damit den psychoanalytischen Behandlungsrahmen um den vernachlässigten gesellschaftlichen Kontext zu erweitern. Stimmung als wertvolles Behandlungsinstrumentarium wird jedoch in den Therapien bisher nur unzureichend gewürdigt.

2. Die Transformation beziehungsgebundener Gefühle in sinnlich-narratives Erleben

Als Einstieg wähle ich einen Blick auf neuere Ergebnisse der Hirnphysiologie und Neuropsychologie. Diese Forschungen belegen, daß Lernvorgänge und Erinnerungen in unterschiedlichen Hirnarealen gespeichert und gesteuert werden. Das ermöglicht, die Unterscheidung von beziehungsgebundenen Gefühlen und Befindlichkeitsgefühlen mutiger zu wagen. Mutiger deshalb, weil psychotherapeutisch in der Regel von einem Gesamtgefühl ausgegangen wird. Institutionelle prismatische Balintgruppen und Supervisionen in der Sterbeszene sowie die Therapie von psychotischen und gewalttraumatisierten Patienten haben mir jedoch gezeigt, wie hilfreich eine gedankliche und arbeitstechnische Trennung beziehungsgebundener Gefühle von sinnlichen Erlebensinhalten und Befindlichkeiten ist.

Es ließen sich damit spezifische Transformationsprozesse studieren. Wir konnten dabei erleben, wie ungebundene Gefühlsinhalte in beziehungsgebundene Gefühle sich umwandeln. Wir fragten uns: Lassen sich diese Transformationsprozesse auch umkehren? Wir erprobten schrittweise konfliktgeladene gebundene Gefühle umzuwandeln in Empfindungen und Stimmungen der Teammitglieder. Mit Hilfe bildsprachlicher und narrativer Einfälle suchten die Gruppenteilnehmer hierbei, ihr sinnliches Erleben in Worte zu fassen. Hierbei mußten gewohnte gruppendynamische und Übertragungsvorstellungen zugunsten der sinnlich-metaphorischen Erlebens- und Gesprächsorientierung zurückgestellt werden.

Es finden sich vergleichbare Orientierungen in der heutigen Kunst und in der kunsttherapeutischen Szene, bei Schriftstellern wie Susan Sonntag und Umberto Eco, bei Sprachforschern wie Wittgenstein, de Man und Paul Ricoeur sowie bei Philosophen wie Gerhard Gamm und Ernesto Grassi. Letzterer besuchte uns. Er war begeistert von unseren „sinnlich-metaphorischen Sprachspielen". Er zeigte uns die Nähe unserer Arbeit zu Giambattista Vico, der die sinnlich-öffnende „vollmundige Sprache" als ganzheitliche und wahrheitsträchtigere der „skelettiert rationalen" Sprache gegenüberstellte. Wir verglichen unsere sprachliche Orientierung mit den kreativen Behandlungsmethoden in der Psychiatrie. Musik-, Tanz-, Kunst-, Gestalt- und Gestaltungstherapien in ihren vielfältigen Ausformungen erleichterten es uns, zu verstehen, wie die Transformation gebundener, in Beziehungsmustern fixierter Gefühle sich über körperlich-sinnliche Erlebens- und Gestaltungsformen entfaltet. Besitzt unsere sprachliche Transformationsmethode eine ähnliche Funktion? Ja, wir brauchten nur dem Klang eines Wortes zu lauschen, auf unsere Befindlichkeit zu achten und aufsteigenden Bildern und Geschichten in uns Raum zu geben, schon gewannen wir Zugang zur sinnlichen Qualität des Gesagten und zu unseren kreativen Ressourcen. Emotional gespannte, in Beziehungsmustern gebundene Gefühle lassen sich also sprachlich transformieren.

Die Rolle und Bedeutung beziehungsgebundener Gefühle für die Identitätsfindung und Beziehungsfähigkeit des Menschen brauche ich in diesem Rahmen nicht zu diskutieren. Sie ist zentraler Inhalt fast aller psychotherapeutischen Schulen. Schwieriger ist die Zuordnung sinnlicher Erlebensformen, Empfindungen und Stimmungen. Wir fragten uns: Sind sie lediglich Hintergrund unserer Emotionen, unserer in Beziehungsmustern gebundenen Gefühle? Sind sie Teil eines ganzheitlichen Gefühlserlebens, oder haben sie eine jeweils eigenständige Erlebens- und Erinnerungsmatrix? Lassen sich im Sinne einer Figur-Grund-Umkehr sinnliche und emotionale Erlebensaspekte je nach Gesprächsintention in den Vordergrund bringen? Unsere Erfahrungen aus sinnlich-metaphorischen Einzel- und Gruppengesprächen zeigten uns, daß die zwei Gefühlsqualitäten „beziehungsgebunden" und „sinnlich-öffnend" als jeweils eigenständige Erlebens- und Kommunikationsbereiche verstanden werden können. Hierbei erlebten wir, daß die sozialen Dimensionen von Krankheit und Leiden über sinnlich-öffnende Erlebensformen und Phantasien verstärkt in den Blick geraten.

Ich muß gestehen, daß wir längere Zeit zögerten, bis wir den Mut fanden, in Gesprächen mit gewalttraumatisierten Patienten freie Phantasieeinfälle zuzulassen. War es nicht zu verletzend, prismatisch, vielfarbig auf grausige Erlebnisschilderungen der Patienten zu antworten? Die Ergebnisse jedoch waren verblüffend. Patienten, die ihre Berichte anfangs angstvoll und körperlich angespannt vortrugen, konnten über die farbigen Bildberichte der jeweils anderen ihre angespannte Körperhaltung aufgeben und ihre angstvolle Spannung lösen. Wir suchten die Haltungsänderung anfangs so zu verstehen, daß sie über die Phantasiebilder der jeweils anderen erstaunt wahrnehmen konnten, daß die Welt außerhalb ihrer inneren Gefängnisse noch immer Sonne, Blumen, vorbeiziehende Wolken und spielende Kinder besitzt. Die Gruppenarbeit mit Folteropfern zeigte uns schließlich, daß Empfindungen und Phantasien, die durch den Bericht eines Patienten in Therapeuten und Mitpatienten wach werden, blockierte prätraumatische Gefühle der Patienten widerspiegeln. Diese Einsicht wurde von Therapeuten wie von Patienten gleichermaßen überraschend erlebt. Wir sind also in einem höheren Maße, als es uns unser empathisches Einfühlungsvermögen ermöglicht, in der Lage, blockierte Erlebensanteile eines Patienten intuitiv in uns wachzurufen, wenn wir uns stimmungsorientiert auf ihn einstellen. Damit können gesunde, reife, beziehungsübergreifende und sinntragende Erwachsenenanteile eines Patienten und hierbei vor allem seine blockierten prätraumatischen Gefühle im Therapeuten wach werden. Der Patient kann sich in uns symptom- und konfliktdefokussierend, in seiner ganzen Persönlichkeits- und Erlebensbreite wiedererkennen und wieder akzeptieren lernen. Die sinnlich-metaphorische defokussierende Arbeitsmethode sehen wir inzwischen als Mittel der Wahl in der Therapie gewalttraumatisierter Patienten.

3. Wie hilfreich ist das Konzept eines magischen Raumes in den Psychotherapien?

Mit Blick auf die Zunahme esoterisch-spiritueller Sinnsuche in heutiger Zeit und damit auch mit der Zunahme von hierdurch Ich-geschädigten Opfern sollten Möglichkeiten und Gefährdungen realitätsausblendender magischer Weltsichten verstärkt in den Blick geraten. Für psychotische und extremtraumatisierte Patienten besitzt die magische Umklammerung sicherlich eine chronifizierende, das jeweilige Leiden verstärkende Funktion. Darüber hinaus erlaubt die Vorstellung eines magischen Raumes, der zeitlos und unauflösbar psychische Instanzen und äußere Realitäten miteinander verschmelzt, zahlreiche Phänomene einzufangen, die bisher unzureichend verstanden werden:

So die magische Phase in der Kindheitsentwicklung in ihrer Verknüpfung mit magisch beherrschenden Vorstellungen unserer Geschichte, Bereiche des Sterbens und der Sinnfindung, traumatische und psychotische Erlebnisse, die sich nicht ins Ich integrieren lassen sowie verdrängte und verleugnete gesellschaftlich-politische, sozio-kulturelle und institutionelle Rollenzuschreibungen. Vorstellungen zur familiären Delegation nach Helm Stierlin sowie zur Internalisierung historisch eingelagerter dämonischer Instanzen nach Tilmann Moser könnten besser verstanden und vermehrt unsere Aufmerksamkeit gewinnen. Auch die therapeutisch schwer auflösbare Beziehungsenge bei psychosomatischen und anorektischen sowie bei speziellen angstneurotischen Patienten könnte durch die Einbeziehung abgewehrter und verdrängter beziehungsübergreifender Traumata in ihrer magischen Verklammerung besser verstanden werden. Die bisher noch unzureichende Aufarbeitung unserer Nazi-Vergangenheit mit Tätern und Opfern sowie das von Horst-Eberhard Richter eingeforderte stärkere gesellschaftspolitische Engagement der Psychoanalyse könnten hierüber Anregungen gewinnen.

Darüber hinaus ergibt sich die Frage: Wie weit läßt sich das Triebmodell Freuds ergänzen und neu beleben durch die Einführung eines magischen Raumes, in dem sich psychische und kulturelle Dimensionen durchdringen? Bereits das klassische Altertum hat vor mehr als 3000 Jahren begonnen, die alles beherrschenden magischen Vorstellungen mittels Poesie, Geschichten und Tragödien in die Ich-befreienden kulturellen Räume zu holen und sie dort zu transformieren. Doch bis heute zerbrechen archaische Zerstörungskräfte magisch gebundener Massen unsere kulturellen Rettungsinseln. Adorno konstatierte resignativ: „Nach Auschwitz gibt es keine Poesie mehr". Ich denke, wir müssen ein Spannungsfeld akzeptieren lernen zwischen den völkisch-ideologisch sich ausweisenden magisch gebundenen zerstörerischen Machtkomplexen und den kulturellen Räumen, die dem einzelnen kritische und kreative Entfaltungsmöglichkeiten öffnen. Hierbei stellen sich folgende Fragen: Läßt sich die Ich-stabilisierende Bedeutung und Funktion von Ritualen, Gewohnheiten, Überzeugungen und Glaubensvorstellungen ausreichend abgrenzen von den das Ich einschließenden magischen Kräften? Und: Lassen die sich rational gebenden Welterklärungsmodelle, die nur einer Wahrheit verpflichtet sind und die die Hoffnungen der Menschen in sich einschließen, als magisch verführend bezeichnen? Vielleicht könnte als ein Differenzierungskriterium die Bereitschaft gelten, den jeweils anderen in seinem Anderssein zu akzeptieren. Philosophen und Künstler der Postmoderne zeigen der Gesellschaft inzwischen über die Relativierung absoluter Wahrheiten und Formgesetze Wege aus dem magischen Debakel.

4. Gruppentherapie mit foltertraumatisierten Patienten

Ich möchte abschließend eine Sequenz aus einer halbjährigen, einmal wöchentlich stattfindenden stationären „Phantasierunde" berichten. Teilnehmer waren über mehrere Jahre gefolterte chilenische und türkische Patienten. Aus einer dieser Gesprächsrunden läßt sich die Verzahnung von Ängsten, Beschwerden, Folterberichten und gesellschaftlichen Problemen entnehmen sowie ihre Ausfaltung im Rahmen prismatischer Kommunikation.

5. Gruppengespräch

Am Beginn schildert eine türkische Patientin, daß sie in den letzten Tagen ängstlicher geworden sei. Sie habe von Mäusen und Ratten geträumt und noch im Halbschlaf auf Ratten herumtrampeln müssen. Ihr falle dazu eine Situation im Gefängnis ein. Sie seien zwar mit 50-60 Gefangenen in einer engen Zelle eingesperrt gewesen, aber es habe da einen Eßraum gegeben, in dem man allein sein konnte. Plötzlich sei eine Menge Ratten in den Eßraum gestürzt. Sie habe versucht, die Ratten abzuwehren, auf sie zu treten. Es wird nicht ganz klar, wie weit in ihr wirkliche oder wahnhafte Erlebnisse hochkommen, von denen sie in der Klinik zeitweise beherrscht wird. Heinrich Heines fette und hungrige Ratten kommen als Einfall. Der Gruppenleiter erinnert sich an eine stark gewürzte Rattenmahlzeit in Nigeria. Der chilenische Patient schildert seine stärker gewordenen Beschwerden in Armen und Beinen. Er sei bereits in der Bäderabteilung avisiert. Er schildert, daß er jetzt erst über seine Körperbeschwerden mehr reden könne.

Der kurdische Patient fragt, ob er heute über seine Ängste sprechen könne. Er berichtet im einzelnen über seine gespannte Unruhe, sein „Herumtigern" auf der Station, seine Angst vor aggressiven Entladungen. Er schildert dann Erlebnisse aus seiner Gefangenschaft in Kurdistan. Es sei nach dem Militärputsch gewesen. Da seien die Foltermethoden besonders brutal gewesen. Jeden Tag E-Schocks, jeden Tag Prügel. Er selbst habe seit dieser Zeit eigenartigerweise Angst und ekelhafte Abwehr gegen Katzen und Hunde und vor allen Dingen gegen Ratten und Mäuse. Es sei ein richtig ekelhaftes Gefühl, das in ihm hochkomme. Man habe auch sehr wenig zu essen bekommen. Ein Soldat habe ihm eine lebende Ratte gebracht und gesagt, diese Ratte müßte er am Leben halten. „Wenn sie stirbt, bekommt die ganze Gruppe nichts mehr zu essen." Er selbst habe eine starke Abwehr gehabt, die Ratte nur zu berühren. Er habe dann jedoch sein Unterhemd zur Verfügung gestellt und man hätte abgestimmt, daß er die Ratte versorgen müßte. Nach zwei Tagen sei die Ratte jedoch tot gewesen, und sie hätten 10 Tage nichts zu essen gekriegt. Er fühle sich jetzt in einer inneren Unruhe. Aber das sei zu ertragen. Inzwischen habe er so viele Leute kennengelernt, die gefoltert worden seien. Irgendwie sei das alles wohl so. Von seinen damaligen Mitgefangenen seien allein 200 umgebracht worden.

Der Co-Therapeut berichtet daraufhin, er sehe eine rosafarbene, pop-farbige Ratte. Das sei wie das Aufblitzen einer Leuchtreklame. Es ginge immer schneller und schneller, schließlich platze die Leuchtreklame und als Ergebnis gäbe es ein Gefühl von Leere, schwarze, total schwarze Leere, stockfinster, total. Dabei habe er Magenschmerzen bekommen, unangenehm. Ein chilenischer Patient schildert, daß er wieder das Gefühl habe, daß er selbst ein Spiegel von dem sei, was er da gehört habe. Dabei habe er Schmerzen vom Unterleib über den Magen aufsteigend bis in die Zunge hinein. Es sei ihm alles wie zum Kotzen. Angesprochen auf den Spiegel, schildert er ein spiegelndes Glas ohne Rahmen, aus dem heraus giftige

Farben blitzen würden. Der Gruppenleiter schildert seine traurigmelancholische Stimmung und eine Phantasie, als wenn er herunterhängende Augenlider habe, in denen sich jeweils ein See mit Booten und Palmen spiegelt, die dann durch eine eigenartige Kette zusammengehalten werden, wobei ihm Trotzki mit seinem Kneifer einfällt, wie dieser bei seiner Ermordung mit dem Eispickel im Kopf noch ganz souverän dasitzt, die Hand ausstreckt und sagt: „Voilà, so ist das Leben". Ein türkischer Patient berichtet, er sehe einen breiten Strand mit vielen Buchten, und ein braunes Pferd reite da lang. Das stürze schließlich die Klippen herunter. Viele Kinder seien in der Nähe, spielten unter Palmen und liefen ganz erschreckt zu dem Platz und sähen traurig, wie das Pferd im Wasser ertrinke.

Nach seinen Einfällen zu den Phantasien befragt, berichtet der kurdische Patient: Alle Bilder würden ihm irgend etwas sagen. Zu den pop-farbigen Ratten falle ihm sofort ein: rote Ratten! Und: Ich bin stolz! Er erinnere sich gern, wie er in die Kampffront aufgenommen worden sei: Ich kann alles organisieren – und: Die Imperialisten sind Papiertiger. Hieran folgt ein kurzes Gespräch zwischen dem kurdischen und dem chilenischen Patienten, wie mächtig diese Papiertiger doch inzwischen geworden seien. Aus dem Spiegel des Chilenen kämen jedoch alle giftigen Spaltpilze von Ideologien heraus, aber nicht der Marxismus, Rosa Luxemburg und Che Guevara. Es gäbe noch Hoffnung, nicht alles sei tot. Der Chilene fügt hinzu, die eigentliche Revolution habe noch nicht begonnen. Dann fiel ihm zu dem Strandbild mit den Kindern ein, daß die sozialen Ideen in den Kindern lägen. Das Pferd sei halt zu Tode geritten: „Die Revolution frißt ihre Kinder." Es sei halt traurig, das Sterben. Und schließlich zum Bild des Therapeuten: Ja, ja, der ist ein Fotograf und er hat mich aufgenommen mit meiner Handbewegung: „So ist das Leben." Insgesamt gäben jedoch all diese Bilder wieder Hoffnung. Es sei nicht alles sinnlos gewesen. Und melancholisch: „C'est la vie."

Mit der Frage des Gruppenleiters, was sich bei uns inzwischen verändert hat, beginnt eine zweite Phantasierunde. Der chilenische Patient ist jetzt weitgehend im ideologischen Bereich. Er schildert, daß er nicht wisse, was seine Identität denn sei. Irgendwo sei er noch christlich, irgendwo glaube er an Freud, und irgendwas sei vom Marxismus wohl noch drin. Die Zukunft sei in ihm noch offen. Es sei mehr als eine Mischung aus allen dreien. Es müsse was Neues dazukommen. Der Gruppenleiter schildert seine starke Spannung im Oberkiefer und Darmbeschwerden im Unterbauch. In seiner Phantasie läßt er sich ein Stück Darm herausnehmen, um damit ein elektrisches Feld zu überbrücken, um es in einen Spannungszustand zu bringen. Mit einem nächsten Gedanken versucht er, die Spannung in seinem Oberkiefer zu lösen: „Man braucht wohl nur eine Zitrone oder eine besonders saure

Gurke zu nehmen." Allgemeines Gelächter. Ein Gruppenmitglied flüstert: „Irgend-ein Name lag mir auf der Zunge, ich konnte mich einfach nicht erinnern. Schließ-lich habe ich mich mit dem Pferd beschäftigt. Aber das Pferd ist bei mir nicht ertrunken, es war Pegasus. Es hatte Flügel, hob sich in die Lüfte. Aber die Kinder waren schon traurig." Die türkische Patientin geht auf die heutige Diskussion ein. Sie schildert, daß die Revolution nicht ihre Kinder fressen müsse, sondern die Revolutionäre von heute und morgen müßten die Kinder wie ein Medaillon auf der Brust tragen. Abschließend ein politisches Intermezzo über das Thema, wie weit Demokratie zwar schrecklich, aber die beste Möglichkeit sei, den Mißbrauch des Menschen durch den Menschen verringern zu helfen. Der kurdische Patient bedankt sich abschließend bei der Gruppe.

Abschlußüberlegung

Die Aufarbeitung der „Folter-Opfer-Beziehung" in einer klassischen Übertragung ist meines Erachtens eine Überforderung von Patient und Therapeut. Sie ist wohl auch ein Grund dafür, daß Patienten sich einer therapeutischen Aufarbeitung nicht selten entziehen und daß nur wenige Therapeuten bereit sind, sich dieser Aufgabe zu stellen. Sinnlich-metaphorische, Trauma-defokussierende Arbeitsmethoden scheinen das Mittel der Wahl zu sein, mit denen gefolterte Patienten sich und ihre traumatischen Erlebnisse aus magischen Käfigen befreien lernen. Inwieweit diese Arbeitsmethode generell unseren theoretischen und den Behandlungsrahmen erweitern helfen wird und ob die in diesem Vortrag entwickelten Vorstellungen zu sozio-kulturellen Ursachenbündeln, zur Transformation emotionaler Blockaden, zur Stimmungsübertragung sowie zu magischen Abwehrformen hierbei hilfreich sein werden, bedarf weiterer Neulanderprobungen und Diskussionen.

Literatur

Arendt, H. (1986): Eichmann in Jerusalem. München (Piper).
Balint, M. (1958): The three areas of mind. International Journal of Psychoanalysis, 39, S. 328-340.
Baumann, Z. (1992): Moderne und Ambivalenz. Hamburg (Junius).
Baumann, Z. (1992): Dialektik der Ordnung. Hamburg (Europa).
Bergmann, M. S., Milton, E. J., Kestenberg, J. S. (1995): Kinder der Opfer - Kinder der Täter.
    Psychoanalyse und Holocaust. Frankfurt/M. (Fischer).
Drees, A. (1995): Freie Phantasien. Verlag Göttingen (Vandenhoeck, Ruprecht).
Drees, A. (1996): Folter: Opfer, Täter, Therapeuten. Gießen (Psychosozial Verlag).
Drees, A. (1997): Innovative Wege in der Psychiatrie. Gießen (Psychosozial Verlag).
Eckstaedt, A. (1989): Nationalsozialismus in der zweiten Generation. Psychologie von Hörig-keitsverhältnissen. Frankfurt/M. (Suhrkamp).

Egle, U. T., Hoffmann, S. O., Steffens, M. (1997): Psychosoziale Risiko- und Schutzfaktoren in Kindheit und Jugend als Prädisposition für psychische Störungen im Erwachsenenalter. In: Der Nervenarzt 9, S. 683-695.

Gäßler, K. (1995): Wunden, die nicht vergehen. In: Psyche, 49. Jahrg., S. 41-68.

Grassi, E. (1986): Einführung in philosophische Probleme des Humanismus. Darmstadt

Grubrich-Simitis, I. (1979): Extremtraumatisierung als kumulatives Trauma. In: Psyche, 33, S. 991-1023.

Grubrich-Simitis, I. (1995): Vom Konkretismus zur Metaphorik. In: Bergmann, M. S., Milton, E. J., Kestenberg, J. S., Kinder der Opfer - Kinder der Täter. Psychoanalyse und Holocaust. Frankfurt/M. (Fischer).

Heinl, P. (1994): Maikäfer flieg, dein Vater ist im Krieg. Seelische Wunden aus der Kriegskindheit. (Kösel).

Heinl, P. (1997): Wahrnehmen und Verstehen in der Psychotherapie. In: Psychologie in der Medizin: 8, 2, S. 18-22.

Milgram, St. (1982): Das Milgram-Experiment. Reinbek (Rowohl).

Moser, T. (1996): Dämonische Figuren. Die Wiederkehr des Dritten Reiches in der Psychotherapie. Frankfurt/M. (Suhrkamp).

Moser, T. (1996): Übertragung und Inszenierung - Der therapeutische Zugang zu den geschichtlichen Katastrophen. In: Bell und Höhfeld: Aggression und seelische Krankheit. Gießen (Psychosozial Verlag).

Moser, T. (1997): Oedipus in Panik und Triumph. (Suhrkamp).

Müller-Hohagen, J. (1988): Verleugnet, verdrängt, verschwiegen. Die seelischen Auswirkungen der Nazizeit. München.

Niederland, W. G. (1980): Folgen der Verfolgung. Das Überlebenden-Syndrom, Seelenmord. Frankfurt/M.

Wardi, D. (1997): Siegel der Erinnerung. Das Trauma des Holocaust - Psychotherapie mit den Kindern der Überlebenden. Stuttgart (Klett-Cotta).

v. Westernhagen, D. (1987): Die Kinder der Täter. Das Dritte Reich und die Generation danach.

Winnicott, D. W. (1973): Vom Spiel zur Kreativität. Stuttgart (Klett-Cotta).

Winnicott, D. W. (1984): Reifungsprozesse und fördernde Umwelt. Frankfurt (Fischer Tb).

DIE WEITERGABE DES TRAUMAS IN DER FAMILIE

Übernommenes Trauma, entlehnter Konflikt

Übertragung und Inszenierung
beim Umgang mit NS-induzierten Störungen

Tilmann Moser

Fast sieht es so aus, als käme es zu einer fruchtbaren Kontroverse über meine Thesen in dem Buch „Dämonische Figuren. Über die Wiederkehr des Dritten Reiches in der Psychotherapie" (Moser 1996). In seinem Aufsatz im September/Oktober-Heft der Psyche 1997, das gleichzeitig die Festschrift zu Margarete Mitscherlichs achtzigstem Geburtstag ist, setzt Rolf Vogt sich intensiv mit meinen Überlegungen auseinander. Und obwohl er zu dem erstaunlichen Ergebnis kommt, daß das theoretische Niveau des Buches teilweise unzulänglich und die behandlungstechnischen Folgerungen für die Psychoanalyse irrelevant seien, vor allem, was den Gegensatz von Übertragungsanalyse und Inszenierung angeht, ist in dem Text doch eine widerwillige Anerkennung wichtiger Thesen zu spüren.

Ich hatte in den „Dämonischen Figuren" betont, daß die NS-Gehalte bei den Störungen der zweiten Generation schwer zugänglich sind und oft kollusiv übergangen werden, vor allem, wenn es sich um übernommene destruktive Traumata und entlehnte Konflikte handelt; also undurchschaute Erbschaften der Elterngeneration, die deformierend ins Ich eingedrungen sind. Werner Bohleber bestätigt die These in seinem Übersichtsreferat im gleichen Heft der Psyche, auch wenn er versucht, mein Buch mit sinnverzerrend montierten Zitaten quasi als fehlerhaft in der Gesinnung global zu entwerten.

Bei der Durchsicht der mir zugänglichen Fallgeschichten zum Thema NS-Folgen bei den Täter- und Mitläuferkindern stellte ich weiter fest, daß alle Kollegen von außerordentlichen seelischen Belastungen für den Therapeuten sprachen; Anita Eckstaedt etwa beschreibt Versuche der gezielten Vernichtung der analytischen Funktion des Therapeuten. Dies führte mich zum Vorschlag der Ergänzung der Übertragungs- und Gegenübertragungsanalyse in solchen Fällen durch die sogenannte Inszenierung, bei der der Patient direkt zu den wichtigsten Figuren und Introjekten spricht und der Analytiker ein nicht-verstrickter Regisseur bleiben kann.

Ich möchte Ihnen heute nun keinen theoretischen Vortrag halten, sondern versuchen, anhand zweier Berichte über Inszenierungen die Arbeitsweise dieses Instruments zu zeigen, vor allem eben, was seine mögliche Leistungsfähigkeit bei der Entwirrung übernommener Traumata und entlehnter Konflikt angeht. Zuvor aber möchte ich auf einige wichtige Einwände Rolf Vogts eingehen und sie zurechtrücken:

1. Er hält meiner Kritik, daß sich die deutsche Psychoanalyse den spezifischen NS-Verstrickungen der zweiten Generation nicht ausreichend zugewandt hätte, folgende These entgegen: „Wie ich aus vielen kasuistischen Diskussionen weiß, wurden und werden Verlustaspekte in der Regel sorgfältig berücksichtigt" (S. 998). Dem kann ich nur zustimmen. Aber diese „Verlustaspekte" beziehen sich ja gerade auf die innerfamiliären, meist kriegsbedingten Trauerfälle, ohne daß die NS-Verstrickungen der Täter und Mitläufer auch nur berührt werden müßten. Das Argument greift also nicht, weil es gerade darum geht, hinter den privaten Verlusten die Identifizierungen und Gegenidentifizierungen mit NS-Ideologie und -terror aufzufinden.

2. Rolf Vogt betont mehrmals, daß eine nicht modifizierte Psychoanalyse ausreichend ist und keiner Parameter bedarf, mit einem leicht tautologischen Argument: wenn die Patienten für Psychoanalyse geeignet sind. Nach meinen Einsichten können aber Patienten sehr wohl analysefähig sein bis auf die eingekapselten Traumata der NS-Zeit, die in vielen Fällen außerordentlich analyseresistent sind, wie Werner Bohleber mahnend und warnend betont.

Obwohl diese wenigen Sätze natürlich keine ausreichende Auseinandersetzung mit Vogts Text sind, möchte ich noch einen wichtigen Einwand aus seinem Text hervorheben und kurz korrigieren. Er wirft mir vor, daß es zwischen Übertragungsanalyse und Inszenierung, zwischen denen ich wechsle, zu einem „methodischen Hin-und-Her" komme und zu „rigorosen manipulativen Eingriffen". Er kann sich nur vorstellen, daß die eingeschobenen Inszenierungen den „kontinuierlichen therapeutischen Prozeß in manipulativer Weise stören", obwohl er betont, daß er mit solchen Inszenierungen keine Erfahrungen hat. Die Patienten sind aber oft über eine klärende Inszenierung erleichtert, besonders dann, wenn sie in einer paranoiden Verstrickung und bei großer Angst vor der Entwicklung einer destruktiven Übertragung die Abwehr verstärken. Einen im Prinzip gütigen Analytiker in der Übertragung in einen Gestapo-Mann oder SS-Mann oder Hitler zu „verwandeln" oder selbst zum Verfolgen zu werden, weckt Widerstände aus verschiedenen Quellen. Nicht der geringste ist das Wissen, daß die Übertragung zu einer extremen und demütigenden Verzerrung der Wahrnehmung zwingt. Nach meiner Erfahrung ergänzen sich aber Übertragung und Inszenierung in hilfreicher Weise. Vogts Reaktion wirkt so, als hätte ich die Leistungen der Psychoanalyse entwerten wollen. Meine Absicht ist, eine hilfreiche Ergänzung vorzuschlagen, die die Überlastung von Übertragung und Gegenübertragung mildern und Verwirrungen bei der Wiederbelebung der Introjekte klären helfen kann.

Die beiden folgenden Fallbeispiele stammen nicht aus laufenden Therapien, sondern aus Familienaufstellungen mit analytisch orientierten Kollegen, die in ihrer Lehranalyse das NS-Thema in der Familie kaum berührt hatten.

Das vierfache Vaterbild einer nach dem Krieg geborenen Tochter

In einer Fortbildungsgruppe für Kollegen meldete sich eine Psychotherapeutin, geboren 1947, zu einer sogenannten Familienaufstellung. Ziel einer solchen Inszenierung ist es, unausgesprochene, verheimlichte oder auch bis zu der Konfrontation unbewußte Gefühle zu den Eltern oder Großeltern oder anderen wichtigen Personen von Kindheit und Jugend zu klären und auszusprechen. Diese Personen werden entweder auf leeren Stühlen symbolisiert oder in einer Gruppe durch andere Teilnehmer dargestellt.

Nach einem kurzen Bericht über die äußeren Daten der Familie entschloß ich mich, die Rolle des Vaters vierfach besetzen zu lassen und zwar aus folgender Überlegung heraus: Als ein einzelner Kollege noch in der Rolle des (nur zuhörenden) Vaters saß, wurde deutlich, daß die Kollegin in ganz verschiedenen Tonlagen zu ihm sprach. Dominant war zunächst die aggressive Anklage: „Du hast zweimal moralisch versagt in deinem Leben, erstens, indem du keinen Widerstand geleistet hast im Dritten Reich, sondern freiwillig in den Krieg gezogen bist; und zweitens, daß du später nie wirklich umgedacht und bereut hast. Und drittens vielleicht, aber das hängt damit zusammen, daß die ganze NS-Geschichte von fast totalem Schweigen umhüllt blieb: daß du nie über dein früheres Leben, deine Ziele und deine gescheiterten Hoffnungen gesprochen hast. Ich konnte immer nur ahnen, daß du – oder ihr Eltern – so ganz andere Lebensentwürfe hattet als nach dem Krieg."

Dazwischen traten aber nach einer Pause Mitleid mit dem gebrochen zurückgekehrten Vater auf, Dankbarkeit für den zugewandten Vater der Kleinkindzeit und schließlich unklare Gefühle gegenüber einem unbekannten Vater, der gesund und stolz in Uniform in den Krieg gezogen war und dessen Foto sie einige Male gesehen hatte. Das Thema der Spaltung der Elternbilder unter dem Druck der NS-Zeit und der Folgen ist inzwischen weitgehend anerkannt.

Mein Ziel bei der vierfachen Besetzung der Vaterrolle war es, sowohl didaktisch wie auch therapeutisch im Sinne der Kollegin einen Überblick über die Beziehungsfragmente zum Vater zu gewinnen und, soweit es in einer Sitzung möglich war, einen Schritt in Richtung Aufarbeitung einzuleiten. Denn es war deutlich, daß in ihrer Lehrtherapie das NS-Thema zum großen Teil ausgeklammert blieb oder aber in einer gewissen Verwirrung steckengeblieben war. Die Komplexität und widersprüchliche Vielschichtigkeit der Vaterbeziehung war im dunkeln gelassen wurden. Sie hängt oft direkt mit historisch-politischen Phasen unterschiedlicher traumatischer Einwirkung zusammen.

Die Dreijahresphasen in der psychosozialen Wirklichkeit in der NS-Zeit

Für einen kurzen Exkurs verlasse ich die Inszenierung mit der Kollegin und wende mich kollektiven Gesetzmäßigkeiten der Einwirkung der NS-Politik auf die Familienatmosphäre zu.

Sehr vereinfacht gesprochen, bedeuten in NS-Zeit und Krieg für die meisten nicht-verfolgten und NS-gläubigen Deutschen jeweils drei Jahre bereits einen völligen Wandel der äußeren, zum Teil auch der inneren Einflüsse des Regimes auf die Menschen und damit indirekt auch auf die Kinder. Für die Gegner und die Verfolgten gilt dies in viel schlimmerer Weise ganz analog. Mit diesen objektiven Daten ist natürlich noch nichts über das Erleben und die innerpsychische Verarbeitung gesagt. Es handelt sich um idealtypische Verdichtungen sozialpsychologischer oder politischer Trends.

Hier einige Phasen-Beispiele in Stichworten aus der Sicht der nichtjüdischen Mehrheit:

1. Die Phase von der Machtergreifung 1933 bis zur Olympiade 1936: Wiederkehr von sozialer und ökonomischer Hoffnung (im Tausch gegen Anpassung, Begeisterung oder Opportunismus), Gewöhnung an Diktatur, wachsende Gleichschaltung, Zerschlagung allen institutionellen Widerstandes, heimliche Aufrüstung bei gleichzeitiger Proklamation der Friedlichkeit, beginnende Größenphantasien, Terror noch eher im Hintergrund nach anfänglichen Verhaftungswellen; erste Konzentrationslager und der sogenannte Röhmputsch (der Staat darf in „Notwehr" im großen Stil morden); Beginn der Judenverfolgung, usw.

2. 1936-39: Unerwartete Stabilität, zunehmendes Sich-Einlassen auch anfangs skeptischer Menschen; neue Lebensentwürfe, ökonomische Konsolidierung, Aufrü-

stung, allgemeine Wehrpflicht, Hitler-Jugend und BDM, der Anschluß Österreichs, endültiges Eindringen der NS-Ideologie wie von NS-Personal in Schule, Wissenschaft, Mobilisierung und Politisierung der Bevölkerung. Denken in Herrenrasse, Expansion, aggressiver Nationalismus; Militarisierung des Weltbildes, wachsende Gleichschaltung, rauschende Inszenierung des Nationalsozialismus und Triumphalismus, etwa bei den Reichsparteitagen.

3. 1939- Herbst 1942: Siegreiche Kriege, Begeisterungsrausch, Ausgliederung, Verfolgung, Deportation und Ermordung der Juden, weltpolitische Dimensionen der Politik, Führerkult, Eroberungsgefühle, geographische Erweiterung des „Lebensraums" mit Lebensentwürfen für den Ostraum nach dem Sieg.

4. 1942-45: Wachsende Angst, Verstärkung der sozialen und politischen Mobilisierung, Kriegswirtschaft, Knappheit, Angst um Soldaten, beginnende Angst vor dem Ende, erhöhter Terror gegen Wehrkraftzersetzung und Defätismus, graduelle heimliche Absetzung vom Regime bzw. Fanatisierung des Führerglaubens, Bombenkrieg, zurückweichende Fronten, Durchhalteterror.

5. 1945-1948: Kampf ums Überleben, Flucht, Flüchtlingsdasein, Not, Hamstern, beginnendes Aufräumen, Besatzung, Entnazifizierung, vaterlose Familien, Ungewißheit, Gebrochenheit und starker innerer Trotz in vielen Familien gegen den öffentlichen Diskurs von der universellen „braunen Barbarei".

6. 1948-51: Noch immer: Überleben, Rumpffamilien, Ungewißheit, Parentifizierung, Armut, Rückkehr der Nazis in viele Ämter, kalter Krieg, Lockerung der Besatzungsmacht, Leben in Trümmern und Versuch des Vergessens und des Neubeginns.

Die Brüche in den politisch-militärischen Phasen spalten auch die Seelen

Alle diese Phasen bringen für die Familien und Kinder eine oft ganz unterschiedliche Atmosphäre, Bilder von Autoritäten, Ängste, Identifikationsmöglichkeiten. Es gibt also oft eine zeitlich horizontale Spaltung auch der seelischen Struktur, soweit sie von diesen Dreijahresphasen mitgeprägt wird: durch seelische Veränderungen der Eltern durch Aufstieg, Teilhabe an der Macht, Ortswechsel, Berufswechsel, Politisierung, Angst, Wechsel in der Zusammensetzung der Familien, Umzüge, Krieg und Not. Nach 1945 kommt es zu einem raschen Absinken der NS- und Kriegserinnerungen, vor allem der Fragen von Scham und Schuld, in unterirdische Deponien. Ebenso kommt es zu den Schweigepakten, der fehlenden Auseinandersetzung und dem Auseinanderklaffen von öffentlichem und privatem Sprechen.

Vertikale Spaltungen kommen zustande durch die Gleichzeitigkeit von unvereinbaren psychischen Situationen und Brüchen im realen oder seelischen Zusammenleben.

Zurück zur Inszenierung mit dem gespaltenen Vaterbild

Die Kollegin nahm, nachdem sie für die vier unterschiedlichen Vaterrollen Männer ausgewählt hatte, zu jedem Fragment unterschiedliche gestisch-körperliche und sprachliche Beziehungsformen auf. Dabei könnten auch die Einwirkungen der Fragmente untereinander deutlich werden, sobald man diese untereinander in Beziehung treten läßt. Als die Protagonistin versuchte, noch einmal die moralische Anklage gegen den in ihren Augen ethisch versagenden Vater zu formulieren, durchaus mit dem Vokabular der jungen 68er-Studentin, spürte sie, wie das Mitleid mit dem Vater, der gebrochen und mit einer Kopfverletzung aus Rußland heimgekehrt war, es ihr durch Schuldgefühle schwer machte, die Wut der Anklage überhaupt noch aufrechtzuerhalten. Sie drückte ihm ihr Mitleid mit dem Soldatenschicksal im verlorenen Krieg aus: Er war nach kurzer Gefangenschaft mit Erfrierungen und einer Gehirnverletzung, die ihn lebenslang sehr stimmungslabil und auch jähzornig machte, heimgekehrt. Dominantes Vaterbild ist also der depressive oder jähzornige Invalide.

An diesem Punkt drängte sie darauf, die Rolle der Mutter zu besetzen. Auch hier hätte sich angeboten, zur Klärung der Spaltungsframente mehrere Personen als Mütter der verschiedenen Lebensphasen zu wählen, doch die Auseinandersetzung mit ihr stand nicht im Vordergrund. Sie konnte der Mutter aber sagen, daß sie zum ersten Mal wahrnehme, was die Mutter nach Krieg und Gefangenschaft aufzufangen und mitzutragen hatte am Elend des Vaters. Denn der schleppte die zerbrochenen Ideale und die Trauer um falsche Lebensentwürfe mit sich in Form einer oft weinerlich getönten Depression.

Aber dann wurde, auf dem Umweg über die Mutter, der in einem Moment des Zorns und der Resignation einmal entfahren war: „Oh, hätte dich der Krieg doch behalten!", der soldatische Heldenvater sichtbar, den die Tochter nie gekannt hatte. Plötzlich sah sie die Mutter in einer Verbindung zu ihm, von der sie nichts wußte, in einer für immer vergangenen Zeit. Und da erinnerte sie sich an seltene knappe Hinweise der Mutter, wie sie den Vater, nicht nur in Uniform, sondern zivil als blonden, zuversichtlichen, selbstbewußten, aber auch Hitler verehrenden Mann und jungen Ingenieur geliebt hatte. Der soldatische Held war nur ein zusätzlich mit Stolz und anfangs nur leichtem Schaudern wahrgenommenes Fragment des blond und arisch wirkenden Verlobten und jungen Ehemannes, sozusagen der Phänotyp des propagierten arischen Deutschen. So lebte er als Erinnerungs- und Sehnsuchtsbild in der Mutter fort, verknüpft mit ihrer Zeit einer fanatischen NS-Gläubigkeit.

Zu diesem Vaterbild *vor* der Zeit ihrer Geburt sprach nun die Tochter ebenfalls, und sie spürte die von ihr übernommene Trauer der Mutter und auch ihren Neid auf die Mutter, die mit einem ganz anderen Mann, als sie ihn kannte, ein paar Jahre zusammengelebt hatte. Nun verstand sie auch, in welchem Umfang der gebrochen Heimgegkehrte eine Enttäuschung, ja ein lebenslänglicher psychischer und auch körperlicher Betreuungsfall war, an den sie sich nicht mehr anlehnen konnte.

Außerdem gab es für die Tochter noch den Kindervater, der in den nicht jähzornigen und depressiven Zeiten ein idealer Gespiele und väterlicher Helfer war. Zumindest gab es ausreichende Erinnerungsfragmente für ein solches Bild. Und sie konnte ihm angesichts der menschlichen Zerstörung, die der Nachkriegsvater mit sich trug, auch danken für die Kraft zur die historische Realität ausblendenden Nachkriegs-Idylle; für Phasen eines familiären Neuanfangs, die freilich immer bedroht blieben. Und diese ständige Bedrohung der väterlichen körperlichen und seelischen Gesundheit verlangten auch der Tochter Aspekte von Parentifizierung ab: ständig sein Wohlbefinden zu bedenken, die Mutter zu stützen, nicht aufmüpfig, expansiv, laut und autonom zu sein. Sie hatte zu früh den Eltern gegenüber selbst elterliche Rollen übernehmen müssen, einschließlich des psychischen Schutzes der Eltern vor deren eigener Erinnerung.

Die russische Partisanen als zweite Mutterfigur

Bei einen letzten, sehnsüchtigen Blick auf den Soldatenvater tauchte nun aus einer fast vergessenen seelischen Deponie ein Bild auf, das der Vater immer wieder halb verklärt, halb entsetzt oder erschüttert erzählend umkreist hatte. Es ging um eine der wenigen Schlüsselmomente des Krieges in Rußland, die er inmitten des Schweigens preisgab. Er war nämlich Augenzeuge, wie eine junge russische Partisanin, in ihrer Haltung ungebrochen trotzig und verächtlich, gehenkt wurde. In der Zeit kurz vor der Wanderung der Wehrmachtsausstellung durch Deutschland hielt ich die Szene für außergewöhnlich, bis mir durch die Ausstellung und weitere Lektüre klar wurde, daß an solchen Hinrichtungsszenen vermutlich aktiv, sichernd oder als Zuschauer, Hunderttausende von deutschen Soldaten teilgenommen haben.

Die emotional hoch besetzte Episode führte im unbewußten Erleben der Kollegin dazu, daß sich die Figur des Soldatenvaters noch einmal teilte in verschiedene Fragmente, die wir nicht mehr getrennt aufgestellt haben, was aber für eine Durcharbeitung natürlich nötig wäre. Er war einerseits der auf Moskau vorrückende Siegesvater, dessen Fotos sie gesehen hatte, und auf dem noch kein krimineller oder kriegsverbrecherischer Verdacht lag. Und er war plötzlich der Vater, der hinter der Front vermutlich mit Partisanenbekämpfung zu tun hatte. Aber sein aktiver Anteil daran blieb im dunkeln, es galt der Mythos des erzwungenen Zuschauens. Und selbst dieser Anteil des Augenzeugen der Hinrichtung teilte sich noch einmal. Der gehorsame und wohl auch indoktrinierte Soldat sagte kühl im Sinne der terroristischen Tagesbefehle der Generäle und Kommandeure: „Das mußte so sein." Aber daneben gab es einen spürbar erschütterten Mann, den diese Bilder immer wieder heimsuchten und in dessen entsetzten und glänzenden Augen die ihrem Tod entgegensehende Partisanin überlebte.

Die Kollegin schien auf einmal auf eine fast tragische Weise vitalisiert, als sie den Vater auf diese Frau ansprach. Ich spürte, daß sie eine noch unbekannte Beziehung zu der Partisanin hatte: Und als ich in der entferntesten Ecke des Raumes, als Symbol der russischen Weite, einen dunklen Tisch mit einem Blumenstrauß als Symbol der Frau und gleichzeitig ihres Grabes aufstellte, nahm die Kollegin eine Beziehung zu der Partisanin auf, die im Unbewußten längst bestand. Aber sie mußte verdrängt, verleugnet, entwirklicht werden, schon aus Loyalität zur Mutter. Denn die Mutter war eine gebrochene, unzufriedene Frau, und in jenem Grab ruhte eine ungebrochene, tapfere Frau, zu der der Vater eine fast mythische Beziehung zu haben schien.

Mir fiel ein, daß in mittelalterlichen Hinrichtungsszenen ein Verurteilter vom Galgen herunter befreit werden konnte, wenn eine Jungfrau bereit war, ihn zu heiraten. Egal ob Realität oder Sage, eine solche Szene schien mir psychisch wirksam zu sein auch unter jenem Galgen in Rußland: Ein Soldat mit scheinbar kaltem Herzen und ein junger Mann, dem das Bild der todgeweihten Frau ins Herz drang, so daß er es mit nach Hause trug und in die Seele seiner Tochter einpflanzte. Mir schien, der Vater habe sich mit der Partisanin seelisch verbunden, ja auf fast magische Weise vermählt, und der Kollegin leuchtete es, was die seelische Beziehung angeht, unmittelbar ein.

„Du hast zwei Mütter", sagte ich zu ihr, „und die russische darf als Kraftquelle in dir leben." „Ich darf also tapfer sein und meine Meinung vertreten und aus deinem Mut Stärke beziehen, auch wenn gelegentlich Todesangst aufkommen will", sagte sie zur toten Partisanin, und dann wandte sie sich an ihre Mutter und sagte:

„Ich will dich nicht entwerten, aber ich habe noch eine andere weibliche Gestalt in mir, mit der ich mich identifizieren darf." Das Wort Partisanin gab auf einmal manchen Lebenssituationen, in denen sie sich, wenn auch manchmal mit großer, ihr unverständlicher Angst, in sozialen Gefahrensituationen behauptet hatte, einen ganz neuen Sinn, ihr selbst aber auch neue Lebenszuversicht.

Und sie wußte nun, daß sie getrennte und einander auch widersprechende Vaterbilder in sich trug, die sich nur als ein seelisches Mobile, nicht als einheitliches Bild fassen ließen.

Der Ingenieur in Auschwitz und das Gedenken an die Opfer

Eine andere Teilnehmerin eines solchen Seminars, Jahrgang 1929, erzählte, bereits unter Tränen, daß ihr Vater nicht im Krieg gewesen war, sondern als Chemiker im Buna-Werk in der Nähe von Auschwitz gearbeitet hatte. Die Zwangsarbeiter und arbeitsfähigen Juden wurden aus dem Lager bezogen. Sobald sie nicht mehr voll arbeitsfähig waren, wurden sie vergast. Anfang 1944 besuchte der Vater die vierzehnjährige Tochter an einem Wochenende weiter westlich, wo sie mit dem BDM in einem Ernteeinsatz war, und sie machten einen Spaziergang. Auf einmal, nach einem Stück schweigendem Gehen, brach der Vater weinend zusammen und stammelte: „Ich kann nicht mehr, ich kann nicht mehr." Es war das einzige Mal, daß sie ihren Vater weinen, und das heißt, im tiefsten Sinne emotional bewegt, sah.

Stockend berichtete er: Ein Freund und Kollege habe sich im gleichen Werk vor einigen Tagen umgebracht, weil er die Zustände, wohl auch den Umgang mit den Juden und deren sicheren Tod in der Gaskammer, wenn die Arbeitskraft erlahmte, nicht mehr ertrug. Nach dem Weinkrampf, der sich der Tochter als bestürzendes, aber sie auch insgeheim ehrendes Erlebnis einprägte, war von dem Ereignis wie von dem entsetzlichen Hintergrund der Sklavenarbeit wie des Holocaust zwischen Vater und Tochter nie mehr die Rede. Ja, sie sagte: Ein Geheimbund des verschwiegenen Wissens, der aber nie erwähnt werden durfte, habe sie seither aneinander gebunden.

Als ich sie mit dem Vater sprechen ließ, geriet sie in einen dem seinen wohl ähnlichen Weinkrampf und sagte, sie könne Schuld und Scham fast nicht ertragen, nie mehr nach dem Erleben des Vaters und seinen schrecklichen Wahrheiten gefragt zu haben. Sie weinte so erschütternd, daß ich ihr drei Hilfspersonen zur Seite gab, die sie mit ihren Körpern seitlich stützten und einen erweiterten Container, also einen mütterlichen Schutzmantel um sie legten. Denn sie war nahe daran, in Panik und außer sich zu geraten, auseinanderzubrechen oder verrückt zu werden. Die drei haltenden Personen signalisierten mit ihren Körpern und Worten: „Wir halten dich zusammen, auch wenn es dich zerreißen will." Von diesem intensiven Halt sprach die Protagonistin nach der Szene sehr dankbar. Sie hatte den Pakt des Schweigens fünf Jahrzehnte gewahrt und fühlte sich in mehrfacher Hinsicht schuldig, sowohl der Mutter gegenüber wegen des für sie so wuchtigen Geheimbundes mit dem Vater; andererseits dem Vater gegenüber, weil sie ihn mit seiner Qual allein ließ und nie mehr nach seiner Wunde und Verzweiflung fragte. Und drittens: Auf einmal glaubte ich zu spüren, daß sie auch Schuld und Scham den ausgebeuteten und zum Teil erschlagenen Zwangsarbeitern und den zu Tode geschundenen oder ermordeten Juden gegenüber empfand. Sie bejahte das weinend. Ich symbolisierte die toten Juden neben der Mutter und dem Vater durch drei leere, kahle Hocker, und ließ die Kollegin sagen:

„Ihr toten Juden, vergebt mir, ich habe eurer auch nicht mehr gedacht." Da schüttelte sie erneut ein so tiefes Weinen, daß einige in der Gruppe, darunter ich, mitweinten, teils in Scham und Mittrauer, teils in riesiger Erleichterung, daß diese unbewußt getragene Schuld zum Vorschein kam und ausgesprochen werden konnte. Die Tochter war vermutlich zum Gefäß von Schuld und Scham des Vaters geworden; sie hatte sie, ohne es zu wissen, übernommen.

Später, in der Nachbesprechung, ergänzte die Kollegin, ich hätte ja nicht wissen können, daß es auch in der weiteren Familie Juden gab, über deren Schicksal nicht gesprochen wurde.

Die Teilnehmerin lag auch nach dem Ende der Sitzung noch lange erschöpft und in sich gekehrt auf dem Sofa.

Ich war ergriffen, wie unheimlich starke, ja verdichtete Affekte sich so lange verdrängt im Untergrund der Seele halten können. Sie verbrauchen viel Kraft, um außerhalb des Bewußtseins, ja sogar außerhalb eines in der Analyse mehr oder weniger unzugänglichen Unbewußten gehalten zu werden. Inzwischen bin ich überzeugt, daß die Diagnosen „vegetative Erschöpfung" oder „vegetative Dysthonie", wie sie in den 50er und 60er Jahr so oft gestellt und mit Kuren angegangen wurden, zum Teil mit diesen enormen Verdrängungs- und Verleugnungsleistungen zusammenhängen. Das Schweigen, das die Seelen vor affektiver Überforderung schützte, schwächte andererseits die Kraft und ein Gefühl von Kohärenz und Identität. Und die verbliebene Kraft wurde dem Wiederaufbau zugewandt, außer in den Neurosen derjenigen Angehörigen der zweiten Generation, die ihre Seele, ohne die Vorgänge zu durchschauen, als Container für eine undurchschaute Aufarbeitung zur Verfügung stellen mußten.

Literatur

Bohleber, Werner (1997): Trauma, Identifizierung und historischer Kontext. Über die Notwendigkeit, die NS-Vergangenheit in den psychoanalytischen Deutungsprozeß einzubeziehen. In: Psyche 51, S. 958-995.

Moser, Tilmann (1996): Dämonische Figuren. Die Wiederkehr des Dritten Reiches in der Psychotherapie. Frankfurt/M. (Suhrkamp).

Moser, Tilmann (1997): Dabei war ich doch sein liebstes Kind. Eine Psychotherapie mit der Tochter eines SS-Mannes. München (Kösel).

Vogt, Rolf (1997): Zur „Wiederkehr des Dritten Reiches in der Psychotherapie". Eine Auseinandersetzung mit Tilmann Moser über psychoanalytische Behandlungstechnik. In: Psyche 51, 996-1015.

Die andere Geschichte

Trauma der Väter – Wunden der Söhne

Petra Affeld-Niemeyer

Im folgenden möchte ich Ihnen an einigen Sequenzen aus der Therapie eines Analysanden zeigen, wie ererbte narzißtische Verwundungen und eigene Traumatisierung, aktualisiert in der Schwellensituation zum Alter, unter Hinzuziehung spezieller narrativer Techniken heilen bzw. vernarben können. Die Familiengeschichte eines Mannes wird betrachtet, dessen Vater im Nationalsozialismus involviert war und bei Kriegsende traumatisiert wurde. Die theoretische und praktische Auseinandersetzung mit verschiedenen Ebenen des Narrativen in der Analyse hat mir geholfen, anders mit den schweren Verletzungen umzugehen.

In der Nachfolge von Schafer (1980/81) und dessen Anwendung strukturalistischer und pragmatischer Theoriebildung auf die Psychoanalyse setze ich voraus, daß das, was als *persönliche Lebensgeschichte des Analysanden* dargestellt wird, als Ko-Konstruktion von Analytiker und Analysand aus dem interaktiven Feld der analytischen Situation hervorgegangen ist und in diesem eine kommunikative Funktion hat. Die persönlichen Geschichten sind bestimmt von Übertragung und Gegenübertragung und von der theoretischen Position der Analytiker.

Jenseits der Erzählung von persönlicher Lebensgeschichte in der Analyse differenziere ich *mehrere Ebenen des Narrativen,* die ebenso ko-konstruktiv geprägt sind. Meine jungianische Ausbildung hat mir jenes „*Mythein*" nahegebracht, das Erzählen im alten Sinne von Märchen, Mythen, Imaginationen, von Geschichten, die in Kunst, Trivialliteratur und Filmen an den Analysanden herangetragen werden und die für ihn affektiv belebt und bedeutungsvoll sind. Die *erzählende Entfaltung dieses imaginativen Raumes,* so meine These, schafft eine reflektive Ebene, einen Spiegel, in den Analytikerin und Analysand gemeinsam schauen können. Ich halte es sogar für wahrscheinlich, daß schwere traumatische Geschehnisse in diesem imaginativen Spiegel betrachtet werden *müssen,* um durchgearbeitet werden zu können, so wie Perseus die Medusa im Spiegel seines Schildes betrachtet, um nicht im Schrecken zu versteinern. Man könnte diese Geschichten als *narrativen Übergangsraum im Winnicottschen Sinne* begreifen. Ich meine, daß das „Mythein", in dessen Struktur ein kollektiver Erfahrungshintergrund an Sinn gespeichert ist (vergl. Jungs Archetypenkonzept), eine wertvolle Entlastungsfunktion gegenüber dem interaktiven Darstellungsraum der Übertragung hat, der mit der Reinszenierung früher Konflikte und schwerer Traumatisierungen bedrohlich überfordert sein kann. Ich meine darüber hinaus, daß geronnene persönliche Geschichte und erstarrte Selbstbilder in Richtung dessen erweitert werden können, was Stern „globale Erfahrung" nennt. Neue Erlebnisqualitäten können ergänzt, neue biographische Geschichten entdeckt und neue kompensierende Selbstbilder entworfen werden. Gerade aber weil ich die Reflexion von Geschichte als historisches Wissen in der Jungschen Theoriebildung noch immer für defizitär halte, werde ich besondere Aufmerksamkeit auch darauf lenken, wie *kollektive Geschichte als historisches Wissen in die Analyse einbezogen werden kann*, so daß aus der Spannung zwischen individuellem Erleben und historischem Wissen eine neue Erlebnisqualität entsteht. Insgesamt geht es mir darum, mich dem kreativen Geheimnis des *„potential space"* über das Narrative anzunähern, dem Geheimnis des virtuellen Raumes des Spiels und der heilenden Veränderung, den Winnicott (1971, S. 38 ff.) entworfen hat. Kahn (1978/1991 S. 155-171) hat ihn als schützenden Möglichkeitsraum weiterentwickelt, dessen Geheimnisse es gleichermaßen in der Analyse zu schützen gilt.

Genau bei dem Versuch der Annäherung über das Narrative ist mir darüber hinaus das mich begeisternde Buch „Diary of a Baby" von D. H. Stern (1991) zu Hilfe gekommen. In seinem letzten Kapitel, „The World of Stories" (S. 131-156), entwirft Stern eine Theorie des Narrativen, auf die ich zurückgreife. Bei Stern gibt es primäre Erfahrungen, *„global experiences"*, kinästhetische vorsprachliche Erfahrungen der frühen Kindheit, die ein Authentizitäts- und Wahrheitskriterium in sich tragen. Sie erinnern vielleicht den Honig-Teich aus Sonnenlicht auf dem Fußboden, den Joey, das Baby, kosten möchte. Durch die Sprache der Mutter wird er reduziert auf eine Sinnesmodalität, auf „nur Licht!", und durch ihren Affekt negativ konnotiert: „schmutzig" (1991, S. 125-126). Für Stern transportiert Sprache immer schon eine Entfernung von den globalen Erfahrungen und zugleich die Möglichkeit einer konflikthaften Spannung bei der interaktiven Tradierung des Erlebten. Stern unterscheidet zwischen einer „gelebten Vergangenheit" und einer als Ko-Konstruktionen von Kind und Eltern in einer „offiziellen Geschichte" tradierten „erzählten Geschichte" (1991, S.137). Ich gehe von seiner These aus, daß diese *erzählte persönliche Geschichte Realitätsverzerrungen etablieren und falsche Selbstbilder fixieren kann.* Damit können notwendige Entwicklungsschritte blockiert werden. Durch die Entwicklung einer symbolischen Sprache können rekonstruktiv und heilend Annäherungen an globale Erfahrungen ermöglicht werden und in einer anderen Sprache andere – mögliche – Geschichten erzählt werden.

Darüber hinaus beziehe ich mich auf *Thomas Ogden und seine Ausformulierung von Winnicotts Begriff des potentiellen Raums (potential space).* Ogden (1997) schlägt vor, ihn als eine Art von Gemütszustand aufzufassen, dem eine Reihe von dialektischen Beziehungen zugrunde liegt zwischen Phantasie und Realität, zwischen dem Ich und dem Nicht-Ich, zwischen dem Symbol und dem Symbolisierten. Mit Winnicott unterscheidet Ogden zwischen Phantasie und Imagination: „Mangels eines potentiellen Raums gibt es nur Phantasie. Innerhalb eines potentiellen Raums kann sich die Imagination entwickeln. In der Phantasie ist ein Hund: „Ein Hund (ist) und bleibt ein Hund", (Winnicott 1971, S. 33). Ich ergänze: In der Imagination kann es ein Höllenhund sein, die personifizierte Treue oder der Nazi-Scherge als Bluthund. *Die Imagination beinhaltet eine Schichtung von symbolischen Bedeutungen,* sagt Winnicott (vergl. S. 35). Ich folge Ogdens dialektischer Ausformulierung von Winnicott, daß die entwicklungspsychologische Voraussetzung die Ausdifferenzierung der Mutter-Kind-Einheit in eine Dreiheit von Symbol, Symbolisiertem und deutendem Subjekt ist. „Dieser Raum zwischen Symbol und Symbolisiertem, der durch das interpretierende Selbst (Subjekt) vermittelt wird, ist der Raum, in dem Kreativität möglich wird und in dem wir als menschliche Wesen lebendig sind, anstatt einfach reflexive reaktive Wesen zu sein. Dieser Raum ist mit Winnicotts potentiellem Raum gemeint ... *Das Kind ist der Erschaffer und Interpret seiner Symbole"* (1997, S. 7).

Wie können wir dem Analysanden behilflich sein, diese bedeutungssuchende Haltung einzunehmen, seine Symbole zu rekonstruieren, neue Symbole zu schaffen und neuen Sinn zu finden?

Ich komme nun zu den Fallvignetten, indem ich von Ikarus und dem Frontschwein erzähle.

Ein verheirateter Studienrat für Mathematik und Naturwissenschaften, 57jähriger Vater zweier studierender Kinder, kommt in die Therapie, weil er sich sowohl im Beruf wie in seiner Ehe bzw. Familie „schwer tue". Er habe ein geringes Selbstwertgefühl. Irgendwie habe er das Gefühl, falsch zu sein, den falschen Beruf, die falsche Frau gewählt zu haben. Er mache nichts „von ganzem Herzen". Auslöser für das Therapiebegehren war eine unglückliche Liebe zu einer jungen Referendarin, die ihn in eine tiefe Lebens- und Sinnkrise gestürzt hat. Er sagt: „Ich war mehrfach in andere Frauen verliebt, bin zwei Mal zuhause ausgezogen – jetzt auch … Ich mußte mein Leben lang ein Stück weit verliebt sein, das hat mir Flügel gegeben, Auftrieb. Wenn das nicht da ist, und ich bin auf mich allein gestellt, stürze ich ab. Ich fühle mich alleingelassen – nur Leere."

Seine Kindheit, so berichtet der Analysand – er war zweites von vier Kindern – sei trotz der Kriegszeit behütet gewesen: „Ein Häuschen mit Garten, die Mutter zuhause, der Vater war Berufsschullehrer, auch zuhause – er war wehruntüchtig." Auf Nachfrage erinnert der Analysand eine Situation der Verlassenheit, als seine zweieinhalb Jahre jüngere Schwester geboren wurde. „Ich hatte eine Kinderkrankheit, bedrängende Fieberträume wie Nebelwolken über mir. Diese Schwester ist am Kriegsende umgekommen. Mein Vater ist 1946 gestorben, hat sich das Leben genommen. Das war ein Familiengeheimnis bis zu meinem 35. Lebensjahr." Der Analysand deckte es auf.

Ebenfalls auf Nachfragen erzählt er, daß seiner Schwester, nachdem die Familie vergeblich versucht hatte, sich beim Zusammenbruch aus Berlin in den Westen abzusetzen, vor den Augen der Familie im „Häuschen", von einer Granate der Kopf abgerissen wurde. Die Mutter trug die Schwester in den Keller – sie sagte später, sie habe „etwas Schönes" gesehen. Irgendwann im Herbst 1945 wurden die Kinder mit der Aktion Storch der Engländer ins Oldenburgische Land verschickt. Die Eltern blieben zunächst in Berlin.

Ich weiß, daß die *schöne Geschichte von der behüteten Kindheit im Häuschen mit Garten eine falsche Geschichte ist.* Sie soll die kopfabreißende, herzzerreißende Kinderkriegsgeschichte unsichtbar machen. Wie die falschen Geschichten, die die Mutter erzählt, hat sie die Funktion, ein traumatisches Geheimnis zu hüten. Manche Geschichten stehen im Analysanden seltsam nebeneinander, gefühlsmäßig voneinander und von seinem Erleben getrennt. Die Dekonstruktion einer das Vater-Ideal schützenden Mutter-Geschichte von dessen Tod hatte der Analysand begonnen. Wieviele wahre Geschichten gibt es? Welche sind ertragbar? Ich habe die behütete Kindheit hinterfragt und eine Geschichte gehört, die mich erstarren ließ.

Der Analysand erlebt sich „als einen Zerrütteten, der seinen Leidenschaften ausgeliefert ist". Er meint, „daß es Phasen gibt, wo ich sage, ich mache Schluß, ich finde das Leben so schwer. Eine Schlinge um den Hals, eine Drahtschlinge ums Brückengeländer. Mich überrascht, daß dieses Gefühl am Hals nachvollziehbar ist. Aber zum Glück macht mir das keine ernsthafte Angst. So ein geflochtenes hartes Drahtseil seh' ich und greif' ich auf dem Segelboot. Es hängt auch bei mir im Keller. Ich denke, du kannst es nochmal brauchen für irgendeinen Zweck." Etwas später, nachdem er seine somatischen Beschwerden, ein „anhaltendes Ziehen in der Herzgegend", die Kopf- und Rückenschmerzen und Schlafstörungen beschrieben hat, sagt er: „Mein Vater hat sich im Keller erhängt." Ich spüre, wie kalt mir ist, und denke, „Drahtschlinge – am Brückengeländer"? Zum Schluß der Stunde meint der Analysand noch: „Aber zum Glück vergesse ich meine Probleme und Schmerzen schnell – sobald sie vorbei sind." Erst zuhause, als ich die Geschichte nicht loswerde, denke ich: An den Brücken hingen „Deserteure". Was hat der 8jährige noch gesehen im Keller, an den Brücken? Ich frage nicht – ich habe es bisher nicht gewagt.

Die erste neue Geschichte

Im gesamten ersten Vorgespräch ist der Analysand nicht fähig, Blickkontakt aufzunehmen – ich habe am Ende der Sitzung eiskalte Hände. Ich bin im Zweifel, ob ich mit ihm arbeiten kann. Im zweiten Gespräch frage ich ihn, was passiert wäre, wenn er mich angeguckt hätte. Er sagt: „Ich hätte angefangen zu weinen."

Das ist die erste neue Geschichte über etwas Vorgestelltes. Ohne meine Frage hätte sie nicht erzählt werden können. – Eine sehr kurze Geschichte, eine Was-wäre-wenn – Geschichte. Eine ganz kleine Ausweitung des Möglichkeitsraumes, die sich auf die Gegenwart bezieht. Ich entschließe mich, mit dem Analysanden zu arbeiten. Jetzt kann er – kurz – Blickkontakt aufnehmen.

Die zweite neue Geschichte

In einer späteren Sitzung frage ich den Patienten sinngemäß, als wir noch einmal auf die Ereignisse bei Kriegsende zu sprechen kommen, ob er ahnen könne, was in dem 8jährigen damals wohl vor sich gegangen sei. Er sagt von der Schwester: „Erst war sie da – dann war sie weg. Ich hatte Schuldgefühle. Eben hast du sie schlecht behandelt – jetzt ist sie tot." *Mit meiner Aufforderung, sich nachträglich* (vgl. M. Erdheim 1993 zur Nachträglichkeit) *in den 8jährigen Jungen einzufühlen, ermögliche ich ebenfalls eine neue Geschichte; sie bezieht sich auf die Vergangenheit. Der Analysand nimmt sich selbst als kindliches Objekt mit dem wahr, was Winnicott „concern" nennt.* Die Geschichte enthält trotz ihrer Knappheit einen ungeheuren Spannungsbogen zwischen dem benommen konstatierten Faktischen, „da-weg" und dem nachträglich Introspektiven, den Schuldgefühlen, als ob dazwischen jenes Entsetzen aufgespannt sei, das ich körperlich erlebt hatte. *Gegenstand des Nachfragens war nicht die Realität, sondern die Erlebniswirklichkeit, die eine nachträgliche sein kann und sicherlich noch eine aktuelle ist.*

Die dritte Geschichte

In der 15. Stunde kommt der Analysand eine Stunde zu früh. Er hat auf dem Weg einen Autounfall gebaut. Es ist ein leichter Unfall. Beim Fahrbahnwechsel hat er das Auto auf der Überholspur übersehen. Er sagt: „Ich weiß, es gibt einen toten Winkel, ich muß einen größeren Spiegel haben. Dieser Spiegel und meine durchaus nicht defensive Fahrweise. – Wenn das die Botschaft war: Mensch, du lebst mit zu hohem Risiko!" Diesmal nimmt der Analysand eine interpretierende Haltung ein, die ich nicht initiiert habe, und sucht nach einer Botschaft in seinem aktuellen Agieren. Wir reflektieren Risikoverhalten; es ist ein gemeinsamer Versuch, die hohe autoaggressive Spannung sprachlich zu fassen. Er braucht wirklich einen größeren Spiegel.

Die vierte Geschichte

In der nächsten Sitzung erzählt der Analysand einen Traum: *„Ich war auf dem großen gewölbten verzinkten Dach der Isaak-Kathedrale in Petersburg. Es war eine große Tiefe. Ich hatte Angst auf diesem Dach. Ich war mit einem Diakon da. Die Zinkplatten wirkten glatt – es war ein feuchter Tag. Wenn da eine Latte runterrutscht, dann rutscht man mit – in die bedrohliche Tiefe."* Der Patient erinnert Fakten aus der Kindheit: Eine kindliche „Exkursion mit der kleinen Schwester zur Dachluke" – als der Vater am Eigenheim mit Dacharbeiten beschäftigt war. „Es war nichts Bedrohliches dabei", beteuert er. Er erinnert, wie er auf der Flucht im April 45 nicht gewagt hatte, über ein glitschiges Brett über einen Graben zu gehen. Der Vater sei vorangegangen, und er habe gesehen, das trägt, da habe er es auch geschafft. Ängste müsse man beherrschen, dem etwas entgegensetzen. Beim Segeln liebe er, den Elementen zu trotzen. Die Angst seiner Frau habe ihn immer gereizt, noch riskanter zu segeln. Es geht auch um starke Übertragungsgefühle. Ich deute zunächst nicht. Irgendwann denke ich: Wie ist es, wenn der Vater abstürzt und keiner über die glitschigen Bretter des Lebens vorangeht? Ich versuche, die symbolische Bedeutung der aneinandergereihten Bilder zu erfassen.

Vier Sitzungen später (20. Sitzung) spricht der Analysand über seine Vorliebe für das Faktische: „Ich will mich lieber auf sicherem Boden bewegen." Damit meint er einen Boden, auf dem starke Gefühle nicht wachsen. Er sagt: „Ich bin dankbar, daß ich so funktioniere, den Kopf oben behalte. Ich liefere mich nicht aus, ich hebe nicht ab, *ich bin kein Ikarus.*"

Statt diesen „funktionierenden" Mann mit seinem Konflikt, der Abwertung von und der Sehnsucht nach tiefen Gefühlen, in einer diskursiven Sprache zu konfrontieren, bitte ich ihn, die Geschichte vom Ikarus zu erzählen. „Ich weiß nicht mehr so richtig" – sagt er –, „die Geschichte ist von Daedalus und Ikarus. Einer von beiden ist jemand, der was riskiert, was versucht, der ist abgestürzt. *Ich habe geträumt, ich repariere ein Dach, und ich bin abgestürzt. Jemand sagte, es wäre schlimm, daß ich geflogen wär', ich hätte nicht zu fliegen.* – Also, der, der fliegen will, ich glaube Ikarus, macht sich Flügel mit Wachs und Federn. Er ist auch gewarnt, wenn er in die Nähe der Sonne komme, würde das Wachs schmelzen. Das Wachs schmilzt wirklich. – Wer fliegen will, riskiert den Absturz." Das letzte sagt er mit dem resigniert faktischen Unterton von: „Wo gehobelt wird, da fallen Späne."

Als ob die Lebensmaxime des Analysanden im Mythos verdichtet sei und dieses mythische Bild zugleich eine veränderte Fassung des Traumes vom Kathedralendach mit den dazugehörigen Erinnerungen abbildet! Der beiläufig erzählte *neue Absturztraum* zeigt den Kontrast zum „sicheren Boden" und besagt: *„Ich bin abgestürzt."* *Im imaginativen Raum des Traumes ist der Absturz vollzogen, d. h. aus: „Ich bin kein Ikarus" ist: „Ich bin ein Ikarus" geworden. Einander korrigierende Geschichten und polare Träume in der mit dem Mythos versetzten vierten Geschichte stellen unterschiedliche Selbstbilder gegeneinander.*

Im Anschluß an das Erzählen seiner Ikarus-Geschichte kann der Analysand widersprüchliche Gefühlsanteile artikulieren und den Widerspruch auch erleben. Einerseits sagt er: „Ich hab' mir das Weinen abgewöhnt, habe Härte schätzen gelernt." Zum anderen spricht er von seiner Sehnsucht nach und Faszination durch elementare Gefühle, seiner Durchlässigkeit für Begehren und Wut, Angst und Jammer in der unglücklichen Liebesgeschichte: „Da lag ich am Boden, weniger Wut als Jammer."

Nach der Stunde bin ich einerseits eher beruhigt bezüglich des Riskikoverhaltens des Analysanden, andererseits geht mir Ikarus nicht aus dem Sinn – auch ich weiß nicht mehr so richtig, wie das war mit Daedalus und Ikarus. Der Mythos und der beiläufig erwähnte Absturztraum erinnern mich an die verbalen Bilder, mit denen der Analysand anfangs seine häufigen Verliebtheitsgefühle geschildert hatte, die ihm Auftrieb, Flügel gegeben hätten, und an die dazugehörigen Absturzgefühle in die Leere. Der Flucht- und Abwehrcharakter der Liebesabenteuer wird deutlich, aber auch die Lebenssehnsucht nach den elementaren Gefühlen. Natürlich hat der bezüglich Psychoanalyse vorinformierte Analysand auch Angst, daß in der Analyse der „sichere Boden" der Abwehr nicht trägt, daß er in die Tiefe seiner Übertragungsgefühle und Erinnerungen abstürzen könnte. Die Bilder verweisen auf angstvolle Aspekte der *Vater-Übertragung*: Angst vor kontrollierender Einschränkung von Lebenslust und vor Kontrollverlust, vor Nähe und depressivem Absturz.

Am Wochenende lese ich den *Ikarus-Mythos* nach, den ich kurz erzähle:

Daedalus, der erfinderische Schmied, hatte seiner Schwester Sohn Talos aus Neid auf dessen noch größere Erfindungskraft hinterhältig vom Dach des Tempels der Athene gestürzt. Die Seele des Talos verwandelte sich in ein Rebhuhn. Talos' Mutter nahm sich das Leben. Daedalus floh und gelangte nach Knossos, wo er dem König Minos diente. Für ein Vergehen wurden er und sein Sohn Ikarus, den er dort mit einer Sklavin gezeugt hatte, von Minos gefangengesetzt. Daedalus baute für sich und Ikarus Flügel aus Federn für die Flucht: Die großen Flügel waren mit Fäden zusammengenäht, die kleinen mit Wachs geklebt. Er sprach: „Sei gewarnt mein Sohn! Fliege nicht zu hoch, damit die Sonne nicht das Wachs schmelze und nicht zu tief herab, damit das Meer nicht die Flügel benetze. Folge mir nach." Nach einer Weile mißachtete Ikarus den Befehl seines Vaters und erhob sich voll Freude über die Kraft seiner Flügel gegen die Sonne. Er stürzte ins Meer. Nach langem Suchen konnte ihn Daedalus bergen und begraben. Ein Rebhun beobachtete ihn dabei, an die Blutschuld gemahnend, die Daedalus auf sich geladen hatte (Ranke-Graves 1, S. 283 passim).

Eine besondere Variation des Ödipusmythos, meine ich, scheint im Hintergrund auf, ein neidvoller Vernichtungskampf des Onkels gegen den Schwestersohn, der als Sühne die Vernichtung des eigenen Sohnes nach sich zieht. Indirekt liefert Daedalus, der seine destruktiven Affekte nicht kontrollieren kann, seinen Sohn, dem er eine nicht kindgemäße Kontrolliertheit freudiger Affekte abfordert, mit den Wachsflügeln dem Absturz aus.

In seiner Mythenversion läßt der humanistisch gebildete Analysand Ikarus sich selber die Wachs-Flügel machen und damit die Verantwortung auch dafür tragen. Das Hochfliegend-destruktive des Daedalus ist eliminiert. Nicht nur der alte Mythos, gerade auch seine individuelle Überarbeitung, das aktuell Narrative, ist Abbild der „persönlichen Gleichung" des Analysanden (vgl. Jung 1984, S. 13-14).

Darüber hinaus erweitert sich durch das Nachlesen des Mythos zunächst mein imaginativer Raum: Eine negative Vaterimago wird hinter der meist verkürzt, ohne die Vorgeschichte der Blutschuld erinnerten Form sichtbar – ähnlich wie bei der Tradierung des Ödipusmythos. In der Verkürzung konnte der Ikarus-Mythos als paradigmatischer preußischer Gehorsams- und Affektkontrollmythos dienen und auch für die Erziehung zum Führergehorsam herhalten. Mythostradierung ist auch eine Form von kollektiver Geschichtsschreibung, Historie.

Der Mythos, der Neid und Aggressivität zwischen Geschwistern und Generationen unterstreicht, wird als ein Leitmotiv noch mehrfach in der Therapie erwähnt. Die Auseindersetzung damit verlagert meine Aufmerksamkeit von der unglücklichen Liebesgeschichte bzw. Ehegeschichte auf den „tötenden Vater", den „abgestürzten Sohn" – die tote Schwester bleibt noch lange tabu. Ich lasse mir nun mit großer Sorgfalt die konkreten Vater-Sohn-Beziehungen erzählen, einmal die des Analysanden zu seinem Vater, zum anderen die aktuellen zu seinem Sohn. Als wir wieder einmal auf den Mythos zu sprechen kommen, stelle ich die Anforderung des Daedalus an den Ikarus in Frage, betone mein Mitgefühl für die Lebenslust des Jungen. *Ich interveniere im imaginativen Raum des „Mythein".* Eine wahre Geschichte kommt zum Vorschein: Der Patient erinnert seinen eigenen Schrecken vor dem Vater, der ihn als kleinen Jungen, der als „hilfloses Würstchen" untätig am Boden kauert, hochreißt und schreit: „Junge, ich stauch' dich nochmal zusammen". Lag der Analysand da auch am Boden, mehr Jammer als Wut? Nun beschäftigt sich der Analysand mit dem Tagebuch des Vaters, der dieselbe Szene notiert hat, den Analysanden als faul, schmutzig und verfressen abwertet. Wir versuchen, die Szene zu begreifen. Aus der Abwertung seines eigenen, zunächst als „faul und hypochondrisch" charakterisierten Sohnes kann sich der Analysand lösen. Das führt zur Verhaltensänderung gegenüber dem Sohn. Der Analysand kontrolliert seine Destruktivität, mit der er dessen Ablösungsversuche zu zerstören drohte, und kann ihn in ein Auslandsstudium ziehen lassen. Statt dessen ist es ihm möglich, Idealisierungen des Vaters und unbewußte Identifikationen mit dem lebensuntüchtigen toten Vater wie auch dem abwertend-aggressiven Vater durchzuarbeiten.

Die fünfte Geschichte

Immer wieder hatte der Analysand mit resignierter Abwertung von sich als *„Frontschwein"* geredet: Als Fachbereichsleiter putze er den Physiksaal, den andere dreckig und unordentlich hinterließen; als Konrektor kümmere er sich um jeden Dreck, gerate in Konflikte mit faulen Kollegen. Ich merke an, *daß sein Vater gerade kein Frontschwein war.* Ich weiß mittlerweile, daß sich hinter dem *„wehruntüchtig"* ein implizites „lebensuntüchtig" als Stigma des Vaters verbirgt. Der Kampf als Frontschwein ist ein Dauerbeweis des Analysanden für eigene Wehr- und Lebenstüchtigkeit. Ich weiß mittlerweile auch, daß der Vater – vor dem Zusammenbruch – begeistert mit dem Jungen Fußball spielte. Ich war verblüfft wegen der wehruntauglich machenden Fußverletzung des Vaters und hatte diese Verblüffung auch geäußert. In eine Frontschwein-Erzählung hinein frage ich den Analysanden, *wie es der Vater nur geschafft habe, bis zum Kriegsende als wehruntüchtig zu gelten und gerade kein Frontschwein zu werden.* Ich frage auch, wie der Vater, der als Nazikritiker dargestellt wird, bis zum Ende des Krieges im Schuldienst bleiben konnte. Die Fragen beziehen sich auf mein Wissen um kollektive Geschichte. Die Vater-Geschichten verändern sich. Der Analysand erinnert, daß der Vater stolz erzählt habe, wie er auf einer Hamsterfahrt auf einem vollgedrängten Bahnsteig durch ein Fenster eines Bahnhofshäuschens gesprungen sei, an der anderen Seite wieder rausgerannt sei und es so geschafft habe, sich an der Masse der Leute vorbei in den Zug zu drängen. Der Analysand berichtet auch von einer Tagebucheintragung des Vaters, der klagt, daß er einen Rohrstock auf seinen Schülern zerschlagen mußte. Der fußverletzte wehruntaugliche Nazikritiker? Der Vater scheint ziemlich aggressive und lebenstüchtige Seiten gehabt zu haben. *Diese wahren anderen Geschichten werden sichtbar. Nicht nur der Mythos, auch die andere kollektive Geschichte als historische Information erweitert den Möglichkeitsraum.*

Die sechste Geschichte

Der Ikarus-Geschichte begegnen wir noch häufiger. Sie verwandelt sich. In einer eher sentimentalen Form begegnet sie dem Analysanden in *„Jenseits von Afrika"*, der Verfilmung von Tania Blixens Roman: Der Wegläufer-Geliebte stürzt mit dem Flugzeug ab, als es darum geht, mit der Geliebten, die ihre Farm durch einen Brand verloren hat, dauerhaft zu leben. Die Nähe ist todesbedrohlich. Der Analysand ist von dem Film begeistert. Er identifiziert sich mit dem Helden, denkt über die Angst vor Nähe nach. Er identifiziert sich auch mit dem zärtlichen Löwenpaar. Eros ist in der Analyse anwesend. Zugleich habe ich alle Hände voll zu tun, mich mit seiner Angst vor Nähe und mit der Wegläufer-Seite des Analysanden auseinanderzusetzen, der viele wichtige Gründe hat, wieder und wieder Stunden abzusagen.

Die siebte Geschichte

Vaterfiguren tauchen auf, ein Methodistenpfarrer seiner Kindheit, der so wunderbar Geschichten erzählen konnte: „Meine liebste Geschichte ist die von den *Bremer Stadtmusikanten, soviel Lebenswille – alle waren ausgemustert, da sagt der Esel zu dem Hund: Etwas Besseres als den Tod finden wir allemal."* (30. Stunde) *Ausgemustert* wie der Vater, höre ich. Als wir in den Auseinandersetzungen über das Therapieende, das ich für verfrüht halte, befangen sind, betreut der Analysand eine Schülerwochenendreise, wo Theater gespielt werden soll: Die Bremer Stadtmusikanten. Er bringt mir die Lieder mit, die er für die Kinder gedichtet hat (133. Stunde). Er meint, daß er verdutzt gewesen sei, wieviel die Verse von ihm sagen. Er hat es leicht, sich besonders mit dem alten grauen Hund zu identifizieren, und dem Esel, der sein Ermutigungslied singt: „Komm mit mir nach Bremen". Ich sage ihm, das Lied des Hahns passe auch gut zu ihm. Im Lied stellt der Hahn, der so gerne möchte, daß man seine schöne Stimme hört und der gar nicht für die Suppe geschlachtet werden will, plötzlich fest, daß er Flügel hat und wegfliegen kann. „Echte Flügel", sage ich. „Nicht wie Ikarus", sagt er. Nach dem Wochenende teilt mir der Analysand mit, daß er die Analyse doch weiterführen möchte. Er desertiert nicht im Kampf ums Unbewußte, denke ich – nachträglich. Ich lasse das Märchen noch einmal erzählen. Er stockt, als er von der gerissenen Wehrhaftigkeit erzählen soll, mit der die Tiere die Räuber in die Flucht schlagen und lebenslustig prassen. Er braucht Ermutigung, weiterzuerzählen. Am Ende kommentiert er: „Das ist ja interessant – die kommen gar nicht nach Bremen –, aber sie finden ein Stück gemeinsames Leben – nicht den Tod" (144. Stunde).

Auf welcher Ebene des Narrativen ein Analysand seinen Möglichkeitsraum erweitert, ob die kollektiven Geschichten im Mythos, im Märchen oder in „Jenseits von Afrika" transportiert werden, ob der verlorene oder emotional eingefrorene Teil der persönlichen Geschichte in der eigenen Erinnerung, im Tagebuch des Vaters, über nachträgliche Einfühlung oder über historisches Wissen „wiedergefunden" wird – das kann sehr unterschiedlich sein. Ich habe versucht, praktisch zu zeigen, wie bestimmte Elemente des analytischen Dialogs den potentiellen Raum so verändern, daß sich dem Analysanden neue Bedeutungen und neuer Sinn erschließt. Dabei können manche Anteile vergangener Realität symbolisch bleiben, so das Engagement des Vaters im Nationalsozialismus. War dieser ein „gehbehinderter" Aufsteiger, der die Masse rechts überholte, um auch noch auf den Zug des Lebens aufspringen zu können – und stürzte? Ich benutze die sprachlichen Bilder der Analysanden als Kristallisationspunkte, um narrative Strukturen sichtbar zu machen und Verknüpfungen herzustellen. Mir geht es um das Recht der Analysanden, zu symbolisieren und dadurch sinnliches und affektives Erleben zu bereichern. Die Symbole müssen nicht unbedingt gedeutet und rational erfaßt werden, um das Bewußtsein zu bereichern.

Wie sagt Arundhati Roy in ihrem Roman „Der Gott der kleinen Dinge" (1997, S. 219-220): „Es ist so leicht, eine Geschichte zu ruinieren. Einen Gedankengang zu unterbrechen. Das Fragment eines Traumes zu zerstören, das vorsichtig wie ein Stück Porzellan herumgetragen wird. Genau das nicht zu tun, sondern sich darauf einzulassen ... ist soviel schwieriger."

Literatur

Blixen, T. (1986): Afrika, dunkellockende Welt. Pb. München (Heine 1997).

Bruner, J. (1994): The Narrative Construction of Reality. In: Amantini, M. & Stern, D. N. (Eds): Psychoanalysis and Devellopment – Representations and Narratives. New York (New York UP), S. 15-38.

Erdheim, M. (1993): Psychoanalyse, Adoleszenz und Nachträglichkeit. In: Bohleber, W. (Hg.): Adoleszenz und Identität. Stuttgart (Verlag Intern. Psychoanalyse).

Jung, C. G. (1911/12, 1952): Symbole der Wandlung, Werke V, (1984), Olten (Walter), S. 13/14.

Kahn, M. M. R. (1990): Erfahrungen im Möglichkeitsraum, Frankfurt/M. (Suhrkamp).

Ogden, T. H. (1997): Über den potentiellen Raum/On potential space. In: Forum Psychoanal. 13, (1997), S. 1-18.

Ogden, T. H. (1996): Reconsidering three Aspects of Psychoanalytic Technique. In: Internat. J. Psychoanal. 77 (1997), S.883-899.

Roy, A. (1997): Der Gott der kleinen Dinge. München (Karl Blessing).

Sandler, J. (1994): The unconscious and the Representational World. In: Amantini, M. & Stern, D. N. (Eds): Psychoanalysis and Development – Representations and Narratives. New York (New York UP), S. 63-75.

Schafer, R. (1980/1981): Narration in the Psychoanalytic Dialogue. In: Mitchell, J. T.: On Narrative. Chicago/London (Chicago UP) S. 25-49.

Stern, D. N. (1991): Diary of a Baby. London (Fontana pb).

Stern, D. N. (1996/engl.1995): Ein Modell der Säuglingsrepräsentationen. In: Forum Psychoanal. 12 (1996), S. 187-203.

Winnicott, D. W. (1971): Playing and Reality. London (Tavistock Pub.).

Transgeneratives Trauma und Rebellion

Gabriele Teckentrup

In meinem Beitrag werde ich aus dem Behandlungsverlauf mit einer Jugendlichen aufzeigen, wie das von den Eltern vermittelte Trauma in der Tochter weiterwirkt, wie es in der Phase der Adoleszenz revitalisiert wird und in welcher Weise die Patientin dieses Trauma zu bewältigen versucht hat. Diesen Versuch bezeichne ich als „Rebellion" und beschreibe damit den hysterischen Bewältigungsmodus der Patientin.

Theoretische Überlegungen zur Diagnose

Für das theoretische und klinische Verständnis der Behandlung der Patientin war mir neben dem Konzept von Ilany Koghan (1989) vor allem das von Marion Oliner (1995) über hysterische Persönlichkeitsmerkmale bei Kindern von Holocaust-Überlebenden hilfreich.

Kogan postuliert zwei Mechanismen, die bei einem transgenerativ übertragenen Trauma in der Beziehung zwischen Eltern und Kind wirksam werden: Die Projektion von Wünschen und unerträglichen Gefühle der Eltern auf das Kind und die Anpassung des Kindes an die vermeintlichen Vorstellungen der Eltern über die Identifikation mit eben diesen Projektionen. Der Mechanismus der Identifikation dient dabei zum einen dem Wunsch, einen Zugang zu den Eltern zu finden, die wegen ihres verdrängten Traumas unerreichbar erscheinen, und er ist zugleich eine Abwehr gegen die eigenen Separations-, Trennungs- und Unabhängigkeitswünsche, weil diese Strebungen immer verbunden sind mit der Angst vor totalem Objektverlust. Damit übernehmen die Kinder zugleich die Assimilations- und Anpassungsmechanismen ihrer Eltern, die diese zur Bewältigung ihres Traumas entwickelt haben – in der Regel um den Preis einer eigenen Individualität und Identität (vgl. Kogan 1990, S. 534 ff.).

Oliner entwickelt in ihrem Konzept die These, daß das von Eltern vermittelte Trauma bei den Kindern zu einer hysterischen Pathologie führen kann, und sie folgert daraus, daß hysterische Mechanismen zur Bewältigung eines Traumas geeignet sind.

In Anlehnung an Green (1973) setzt Oliner (1995, S. 299-300) die Wirkung der unausgesprochenen Realität des Traumas, das Eltern an ihre Kinder vermittelt haben, gleich mit der, wie sie der Verführung für die Hysterie beigemessen wird. Innerpsychisch kommt es danach bei Kindern mit einem vermittelten Trauma zu einer Interaktion zwischen innerer und äußerer Realität, in der Wahrnehmungen und Phantasie ständig ineinanderübergehen, so wie Green es für die Verführung beschreibt, wenn er sagt:

„Was dabei ins Spiel kommt, ist keine in die Tat umgesetzte Verführung; wir haben es vielmehr mit winzigen Hinweisen zu tun, die einen entsprechenden Wunsch signalisieren und von dem Mädchen ebenso registriert werden, wie der Eifersüchtige das verführerische Verhalten seiner Liebsten gegenüber dem Rivalen registriert. Was ins Spiel kommt, ist die Funktion, welche die falsche Wahrnehmung des Wunsches für das Mädchen, das verführt werden möchte, hat. Wahrnehmen dient in diesem Fall der Verdrängung. Die äußere Realität entlastet von dem Verbot, dem die innere Realität unterworfen ist. Ebenso wie im Wahn wird die Phantasie vom Realitätskern genährt, die Funktion der Wahrnehmung aber besteht darin, die Phantasie, die sie selbst ausgelöst hat, zu (verdunkeln)" (Green 1973, zit. nach Oliner 1995, S. 301).

Auch nach den klinischen Beobachtungen von Oliner entspricht die Pathologie von Kindern mit einem transgenerativen Trauma häufig den Manifestationen, wie sie für einen hysterischen Verarbeitungsmodus beschrieben sind.

Diese Kinder verfügen über eine bemerkenswerte Ich-Stärke, deren Ich-Funktionen im Gegensatz zu chronischen Psychosen oder einer Borderline-Symptomatik auch nach psychotisch anmutenden kurzen Einbrüchen rasch wiederhergestellt sind und die eher an eine dramatische Inszenierung in einem veränderten Bewußtseinszustand denken lassen als an eine Fragmentierung.

Dasselbe gilt für die Abwehrmechanismen dieser Kinder, insbesondere für die Identifizierungs- und Anpassungsmechanismen, für die Dynamik von Schuld und Unschuld und für die Sexualisierung von Beziehungen.

Daraus folgert Oliner, daß diese Kinder nicht so krank sind, wie sie häufig erscheinen und daß ihr Krankheitsgrad möglicherweise aufgrund einer unzutreffenden Diagnose häufig überschätzt werde (Oliner 1995, S. 296-298).

Genauso ist es mir über eine längere Phase der Behandlung mit der Patientin gegangen, bei der ich zunächst eine Borderline-Störung diagnostiziert habe.

Ich werde im folgenden noch auf einige Aspekte der hysterischen Symptombildung, ihre Genese und Dynamik eingehen, wie sie mir insbesondere für die adoleszente Patientin, um die es im folgenden geht, von besonderer Bedeutung erscheinen.

Vorausschicken möchte ich, daß der Kern der Störung dieser Patientin nicht im ödipalen, sondern im narzißtisch-oralen Bereich liegt, wie Mentzos u. a. (1980) es für die Genese von schweren hysterischen Symptombildungen beschrieben haben.

In der Entwicklungsphase der weiblichen Adoleszenz gilt die Hysterie schlechthin als die Form von Verweigerung dagegen, sich den erwarteten und paradigmatischen Weiblichkeitsentwürfen unterzuordnen (vgl. Chr. v. Braun 1985, S. 255), d. h., der hysterische Modus in der Adoleszenz ist immer auch der rebellische Ausdruck eines Konflikts zwischen den entwicklungsbedingten Trennungs- und Veränderungsstrebungen einerseits und den damit verbundenen Ängsten und Schuldgefühlen andererseits.

Die unbewußte Absicht in der hysterischen Lösung liegt darin, daß die Wahrnehmung der Realität den Wünschen und Ängsten angepaßt wird, um so die beschämende Phantasie zu verdunkeln und unschuldig bleiben zu können, wie Green (1973) es beschreibt. Anders gesagt, ergibt sich der Gewinn aus der hysterischen Symptombildung daraus, daß die Verantwortung für die eigenen Triebwünsche und Trennungsimpulse abgewendet werden kann, weil die Unschuld mit Hilfe von hysterischen Inszenierungen gewissermaßen bewiesen wird. Die Jugendliche selbst bleibt dabei ahnungslos, und sie wird vor sich selbst nicht zur Täterin, sondern zum Opfer der Geschehnisse. Dieser Mechanismus löst dann in der Gegenübertragung immer wieder die hinlänglich bekannten Gefühle von Irritation und die Fragen nach „wahr oder nicht wahr?" aus.

Die hysterische Symptomatik in der Adoleszenz bietet sich vor allem dann an, wenn der Wunsch nach elterlicher Liebe und Verbundenheit nicht in Einklang zu bringen ist mit dem Wunsch nach sexueller Verbindung mit einem neuen Objekt, weil die Angst übermäßig ist, daß durch neue Verbindungen die alten verlorengehen könnten (vgl. Green 1976, S. 645).

Gerade bei Jugendlichen mit einem Übermaß an Traumatisierungen, an Konflikt- und Mangelerfahrungen (vgl. King 1996) löst die Vorstellung, daß die eigene Triebhaftigkeit zu Trennung und Verlust führt und daß dadurch der bislang scheinbar stabile Schutz vor dem Aufbrechen des Traumas zusammenbrechen könnte, massive Ängste aus, endgültig versagt zu haben, weil sie die von den Eltern vermittelten Wünsche nicht erfüllt haben. Dies führt dazu, daß sie sich um so mehr schuldig fühlen an dem Trauma der Eltern, an dem mit ihm verbundenen realen und phantasierten Erleben und Leiden. Dadurch werden wiederum Trennung und Eigenständigkeit erschwert, was dann wie bei der Patientin, um die es im folgenden gehen wird, in einem circulus vitiosus von rebellischen Widerstandsformen, massiven Schuldgefühlen und völliger Anpassung an die tatsächlichen und vermeintlichen Wünsche und Vorstellungen der Objekte münden kann.

Die Fallgeschichte

Die Patientin, die ich im folgenden Ina nennen werde, war knapp 15 Jahre alt, als sie zu mir in Behandlung kam, die 4 1/2 Jahre dauerte und ca. 300 Std umfaßte. In den ersten drei Jahren kam Ina dreimal, dann zweimal wöchentlich.

Beginnen werde ich mit dem Ende der Therapie, in dem Ina ihr Trauma noch einmal inszeniert hat. Vor einer Ferienpause war ich mit meiner Praxis umgezogen und hatte Ina angekündigt, daß die Kassenleistungen endgültig auslaufen werden und daß wir über die Fortführung der Therapie und die Bezahlung ab Herbst sprechen müßten.

Nach den Ferien ruft Ina mich an und teilt mir mit, daß sie nicht mehr kommen werde. Auf meine Bitte hin erklärt sie sich am Telefon mit spürbarem Widerstand noch einmal zu einem persönlichen Gespräch bereit.

Ihr Entschluß stehe fest, eröffnet sie das Gespräch mit versteinertem Gesicht.

„Ich glaube nicht daran, daß man sich im guten trennen kann, wie Sie es immer sagen", fügt sie ironisch hinzu.

Ich fühle mich leer und ratlos. Schließlich sage ich: „Es tut mir leid, mich so von dir zu verabschieden. Ich verstehe aus unserer Arbeit, daß es vielleicht leichter ist, wenn du mich verläßt, als wenn du dich von mir im Stich gelassen fühlst, weil du dir nicht vorstellen kannst, daß wir für die Bezahlung eine Lösung finden."

Ina geht, ohne mich anzublicken.

Ina ist ein Mischlingskind. Ihr Vater ist afrikanischer Herkunft, die Mutter ist eine weiße Deutsche. Die Eltern sind Migranten. Sie haben sich in einem ehemalig sozialistischen Staat kennengelernt und sind aus politischen und persönlichen Gründen in die Bundesrepublik geflohen. Zumindest die Mutter hat seit der Flucht keinen Kontakt mehr zu ihren Eltern, die sich von der Tochter auch wegen ihrer Liebe zu einem schwarz-afrikanischen Mann losgesagt haben.

Die Eltern gehen nach Hamburg. Kurz darauf wird die Mutter schwanger mit Ina. Die Mutter arbeitet als Sekretärin und ernährt die Familie allein, weil der Vater keine für ihn angemessene Arbeit findet. Die Mutter kommt abends spät nach Hause, und die Patientin erinnert sie als abgespannt und streng, so daß Ina häufig Angst hatte, etwas falsch zu machen und die Mutter zu enttäuschen. Ina wird in diesen ersten Lebensjahren tagsüber vom Vater betreut. Sie erlebt ihn oft traurig, und sie habe versucht, ihn zu trösten. In dieser Zweisamkeit zwischen Vater und

Tochter entsteht eine Intimität, in der Ina zunehmend die sexuellen Wünsche des Vaters erfüllt, weil sie hofft, sie könne ihn damit glücklicher machen. Ina hat das Gefühl, für die Eltern eine große Bedeutung zu haben, und zugleich erlebt sie sich wie eine Puppe, immer bestrebt, sich den vermeintlichen Wünschen des Vaters und denen der Mutter anzupassen, damit sie eine glückliche Familie werden. Die Geburt der Schwester ist für Ina, sie ist sechs Jahre alt, wie ein Zusammenbruch dieses Arrangements. Sie glaubt, beide Eltern an die Schwester zu verlieren. Der Vater habe sich nicht mehr für sie interessiert, und die Mutter hatte noch weniger Zeit. Sie versucht, den Vater für sich zurückzugewinnen, indem sie ihm sexuell noch mehr entgegenkommt. Zwischen den Eltern gibt es zunehmend auch gewalttätige Auseinandersetzungen. In einer dieser Situationen holt Ina fremde Hilfe, weil sie Angst hat, der Vater tue der Mutter etwas an. Noch in der gleichen Nacht verläßt die Mutter fluchtartig mit den beiden Kindern die Wohnung. Der Vater zieht kurz darauf aus Deutschland weg. Ina hat ihn seither nicht mehr gesehen. Er schreibt hin und wieder Briefe, in denen er über sein Schicksal klagt und sie ermahnt, eine Tochter zu sein, auf die er stolz sein könne.

Als Ina 12 Jahre alt ist, kommt sie über eine Freundin in eine Clique. Sie gerät dort an Drogen und geht auf den Strich, um Geld dafür zu verdienen. Als sie aufhören will, wird sie von mehreren Männern in eine Wohnung verschleppt und dort vergewaltigt. Einer von ihnen lauert ihr weiterhin auf und droht, auch der Schwester etwas anzutun, wenn sie reden würde.

Als ich Ina zum ersten Mal sehe, bin ich zunächst verwirrt. Im Wartezimmer meine ich einen attraktiven männlichen Jugendlichen zu sehen, der sich auf meinen Blick von sich aus höflich und wie selbstverständlich als Ina vorstellt.

Ina ist groß und kräftig. Sie trägt – wie während der ganzen Behandlung hindurch – Jeans. Sie hat auffallend lange Beine. Ihre Gesichtshaut ist hell, nur die vollen Lippen und die sehr kurz geschnittenen krausen Haare zeugen von ihrer afrikanischen Herkunft.

Nach den Erstgesprächen gelange ich zu der Auffassung, daß Ina zunächst stationär behandelt werden muß. Sie ist suizidal. Sie kann nicht allein sein, weil sie unter massiven Ängsten leidet und sich von überall verfolgt fühlt und nicht in der Lage ist, sich selbst zu schützen.

Ina willigt in meinen Vorschlag ein unter der Bedingung, daß sie dann bei mir eine Therapie machen könne, was ich ihr in Aussicht stelle.

7 Monate später kommt Ina unangemeldet zu mir und verkündet, daß sie sich nach einem Wochenendurlaub entschlossen habe, nicht wieder in die Klinik zurückzugehen und ob wir nun die Therapie beginnen könnten. Nach mehreren

425

Gesprächen mit ihr gewinne ich den Eindruck, daß sie in der Lage ist, eine ambulante Therapie durchzuhalten. Zugleich verstärkt sich in mir die Unklarheit, wie ihre Störung einzustufen sei. Die Klinik hatte eine Borderline-Störung diagnostiziert, wovon ich jedoch immer weniger überzeugt bin. Die Begriffe „Hysterie" und „Inszenierung" kommen mir jedoch nicht in den Sinn, was ich im nachhinein so verstehe, als wäre ich damit auf eine Wahrheit gestoßen, die zu dem Zeitpunkt der Therapie noch verborgen bleiben mußte.

Der Behandlungsverlauf

Den Fokus werde ich im folgenden insbesondere auf Inas verzweifelten Versuch richten, einen Zugang, eine Verbindung zu mir in der Übertragung zu den Eltern zu finden, die wegen ihres verdrängten Traumas, vor allem wohl das der Enttäuschung über ihre nicht erfüllten Hoffnungen und Ideale, die sie mit ihrer Liebe und der Flucht in die Freiheit verbunden hatten, von Anbeginn an für sie kaum erreichbar waren (vgl. Kogan 1989). Die Ängste, die narzißtischen Einbrüche, die damit einhergingen, die Anpassungs- und Assimilationsmechanismen, die Ina dagegen mobilisierte, möchte ich an den folgenden Sequenzen aufzeigen:

Während der ganzen Behandlungszeit kommt Ina pünktlich und regelmäßig zu den Stunden, wie ich es bei einer Jugendlichen bislang kaum erlebt habe.

Sie vermittelt mir dadurch zunächst in narzißtischer Weise, wie wichtig ich für sie bin, wie notwendig und angewiesen sie auf die Stunden und auf mich ist. Sehr rasch erlebe ich diese Zuverlässigkeit aber auch als eine Beziehungsklammer, mit der sie mich kontrolliert und an sich bindet, mit der sie die Grenze zwischen Subjekt und Objekt aufzuheben versucht, weil sonst das Objekt verlorengehen oder aus Enttäuschungswut vernichtet werden könnte.

Ina sieht mich nie direkt an. Während der Therapiesitzungen sitzt sie mir gegenüber mit halb geschlossenen Augen und gesenktem Kopf wie eine Büßerin. Sie vermittelt mir das Gefühl, als habe sie eine Mauer um sich errichtet, hinter der sie sich vor mir verbergen und schützen kann. Ich verstehe erst allmählich, daß dies ein Weg für sie ist, auf dem wir die gefürchtete Realität vermeiden und uns gegenseitig in der Phantasie als idealisiertes Objekt halten und gestalten sollen.

Daneben ist es für Ina kaum möglich, sich der äußeren und inneren Verbundenheit mit mir sicher zu sein.

Dies zeigt sich zunächst vor allem am Stundenende.

Es gibt drei Varianten der Trennung, die ich anfangs nie mit dem Stundenverlauf in Verbindung bringen kann. Häufig erhebt sich Ina langsam von ihrem Sessel und schleicht mit gesenktem Kopf zur Tür, wobei sie wie ein kleines Kind wirkt, das von mir in die Kälte und Dunkelheit geschickt wird. Dabei kommt es vor, daß sie etwas im Wartezimmer vergessen hat, weshalb sie nach kurzer Zeit zurückkommt, um es zu holen, wobei sie jedesmal auch die 10-Minuten-Pause abwartet, damit ich sie sehe. Dann wieder steht Ina abrupt auf, verläßt wortlos den Behandlungsraum, als sei sie froh rauszukommen, während ich innerlich darüber nachdenke, was ich falsch gemacht haben könnte. Insbesondere zu Beginn der Therapie murmelt Ina häufig beim Rausgehen Sätze wie:

„Ob ich lebe oder ob in China eine Leiter umfällt, vielleicht ist es doch besser, ich werfe mich vor ein Auto, denn die Therapie hat sowieso keinen Sinn."

Neben der anfänglichen Angst, sie könnte sich tatsächlich etwas antun, spüre ich auch Ärger, der mich zugleich erleichtert, weil ich das Gefühl habe, daß Ina in ihrer Wut gegen mich und mein Setting auch ein Stück Seperation wagt. Nach diesen Situationen ruft Ina fast immer an, meist von unterwegs aus einer Telefonzelle, was bedeutet, daß sie die 10 Minuten zwischen meinen Stunden strategisch genau abpaßt, um mich zu erreichen und mir zu sagen, daß ich mir keine Sorgen zu machen brauche und daß ihr leid tue, was sie gesagt habe.

Einerseits rühren und erleichtern mich ihre Anrufe. Ich verstehe sie im Sinne Winnicotts zum einen als Kontrolle, ob ich ihre Wut überlebt habe oder ob ich trotz ihrer Wut für sie erreichbar geblieben sei, aber auch als ihre Fähigkeit, um mich besorgt zu sein. Zunehmend aber erlebe ich diese Anrufe, ihr plötzliches Erscheinen in der Praxis ebenso wie die Flut ihrer Briefe, die sie mir auch nach Hause schickt oder bringt, wie die Belagerung meiner Person und wie einen Angriff auf das von mir gesteckte Setting. Ich fühle mich ausgeliefert und ohnmächtig, vor allem, weil ich keine Sprache finde, mit der ich meinen Ärger über ihr Agieren benennen und Grenzen setzen könnte.

Schließlich rutscht mir an einem Stundenende, nachdem Ina wieder gedroht hat, sich umzubringen, der Satz raus:

„Therapie ist für das Leben, wenn du dich umbringen willst, entscheidest du dich zu sterben, und dann brauchst du keine Therapie."

Ina scheint überrascht, und es hat den Anschein, als sei sie erleichtert und erschreckt zugleich, daß es ihr gelungen ist, zu mir durchzudringen.

Inas Dilemma zwischen Anpassung und ihren Trennungs- und Separationsstrebungen zeigt sich daneben vor allem in ihrem Schweigen und in ihrer, aber auch in meiner Sprachlosigkeit:

Über eine längere Phase beginnt Ina am Stundenbeginn niemals von sich aus zu sprechen. Das Schweigen, das sich zwischen uns ausbreitet, erlebe ich als quälend.

Ich bekomme das Gefühl, sie sacke immer tiefer in ein depressives Loch und ich verliere die Verbindung zu ihr. Ich gerate unter Druck, von mir aus mit dem Sprechen zu beginnen, weil ich sie sonst in sadistischer Weise allein lassen würde, und zugleich habe ich das Gefühl, ich zwinge ihr damit mein Thema auf. Dann wieder erscheint mir diese Situation wie ein Machtkampf darum, wer das Schweigen zuerst brechen könnte. Ich fühle mich ohnmächtig, abhängig und ärgerlich, und wieder finde ich für meinen Ärger keine Sprache.

Allmählich verstehe ich diese Übertragungssituation:

Ina ist sowohl in ihrer Anpassung als auch in ihrer Rebellion dagegen mit beiden Eltern identifiziert. Eigenständiges Handeln könnte zur Separation führen, und Sprache und Sprechen könnten das Tabu verletzen, das vor dem Aufbrechen des Traumas schützt. Damit würde der Mechanismus der Identifikation durchbrochen, mit dem Ina in einer Verbindung zu den Eltern steht. Die latente Gefahr für Ina liegt darin, daß sie durch Trennung ihre narzißtische Bedeutung verlieren und dann tatsächlich ein „Dreck und ein Nichts" sein könnte, wie sie es wegen ihrer schwarzen Herkunft zunehmend auch in der gesellschaftlichen Realität bestätigt findet.

Danach kann ich zu Ina sagen: „Du weißt nie, ob du nicht etwas anrichtest, wenn du redest."

Ina schweigt einen Moment: „Ich weiß nie, ob Sie sich wirklich für mich interessieren", und nach einer Weile herausfordernd: „Wenn Sie wüßten, was ich alles gemacht habe, dann könnten Sie mich nicht mehr leiden und würden mich rauswerfen."

Ich: „Du fühlst dich schuldig und schlecht und glaubst, daß ich nicht zu dir stehe, so wie es deiner Mutter, aber auch deinem Vater ergangen ist", sage ich vorsichtig und dann: „Es ist schlimm, nicht genau zu wissen, ob der andere zu dir steht, und deswegen mußt du immer eine sichtbare Reaktion als Beweis herausfordern."

Nach dieser Stunde legt Ina mir einen Zettel vor die Behandlungstür: „Das Vertrauen wächst." Mir kommt es vor, als habe ich eine Bewährungsprobe bestanden.

In der folgenden Phase wird Inas Ambivalenz deutlich zwischen ihrem Wunsch zu reden und ihrer Angst, was sie damit anrichten könnte, zwischen ihrer Sehnsucht nach Nähe und zugleich ihrer Angst davor, weil „Beziehungen immer enttäuschen". Wie beim Vater, bei dem sie in ödipaler Weise versucht hat, ihre innere Leere zu füllen, und der auf ihre Fragen und Wünsche körperlich sexuelle Antworten gab, wie in der Situation, als sie ihn für immer verloren hat, weil sie glaubt, ihn verraten zu haben, als sie fremde Hilfe geholt hat; wie bei der Geburt der Schwester, die sie traumatisch als tiefen narzißtischen Verlust erlebt hat, als Strafe der Eltern für ihre Mängel.

Vorsichtig beginnt Ina in den folgenden Sitzungen, ihre „schlechten Seiten" vor mir auszubreiten: Die Drogen, den Strich, ihre Verachtung und Eiseskälte den Freiern gegenüber, die Vergewaltigung durch die Zuhälter und ihre Schuldgefühle deswegen. Nach dem anfänglichen Entsetzen lassen mich ihre Erzählungen merkwürdig unberührt. Ich ertappe mich dabei, daß ich sie in voyeuristischer Weise spannend und schrecklich finde, daß ich sie aber nicht recht glauben kann. Ich bekomme zunehmend das diffuse Gefühl, daß sie vom Eigentlichen ablenken sollen. Schließlich verstehe ich, daß ich in meiner Gegenübertragung Gefühle empfinde, wie Ina sich in der Beziehung zu den Eltern erlebt haben mag.

Während Ina darüber spricht, fällt sie unvermittelt immer wieder in einen tranceähnlichen Zustand, der oft bis zum Ende der Stunde andauert. Ich befürchte zunächst, sie könne psychotisch werden, und bin zugleich irritiert, daß sie sofort präsent ist und abrupt geht, wenn ich das Ende der Stunde anspreche.

In ihren Trancezuständen erscheint sie wie ein Opfer, während ich mich in der Gegenübertragung wie eine sadistische Vergewaltigerin erlebe, die Ina zwingt zu sprechen.

Deutlich wird dabei, daß Ina durch diese Inszenierung auch unserer Beziehung ausweicht, ihren Wünschen an mich, ihrer narzißtischen Enttäuschungswut und ihren damit verbundenen Schuld- und Schamgefühlen. Mit Hilfe der Spaltung in Opfer und Täter, in „gut gleich weiß" und „schlecht gleich schwarz" bleibt sie in Identifikation mit der Mutter einerseits die Starke, die „es schon schafft", und damit unschuldig, und zugleich ist sie in ihrer Schlechtigkeit mit dem Vater, mit seinem Versagen und seiner Schuld verbunden, ein Zwiespalt, der sich in Inas Hautfarbe, aber auch in ihrem androgynen Körperbild widerspiegelt.

Zunehmend wagt Ina sich an das Eigentliche heran.

Der Weg dahin führt zunächst über den ödipal sexualisierenden Versuch, mich für sich zu gewinnen und über ein Geheimnis an sich zu binden.

In der Übertragung werde ich deutlicher zum Vater, mit dem sie sich gegen die Mutter und die Schwester verbünden will. Sie schreibt mir Gedichte, in denen ich idealisiert werde und die einen erotischen Beiklang haben. Sie läßt ihre Haare wachsen und sieht weniger männlich aus. Sie vermittelt mir, das alleinige und auserwählte Objekt ihrer Wünsche und Sehnsucht zu sein.

Die erotische Spannung, die Ina zwischen uns erzeugt, verstehe ich dabei im Sinne Khans (1974), daß sie mit Hilfe der Sexualisierung die Leere und Einsamkeit füllen möchte, die sich durch die unerfüllte Sehnsucht nach der Mutter in ihrem Innern ausgebreitet haben.

Ina erzählt von ihrem Haß und ihrem Neid auf die Schwester, die von der Mutter alles bekomme, von ihrer Wut auf die Mutter, die niemals einen Fehler zugebe, und wie schlecht sie sich dagegen fühle:

„Ich bin eben wie mein Vater."

„Schwarz", werfe ich ein.

„Noch nicht einmal das, ich bin gar nichts. Das ist der einzige Fehler, den meine Mutter zugibt, daß sie einen schwarzen Mann geheiratet hat", sagt Ina sarkastisch.

Ich: „Dann bist du der lebendige Beweis für ihre Verfehlung, und du hast ihr wie eine gute Tochter durch deine ‚Schlechtigkeit', wie du es nennst, zugleich die Schuld abgenommen. Ich verstehe deine Wut auf deine Schwester, denn du hast das Gefühl, daß sie dir mit ihrer Geburt etwas Wichtiges genommen hat, das Gefühl, daß du deinen Eltern etwas bedeutest."

Am Ende der Stunde bleibt Ina an der Tür stehen. Wir stehen uns gegenüber, Ina blickt zu Boden und fragt leise: „Würden Sie mich einmal in den Arm nehmen?"

Ich fühle mich überrumpelt und verwirrt. Ich will dem Wunsch fast nachgeben, als ich mich innerlich wappne und zu ihr sage: „Bevor ich das tue, möchte ich mit dir darüber reden, damit wir beide deinen Wunsch verstehen."

In den darauffolgenden Stunden geht Ina merklich auf Distanz zu mir.

Wieder fehlt mir die Sprache, was ich verstehe, als könnten wir damit ein Tabu verletzen.

Statt dessen ritzt sich Ina wieder, was sie eine Zeitlang nicht gemacht hatte und was sie mir nun anklagend und schuldbewußt zeigt. Am Ende einer Stunde legt sie mir Rasierklingen und eine Packung Aronaltabletten auf den Tisch: „Heben Sie sie auf, damit ich sie nicht nehme."

Zum ersten Mal ist es nun möglich, darüber zu sprechen, daß Ina sich damit auch an mir rächt, indem sie mir wie der Mutter meine therapeutische Unfähigkeit beweist, weil ich ihr nicht die Beweise von Zuneigung und Zärtlichkeit gebe, die sie braucht, um sich nicht so allein und verlassen zu fühlen.

Kurz darauf will Ina nur noch zweimal in der Woche kommen, weil sie es neben der Schule – sie geht inzwischen in die 12. Klasse des Gymnasiums – nicht schaffe. Sie teilt mir das als Entscheidung mit, so daß meine Überlegungen dazu keinen Raum finden.

„Anders kann ich das nicht", bemerkt sie auf meinen Einwurf verstockt, „ich füge mich sonst doch."

Vorsichtig wagt Ina, sich „zu sehen", was sich zunächst darin zeigt, daß sie am Stundenanfang beginnt, darüber zu sprechen, daß sie auch bei ihren Klassenkameraden lieber Einsamkeit in Kauf nehme, lieber diejenige sei, die sich zurückzieht, und daß sie lieber die Schuld auf sich nehme, weil sie sich dann nicht so abhängig und überflüssig fühle: „Ich kann dann auf die anderen wütend sein und muß nicht Angst haben, daß die mich im Stich lassen."

„Wenn man nicht sicher sein kann, daß man mit dem anderen wirklich verbunden ist, dann muß man ganz viel anstellen. Der plötzliche Rückzug, die Flucht ist dabei immer noch eine Lösung für dich. So hast du es bei deinen Eltern erlebt, und vielleicht ist das dein Weg, mit ihnen verbunden zu bleiben", bemerke ich, und in dem Moment spüre ich Tränen bei mir, was mich zutiefst erschreckt.

Ina schreibt mir nach der Stunde einen Zettel.

„Ich habe gesehen, daß Sie geweint haben, das hat mir Angst gemacht, aber ich war auch unheimlich erleichtert. Danke."

Ina, sie ist inzwischen fast 18 Jahre, beginnt eine Beziehung zu einem Mann, der 15 Jahre älter ist als sie, der verheiratet war, ein Kind hat und nicht in Hamburg lebt.

Als bewahre sie damit ihre unschuldige Ahnungslosigkeit, überläßt Ina es mir, auf die Reinszenierung der ödipalen Kindheitssituation hinzuweisen.

Aber sie könne so gut mit ihm reden, er rufe jeden Tag an, und dann telefonierte sie stundenlang, verteidigt sie sich, als wolle ich ihr die Beziehung verbieten. Sie habe Angst, mit ihm schlafen zu müssen, aber das schaffe sie schon, das mache sie wie damals, wobei sie den Strich meint, da habe sie es auch über sich ergehen lassen. Ich bin tief erschrocken und frage, ob sie sehen könne, was sie sich da antue.

„Weil er sonst die Beziehung beendet, und ich brauche ihn, ich brauche jemanden für mich."

Ich: „Wie beim Vater."

Ina guckt mich an: „Sind Sie böse mit mir?"

Ich: „Nicht böse, sondern besorgt. Wir wissen beide, daß Sexualität bislang immer ein Weg war, von dem du geglaubt hast, er hilft dir aus der Einsamkeit heraus, und zugleich wurdest du damit immer enttäuscht."

„Halten Sie trotzdem zu mir?" fragt Ina besorgt.

Es ist, als teste sie in der Folgezeit ihre Frage an mich, die ich zunehmend auch im ödipalen Sinne verstehe, inwieweit es möglich ist, mit mir verbunden zu bleiben, auch wenn sie mich ausschließt.

Sie füllt die Stunden mit ihrer Angst, wenn er nicht anruft, mit Einzelheiten über die Sexualität, die sie mit ihm hat, und wie dreckig sie sich dabei fühlt. Ich bekomme den Impuls, ihr den Mann zu verbieten, weil das Quälende so unerträglich erscheint, und zugleich erlebe ich ihre Beziehung zu ihm wie einen Rettungsanker gegen ihre Angst, allein zu sein, aber auch für ihre zunehmenden Trennungswünsche von mir.

In dieser Phase gibt es zunehmend heftige, haßerfüllte und erstmals offene Auseinandersetzungen mit der Mutter.

Ich: „Du bist dabei, deine eigenen Wege zu gehen. Aber du fühlst dich dafür schuldig und schlecht und glaubst, daß du dafür bestraft werden mußt. So schiebst du die Schuld dafür auf deine Mutter, und sie gibt sie dir zurück. Schuld ist ein starkes Bindeglied zwischen euch."

Kurz darauf zieht Ina von zu Hause aus zu einem befreundeten Ehepaar. Sie ist überrascht, daß die Mutter ihr den Weg zurück offenhält, „anders als ihre Eltern es mit ihr gemacht haben", bemerkt sie erleichtert.

In dieser Zeit zieht der Freund ihretwegen nach Hamburg, was bei Ina heftige Ambivalenzen auslöst. Sie befürchtet, alles könne zu nahe werden und daß sie wieder nicht nein sagen könne. Kurz nach seinem Umzug inszeniert Ina einen Streit mit ihm und trennt sich abrupt, „weil ich es anders nicht kann".

„Weil Trennungen in deiner Familie immer ein Bruch, ein plötzliches Verschwinden und nie ein wirklicher Abschied waren, wie du es mit deinem Vater erlebt hast", ergänze ich.

Ina gerät in eine tiefe Krise. Sie klagt, daß sie sich einsam und allein fühle, sie könne nicht schlafen und fahre nachts mit dem Fahrrad umher. Ich erlebe sie wie zu Beginn der Behandlung. In der Gegenübertragung fühle ich eine tiefe Hoffnungslosigkeit, und ich bekomme Zweifel an dem Sinn der Therapie, was mir Schuld- und Versagensgefühle, was mich aber auch wütend auf Ina macht.

Sie beginnt, sich wieder zu ritzen und fährt in ihrer Not nachts in die Ambulanz eines Krankenhauses. In der folgenden Stunde legt sie mir stumm das Protokoll des Psychiaters auf den Tisch.

Ich fühle mich von ihr bestraft und verraten und spreche ihre Enttäuschung über mich an: „Ich denke, daß du dich an mir rächst, weil ich dir nicht gebe, was du dir von mir wünschst. Aber vielleicht ist das auch nicht in Worte zu fassen."

Ina zuckt mit den Schultern: „Sie sind eben doch bloß meine Therapeutin."

Ich: „Ich halte dir Stand, und das erscheint dir, als habest du versagt."

Am Ende einer der folgenden Stunden, in der sie überwiegend geschwiegen hat, murmelt sie beim Rausgehen, daß sie nicht mehr nach Hause zurück könne und nicht wisse, wohin sie gehen solle.

E., der Mann, sei nachts in ihr Zimmer gekommen und habe ihr eine Liebeserklärung gemacht. Sie habe sich zwar massiv gegen ihn zur Wehr gesetzt, aber ihm dann doch versprochen, niemandem etwas davon zu sagen. Nun wisse sie nicht , wie sie B., der Frau, in die Augen sehen könne.

„Was mache ich bloß immer, daß mir das passiert?" fragt sie verzweifelt.

Ich bin zunächst erschrocken, und dann überfällt mich eine heftige Wut auf den Mann, aber auch auf Ina.

Schließlich sage ich: „Sexualität ist leichter zu ertragen als Einsamkeit, und sie ist immer auch eine Rache für dich. Vielleicht bist du auf B. wütend und enttäuscht, weil sie zu ihrem Mann hält und dich nicht so beachtet, wie du es dir wünschst, und zugleich hast du Angst, E. zu verraten, wie bei deinem Vater."

Ina nickt, auf E. könne sie wütend sein, aber B. wolle sie nicht verlieren.

Einige Zeit darauf lernt Ina in den Ferien A. kennen.

A. ist Afrikanerin, und sie hat ebenfalls ein traumatisches Flüchtlingsschicksal. Sie ist verheiratet und hat zwei Kinder. Ina und A. beginnen eine Liebesbeziehung.

Nach den Ferien berichtet Ina mir davon: „Ich habe endlich einen Menschen gefunden, der so fühlt wie ich, und ich bin noch niemals so glücklich gewesen."

A. verläßt ihren Mann und die Kinder und zieht zu Ina nach Hamburg.

Ina erscheint mir zunächst völlig verändert. Sie wirkt erwachsener, und sie begegnet mir distanzierter. In meinem Erschrecken über die Wiederholung, die Ina, die offensichtlich beide Frauen inszenieren, erlebe ich mich in der Übertragung wie die Großeltern, die der Mutter die Beziehung zum Vater verboten haben. Spürbar aber wird zugleich, daß Ina zum ersten Mal das gefunden zu haben glaubt, was sie so verzweifelt gesucht hat – das Gefühl der Verbundenheit mit einem Menschen: „Zum ersten Mal fühle ich mich nicht mehr so allein."

In dieser Zeit findet Ina auch eine Verbindung zum Gefühl der Mutter, die vielleicht ebenso immer etwas gesucht und dafür so viel auf sich genommen habe. Und die Mutter unterstützt sie in dieser Zeit auch real.

A. begleitet Ina zu den Stunden und wartet draußen. Ich bekomme den Eindruck einer symbiotischen Verbundenheit und fühle mich innerlich weit von Ina entfernt.

In den Stunden werden ihre erheblichen Loyalitätskonflikte spürbar.

Als ich das anspreche, nickt Ina: „A. ist auf alles, was ich mache, eifersüchtig, aber ich kann doch nicht alles aufgeben für sie, das halte ich nicht aus."

Vorsichtig wagt Ina, von Schwierigkeiten mit A. zu erzählen, wobei deutlich wird, wie zerrissen und überfordert sie sich fühlt zwischen ihren inneren und den äußeren Ansprüchen und Wünschen an sie und der Angst, die Beziehung zu A. zu gefährden. Sie überlegt, die Schule kurz vor dem Abitur zu verlassen.

„Ich denke, dieses Opfer würdest du dir und A. nie verzeihen", bemerke ich.

„Ich brauche Sie, um das alles durchzustehen", sagt sie in der Stunde vor den Ferien, in die ich gehe und nach denen sie mir mitteilt, daß sie die Therapie beenden will.

Zwei Monate nach dem Ende, das ich am Anfang beschrieben habe, ruft Ina mich an. Sie bittet um eine Stunde mit mir, weil sie mir etwas zeigen wolle. Sie kommt in einem wunderschönen Kleid, ihrem ersten, bemerkt sie lächelnd, das habe sie sich neulich gekauft. Wie ein Geschenk legt sie mir stolz ihr sehr gutes Abiturzeugnis auf den Tisch.

„Sie hatten recht", sagt sie dann leise, „ich bin zu schnell gegangen, ich brauche Sie noch ganz oft, weil alles mit A. und den Kindern – die inzwischen bei ihnen wohnen – so schwierig ist. Aber nun ist es zu spät."

„Du hast dich getrennt, aber nicht Abschied genommen, vielleicht weil du sehen willst, ob du wiederkommen kannst", sage ich berührt.

„Es tut gut, daß ich Sie erreichen kann."

Zusammenfassung

Ina war ein von beiden Eltern narzißtisch hoch besetztes Kind, und sie stand von Anbeginn an unter der Last der Bedeutungen, die die Eltern auf sie projiziert hatten. Weil Ina gedrängt wurde, mehr zu leben, als sie vermochte und sich selbst durch ein Leben aus zweiter Hand bestätigen mußte, wie Recamier (1952) es für die hysterische Dynamik beschreibt, war es ihr kaum möglich, einen eigenen inneren Raum für ihre subjektiven Empfindungen, für eine eigene weibliche Identität zu entwickeln:

Ina war der Ersatz für das Kind, das die Mutter unter dem Druck ihrer Eltern vor der Flucht abgetrieben hat, und sie war zugleich ein „Wiedergutmachungskind". Sie war als „Wiedervereinigungskind" der lebende Beweis für den „Mut" der Mutter zu fliehen, für ihre Rebellion gegen die starren und „verlogenen Normen" der sozialistischen Gesellschaft. Vor diesem Hintergrund wurde Ina zur Trägerin des Traumas beider Eltern, die sie mit Hilfe projektiver Abwehr zur Wiederholung ihres Traumas brauchten, weil sie selbst nicht in der Lage waren, ihre Gefühle von Enttäuschung, von Trauer und Aggression über den Verlust ihrer mit der Flucht verbundenen Hoffnungen und Ideale in sich zu erleben und zu halten. Über den Weg der Identifikation und Anpassung an die tatsächlichen und an die vermeintlichen Bedürfnisse der Eltern versuchte Ina, eine Verbindung zum Inneren der Eltern zu finden und bewahrte dabei das Tabu um das Trauma der Eltern im Schweigen. (Vergl. Kogan 1989)

Mit Beginn der Pubertät und mit der damit einhergehenden Brüchigkeit der kindlichen Abwehrstruktur begann Ina, insbesondere die aggressiven Projektionen zu agieren und ihre Schuldhaftigkeit zu inszenieren, indem sie wie die Eltern gegen die geforderten Normen der Moral bis hin zur Selbstdestruktion rebellierte und dadurch immer wieder mit einem von beiden Elternteilen in identifikatorischer Weise verbunden blieb. Wie Vera King (1996, S. 151-152) schreibt, erschweren oder verunmöglichen gerade in der weiblichen Adoleszenz traumatische innere Objektbeziehungen den komplexen Integrationsprozeß, weil sie in der Entwicklung unmittelbar das Verhältnis zum eigenen Geschlecht berühren. In der geforderten Individuierungsarbeit der Ausbalancierung eines sich verändernden Verhältnisses von Selbst und Objekt wird dabei der weibliche Körper zum Austragungsort oder zur Bühne der psychischen Spannungen, Verstörungen oder hysterischen Inszenierungen.

Meine „Erkenntnis", daß Ina für die Bewältigung ihres Traumas keine Borderline-Störung, sondern eine hysterische Lösung gefunden hat, war m. E. von entscheidender Bedeutung für den Behandlungsverlauf. Zum einen veränderten sich dadurch in progressiver Weise meine Vorstellungen über ihre Stärken und ihre Möglichkeiten darüber, was ich ihr zumuten konnte, mit denen sich Ina im Laufe der Übertragungsdynamik schließlich projektiv identifizieren konnte. Zum anderen wurde es dadurch möglich, ihre Anpassungsmechanismen, ihre Schuldverstrickungen und die sexuelle Lösung, mit der sie die Gefühle um ihr Trauma unter Kontrolle zu bringen versuchte, in der Übertragungsbeziehung nicht nur zu erleben, sondern sie schließlich auch zu sehen und eine Sprache dafür zu finden, um sie in den dargestellten Grenzen zu bearbeiten (vgl. Oliner 1995).

Literatur

Green, Andrè (1976): Die Hysterie. In: Eicke, D. (Hrsg): Die Psychologie des 20 Jahrhunderts, Bd. 2. Zürich, S. 623-651.

King, Vera (1996): Halbierte Schöpfungen – Die Hysterie und die Aneignung des genitalen Innenraums: Urszenenphantasien in der Adoleszenz. In: Seidler, G. H. (Hrsg): Hysterie heute. Metamorphosen eines Paradiesvogels. Stuttgart (Euke), S. 144-165.

Kogan, Ilany (1989): Vermitteltes und reales Trauma in der Psychoanalyse von Kindern von Holocaust-Überlebenden. In: Psyche 44, S. 533-543.

Mentzos, Stavros (1980): Hysterie. Zur Psychodynamik unbewußter Inszenierungen. Frankfurt/M. (Fischer 1997).

Oliner, M. M. (1990): Hysterische Persönlichkeitsmerkmale bei Kindern Überlebender. In: Bergmann, Jucovy, Kestenberg (1990): Kinder der Opfer, Kinder der Täter. Psychoanalyse und Holocaust. Frankfurt/M. (Fischer 1995), S. 292-321.

Recamier, P.-C. (1952): Hysterie et Theatre. In: De Psychoanalyse en Psychiatrie. Paris (Payot 1979), S. 135-164.

Mißhandlung und Mißbrauch im Kindesalter

Traumatisierung im Kindesalter und posttraumatische Somatisierung

Überlegungen an der Schnittstelle von Psychoanalyse und Neurobiologie

Michael Naumann-Lenzen

Zunächst möchte ich, um die grassierende Beliebigkeit im begrifflichen Umgang zu vermeiden, mit einem Vorschlag zur Trauma-Typisierung beginnen, den Lenore C. Terr in mehreren Veröffentlichungen vorgelegt hat (z. B. 1995). Dann werde ich anhand einer Fallvignette ein behandlungstechnisches Problem erörtern, dem wir begegnen, sofern wir es in der klinischen Vorgeschichte mit *wiederholter* Traumatisierung und den dadurch ausgelösten Bewältigungsstrategien zu tun haben. Mein besonderes Interesse gilt dabei den Bedingungen, die wir vorfinden, wenn der Beginn der Traumatisierung oder das gesamte Traumatisierungsgeschehen in der präverbalen Lebensphase anzusiedeln ist. Anschließend möchte ich diese Problemlagen aus der Perspektive der Neurobiologie betrachten, da das traumatische Geschehen in einzigartiger Weise in primitive – oder besser: basale neuronale – Steuerungsebenen eingreift, in Ebenen, die *jenseits* dessen liegen, was wir als „psychodynamisch implementierte" Steuerung beschreiben können. Die psychodynamischen Gegebenheiten, welche wir klinisch bei einer Traumatisierungsvorgeschichte antreffen, lassen sich in der Regel – und dies ist meine These – nur erfassen in Kenntnis dieser Fehlsteuerungen auf den vorgelagerten Ebenen. Schließlich werfen diese Überlegungen dann Fragen auf im Hinblick auf sich eröffnende klinische Optionen.

Traumatypus und assoziiertes Störungsbild

In analytischen Kreisen haben die durch ausführliche empirische Untersuchungen fundierten Überlegungen von Lenore C. Terr viel Beachtung und Anerkennung gefunden. Sie unterscheidet zwei Klassen kindlicher Traumaerfahrung. Typus I

beinhaltet die Folgen eines einmaligen und oft unerwarteten, jähen Ereignisses, das wie ein *Schlag* empfunden wird, beispielsweise eine natürliche Katastrophe, ein Unfall oder ein Gewaltverbrechen. Typus II beinhaltet die Folgen oft lang anhaltender, zunehmend erwartungskonsistenter traumatischer Einwirkungen, beispielsweise lang andauernde innerfamiliale Gewalt und sexuellen Mißbrauch. Diesem Bereich habe ich auch meine Fallvignette entnommen. Sehr häufig ist man in der Praxis jedoch auch mit einer *Kombination* dieser beiden Traumaklassen konfrontiert. Lenore Terr (1991/1995, S. 304) hebt nun zunächst *4 Merkmale* hervor, die in den meisten Fällen kindlicher Traumatisierung gefunden werden, *gleichgültig, auf welchem Traumatypus sie basieren:*
– *Flash-backs:* lebhafte, oft visualisierte und hartnäckige iterative Erinnerungen oder szenische Intrusionen. Sofern Kinder zum Zeitpunkt der Traumatisierung reifungsbedingt noch nicht in der Lage waren, verbal-semantische Erinnerungen zu bilden, stützen sich diese Erinnerungseinbrüche vor allem auf bildhafte Encodierungen des sogenannten Imaged Memory System (Schacter und Tulving 1994) und auf Hinweise aus dem prozeduralen Gedächtnis, die dann häufig auch in Verbindung mit
– *repetitiven Verhaltensweisen* auftreten. Dies können etwa das stereotype Wiederholen von Spielsequenzen oder Zeichnungen oder zwanghaft wiederholte Verhaltensweisen sein, die auf psychodynamischer Ebene den Zweck magischer Angstabwehr erfüllen können. Auf sensorisch-regulativer Ebene dienen sie häufig der Spannungsregulation (pacification, down-regulation).
– *Traumabezogene Ängste und Befürchtungen:* Hierbei handelt es sich in der Regel um eng umschriebene Objekte oder situative Gegebenheiten, die in direkter Verbindung mit dem traumatischen Erleben stehen. Die verheerendste Auswirkung des traumatischen Erlebens besteht jedoch in einem die Gesamtpersönlichkeit und Gesamtentwicklung beeinträchtigenden, allgemeinen
– *Einstellungswandel gegenüber Mitmenschen, dem Leben und der Zukunft.* Dieser Wandel besteht in einem tiefgreifenden Vertrauens- und Sicherheitsverlust, in der allmählichen Aufgabe zentraler Kontrollüberzeugungen bezüglich Selbstkompetenz und Beeinflußbarkeit des eigenen Schicksals. Das Kind verliert seinen Entwicklungsoptimismus und lebt gleichsam nur noch „von Tag zu Tag".
Unvorhergesehene, einzelne Ereignisse konstituieren nun die klassische kindliche Traumaerfahrung vom Typus I, wie Lenore Terr sie im Anschluß an Anna Freud (1980, S. 1819 ff.) beschreibt. Im Nachgang zu diesen Erfahrungen finden sich üblicherweise die Merkmale der *Repetition, Vermeidung und Hypervigilanz.*

Besonders kennzeichnend ist jedoch die *Persistenz ungewöhnlich detailgenau-er und lückenloser Erinnerungen* und die *anhaltende kognitive Neubewertung und Überprüfung des Geschehens* (vgl. Terr 1995/1991; Pynoos u. a. 1987). Das Kind ringt dabei um eine Legitimation, eine Erklärung für das Ereignis. Warum geschah das, was geschah, und warum traf es gerade mich? Wie hätte ich es vermeiden können? Da das Motiv für dieses insistierende Grübeln darin besteht, die persönliche Kontrolle über die Willkür von Schicksalsschlägen zu reinstallieren, besteht die Gefahr einer Übernahme von persönlicher Verantwortung für das Geschehen mit all den negativen Folgen einer sich anschließenden *Schulddynamik*. Schließlich finden sich bei diesem Traumatypus häufig auch visuelle Fehlwahrnehmungen und mitunter bizarre Halluzinationen, die irreführend psychosenah anmuten können.

Sofern traumatische Erlebnisse vom Typus II vorliegen, sofern also das Kind lang anhaltenden, zunehmend erwartungskonsistenten Erfahrungen ausgesetzt ist (beispielsweise Mißhandlung), wird sich seine mentale Aktivität zunächst auf die Frage konzentrieren, wie eine Wiederholung vermieden werden kann. Sofern und je länger diese gleichsam alloplastischen Bemühungen scheitern, werden sie in zunehmend autoplastische umschlagen (intrapsychische Abwehr). Allfällige Merkmale sind dann „massive Verleugnung, Verdrängung, Dissoziation, Selbstbetäubung, Selbsthypnose, Identifikation mit dem Aggressor und Autoaggression" (a. a. O., S. 311 f.), die in der Regel zu einem tiefgreifenden Persönlichkeitswandel führen. Vorherrschende Affektlagen sind Gefühlsleere, diffuses Wutempfinden und aggressive Reaktionsbereitschaft sowie persistierende Traurigkeit. Diese Gefühle sind unterfüttert von allgegenwärtiger Angst. Die häufig getroffenen *diagnostischen Einordnungen* erstrecken sich auf Verhaltensstörungen und Konzentrationsstörungen in Verbindung mit hypermotorischer Auffälligkeit einerseits und auf Störungen aus dem depressiven und dissoziativen Formenkreis andererseits. Diagnostisch assoziiert sind ebenfalls narzißtische, insbesondere aber Borderline-Störungen, sowie dissoziative Identitätsstörungen (ehemals „multiple Persönlichkeitsstörung").

Ricarda C.: Dissoziativer Rückzug als Schutz gegen sensorische Traumatisierung des präverbalen Selbst

Vor mir sitzt die 16jährige Ricarda. Mit ihren ebenmäßigen, madonnenhaften Gesichtszügen wirkt sie wie einem Konterfei der französischen Salonmalerei des 19. Jahrhunderts entsprungen. Sie scheint gleichmütig-unnahbar, spricht kaum und wenn, dann mit einer piepsig-kraftlosen Stimme. Glanzlichter ihres mimischen Ausdrucks sind Anflüge eines verlegenen Lächelns. Häufig relativiert sie ihre Äußerungen ins Unbestimmte mit einem stereotypen „ich weiß nicht". Ricardas Affekterleben scheint wie gelähmt, abgestorben. Nichts scheint für sie wirklich Bedeutung gewinnen zu können, für nichts kann sie sich wirklich entscheiden. Sie weiß nur, daß sie sich bei ihren Pferden wohl fühlt, wenn sie allein in der Natur ist, aber selbst dann weiß sie nicht, ob sie das wirklich interessiert. „Die Menschen sind mir eine Last", sagt sie. Sie ist von einem unüberwindbaren Widerwillen gegen Verpflichtungen, die sie in einen Zwangszusammenhang mit ihren Mitmenschen stellen, erfüllt. Dies betrifft vor allem die Schule. Sie scheut sich jedoch ebenso, tiefere Beziehungen einzugehen, sie scheut die damit verbundenen Verpflichtungen und Einengungen. „Vielleicht bin ich deshalb gerne mit Pferden zusammen", mutmaßt sie lächelnd.

Ricarda ist mir von ihrer Mutter vorgestellt worden wegen Schulversagens bzw. ihrer Unfähigkeit, Lernstoff aufzunehmen, zu behalten und wiederzugeben. Während des Unterrichts überkommt sie häufig eine bleierne, unbezwingbare und wie narkoleptisch anmutende Müdigkeit, und sie schläft ein. Immer wieder spricht sie davon, daß sie den Lärm in der Klasse schwer ertragen könne, daß das laute Sprechen und das Stimmengewirr sie verwirre; sie könne dann nicht mehr klar denken, schweife mit ihren Gedanken ins Unbestimmte und werde „wie in einem Sog, dem ich mich nicht entziehen kann, müde". Zudem werde sie häufig und auch vorzugsweise während des Unterrichts von ihr unerklärlichen Weinkrämpfen überfallen, die von keinerlei Vorstellungsinhalten begleitet seien. Oft verfällt sie im Unterricht aber auch in Tagträume: Sie versetze sich dann in die unendlichen Weiten Montanas. Ihr Lieblingsfilm ist „In der Mitte entspringt ein Fluß" – sie träumt dann vom ungezähmten Voluntarismus des Protagonisten, aller Verpflichtungen los und ledig. Nachts leidet Ricarda unter quälenden Schlafstörungen. Stundenlang liege sie verzweifelt wach und habe das Gefühl angespannten Grübelns; sie ist aber unfähig anzugeben, worüber. Häufig schreckt sie dann, wenn sie eingeschlafen ist, aus Alpträumen mit lebhaft paranoiden Inhalten auf oder aus Alpträumen, in denen Massaker stattgefunden haben. Um sich zum Lernen zu zwingen, ist sie aus freien Stücken auf ein Internat gewechselt; nach einem halben Jahr scheidet sie dort aus und gilt nun als „unbeschulbar". Gegenwärtig versucht sie, an einer Abendschule zumindest ihren Realschulabschluß nachzuholen; doch eine Wiederholung derselben Probleme zeichnet sich ab. Ricarda empfindet das Schulversagen insbesondere deshalb als ärgerlich, da so ihr selbstgestecktes Ziel, eine „reiche, unabhängige Rechtsanwältin" zu werden, in unerreichbare Ferne rückt.

Ricarda, Einzelkind, wohnt mit ihrer Mutter, einer Erzieherin, allein zusammen. Die Beziehung zur Mutter schildert sie als unproblematisch; Konflikte fänden nicht statt. Die Mutter bemerkt, es sei schwierig, sich mit Ricarda zu streiten; sie lasse einen „kalt auflaufen". Ricarda sagt – und sie wirkt dabei unbeteiligt und emotionslos –, die Mutter habe sie noch nie verstanden. Sie kann dafür kein Beispiel nennen; dies „sei halt so". Sie habe diesbezüglich in bezug auf die Therapie übrigens auch keine Erwartungen, aber das sei nicht weiter schlimm, wenn nur ihre Beschwerden aufhören würden.

Im therapeutischen Verlauf liegt der Fokus über ein halbes Jahr hauptsächlich auf diesem Aspekt in seinen unterschiedlichen Manifestationen: der Überzeugung, nie verstanden worden zu sein und der Umsetzung der korrespondierenden Erwartung in der therapeutischen Übertragung. Dennoch bleibt mein Unbehagen, daß diese lebensgeschichtlichen Vorerfahrungen die dramatischen Symptome, die Affekt-„Paralyse", besonders deren somatische (Schlaf-„Attacken") sowie paranoide Anteile (Alpträume), nicht hinreichend erklären können. Auch die detaillierte anamnestische Befragung der Mutter zu den allerersten Lebensjahren ergibt keinen befriedigenden Aufschluß. Es gibt zwar viele Anzeichen für Turbulenzen, aber Ricarda hatten wechselnde Fremdbetreuung, Mitnahme in den Kindergarten noch im ersten Lebensjahr von frühmorgens bis spätnachmittags, heftige Konflikte und Trennung der Eltern, nach Auskunft der Mutter unbeeindruckt gelassen. „Die machte alles mit, hat sich nie beschwert."

Den entscheidenden Hinweis erhalte ich dann von Ricarda selber. Sie spricht wieder über die Abendschule; wie geradezu körperlich schmerzhaft sie den Lärmpegel empfinde (obwohl sie wisse, daß dies de facto nicht zutreffe). Diese Lautstärke verwirre sie regelrecht; sie könne dann nicht mehr klar denken. „Ich will mir dann nur noch die Ohren zuhalten." Sie hält an diesem Punkt plötzlich wie erschrocken inne. Sie bemerkt, ihr sei gerade eingefallen, wie sie sich früher im Kindergarten immer die Ohren zugehalten habe. Das Erstaunliche nun ist, daß Ricarda – während ich sie weiter dazu befrage und sie auffordere, während ihrer Rekonstruktion der Situation sich diese möglichst lebhaft zu vergegenwärtigen –, daß Ricarda eine heftige Müdigkeitsattacke überkommt. Diese Attacken werden erneut jedes Mal auftreten, wenn wir über den Kindergarten sprechen.

Mit Hilfe der Mutter und im Beisein von Ricarda bemühe ich mich nun um weitere anamnestische Rekonstruktion. Dabei entsteht nun ein ganz anderes Bild der frühen Zeit: Nach wechselnden Betreuungen hatte die Mutter sich gegen Ende des ersten Lebensjahres entschlossen, Ricarda tagsüber mitzunehmen in den Kindergarten, wo sie arbeitete. Dort war Ricarda mehr oder weniger sich selbst überlassen. Zunächst habe sie eine ganze Weile lang „wie am Spieß geschrieen", und die Mutter habe sie immer wieder kurzfristig zu beruhigen versucht. Ricardas

„ganzer Körper sei in Aufruhr gewesen". Schließlich sei Ricarda dazu übergegangen, inmitten all des lärmenden Treibens und des Durcheinanders von Kindern sich still in die Ecke zurückzuziehen „wie unter einen Glassturz". Oft habe sie sich dabei die Ohren zugehalten oder habe dem Treiben den Rücken zugekehrt. Sehr oft sei sie dabei eingeschlafen. Überhaupt sei Ricarda ein ausgesprochener „Vielschläfer" geworden; in der Regel habe man sie zu den Mahlzeiten wecken müssen.

Ich möchte kurz die wichtigsten Aspekte des peritraumatischen Prozesses und der sekundären, posttraumatischen Anpassung von Ricarda erwähnen. Es handelt sich unzweifelhaft um eine Traumatisierung im Bereich der basalen, somatosensorischen Selbstregulation. Ricarda war völlig überfordert damit, die Regulation ihres Spannungsniveaus allein zu bewerkstelligen, und die Mutter konnte ihr dabei nicht wirklich helfen. Mit Stern (1985) könnte man formulieren, daß im Bereich des präverbalen Selbst das grundlegende Empfinden von Selbst-Wirksamkeit und Effektanz wesentlich geschädigt wurde. Ricarda rettete sich in einen Zustand von sensorischer und affektiver Einkapselung *(sensual shut-down)*, um einen essentiellen Reizschutz aufrechtzuerhalten. Die Folgekosten, die sie dafür zahlen mußte, waren allerdings enorm. Auf sehr primitiven mentalen Steuerungsebenen kam es – so meine Hypothese – zu einer Musterübertragung dieser „Modellszenen" (Lichtenberg 1989) in Permanenz, und zwar in sämtlichen Situationen, die genügend Hinweisreize auf eine analoge Beschaffenheit zum traumatisierenden Original enthielten. John Gedo (1979) bezeichnete diesen Bereich des präverbalen Selbst als im klinisch-therapeutischen Sinne „jenseits der Deutung", d. h. durch verbal-verstehende Techniken schwer beeinflußbar, und diskutierte in späteren Veröffentlichungen (z. B. 1991) immer wieder technische Modifikationen, um diesen Herausforderungen begegnen zu können. Ich glaube, daß unser herkömmliches Verständnis von *psychodynamischer* Ursächlichkeit Störungsbilder wie das von Ricarda nur unzureichend abdeckt, da wir damit lediglich *einen Teil* der posttraumatischen Anpassungsleistungen unseres Gehirns erfaßt haben. Ich möchte Ihnen dies in einem nächsten Schritt erläutern und mich deshalb jetzt einigen neurobiologischen Befunden sowie Befunden aus der Gedächtnisforschung zuwenden – und zwar mit der Fokussierung auf das trauma-spezifische Leitthema essentieller Bedrohung.

Neurobiologische Überlegungen zur Psychodynamik posttraumatischer Belastungsstörungen (PTBS) bei Kindern

Man geht mittlerweile davon aus, daß PTBS zu den Störungen zu zählen sind, die wie wenige andere tiefgreifend, *d. h. auf sehr „primitiven" Steuerungsebenen,* in neurobiologische Regelkreise eingreifen und daß diese Veränderungen wesentlich auch die Gegebenheiten auf psychodynamischer Ebene beeinflussen werden. Dies gilt aus entwicklungsneurologischen Gründen, die ich noch erörtern werde, in ganz besonderer Weise für Kinder.

Man muß sich zunächst vor Augen führen, daß unser Gehirn strukturell so ausgelegt ist, daß es – unter *durchschnittlich* zu erwartenden Bedingungen – optimal seinen übergeordneten Zweck erfüllen kann, nämlich das Überleben des Gesamtorganismus zu sichern. Es ist, wie ein Neurobiologe es prägnant formulierte, *„an anticipation machine in the face of survival".* Diese „Maschine" folgt dabei der heuristischen Leitlinie *„better safe than sorry".* Auf mehreren, insbesondere auf den evolutiv alten bzw. ontogenetisch frühen Steuerungsebenen sind multiple biologische Voranpassungen installiert. Diese befähigen den Organismus zu überlebenssichernden Anpassungsprozessen unter Ausschluß langwieriger und riskanter Lernerfahrungen. Ein Beispiel dafür sind die festgelegten, interaktionellen Handlungsmuster *(fixed action patterns)* im Bereich der Mutter-Kind-Bindung. Aber, und dies ist im Hinblick auf das traumatische Geschehen entscheidend, dies ist eine Voranpassung, die sich evolutiv bewährt hat im Kontext durchschnittlich zu erwartender Bedingungen. *Eben diese Bedingungen aber sprengt der traumatische Prozeß.*

Man kann nun sagen, daß ein Wesensmerkmal des posttraumatischen Prozesses in einem gescheiterten und äußerst erfahrungsresistenten *one-trial learning* (im Falle des Traumatypus I) oder einem multiple-trial learning (im Falle des Typus II) besteht – also in einem gescheiterten Lernprozeß, der eine Kaskade weitergehender Fehlanpassung auslöst. Diese basiert auf einer abnormen *Sensibilisierung* neuronaler Netzwerke für bestimmte Merkmale des äußeren und/oder inneren Milieus. Sie kann, wie gesagt, durch eine einmalige und nachhaltige Prägung oder ebenso durch serielle Häufung von Stressoren erfolgen. In jedem Fall resultiert dies in sogenannte „hypervigilanten" mentalen *Präkonzepten,* durch welche weitere Informationsaufnahme und -bewertung gefiltert wird. Ist erst einmal eine derartige Sensibilisierung eingetreten, kann eine gleich starke neuronale Aktivation durch eine weit geringere Stimulus-Intensität ausgelöst werden. Meist geschieht dies durch assoziativ im erweiterten neuralen Umfeld lediglich lose assoziierte Stimuli. So kann beispielsweise das Bild eines Schäferhundes oder auch nur ein in der ursprünglichen traumatischen Szene vorüberfahrendes Auto zu identischer Angstmobilisierung wie die Urszene führen und in eine anschließende dissoziative Episode einmünden. Bildlich gesprochen befindet sich das Gehirn in einem permanenten *„stand-by-and-scanning-Modus"* im Hinblick auf potentielle, traumaverwandte Gefahrenquellen und deren Abwehr. Aus Sicht der analytischen Abwehrlehre wäre anzufügen, daß es sich hierbei häufig um eine „kaschierte" Verbindung zur ursprünglichen, traumatisierenden Situation handeln wird. Dies geschieht beispielsweise in Form der „Verschiebung" des Angstgeschehens auf Objekte, die ein Mindestmaß an *Kontrolle* und somit Sicherheitsgefühl gestatten. Dies wäre dann gleichsam der Symptomgewinn (vgl. Fischer/Riedesser, a. a. O., S. 56; Beispiele dafür finden wir etwa in der Agoraphobie, bei Trennungsängsten, Zwängen oder der Kontrolle über den anorektischen Körper etc.).

Ein weiteres und im Hinblick auf ein Verständnis der Trauma-Reaktion ganz wesentliches neuronales Organisationsprinzip ist das Prinzip der *multiplen Repräsentation (parallel processing of information,* „Konnektionismus"). Es beinhaltet das mehrfache Encodieren und Auswerten von eintreffender Information in unterschiedlichen neuronalen Netzen (Daum, Schugens, Ackermann, Lutzenberger, Dichgans, Birbaumer 1993; Olds 1992, S. 419 ff.). Um bei akuter Bedrohung schnell und wirkungsvoll Gegenmaßnahmen initiieren zu können, hat die Evolution das menschliche Hirn durch diese multiple Repräsentation mit abgestuften Optionen auf eine Abkürzung der Informations-, Auswertungs- und Reaktionszeiten ausgestattet. Dies geschieht im Wege der *Abkürzung neuronaler Kreisläufe* auf mehreren Systemebenen *(„fast track loops").*

Auf der ersten Ebene des *Stammhirns und des peripheren Nervensystems* beinhaltet dies das angeborene Repertoire an Reflexen, das es uns ermöglicht, auf Gefahren in fixierter und unwandelbarer Weise im Mikrosekundenbereich motorisch zu reagieren. Ein Beispiel dafür wäre der Lidreflex. Eine zweite evolutive Ebene hat ihren Sitz im *peripheren Nervensystem, im Stamm- und Kleinhirn sowie den vermittelnden Strukturen* (das sogenannte *reptilian brain).* Dort werden sensomotorische Schemata erlernt und organisiert nach Maßgabe des operanten Konditionierens. Innerhalb einer temporalen Ordnung werden dort unmittelbar aufeinanderfolgende Ereignisse in einem Ursache-Wirkungs-Bezug erlebt. Diese „Arbeitshypothese" ist in den meisten Fällen richtig und hilfreich, in manchen zwar unzutreffend, aber harmlos, in einigen Fällen jedoch unzutreffend und schädlich. Der Organismus beantwortet bestimmte Schlüsselereignisse mit einer, so könnte man sagen, zunehmend und gleichsam „zwanghaft" konditionierten Reaktion, die sich zusammensetzt aus angeborenen Reflexen und deren motorischen Abwandlungen, den sensomotorischen Schemata (Crittenden 1997, S. 3 f.). Diese Reaktionen beantworten somit die Frage, *wann* eine Gefahr eintritt; sie erfolgen sehr rasch und sind ebenfalls vorbewußt. Wichtig ist, daß diese beiden Reiz-Reaktions-„Abkürzungs-Schleifen" völlig unabhängig von den höheren Nervenfunktionen der Hirnrinde und des limbischen Systems operieren können (Glickstein 1992). In der Regel birgt dies überlebensentscheidende Vorteile. In Situationen jedoch, die nach einer differenzierteren kognitiven Auswertung verlangen, kann dieser „Zeitvorsprung" der niederen neuronalen Systeme die höheren mentalen Funktionen vor gleichsam irreversible Faits accomplis stellen. Diese beiden ersten Funktionsebenen des Gehirns umfassen vor allem das, was in der Gedächtnisforschung als „prozedurales Gedächtnis" bezeichnet wird.

Von entscheidender Wichtigkeit für das Erkennen und die Abwehr einer Gefahr ist jedoch ebenso Information darüber, *wo* diese auftreten wird (vgl. Crittenden 1997, S. 4). Diese Information liefert eine dritte neuronale Ebene: das *limbische System und der Paleokortex*. Hier werden bestimmte, bevorzugte Stimuli in *Affekte* umgewandelt (Le Doux 1995; MacLean 1987, 1990). Im Falle des Erkennens von Gefahren handelt es sich dabei im wesentlichen um die Signale „Angst" oder „Wohlbefinden". Sie weisen darauf hin, mit welcher Sollwert-Abweichung ein Kontext als gefährlich oder sicher eingestuft werden kann. Zusätzlich stellen sie, neben der motivierenden Initialzündung, ein „Rumpf"-Handlungsprogramm bereit (Tomkins 1962, 1963, 1991, 1993; Izard 1994; Schwartz 1992; Basch 1988; Krause 1990, 1983; Moser und von Zeppelin 1996; Jones 1995). „Angstauslösende Reize bestehen vornehmlich aus distalen (d. h. von der Körpermitte abgewandten, M. N.-L.) Reizen, beispielsweise Dunkelheit, plötzliche laute Geräusche oder Stille, bestimmte Gerüche, mangelnde Fluchtmöglichkeit, Alleinsein. Diese Reize lösen (neben den Reaktionen auf autonomer Ebene, also beispielsweise erhöhte Herz- und Atemfrequenz und Blutdruck, M. N.-L.) Kampf, Flucht oder Schreckstarre aus. Mit Wohlbefinden und Behagen assoziierte Reize sind eher proximaler Natur d. h. körpernah, beispielsweise enger Körperkontakt, streichelnde und wiegende Bewegungen. Diese bewirken Explorationsverhalten" (Crittenden 1997, S. 4). Anders ausgedrückt: Die affektiven Vorgänge auf limbischer Ebene – also die Ausschüttung von Neurohormonen – signalisieren dem Gehirn die *Bedeutung* von Informationen und sorgen beispielsweise dafür, ob eine Erinnerung Aufnahme in das Langzeitgedächtnis findet. Eine massive neurohormonelle Ausschüttung zum Zeitpunkt eines Traumas etwa würde dies bewirken. Dies kann dazu führen, daß diese Erinnerung zu lange „zu leicht" auslösbar bleibt – d. h. wenn sie eigentlich für gegenwärtige Erfahrung belanglos ist – und dieselben traumatischen Erlebnisqualitäten herbeiführt, was seinerseits eine Verstärkung der Sensibilisierung bewirkt usw. (van der Kolk u. a. 1996, S. 214 ff.). Es entsteht dadurch eine Art „geschlossenes System", das gegen Erfahrungslernen hochresistent geworden ist und sich statt dessen mit immer denselben, gleichsam autogenen Rückkoppelungsereignissen versorgt.

Steuerungs-Schleifen auf dieser dritten, limbischen Ebene stellen eine weitere Möglichkeit des Organismus dar, das Kriterium des Zeitgewinns, das bei der Gefahrenabwehr oft die entscheidende Rolle spielt, auf vorbewußter Ebene zu berücksichtigen. Auch hier besteht ein wesentlicher Vorteil darin, daß die Risiken von Erfahrungslernen vermieden werden, da es sich um angeborene Affekt-Programme handelt. Allerdings werden diese Beschleunigungsvorteile auf Kosten der Stimulus-Unterscheidung und somit folgerichtig auch der Differenzierung und Angemessenheit auf Handlungsebene erzielt. Denn diese Abkürzungen unterlaufen die differenziertere Kontextanalyse auf der vierten, der *kognitiven Ebene* (Hirnrinde, besonders präfrontaler Kortex und Cerebellum, vgl. van der Kolk, Mc Farlane, Weisaeth [1996, S. 279 f.]). Nur hier kann beispielsweise in vielen Fällen der unterschiedliche Bedeutungsgehalt *ähnlicher* Reize erkannt werden. Dies kann im Hinblick auf Fehlanpassung und Pathogenese von wesentlicher Bedeutung sein, wenn der ähnliche Reiz objektiv nicht mit Gefahr gekoppelt ist, subjektiv aber als Hinweis auf Gefahr gedeutet wird.

Das Gehirn behandelt diejenigen Objekte in seinem Wahrnehmungsumfeld bevorzugt, die aufgrund ihrer Charakteristika bestimmte Schwellenwerte hinsichtlich „Reizneuheit" und „Reizintensität" überschreiten. Handelt es sich dabei um einen potentiell *bedrohlichen* Reiz, wird die Option auf eine differenziertere Analyse im präfrontalen Kortex definiert durch den Raum-Zeit-Dringlichkeitskoeffizienten, den das limbische System signalisiert. Bewegt sich die Aktivation in einem mittleren Bereich, ist es, wie wenn die Arbeitsanweisung an das Gehirn lautete: „Es besteht noch Zeit (und Raum) zum Überlegen! Nimm sie dir für nüchterne Überlegung!" Dies gibt dem präfrontalen Kortex Gelegenheit zu weiterer, differenzierter, integrativer Auswertung der aus der sensorischen Peripherie und den verschiedenen Bereichen des ZNS eintreffenden Daten. Und es gewährt in vielen Fällen immense Vorteile im Hinblick auf gelingende Anpassung und psychische Gesundheit. Bei hoher Aktivation hieße es umgekehrt: „Schnell! Ohne weitere Überlegung zum Handeln übergehen!" (denn es handelt sich um eine zeitlich und räumlich unmittelbare Gefahr).

Die Kehrseite der Hypersensibilisierung für bestimmte Reize besteht nun in einem Ausschluß von oder einer verminderten Ansprechbarkeit für eine Vielzahl von Reizen, die beantwortet werden müßten, um sich angemessen im Hier und Jetzt orientieren zu können. Dadurch erfährt die absolute und relative mentale Präzenz des Traumas eine zusätzliche Steigerung.

Diese verminderte Ansprechbarkeit für traumairrelevante Ereignisse bewirkt Veränderungen im ZNS, die den Auswirkungen anhaltenden Reizentzuges ähneln.

Auf der Ebene der Fähigkeit, Affekte zu erkennen, sie als Signale für die Fokussierung der Aufmerksamkeit einzusetzen, tritt allmählich das ein, was als *„emotional shut-down"* bezeichnet worden ist. Krystal (1968) bezeichnete diese Menschen als „dead to the world". Er bemerkte (1978), daß die „Gefühle von Menschen mit PTBS anscheinend ihre Signalfunktion eingebüßt haben, nämlich als Aufforderung, zu Anpassungshandlungen überzugehen. Bei PTBS sind Gefühlsaktivation und zielgerichtetes Handeln oft entkoppelt. Deshalb verwenden diese Menschen Aktivation häufig nicht mehr als Aufforderung, auf Empfangsbereitschaft für neu eintreffende Informationen zu schalten. Statt dessen neigen sie zum unvermittelten Übergang vom Reiz zur Reaktion, ohne daß sie in der Lage wären, die Bedeutung des Geschehens auszuloten. Ihre Antwort besteht in Kampf-oder-Flucht-Reaktionen. Dies bewirkt Schreckstarre oder veranlaßt sie zu überschüssigen Reaktionen, mit denen sie andere, als Reaktion auf unbedeutende Provokationen, einschüchtern" (zit. nach van der Kolk 1996, S. 219). Ihre Fähigkeit zum „Denken als Probehandeln" (Freud) ist stark eingeschränkt, da die Phantasiefunktion – als affektgeleitetes Spiel mit diversen Optionen – eingefroren wird. Studien an traumatisierten Kindern (z. B. Rieder und Cichetti 1989) haben gezeigt, daß die generalisierte Affekthemmung gleichsam als „Sicherung" gegen traumatischen Kurzschluß dient und zur Lähmung der Spiel- und Phantasiefunktion führt. Dies wiederum führt zu einer empfindlichen Einbuße an Kreativität, Flexibilität und Lern- bzw. Aufnahmefähigkeit. Bereits erreichte Entwicklungserrungenschaften werden aufgegeben, und es kommt häufig zu einer regressiven Wende in mehreren Funktionsbereichen.

Viel ist über das Kernelement der posttraumatischen Kondition, den *dissoziativen Vorgang*, spekuliert worden. Wie ist es zu erklären, daß so viele Trauma-Opfer über keine verbal-expliziten oder *narrativen Erinnerungen* an das Geschehen verfügen – immerhin, wie man weiß, eines der wesentlichen therapeutischen Hindernisse? Die Hirnforschungen der letzten Jahre vermitteln uns jedoch mittlerweile ein besseres Verständnis dafür, wie intensive Erregungszustände das „richtige" Bearbeiten und Speichern von Informationen behindern und dazu führen können, daß diese lediglich auf somatosensorischer und ikonischer Ebene verfügbar sind. So haben z. B. *Neuro-Imaginationsstudien mit PTBS-Patienten unter Trauma-Exposition eine* verminderte Aktivität des Sprachzentrums (Broca'sches Zentrum) ergeben (van der Kolk u. a. 1996), also der Hirnregion, die wesentlich an der Transformation von Erfahrung in Sprache beteiligt ist. Gleichzeitig war eine erheblich gesteigerte Aktivation in Bereichen in der rechten Hemisphäre feststellbar, von denen man annimmt, daß sie wesentlich an der Affektgenerierung beteiligt sind (limbisches System, besonders die N. Amygdalae). Da das Erleben von

Angst besonders eng mit diesem Bereich assoziiert ist, spricht man auch vom „worry circuit". Weiterhin wiesen PTBS-Patienten ein vermindertes Volumen des hippocampalen Bereichs im limbischen System auf. Die Aufgabe des Hippocampus besteht in der Erstellung einer „kognitiven Landkarte", die als Arbeitsvorlage zur „Endredaktion" an die kortikalen Bereiche weitergereicht wird *(working memory)*. Die Weiterleitung der aus den N. Amygdalae eintreffenden Informationen an den Hippocampus und die Einordnung in dieser „Landkarte" wird nach Maßgabe der Koordinaten „Raum", „Zeit" und „Kausalität" vorgenommen. Dem Hippocampus kommt also eine ganz entscheidende integrative Funktion zu im Hinblick auf die vollständige und detailgenaue Auswertung von Informationen. Man weiß nun, daß ein hohes limbisches Stimulationsniveau (wie es unter traumatischen Bedingungen vorherrscht), diese Zuordnung der von den N. Amygdalae eintreffenden Informationen „unterbricht". Dies, so nimmt man an, führt langfristig zu einer hippocampalen Volumeneinbuße, sofern diese Unterbrechung des Informationstransfers beibehalten wird. Eben diese Beibehaltung der Unterbrechung ist aber für den Post-Trauma-Status kennzeichnend. Im Endeffekt resultiert dies in der vorhin erwähnten „Kurzschluß-Bearbeitung" eintreffender Informationen *(fast-track-loop)*: Diese bestehen dann lediglich aus raum-, zeit- und kausalitätslosen sensorischen Sprengstücken, die dem Informationsniveau des Thalamus und der N. Amygdalae entsprechen. Die Alarmreaktion verhindert, daß sie vom Hippocampus bearbeitet und von dort an den präfrontalen Kortex zur vollgültigen Integration weitergereicht werden können (van der Kolk 1996, S. 293 ff.). Traumaopfer verspüren unter Reaktivierung somit heftige, aber gleichsam namenlose Affekte, Empfindungen und sogenannte „heiße" Erinnerungen. „Ihre Körper geraten in einen Erregungszustand, unter Umständen mit begleitender Aktivierung von Erinnerungs-Bruchstücken. Aber sie sind unfähig, klare mentale Konstrukte der Erfahrung zu bilden. Unter dem Druck, ihr inneres Gleichgewicht wiederzufinden, benutzen sie ihre Muskeln. Entladung in die unwillkürliche Muskulatur führt hierbei zu psychosomatischen Reaktionen, Entladung in die gestreifte Muskulatur zu Handlungen. Beide Lösungen ziehen mit aller Wahrscheinlichkeit Nachteile nach sich; keine von beiden birgt viel Aussicht auf Erfahrungslernen" (a.a.O., S. 296). Studien an traumatisierten Kindern (u. a. Burgess, Hartmann und Baker 1995; Terr 1988; Gaensbauer, Chatoor und Drell 1995) bestätigen, daß viele dieser Kinder, ganz ähnlich wie Erwachsene, das Trauma nicht in explizite Erinnerung umwandeln, sondern es, psychoanalytisch gesprochen, im Verhalten „agieren".

In diesem Zusammenhang ist nun die folgende Anmerkung von van der Kolk für klinische Erwägungen von höchstem Interesse. Er bemerkt, daß „das Weiterbestehen störender, traumabezogener Empfindungen, auch *nach* narrativer Rekonstruktion, in Widerspruch zu der Annahme steht, daß die wachsende Fähigkeit, die traumatische Erfahrung in Worte zu fassen, zuverlässig dazu beitragen wird, *flashbacks* zu vermeiden – eine scheinbar zentrale Annahme einer Vielzahl von Behandlungskonzepten" (van der Kolk 1996, S. 289).

Wenn wir diese Befunde nun in Verbindung setzen mit der frühen, also der Traumatisierung im Kindesalter, so tritt folgerichtig der *Reifungs- und Entwicklungsgesichtspunkt* hinzu. Dieser Gesichtspunkt nötigt uns, sehr genau zwischen den neurobiologischen, psychodynamischen und persönlichkeitsrelevanten Folgen einer Traumatisierung im Kindes- und einer solchen im Erwachsenenalter zu unterscheiden. Worin bestehen diese Unterschiede?

Ich hatte zuvor das die neuronalen Vorgänge regulierende Prinzip der Sensibilisierung umrissen und erläutert, wie dies posttraumatische Reaktionsbereitschaften steuert. Wenn wir nun diesen Sensibilisierungsgesichtspunkt sowie das Prinzip der multiplen Repräsentation mit dem Reifungsgesichtspunkt zusammendenken, ergibt sich folgendes Bild: „Erfahrungen, die im ausgereiften Gehirn zu Sensibilisierung führen (beispielsweise PTBS, M.N.-L.) oder Lernen ermöglichen, werden beim noch reifenden Gehirn dessen *generelle Leistungsfähigkeit* bestimmen. Im wesentlichen bedeutet dies, daß dieselben einzigartigen molekularen Merkmale des nervösen Gewebes, welche das reife Gehirn befähigen, neue Information zu speichern, auch verantwortlich sind für die *Organisation* des Gehirns während seiner Entwicklung" (Perry 1995, S. 275). Perry bezeichnet dies als „anwendungsabhängige Reifung des Gehirns", und er fährt fort: „Dies bedeutet, daß die verschiedenen Areale des ZNS sich sukzessiv organisieren und deshalb entweder (in sogenannten ‚kritischen Perioden') ... organisierende Erfahrungen ... benötigen oder in den sogenannten ‚sensiblen Perioden' sehr empfänglich für diese sind. Eine Störung der erfahrungsabhängigen neurochemischen Signale in diesen Phasen kann zu größeren und mitunter irreversiblen Abweichungen oder Defiziten neurologischer Entwicklung führen. Solche Störungen können entstehen durch (1) sensorischen Reizmangel in kritischen Perioden (Beispiel: Hospitalisierungsfolgen, M. N.-L.), oder (2.) und üblicher, durch atypische oder abnorme Muster neuronaler Aktivation aufgrund extremer Erfahrungen (beispielsweise Kindesmißhandlung). Die einfache und unvermeidbare Schlußfolgerung aus dieser schrittweisen Neuroentwicklung besteht darin, daß das sich organisierende, sensible Gehirn eines Säuglings oder Kleinkindes durch Erfahrung formbarer ist als das ausgereifte Gehirn ... Weil sich das Gehirn in früher Kindheit durch maximale Prägbarkeit (Reizempfänglichkeit) auszeichnet, ist die Verletzbarkeit des Kindes in diesem Zeitraum durch Erfahrungsvarianz auch am größten" (S. 276). Anzufügen wäre hier, daß wir im klinischen Bild sehr häufig eine Kombination dieser Muster der Erfahrungsorganisation sehen.

Insgesamt kommt es also während der posttraumatischen Kondition zu einem tiefgreifenden, anwendungsinduzierten Wandel neuronaler Funktionsabläufe. Dieser Wandel ist – um es nochmals zusammenzufassen – dadurch gekennzeichnet, daß 1.) eine hochgradige, chronifizierte Reaktionsbereitschaft (Sensibilisierung) in den niederen mentalen Funktionsbereichen erfolgt und daß dadurch 2.) sämtliche mental hochrangige Funktionen eine empfindliche Einbuße an Differenzierung erleiden. Sie bleiben zunehmend von wesentlichen Steuerungsprozessen ausgeschlossen.

Klinische Optionen

Vergegenwärtigen wir uns zunächst nochmals van der Kolks Bemerkung, daß das Weiterbestehen störender, traumabezogener Empfindungen, auch nach narrativer Rekonstruktion des traumatischen Geschehens, in Gegensatz steht zur Annahme, daß die wachsende Fähigkeit, diese Erfahrung in Worte zu fassen, zuverlässig dazu beitragen wird, *flashbacks* zu vermeiden – dies, wie gesagt, eine zentrale Annahme psychoanalytischer bzw. psychodynamisch orientierter Konzepte. Wenn dies zutrifft, dann wirft dies, auf Ricardas somatosensorische Beschwerden rückbezogen und nunmehr neurobiologisch ausgedrückt, die Frage auf, ob ich mit einem psychodynamisch orientierten Vorgehen nicht „nur" bis zur limbischen Steuerungsebene der Affekte reiche. Dies ist für sich genommen nichts Geringes und lohnt sicherlich den Aufwand, da hierdurch vielfältige sekundäre Fehlanpassungen beeinflußt werden können, die ihrerseits einen hohen, zusätzlichen Leidensdruck mit sich bringen. Ich habe nur meine Zweifel, ob damit Ricardas Beschwerden in ihrem somatosensorischen Kernbereich wirkungsvoll zu beeinflussen sind. Bei Ricarda kommt zusätzlich erschwerend hinzu, daß wesentliche Anteile der traumatisierenden Erfahrungen im präverbalen Bereich liegen – in dem Bereich also, den John Gedo als das „Jenseits der Deutung" bezeichnet. Diese Erfahrungen wurden nie semantisch gespeichert. Wie können sie dann wiedergewonnen werden im Rahmen eines Verfahrens, das sich, wie erfahrungs- und affektnah auch immer, doch im wesentlichen auf verbale Verständigung stützt? Muß dies nicht zu unvermeidbaren Stagnationen im therapeutischen Prozeß führen?

Thesenartig zugespitzt, vermute ich die Antwort in folgender Richtung: In vielen Fällen benötigen posttraumatische Belastungsstörungen und die in ihrem

Windschatten auftretenden Folgestörungen eine *kombinierte Behandlungsführung*. Diese ist in den seltensten Fällen durch einen Therapeuten realisierbar. Und selbst wenn ein einzelner Therapeut so unterschiedliche Dienstleistungen erbringen könnte wie psychodynamische Therapie (gleich welcher Provenienz), kognitiv orientierte Therapie, Desensibilisierungsverfahren etc. –, selbst dann verböte es sich aus Gründen der Interferenz, all dies in eine Hand zu legen. Was wir dringend im Bereich der ambulanten Behandlung von PTBS benötigen, ist eine größere Einsicht in und Bereitschaft zu interdisziplinärer Kooperation, insbesondere zwischen psychoanalytischen und kognitiv-verhaltenstherapeutisch orientierten Methoden. Obwohl dies vielerorts im stationären Setting mittlerweile selbstverständlich und sicherlich auch viel unkomplizierter durchführbar ist, gilt dies für den ambulanten Versorgungsbereich – im Rahmen der Richtlinienverfahren nicht zuletzt aus abrechnungstechnischen Gründen – in nach wie vor nur sehr eingeschränktem Maße. Psychoanalytische und kognitiv-verhaltenstherapeutische Verfahren tragen jeweils auf ihre Weise bestimmten Gegebenheiten und behandlungstechnischen Schritten bei PTBS Rechnung.

Zunächst jedoch zur *initialen klinisch-anamnestischen Beurteilung*. Hier sind vier Fragen zu klären (Pynoos 1993; Pynoos, Steinberg und Wraith 1995; Pynoos, Steinberg und Goenjian 1996):

Zunächst ist eine möglichst detaillierte Feststellung und Klärung der *objektiven Umstände* und Merkmale des traumatischen Geschehens zu leisten, da dies als autobiographischer Bezugspunkt für das Traumaopfer von großem Nutzen sein wird bei der Wiedererlangung narrativer Konsistenz in bezug auf das Geschehen. Wieweit dies allerdings möglich sein wird, hängt von einer Vielzahl äußerer Faktoren ab, nicht zuletzt aber auch vom kognitiven Entwicklungsniveau des Kindes. Hierbei muß man in Rechnung stellen, daß dieses Niveau durch die Traumatisierungsfolgen ohnehin beeinträchtigt ist. Dies wird beispielsweise die Fähigkeit des Kindes zu narrativer Konsistenz oder zur Metakognition synchroner, jedoch widersprüchlicher Affekte einschränken. Oder unterschiedliche Sinneseindrücke können modal nicht mehr im präfrontalen Kortex *(„ working memory")* integriert werden, was zu Wahrnehmungsverzerrungen führt, oder Rettungs- und Schuldphantasien werden in das Geschehen eingearbeitet etc. Eine Klärung des Geschehens ist in jedem Falle anzustreben, da die fehlerhaften narrativen Konstrukte gleichsam der Rohstoff sind, aus dem Kinder pathogene Überzeugungen und Erwartungen (Weiss und Sampson 1986) formen. Wichtig ist also, was das Kind wie (auf welchen neuronalen Ebenen) als *Wissen über das traumatische Geschehen* mental repräsentiert hat, da dies auch das Symptombild, insbesondere die sogenannten *flashbacks* mit unterhält. Laub und Auerhahn (1993) haben eine Art „Wissenskontinuum" vorgeschlagen, das Auskunft darüber geben soll, wie das Wissen einer Person im Sinne emotionaler Nähe zur traumatischen Repräsentanz organisiert ist. Dies beginnt (1.) bei „Nicht-Wissen", d. h. völliger Dissoziation, schreitet graduell fort über (2.) Fugue-Zustände (in denen traumatische Ereignisse in einem veränderten Bewußtseinszustand, meist einem Dämmerzustand, wiederbelebt werden), dann (3.) das Wiedererleben sensorischer Sprengstücke der traumatischen Empfindungen, denen jedoch keinerlei subjektive Bedeutung attribuiert werden kann und die daher als sehr ichfremd erlebt werden, weiter zu (4.) Übertragungs- und Reinszenierungstendenzen von entscheidender Aspekte des traumatischen Musters oder der traumakompensatorischen Strategien (vgl. Fischer und Riedesser o.J.), sodann (5.) die Fähigkeit, Teile des traumatischen Geschehens zum Ausdruck zu bringen, verbunden mit überwältigenden Emotionen, bis zum (6.) bewußten Erkennen persistierender, identitätsstiftender Lebensthemen, die aus dem Trauma abgeleitet worden sind und schließlich (7.) das explizite narrative Wissen über das traumatische Geschehen. Wichtig hierbei ist, daß diese verschiedenen Wissens-„Stufen" sich wechselseitig nicht ausschließen müssen [außer (1.) und (7.)].

Zweitens geht es um eine vorläufige Einschätzung der subjektiven, intrapsychischen (psychodynamischen) *Bedeutung*, welche dieses Geschehen für das Kind annimmt. Freud (1955, GW, Bd. XIV, S. 201) hatte bemerkt, wie „in der Beziehung zur traumatischen Situation ... äußere und innere Gefahr, Realgefahr und Triebanspruch zusammen(treffen)" und welche Anstrengungen (beispielsweise Passiv-Aktiv-Wendung im Spiel, mannigfache Abwehrmanöver, Symptombildung, Kompensation) das Ich unternimmt, um Kontrolle und Sicherheit wiederzuerlangen. Das heißt, wir müssen uns einen Überblick verschaffen über den Entwicklungsstand bei der Lösung der phasenspezifischen Aufgaben, Sorgen, Nöte und Konflikte des Kindes und die dabei zur Anwendung gelangenden Abwehr- und Coping-Mechanismen, über die gegenwärtige Bilanz progredienter und regressiver Kraftfelder in den verschiedenen Persönlichkeitsbereichen [Bindung, Affekt/Kognition, Psychosexualität, Autonomie, Kreativität (vgl. Basch 1988, 1997)] und motivationalen Bereichen (Lichtenberg 1989). Auf diese Weise gelangen wir nicht nur zu einem Verständnis für die unbewußte Sinngebung, die das Kind dem Trauma und seinen besonderen Umständen anheftet, sondern vor allem können wir nun besser die zusätzlichen Aufgaben und Belastungen erkennen, die für das Kind daraus erwachsen. Darüber hinaus verhilft uns dies zu einer Einschätzung der inneren Ressourcen, die dem Kind bei der Bewältigung all dessen zur Verfügung stehen. Die konsequente Fokussierung auf den Entwicklungsgesichtspunkt bewahrt uns davor, unseren Blickwinkel auf Vorkommen und Persistenz von meist recht dramatischen, posttraumatischen Streß-Reaktionen einzuengen und darüber die Langzeitwirkungen im Sinne der Beschädigung von Entwicklungslinien (A. Freud) zu vernachlässigen. Traumatische Schädigungen erschüttern das Fundament persönlicher Kontrollüberzeugungen und des kindlichen Entwicklungsoptimismus. Das Kind glaubt oft nicht mehr daran, durch seine Aktivität den Lauf der Dinge wirkungsvoll beeinflussen zu können – und dies stellt ein gravierendes Langzeitrisiko dar mit Folgeeffekten in sämtlichen Entwicklungsbereichen. Diese Effekte müssen rechtzeitig erkannt und behandelt werden, *auch wenn die akute posttraumatische Belastungsreaktion längst abgeklungen ist.*

Drittens sollte eine anamnestische Klärung erfolgen hinsichtlich *weiterhin bestehender, äußerer wie innerer, traumabezogener Auslöserereignisse.* Wann und wie könnte das Kind diesen Erinnerungen an das Trauma neuerlich ausgesetzt sein? Was können Eltern und Kind dazu beitragen, um diese Auslöser zu vermeiden? Wie kann die Unterscheidungsfähigkeit des Kindes zwischen wirklichen und fälschlich attribuierten Gefahren verbessert werden? Wie können Toleranz-Schwellenwerte beim Kind erhöht werden? Wie kann sich das Kind gegen unvermeidbare und gegen unvorhergesehene Auslöserereignisse mental wappnen? Wie kann es sich schneller nach einem Einbruch traumatischer Erinnerungen bzw. den damit einhergehenden somatischen Begleitumständen erholen? Insgesamt ist eine Reduktion der *Häufigkeit der Reaktivierung traumatischer Erinnerungen* und Zustände während der Rekonvaleszenz anzustreben, da Untersuchungen ergeben haben (Berkovitz u. a. 1994), daß eine häufige Inzidenz derartiger „Wiederbelebungen" mit hoher Wahrscheinlichkeit zu einer Chronifizierung der posttraumatischen Belastungsreaktion führt.

Viertens sollte eine Bestandsaufnahme und Einschätzung *sekundärer, belastender Folgewirkungen* des traumatischen Geschehens vorgenommen werden (wie etwa Orts- und Schulwechsel, Operationen, Krankenhausaufenthalte, rehabilitative Maßnahmen, Verlust der Eltern, Kontaktverluste, schulische Lernstörungen usw.). Oft sind diese sekundären Folgewirkungen gravierender als die eigentliche primäre Traumabelastung, da sie das Kind und oft auch seine Familie von dringend benötigten Hilfsquellen abschneiden. Psychotherapeutische Interventionen müssen hier darauf ausgerichtet sein, die „Ursachen sekundärer Belastungen und die daraus folgenden intrapsychischen Konflikte anzusprechen und Coping-Fähigkeiten zu fördern", wobei der Therapeut als „Anwalt des Kindes" häufig zu milieuförderlichen Interventionen aufgerufen ist (Pynoos u. a. 1996, S. 341).

Bei der „ *Wahl" unterschiedlicher Reaktionsmuster,* die das Kind angesichts einer Bedrohung trifft, spielen mehrere Faktoren eine Rolle. Bei längst nicht allen Kindern entwickelt sich aus dem extremen Streß, der mit der traumatischen Erfahrung einhergeht, eine PTBS. Eine wesentliche Frage der Traumaforschung ist es deshalb, welche Faktoren dazu beitragen, den Übergang in eine posttraumatisch chronifizierte Reaktion abzuwenden. Prätraumatische Persönlichkeitsmerkmale und Coping-Stile können ein *protektiver Faktor* sein (van der Kolk u. a. 1996, S. 295). Offensichtlich spielt das Alter ebenso eine Rolle, denn klinische Erfahrungen zeigen, daß dissoziative Anpassung zunimmt, je jünger und somit hilfloser die betroffenen Kinder sind. Weiterhin bedingt die „Physiognomie" des Traumas die Antwort des Opfers: zunehmende Bewegungseinschränkung, Hilf- und Machtlosigkeit, Verletzung, Schmerz oder Folter lösen allesamt und graduell zunehmend dissoziative Reaktionen aus. Und schließlich besteht auch eine deutliche geschlechtsspezifische Häufung: Ebenso wie Frauen auf dem dissoziativen Kontinuum überrepräsentiert sind, sind es auch Mädchen gegenüber Jungen. Beispielsweise waren unter den 120 in den *Child Trauma Programs* vorgestellten und schwerwiegend traumatisierten Kindern aller Altersgruppen, die allesamt dramatische Symptome physiologischer Hypererregung aufwiesen, die Jungen im Verhältnis 4 : 1 überrepräsentiert (Perry u. a. 1995, S. 284). Diese Befunde stimmen mit epidemiologischen Daten überein, die zeigen, daß bei Kindern mehr Jungen diagnostische Kriterien für sogenannte „externalisierende" Störungen erfüllen (ADHD, Störungen des Sozialverhaltens mit aggressiver Komponente) und bei Mädchen eine Häufung sogenannter „internalisierender" Störungen (Depressionen, Ängste, Dissoziation) anzutreffen ist (Perry u.a., a.a.O., S. 283).

Weiterhin wurde in einer Studie an 50 Kindern eine deutliche positive Korrelation gefunden zwischen dem Anpassungsstil, der während der akuten traumatischen Erfahrung und dem unmittelbaren, postakuten Zeitraum angewandt wurde und dem – eher dissoziativen oder eher hypererregten – vorherrschenden Anpassungsstil sechs Monate nach dem Trauma (Perry 1994, 1995). *Hieraus erhellt, von welch entscheidender Wichtigkeit im Hinblick auf die Entstehung posttraumatischer psychischer Störungen 1. die schnelle Unterbrechung der äußeren Trauma-Konditionen im Milieu und 2. die frühe therapeutische Intervention im posttraumatischen Zeitraum sind.*

Dies bedeutet, daß unter den protektiven und milieugegebenen Faktoren die Verfügbarkeit eines gesunden und verantwortungsvollen Erwachsenen oder Sorgeberechtigten zur Unterstützung und Versorgung des Kindes nach dem Trauma an erster Stelle steht. Sofern der Erwachsene selber durch das Ereignis traumatisiert wurde, muß weitere Unterstützung bereitgestellt werden, damit das Kind nicht der Gefahr weiterer, gleichsam „stellvertretend" induzierter, Traumatisierung ausgesetzt wird („vicarious traumatization"). Sofern die Traumatisierung durch den Erwachsenen/Sorgeberechtigten selber verursacht wurde, wie im Falle von Mißhandlung und/oder sexuellem Mißbrauch, hat die Schaffung eines sicheren Umfeldes für das Kind oberste Priorität vor jeder Einleitung weiterer therapeutischer Hilfe.

Nun zu den *klinischen Optionen im einzelnen:*

Zunächst muß man feststellen, daß es im Bereich der klinischen Ergebnisforschung zur Behandlung posttraumatischer Störungen bei Kindern meiner Kenntnis nach keine abgesicherte Datenlage nach Maßgabe wissenschaftlicher Reliabilitätskriterien gibt. Auch die Forschung im Bereich posttraumatischer Interventionen bei Erwachsenen steckt noch in den Anfängen (van der Kolk u. a. 1996, S. 417). Es ist also im wesentlichen so, daß man angewiesen ist auf Rückschlüsse und Extrapolationen aus mehr oder weniger abgesicherten Untersuchungsergebnissen, die an anderen Populationen gewonnen wurden, beispielsweise Kriegsveteranen, Katastrophen-, Folter- oder Vergewaltigungs- und Gewaltopfern. Wenn wir dies jedoch mit dem klinischen Erfahrungsschatz aus vorliegenden Einzelfallstudien anreichern, so gelangen wir immerhin zu einer plausiblen, vorläufigen Heuristik, die jedoch weiterer Überprüfung und Modifikation unterzogen werden muß im Hinblick auf ihre Eignung für den therapeutischen Einsatz bei Kindern.

Nur wenige Studien haben die Effizienz *psychodynamischer Verfahren* bei PTBS untersucht, obwohl dies die für diesen Störungsbereich geläufigsten Verfahren sind. Mit zwei Ausnahmen konnten hier keine stabilen Symptombesserungen nachgewiesen werden (van der Kolk 1996, S. 417). Die Aussagefähigkeit derartiger Effizienzstudien wird allerdings dadurch geschmälert, daß in der Sammelbezeichnung „psychodynamische Verfahren" Wirksamkeitsunterschiede der einzelnen, darunter subsumierten Verfahren nivelliert werden. In den meisten veröffentlichten Behandlungsstudien kamen zwei Varianten *kognitiv-verhaltenstherapeutischer Verfahren* zum Einsatz, deren Resultate „recht positiv" waren (ebd.). Dies waren einmal Expositionsverfahren wie etwa EMDR *(Eye Movement Desensitization and Reprocessing),* ein Desensibilisierungsverfahren, das mit sakkadischen Augenbewegungen arbeitet und gute Erfolge vorweisen kann (vgl. z. B. Wilson, Tinker und Becker 1994; Silver, Brooks und Obenchain 1995; Grainger, Levin, Allen-Byrd und Fulcher 1994) oder Systematische Desensibilisierung (SD). Andererseits handelte es sich um unterschiedliche Verfahren aus dem Bereich des Anxiety Management Training (AMT), von denen das *Stress Inoculation Training* (SIT, Streß-

Immunisierungs-Training) die größte Verbreitung genießt. Die verschiedenen Varianten von AMT beinhalten meist und unter anderem Kombinationen von Biofeedback, Relaxations- und kognitiven Umbautechniken sowie hypnotherapeutischen Elementen.

Oft gelangen *Kombinationen* von Desensibilisierungstechniken, die mit kontrollierter Traumaexposition arbeiten, sowie Angst-Management-Verfahren zur Anwendung. Beide gelten als Mittel der Wahl. Dabei verfolgt man das Ziel, mittels kontrollierter Exposition eine schrittweise Habitualisierung, insbesondere im Bereich der sensomotorischen Schemata und auf limbischer Ebene herbeizuführen. Die vorhin erläuterten, „kurzschlüssigen" neuronalen Schaltkreise sollen derart geöffnet werden, daß das Niveau der Affektmobilisierung gesenkt wird bzw. kritische Schwellenwerte erhöht werden. Dies ermöglicht Re-Evaluation im kortikalen Bereich und somit den Umbau von abgeleiteten, fehlangepaßten Verhaltensmustern und unbewußten pathogenen Überzeugungen (vgl. Lang 1977).

Zwei Überlegungen zu diesen kognitiv-verhaltenstherapeutischen Techniken sind nun anzubringen:

In vielen Fällen, wenn diese Verfahren zügig und innerhalb kurzer Frist nach erfolgter Traumatisierung zum Einsatz kommen, können sie als therapeutisch-rehabilitative Maßnahme ausreichen, damit das Opfer allmählich wieder sein normales Leben aufnehmen kann. Für die Behandlung des posttraumatischen Belastungssyndroms *im engeren Sinne* haben sie sich als bestens geeignet erwiesen.

Oft jedoch stehen wir klinisch vor Situationen lang andauernder Traumatisierung, in deren Gefolge auf mehreren Ebenen ein *sekundärer*, wesentlicher Umbau der Persönlichkeit stattgefunden hat. Das heißt, Pathogenese und Symptombild werden zusätzlich zu einem erheblichen Anteil durch psychodynamische Anstrengungen des Opfers/Patienten, mit den Auswirkungen der traumatischen Konditionen umzugehen, mit definiert (vgl. Fischer und Riedesser o.J.). Dieser Umstand trägt wahrscheinlich wesentlich dazu bei, daß in den meisten Therapien traumatisierter Patienten psychodynamische Verfahren zur Anwendung gelangen (Blake 1993), da Patienten primär wegen dieser „Folgestörungen" um Hilfe nachsuchen bzw. von den Eltern vorgestellt werden. Psychodynamische Verfahren eignen sich ja auch bestens für die Behandlung der in diesen Fällen ursächlichen, unbewußten pathogenen Überzeugungen. Dies wird in den Untersuchungen auch immer wieder betont – beispielsweise, wenn im Zentrum der sekundären Folgestörungen generalisierte Vermeidungsmuster stehen (Brom und Kleber 1989). Die *Beschränkung* auf ein psychodynamisches Verfahren kann jedoch, wie gesagt, in vielen Fällen dazu führen, daß der *„primäre"* traumatische Bereich, d. h. die vorgelagerten, neurobiologisch fundierten Einschränkungen, nur unzureichend behandelt werden und es zu unvermeidlichen Stagnationen im therapeutischen Verlauf kommt. Im Bereich der Behandlung der allermeisten posttraumatischen Störungen, insbesondere dann, wenn aufgrund einer Chronifizierung ein gravierender Umbau unbewußter Erwartungen, Überzeugungen und Verhaltensmuster erfolgt ist, müssen infolgedessen immer *zwei Schritte geleistet* werden (van der Kolk u. a. 1996, S. 420): Zum einen die *Angstdekonditionierung* auf primärer Ebene, und zweitens muß ein Wandel *fehlangepaßter, unbewußter Folgemuster* eingeleitet werden. Die vorliegenden Erfahrungen deuten darauf hin, daß dies den Einsatz von Verfahrens*kombinationen* erforderlich macht, was, wie bereits erwähnt, im stationären Bereich geläufiger zu sein scheint als im ambulanten.

Van der Kolk u. a. (1996, S. 425) plädieren deshalb für eine *„phasenorientierte Behandlung"* von PTBS, um die individuell sehr unterschiedlichen Toleranzen für die Wiederbelebung der trauma-assoziierten Affekte zielgenauer beachten zu können und um nicht durch exzessive Stimulierung zu weiterer Sensibilisierung statt zu einer Habitualisierung beizutragen. Hierbei unterscheiden sie fünf Behandlungsphasen, in deren Verlauf die differentiellen Steuerungsebenen des pathologischen Prozesses mit verschiedenen Techniken angesprochen werden: von der Mobilisierung sozialer und handlungspraktischer Ressourcen, über die Desensibilisierung bis zur psychodynamisch orientierten Durcharbeitung und Restrukturierung traumainduzierter Folgeschemata (unbewußte pathogene Überzeugungen).

Diese 5 Behandlungsschritte stellen natürlich ein idealtypisches Modell dar, ein Modell, das meines Erachtens besonders gut auf Traumaereignisse paßt, die eher einem Traumatypus zuzurechnen sind, der ein oft einmaliges, rezentes und prinzipiell wieder erinnerbares Ereignis beinhaltet. Diese Patienten kommen oft in Therapie als deklarierte Traumaopfer. Bei kumulativer, mitunter jahrelanger und zunehmend erwartungskonformer Traumatisierung liegen die Dinge oft sehr anders. Oft stoßen wir erst im Verlauf einer Therapie auf eine Traumatisierungsvorgeschichte. Wie verfahren wir dann im Rahmen des analytischen Settings? Wie könnte eine analytische Technik der Wiedergewinnung und Durcharbeitung der traumatischen Erfahrung aussehen, die gleichzeitig auch zu einer Linderung der damit einhergehenden Symptomatik beiträgt? Oder ist die analytische Technik hiermit überfordert?

In der noch laufenden Therapie mit Ricarda versuche ich beispielsweise, bei ihr eine genauere Kenntnis darüber aufzubauen, welche Auslöser dazu beitragen, wie sie sich auf welchen mentalen Ebenen steuert. Dies beinhaltet eine Fragetechnik im

Sinne eines sensorisch-affektiven „self-monitoring", die sich anlehnt an das sogenannte „mikroanalytische Interview", wie es Daniel Stern in seinem Buch „The
Motherhood Constellation" (1995) für die Erfordernisse der Mutter-Kind-Thera-
pie vorschlägt. Hierbei besteht das Ziel darin, zu erkennen, in welchen motivationalen Bereichen eine Bedrohung erlebt wird, und herauszuarbeiten, wie die „Vita-
litätskontur" (Stern) der ausgelösten Reaktion beschaffen ist – wobei diese Vita-
litätskontur das Crescendo/Decrescendo affektiven und somato-sensorischen
Wandels bezeichnen. Dies sieht etwa folgendermaßen aus: Ich lasse Ricarda bewußt
die Perspektive eines Regisseurs oder Kameramannes einnehmen, der sein Gerät auf
eine Sequenz richtet, in der beispielsweise eine Müdigkeitsattacke erfolgt. Der
Fokus richtet sich dabei auf das detaillierte Geschehen in den verschiedenen sensorischen Submodalitäten, auf Körperbereiche, auf Gefühlsnuancen. Dabei soll
Ricarda allmählich ein genaueres Bild von synchronen Steuerungsprozessen
erkennbar werden – wie die parallele Stimmführung in einer Symphonie. Die Idee
dabei ist natürlich, die unbewußten Steuerungsprozesse, welche die Müdigkeits-
attacken herbeiführen, zielgenauer der bewußten Neu-Auswertung zugänglich
und damit revidierbar zu machen. Aber – ob dies funktioniert, ist erst zu beweisen.
Die ersten Erfahrungen, die ich mit Ricarda in Anwendung dieser Technik mache,
ermutigen mich, die Möglichkeiten weiter auszuloten. Insgesamt jedoch bleibt ein
erheblicher Klärungsbedarf bezüglich der Frage, welche technischen Modifikationen sich im Rahmen des ambulanten analytischen Settings bewährt haben, um die
erwähnten somatosensorischen Störungen bei traumatisierten Patienten zu lindern.

Ich komme zum Schluß. Ich habe Ihnen einige Überlegungen zur Traumakon-
dition und zu primären und sekundären posttraumatischen Störungen bei Kindern
vorgestellt. Ich habe dabei im wesentlichen Befunde aus dem neurobiologischen
Bereich herangezogen, da diese am präzisesten die besonderen Hindernisse
beleuchten, die wir in der Behandlung traumatisierter Patienten überwinden
müssen. Hinsichtlich der sekundären Traumafolgen finden wir im Bereich der
modernen Psychoanalyse ein erprobtes Arsenal differenzierter psychodynamischer Erklärungsansätze und therapeutischer Verfahren. Ich selber favorisiere hier
selbstpsychologische Ansätze, da diese mir am „anschlußfähigsten" scheinen, was
die Ergebnisse wichtiger Nachbardisziplinen betrifft – und dies scheint mir im Falle
posttraumatischer Störungen von besonderer Bedeutung, da wir sonst ein psychodynamisch verkürztes Konzept anwenden. Dies kann die Gefahr therapeutischer
Stagnation in sich bergen. Daraus lassen sich einige Schlußfolgerungen ableiten, die
im therapeutischen Vorgehen zu beachten sind. Darunter scheint mir dies die wichtigste: Um die Vielzahl der gegebenen Parameter zu beachten und den unter-

schiedlichen Störungsebenen gerecht zu werden, sind häufig Verfahrenskombinationen, häufig aber auch direkte, „steuernde" Interventionen erforderlich. Eine offene und zu klärende Frage bleibt, wie weit und mit welchen Modifikationen die praktizierten Verfahrenskombinationen im Bereich der Behandlung von Kindern Anwendung finden können. Über diese Frage muß, so meine ich, eine notwendige Debatte unter analytischen Kindertherapeuten in Gang kommen, damit unser spezifischer Beitrag im großen Bereich dieser Störungen verdeutlicht werden kann.

Literatur

Basch, M. F. (1988): Understanding Psychotherapy. The Science Behind the Art. New York (Basic Books).

Basch, M. F. (1996): Kurzpsychotherapie in der Praxis. München (Pfeiffer).

Berkovitz, I. H., Wang, A., Pynoos, R., James, Q., Wong (1994): Los Angeles Earthquake, 1994: School District Reduction of Trauma Effects. Symposium Presented at the Annual Meeting of the American Academy of Child and Adolescent Psychiatry, New York.

Blake, D. D. (1993): Treatment Outcome Research on Post Traumatic Stress Disorder. In: C. P. Clinician Newsletter 3, S. 14-17.

Brom, D., Kleber, R. J. (1989): Prevention of Post Traumatic Stress Disorders. In: Journal of Traumatic Stress 2, S. 335-351.

Burgess, A. W., Hartmann, C. R., Baker, T. (1995): Memory Representations of Childhood Sexual Abuse. In: Journal of Psychosocial Nursing 33, S. 9-16.

Crittenden, P. M. (1997): Toward an Integrative Theory of Trauma: A Dynamic-Maturational Approach (im Druck).

Crittenden, P. M. (1997): Truth, Error, Omission, Distortion and Deception: The Application of Attachment Theory to the Assessment and Treatment of Psychological Disorder (im Druck).

Daum, I., Schugens, M. M., Ackermann, H., Lutzenberger, W., Dichgans, J., Birbaumer, N. (1993): Classical Conditioning after Cerebellar Lesions in Humans. In: Behavioral Neuroscience 107, S. 748-756.

Everly, G. S. Jr., Lating, J. M. (1988): What Happens to the Memories of Early Childhood Trauma? In: Journal of the American Academy of Child and Adolescent Psychiatry, Vol. 27, S. 96-104.

Fischer, G., Riedesser, P. (o. J.): Kindheitstrauma sexueller Mißbrauch – Phänomenologie, Folgeerscheinungen und therapeutische Strategien. Arbeitsbericht für die LVA Baden.

Freud, A. (1980/1952): Die Rolle der körperlichen Krankheit im Seelenleben des Kindes. In: Die Schriften der Anna Freud, Bd. 4. München (Kindler), S. 1257-1274.

Freud, A. (1980/1964): Anmerkungen zum psychischen Trauma. In: a.a.O., Bd. 6, S. 1819-1838.

Freud, S. (1955/1926): Hemmung, Symptom und Angst. In: GW, Bd. 14, Frankfurt/M. und London (Fischer), S. 113-205.

Gedo, J. E. (1991): The Biology of Clinical Encounters. Psychoanalysis as a Science of Mind. Hillsdale (The Analytic Press).

Gedo, J. E. (1979): Beyond Interpretation. New York (Int. Univ. Press).

Glickstein, M. (1992): The Cerebellum and Motor Learning. In: Current Opinion in Neurobiology 2, S. 802-806.

Grainger, R. K., Levin, C., Allen Byrd, L., Fulcher, C. (1994): Treatment Project to Evaluate the Efficacy of Eye Movement Desensitization and Reprocessing (EMDR) for Survivors of a Recent Disaster. Vortrag auf der Jahrestagung der American Psychological Association.

Izard, C. E. (1943/1977): Die Emotionen des Menschen. Weinheim (Beltz).

Jones, J. M. (1995): Affects as Process. An Inquiry into the Centrality of Affect in Psychological Life. (Vorwort von Lichtenberg, J. D.). Hillsdale und London (The Analytic Press).

Krause, R. (1983): Zur Onto- und Phylogenese des Affektsystems und ihrer Beziehungen zu psychischen Störungen. In: Psyche 37 (11/1983), S. 1016-1043.

Krause, R. (1990): Psychodynamik der Emotionsstörungen. In: Scherer, K. R. (Hrsg.), (1990): Psychologie der Emotionen. Göttingen, Toronto, Zürich (Hogrefe), S. 630-705.

Krystal, H. (Hrsg.) (1968): Massive Psychic Trauma. New York (Int. Univ. Press).

Krystal, H. (1978): Trauma and Affects. In: Psa. Study Child 33, S. 81-116.

Lang, P. J. (1977): Imagery in Therapy: An Information Processing Analysis of Fear. In: Behavior Therapy 8, S. 862-886.

Laub, D., Auerhahn, N. C. (1993): Knowing and Not Knowing Massive Psychic Trauma: Forms of Traumatic Memory. In: Int. J. of Psychoanalysis 74, S. 287-301.

Le Doux, J. E. (1995): In Search of an Emotional System in the Brain: Leaping From Fear to Emotion and Consciousness. In: Gazzaniga, M. (Hrsg.), (1995): The Cognitive Neurosciences. Boston (MIT Press), S. 1049-1061.

Lichtenberg, J. D. (1989): Psychoanalysis and Motivation. Hillsdale (The Analytic Press).

MacLean, P. D. (1990): The Triune Brain in Evolution: Role in Paleocerebral Functions. New York (Plenum Press).

Moser, U., von Zeppelin, I. (1996): Die Entwicklung des Affektsystems. In: Psyche 50 (1/1996), S. 32-84.

Olds, D. D. (1992): Consciousness: A Brain-Centered, Informational Approach. In: Psa. Inquiry, Vol. 12, Nr. 2, S. 419-444.

Perry, B. D., Pollard, R. A., Blakley, T. L., Baker, W. L., Vigilante, D. (1995): Childhood Trauma, the Neurobiology of Adaptation, and „Use-Dependent" Development of the Brain: How "States" Become "Traits". In: Infant Mental Health Journal, Vol. 16, S. 271-291.

Pynoos, R. S. (1993): Traumatic Stress and Developmental Psychopathology in Children and Adolescents. In: Oldham, J., Riba, M., Tasman, A. (Hrsg.): Manual of Developmental Psychopathology. New York (Wiley), S. 72-95.

Pynoos, R. S., Steinberg, A. M., Wraith, R. (1995): A Developmental Model of Childhood Traumatic Stress. In: Cichetti, D., Cohen, D. J. (Hrsg.): Manual of Developmental Psychopathology. New York (Wiley), S. 72-95.

Pynoos, R. S., Steinberg, A. M., Goenjian, A. (1996): Traumatic Stress in Childhood and Adolescence. Recent Developments and Current Controversies. In: van der Kolk, B. A., McFarlane, A. C., Weisaeth, L. (Hrsg.), (1996): Traumatic Stress. New York/London (Guilford), S. 331-358.

Rieder, C., Cichetti, D. (1989): Organizational Perspective on Cognitive Control Functioning and Cognitive-Affective Balance in Maltreated Children. In: Developmental Psychology, Vol. 25 Nr. 3, S. 382-393.

Schacter, D. L., Tulving, E. (1994): What Are the Memory Systems of 1994? In: Schacter, D. L., Tulving, E. (Hrsg.) (1994): Memory Systems 1994. Cambridge MA (Bradford) S. 1-38.

Schwartz, A. Cooper, D. E. M., Malin, A. (Issue Editors), (1992): Themenheft „Neuroscience and Clinical Science: Toward an Integration". Psychoanalytic Inquiry, Vol. 12, Nr. 3, S. 371-501.

Silver, S. M., Brooks, A., Obenchain, J. (1995): Treatment of Vietnam War Veterans With PTSD: A Comparison of Eye Movement Desensitization and Reprocessing, Biofeedback and Relaxation Training. In: Journal of Traumatic Stress No. 8, S. 337-341.

Stern, D. N. (1985): The Interpersonal World of the Infant. New York (Basic Books).

Stern, D. N. (1995): The Motherhood Constellation. A Unified View of Parent-Infant Psychotherapy. New York (Basic Books).

Terr, L. C. (1995/1991): Childhood Traumas. An Outline and Overview. In: Everly, G. S. Jr., Lating, J. M. (Hrsg.), (1995): Psychotraumatology. New York (Plenum Press), S. 301-320.

Tomkins, S. S. (1962-1993): Affect, Imagery, Consciousness, Vol. 1-4 (The Positive Affects / The Negative Affects/The Negative Affects: Anger and Fear/Cognition: Duplication and Transformation of Information). New York (Springer Publ. Co.).

van der Kolk, B. A., Frederick, C., Nader, K., Arroyo, W., Steinberg, A., Eth, S., Nunez, F., Fairbanks, L. (1987): Life Threat and Posttraumatic Stress in School-Age Children. In: Archives of General Psychiatry 44, S. 1057-1063.

van der Kolk, B. A., McFarlane, A. C., Weisaeth, L. (Hrsg.), (1996): Traumatic Stress. The Effects of Overwhelming Experience on Mind, Body and Society. New York/London (Guilford).

van der Kolk, B. A. (1996): The Complexity of Adaptation to Trauma: Self-Regulation, Stimulus Discrimination and Characterological Development. In: van der Kolk, B. A., McFarlane, A. C., Weisaeth, L. (a. a. O.), S. 182-213.

van der Kolk, B. A., McFarlane, A. C., Weisaeth, L. (1996): The Body Keeps the Score: Approaches to the Psychobiology of Posttraumatic Stress Disorder. In: van der Kolk, B. A., McFarlane, A. C., Weisaeth, L. (a. a. O.), S. 214-241.

van der Kolk, B. A., McFarlane, A. C., Weisaeth, L. (1996): Trauma and Memory. In: van der Kolk, B. A., McFarlane, A. C., Weisaeth, L. (a. a. O.), S. 279-302.

van der Kolk, B. A., van der Hart, O., Marmar, C. R. (1996): Dissociation and Information Processing in Posttraumatic Stress Disorder. In: van der Kolk, B. A., McFarlane, A. C., Weisaeth, L. (a. a. O.), S. 303-327.

van der Kolk, B. A., McFarlane, A. C. und van der Hart, O. (1996): A General Approach to the Treatment of Posttraumatic Stress Disorder. In: van der Kolk, B. A., McFarlane, A. C., Weisaeth, L. (a. a. O.), S. 417-440.

Weiss, J., Sampson, H. (and the Mount Zion Research Group) (1986): The Psychoanalytic Process. Theory, Clinical Observation and Empirical Research. New York/London (Guilford).

Stationäre Langzeitpsychotherapie mit frühtraumatisierten Jugendlichen

orientiert an D. W. Winnicott

Harm Stehr

In letzter Zeit sind in Buchform und Zeitschriftenartikeln mehrere sehr aufschlußreiche Publikationen zu den Schriften von Winnicott erschienen, die ein wieder erwachtes Interesse der Fachwelt bekunden. Wie ist dies zu erklären?

Eine bedeutsame Veränderung in der psychoanalytischen Theoriebildung der letzten Jahre hat sich ohne Frage durch die Integration von direkter empirischer Säuglingsforschung und interpretativer, auf Verstehen ausgerichteter psychoanalytischer Theoriebildung über innerseelische Prozesse von Kleinkindern ergeben. Die Säuglingsforschung an nicht nach psychischen Störungen ausgewählten Kleinkindern kann den Vorteil breiter Gültigkeit für sich beanspruchen, tut sich aber schwer damit, direkt zur Hypothesenbildung über klinische Phänomene beizutragen. So gibt es aus der Sicht der Säuglingsforscher sehr ernstzunehmende Hinweise, daß bestimmte theoretische Konzepte kaum haltbar sind, aber 10 Jahre nach dem Erscheinen von Sterns „Interpersonel World of the Infant" gibt es noch immer nur rudimentäre Theorieansätze zur Krankheitsentstehung und Behandlungstechnik, die direkt aus der Säuglingsforschung gefolgert werden konnten. Dort, wo bestehende Theoriesysteme ins Wanken geraten, ergibt sich eine Suche nach anderen Systemen, die mit den neuen Forschungsergebnissen in besserer Übereinstimmung stehen. Das reklamiert vor allem die amerikanische selbstpsychologische Schule für sich, die sich auf Kohout bezieht. Meines Erachtens lassen sich die vielfältigen und klinisch außerordentlich relevanten Beobachtungen und theoretischen Ausformulierungen von Winnicott mindestens ebensogut mit den Ergebnissen der Säuglingsforscher in Einklang bringen. Newman und Bagall (1990/94) weisen auf viele Parallelen zwischen Winnicotts und Kohouts theoretischen Positionen hin, wobei Winnicotts die älteren sind, ohne daß Kohout sich je ausdrücklich auf sie bezogen hätte.

Winnicott hat sich keiner psychoanalytischen Schule zugehörig gefühlt noch eine solche begründen wollen. Er hat auch keine umfassende psychoanalytische Theorie vorgelegt, sondern einzelne Aspekte seiner eigenen Beobachtung und Forschung in Aufsätzen dargelegt. Seine Hinweise sind immer auf konkrete Beobachtungen bezogen. Die große Nähe von Winnicott zur heutigen Säuglingsforschung ergibt sich aus dieser Gemeinsamkeit: in theoretischen Vorstellungen immer auf das Beobachtbare und nicht allgemeine Spekulationen ausgerichtet zu sein. Winnicott hat nach eigenem Bekunden als Kinderarzt und Kinderpsychiater etwa 40.000 Babies und Kinder untersucht und mit ihren Müttern beobachtet, wenn auch nicht mit den heute üblichen systematischen, technisch unterstützten Methoden. Seine früheste Publikation von 1941 trägt den Titel „Die Beobachtung von Säuglingen in einer vorgegebenen Situation", und sie kann noch heute als ein Musterbeispiel empirischer Kleinkindforschung und ihrer psychoanalytischen Interpretation gelten.

Meines Erachtens sind die Positionen Winnicotts hinsichtlich der Bedeutung der frühen Interaktion zwischen Mutter und Säugling für die emotionale Entwicklung, der aktiven Rolle des Säuglings in dieser Interaktion, sind auch die große Bedeutung, die er der Entwicklung des Selbst zumißt, sowie seine Theorie über die Aggression sehr gut mit Ergebnissen der Babyforschung im Einklang, was beispielsweise für seine an Melanie Klein angelehnten Hypothesen über Phantasien des Säuglings weniger zutrifft.

Winnicotts Hauptinteresse als Kinderarzt und Kinderpsychiater galt der frühen Entwicklung der Affekte und des Selbst (heute höchst aktuelle Themen). Sein Hauptinteresse als Psychoanalytiker galt den frühen Störungen und der Entwicklung adäquater Behandlungsstrategien jenseits der klassischen psychoanalytischen Methode.

Der Rahmen dieses Vortrags reicht nicht aus, Ihnen an dieser Stelle einen umfassenden Überblick über Winnicotts Theorien zu geben. Statt dessen möchte ich Ihnen etwas von meinen persönlichen Erfahrungen über den hilfreichen Rückgriff auf Winnicotts Theorien in der stationären Psychotherapie von frühtraumatisierten Jugendlichen berichten und in den Bericht einige entwicklungstheoretische, klinische und behandlungstechnische Hinweise von Winnicott einflechten. Diese haben meine psychoanalytische Arbeit auch in ambulanten Psychotherapien von früh gestörten Erwachsenen wesentlich bestimmt.

Meine Erfahrungen mit der Behandlung früh traumatisierter Jugendlicher konnte ich machen im „Haus Sommerberg", einer 1962 von Carl Klüver gegründeten Modelleinrichtung für die stationäre Behandlung von neurotisch dissozialen männlichen Jugendlichen, die zunächst als Klinik geplant, dann den Rahmen eines psychotherapeutisch-pädagogischen Heimes bekam. Gründungsidee Klüwers war seinerzeit, daß solchen oft schwer traumatisierten Jugendlichen weder mit einer ambulanten Psychoanalyse noch mit einer pädagogischen Betreuung allein ausreichend geholfen werden könnte. (Klüwer 1968, 1974)

Winnicott hatte sich 1956 in seiner Schrift „Die antisoziale Tendenz" mit dem Phänomen beschäftigt, das wir heute gemeinhin als Dissozialität bezeichnen (Winnicott 1958/85). Er spricht von einer antisozialen Tendenz, weil es sich nach seiner Auffassung dabei nicht um eine Diagnose handelt. Antisoziale Tendenzen können bei neurotischen, psychotischen oder sonst relativ gesunden Personen auftreten. Die antisoziale Tendenz läßt sich durch die verschiedenen Entwicklungsstadien vom Kleinkind bis zum Erwachsenen verfolgen. Sie kündigt sich nach Winnicotts Auffassung im Kleinkindalter an durch die Gier beim Trinken, entwickelt sich über kindliche Verhaltensstörungen in Form von Stehlen, Fortlaufen, Aggressivität und Destruktivität bis hin zur Kriminalität des Erwachsenen. Sie ruft in jeder dieser Entwicklungsstufen heftige Reaktionen der Umwelt hervor, was Winnicott damit charakterisiert, daß die antisoziale Tendenz durch ein Element gekennzeichnet ist, *„ durch das die Umwelt gezwungen wird, in irgendeiner Weise Stellung zu nehmen"* (a. a. O., S. 234). Wegen dieser sozialen Bezogenheit sprechen wir heute eher von dissozialen als von „antisozialen" Tendenzen.

Winnicott führt mit Hinweis auf Bowlby die antisoziale Tendenz auf eine frühe Deprivation zurück, und er schreibt:

„Wenn eine antisoziale Tendenz vorhanden ist, ist auch eine echte Deprivation anzunehmen (nicht nur ein einfacher Mangel), d. h. etwas Gutes, das im Erleben des Kindes bis zu einem bestimmten Zeitpunkt positiv war, ist verlorengegangen. Der Verlust hat sich über einen längeren Zeitraum erstreckt, als das Kind die Erinnerung an das Erlebnis lebendig halten kann. Echte Deprivation umfaßt sowohl den frühen, als auch den späteren Zustand des Entzugs. Sowohl das lokalisierte Trauma als auch die länger andauernde traumatisierende Situation, sowie das fast Normale und das deutlich Abnorme" (a. a. O., S. 235).

Die antisoziale Tendenz ist für Winnicott ein Hinweis auf die richtige Erkenntnis des Kindes, daß seinen Schwierigkeiten ein wirklicher äußerer Mangel zugrunde liegt und ein Hinweis auf die Hoffnung auf Besserung durch den Appell an die Umwelt.

Michael, der Junge, an dessen Beispiel ich einige Prinzipien der stationären Psychotherapie nach Winnicotts Konzepten darstellen möchte, war 14, als er in die Einrichtung aufgenommen wurde. Aus den Akten und bei einem Vorgespräch war zu erfahren, daß er das 3. Kind aus der Ehe seiner Eltern war, die sich ein Jahr nach seiner Geburt trennten. Der Vater soll Alkoholiker gewesen sein und war seit der Trennung unbekannten Aufenthalts. Die Mutter wurde als hochintelligente Frau geschildert, die aber schon seit ihrer Jugend verwahrlost sei. Sie sei schon in ihrer Kindheit häufig von zu Hause fortgelaufen, habe sich in ihrer Jugend viel herumgetrieben und während der Ehe wechselnde Männerbeziehungen gehabt. Michael soll im 1. Lebensjahr viel gebrochen haben, dann aber ein auffällig gieriges Trinkverhalten gezeigt haben.

Die kindliche Gier sieht Winnicott, wie erwähnt, als Vorform der antisozialen Tendenz, als Ausdruck der Deprivation durch ein Versagen der primären Mutterfunktion. Die primäre Mütterlichkeit ist ein biologisch angelegter Zustand, der sich normalerweise im Laufe der Schwangerschaft entwickelt und durch eine extreme Fähigkeit der Mutter gekennzeichnet ist, sich auf die Bedürfnisse des Kindes physisch und psychisch einzustellen, sie empathisch zu erspüren und dem Kind die optimal fördernde Umwelt darzustellen. Wenn diese Funktion nicht voll erfüllt werden kann, appelliert das Kind mit aller Kraft an die Mutter, um dennoch die Erfüllung seiner Bedürfnisse durchzusetzen. Ein solcher Appell ist das gierige Verhalten.

„Das gierige Verhalten ist Teil des Zwangs des Säuglings, von der Mutter, die die Deprivation verursacht hat, Heilung zu verlangen. Dieses gierige Verlangen ist antisozial, es ist der Vorläufer des Stehlens, die Mutter kann ihm durch ihre therapeutische Anpassung, die so leicht fälschlicherweise als Verwöhnung aufgefaßt wird, begegnen und es heilen. Gewöhnlich ist die Mutter in der Lage, den Zwangsansprüchen des Säuglings zu begegnen und so den Deprivationskomplex, der seinem Ursprung noch nahe ist, dadurch zu heilen. Sie kann dies tun, weil sie dem Kind ermöglicht, seinen Haß auszudrücken, während sie, die Therapeutin, in Wirklichkeit die Mutter ist, von der die Deprivation ausgeht" (a. a. O., S. 239).

Der letzte Satz ist eine für Winnicott bezeichnende Wendung. Einerseits betont er, daß für die gesunde Entwicklung erforderlich ist, daß die Mutter für das Kind die Umwelt zur Verfügung stellt, in der seine Ich-Bedürfnisse in hinreichender Weise erfüllt werden. Winnicott spricht hier von der Funktion der Umweltmutter. Andererseits aber muß die Mutter von Anfang an dem Kind als Objekt ein Gegenüber sein, an dem das Kind sich selbst und seine Ich-Grenzen zu erleben lernt: die Objektmutter. Beide Funktionen kann die Mutter im günstigen Fall ausfüllen, ohne sie speziell lernen zu müssen, durch die Funktion der primären Mütterlichkeit. Wenn diese versagt, sei es durch ungünstige Lebensumstände der Mutter oder durch Defizite in ihrer eigenen Entwicklung, so meldet sich das Kind mit frühen

Verhaltensauffälligkeiten, die die Mutter, wenn sie sie bemerkt, auffangen kann. Die Mutter als Therapeutin muß aber nicht nur die Bedürfnisse des Kindes, die sich in seinem gierigen Verhalten ausdrücken, jetzt hinreichend erfüllen, sondern auch den Aggressionen des Kindes begegnen, ohne selbst zerstört zu werden oder das Kind zu zerstören.

Zunächst ist hier für Winnicott wieder die Mutter gefordert, da sich der Appell des Kindes an sie richtet. Diese Funktion kann aber auch von anderen Pflegepersonen, vom Vater oder von der ganzen Familie unterstützt oder auch übernommen werden. Erst später wendet sich das dissoziale Kind in immer *„größer werdenden Kreisen an das Elternhaus, die Großfamilie, Schule, Wohnort mit Polizeirevieren, Heimatland mit Gesetzen"* (a. a. O., S. 236). Daß die früheste und damit sicher wirksamste Hilfe von der Mutter ausgeht, ist eine heute wieder sehr aktuelle Feststellung mit der Konsequenz, Unterstützung der Mütter im frühesten Stadium der Verhaltensauffälligkeiten in Form von Mutter-Kind-Therapien zu entwickeln.

Dem Vater mißt Winnicott im Säuglingsalter weniger Bedeutung bei. Sie ist auch bei den Babyforschern heute strittig. Stern (1995) z. B. vertritt hier eine Auffassung, die Winnicott sehr nahe kommt, während Bürgin (1997) beispielsweise meint, daß die Fähigkeit, sich psychisch auf die Bedürfnisse und Signale eines Babys einzustellen, nicht biologisch an die leibliche Mutter oder an das weibliche Geschlecht gebunden sei und er dem Vater schon im Säuglingsalter eine hohe Bedeutung zumißt.

Ich schildere diese frühen Beziehungszusammenhänge so relativ ausführlich, weil es direkte Bezüge zu den Grundprinzipien der psychoanalytischen Behandlung früher Störungen nach Winnicott gibt. Winnicott sieht den therapeutischen Prozeß in Analogie zu den Entwicklungsstationen des Kindes. Deshalb bestimmen für ihn die Regressionsfähigkeit des Patienten und die Fähigkeit des Therapeuten, die Regression zu ermöglichen, den Erfolg der Therapie früher Störungen. Die kontinuierliche Präsenz des Therapeuten und die Wiederbelebung eines frühen, „mütterlichen", haltenden Milieus fördern die Regression auf jene Entwicklungsstufe, in der das Trauma zu einem „Einfrieren" der Entwicklung geführt hat. Dazu gehören ein Sicherheit gebendes Setting und eine tolerante, nicht bedrängende Haltung des Analytikers. Er braucht Distanz, aber muß für den Patienten erreichbar, berührbar und damit auch verletzlich bleiben. In der Regression führen die Versagungen des hinreichend guten, d. h. aber auch nicht perfekten Analytikers zur Wiederbelebung des Traumas und der damit verbundenen Wut. Der Patient kann seine Wut erleben und erfahren, daß er mit dieser seinen Analytiker tatsächlich erreicht, ohne daß dieser zerstört wird, daß die Beziehung zerstört wird oder daß der Analytiker in seiner eigenen Wut zerstörerisch wird. „Die Wiederholungen des ursprünglichen Umweltversagens, die während der Behandlung passieren, und die damit verbundene Erfahrung angemessener Wut bringen die ins Stocken geratenen Reifungsprozesse wieder in Bewegung."

Für dissoziale Kinder (respektive Jugendliche) ist die Therapie der Wahl für Winnicott nicht Psychoanalyse, sondern die *„Bereitstellung einer Kinderpflege, die eine Umwelt darstellt, die das Kind wieder entdecken und in der es wieder mit den Es-Impulsen experimentieren kann. ... Die Stabilität der neuen Umweltbedingungen macht die therapeutische Wirkung aus"* (a. a. O., S. 243).

Stabile Umweltbedingungen sind die Voraussetzung und der Kontext, in dem analytische Psychotherapie mit stark agierenden Jugendlichen möglich wird. Das Dilemma schildert Winnicott aus eigener, offenbar schmerzvoller Erfahrung mit drastischen Worten: *„Wenn das Kind in Analyse ist, muß der Analytiker es entweder zulassen, daß sich die Übertragung zum größten Teil außerhalb der Analyse entwickelt, oder er muß darauf gefaßt sein, daß die antisoziale Tendenz sich in der analytischen Situation zu voller Stärke entfaltet, und muß bereit sein, die daraus folgenden Unannehmlichkeiten auszuhalten"* (a. a. O., S. 243).

Dies gilt offenkundig nicht nur für dissoziale, sondern auch für andere Patienten mit ausgeprägter Neigung zum destruktiven, auch autodestruktiven Agieren.

Die hinreichend stabile Umwelt kann nur von einer in sich selbst stabilen, schützenden Einrichtung mit einem therapeutischen, daß heißt heilenden Selbstverständnis dargestellt werden. Die analytische Therapie sollte in, nicht neben dieser Umwelt stattfinden. Entsprechend war „Haus Sommerberg" seinerzeit konzipiert. Alle pädagogischen Mitarbeiter hatten ein Studium in einer sozialpädagogischen Fachrichtung, Berufserfahrung mit Jugendlichen in anderen Einrichtungen und psychoanalytische Kenntnisse, die sie in vielen internen Veranstaltungen vertiefen konnten. Allerdings hatten die Analytiker eine besondere Stellung im Heim und die Psychotherapie eine besondere Position im Alltag der Jungen. Zwischen den Pädagogen und Psychotherapeuten gab es entsprechend natürlich auch Spannungen, aber wir fühlten uns insgesamt doch als Kollegen und durchlebten und durchlitten Übertragungsprozesse überwiegend in ähnlicher Weise. Es gab auch immer wieder von den Jungen ausgehende Aufspaltungen zwischen den Berufsgruppen, aber sie konnten im allgemeinen aufgeklärt werden, solange die Konflikt-, aber auch Konsensfähigkeit aller Kollegen hoch genug war. Wir standen in ständigem Austausch, auch wenn es aus den Therapiestunden natürlich eine Schweigepflicht gab.

Zu der anfangs geschilderten frühen Reparation durch die Mutter hatte Michael offenbar keine Chance, sondern die Traumatisierungen setzten sich fort. Nach der Trennung vom Vater war die Mutter offensichtlich völlig überfordert und überließ die Kinder tagelang sich selbst. Das Jugendamt wurde eingeschaltet und der Mutter das Sorgerecht entzogen. Michael soll damals fast verhungert gewesen sein und Hospitalisierungszeichen in Form von Jaktationen und Kotschmieren gezeigt haben. In der Folge gab es eine tragische Verkettung von mehrfach wechselnden Pflegefamilien und einer aufblühenden dissozialen Symptomatik mit Streunen, Lügen, Stehlen, Schulversagen, Aggressivität etc. Die daraus folgenden, immer wiederkehrenden Objektverluste stellen eine sekundäre kumulative Traumatisierung i. S. Masud Khans dar. Von der örtlichen Erziehungsberatungsstelle wurde Michael nach einer gescheiterten Spieltherapie als „irreparabel psychisch geschädigt" eingeschätzt.

Michael war ein für sein Alter sehr kleiner, schmächtiger Junge mit auffällig wachen Augen, als er zu uns kam. Er erwies sich nach der Aufnahme zunächst als sensibler, interessierter, charmanter und fröhlicher Junge, der sich bemühte, alles im Heim mitzukriegen, und er wurde schnell von allen gemocht. In der analytisch orientierten Psychotherapie, die von mir mit zwei Einzelstunden und einer Gruppensitzung pro Woche angeboten wurde, ergab sich von der ersten Stunde an ein guter und offener Kontakt. Ich mochte ihn gleich.

14 Tage nach der ersten Therapiestunde bringt er mir dieses Gedicht mit.

> Wenn an Abend die Hämmer hämmern
> wen die Schafe ihren Lämmern
> geben von der frischen Milch kommt du lang
> ein kleiner Knilch. Fragt der Knilch das
> Muttertier „ Kan ik von der Milk für mir.
> Jk hab so nen großen Durschl. laß mik
> stillen an deiner Brust . Und das Tier
> gab reichlich Milch und auß dem winzig-
> kleinen Knilch wurd ein rießen großer Man
> der was kann.

Die darin enthaltende Phantasie hat Smith (1977, zitiert nach Cohen 1988) als die „goldene Phantasie" bezeichnet, die er wie folgt kennzeichnet:

„Sie ist der Wunsch, alle Bedürfnisse in einer Beziehung erfüllt zu bekommen, welche durch Perfektion glorifiziert ist. Sie ist immer passiv, ist gebunden an die

471

Überzeugung, daß irgendwo in der großen, weiten Welt jemand ist, der die Bedürfnisse erfüllen kann. Der Wunsch ist, so komplett versorgt zu werden, daß sich kein anderer Anspruch an den Patienten stellen werde, als dies passiv anzunehmen." Die „goldene Phantasie" ist mit der in ihr enthaltenen Passivität ausbeuterisch und entspricht dem gierigen Trinken des Säuglings. Mit Winnicott können wir sie aber auch verstehen als die regressive Hoffnung auf Heilung. Sie ist ein starker Appell an den Empfänger, und so ist es mir auch gegangen: Michaels Gedicht hat mich sehr berührt und in mir eine starke emotionale Tendenz induziert, mich seiner anzunehmen. Die in ihm ausgedrückte Erwartung ist auch illusionär, aber sie beinhaltet zugleich auch eine optimistische und dennoch tendenziell realistische Selbstwahrnehmung. Michael stellt dar, daß er innerlich überzeugt von seinen Entwicklungspotentialen ist, daß er aber weiß, daß er tatsächlich noch unentwickelt und auf äußere Hilfe angewiesen ist.

Der Frieden der ersten Wochen dauerte nicht lange. Im Umgang mit den Erwachsenen zeigte Michael sich weiterhin als der brave, angepaßte Junge. Es kam aber zu einer fortlaufenden Serie von Einbrüchen und Diebstählen in der Nachbarschaft und im Heim selbst, und Michael war jedesmal dabei. Darauf angesprochen, stritt er alles ab und log ohne jedes Zeichen von Scham. Wenn außerhalb des Heimes von den Jugendlichen kriminell agiert wurde, wurde das für die Einrichtung immer sehr schnell zu einem existentiellen Problem. Die Polizei ging ein und aus, und natürlich mußte auf Michael zunehmend Druck ausgeübt werden, diese Verhaltensweisen einzustellen. Typischerweise hatten Ermahnungen und Drohungen wenig Erfolg. Michael stritt jede Beteiligung ab, auch wenn er direkt überführt wurde. Nach seinem braven Einstieg lösten diese Verhaltensweisen besonders heftige Enttäuschungen bei allen Mitarbeitern aus. Glücklicherweise verfügt die Einrichtung über erfahrene und sehr gut ausgebildete pädagogische Mitarbeiter, die nicht der Illusion aufgesessen waren, es würde mit Michael alles so reibungslos weitergehen wie am Anfang. Dennoch lösten seine Verhaltensweisen bei den Mitarbeitern große Enttäuschung und Wut aus. Der äußere Druck auf die Einrichtung führte zu der Diskussion, ob Michael nicht entlassen werden müßte. Winnicott schreibt treffend:

„*Antisoziale Kinder streben ständig (unbewußt oder aufgrund einer unbewußten Motivation) nach ... Heilung durch neue Umweltbedingungen, sind aber unfähig, sie sich zunutze zu machen*" (Winnicott, 1958/85, S. 241).

Wir konnten das destruktive Agieren gemeinsam verstehen einerseits als zwanghaft erscheinendes Austesten der Frage „Haltet ihr mich, wenn ihr zu spüren bekommt, wie ich wirklich bin?", andererseits als Ausdruck seiner Wut und

Verzweiflung darüber, daß der Alltag im Heim zeigte, daß seine „goldene Phantasie" nicht erfüllt werden würde.

Ein Bild aus der Einzeltherapie in dieser Zeit zeigt Michaels Selbstwahrnehmung:

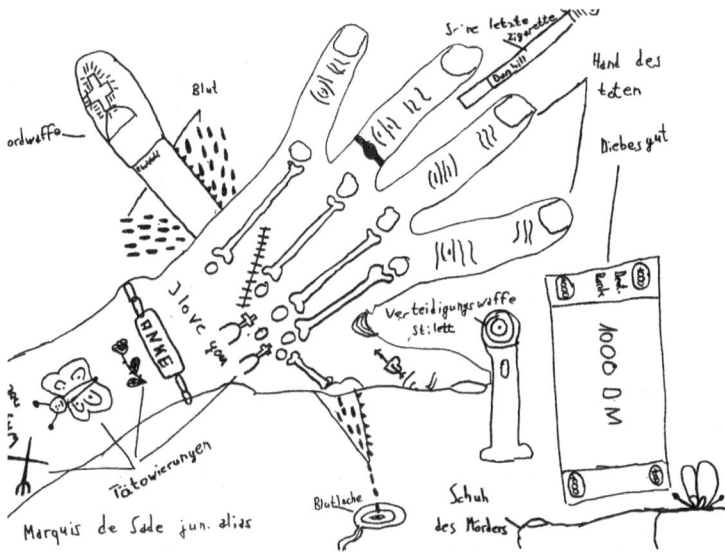

Während es auf den ersten Blick so zu sein schien, daß Michael sich in seiner braven Eingangsphase verstellt habe und jetzt sein wahres Wesen zeigte, zeigt sich bei tiefer Betrachtung eine gegenläufige Tendenz. In einer langen Abfolge von frühen Versagungen seiner Ich-Bedürfnisse und späteren Beziehungsabbrüchen mit Vorhaltungen, Bestrafungen und düsteren Prognosen, die natürlich auch Ergebnis seines Verhaltens waren, haben sich ausgesprochen negative Selbstrepräsentanzen entwickelt. Bei Michael, wie bei vielen anderen Jugendlichen, die ich damals gesehen habe, kam aber offensichtlich eine äußere Erwartungshaltung im Sinne einer Zuschreibung hinzu. Über drei Generationen gibt es in der Familie der Mutter immer ein Geschwisterkind, das eine dissoziale Entwicklung genommen hat.

Michaels Selbst hat sich offenbar früh den äußeren, in diesem Fall äußerst negativen Erwartungen angepaßt. Winnicott spricht hier von einem „Falschen Selbst". Es entspricht seiner tendenziell optimistischen Einstellung, daß er vermutet, daß sich hinter diesem ein anderes Selbst verbirgt, das einem inneren Reifungsprozeß entspricht und das hinter dem falschen Selbst geschützt bleibt. Er nennt es das „Wahre Selbst". Michaels optimistische Selbsteinschätzung, solange er

473

unter dem Einfluß seiner „goldenen Phantasie" stand, alles werde gut in dieser neuen, ihm zugewandten Umgebung, erscheint mir als ein Hinweis auf dieses „Wahre Selbst".

Soweit die selbstpsychologische Erörterung. An dieser Stelle läßt sich auch eine konfliktdynamische Betrachtung anführen: Bei Michael, wie auch bei vielen anderen früh depravierten Patienten, läßt sich ein typischer zentraler Konflikt ausmachen; durch die traumatisierenden Versagungen können infantile Wünsche nach Geborgenheit, Nähe und Versorgung nicht altersgemäß fortentwickelt werden, sondern bleiben in ihrer infantilen Heftigkeit bestehen, andererseits entwickelt sich eine Enttäuschungswut, die aber abgewehrt werden muß, weil sie der Erfüllung der Geborgenheitswünsche entgegensteht und fast immer auch schon früh durch übermäßige Strafen angstbesetzt wurde. Der Abwehrmechanismus kann unterschiedlich sein. Bei den Dissozialen steht offenbar die projektive Identifikation im Vordergrund. Bei der Umwelt wird die Wut induziert, die der Patient aufgrund seiner traumatischen Lebenserfahrungen entwickelt hat. Damit droht die Reinszenierung der ursprünglich traumatisierenden Situationen.

Die pathologische Übertragung entwickelt sich synchron im gesamten Lebensraum. Die Mitarbeiter arbeiten als Gruppe an der bei ihnen induzierten Wut und Hilflosigkeit. Der Jugendliche kann nur gehalten werden, wenn es in der Mitarbeitergruppe einen Konsens gibt. Aufgrund seiner etwas vom Alltag distanzierteren Haltung und seiner analytischen Ausbildung kann der Psychotherapeut in der Mitarbeitergruppe zum Verstehen vielleicht etwas mehr beitragen; sinnvoll ist es aber, wenn die Gruppe von einem außenstehenden Analytiker geleitet wird und der Therapeut Gruppenmitglied sein kann. Bei uns wurde diese Funktion seinerzeit vom therapeutischen Leiter ausgefüllt, der nicht selbst mit einzelnen Jugendlichen arbeitete. Die Aufrechterhaltung des therapeutischen Gesamtsettings, das Halten des Jugendlichen, statt eines erneut traumatisierenden Abbruchs, einschließlich der Eindämmung des destruktiven, das Setting zerstörenden Agierens, ist nicht nur die Voraussetzung für die Einzelpsychotherapie. Es ist selbst schon therapeutisch, da es den Teufelskreis innerer Destruktivität und von außen provozierter Retraumatisierung durchbricht.

Die eigentliche Psychotherapie ist durch verschiedene Faktoren erschwert. Die Jugendlichen leiden selbst bewußt weniger unter ihrer Symptomatik als ihre Umwelt, sie haben im allgemeinen kein Krankheitsbewußtsein und keine Therapiemotivation, ein Arbeitsbündnis besteht schon gar nicht, lediglich eine abstrakte Einwilligung, an der Therapie teilzunehmen. Alles andere muß sich erst entwickeln.

Wie gesagt, war Michael, wie viele andere Jugendliche auch, zunächst sehr einsichtig und neugierig, was sich in der Therapie machen ließe. Offenbar hatte er in mich Hoffnungen gesetzt und mich für sich gewonnen. Als er in die Phase des Agierens eintrat, wurde es auch in der Therapie schwierig. Michael kam immer häufiger nicht zu den Einzelstunden, obwohl er noch ziemlich regelmäßig an den Gruppentherapiesitzungen teilnahm, allerdings ohne sich zu beteiligen. Wie die anderen Mitarbeiter hatte ich gerade nach seinem „guten" Einstieg mit Gefühlen der Enttäuschung, Entwertung und Wut zu kämpfen.

Die Frage, ob wir, wenn die Jungen nicht zu ihren Therapiestunden kamen, sie nach einiger Zeit im Gelände suchen gehen sollten, hatten wir unter uns Therapeuten lange diskutiert und uns dafür entschieden. Das demonstrierte, daß wir uns aktiv um die Beziehung bemühten, es war das, was die jungen Patienten in ihrer bisherigen Erfahrung und damit ihrer pathologischen Erwartung am ehesten in Frage stellen. Bei Michael wie auch bei anderen Jungen hatte ich das Gefühl, daß seine Verweigerung eine Frage an mich darstellte und eine Herausforderung war. Die Frage schien mir zu sein, ob auch ich, wie alle seine vorherigen Bezugspersonen, ihn fallen ließe, wenn er sich der Beziehung zu mir gemäß seinem destruktiven Selbst verweigere.

Ich gewöhnte mir an, regelmäßig eine Viertelstunde nach Beginn der Therapiestunde loszugehen, um Michael zu suchen. Fast immer fand ich ihn im Gelände oder im Wohnhaus seiner Gruppe und sagte ihm, daß es jetzt Zeit für seine Therapiestunde wäre und daß ich in meinem Zimmer auf ihn warten würde. Anfangs verweigerte Michael sich mit der Begründung, er habe keinen Bock auf Therapie, später entzog er sich mir, indem er vor mir weglief. Mir fiel auf, daß er mich immer frühzeitig bemerkte, also offensichtlich auf mich wartete und nur so weit weglief, daß er in Sichtkontakt mit mir blieb. Viele Jugendliche die mit einer ähnlichen Problematik in ihrer frühkindlichen Entwicklung in die Einrichtung gekommen waren, verhielten sich ganz ähnlich. Oft entwickelten sich richtige Rituale, die sich stereotyp wiederholten. Ein Junge sagte mir z.B. über längere Zeit Woche für Woche, er würde sowieso nie mitkommen, ich solle doch nicht mehr zu ihm heraufkommen, und ich spürte, wie wichtig für ihn war, daß ich jedesmal entgegnete, daß sein Platz jetzt bei mir in der Therapie wäre und daß ich ihn auch zur nächsten Stunde erwartete. Es fiel mir bei Michael zunehmend schwer, mich immer wieder auf den Weg zu machen, mich der Entwertung und Abweisung, dem Angriff auf unsere Beziehung auszusetzen. Oft wäre ich gern in meinem Zimmer geblieben, aber ich spürte auch, daß meine Beharrlichkeit, den Platz bei mir immer wieder anzubieten, mich der aggressiven Verweigerung auszusetzen, meine eigenen negativen

Gegenübertragungsgefühle zuzulassen, meinen Ärger auch nicht zu verbergen ohne ihn meinerseits zu agieren, gleichzeitig auf meinem Anspruch zu bestehen, daß die Therapieabsprache ernst genommen würde, das wichtigste therapeutische Agens dieser Behandlungsphase war. Im Sinne wiederholter kleiner Modellszenen nahm ich für die jungen Patienten die Position der Mutter ein, die die Wut des Kindes aushält, die Beziehung aufrechterhält, aber der Zerstörung auch angemessen begegnet.

Die Wiederbelebung eines frühen „mütterlichen" Milieus in einer analytischen Behandlung des Haltens vor allem durch die unaufdringliche, zuverlässig wache Präsenz des Therapeuten gewährleistet für Winnicott die Rahmenbedingungen, die zur Regression einladen. Die organisierte Regression auf das Stadium der Abhängigkeit bezeichnet Winnicott als untrennbaren Bestandteil der Analyse von Phänomenen der frühesten Kindheit. Das Halten beinhaltet nicht nur eine gewährende Haltung, sondern auch eine Festigkeit in Bewahrung von Grenzen und Strukturen, die Bereitschaft zur Auseinandersetzung.

Im Zusammenwirken mit dem therapeutischen Gesamtmilieu der Einrichtung gelang es nach etwa einem Jahr, Michael eine therapeutische Regression zu ermöglichen, die sich in einer Änderung seiner Symptomatik ausdrückte. Er hörte auf, kriminell zu agieren, wurde manifest depressiv, er stand dann morgens nicht auf und ging nicht zur Schule oder in seine Arbeitsgruppe. Wenn ich zu ihm kam, lag er oft zusammengekrümmt in seinem Bett und stellte sich schlafend, ich hatte aber den Eindruck, daß er doch froh war, daß ich gekommen war. Ich achtete darauf, in seinem Zimmer nie länger mit ihm zu sprechen, sondern weiterhin darauf zu bestehen, daß er aufstehen und zu mir kommen solle. Fast zu meinem eigenen Erstaunen tat er dies tatsächlich nach einiger Zeit immer häufiger, und wir kamen immer mehr ins Gespräch. Erst jetzt wurde eine verbal geführte Psychotherapie möglich, für die noch zwei Jahre zur Verfügung standen, die ich hier jedoch nicht ausführlich darstellen kann. Immer wieder ging es zentral um Enttäuschung, Empörung und Wut, zunehmend auch um Trauer über Dinge, die er in seinem realen Umfeld erlitt oder erinnerte. Er entdeckte seine eigene Beteiligung, konnte sich als Täter und Opfer sehen. Er stellte die Beziehungen zu seiner Schwester und zu der letzten Pflegefamilie wieder her, verliebte sich und konnte berufliche Perspektiven entwickeln.

Die entscheidende Wendung der Behandlung war eingetreten, als Michael in der Regression die depressive Position erreichen konnte. Winnicott nannte ihre Entdeckung den wesentlichen und bahnbrechenden Beitrag von Melanie Klein (Winnicott, 1965 a). Er selbst bezeichnete diese Entwicklungsstufe als das Stadium der Besorgnis. Von Winnicotts Ausführungen zu dieser Phase möchte ich nur einen

Aspekt herausgreifen: In dieser Zeit (5 bis 6 Lebensmonat) tritt bei den Babies die Geste des Gebens auf, und sie scheinen ein Gefühl für die Folgen des eigenen Handelns zu entwickeln und Wiedergutmachung zu versuchen (a. a. O.). Damit wird meines Erachtens die Basis wirklicher Beziehungsfähigkeit gelegt. Meine Erfahrung, nicht nur bei den dissozialen Jugendlichen, sondern auch bei den früh depravierten Erwachsenen, die ich behandelt habe, ist, daß der Weg zur Veränderung nur über eine depressive Phase gehen kann, in der der Patient seine Einsamkeit spürt, die zerstörten Beziehungen betrauert und merkt, daß er nicht nur Opfer ist wie einst, sondern selbst mitverantwortlich für die fehlenden Beziehungen heute. Erst dann kann verstanden werden, welche inneren Verwicklungen dem äußeren Dilemma zugrunde liegen.

Als Michael sich entschließen konnte, von sich aus in seine Therapiestunden zu kommen, hatte er begonnen, Verantwortung für unsere Beziehung zu übernehmen, war aus der Beziehung ein Arbeitsbündnis entstanden.

Ich möchte schließen mit drei zusammenfassenden Bemerkungen:

1. Nach meiner Erfahrung bedarf die psychotherapeutische Behandlung früh traumatisierter Jugendlicher eines Sicherheit gewährenden Lebensraums im Sinne eines therapeutischen Gesamtmilieus, in den die Psychotherapie möglichst integriert sein sollte.

2. Es muß für die Gesamtbehandlung, Psychotherapie und therapeutisches Milieu oft ein mehrjähriger Zeitraum zur Verfügung stehen, weil ein regressiver Prozeß notwendig ist, dessen vorzeitiger Abbruch eine Retraumatisierung darstellt.

3. Es bedarf einer besonderen analytischen Haltung und Technik, solche Jugendlichen zu behandeln, für die ich bei Winnicott hilfreiche theoretische und behandlungstechnische Anregungen gefunden habe.

Das „Haus Sommerberg" hatte immer mit Belegungsschwierigkeiten zu kämpfen, weil es teurer war als andere Heime. Im letzten Jahr wurde es aus Kostengründen geschlossen. Momentan werden wir andererseits Zeugen einer parteiübergreifenden Politik, die für den Ausbau von Polizei und Gefängnissen keine Kosten scheut.

Literatur

Auchter, Th. (1994 a): Aggression als Zeichen von Hoffnung – oder: Der entgleiste Dialog. Zur Theorie der Jugendgewalt bei D. W. Winnicott. In: Wege z. Menschen 48, S. 53-72.

Auchter, Th. (1994 b): Die Entwicklung des Wahren Selbst und des Falschen Selbst. In: Z. f. Individualpsychol. 19, S. 305-317.

Auchter, Th. (1995): Über das Auftauen eingefrorener Lebensprozesse. Zu Winnicotts Konzepten der Behandlung schwerer psychisch Erkrankter. In: Forum Psychoanal. 11, S. 62-83.

Bacal, H., Newman, K. (1990): Theories of Objekt Relations: Bridges to the Self Psychology. New York/Oxford (Columbia University Press). Dt: Objektbeziehungstheorien – Brücken zur Selbstpsychologie. Stuttgart (1994). (Frommann-Holzboog).

Bürgin, D. (1997): Drei- und Vielsamkeit als ursprüngliche Beziehungsform. In: Anal. Kinder- und Jgdlpsychoth., 93: S. 31-55.

Cohen, Y. (1988): The „Golden Fantasy" and Countertranceference. In: The Psychonanlytic Study of the Child 43, S. 337-350.

Gedo, J. E. (1997): Das wahre oder falsche, das verrückte oder gesunde Selbst. In: Psyche 51, Heft 7, S. 665-675.

Grüttner, T. (1992): Psychoanalyse und Pädagogik im Heim einer Einrichtung für Erziehungshilfe. In: Heinemann, E., Rauchfleisch, U., Grüttner, T. (1992): Gewalttätige Kinder. Frankfurt/M. (Fischer Tb).

Guntrip, H. (1997): Meine Analysen bei Fairbain und Winnicott. In: Psyche 51, Heft 7, S. 676-699.

Holderegger, H. (1993): Der Umgang mit dem Trauma. Stuttgart (Klett-Cotta).

Khan, M. R. (1971): D. W. Winnicott – sein Leben und Werk. Einführung zu Winnicott (1973).

Khan, M. R. (1977): Das Werk von D. W. Winnicott. In: Eicke, D. (Hrsg.), (1977): Die Psychologie des XX. Jahrhunderts, Bd. 3, München (Kindler).

Klüwer, C. (1968): Stationäre Psychotherapie bei jugendlichen Dissozialen. In: Z. Psychotherapie u. med. Psychol. 18, Heft 3. Auch in: Biermann, G. (1969): Handbuch der Kinderpsychotherapie. (Reinhardt).

Klüwer, C. (1970): Das therapeutisch-pädagogische Jugendheim „Haus Sommerberg". Einige Erfahrungen über ein soziotherapeutisches Experiment. In: Praxis d. Kinderpsychol. u. Kinderpsychiatrie, Heft 6.

Klüwer, C. (1974): Neurosentheorie und „Verwahrlosung". In: Psyche 28, S. 285-309.

Smith, S. (1977): The Golden Fantasy. In: Int. J. Psychoanal. 58, S. 311-324.

Stern, D. (1986): The Interpersonel World of the Infant. New York (Basic Books). Dt.: Die Lebenserfahrung des Säuglings. Stuttgart (1992), (Klett-Cotta).

Stern, D. (1995): The Motherhood Constellation. A Unified View of Parent-Infant Psychotherapy. New York (Basic Books).

Stork, J. (1976): Versuch einer Einführung in das Werk von D. W. Winnicott. Einleitung zur deutschen Ausgabe von Winnicott (1958).

Winnicott, D. W. (1958): Through Paediatrics to Psychoanalysis. Collected Papers. London (Tavistock Publ.). Dt.: Von der Kinderheilkunde zur Psychoanalyse. München (1976), (Kindler). Nachdruck (1985), 3. Aufl. (Fischer-Tb).

Winnicott, D. W. (1965 a): The Maturational Process and the Facilitatin Enviromment. London (Hogarth Press). Dt.: Reifungsprozesses und fördernde Umwelt. München (1974), (Kindler).

Winnicott, D. W. (1965 b): The Family and Individual Development. London (Tavistock Publ). Dt.: Familie und individuelle Entwicklung. Frankfurt/M. (1984), (Fischer).

Winnicott, D. W. (1971 a): Playing and Reality. London (Tavistock Publ.). Dt.: Vom Spiel zur Kreativität. Stuttgart (1973 a), (Klett-Cotta).

Winnicott, D. W. (1971 b): Therapeutic Consultations in Child Psychiatry. London (Hogarth Press). Dt.: Die therapeutische Arbeit mit Kindern. München (1973), (Kindler).

Winnicott, D. W. (1984): Deprivation and Delinquency. London (Tavistock Publ.). Dt.: Aggression, Versagen der Umwelt und antisoziale Tendenz. Stuttgart (1988), (Klett-Cotta).

Winnicott, D. W. (1988): Human nature. London (Free Association). Dt.: Die menschliche Natur. Stuttgart (1994), (Klett-Cotta).

Wenn das Welterleben verrückt

Psychotische Dekompensation bei Jugendlichen als Traumafolge

Annette Streeck-Fischer

Einleitung

Eine meiner ersten Patientinnen, die ich während meiner analytischen Weiterbildung vor über 20 Jahren behandelte, war eine 22jährige junge Frau. Sie litt unter anfallsweisen Panikattacken, die mit heftigem Herzklopfen, der Angst vor Herzversagen und Vernichtungsgefühlen einhergingen. Sie meinte: „Ich habe das Gefühl, als ob mein Körper eigenständig reagiert, ohne daß ich ihn beeinflussen kann. Ich fühle mich meinem Körper völlig ausgeliefert."

Sie war eine sympathische, intelligente Frau, die von Anfang an ein verwirrendes Bild bei mir hinterließ. Sie war einerseits in der Lage, sehr differenzierte Beschreibungen von sich und der Realität zu machen, andererseits wirkte sie wie starr und unfähig, ihr Innenleben zu erfassen. Begonnen hatten ihre Ängste, als sie mit einer Fähre bei Sturm in eine mehr oder weniger bedrohliche Situation geraten war. Sie hatte damals das Gefühl, als ob ihr der Boden unter ihren Füßen wegginge. Seither seien bisherige Sicherheiten verlorengegangen.

Ich erinnere diese Behandlung, weil sie das Gefuhl bei mir hinterließ, gescheitert zu sein, und ich mich lange gefragt habe, was ich damals bei der Patientin angerichtet hatte. Sie war während der Behandlung psychotisch geworden und mußte zu ihrem eigenen Schutz in der Psychiatrie stationär aufgenommen werden. Wenngleich mir vieles von den damaligen Umständen nicht mehr klar in Erinnerung geblieben ist, so stechen einzelne Ereignisse so hervor, als seien sie gestern passiert: Ich hielt mich an ein Behandlungsvorgehen, wie es damals vielfach praktiziert und gelehrt wurde und später von Thomä (1981), Cremerius (1979) u.a. als mißverstandene Neutralitäts- und Abstinenzhaltung kritisiert wurde (vgl. Streeck-Fischer 1982). Ich versuchte, mich Empfehlungen entsprechend als eine möglichst undurchsichtige Leinwand anzubieten, auf der die Patientin ihre Übertragung ausbreiten konnte. Diese Haltung führte bei der Patientin zu einer tiefen Regression. Eines Tages sagte sie: „Da hängt ja ein Penis aus dem Regal." Ich war völlig irritiert und fragte, was sie meine. Es wurde deutlich, daß sie ein dickes Buch im Regal meinte, das insofern heraushing, weil es nicht längs, sondern quer nach vorne umgekippt lag. Sie reagierte darauf so verstört, daß ich das Buch wieder aufstellte und gleichzeitig verwundert war, wie primärprozeßhaft ihre Einfälle waren.

In den folgenden Stunden wurde ich mehr und mehr verwirrt. Ich wußte nicht mehr, was bei der Patientin Realität und was Phantasie war, ob das, was sie in einem immer konfuseren Zustand mit einer jetzt immer undeutlicheren und kindlicheren Sprache zusammenhanglos erzählte, von ihr wirklich so erfahren worden war oder ihrer Phantasie entstammte. Sie erzählte von einem sexuellen Mißbrauch als 6jähriges Mädchen durch einen Nachbarn, der dann angeblich verurteilt wurde. Sie vermittelte mir ein Gefühl totaler Einsamkeit, in der sie sich damals befand, eines Zustands, in dem sich niemand um sie kümmerte und in dem sie unerträglichen Verhören ausgesetzt wurde, bedroht wurde, vergessen wurde, irgendwo längs ging und nicht mehr wußte, wo sie war usw. Was sie sagte, war viel ungeordneter, erschuf in mir eigentlich mehr Bilder als verständliche Zusammenhänge. Nicht nur in den Stunden, sondern auch in ihrem Alltag ging immer mehr durcheinander. Sie hatte massive Schlafstörungen, versorgte sich nicht ausreichend, streunte herum, rief bei mir zur Tages- und Nachtzeit an, so daß ich mich schließlich gezwungen sah, um eine stationäre Aufnahme in der Psychiatrie zu ersuchen.

Ähnlich erging es mir mit einer 15jährigen Jugendlichen zu Beginn meiner klinischen Tätigkeit in Tiefenbrunn. Sie hatte sich in den letzten 2 Jahren vor der stationären Aufname zunehmend von allem zurückgezogen, wirkte in ihrer Gestik, in ihren Mitteilungen und in ihrem Verhalten wie erstarrt. Im Kontakt zeigte sie eine lächelnde Fassade, ohne Einblick in ihre inneren Vorgänge zu geben, so daß sie wie entleert oder leer in ihrem Inneren erschien. Da sie während ihrer stationären Behandlung kaum eine Entwicklung zu machen schien, vielmehr sich immer mehr zurückzog, vereinbarten wir mit ihr einen Schulbelastungsversuch in einer öffentlichen Schule außerhalb der Klinik,[1] dem sie vordergründig zustimmte. Unter dieser Belastung verschlechterte sich ihr Zustand. Sie bekam nächtliche Schlafstörungen und berichtete von akustischen Halluzinationen – sie hörte ein Knacken im Schädel und eine Männerstimme. Obwohl wir damals wußten, daß ihre Probleme u. a. damit zu tun hatten, daß sie zu Hause miterlebt hatte, wie ihr sexuell zudringlicher Vater sich mit einer Pistole ins Genick geschossen hatte, wurde zu diesem Zeitpunkt diese Verbindung von uns nicht hergestellt. Wir betrachteten ihre psychotische

---

[1] Zu der klinischen Gesamtbehandlung gehören u. a. Aktivitäten, die Jugendliche wieder in ihr soziales Umfeld integrieren , z. B. Schulbesuche in Außenschulen.

Dekompensation als Folge der aktuellen Schulbelastung und des regressionsfördernden Therapieangebotes, innerhalb dessen sie den Kontakt zur Realität immer mehr verloren hatte. Wir brachen die Behandlung ab und überwiesen sie in eine Psychiatrie.

Zur Seelenblindheit

Was extreme Traumata anrichten, erkennen wir erst seit wenigen Jahren deutlicher. Wir stellen mitunter fest, die traumatischen Erfahrungen der Patienten immer noch nicht genau genug exploriert zu haben oder ihre Angaben nicht aufmerksam genug aufgenommen zu haben. Wir bekommen Jugendliche mit der Diagnose „juvenile Psychose" in stationäre Behandlung, wie etwa die 17jährige B., bei der wir zweifeln, ob diese Klassifikation ihrer Problematik gerecht wird:

B. litt unter massiven Angstzuständen bis hin zu Panikattacken, der Angst, kaputtzugehen oder zu verdummen. Sie neigte zum Rückzug in eine Traumwelt und litt unter schweren Schlafstörungen mit alptraumartigen Ängsten, von Monstern überwältigt zu werden. Sie wollte ein Junge sein und fügte sich Verletzungen an ihrem Genitale zu. Ihre als „existentiell-psychotisch" bezeichneten Ängste beinhalteten Vorstellungen, sich zurückentwickeln zu können und auf die Stufe eines kleinen Kindes oder Tieres ohne Persönlichkeit und Intelligenz zu regredieren. Sie sprach von Gefühlen des Gespaltetseins und mußte häufig an ihren Tod denken. Wir verstanden ihre Verdummungserlebnisse und -ängste mehr und mehr als dissoziative Phänomene und ihre Neigung, sich verrückt zu machen, als Reinszenierungen massiver Mißhandlungen durch beide Eltern, die durch ihre Mitschüler fortgeführt wurden.

Die Bedeutung dessen, was gesagt, gehandelt, inszeniert wird, wird allzuoft nicht erfaßt und verstanden, da schwere Traumata gleichsam zu einem Loch in der Wahrnehmung, in Gefühlen, im Verständnis von sich selbst führen (van der Kolk 1996). So wird es auch schwer für den anderen zu verstehen und die dissoziierten, gehandelten und scheinbar bedeutungslosen Botschaften miteinander zu verbinden. Die Seelenblindheit oder auch die Seelenzerstörung, die solche Patienten erfahren haben, wird häufig zu einer gemeinsamen psychosozialen Abwehrstrategie zwischen Patient und Therapeut (Streeck-Fischer 1998). Das Schreckliche versinkt in einem gemeinsam erfahrenen Vakuum.

Wie sind wir mit solchen Patienten bisher umgegangen, wie haben wir sie verstanden? Meine eingangs genannte Patientin nahm ich nach ihrer psychotischen Dekompensation wieder in Behandlung. Mein Behandlungsvorgehen veränderte ich, jetzt orientiert an ich-psychologischen Konzepten. Ich war aktiv, präsent, arbeitete mit ihr an ihrer aktuellen Realität und versuchte, ihr Sicherheiten im Umgang mit ihrem Alltag zu vermitteln. Die Behandlung wurde vorzeitig beendet. Für uns beide hing das Damoklesschwert der psychotischen Dekompensation im Raum, das sie in ihrer psychischen und mich in meiner beruflichen Existenz in Frage zu stellen drohte.

Unter dem Etikett der Psychose hielt ich ihre Äußerungen zum Zeitpunkt der Dekompensation inhaltlich für unbedeutend. Ausgehend von Vorstellungen, daß im Wahn die Realität verlorengeht, wertete ich ihre Erzählungen als inhaltlich unbedeutendes primärprozeßhaftes Material und hielt mich hierbei an Freud, der sagt: „Bei der Neurose unterdrückt das Ich in Abhängigkeit von der Realität ein Stück des Es, während das Ich bei der Psychose im Dienste des Es von einem Stück der Realität zurücktritt" (1924, S. 365). Und: „Bei der Psychose ... schafft sich das Ich selbstherrlich eine neue Außen- und Innenwelt, und es ist kein Zweifel an zwei Tatsachen, daß diese neue Welt im Sinne der Wunschregungen des Es aufgebaut ist und daß eine schwere unerträglich erscheinende Wunschversagung der Realität das Motiv dieses Zerfalls mit der Außenwelt ist" (1924, S. 389).

Durch meine Haltung, die aus einer mißverstandenen Abstinenz resultierte, hatte ich sie offenbar – so meine damalige Erklärung – in eine solche unerträgliche Wunschversagung hineingebracht. Folglich war mit ihrer Psychose nicht nur die Realität der Gegenwart, sondern auch die Realität der Vergangenheit bedeutungslos geworden. Die wahnhaften Vorstellungen meiner Patientin hinsichtlich des Mißbrauchs konnten dann nur aus unerfindlichen Triebwünschen und mysteriösen und höchst privaten Krankheitskonstrukten resultieren. Im übrigen hatte mir die Patientin in der ausführlichen Anamnese auch nichts von solchen schrecklichen Erfahrungen wie in ihrem psychotischen Zustand berichtet.

Wieweit das Unbewußte von schrecklichen Erfahrungen bestimmt ist, die sich tatsächlich ereignet haben, war eine zentrale Frage, die Freud immer wieder beschäftigte. Zu Unrecht wurde ihm vorgeworfen, er habe die Verführungstheorie aufgegeben und damit erklärt, daß neurotische Patienten an ihren Phantasien erkranken und nicht an ihren schrecklichen Erfahrungen. Mit dem Konzept der psychischen Realität, deren Bedeutung er im Verhältnis zur tatsächlichen Realität hervorhob, betonte er die Organisation eigener Erfahrungen, um damit deutlich zu machen, daß die menschliche Psyche Erlebnisse nicht nur empfange und reproduziere, sondern daß sie aktiv und imaginierend tätig ist (Lear 1996). Diese Aussage relativierte er allerdings im Hinblick auf die traumatischen Neurosen, bei denen er darauf hinwies, daß das Trauma einen somatischen und einen psychischen Charakter hat: „Auf die Reizüberflutung, die in die Integrität des Subjektes einbricht, antwortet das Subjekt weder mit einer adäquaten Abfuhr noch einer psychischen Verarbeitung" (Freud 1920). Das bedeutet, daß unter Umständen bei traumatischen Störungen Verarbeitungsprozesse nicht stattfinden und daß Reproduktionen der tatsächlichen Realität gleichsam durchbrechen können. Er gab damit wichtige Hinweise zum Erkennen und Verstehen traumatischer Störungen. Die besondere Beachtung, die das Konzept der psychischen Realität erfuhr, hatte jedoch zur Folge, daß auch bei Freud, wie sich aufzeigen läßt, die faktische und historische Realität mitunter zugunsten einer verabsolutierenden Symbolik und Deutungsgewißheit aufgegeben wurden. Dies wird u. a. an zwei Fallbeschreibungen Freuds von paranoiden Patientinnen deutlich.

So beschreibt Freud (1897) eine Patientin, die nach der Geburt ihres Kindes mit Wahnideen dekompensierte und führt ihre Problematik auf die Rückerinnerung an einen Inzest mit ihrem geliebten Bruder zurück. Hier verbindet er eindrucksvoll das aktuelle, unverständliche Verhalten der Patientin mit früheren, nicht verarbeiteten Erfahrungen. Viele Jahre später stellt Freud (1913-17) erneut einen paranoiden Fall vor. Hier folgt er einer völlig anderen Deutungsrichtung. Statt zu überprüfen, inwieweit die Patientin hinsichtlich ihrer Wahrnehmung, von ihrem Liebhaber kompromittiert zu werden, Recht haben könnte, wendet er sich ihren unbewußten Wünschen zu. Er erkennt in einem Geräusch, das die Patientin beunruhigte, während sie in verfänglicher Weise mit dem Mann auf dem Bett lag, ihre Empfindung von Pochen oder Klopfen an der Klitoris. Er sieht darin unerfüllte Triebwünsche, die sie nachträglich als Wahrnehmung auf ein äußeres Objekt hinausprojizierte (Freud 1913-17, S. 244). Freud lenkt die Blickrichtung auf Triebwünsche und die psychische Realität, während die faktische und historische Realität unbedeutend bleiben.

Diese Blickrichtung beeinflußt uns auch noch heute in vielfältiger Hinsicht. Gerade im Umgang mit Traumatisierungen, die zur Folge haben, daß das Schreckliche abgespalten, dissoziiert und häufig nicht sprachlich vermittelt werden kann, bleiben weite Bereiche dem Verständnis nicht zugänglich, denn die Realität wird von denen, die traumatisiert wurden, selbst ausgeklammert, weil sie nicht psychisch repräsentiert ist.

Theoriegeleitete Denkschablonen verführen zum nicht genauen Betrachten von faktischen Realitäten, aber auch so hilfreiche Begriffe wie das kumulative Trauma (Khan 1963), ich-psychologische Konzepte oder auch Klassifikationen als Borderline-Störung suggerieren mitunter, man wisse schon und brauche nur noch einzuordnen.

Darüber hinaus geraten wir bei Traumatisierten in Gegenübertragungen, die mit Gefühlen von Verwirrung einhergehen hinsichtlich dessen, was real und was nicht real ist. Wir werden wie diese Patienten durch ihre Sprach- und Gefühllosigkeit betäubt und folgen ihren Abwehrbewegungen in die Phantasie, statt die Realität genau zu erfassen und zu erfragen. Durch unsere Arbeit im Hier und Jetzt, in der Übertragung und Gegenübertragung glauben wir unmittelbar erfassen zu können, was diese Patienten erfahren haben und verlieren den Zugang zur Vergangenheit und der darin erfahrenen traumatischen Situation. Tatsächlich stiften wir damit eine verwirrende Situation, denn wir setzen den Verlust von Orientierung, von mangelnder Grenzziehung zwischen Vergangenheit und Gegenwart, Realität und Phantasie als Traumafolge fort.

Zur Dissoziation

Mit zunehmender Reifung entwickeln wir kognitive Schemata, die zu Vorstellungen über sich selbst und die Welt führen. Kognitive Schemata erlauben, Erfahrungen in einen Sinnzusammenhang zu stellen und dienen als Puffer gegen überwältigende Erlebnisse. Traumatische Erfahrungen sind so überwältigend, daß sie in die bereits existierenden kognitiven Schemata nicht eingeordnet werden können. Sie bleiben im Gedächtnis dissoziiert und kommen als Flashbacks, somatische Rückerinnerungen, Alpträume u. a. zum Ausdruck (van der Kolk 1987). Sie können oftmals nicht in persönliche Geschichten umgewandelt werden und verbleiben deshalb zeitlos und unveränderlich.

Erinnerungen an traumatische Ereignisse werden eher als sensorische Fragmente, die sprachlich schwer faßbar sind, gespeichert. Van der Kolk u. a.(1996) nimmt an, daß überwältigende traumatische Erfahrungen im zentralen Nervensystem nicht synthetisiert und nicht in ein semantisches Gedächtnis integriert werden können. Die sensorischen Elemente der Erfahrung werden separat registriert. Diese Fragmentierung oder Desorganisation des Gedächtnisses stört die Auswertung, Klassifikation und Kontextualisierung der Erfahrung. Traumatische Erfahrungen scheinen vor allem in der rechten Hirnhemisphäre verarbeitet zu werden, die für Ausdruck und Verstehen von globaler, nicht-verbaler emotionaler Kommunikation verantwortlich ist, während die linke Hemisphäre problemlösende Aufgaben übernimmt. Solche Befunde aus neurobiologischen Untersuchungen können erklären, warum eine Person mit Traumatisierungen schreckliche Erfahrungen hat, diese jedoch nur begrenzt in eine kommunikable Sprache übersetzen kann. Es wird auch verständlich, warum sie diese Erfahrungen möglicherweise nicht mit Gefühlen in Verbindung bringen kann, gegebenenfalls körperlich reagiert und zugleich depersonalisiert oder derealisiert ist. Denn sie kann das, was ihr passiert ist, nicht in Besitz nehmen (van der Kolk 1998).

Die „Sprache" des Traumas ist oftmals schwer zu verstehen. Freud hat den Begriff der Dissoziation, anders gesagt, der Bewußtseinsspaltung, der auf Janet (1892) zurückgeht, in seinen Arbeiten aufgegeben. Er hat demgegenüber die Verdrängung als eine Operation beschrieben, mit deren Hilfe eine Person versucht, Vorstellungen, die mit einem Trieb zusammenhängen, in das Unbewußte zurückzustoßen oder dort festzuhalten (vgl. Laplanche, Pontalis 1972). Die Spaltung selbst hat er nur für begrenzte Störungsbilder aufgehoben, wie etwa die Paranoia: „Die Paranoia zerlegt so wie die Hysterie verdichtet ... die in der unbewußten Phantasie vorgenommenen Verdichtungen und Identifizierungen werden durch Spaltungen wieder aufgelöst" (Freud 1909-13, S. 285). Und an einem Fall von multipler Persönlichkeit: „Es kann zu einer Aufsplitterung des Ich kommen, indem sich die einzelnen Identifizierungen durch Widerstände aneinander abschließen, und vielleicht ist es das Geheimnis der Fälle von sog. multipler Persönlichkeit, daß die einzelnen Identifizierungen alternierend das Bewußtsein an sich reißen" (Freud 1923, S. 259).

Reich (1995) hat in seiner Arbeit zur Kritik des Konzepts der Spaltung als der primitiven Abwehr moniert, daß die Verwendung dieses Begriffs die vielfältigen Abwehrformationen, auf die eine Person zurückgreift, verdeckt und einengend in die Komplexität des psychoanalytischen Prozesses eingreift. Aus einer anderen Perspektive stellt sich allerdings die Frage, ob mit dem Begriff „Verdrängung" und der Beschreibung der vielfältigen Abwehrmechanismen wie Verleugnung, Isolierung und Spaltung auch erschwert wurde, bestimmte Störungsbilder zu erkennen, die mit dem Begriff der „Dissoziation" eher faßbar sind. Zustände von Bewußtseinseinschränkungen, wie etwa Verlust von Zeit, Blackouts, Amnesien, Fluktuationen im Wissen, in Begabungen, Flashbacks, tranceähnliche Zustände, wechselndes Verhalten usw., können als Phänomene der Dissoziation überhaupt erst verstanden werden.

Ausgehend von den Forschungen infantiler Verhaltenszustände von Prechtl, Emde und Wolff (1987), die ein Basisset von Verhaltenszuständen an gesunden Kinder beobachtet haben, schlägt Putnam (1997) vor, dissoziative Erscheinungsbilder im Kindes- und Jugendalter und auch bei Erwachsenen im Rahmen eines Modells diskreter Verhaltenszustände zu sehen und zu verstehen. In der Regel erlernen Kinder die Kontrolle über ihre verschiedenen Verhaltenszustände. Mit zunehmender Reifung entwickeln Kinder mit Hilfe ihrer primären Objekte Brücken zwischen ihren verschiedenen Selbstzuständen und können diese aktiv beeinflussen. Wolf (1990) spricht von einem Autorenselbst, das Kinder im Alter von 2-4 Jahren zu entwickeln beginnen. Traumata verhindern die Integration von solchen Verhaltenszuständen – die Entwicklung eines Autorenselbst. Darüber hinaus verhindern frühe Kindheitstraumata die Entwicklung von basalen Fähigkeiten wie Selbstbeobachtung und Selbstreflexion.

Dissoziation als Oberbegriff erscheint insofern sinnvoll, als damit normale und pathologische Vorgänge beschrieben werden und Störungen auf unterschiedlichen Ebenen des Bewußtseins erkennbar werden. Es können damit Zustände unterschieden werden, in denen entweder Bedeutsames nicht zusammengebracht werden kann, nicht integrierbar ist, wie bei der Dissoziation als Folge ganz unterschiedlicher Bedingungen, oder in denen Bedeutsames aufgrund von konflikthaften Inhalten nicht zusammengebracht werden soll, wie bei der Verdrängung oder einer Dissoziation als Abwehr (Hoffmann 1994).

Normale dissoziative Prozesse beinhalten – so Putnam (1997) – eine bestimmte Anzahl unterschiedlicher Bewußtseinszustände, die mit Wahrnehmungseinengungen und Aufmerksamkeitsstörungen einhergehen können, ohne daß das Gedächtnis oder Identitätsgefühl davon mitbetroffen wäre. Im Gegensatz dazu sind pathologisch dissoziative Zustände dadurch charakterisiert, daß sie zustandsabhängig mit bestimmten autobiographischen Erinnerungen und Identitäten verknüpft sind.

Traumatisch bedingte Psychose und Dissoziation

Wenn wir davon ausgehen, daß bei psychotischen Entwicklungen frühe Ich-Kerne nicht zu einem einheitlichen Kern des Selbstsystems mit ersten integrativen Fähigkeiten des Selbst organisiert wurden, dann haben diese Kinder keine Brücken zwischen ihren verschiedenen Selbstzuständen bauen können. Bei ihnen liegt ein Defekt in ihrer Integrationsfähigkeit vor. Bei traumatisch bedingten Psychosen zeigt sich jedoch zumeist kein basaler Integrationsmangel. Es kommt bei ihnen auch nicht zu einer generalisierten Fragmentierung im inneren Erleben und in den menschlichen Beziehungen. Traumatisch bedingte Psychosen lassen sich vielmehr damit erklären, daß zwischen den sonstigen vorhandenen Sinnzusammenhängen, Ordnungssystemen, Beziehungen und dem verrückten Selbstzustand ein Spalt klafft. Die psychotische Episode erscheint wie ein Loch oder ein unverständliches, unverstandenes Vakuum in der Seele. Brücken zwischen den verschiedenen Zuständen konnten nicht ausgebildet werden oder wurden durch das Trauma zerstört. Soweit integrative Angebote im Umfeld gemacht wurden, waren sie unzureichend.

Bereits Schilder (1925) hat Dissoziation als Verlust eines sekundär erworbenen Einheitserlebens und eine Reaktivierung des primären Gespaltenseins beschrieben. Insbesondere wenn ungünstige Entwicklungsbedingungen eine nur mühsam erreichte Einheit des Bewußtseins zur Folge hatten, ist denkbar, daß solche Patienten besonders vulnerabel für gravierende Traumata sind.

Betrachten wir die psychotischen Episoden traumatisierter Patienten als dissoziierte „states", in denen die traumatischen Erfahrungen aufbewahrt sind, die unter bestimmten Umständen – unter besonderen Belastungen etwa – aufbrechen und dann als Teile der traumatischen Situation unverständlich, konfus mit konkretistischen Vergegenwärtigungen, mit halluzinierten Sinneserfahrungen, mit scheinbar unverständlichen Dialogen und Handlungen auftauchen, so gewinnen wir einen ganz anderen Zugang zu diesen Patienten. Ihr Verhalten ist deshalb verrückt, weil grundlegende Ordnungs- und Orientierungssysteme, u. a. die Einschätzung von gut und böse, falsch und richtig, die Grenzziehung zwischen inneren und äußeren Vorgängen, Realität und Phantasie, Selbst und Objekt, Vergangenheit und Gegenwart durch schwere traumatische Erlebnisse zerstört wurden. Die traumatische Erfahrung hat ihr Welterleben und ihr Weltvertrauen verrückt, bisherige Sicherheiten und Bindungen sind zustandsabhängig zerstört worden.

Bei der eingangs erwähnten Patientin mit dem frühen Mißbrauch ist die Einsamkeit deutlich geworden, in der sie sich befunden hatte. Es war keiner da, der sich um sie gekümmert hätte, keiner, der ihren Zustand wirklich erfaßt hätte, keiner, der geholfen hätte, die traumatischen Ereignisse des Mißbrauchs auf eine andere Ebene zu heben, sie zu verwörtern. Entsprechendes wiederholte sich in ihrer Analyse. Ihr Versuch, sich verständlich zu machen, führte zur weiteren Verwirrung. Die Verkennung des Buches im Regal als einem heraushängenden Penis stellte eine plötzliche traumatische Rückerinnerung, einen Flashback dar, der sie an den bis dahin dissoziierten Zustand, den verrückten Selbstzustand zurückführte. Sie versank daraufhin in einem psychotischen Kosmos ohne Grenzen, ohne Halt und ohne Orientierung. Die Panik, die sie ursprünglich verspürt hatte, erlebte nun die Therapeutin, die selbst verwirrt und unfähig, Verbindungen herzustellen, sie mit ihrem verrückten Selbst zurückwies.

Oliner (1995) stellt bedauernd fest, daß der Begriff der hysterischen Psychose als diagnostische Kategorie kaum noch Anwendung findet. Sie hat Fälle mit Dissoziationen psychotischen Ausmaßes untersucht. So konnte sie feststellen, daß insbesondere Kinder Überlebender des Holocaust psychotische Phasen durchliefen, ohne an einer für die Schizophrenie charakteristischen Fragmentierung zu leiden. Es zeigte sich, daß diese über eine Ich-Stärke verfügten, die mit psychotischen Episoden normalerweise nicht vereinbar ist. Sie verfielen nicht in einen chronisch-psychotischen Zustand. Der episodisch verkrustete Charakter der Psychose ließ eher an eine traumatische Reinszenierung mit einem veränderten Bewußtseinszustand denken als an einen Fragmentierungszustand. Oliner macht eindrücklich deutlich, daß die Phantasieproduktionen dieser Kinder Transmissionen traumatischer Erfahrungen der Elterngeneration darstellen, die sprachlich nicht vermittelt wurden.

Niederland (1978) konnte anhand der genauen Analyse des Schreberfalles rekonstruieren, wie weitgehend dessen psychotische Vorstellungen mit seinen tatsächlichen und massiven Mißhandlungserfahrungen in Verbindung stehen.

Was bedeutet das für die Therapie?

Wir bemühen uns, vor allem Bedingungen herzustellen, in denen diese Kinder, Jugendlichen und Erwachsenen Vertrauen und Sicherheit im Alltag und den therapeutischen Beziehungen entwickeln können. Wir gehen bei solchen Patienten davon aus, daß sie tatsächlich Schreckliches erfahren haben und daß wir dazu beitragen, daß sich diese Patienten in einem psychotischen Kosmos verlieren, wenn wir die traumatische Realität nicht zu erkennen und zu verstehen suchen. Indem wir das tatsächliche Geschehen ergründen, aufmerksam aufnehmen, nicht beiseite schieben, sondern uns bemühen, die disparaten Teile zusammenzufügen, helfen wir diesen Personen, ihre Konfusionen zwischen Realität und Phantasie, Vergangenheit und Gegenwart zu erkennen und Grenzen dazwischen aufzurichten. Die Rekonstruktion ihrer Lebensgeschichte spielt in der Arbeit mit ihnen eine erheblich größere Rolle. Die Arbeit in der Übertragungs-Gegenübertragungsbeziehung allein würde die traumatisch wirksame Konfusion eventuell noch verschärfen.

Beim Lesen alter Anamnesen habe ich immer wieder festgestellt, daß manches nicht genau genug exploriert wurde, Wichtiges in einer allgemeinen Wiedergabe von Schrecklichem unterging, verlorenging, wichtige Fragen nicht gestellt wurden usw. Die sprachlosen, unverständlichen disparaten Handlungen, Dialoge oder Reinszenierungen dieser Patienten sind oft schwer zu verstehen und zusammenzubringen. Das erfordert eine genaue Beobachtung, statt gleich Interpretationen parat zu haben, die von der traumatischen Erfahrung wegführen. Unsere Aufgabe ist es, Brücken zu bauen zwischen den verschiedenen Selbstzuständen und einen kreativen sozialen Spiegel (Fonagy 1996) anzubieten, damit diese Kinder, Jugendlichen und Erwachsenen Benennungen finden, eine Symbolwelt, die es ihnen ermöglicht, das Unfaßbare faßbar zu machen und mit deren Hilfe sie ihr Welterleben zurechtrücken können.

Literatur

Cremerius, J. (1979): Gibt es zwei psychoanalytische Techniken? In: Psyche 33, S. 577.

Fonagy, P. (1996): Das Junktim in der Kinderanalyse. In: Forum Psychoanal. 12, S. 93-109.

Freud, S. (1892-1899): Bemerkungen über Abwehrneuropsychosen. GW, Bd. 1 (Fischer), S. 379-405.

Freud, S: (1909-1913): Psychoanalytische Bemerkungen über ein autobiographisch beschriebenen Fall von Paranoia. GW. Bd. 8, Fischer, S. 239-320.

Freud, S: (1913-1917): Mitteilung eines die psychoanalytische Theorie widersprechenden Falles von Paranoia. GW, Bd. 10 (Fischer), S. 233-246.

Freud, S. (1920-24): Der Realitätsverlust bei Neurose und Psychose. GW. Bd. 13, S. 361-368 und S. 385-392.

Hoffmann, S. O. (1994): Die Dissoziation. Neue Aktualität für ein altes klinisches Konzept. In: G. Kockott, H. J. Möller (Hrsg.): Sichtweisen der Psychiatrie. Zuckschwerrdt Verlag, München.

Khan, M. (1963): The Concept of Cumulative Trauma. In: Psychoanal. Study Child 18, S. 286-306.

Laplanche, J., Pontalis, J. B. (1972): Das Vokabular der Psychoanalyse. Suhrkamp, Frankfurt/M.

Lear, J. (1996): The Shrink is in. In: Psyche 50, S. 599-616.

Niederland, W. G. (1978): Der Fall Schreber. Frankfurt (Suhrkamp).

Oliner, M. M. (1995): Hysterische Persönlichkeitsmerkmale bei Kindern Überlebender. In: Bergmann, M. S., Jucovy, M. E., Kestenberg, J. S.: Kinder der Opfer, Kinder der Täter. Frankfurt (Fischer).

Putnam, F. (1997): Dissociation in Children and Adolescent. The Guilford Press New York.

Reich, G. (1995): Eine Kritik des Konzeptes der „primitiven Abwehr" am Begriff der Spaltung. In: Forum Psychoanal., S. 99-118.

Schilder, P. (1925): Entwurf zu einer Psychiatrie auf psychoanalytischer Grundlage. Frankfurt (1970),(Suhrkamp).

Thomä, H. (1981): Schriften zur Praxis der Psychoanalyse vom spielenden zum aktiven Psychoanalytiker. Frankfurt (Suhrkamp).

Streeck-Fischer, A. (1982): Einige Überlegungen zum realen Verhalten des Psychoanalytikers im Hinblick auf den therapeutischen Prozeß. Unveröffentlichte Examensarbeit.

Streeck-Fischer, A. (Hrsg.) (1998): Adoleszenz und Trauma.Göttingen (Vandenhoeck & Ruprecht).

van der Kolk, B. A. (1987): Psychological Trauma. Amer. Psychiatry Press. Washington D. C.

van der Kolk, B. A.; McFarlane, A.; Weisaeth, L. (1996): Traumatic Stress. The Guilford Press. New York.

van der Kolk, B. A. (1998): Die Entwicklung von Kindheitstraumata. In: A. Streeck-Fischer (Hrsg.): Adoleszenz und Trauma. Göttingen (Vandenhoeck & Ruprecht).

Wolff, P. H. (1987): The Development of Behavioral States and the Expression of Emotions in Early Enfancy. Chicago (University Press).

Wolf, D. P. (1990): Being of Several Minds. Voices and Versions of the Self in Early Childhood. In: D. Chicchetti; M. Beeghly (Hrsg.): The Self Intransition: Infancy to Childhood. Chicago S. 183-212, (University Press).

Die Auswirkungen des sexuellen Mißbrauchs im Kindesalter auf Selbstbild und psychische Entwicklung im Jugendalter *

Gerd Lehmkuhl und Ulrike Lehmkuhl

1. Trauma und Biographie

Hedwig Mauthner, geb. Straub erlebt als 11jähriges Mädchen das Sterben ihrer Mutter und vertraut die sie irritierenden verzweifelten Gefühle von Trauer und Einsamkeit ihrem Kindertagebuch an. Daß die Mutter sich im Tod von ihr abwendet, sie nicht mehr sehen möchte, ruft massive Schuldgefühle hervor und verstärkt den traumatischen Bruch: „Weil Mama mich nicht mehr angeguckt hat, denke ich immer, ich habe etwas Schreckliches getan, ich weiß nur nicht was" (Straub 1996). In dieser Zeit sucht sie Nähe und Geborgenheit bei ihrem Halbbruder, der beginnt, sich ihr sexuell zu nähern: „15. August 1883: Alfred hat gesagt, daß er jetzt nur noch hie und da nachts bei mir ist. Ich habe lange nicht mehr gewagt zu fragen warum? Er hat gesagt, das verstehst du noch nicht. Aber es ist besser für mich und vielleicht auch für dich. Wie er weg war, habe ich lange geweint." Das Mädchen beschreibt das Verhalten von Vater und Schwester mit nüchternem Blick, es revoltiert, verschließt sich, bricht früh aus ihrem familiären, sozialen und religiösen Rahmen aus. Ludger Lütkehaus (1996), der die Genealogie der fatalen familiären Kontinuität beschreibt – so war Hedwig Straub ein außereheliches Kind, die Beziehung ihrer Eltern emotional leer –, deutet die spätere Entwicklung von Hedwig Mauthner wie folgt: „Sie will in der Liebe nicht mehr abhängig sein. Sie weigert sich, von irgend jemandem auf irgend etwas festgelegt zu werden. In ihren Wider-

* Die Arbeit entstand im Rahmen eines von der Volkswagen-Stiftung geförderten interdisziplinären Forschungsprojektes zum Thema institutionellen und individuellen Umgangs mit der Problematik des sexuellen Mißbrauchs (Az.: II 69036).

sprüchen scheint sie eine ‚Frau ohne Eigenschaften' zu sein, deren herausragende Eigenschaft aber eben diese ist: Keinem Etikett mehr zu gehorchen, niemals mehr einem ‚erstarrendem', verdinglichendem ‚bösen Blick' ausgeliefert zu sein." Die Jugendliche entschied sich, ihre Autonomie zu wahren, dem späteren Studium der Philosophie und Medizin folgten mehrere Jahre als Ärztin in der Sahara, bevor sie nach zwei geschiedenen Ehen mit dem 23 Jahre älteren, väterlichen Fritz Mauthner eine bürgerliche und relativ konforme Beziehung einging.

2. Beachtung der subjektiven Perspektive

Roberts und Taylor (1994) bemängeln, daß sich wissenschaftliche Untersuchungen zum sexuellen Mißbrauch zu sehr auf die Beurteilung der Erwachsenen beziehen sowie auf die Ergebnisse von Fragebogenverfahren und standardisierten Instrumenten, d. h. einer scheinbar objektiven Fremdeinschätzung (Browne und Finkelhor 1986, Beitchman u. a. 1990, 1991, Watkins und Bentovin 1992). Es fehle jedoch häufig die Perspektive der betroffenen Kinder und Jugendlichen, ihre Selbstaussagen, Wahrnehmungen und Affekte. Zudem sind Interventionsmöglichkeiten und Hilfen bei sexuellem Mißbrauch an Kindern und Jugendlichen durch gesetzliche und institutionelle Vorgaben z. T. mitbestimmt (Fegert u. a. 1996, Fegert 1997). Hierbei werden die vielschichtigen Reaktionen nicht erkannt, bleiben die zwiespältigen und widersprüchlichen Gefühle von der Umgebung unverstanden. Roberts und Taylor (1994) betonen, daß jedes Kind und jeder Jugendliche individuell auf seine Weise reagiert, abhängig von der prätraumatischen Entwicklung, der Art des Mißbrauchs, der sozialen Einbindung und familiären Unterstützung. In den von Roberts und Taylor (1994) erfragten Selbstbeschreibungen waren Angst und Unsicherheit sowie eine depressive Stimmung zentrale Themen. Insbesondere Jugendliche reagierten mit Wut und Unverständnis über die ihrer Meinung nach zu geringen juristischen Folgen für die Täter nach einem oft ermüdenden und sie bloßstellenden Gerichtsverfahren. In der Katamnese von Roberts und Taylor (1994) vertraten die Jugendlichen die Ansicht, daß über den Mißbrauch möglichst rasch gesprochen werden sollte: „Erzähle es sofort der nächsten Person. Ich weiß, daß es nicht leicht ist, aber du solltest es einfach tun. Zieh dich nicht zurück. Ich weiß, daß du Probleme hast, aber letztlich wirst du, wenn du es niemandem erzählst, durch die Hölle gehen." Die Botschaft an die Erwachsenen lautet: „Seid hellhörig, hört gut zu, schenkt entsprechenden Aussagen Glauben, tabuiert das Thema nicht". Haß, Ablehnung, aber auch Verständnis für den Täter stellen jedoch oft irritierende und widersprüchliche Gefühle dar, die es gemeinsam ebenso zu verstehen gilt wie die durch das Trauma ausgelösten bzw. aktivierten intrapsychischen Konflikte.

3. Sexueller Mißbrauch und Entwicklung im Jugendalter

Die Folgen und Auswirkungen eines früheren sexuellen Mißbrauchs für die Entwicklung im Jugendalter werden vor allem für folgende Bereiche beschrieben (MacDonald u. a. 1995):

– ein vulnerables niedriges Selbstwertgefühl mit Verunsicherung der eigenen Identität und dem Gefühl, sozial nicht anerkannt werden zu können

– Verunsicherung der sexuellen Orientierung, Unsicherheit in sexuellen Beziehungen

Entwicklungsgemäße körperliche Veränderungen, Interessen und sexuelle Wünsche werden von Jugendlichen mit Mißbrauchserfahrungen häufig abgelehnt und bekämpft. Es fällt ihnen schwer, sich mit ihrem neuen Körperbild auseinanderzusetzen, sich attraktiv zu empfinden und dies zu genießen. Eigene sexuelle Bedürfnisse können Ängste und Panik hervorrufen, andererseits jedoch auch die Erfahrung beleben, daß vor allem über Sexualität Beziehungen gestaltet und Nähe hergestellt werden. Für Tharinger (1990) erschwert eine frühe Sexualisierung die altersentsprechenden Entwicklungsschritte im Jugendalter beträchtlich, obwohl die Mehrheit der sexuell mißbrauchten Kinder keine manifesten sexuellen Beziehungsstörungen zeigt. Finkelhor und Browne (1986) sowie Finkelhor (1990) postulieren in ihrem dynamischen traumatischen Modell, daß neben Hilflosigkeit, Stigmatisierung und Rückzug der traumatischen Sexualisierung ein wichtiger Stellenwert für die weitere Entwicklung zukommt. Sie vermuten, daß die spater auftretenden Symptome mit einer Desorientierung des sexuellen Selbstkonzeptes, einer Unsicherheit hinsichtlich sexueller Normen und Standards sowie einer Verknüpfung von Sexualität und Affekten zusammenhängen. Insbesondere die Verbindung von Sexualität mit Aggression würde sich im Jugendalter aktualisieren und zu Problemen in ersten Partnerschaften führen.

- Scham- und Schuldgefühle

Selbstvorwürfe, den sexuellen Mißbrauch nicht verhindert zu haben, sich für etwas schämen zu müssen, das sie selber nicht steuern konnten, verbunden mit dem Gefühl, ausgeliefert und hilflos zu sein, bedrohen das Selbstbild Adoleszenter massiv und müssen deshalb abgewehrt werden. Es geht ihnen um Autonomie und Unabhängigkeit, die zur Erhaltung des Selbstwertgefühls und der eigenen Identität dringend benötigt werden. Die frühere Erfahrung hat ihnen gezeigt, wie vulnerabel und verletzbar die eigene Persönlichkeit tatsächlich ist, und entsprechend legen einige Jugendliche sehr viel Energie in die Betonung ihrer Autonomie oder verweigern sich resignativ altersspezifischen Aufgaben (Stern u. a. 1995).

- Symptome und Beschwerden

Entsprechend läßt sich eine Vielzahl der auftretenden Symptome als Aktualisierung der traumatischen Erfahrung verstehen: ein verstärktes sexualisiertes Verhalten oder eine unsichere sexuelle Orientierung, sozial auffälliges Verhalten mit Delinquenz und Drogenkonsum, Selbstverletzungen, Eßstörungen, depressive Episoden und Angststörungen, Beziehungsstörungen zu Gleichaltrigen und Erwachsenen.

Da die Beschäftigung mit dem Trauma unterschiedlich intensiv und offen erfolgt, ist es besonders wichtig, eine Gesprächsform zu finden, die es dem Jugendlichen ermöglicht, über den Mißbrauch zu sprechen, ohne sich erneut beschämt, schwach, ausgeliefert und unsicher zu fühlen (de Young, Corbin 1994, Bartlett 1996). Der therapeutische Nutzen liegt in der Klarifizierung bislang nicht ausgesprochener Fakten und in einer Abgrenzung gegenüber Konfusion und Irritation (Janoff-Bulman 1992, Terr 1990).

4. Bedeutung empirischer Ergebnisse für die Therapie

In diesem Kontext vertiefen empirische Arbeiten unser Verständnis über spezifische Merkmale des Mißbrauchs auf die weitere Entwicklung, ohne daß die jeweilige prädiktive Bedeutung auf den Einzelfall übertragen werden kann: Alter beim Mißbrauch, Art und Häufigkeit des Mißbrauchs, Beziehungsstruktur zum Täter stellen wichtige Variablen dar, hinzu treten weitere Risikofaktoren wie andere belastende frühkindliche Ereignisse, aktuelle Konflikte, geringe intrafamiliäre Bindungen (Finkelhor 1993, Fergusson u. a. 1996 a, b, McClellan u. a. 1996, Wyatt, Powell 1988). Finkelhor, Browne (1985) sowie Finkelhor, Berliner (1995) betonen ebenfalls, daß der Mißbrauch unterschiedliche Folgen haben kann in Abhängigkeit von der früheren Entwicklung und der sich anschließenden Reaktion und Unterstützung in der Familie und durch wichtige Bezugspersonen, die eine Verarbeitung erleichtern oder erschweren können. Die Autoren sprechen von einer „Traumagenese" vor und nach dem Mißbrauch, die sich in der Biographie nachvollziehen läßt. Es handelt sich um einen dynamischen Bewältigungsprozeß, der in jeder späteren Entwicklungsphase erneut aktualisiert werden kann und ständig Anstrengungen zur Bewältigung und Verarbeitung erfordert.

5. Psychodynamische Aspekte und Verarbeitungsformen

Die besonderen Aufgaben der Jugendphase führen dabei häufig zu einer Wiederbelebung des früheren Traumas. Neue Bindungen und Ablösung von den Eltern aktivieren nach Hirsch (1993) die durch den Mißbrauch häufig induzierte extrem verstärkte Trennungsangst. Wurmser (1997) spricht vom Wiederherstellen zerrissener Zusammenhänge, man könnte auch von der neu zu schaffenden Möglichkeit sprechen, Lebensperspektiven zu entwickeln, die aufgrund erlebter Ohnmachtsgefühle und Vernichtungsängste verloren scheinen. In einem Fallbeispiel beschreibt Wurmser (1997) eine Patientin, bei der in der Adoleszenz eine andere Seite von ihr durchbrach, „eine innere Teilpersönlichkeit, welche die Schranken ihres übermäßig strikten Gewissens sprengen, ihrer Gefügsamkeit absagen und der Verzweiflung, Einsamkeit und Wertlosigkeit entrinnen wollte". Eine besondere Schwierigkeit besteht für Therapeuten darin, zu verstehen, daß einige mißbrauchte Kinder in der Lage sind, die Folgen des Traumas zu verarbeiten, ohne sie auszuleben oder zu wiederholen. Nach Shangold (1989, 1995) kann dies durch eine unbeständige Abwehr gelingen, die jedoch jederzeit gefährdet ist zu dekompensieren. Bei ausgeprägter Verdrängung gelingt es, die schreckenerregende Last von Affekten einzudämmen um den Preis neurotischer Angst und Symptome. Shangold (1989, 1995) beschreibt als eine weitere Verarbeitungsform das „Als-ob"-Funktionieren: Die Personen handeln, als wären sie psychisch gesund, präsentieren eine Fassade von Normalität, „die eine essentielle Leere der Seele bemänteln". Hirsch (1987) befürchtet, daß sein Anliegen, einen objektiven, neutralen Standpunkt einzunehmen, um das Mißbrauchsthema über ein einfaches Täter-Opfer-Thema hinaus als Ergebnis einer komplexen Familiendynamik zu verstehen, den Aspekt des Unrechts, das dem Kind angetan wurde, vernachlässigt. Seine Feststellung, daß die traumatische Wirkung des sexuellen Mißbrauchs leicht überwunden wird, wenn es ein einmaliges Ereignis bleibt und mit einer schützenden Familie darüber kommuniziert werden kann, wird trotz methodischer Kritik durch empirische Arbeiten unterstützt (Finkelhor und Berliner 1995, Horowitz u. a. 1997, Bentler, Hill 1992). Andererseits überrollt sexueller Mißbrauch in der Familie die körperlich-sexuellen sowie psychischen Grenzen des sich in der Entwicklung befindlichen Kindes und führt zu Verarbeitungsstrategien wie Identifikation mit dem Aggressor sowie einer erhöhten Autoaggression (Hirsch 1993, 1996, Kögler 1991). Bei der Betrachtung der Folgen des sexuellen Mißbrauchs für das Jugendalter kommt den Symptomen zunächst nur eine begrenzte Bedeutung zu, da sie vielfältig sind und nur bedingt Rückschlüsse über das Ausmaß der zugrundeliegenden Entwicklungsdefizite und intrapsychischen Konflikte zulassen. Es handelt sich oft um die Spitze eines Eisbergs, bei dem das wahre Ausmaß der psychischen Belastung nicht gleich im ganzen Umfang sichtbar wird. Wenn Hirsch (1987) schreibt, daß nicht nur innere Erfahrungen abgewehrt werden müssen, sondern eher noch äußere Forderungen, Bedrohungen und Phantasien, die mit realen Erfahrungen in Beziehung zu realen Menschen kollidieren, wenn sie unerträglich sind, dann muß Wurmsers (1997) Ansatz ergänzend hinzugefügt werden, daß über die Konstruktion der inneren Wirklichkeit, das Erkennen sich wiederholender Leitaffekte der Zugang zu den dynamisch unterschiedlichen unbewußten inneren Konflikten gewonnen werden kann, „die ihrerseits der Verarbeitung von Traumata und traumatogenen Affekten dienen" (Wurmser 1997, S. 312).

Jugendliche verfügen hierbei über besondere Abwehrmechanismen, die Feldman und Mitarbeiter (1996), Smith u. a. (1993) in Anlehnung an Cramer (1991) in unreife, reife und prosoziale Formen einteilen. Bei Mädchen kommt es signifikant häufiger zu Regression, Somatisierung, Reaktionsbildung und Altruismus, während bei Jungen Verdrängung und Verleugnung überwiegen. Es fragt sich, ob sich die spezifischen intrapsychischen Bearbeitungsformen, wie sie von Hirsch (1996) bzw. Kögler (1991) bei der Verarbeitung des Inzesttraumas beschrieben werden, auch bei Jugendlichen finden. Hierbei stellt die Identifikation mit dem Aggressor einen zentralen Abwehrmechanismus dar, der dazu führt, daß das Trauma im Sinne des Wiederholungszwanges ständig neu inszeniert wird, bzw. der Implantation von äußerer Gewalt folgt ihre Introjektion mit der Bildung eines fremdkörperartigen Introjekts, das nun selbstdestruktiv von innen Schuldgefühl, Selbstwerterniedrigung und Dissoziationsphänomene verursacht.

6. Kasuistiken

An zwei kasuistischen Beispielen sollen Aspekte der spezifischen Psychodynamik in der Adoleszenz nach früherem sexuellen Mißbrauch dargestellt werden:

Eine 17jährige kommt in Begleitung ihrer Mutter zum Erstgespräch. Sie besteht auf die Anwesenheit der Mutter und berichtet sachlich und weitgehend emotionslos über den sexuellen Mißbrauch durch einen früheren Lebenspartner der Mutter vor ca. 6 Jahren über einen Zeitraum von knapp 2 Jahren. Sie habe diesen Mann an sich gemocht und sei wie erstarrt und beschämt gewesen, als es zu den Übergriffen kam, die zunächst auf körperliche Berührungen beschränkt blieben, bis es insgesamt dreimal zum Sexualverkehr kam. Er habe dies damit begründet, daß sie ja nicht seine leibliche Tochter sei und er sie wie eine Frau liebe, mehr als die Mutter. Da dieser Lebenspartner die Familie unterstützte und für die Mutter einen wichtigen Halt darstellte, habe sie sich zunächst nicht getraut, darüber zu sprechen, zumal ihr gesagt wurde, dann würde die Familie sicherlich auseinanderbrechen. Als es wegen des Alkoholkonsums des Lebenspartners immer häufiger zu Streit kam und die Konflikte zwischen ihm und der Mutter auch handgreifliche Formen annahmen, vertraute sich die Tochter ihrer Mutter an. Rückblickend berichtet sie, daß ihr zwar Glauben geschenkt wurde, sich aber auch eine Enttäuschung und Lähmung bei der Mutter einstellte, die gehofft hatte, nach ihrer gescheiterten Ehe nun eine stabile Beziehung gefunden zu haben. Nach Einschaltung des Jugendamtes erfolgte ein umgehender Auszug des Lebenspartners aus der gemeinsamen Wohnung, darüber hinaus wurden juristische Schritte eingeleitet. Aufgrund von Verzögerungen kommt es erst jetzt zu einer Gerichtsanhörung. Die Jugendliche betont, daß sie dort ebenso ruhig und gelassen darüber sprechen möchte wie hier und es zuvor an einem für sie neutralen Ort auszuprobieren versucht. Auf die Frage, mit welchen weiteren Erwartungen und Wünschen sie den Gesprächstermin vereinbart und warum sie auf die Anwesenheit der Mutter bestanden habe, antwortet sie, daß zwar alles zwischen ihnen ausgesprochen worden sei und keine Geheimnisse bestehen, aber dennoch sei sie nicht sicher, ob die Mutter ihr wirklich zugehört habe und nicht doch über ihr Verhalten enttäuscht gewesen sei. Niemand könne nachvollziehen, wie verletzend und belastend sie die Übergriffe empfunden hätte. Sie habe heute keinen Haß auf ihn, sondern nur abgrundtiefe Verachtung. Am schlimmsten sei das Gefühl gewesen, diese Erfahrungen mit niemandem teilen zu können, daran habe auch das Darüber-Sprechen nichts geändert. Ohnmacht und Angst vor mangelnder Kontrolle, das Gefühl, überrollt zu werden, seien seitdem häufig aufgetreten, hätten sie nie ganz verlassen und würden ihre Offenheit anderen Menschen gegenüber einschränken und belasten. Die Mutter solle nur zuhören, ohne zu kommentieren, wobei die Jugendliche betont, daß sie die Mutter keineswegs ablehne, aber sich auch keinen Beistand von ihr wünsche, sondern selbst mit dem Ereignis fertig werden müsse. Insofern kam diesem gemeinsamen Gespräch, wie sie bei einem späteren Termin ohne Mutter ausführte, eine Ablösungs- und Abgrenzungsfunktion zu, wobei sie einen Dritten benötigte.

In den nächsten Kontakten ohne Mutter geht es um Ziele und Erwartungen an den Therapeuten: Sie wolle eine Art Begleitung, ja keine Abhängigkeit, erst recht kein Mitleid. Sie könne ihr Leben gut selbst organisieren, sei keineswegs auf meine Unterstützung angewiesen, sondern fände nur eine Orientierungshilfe wichtig. Ihre Bindung an die Mutter, Schuldgefühle, sie jetzt nach dem Abitur zu verlassen und ihr Unverständnis, warum damals dieser Lebenspartner von der Mutter gewählt wurde und sie nicht besser aufgepaßt hätte, sind ebenso Themen wie der Wunsch, Unsicherheiten und Ängste vor sexuellen Kontakten und engen Freundschaften abzubauen.

Wenn Shangold (1995) schreibt, daß alles von der Fähigkeit und Bereitschaft des Patienten abhängt, die Art und Weise zu verändern, wie Gefühle erfahren werden, dann gelang es ihr überraschend schnell, Affekte zu äußern und sie mit früheren und aktuellen Ereignissen in Beziehung zu bringen. Die Übertragungsbeziehung versuchte sie, neutral zu halten: kein Ärger, keine Aggression, keine Abhängigkeit, jedoch Benennen von Mißtrauen und das Anliegen, sich als eigene autonome Person abgrenzen zu können. Diese Kontrolle der Interaktion und ihre Angst vor emotionaler Überflutung rückten in den Mittelpunkt der Bearbeitung in der Übertragung. Nachdem sie die mündliche Anhörung überstanden hatte, kam sie noch zweimal und betonte, daß sie ihr Anliegen in den Gesprächen erreicht hätte. Es sei ihr gelungen, offen über die früheren Erfahrungen zu sprechen, ohne sich angreifbar und verletzbar zu zeigen. Dies sei ihr wichtig gewesen, und ihre Angst und Wut hätten deutlich nachgelassen. Vielleicht würde sie sich zu einem späteren Zeitpunkt noch einmal melden.

Die 19jährige Birgit kommt wegen phobischer Ängste vor Menschenansammlungen, Sprechangst und der Hemmung, nicht in der Öffentlichkeit trinken und essen zu können, in die Therapie. Sie vermittelt einen hohen Leidensdruck und stellt sehr rasch einen Zusammenhang zwischen ihren Symptomen und biographischen Ereignissen her. Nach der Trennung ihrer Eltern, als sie 8 Jahre alt war, blieb sie mit ihren zwei jüngeren Geschwistern bei der Mutter, ließ den Kontakt zum Vater jedoch nie abreißen. Ihn idealisiert die Patientin als einen wohlwollenden und sie immer unterstützenden Vater, der zwischen mehreren Frauen zerrieben wurde. Dieses Bild erhielt erste Risse, als Birgit ihm über den sexuellen Mißbrauch in einem Tennisverein durch den Lehrer berichtete, der sie und ihre Freundinnen über einen Zeitraum von drei Jahren betraf. Die Übergriffe begannen, als sie 12 Jahre alt und wie die anderen Mädchen in den Tennislehrer verliebt war. Er habe dies schamlos ausgenutzt, „wir haben uns wie blöde angeboten, jede von uns wollte ihm nah sein". Heute habe sie eine irrsinnige Wut auf „diesen Typen", der so geschickt gewesen sei, daß ihm nichts nachgewiesen werden konnte. Auch ihr Vater habe abgewunken, als sie ihm davon erzählte und ihn bat, etwas zu unternehmen. Niemand habe sich getraut, den Mißbrauch offen anzusprechen, obwohl nicht nur bei ihr psychische Schwierigkeiten aufgetreten seien.

In ihren Träumen suche sie den Tennislehrer auf, wohl wissend, was passiert und versuche zu flüchten, sobald er sich ihr nähere und es zum Körperkontakt käme.

Diese widersprüchlichen Gefühle habe sie auch ihrem Freund gegenüber, an dem sie einerseits sehr hänge, andererseits jedoch nicht von ihm abhängig werden möchte. Die Beziehung zu ihrer Mutter beschreibt sie als sehr konfliktreich: Die Mutter habe sich wenig um sie gekümmert und melde sich nur dann, wenn es ihr selbst schlecht ginge. Der Vater hingegen suche in der letzten Zeit vermehrt ihre Nähe, was sie auch irritiere. Er mache ihr Komplimente, fände sie sehr attraktiv und betone, daß seine – nach Meinung der Patientin – viel zu jungen Freundinnen ihr ähnlich sähen. Diese Äußerungen verwirrten sie, und sie würde ihm zunehmend ausweichen und spüren, daß der Vater in ihr nicht nur die Tochter sähe. Sie selbst fühle sich ebenfalls sehr zu ihm hingezogen und kämpfe gegen diese Gefühle an. Rückblickend habe der Vater sie immer den beiden Geschwistern vorgezogen, ihr Äußeres gelobt und sei stolz auf ihre Attraktivität gewesen. Sie habe dies genießen können bis zu den ersten sexuellen Kontakten mit dem Tennislehrer und frage sich heute, ob die Verführung nicht schon viel früher begonnen habe. Schuld- und Schamgefühle, die Angst, bloßgestellt zu werden, seien oft unerträglich. Dabei könne sie schwer allein sein, spüre dann eine ungeheure Leere in sich und brauche wieder enge symbiotische Kontakte.

Angst, von der Therapie abhängig zu werden, tauchte früh auf, verbunden mit Enttäuschung und Wut, nicht genug zu bekommen. Ihre bisherigen Beziehungen zu Freunden scheiterten daran, daß diese ihre heftigen Wechsel von Nähe und Geborgenheitswünschen zu Abgrenzung und Entwertung nicht verstehen und aushalten konnten. Dieses interaktionelle Geschehen hatte seine Entsprechung in Selbstentwertung und Selbstanklage gegenüber Allmachts- und Größenphantasien. Dabei blieben die Affekte weitgehend abgespalten, und in der Übertragung achtete sie darauf, nicht als hilflos und abhängig zu erscheinen.

7. Folgerungen für den therapeutischen Prozeß, die Gegenübertragung und das psychodynamische Verständnis

Trotz unterschiedlicher psychodynamischer Hintergründe und Formen des sexuellen Mißbrauchs kommt es in beiden Fällen mit Beginn der Adoleszenz zu ähnlichen intrapsychischen Konflikten und Beziehungsstörungen. Die Ausbildung stabiler Selbstrepräsentanzen scheint nur bedingt zu gelingen, frühe Erfahrungen, Affekte und Handlungen können mit aktuellen Entwicklungsaufgaben nicht integriert werden (Bohleber 1992). Da Inhalte der sexuellen Wünsche mit der Adoleszenz in eine zunehmend stabile und irreversible sexuelle Identität einfließen, kommt es zu einer Kompromißlösung zwischen dem Erwünschten und dem Erlaubten (Laufer 1980). Dieser Prozeß ist durch einen früher erfolgten sexuellen Mißbrauch erschwert, und zwar in dem Maße, wie die hierdurch geprägten Erinnerungen, Gefühle und Beziehungserfahrungen bereits Struktur geworden sind und sich intrapsychisch verfestigt haben. Die Aufgabe des Therapeuten besteht u. a. darin, dem Jugendlichen Hilfe bei der Realitätsprüfung und Orientierung zu geben (Bodenstein u. a. 1976) und die bisherige Verknüpfung von Sexualität mit schuld- und schambesetzten Affekten zu verändern (Friedrich 1991, Finkelhor 1997). In der Adoleszenz ist hierzu eine zurückhaltende und dennoch unterstützende Haltung des Therapeuten notwendig. In beiden Falldarstellungen wurde deutlich, wie stark Gefühle der Abhängigkeit und Ohnmacht abgewehrt werden mußten und wie sehr es beiden Jugendlichen darauf ankam, die Kontrolle zu behalten und eine befürchtete, zu starke affektive Überflutung zu verhindern (Lehmkuhl, Lehmkuhl 1986). Insofern stellt sich gerade in der Behandlung von Jugendlichen mit Mißbrauchserfahrung das von Zauner (1980, 1981) geschilderte Dilemma in der Übertragungs-/ Gegenübertragungssituation paradigmatisch dar: Der Adoleszente zeigt gegenüber dem Therapeuten Gefühle von Allmacht und Überlegenheit, er meint, schon erwachsen zu sein und deshalb niemanden zu brauchen, es ist das Letzte für ihn, bei einem Erwachsenen Hilfe zu suchen. Der Therapeut kann auch mit einer solchen Gegenübertragung mit Resignation, Rückzug und Verärgerung, aber auch mit einer Verstärkung seines therapeutischen Ehrgeizes reagieren. Beide Einstellungen vermitteln dem Jugendlichen jedoch nicht das Gefühl, daß der Therapeut als Partner offen an seinen Fähigkeiten, Interessen, Problemen und Sorgen teilnimmt.

Entsprechend ablehnend reagieren Jugendliche, wenn der Therapeut „Grundhaltungen" einnimmt, die Fischer (1990) als „entmündigende Larmoyanz", „Versöhnung" oder „wohlwollende Neutralität" kennzeichnet. Mitleid, Betroffenheit und Beschützen wurden von den beiden Jugendlichen ausdrücklich abgelehnt, da sie in ihrer Wahrnehmung die ohnehin zu ausgeprägte Abhängigkeit von sehr dominierenden Erwachsenen verstärkte. Farber (1995) sieht ebenfalls in der ungenügenden Handhabung von Gegenübertragung und Gegenwiderstand in der Behandlung von Opfern nach sexuellem Mißbrauch einen häufigen Hintergrund für Therapieabbrüche und Mißerfolge. Ebenso wie McCann und Pearlman (1990) betont sie die Bedeutung des empathischen Nachfragens. Hier ergibt sich aber gerade bei Jugendlichen eine besondere Klippe, die Connors (1997) im Erkennen von „need and responsiveness" beschreibt. In Anlehnung an Bacal (1985) spricht sie statt von optimaler Frustration von optimaler Beantwortung mit dem Ziel, psychische Strukturen hierdurch besser aufbauen zu können und den Entwicklungskapazitäten und Bedürfnissen des Patienten optimal zu entsprechen. Godbey und Hutchinson (1996) sowie Kearney-Cooke und Striegel-Moore (1994) betonen, daß in der therapeutischen Beziehung Abgrenzung und Klarifizierung eine besondere Bedeutung erhalten und entsprechende Interventionen von Beginn an besonders wichtig seien (Wirtz 1989). Abschließend sei darauf hingewiesen, daß es sich bei der Mehrzahl der Jugendlichen nach sexuellem Mißbrauch keineswegs um Borderline- oder andere Persönlichkeitsstörungen handelt, sondern vielmehr um eine Aktualisierung intrapsychischer Konflikte in der Adoleszenz, die sich primär auf das erlebte Trauma zurückführen lassen. Saunders und Arnold (1993) verlangen eine zurückhaltendere Betrachtung und gehen davon aus, daß eine Vielzahl der adoleszenten Patienten durch kurz- und mittelfristige therapeutische Interventionen geheilt werden kann. Die Einzelbeschreibungen von schwerst sexuell Traumatisierten und ihre notwendige Langzeittherapie (Wurmser 1997) verstellt den Blick auf die noch nicht so verfestigten Störungsbilder in der Adoleszenz, bei denen altersentsprechende therapeutische Ansätze eine besondere Effizienz besitzen.

Literatur

Bacal, H. (1985): Optimal Responsiveness and the Therapeutic Process. In: Goldberg, A, (ed.), Progress in Self Psychology, Vol. 1, S. 202-226. Hillsdale, N. J.: The Analytic Press.

Bartlett, A. B. (1986): Clinical Assessment of Sexual Trauma: Interviewing Adults of Childhood Abuse. In: Bull. of Menninger Clinic 60, S. 147-159.

Beitchman, J. H., Zucker, K. J., Hood, J. E., DaCosta, G. A., Akman, D. (1991): A Review of the Short Term Effects of Child Sexual Abuse. In: Child Abuse and Neglect 15, S. 537-556.

Beitchman, J. H., Zucker, K. J., Hood, J. E., DaCosta, G. A., Akman, D., Cassavia, E. (1992): A Review of the Long-Term Effects of Child Sexual Abuse. In: Child Abuse and Neglect 16, S. 101-118.

Bentler, L. E., Hill, C. E. (1992): Process and Outcome Research in the Treatment of Adult Victims of Childhood Sexual Abuse: Methodological Issues. In: J. Consult Clin. Psychol. 60, S. 204-212.

Bodenstein, D., Bolk-Weischedel, D., Correll, U., Katterbach, R., Keilbach, H., Kettler, R., Patzke, G., Ratzeburg, U., Rudolf, G., v. Strachwitz, E., Wagerer, M., Weckwerth, M. (1976): Psychotherapie von Kindern und Jugendlichen am Institut für Psychogene Erkrankungen der AOK Berlin. In: Prax. Kinderpsychol. Kinderpsychiat. 25, S. 278-306.

Bohleber, W. (1992): Identität und Selbst. Die Bedeutung der neueren Entwicklungsforschung für die psychoanalytische Theorie des Selbst. In: Psyche 46, S. 336-365.

Browne, A., Finkelhor, D. (1986): Impact of Child Sexual Abuse: A Review of the Research. Psychol. Bull. 99, S. 66-77.

Conners, M. E. (1997): Need and Responsiveness in the Treatment of a Severely Traumatized Patient: A Relational Perspective. In: Am. J. Psychoth. 51, S. 86-101.

Cramer, P. (1991): The Development of Defense Mechanisms: Theory Research and Assessment. New York (Springer).

deYoung, M., Corbin, A. A. (1994): Helping Early Adolescents Tell: A Guided Exercise for Trauma-focused Sexual Abuse Treatment Groups. In: Child Welfare, LXXIII, S. 141-154.

Farber, B. M. (1995): Übertragung, Gegenübertragung und Gegenwiderstand bei der Behandlung von Opfern von Traumatisierungen. In: Hypnose und Kognition 12, S. 68-83.

Fegert, J. M., Berger, C., Breuer, B., Deget, F., Haasemann, J., Klopfer, U., Lehmkuhl, U., Lehmkuhl, G., Walter, M., Lüderitz, A. (1996): Das Dilemma zwischen familienbezogener Hilfe und dem staatlichen Wächteramt. Ergebnisse einer Expertenbefragung im Hinblick auf den Paragraphen 42 KJHG „Inobhutnahme" im Zusammenhang mit dem Schutz sexuell mißbrauchter Kinder. In: Zbl. Jugendrecht. ZfJ 83, S.443-451 und S. 483-485.

Fegert, J. M. (1997): Interventionsmöglichkeiten bei sexuellem Mißbrauch an Kindern. In: Sexuologie 2, S. 108-123.

Feldman, S. S., Aranjo, K. B., Steiner, H. (1996): Defense Mechanisms in Adolescents as a Function of Age, Sex and Mental Health Status. In: J. Am. Acad. Child Adolesc. Psychiatry 35, S. 1344-1354.

Fergusson, D. M., Horwood, J., Lynskey, M. T. (1996 b): Childhood Sexual Abuse and Psychiatric Disorder in Young Adulthood: II. Psychiatric Outcomes of Childhood Sexual Abuse. In: J. Am. Acad. Child Adolesc. Psychiatry 35, S. 1365-1374.

Fergusson, D. M., Lynskey, M. T., Horwood, J. (1996 a): Childhood Sexual Abuse and Psychiatric Disorder in Young Adulthood: I. Prevalence of Sexual Abuse and Factors Associated with Sexual Abuse. In: J. Am. Acad. Child Adolesc. Psychiatry 35, S. 1355-1364.

Finkelhor, D. (1990): Early and Long-term Effects of Child Sexual Abuse: An Update. In: Professional Psychology: Research and Practice 21, S. 325-330.

Finkelhor, D. (1993): Epidemiological Factors in the Clinical Identification of Child Sexual Abuse. In: Child Abuse and Neglect 17, S. 67-70.

Finkelhor, D. (1997): Sexueller Mißbrauch von Kindern. Aufgaben und Probleme für Jugendschutz und professionelle Helfer. In: Hilweg, W., Ullmann, E. (Hrsg.): Kindheit und Träume. Göttingen (Vandenhoeck & Ruprecht), S. 117-134.

Finkelhor, D., Berliner, L. (1995): Research on the Treatment of Sexually Abused Children: A Review and Recommandations. In: J. Am. Acad. Child Adolesc.Psychiatry 34, S. 1408-1423.

Finkelhor, D., Browne, A. (1985): Assessing the Long-term Impact of Child Sexual Abuse: A Conceptualization. In: Am. J. Orthopsychiat. 55, S. 530-541.

Fischer, G. (1990): Die Fähigkeit zur Objektspaltung. In: Forum Psychoanal. 6, S. 199-212.

Friedrich, W. N. (1991): Psychotherapy of Sexually Abused Children and Their Families. New York (Norton & Company).

Godbey, J. K., Hutchinson, S. A. (1996): Healing from Incest: Resurrecting the Burried Self. In: Arch. Psychiatry Nurs. X, S. 304-310.

Hirsch, M. (1987): Realer Inzest. Psychodynamik des sexuellen Mißbrauchs in der Familie. Berlin (Springer).

Hirsch, M. (1993): Psychoanalytische Therapie mit Opfern inzestuöser Gewalt. In: Jahrb. Psychoanal. 31, S. 132-148.

Hirsch, M. (1996): Wege vom realen Trauma zur Autoaggression. In: Forum Psychoanal. 12, S. 31-44.

Horowitz, L. A., Putnam, F. W., Noll, J. G., Tvickett, P. K. (1997): Factors Affecting Utilization of Treatment Services by Sexually Abused Girls. In: Child Abuse and Neglect 21, S. 35-48.

Janoff-Bulman, R. (1992): Shattered Assumptions: Towards a New Psychology of Trauma. New York (Full Press).

Kearney-Cooke, A., Striegel-Moore, R. H. (1994): Treatment of Childhood Sexual Abuse in Anorexia Nervosa und Bulimia Nervosa: A Feminist Psychodynamic Approach. In: Int. J. Eat. Dis. 15, S. 305-319.

Kögler, M. (1991): Die Verarbeitung des Inzesttraumas in der psychoanalytischen Behandlung. In: Forum Psychoanal. 7, S. 202-213.

Laufer, M. (1980): Zentrale Onaniephantasie, definitive Sexualorganisation und Adoleszenz. In: Psyche 34, S. 365-384.

Lehmkuhl, U., Lehmkuhl, G. (1986): Krisen in Therapien von Jugendlichen. In: Mohr, F. (Hrsg.): Zur Patienten-Therapeuten-Beziehung. München (Reinhardt), S. 97-116.

Lütkehaus, L.: Nachwort. In: Straub, H. (1996): Das Mädchen und der Tod. Freiburg (Kore).

MacDonald, K., Lambie, I., Simmonds, L. (1990): Counselling for Sexual Abuse. Oxford (Oxford University Press).

McCann, I. L., Pearlman, L. A. (1990): Psychological Trauma and the Adult Survivor. New York (Brunner/Mazel).

McClellan, J., McCurry, C., Ronnei, M., Adams, J., Eisner, A., Storck, M. (1996): Age of Onset of Sexual Abuse. Relationship to Sexually Inappropriate Behaviors. In: J. Am. Acad. Child Adolesc. Psychiatry 35, S. 1375-1383.

Roberts, J., Taylor, C. (1994): Sexuell mißbrauchte Kinder und Jugendliche. In: Schubbe, O. (Hrsg.): Therapeutische Hilfen gegen sexuellen Mißbrauch an Kindern. Göttingen (Vandenhoeck & Ruprecht), S. 15-47.

Saunders, E. A., Arnold, F. (1993): A Critique of Conceptual and Treatment Approaches to Borderline Psychopathology in Light of Findings about Childhood Abuse. In: Psychiatry 56, S. 188-203.

Shangold, L. (1995): Soul Murder. Seelenmord – die Auswirkungen von Mißbrauch und Vernachlässigung in der Kindheit (1989). Frankfurt (Brandes und Apsel).

Smith, C., Feldman, S. S., Nasserbakht, A., Steiner, H. (1993): Psychological Characteristics and DSM-III-R Diagnoses at 6-year Follow-up of Adolescent Anorexia Nervosa. In: J. Am. Acad. Child Adolesc. Psychiatry 32, S. 1237-1245.

Stern, A. E., Lynch, D. L., Oates, R. K., O'Toole, B. J., Cooney, G. (1995): Self Esteem, Depression, Behaviour and Family Functioning in Sexually Abused Children. In: J. Child. Psychiol. Psychiatry 36, S. 1077-1090.

Straub, H. (1996): Das Mädchen und der Tod. Freiburg (Kore).

Terr, L. (1990): Too Scared to Cry: Psychic Trauma in Childhood. New York (Harper & Row).

Tharinger, D. (1990): Impact of Child Sexual Abuse and Developing Sexuality. In: Professional Psychology: Research and Practice 21, S. 331-337.

Watkins, B., Bentovim (1992): The Sexual Abuse of Male Children and Adolescents: A Review of Current Research. In: J. Child Psychol. Psychiat. 33, S. 197-248.

Wirtz, U. (1989): Seelenmord. Inzest und Therapie. Zürich (Kreuz).

Wurmser, L. (1997): Psychoanalytische Behandlung – Trauma, Konflikt und „Teufelskreis". In: Egle, U. T., Hoffmann, S. O., Joraschky, P. (Hrsg.): Sexueller Mißbrauch, Mißhandlung, Vernachlässigung. Stuttgart (Schattauer).

Wyatt, G. E., Powell, G. J. (1988): Lasting Effects of Child Sexual Abuse. Newburry Park (Sage).

Zauner, J. (1980): Erziehung und Psychotherapie beim Jugendlichen in psychoanalytischer Sicht. In: Spiel, W. (Hrsg.): Psychologie des 20. Jahrhunderts, Bd. 12. Konsequenzen für die Pädagogik (2). Zürich (Kindler), S. 801-822.

Zauner, J. (1981): Stufen der Adoleszenz – Modifikation des therapeutischen Zuganges. In: Lempp, R. (Hrsg.): Adoleszenz. Bern (Huber), S. 84-97.

KANDIDATENFORUM

DPG – DPV:
Gemeinsame Wurzeln, getrennte Gegenwart

Welche Bedeutung hat die Spaltung für den Diskurs in der heutigen psychoanalytischen Weiterbildung?

Eine Podiumsdiskussion
veranstaltet von der Bundeskandidatenvertretung der DGPT
mit Regine Lockot (DPG) und Ludger M. Hermanns (DPV)
als Mitglieder der Fachgesellschaften
und Fritz Boencke (DPG-Institut Göttingen)
und Michael Putzke (DPV-Institut Gießen)
für die Ausbildungskandidaten[1]

Moderation: Beate Blank-Knaut

Beate Blank-Knaut (Bundeskandidatenvertreterin): Ich möchte Sie ganz herzlich begrüßen zum diesjährigen Kandidatenforum mit dem Thema „DPG – DPV: Gemeinsame Wurzeln, getrennte Gegenwart. Welche Bedeutung hat die Spaltung im Diskurs der heutigen psychoanalytischen Weiterbildung?"

Eine Podiumsdiskussion zu diesem Thema wurde als Wunsch der Kandidaten vor einem Jahr in Lindau geäußert, und ich fand, daß das sehr gut zu dem diesjährigen Rahmenthema „Trauma und Konflikt" paßt, auch wenn man nicht direkt vom „Trauma der Spaltung" reden kann, da ja das eigentliche Trauma die noch unzureichend verarbeitete Involvierung des eigenen Berufsstandes in der Nazizeit mit den dazugehörigen Implikationen ist und die Spaltung eine Folge davon.

Ich möchte jetzt unsere Podiumsteilnehmer und -teilnehmerinnen vorstellen, denen ich meinen besonderen Dank dafür sagen möchte, daß sie sich sofort bereiterklärt hatten, hier an dieser Diskussion teilzunehmen zu diesem doch affektiv noch sehr besetzten Thema.

---

[1] Die Teilnehmer auf dem Podium sind in dem vorliegenden Beitrag namentlich genannt. Die Diskussionsbeiträge aus dem Auditorium wurden redaktionell gekürzt und sind nicht namentlich gekennzeichnet.

Beginnen möchte ich mit Frau Dr. Lockot. Sie ist Psychoanalytikerin in freier Praxis in Berlin, Mitglied der DPG und darüber hinaus bekannt durch ihre Bücher *Erinnern und Durcharbeiten* und *Die Reinigung der Psychoanalyse*.

Zu meiner Linken sitzt Herr Hermanns, ebenfalls Psychoanalytiker in freier Praxis in Berlin und Mitglied der DPV. Auch er ist durch seine historischen Forschungen bekannt, insbesondere durch seine Mitarbeit an der Dokumentation *Hier geht das Leben auf eine sehr merkwürdige Weise weiter* sowie durch Arbeiten über Edith Jacobson und John Rittmeister und als Herausgeber des Buches *Spaltungen in der Geschichte der Psychoanalyse* anläßlich eines Kongresses 1995 in Berlin.

Als Vertreter der Weiterbildungsteilnehmer begrüße ich Herrn Michael Putzke, der derzeit seine Ausbildung am DPV-Institut in Gießen absolviert, sowie Herrn Fritz Boencke, Weiterbildungsteilnehmer am DPG-Institut in Göttingen und stellvertretender Bundeskandidatenvertreter.

Ich selbst habe gerade Examen in Berlin gemacht, und es ist jetzt meine letzte Tat als Bundeskandidatenvetreterin der DGPT, dieses Podium zu leiten.

Ich möchte nun kurz die Fragestellungen zusammenfassen, die die Weiterbildungsteilnehmer am meisten interessieren und die in der Arbeitsgruppe, die gestern stattfand, diskutiert wurden.

Das ist zum einen eine etwas allgemeinere Frage: Welche Rolle hat die Spaltung zwischen DPG und DPV in der Zeit der eigenen Ausbildung gespielt, und welche historischen und theoretischen Begründungen wurden für die Spaltung vermittelt?

Dann als zweiten, eher persönlichen Punkt: Welchen Einfluß hatte die Spaltung bzw. auch die gemeinsame historische Vergangenheit vor der Spaltung auf die Entwicklung der eigenen psychoanalytischen Identität?

Als drittes interessiert: Wie verpflichtet fühlen Sie sich den eigenen psychoanalytischen Lehrern und Vätern gegenüber im Umgang mit bestimmten Sichtweisen über die historische Entwicklung, und welche hierdurch prägenden Impulse und Einsichten werden weitergegeben? War es während der Ausbildung oder auch danach möglich, bestimmte Darstellungen kritisch zu hinterfragen? In diesem Zusammenhang richtet sich natürlich an Frau Lockot und Herrn Hermanns speziell die Frage, ob sich durch die sehr fundierte Auseinandersetzung mit der Geschichte möglicherweise ihre Einstellung geändert hat; und an die Weiterbildungsteilnehmer würde ich gerne noch die Frage richten, ob in der Wahl des Ausbildungsinstitutes die Fachgruppenzugehörigkeit eine Rolle gespielt hat.

Ludger Hermanns: Vielen Dank für die Einladung. Ich bin gebeten worden anzufangen, und ich will ein paar Erinnerungen an meine Ausbildungszeit mit Ihnen teilen, die sollen uns helfen, dann miteinander ins Gespräch zu kommen. Wie kommt man zur DPV oder zur DPG? Bei mir war das so, daß ich aus der Studentenbewegung kommend gar keine Wahl hatte, nicht zur DPV zu gehen. Wir hatten uns beschäftigt mit einer Kritik der revidierten Psychoanalyse, mit Adorno gegen Karen Horney, und das war mein Einstieg schon im ersten Semester Medizinstudium in Freiburg im Rahmen der Basisgruppe Medizin.

Als ich nach Berlin kam, war das Karl-Abraham-Institut für mich daher die einzige Adresse, aus politischen oder ideologischen Motiven der richtige Ort. Wie groß war die Enttäuschung oder die Desillusionierung, als ich merkte, daß in meiner Generationsgruppe ich – zumindest soweit ich mich erinnere – der einzige war, der so explizit zur DPV kam. Der eine war bei Ammon rausgeschmissen worden, der andere hatte seine älteren Kollegen, die alle bei der DPV waren, an der gleichen Klinik usw. So könnte man das fortsetzen, das heißt, die Auswahl derjenigen, die dort untergekommen sind, war keineswegs so, daß sich mit der Peergroup etwas Besonderes daraus machen ließ. Das war anfangs eine Enttäuschung. Aber es war vielleicht auch ganz gut so, daß diese Illusion, daß sich hier eine ganz besondere Gruppe auf einem ganz besonderen theoretischen Hintergrund zusammengefunden hätte, so schnell zerschellte.

Ein zweites Charakteristikum unseres Institutes war, daß es ein sehr kleines Institut war, das sich in den Wohnräumen von Müller-Braunschweig befand, wo man einen spezifischen Stallgeruch mitbekam und in bestimmte familiale Traditionen eingebunden wurde.

Das dritte war, daß das theoretische Niveau der Lehrveranstaltungen auch nicht unbedingt das hielt, was man sich versprach, wenn man von einem bestimmten Psychoanalysebild kam, das akademischen Ansprüchen entsprechen sollte.

Ein weiterer wichtiger Punkt ist der, welchen Lehranalytiker man sich wählt und wie der mit dem eigenen Institut oder mit der Schule identifiziert ist. Da hatte ich den Sonderfall, daß mein Lehranalytiker nicht übermäßig mit der DPV identifiziert war, sondern daß er einen exzentrischen Standpunkt vertrat, so in dem Sinne: Das ist das Institut, was zur IPV gehört, und mir ist die wissenschaftliche internationale Anbindung wichtig, deswegen gehe ich dahin, aber eigentlich haben beide Institute oder beide Gesellschaften (DPV und DPG) auch eine gemeinsame Vergangenheit, nämlich letztlich die, Folgeinstitute des Göring-Institutes zu sein.

Das hatte für mich besondere Chancen und auch einen eigenen Freiheitsraum eröffnet. Wie manche vielleicht, die aus der Studentenbewegung zur Psychoanalyse gekommen sind, hatte ich die Sorge, wenn man sich mit der Psychoanalyse beschäftigt und Psychoanalytiker wird, könnte man Gefahr laufen, unpolitisch zu werden. Das war möglicherweise die Angst einer ganzen Generation, die für die Psychoanalyse relativ viele Beiträger gestellt hat, an anderen Orten wie z.B. in Frankfurt sicher noch mehr als in Berlin. Für mich hat sich von Anfang an ein eigenes Interesse an der Geschichte der Psychoanalyse, an dem Verhalten der Psychoanalytiker in der Nazizeit ergeben. Ich habe mir das Verhalten der Psychoanalytiker unter besonderen Bedingungen angeguckt und begonnen, das zu erforschen. Ich habe von daher auch von vornherein vergleichen können, Analytiker der verschiedenen Gesellschaften unter verschiedenen Bedingungen, und habe dadurch eine gewisse innere Unabhängigkeit gewonnen und im Vergleichen der Fachgesellschaften gemerkt, daß beide auf einem Bild aufgebaut sind, an dem jedenfalls über 20, 30 Jahre nicht gekratzt werden durfte.

Als ich mit der psychoanalytischen Ausbildung in Berlin begann, wurde von dem sehr viel größeren DPG-Institut immer nur vom „anderen Institut" gesprochen. Es gab keinen Namen dafür. Es hieß immer „das andere Institut". Das war mir fremd. Es wurde auch kaum darüber geredet, und ich empfand es schon als einen Fortschritt, als dann begonnen wurde, das auf die Lokalitäten zu beziehen, also auf die Straßen. Es hieß dann „die Koserstraße" und wir sind die „Sulzaer Straße". Später kam noch ein anderes Institut dazu, das am „Helgoländer Ufer". Interessanterweise sind auch bei den Patienten noch heutzutage die Straßennamen das Unterscheidungskriterium und nicht irgendwelche Kürzel oder Fachrichtungen.

Es gab wenige Kollegen – Regine Lockot war in dieser Hinsicht ganz besonders engagiert –, die aufgrund der Betrachtungen der Geschichte und des Umgangs mit der Geschichte gemerkt haben, daß die Mythen, die auf beiden Seiten geprägt wurden (bei uns sicher auch ein Stück Idealisierung unserer Nachfolge, als hätten wir die jüdische Analyse, die verfolgte Analyse gepachtet, und die DPG sei mit den Nazis zu identifizieren), daß das Abwehrvorstellungen waren, die mit dem tatsächlichen Verhalten der Analytiker beider Gruppen nur bedingt zu tun haben. Insofern war aus dieser Beschäftigung für mich eine Dämonisierung oder auch eine Kontaktvermeidung mit Kollegen der anderen Fachgesellschaft nie drin. Es ging so weit, daß ich, als ich meine Studien über Rittmeister weiterbetrieb, von einem bestimmten DPV-Lehranalytiker gewarnt wurde, das weiterzumachen, denn ich wollte ja wohl meine Ausbildung zu Ende führen und daß das eigentlich alles viel zu heiß wäre, mich mit der Vergangenheit der Analytiker in der Nazizeit zu beschäftigen.

Über die Ängste, die die Spaltung oder die Trennung nach 1950 der Analytiker in Berlin und auch in Deutschland mit sich gebracht hat, kann ich nur aus der historischen Bearbeitung und aus den Interviews mit Leuten, die das damals erlebt haben, etwas sagen. Über eigene Erfahrungen darüber, wieviel Angst es machen muß, wenn zwei Gruppen auseinandergehen, verfüge ich aus einer gruppenanalytischen Weiterbildung in Zürich, wo das Problem jetzt entsteht, daß die alten, aus England vom Institute of Group Analysis dorthin gesandten Trainer langsam das Feld den Neuen, dem Nachwuchs überlassen wollen; wo jetzt wirklich Ängste bei den Ausbildungsteilnehmern entstehen, daß die Eltern auseinandergehen, als wenn man wie in einer Scheidungsfamilie ist und in der kindlichen Position nun gerne hätte, daß die Eltern zusammenbleiben würden.

Entsprechend schlimm muß es eben 1949/50/51 bei den damaligen Kandidaten der DPG gewesen sein. Es gab damals einen Brief der Ausbildungskandidaten an Baumeyer, er möge doch auf Müller–Braunschweig einwirken, auf die Neugründung zu verzichten. Einer von den 16 Leuten, die das unterschrieben haben, Gerhard Maetze, ist später dann in der DPV zu einem der Hardliner im Kalten Krieg der beiden Fachgesellschaften geworden. Als einleitende Anmerkung will ich es damit belassen und Ihnen und anderen das Wort geben, vielleicht kann ich später in der Diskussion noch dieses oder jenes ergänzen.

Regine Lockot: Als mich Beate Blank–Knaut bat, eine persönliche Stellungnahme abzugeben, war ich zunächst irritiert. Über diese Irritation möchte ich kurz sprechen; sie hatte weniger mit ihren folgenden Fragen nach der Rolle der Spaltung und der Auseinandersetzung zwischen DPG und DPV während meiner Ausbildung sowie der Vermittlung der Geschichte und meiner psychoanalytischen Identität zu tun, vielmehr hat mich die Tatsache irritiert, daß ich auf diese Weise befragt werde. Denn das Befragen und das Fragen danach, wie der andere geworden ist, das ist bisher meine Rolle gewesen. In meinem Selbstverständnis war ich immer noch die Fragende, weniger diejenige, die befragt wird.

Ich möchte jetzt darüber sprechen, was das Befragtwerden für mich bedeutet und welche Art der Zeitdiagnostik sich daraus ableiten läßt.

Ihr Interesse überrascht mich und schmeichelt mir. Ich fühle mich durch diese Anfrage zur Elterngeneration gemacht, und dabei habe ich noch kaum mit meinem eigenen Trennungsprozeß von den Eltern abgeschlossen. Wir sind die Generation, die ihre realen Eltern verliert und sich damit in einer anderen biographischen Position befindet, als Sie es in der Regel sind. Und ich halte diesen Generationsschnittpunkt für besonders sensibel in bezug auf Identitätsbildung. Also, wir verlieren unsere Eltern, so wie Ludger das auch im Gruppenprozeß beschrieben hat, und gewinnen ein Haus und werden selbst zu Eltern, die auf ihre Tauglichkeit als Identifikationsfiguren geprüft werden.

Bei jedem Befragtwerden organisiert sich das Material neu. Neue Mythen entstehen, wenn nicht die alten weitergegeben werden.

Ich möchte jetzt zunächst zu dem Mythos Stellung nehmen, der hier verhandelt wird. Also Spaltung aufgrund von unverarbeiteten Schuldgefühlen, die uns Deutsche generell treffen. Die Spaltung der Psychoanalytischen Gesellschaft ist ein Abwehrmechanismus. Abgewehrt werden Schuldgefühle. In dem Maße, in dem sich die Generationen differenzieren, die Großeltern- und Elterngeneration, die Generation der Täter stirbt und die Täter-Kinder Eltern und Großeltern werden, sind Schuldgefühle nicht mehr der Reflex von Mord und Verbrechen, sondern manifestieren sich an der Beziehung zur Elterngeneration: der Treue zu ihr, der Loyalität bzw. Rebellion gegen sie. Die alte Schuld an der Vernichtung der Juden und allen in anderer Weise Diskriminierten erreicht die nächste Generation nur gebrochen, gleichsam durch ein Prisma. Entscheidend ist nicht mehr das Gefühl von Schuld, sondern die Enttäuschung und die Kränkung, Eltern gehabt zu haben, die sich in der Regel nicht gegen den Nationalsozialismus gestellt haben. Die Enttäuschung ist der Verarbeitungsschritt meiner Generation. Was könnte Ihrer sein?

Ich möchte auf die Spaltung zurückkommen. Ich denke, die Spaltung ist zu einem neuen Deutungsmythos geworden. Er enthält die Sehnsucht, daß alles wieder gut sein möge, daß uns die Ausgestoßenen verzeihen mögen; und wenn die Spaltung überwunden werden könnte, dann wäre mit der Aneignung noch anderer Kräfte, die bisher dadurch gebunden waren, noch etwas Neues möglich. Spaltung ist also ein romantisches Konzept, so paradox das jetzt auch klingen mag.

Auf der historisch-politischen Ebene könnte man Gruppentransformationen der psychoanalytischen Gruppe, die sich als Abbildung im kleinen von großen politischen gesellschaftlichen Prozessen verhalten, verstehen. Vor ungefähr 15 Jahren habe ich das folgendermaßen formuliert: „So wie in einem geteilten Deutschland die Vergangenheitsbewältigung durch den faktischen und psychischen Mechanismus der Spaltung verhindert wurde, neigen auch die Psychoanalytischen Gesellschaften (DPV und DPG) dazu, bedrohliche und unliebsame Aspekte der eigenen Gesellschaft dem jeweils anderen Teil der Gesellschaft zuzuschreiben und damit einer integrierenden Aufarbeitung auszuweichen." So wie sich im großen die historische Situation verändert hat, der Osten und der Westen Deutschlands wieder eine Einheit bilden, könnte das auch mit den Psychoanalytischen Gesellschaften geschehen. Ursprünglich hat die DPG die DPV ausgestoßen, bei der IPA-Anerkennung der DPV hat die DPV die DPG ausgestoßen – also ist es ein wechselseitiger Ausstoßungsprozeß.

Die politischen Vorgänge auf eine psychoanalytische Formel gebracht, hieße das: Ein Teil der Gruppe „frißt" den anderen. Aber sie wird davon hungriger – so wie das mit West und Ost passiert. Das heißt, daß sich die Aneignung des Ausgestoßenen gewaltsam vollzieht. Solange das Ausgestoßene nicht anders besetzt ist, hieße das drastisch gesprochen, man müßte die eigene Scheiße fressen, die doch getränkt ist von infantiler Reaktionsbildung, die nur gewaltsam niedergekämpft werden kann. Man kann also der psychoanalytischen Gemeinschaft nur eine fröhliche anale Phase wünschen. Diese Kränkung, die uns die hohe Moral der Psychoanalyse auferlegt, halte ich für so groß, daß sie zu unbewußtem Haß führt und damit zu einem neuen Konflikt zwischen der Aneignung eigener ungeliebter und gefürchteter Anteile und der Kränkung darüber, daß einem das psychoanalytische Über-Ich so etwas abverlangt. Damit ist in der Aneignung des abgespaltenen Teils der Keim der neuen Spaltung enthalten, die auf den unbewußten Haß auf die Psychoanalyse zurückzuführen ist, denn die Deutungen der Psychoanalyse konfrontieren uns mit den eigenen verräterischen Impulsen, mit der eigenen Schuld. Unser unbewußt aufgenommenes Erbe der verräterischen Generation könnte weiter im Sadismus im Gewand der Indifferenz bestehen.

Ich möchte jetzt noch einmal zurückkommen auf das Haus, das ich geerbt habe. Das Haus ist die Tradierung der Psychoanalyse in einer Alltagskultur. Die Alltagskultur der Psychoanalyse umfaßt all das, was in der eigenen Analyse unbewußt aufgenommen und weitergegeben wird. Jedes dieser Elemente muß immer wieder bemerkt und auf seine Integration in einem lebendigen psychoanalytischen Sinnzusammenhang hinterfragt werden. Da stellen sich z. B. Fragen nach der Papierserviette auf dem Couchkopfkissen. DPV und DPG unterscheiden sich da in der Regel. Bei der DPV gibt es die Papierserviette auf dem Kopfkissen, bei der DPG in der Regel nicht. Oder wie ist das mit der Stellung der Couch? Ist die Couch nach außen gerichtet oder nach innen, ins Innere der Praxis und so weiter.

Die psychoanalytische Alltagskultur ist die Restmenge nach einem vollzogenen Spaltungsprozeß, die unbewußt bestehen bleibt. Mich interessieren zur Zeit die Ursprünge dieser Alltagskultur und ihre Ausgangspunkte. Herrscht z. B. in Deutschland eine Abrahamsche Psychoanalyse vor, oder ist es tatsächlich die Freudsche? Es gab kaum Lehrer am alten Berliner Psychoanalytischen Institut, die bei Freud ausgebildet waren. Tradierte sich mit der Alltagskultur auch ein theoretisches Konzept, dem wir unbewußt folgen? Ein theoretisches Konzept, das sich der theoretischen Form nach an Freud orientiert, aber unterfüttert ist von psychoanalytischer Alltagskultur Abrahamscher Prägung? Gibt es eine Spaltung zwischen psychoanalytischer Alltagskultur und theoretisch vermitteltem Konzept und dahinter eine alte, noch wenig bestimmte Kontroverse zwischen Abraham und Freud? Vielleicht finden Sie diese Fragen ganz uninteressant. Meine psychoanalytische Identität verstehe ich darin, in geistiger Bewegung zu bleiben, Mythen aufzuspüren und mich an gelungenen Erkenntnissen zu freuen. Wenn ich mich selbst orten sollte in der Gruppenlandschaft, dann würde ich mich als Gruppen-Borderliner verstehen, und ich weiß nicht, ob das so ein schlechter Platz ist – als Grenzgänger am Rande der Gruppen. Ich danke Ihnen für Ihre Aufmerksamkeit.

Michael Putzke: Es war für mich klar, daß auf der Suche nach den Vätern der Psychoanalyse nur die DPV in Frage kam. Ich bin damals wegen Herrn Richter zum Studium nach Gießen gekommen, und ich wollte unbedingt bei ihm was machen. Ich merkte aber dann, als ich mich um die Aufnahme bewarb, wie abhängig ich von der Anerkennung dort war. Mir wurde geraten, noch ein viertes Interview zu machen, also bin ich so ganz richtig nicht gewesen. Als ich diesen Brief bekam, war ich wütend und dachte, jetzt werde ich Verhaltenstherapeut, das mache ich nicht mehr mit. Nach der Annahme war ich dann voller Stolz und dachte: So, jetzt gehörst du zu dem Verein.

Und das Merkwürdige an meinen Gefühlen war, daß ich eigentlich um die Geschichte der Psychoanalyse wußte. Ich hatte das Buch von Frau Lockot 1985 gelesen, ich habe dann ein oder zwei Jahre später die Ausstellung über die Geschichte der Psychoanalyse während des Nationalsozialismus in Frankfurt mit sehr tiefer Erschütterung zur Kenntnis genommen, und trotzdem bildete sich dieses Gefühl heraus, daß die DPV die Richtige war und die DPG eher die Minderwertige, die, die damals mitgemacht hatten, trotz der objektiven Fakten, die etwas anderes besagten. Ich entdecke auch heute immer wieder in mir Tendenzen, die DPV zu idealisieren und Größenphantasien zu erliegen. Es ist so, daß ich ein sehr zwiespältiges Verhältnis gewonnen habe zur DPV, und es ist so, daß ich unmittelbar mit der Geschichte konfrontiert bin über meinen Lehranalytiker. Das ist der Sohn von Carl Müller-Braunschweig, Hans Müller-Braunschweig. Auf der einen Seite hat eine Idealisierung stattgefunden, auf der anderen Seite ging eine hohe Destruktivität in der Analyse von mir aus. Diese Gefühle der Überlegenheit korrespondieren mit den häufig beschriebenen Gefühlen von DPG-Mitgliedern, sich minderwertig, nicht anerkannt und klein zu fühlen. Ich habe mich dann gefragt, wie man dieses Phänomen beantworten könnte, und bin dort auf verschiedene Ansätze gestoßen, die mir zum Teil halfen, meine Gefühle besser zu verstehen. Und vielleicht können sie auch dazu dienen, die auf dem Programm gestellte Frage, welche Bedeutung die Spaltung für den Diskurs in der heutigen psychoanalytischen Weiterbildung hat, zu beantworten.

Merkwürdigerweise oder vielleicht nicht merkwürdigerweise bin ich bei der Suche nach Antworten fast immer auf DPG-Analytiker gestoßen, die für mich befriedigendere Antworten gefunden haben auf dieses Phänomen. So auch Frau Rohde-Dachser, die 1990 in einem Artikel über Feindbilder in der Psychoanalyse und in den Psychoanalytischen Gesellschaften geschrieben hat und sagt, daß die Feindbilder der Stabilisierung prekärer Gruppenidentitäten dienen würden. Diese Feindbilder sind prekär von zwei Seiten her, zum einen aus dem Selbstverständnis der Psychoanalyse heraus, die neben einer wissenschaftlichen Disziplin auch Glaubensgemeinschaft und selbstreflexive Praxis ist, und zum anderen aus der spezifisch deutschen Geschichte heraus. In psychoanalytischen Institutionen läßt sich deshalb ein Schutzmechanismus wahrnehmen, der die prekäre Gruppenidentität stabilisiert. Die Institution versucht, sich durch soziale Stereotypenbildungen im Sinne von Feindbildern zu entlasten. Sie hat den Foucaultschen Diskursbegriff eingeführt und arbeitet anhand dieses Begriffs den Umgang der Psychoanalytischen Fachgesellschaften miteinander heraus. Eine Möglichkeit besteht darin, Grenzziehungen zu versuchen, die subtiler als Verbote sind und die dazu führen, daß man sich gegenseitig nicht wahrnimmt. Grenzziehungen im Diskurs erzeugen nämlich Irrelevantes, das heißt, es gibt zwar existente, aber nichtige Worte. Grenzziehungen in den Fachgesellschaften der Psychoanalyse eignen sich gut, um ein Stillhalteabkommen zu schließen, das heißt, sie existieren nebeneinander und nehmen wenig Notiz voneinander. Auf dieser Ebene bedarf es keines Feindbildes, man läuft sozusagen parallel nebeneinander her, berührt sich nicht, nimmt sich nicht zur Kenntnis. Gleichzeitig führen allerdings diese Grenzziehungen dazu, daß an den anderen Diskursen überhaupt nicht teilgenommen wird.

Bei der zweiten Form der Diskursgestaltung verhält es sich anders. Frau Rohde-Dachser schreibt: „Wenn bei steigender Spannung die herkömmlichen Dissoziationen und Verleugnungsstrategien nicht mehr tragen, wenn unterschiedliche Schulen und Gruppierungen so naherücken, daß Terrainkämpfe entstehen, dann können Grenzziehungen in Verwerfungen übergehen. Dabei werden die sonst sorgfältig dissoziierten Konfliktherde wieder in dem Diskurs vereinnahmt, wo sie nun die eingangs beschriebene Funktion von Feindbildern erhalten und als solche gepflegt werden können" (a. a. O.)

Wir kennen alle den beschriebenen Mechanismus in der Auseinandersetzung zwischen DPG und DPV, der je nach Sichtweise zwischen Anpassung und Verrat changiert. Neben der beschriebenen, der Psychoanalyse innewohnenden Fragilität der beiden Gruppen wirkt aber das historische Moment weiter nach. Die offensichtlich zwischen den beiden Gesellschaften aufgerichteten Grenzziehungen und

Verwerfungen, wie sie sich im manifesten psychoanalytischen Diskurs nachweisen lassen, dienen latent der jeweils unbewußten Gruppenphantasie, wie ich sie für meinen eigenen Ausbildungsbeginn in der DPV beschrieben habe. Beide Gruppenphantasien kreisen um die Reklamierung der Opferrolle für sich bei strikter Zuweisung des Tätermotivs an die andere Gruppe.

Ich habe versucht, eine Antwort auf die gestellte Frage zu geben. Vielleicht erscheint die DPV auch deshalb so autoritär und dogmatisch, weil sie sich nach der Katastrophe des 2. Weltkriegs sehr schnell eine Identität geschaffen hat, die die Traumen des Dritten Reiches beseitigen half, oberflächlich betrachtet jedenfalls. Allerdings darf diese gewonnene Identität nicht in Frage gestellt werden, da dies zu einer Aufhebung der Verdrängung führen würde. Der DPV scheint es aber, vielleicht auch in Hinblick auf die gesellschaftlichen Umwälzungen und die nicht klare Aussicht, wie Psychotherapie in Deutschland in Zukunft betrieben werden wird, immer schwerer zu fallen, diese Abwehr weiter für sich aufrechtzuerhalten. Vielleicht mußte die DPG deshalb so heftig bekämpft werden, da vor allem die Gefahr bestand und besteht, die mühsam erkämpfte Stabilität innerhalb der DPV zu verlieren. Wie sieht es innerhalb der DPV mit verschiedenen Ansätzen aus? Da gibt es auch eine Form von Grenzziehungen, von Nichtbeachten der Kleinianer und Kohutianer, der Freudianer etc. Die Affekte bei der sicherlich notwendigen wissenschaftlichen Auseinandersetzung scheinen mir darauf hinzudeuten.

Lassen Sie mich als letztes noch ein Zitat von Frau Kreuzer-Haustein einfügen, die im Forum der Psychoanalyse im Dezember-Heft über die gemeinsame Tagung der DPG und DPV in Seeon berichtet hat und die, wie ich finde, die Situation auf den Punkt bringt: „Der Versuch, als deutscher Psychoanalytiker Anerkennung im Sinne von Selbstachtung und wechselseitiger Wertschätzung zu bekommen, setzt die Bereitschaft voraus, Destruktivität immer wieder neu anzuerkennen und schmerzlich zu erleben: das historische Faktum der Ausgrenzung und Vertreibung der jüdischen Analytiker und die eigene Bereitschaft zu Destruktivität. "

Fritz Boencke: Daß es in Deutschland zwei psychonalytische Fachgesellschaften mit einer gemeinsamen Geschichte bis 1950 und getrennter Entwicklung danach gibt, und die darüber hinaus sehr verschiedene Ausbildungsgänge anbieten und inhaltliche Positionen vertreten, nimmt man als Weiterbildungsteilnehmer in der Regel nur am Rande zur Kenntnis. Die Entscheidung, die Ausbildung bei einem DPG- oder DPV-Institut zu absolvieren, hängt – denke ich – im wesentlichen von sehr pragmatischen und sehr persönlichen Gründen ab, eben davon, ob ein DPG- oder DPV-Institut am Ort ist oder ob der bzw. die LehranalytikerIn oder die

Kollegen, in deren Kreis man sich bewegt, einem DPG- oder DPV-Institut nahe-
stehen. Im Laufe der psychoanalytischen Identitätsbildung kommt man jedoch
nicht daran vorbei, daß es auch „die anderen" gibt. Da man sie in der Regel nicht
kennt, auch äußerlich z. B. auf Kongressen nicht erkennen und einschätzen kann,
sind Vorurteilen und Projektionen Tür und Tor geöffnet: Die anderen sind „ortho-
dox", d. h. „konservativ" im Gegensatz zu „fortschrittlich", sie sind „abgehoben"
im Gegensatz zu „praxisnah", zu sehr „wissenschaftlich" und zu wenig „mensch-
lich", sie sind „autoritätsgläubig" statt „föderativ". Die anderen sind auch selbst-
bewußter und weniger schuldbehaftet, sozusagen „fein raus" betreffs der Geschichte der Psychoanalyse im Dritten Reich, die zu Beginn der Ausbildung ebenfalls im
Nebel liegt. Die anderen sind vielleicht auch die kompetenteren, die „richtigen"
AnalytikerInnen, da sie ja mehr und länger und öfter analysieren bzw. analysiert
werden. Vier bis fünf Stunden wöchentlich – wie schaffen die das nur?

Zur Frage der Trennung der Fachgesellschaften fand 1996 die Arbeitskonferenz
in Kloster Seeon („Die Teilung der psychoanalytischen Gemeinschaft in Deutschland und ihre Folgen") statt. 1994 gab es zuvor die Nazareth-Konferenz („Deutsche und Israelis: Die Vergangenheit in der Gegenwart"). Die Idee zur zweiten
Konferenz ist aus der ersten hervorgegangen.

Beim Lesen der entsprechenden Kongreßberichte war ich betroffen von den
Ähnlichkeiten der Dynamik und Emotionen, wie sie in der Auseinandersetzung
zwischen den israelischen und deutschen AnalytikerInnen auf der Nazareth-Konferenz sowie zwischen DPG- und DPV-AnalytikerInnen auf der Arbeitskonferenz in
Kloster Seeon zutage getreten sind. Dabei erscheint mir der Vergleich zwischen
beiden Konferenzen einerseits naheliegend, andererseits überzogen. Auch der Begriff
„Spaltung" für das heutige Thema klingt mir eigentlich unangemessen, als wären die
Vertreibung der jüdischen AnalytikerInnen im Dritten Reich und die Probleme, die
sich für uns heute aus den zwei Fachgesellschaften ergeben, vergleichbar.

Teilweise ärgere ich mich heute darüber, daß mittlerweile zwar die innerdeut-
sche Grenze gefallen ist, die inneranalytische jedoch bleibt. Einerseits sehe ich nicht
ein, daß ich damit leben soll, daß meine „analytischen Eltern bzw. Großeltern" ihre
gemeinsame Vergangenheit und Verantwortung im Nazi-Deutschland nicht geklärt
und aufgearbeitet haben. Andererseits merke ich, daß ich auf dem Weg, ein Analytiker zu werden, auch dieses Erbe antreten muß. Identifikation geschieht auch
durch Schuldübernahme; mich würde interessieren, inwieweit dies für DPV-
Weiterbildungsteilnehmer ähnlich ist.

Als ich im Hinblick auf die heutige Veranstaltung den Austausch mit Lehranalytikern und Kandidaten in den letzten Monaten gesucht habe, sind mir die

verschiedensten Reaktionen begegnet: teilweise Unverständnis, dieses Thema überhaupt noch anzugehen, da wir „für die anderen politisch immer nur die Ewiggestrigen und psychoanalytisch ohne wirkliche Kompetenz" bleiben werden. Teilweise wurde der Mut bewundert, sich auf dieses „Minenfeld der Identitäten" zu begeben. Weiterhin war man erstaunt, daß dieses Thema unter den Weiterbildungsteilnehmern noch (oder vielleicht wieder?) so aktuell sei, obwohl es doch gerade in Göttingen eine lebhafte Auseinandersetzung hierüber gab.

Ich hatte den Eindruck, daß jeder auf seine eigene, mehr oder weniger persönliche Art mit der Aufspaltung der Fachgesellschaften abgeschlossen hat, während die Frage nach den inhaltlichen Verschiedenheiten, Gemeinsamkeiten und Ergänzungsmöglichkeiten weiter offenbleibt. Deswegen freue ich mich über die heutige bzw. auch über die gestrige Veranstaltung unter uns Kandidaten mit dem Wunsch, daß auf solchen Veranstaltungen die schemenhaften, mit Vermutungen behafteten „anderen" mehr persönliches und kollegiales Profil erhalten.

Beate Blank-Knaut: Vielen Dank allen Beteiligten hier auf dem Podium für die doch sehr persönlichen Stellungnahmen. Es sind viele Themen angesprochen worden, und ich möchte fragen, ob aus dem Auditorium Fragen dazu sind oder Stellungnahmen oder Ergänzungen.

Auditoriumsteilnehmerin: Ich hätte keine Frage, nur eine spontane Anmerkung. Beim Zuhören hatte ich auf einmal das Bild oder die Zuordnung, daß ich dachte, die DPV, das ist das Männliche und die DPG, das ist das Weibliche. Das sieht man hier auch auf dem Podium: Da sitzen rechts die Männer und links sitzt die gemischte Variante. Aber ich habe auch die Berichte der DPG-Seite etwas weiblicher, sprich erlebensbetonter erlebt und die Berichte der DPV-Seite eher sich auf das Theoretische stützend. Wenn ich das Bild jetzt mal ernst nehme, dann bedeutet natürlich eine Spaltung von Mann und Frau, in der sie sich nicht mehr begegnen, doch eine Unfruchtbarkeit und wäre in diesem Sinne natürlich ungünstig. Würde man sie aber zusammentun, im Sinne einer Gleichmacherei, dann würde man auch dem geschlechtlichen Identitätsunterschied keine Rechnung tragen. Vielleicht entspricht es eher dem Stadium der Pubertät, wo die beiden Geschlechter oft gerne etwas tuschelnd in verschiedenen Ecken stehen und sich mißtrauisch beäugen, eben weil die eigene Identität doch noch sehr unsicher und daher schambesetzt ist.

Auditoriumsteilnehmer: Ich bin aus Halle. Ich vertrete noch eine andere analytische Gesellschaft, eine ostdeutsche, die Deutsche Gesellschaft für analytische

Psychotherapie und Tiefenpsychologie. Ich bin hier, um von Ihnen zu lernen, auch von den Problemen, den Spaltungen, die wir auf unsere Weise neu erleben und auch vielleicht neu inszenieren. Wir haben das Problem unserer Geschichte, der Geschichte der Psychotherapie in der DDR und ihrer Verflochtenheit mit den politischen Verhältnissen noch nicht hinreichend verstanden und geklärt, und die Bemühungen von einigen Ostkollegen, jetzt sehr schnell Mitglieder der DGPT, der DPV oder der DPG zu werden, erlebe ich oft auch als eine Flucht vor dieser Frage. Wir haben die Frage nach dem Nationalsozialismus im Osten überhaupt noch nicht gestellt. Wir stammen ja aus einer Tradition, gestellt in die antifaschistische Tradition in der DDR, obwohl ich zum Beispiel einen Lehrer hatte, der Schüler von Schultz-Hencke war.

Ich persönlich habe mit der Fachgesellschaft, die ich vertrete, die Angst, daß die Spaltung, die Sie hatten, an uns weitergegeben wird, wenn Sie jetzt sagen, mit der Vereinigung Deutschlands könnte auch die Vereinigung Ihrer beiden Gesellschaften entstehen. Sie hätten dann ja sozusagen die Postanalytiker, die noch etwas weniger wert sind als die DPG-Mitglieder. Wir sind sicher auch nicht ganz schuldlos dabei. Also, weshalb ich persönlich Schwierigkeiten habe, so ohne weiteres die Anforderungen zu akzeptieren, DPG-Mitglied zu werden, hat damit zu tun: Ich bin im Osten seit gut 15 Jahren in der Elternfunktion, und die soll ich plötzlich aufgeben und wieder Schüler oder Kind werden, indem ich hier in die westliche Gesellschaft komme. Das habe ich nicht fertiggebracht, auch wegen des Risikos nicht, daß das, was ich schon 15 Jahre oder 20 Jahre in analytischer Psychotherapie mache, vielleicht von Ihnen in Frage gestellt wird. Das wäre ja denkbar. Unter kollegialem Austausch könnten wir uns austauschen, aber nicht unter Machtinteressen. Das wirkt sich dann so aus, als wenn vielleicht etwas von Ihnen so beurteilt würde, als hätte es nie etwas getaugt.

Beate Blank-Knaut: Ich danke Ihnen, daß Sie das angesprochen haben. Meine Einschätzung ist auch, daß die Geschichte der Psychoanalyse und diese Spaltung überhaupt wieder thematisiert werden, hat sicher mit der Wiedervereinigung zu tun und ist auch in Berlin noch mal anders, also ein brisanteres Thema als in anderen Gebieten.

Auditoriumsteilnehmerin: Ich bin aus Ost-Berlin und habe mich entschieden, ins Ost-Berliner Institut zu gehen, das in der Invalidenstraße ist. Der Name spricht für sich. Ich habe erlebt, daß der Integrationsprozeß doch von unten passieren muß. In Berlin sind wir in der glücklichen Lage, sowohl vom DPV-Institut Impulse zu bekommen als auch vom DPG-Institut, von beiden also. Ich arbeite in einer Reha-Klinik, in der Kollegen an allen vier Instituten in Ausbildung sind, und erlebe, daß da ein Prozeß entstanden ist, ein Integrationsprozeß, der nach 5 Jahren Tätigkeit etwas anderes ist als vor 5 Jahren. Und ich denke, das ist eine Frage unserer Generation, wie wir mit den Spaltungen umgehen. Auch was Ost und West betrifft und auch, was inhaltlich mit der Psychoanalyse passiert.

Auditoriumsteilnehmer: Ich bin auch aus Berlin. Mich wundert es ein bißchen, daß es hier auf der DGPT-Tagung nur um DPV und DPG geht. Es gibt ja noch weitere Institute in dieser Gesellschaft, z. B. Jung-Institute und auch seit jüngster Zeit Adler-Institute. Ich denke, da liegt noch einige Arbeit vor uns, um diese, seien es nun Spaltungen gewesen oder Trennungen, jedenfalls darüber miteinander zu sprechen, Vorurteile abzubauen und miteinander mehr ins Gespräch zu kommen, als ich das hier im Moment beobachte.

Auditoriumsteilnehmer: Ich möchte im Anschluß an die letzten beiden Wortbeiträge noch sagen, daß es mittlerweile eine Reihe von DGPT-ausgebildeten Analytikern, auch Lehranalytikern, gibt, die keiner der beiden Fachgesellschaften DPG oder DGV zugewandt sind. Und ich glaube, daß für unsere Gesellschaft ein Stück historischer Aufarbeitungsbedarf da ist, was die Geschichte und die Bedeutung der DGPT angeht. Vorhin ist diese Konferenz in Seeon erwähnt worden. Da gab es auf einmal eine dritte Gruppe, die keinen Raum hatte, und es folgte eine sehr ausgedehnte Diskussion über die Bedeutung dieser Tatsache, dieser Inszenierung. Ich war selbst nicht anwesend, und soweit ich weiß, hat man sich in etwa so verständigt, daß es sich bei dieser dritten Gruppe um die ausgeschlossenen tätigen Analytiker hätte handeln können.

Ich möchte einfach anregen, darüber nachzudenken, ob es nicht eine dritte große Analytikergruppe in Deutschland gibt, die durch die DGPT-Analytiker nicht angemessen repräsentiert wird.

Auditoriumsteilnehmer: Ich bin DPG-Weiterbildungskandidat in Göttingen. Ich bin mit der Erwartung hierher gekommen, daß es eine Podiumsdiskussion gibt, bislang hat keine Diskussion stattgefunden. Und ich denke auch, es gibt wenig Gespräch untereinander, und darauf wäre ich gespannt gewesen, gerade auch auf diese Auseinandersetzung zwischen den Generationen. Ich habe das Gefühl, es werden Statements gemacht, aber es gibt noch keine Auseinandersetzung.

Beate Blank-Knaut: Es war schon beabsichtigt, auch das Gespräch mit dem Auditorium zu suchen. Aber es richtig, das ist mir auch aufgefallen, die Diskussion geht weg von der Spaltung und geht, ich will es nur mal kurz benennen, auf andere Fachgesellschaften, andere Spaltungen, und weg vom eigentlichen Thema. Es war hier auch ein bißchen sehr friedlich. Es erschien mir so, wenn man, mal provokant gesagt, den richtigen Lehranalytiker hat, dann geht schon alles seinen richtigen Gang. Es gibt da wenig Unterschiede in den Gesellschaften und darüber auch keinen Auseinandersetzungsbedarf. Es ist alles recht friedlich, das ist jedenfalls jetzt meine Einschätzung. Vielleicht ist das Thema aber so explosiv, daß es im Moment auch nicht anders möglich ist, als so vorsichtig miteinander umzugehen.

Auditoriumsteilnehmer: Ich wollte mich da anfügen, und zwar wollte ich das Gefühl benennen, das ich jetzt bekommen habe, so ein Gefühl von Mißbrauch. Wir sind hier ein Kandidatenforum und haben ein Thema bestimmt, was uns interessiert. Und es ärgert mich, wenn dann der eine, der bei uns ausbildet und Jungianer ist, seinen Verein nennt oder der andere die Ostberliner Vereine nennt, obwohl es jetzt gar nicht darum geht. Die verfolgen ihre Interessen, die nun mal nicht die von uns definierten sind, und ich fühle mich unterlaufen. Das hat mich unglaublich aufgeregt.

Auditoriumsteilnehmer: Vielleicht kann man das im Moment als eine Annäherung verstehen, also etwa als einen Prozeß aus der Spaltung heraus, und wenn zwei sich verstehen, dann ärgert sich der dritte, dann ist eben wieder einer draußen.

Ludger Hermanns: Die Schwierigkeit ist ja, daß Frau Lockot und ich eingeladen worden sind. Wir sind nun tatsächlich Protagonisten der Auseinandersetzung über die Spaltungen hinweg. Wir haben uns also auf unterschiedlichen Ebenen, fast parallel, mit dem gemeinsamen Hintergrund beschäftigt und sehen, daß es verschiedene Varianten sind, auf denen zum Teil elitäre Positionen oder Selbstverständnisse aufgebaut worden sind. Ich habe gestern abend eine Radiosendung gehört über Minensucher, Minensuchkommandos auf dem 600 km langen Grenzstreifen zwischen BRD und DDR, da sind Hunderttausende von Minen gelegt worden. Und da wurden Leute interviewt, die jetzt diese Minen beseitigen, und das hat mich sehr beeindruckt. Da war ein 30jähriger, der gesagt hat, wir müssen die Minen, die wir gelegt haben, wieder beseitigen, obwohl er selbst das nicht getan hatte. Und dann wurde ein Älterer interviewt, der selbst als Major der Nationalen Volksarmee dafür verantwortlich war, Minen zu entwickeln und zu deponieren, und er hat gesagt, er habe das damals unter anderen gesellschaftlichen Bedingungen gemacht, und er fühle sich jetzt verpflichtet, die Minen auch beseitigen zu helfen.

Und das, sagen wir, war unser Wunsch an die Elterngeneration, und wir haben eben mitgeholfen in dem Prozeß. Die Minen, die zwischen den Gesellschaften gelegt worden sind, die sind sehr versteckt, die sind sehr diffizil, die sind oft theoretisch, sie sind auf allen Ebenen, und wir versuchen, sie dingfest zu machen, sie zu entschärfen.

Fritz Boencke: Es wurde uns vorher schon klar, daß wir eigentlich relativ nah beieinander sein werden, als wir uns gestern, also Beate, Michael und ich, zusammengesetzt haben. Und daß wir uns hier sozusagen nicht die Köpfe einhauen werden und wahrscheinlich auch keine Gründe dazu haben, war eigentlich auch klar. Dieses Kandidatenforum ist dazu da, einen Austausch zwischen Lehrenden und Lernenden zu finden und zwischen DPV und DPG. Deswegen ist es tatsächlich so, daß ich diese Fragen habe, auch an Lehranalytiker in der DPV: Wie war das denn oder wie ist das denn, mit dieser Vergangenheit heute zu leben und zu lehren?

Auditoriumsteilnehmerin: Ich zähle mich als Weiterbildungskandidatin der DGAP zu den Geschwistern, und dieser Geschwisterdiskurs ist letztendlich der, der mich auch interessiert.

Beate Blank-Knaut: Ich finde es ganz gut, daß Du das erwähnst. Eigentlich haben wir dieses Podium zusammengestellt unter dem Aspekt älterer Bruder – ältere Schwester, was Sie, Frau Lockot, dann in Eltern umgemünzt haben; wir aber sahen in Ihnen eher die Geschwister, die in den 80er Jahren groß geworden sind und wir in den 90er Jahren. Da liegt ja keine Generation im eigentlichen Sinne dazwischen, auch altersmäßig nicht.

Auditoriumsteilnehmer: Herr Hermanns, ich würde an Ihrem Beispiel gerne anknüpfen. Sie sagten nämlich, dieser alte Minensucher ist nun bereit mitzuhelfen, und was mich an dem Beitrag von Frau Lockhut so berührt hat, das war so eine gewisse Verbitterung, so eine Unversöhnlichkeit, ein Haß auf die Psychoanalytiker, da klang so manches durch; und ich glaube, das Problem ist ja vielleicht, daß diese ältere Generation der Analytiker ziemlich ungern mitarbeitet an der Aufarbeitung dieser Probleme. Wie kann man das Problem lösen? Ich denke, es kommt da wenig Hilfe von außen, und man muß es zum Teil selber lösen. Was dabei auch hilft, Frau Lockot, ist, daß man verzeihen kann. Also daß man der älteren Generation verzeihen kann, was sie uns da eingebrockt hat.

Beate Blank-Knaut: Mich würde noch ein anderer Aspekt interessieren, der hier auch schon angeklungen ist. Es geht ja nicht nur um die Vergangenheit und die Aufarbeitung der Vergangenheit auch für das Erleben der Gegenwart, sondern auch darum, wie wir uns die Zukunft vorstellen können. Welche Visionen haben wir? Können diese beiden Fachgesellschaften wieder zusammenkommen, oder wie müßten sie sich dafür entwickeln und differenzieren? Welche Möglichkeit gäbe es international, vielleicht mit zwei deutschen Fachgesellschaften zu leben, oder ist da so eine Unversöhnlichkeit, die dies verhindern würde? Wie sind die Ideen und die Möglichkeiten, wird dies überhaupt an den Instituten diskutiert?

Michael Putzke: Ich glaube, daß das im Augenblick noch gar nicht zur Debatte steht. Ich habe eher das Gefühl, daß dieser emotionale Wall, der die beiden Gesellschaften trennt, erst einmal, wie es Frau Lockot auch angedeutet hat, mit seiner ganzen analen Wucht beiseite geräumt werden muß, und ich glaube, daß sich danach die Möglichkeit der Differenzierung und des Sich-Anguckens, was denn die beiden Gesellschaften voneinander unterscheidet, ergeben wird. Erst danach kann dann darüber geredet werden, ob es ein Zusammengehen zweier Gesellschaften oder noch weiterer gibt. Im übrigen sitzen wir doch jetzt unter einem Dach.

Auditoriumsteilnehmerin: Ich habe an diesem Wochenende die Erfahrung gemacht, daß ich den Weg einer Annäherung eigentlich nur darin sehe, daß man sich doch persönlich begegnet. Das, was Herr Boencke vorhin erzählt hat, das gibt doch wirklich diese Vorurteile der Gruppen wieder, und die Gruppe erscheint mir wie so ein Betonblock mit den verschiedenen Attributen, die wir ihr zufügen. Ich denke, es ist ein sehr langsamer und auch ein sehr mühseliger Prozeß, der eigentlich nur darüber Veränderungen bringen kann, daß man sich einfach mehr ins Gespräch begibt, so wie heute oder wie gestern in der Arbeitsgruppe, daß ich einfach weiß, das ist nicht die DPV, sondern das ist eben Herr Putzke und so weiter und so fort.

Beate Blank-Knaut: Vielleicht ist eine Annäherung in persönlichen Begegnungen auch eine Versöhnung, die eher möglich ist.
Wir sind leider sehr knapp mit der Zeit. Ein Redebeitrag noch, dann möchte ich doch den Podiumsteilnehmern die Gelegenheit zu einer kurzen Stellungnahme zum Abschluß geben.

Auditoriumsteilnehmerin: Es wurde eben von der Minensuche gesprochen. Ich habe mich gefragt, ob hier auch auf dem Podium die Minen weitgehend umfahren oder umgangen werden. Bevor man über Versöhnung spricht, denke ich, muß man erst mal gucken, wo die Minen sind und ob es nicht eine große Angst gibt, auf eine draufzutreten. Warum wird hier so vermieden, die gegenseitigen Zuschreibungen, ja Projektionen ein Stück auf den Tisch zu bringen? Das verlangen wir doch auch von unseren Patienten, und dann sollen sie noch alles verarbeiten, um damit dann besser umzugehen und versöhnlicher umzugehen.

Beate Blank-Knaut: Zum Abschluß noch eine Podiumsrunde.

Fritz Boencke: Ich bin verblüfft, genauso wie gestern oder ähnlich wie gestern, wo wir uns nach der Arbeitsgruppe gefragt haben, woran es liegt, daß so eine angenehme, angstfreie Atmosphäre herrscht. Liegt es daran, daß es tatsächlich so etwas wie eine neue Freiheit unter den Weiterbildungsteilnehmern gibt, mit diesem Thema umzugehen? Ich bin allerdings auch sehr erstaunt, daß tatsächlich nur ganz wenige Lehranalytiker auf dieser Veranstaltung sind. Ich hatte erwartet, daß das Thema mehr zieht, und daß auch dadurch dieser spannungs- und konfliktreiche Dialog zwischen den Generationen oder zwischen den Gesellschaften geführt werden kann. Vielleicht ist es ja auch eine Vermeidung, aber andererseits bin ich sicher, daß das gestern eine angenehme Veranstaltung war und heute auch.

Darüber hinaus ist für mich aber auch vollkommen offen, inwieweit so etwas wie „Versöhnung" überhaupt angesagt oder überhaupt sinnvoll ist. Ich fühle mich eigentlich in der DPG grundsätzlich ganz wohl, und ich habe auch den Eindruck, daß es tatsächlich eben – Freud ist tot – nicht so etwas wie eine gemeinsame Autorität im ganz pragmatischen Sinne gibt. Also, Helmut Kohl hat die deutsche Einheit relativ rücksichtslos durchgesetzt, ohne Rücksicht auf irgendwelche Neidgefühle, und da sind wir noch nicht, aber vielleicht können wir ja versuchen, da hinzukommen. Das kann man ja verhandeln.

Regine Lockot: Ich hätte gerne noch länger mit Ihnen gesprochen und genauer, weil ich befürchte, daß ich Sie mit meinen sehr verdichteten Kommentaren nur überfordern konnte, und das, was ich über Haß gesagt habe, eigentlich etwas ist, was ich sehr gerne auch noch weiter mit Ihnen besprechen würde, was aber jetzt nicht geht. Vielleicht geht es überhaupt nur im eigenen Kämmerlein, in den eigenen vier Wänden. Ich wollte aber gerne noch auf das Verhältnis DGPT, DPG, DPV eingehen. Wenn man sich die Gründung der DGPT anguckt, ist die ja quasi eine

Art von Reflex oder eine Art von Bündnis gegen die Spaltung gewesen. Sie ist ja gegründet worden in der Zeit, als genau die DPV von der IPA anerkannt worden ist oder, sagen wir mal, ihren Antrag auf Anerkennung gestellt hat. Also insofern sind wir hier strukturell in einem anderen Feld als sozusagen auf der freien Wildbahn, auf der sich DPG und DPV in Instituten begegnen. Anders ist es ja auch in Arbeitszusammenhängen, wo Mitarbeiter oder Ausbildungskandidaten der verschiedensten Gruppierungen zusammenarbeiten, und was oft ganz selbstverständlich und unkompliziert funktioniert.

Ludger Hermanns: Diese Frage, warum hier die Jungianer nicht vertreten sind, die Adlerianer, die Kollegen aus der Gesellschaft aus Halle, von der ich die Abkürzung jetzt nicht genau weiß, das ist an sich eine sehr berechtigte Frage.

Als zu den Nazareth-Tagungen eingeladen wurde, da wurde eine experimentelle Situation hergestellt, da wurden jüdische Teilnehmer und deutsche Teilnehmer zusammengetan. Einer der Gründe, weswegen ich daran nicht teilnahm, war, weil Jüdisch-Deutsche oder deutsche Juden im Setting nicht vorgesehen waren; und bei dieser Tagung wurde es tatsächlich genau das Problem, daß es da eine kleine Gruppe von Leuten gab, die in Deutschland leben und als deutsche Juden da waren, und die gerieten in eine ganz merkwürdige, schwierige Situation, wohl ähnlich, wie eben gesagt wurde, wie in Seeon eine Gruppe von Kollegen. Aber hier ist insofern die Sache natürlich etwas anders. Jetzt sind die DPV und die DPG hier eingeladen, aber, wie auch Regine sagte, auf einer DGPT-Tagung, und da ist also das Dritte oder das Dach oder das Gemeinsame durch das Setting hier repräsentiert. Und das empfinde ich als einen kleinen Unterschied. Die Frage, ob ich meine, ich sei ein besserer Analytiker oder besserer Therapeut, das habe ich auch versucht, in meinem Beitrag über meine Ausbildung zu sagen. Da hat eine Desillusionierung stattgefunden, die ist sehr schnell passiert, deshalb bin ich überhaupt nicht der Meinung. Aber das müßte man dann natürlich noch genauer besprechen.

Michael Putzke: Ich möchte noch auf einen Aspekt hinweisen, der bisher hier gar nicht aufgetaucht ist. Ich glaube, daß immer wieder vermischt wird, was eher zu trennen ist, nämlich die persönliche analytische Situation und das Umgehen mit eigenen Abwehrmechanismen und die Institutionen. Herr Buchinger hat vor 3, 4 Jahren darüber einen sehr spannenden Aufsatz in der Psyche geschrieben, in dem er sagt, es bestehe auch eine Gefahr darin, DPV, DPG, psychoanalytische Institutionen ausschließlich mit den Mitteln der Analyse zu betrachten, und da sollte man vielleicht auch nochmal gucken, was es für andere Möglichkeiten gibt.

Beate Blank-Knaut: Wir müssen leider zum Schluß kommen. Ich möchte mich noch einmal ganz herzlich bei den Teilnehmern auf dem Podium bedanken! Wie man gesehen hat, braucht es doch sehr viel Zeit, um miteinander ins Gespräch zu kommen, und daß dann aber ein Gespräch in Gang kommt, welches wir, wie gestern leider auch, aus Zeitgründen abbrechen müssen. Ein Gespräch ist aber möglich, in welche Richtung es dann verlaufen und wozu es dienen kann, dem besseren gegenseitigen Verständnis, der Versöhnung, der Annäherung oder der besseren Differenzierung und Abgrenzung oder wie auch immer, das muß offen bleiben. Vielen Dank.

Anne Springer, Bernhard Janta, Karsten Münch (Hg.)
Nutzt Psychoanalyse?!

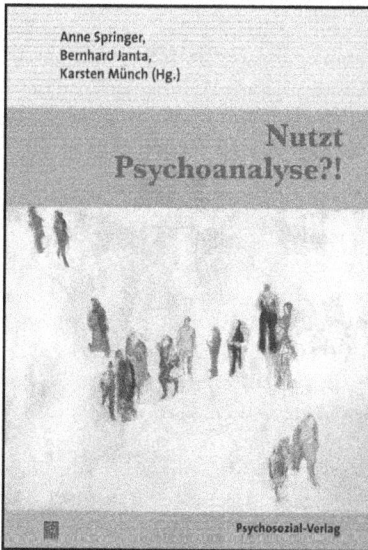

Anne Springer,
Bernhard Janta,
Karsten Münch (Hg.)

Nutzt Psychoanalyse?!

Psychosozial-Verlag

2012 · 257 Seiten · Gebunden
ISBN 978-3-8379-2163-2

Eine kritische Auseinandersetzung mit einer Frage, der sich jeder Psychoanalytiker stellen muss.

Diese Frage legt zwei Erkundungsrichtungen nahe. Einerseits sieht sich die Psychoanalyse angesichts der ak-tuellen gesellschaftspolitischen und gesundheitspolitischen Entwicklungen verstärkt damit konfrontiert, ihren therapeutischen Nutzen wissenschaftlich zu belegen. Andererseits widmet sich die Psychoanalyse seit ihren Anfängen aus eigenem Antrieb kritisch solchen fachlichen und ethischen Fragestellungen – dieses klinische und kulturkritische Potenzial gilt es in Denken und Handeln umzusetzen.

Die Beiträge des vorliegenden Bandes, die auf der Jahrestagung der Deutschen Gesellschaft für Psychoanalyse, Psychotherapie, Psychosomatik und Tiefenpsychologie e.V. (DGPT) 2011 beruhen, nähern sich dieser Thematik aus unterschiedlichen Perspektiven.

Mit Beiträgen von Christopher Bollas, Ada Borkenhagen, Josef Brockmann, Franz Caspar, Alf Gerlach, Georg R. Gfäller, Jürgen Hardt, Wulf Hübner, Horst Kächele, Holger Kirsch, Hans-Dieter König, Giovanni Maio, Michael Pavlovi, Christine Röpke, Annette Simon, David Tuckett und Ursula Wienberg

Walltorstr. 10 · 35390 Gießen · Tel. 0641-969978-18 · Fax 0641-969978-19
bestellung@psychosozial-verlag.de · www.psychosozial-verlag.de

Psychosozial-Verlag

Bernhard Janta, Beate Unruh,
Susanne Walz-Pawlita (Hg.)

Der Traum

Bernhard Janta, Beate Unruh,
Susanne Walz-Pawlita (Hg.)

Der Traum

Psychosozial-Verlag

*2013 · 332 Seiten · Gebunden
ISBN 978-3-8379-2263-9*

»Der Traum ist also eine Psychose, mit allen Ungereimtheiten, Wahnbildungen, Sinnestäuschungen einer solchen. [... U]nd wir lernen an ihr, daß selbst eine so tiefgehende Veränderung des Seelenlebens rückgängig werden [...] kann. Ist es dann kühn zu hoffen, daß es möglich sein müßte, auch die gefürchteten spontanen Erkrankungen des Seelenlebens unserem Einfluß zu unterwerfen und sie zur Heilung zu bringen?«
*Sigmund Freud in
Die psychoanalytische Technik, 1940*

Seit über hundert Jahren gilt Freuds Traumdeutung als Königsweg zum Unbewussten. In dieser Zeit hat sie sich durch die Entwicklung verschiedener Strömungen innerhalb der psychoanalytischen Theoriebildung ausdifferenziert. Die 63. Jahrestagung der DGPT beschäftigte sich mit klassischen und neueren psychoanalytischen Konzeptionen des Traums. Die hier versammelten Beiträge spannen einen Bogen von den ersten Präkonzepten der Psychoanalyse hin zu heutigen neurowissenschaftlichen Erkenntnissen.

Unterschiedliche theoretische Konzeptionen, Überlegungen zu den Mikroprozessen psychischer Veränderungen sowie klinische Erfahrungen mit der Traumdeutung in der Arbeit mit Erwachsenen und Kindern werden vorgestellt und diskutiert.

Walltorstr. 10 · 35390 Gießen · Tel. 0641-96 99 78-18 · Fax 0641-96 99 78-19
bestellung@psychosozial-verlag.de · www.psychosozial-verlag.de